U1000482

泰州文獻

第四輯

板橋集
定齋詩鈔
子田初集
藕怡詩鈔
彦湘詩鈔
研北花南吟草　詞鈔　合璧詞
魯山集
古桐書屋六種
古桐書屋續刻三種

鳳凰出版社

ISBN 978-7-5506-2277-7

9 787550 622777 >

圖書在版編目（CIP）數據

板橋集、定齋詩鈔、子田初集等 / （清）鄭燮等撰
-- 南京 : 鳳凰出版社, 2015.10
（泰州文獻）
ISBN 978-7-5506-2277-7

Ⅰ. ①板… Ⅱ. ①鄭… Ⅲ. ①古籍－彙編－泰州市
Ⅳ. ①Z422

中國版本圖書館CIP數據核字(2015)第256396號

責任編輯　王　劍
裝幀設計　姜　嵩
出版發行　鳳凰出版傳媒股份有限公司
　　　　　鳳凰出版社(原江蘇古籍出版社)
　　　　　發行部電話025－83223462
出版社地址　南京市中央路165號　郵編:210009
出版社網址　http://www.fhcbs.com
印　　刷　揚州文津閣古籍印務有限公司
　　　　　揚州市開發區鴻揚路22-2號(6幢)　郵編:225009
開　　本　889毫米×1194毫米　1/16
印　　張　43.25
版　　次　2015年10月第1版　2015年10月第1次印刷
標準書號　ISBN 978-7-5506-2277-7
定　　價　630.00圓

《泰州文獻》工作委員會

主　任

藍紹敏　陸志鵬

常務副主任

盧佩民

副主任

戴勝利　王學鋒　張培成　佘江涛

委　員（按姓氏筆畫为序）

丁少華　方標軍　成愛君　季春芳　周興安

查學斌　姜小青　奚愛國　陳士宏　黄林華

曹茂良　曹學賦　許大才　張國祥　萬永良

程榮穩　鄒祥龍　費振鐘　劉　玲　劉仁前

劉宏鳴　潘時常　薛金林　顧維中

《泰州文獻》編纂委員會

主　編

盧佩民

副主編

黄林華　姜小青

執行主編

成愛君　費振鐘

編　委（按姓氏筆畫为序）

王　飛　王　劍　王正奎　卞惠興　朱長順　全　勤
李文華　李明官　吴　迪　吴小晴　吴雙林　汪　政
沈　俊　林世田　莫其康　倪培翔　徐一清　徐同華
高　峰　陳　立　黄　靖　曹學林　常　康　張　定
張永龍　劉仁前　劉春龍　潘浩泉　薛　飛　謝冬榮
竇立成　顧寄南

《泰州文獻》學術指導委員會

（按姓氏筆畫为序）

江慶柏　金良年　茅家琦　華學誠　徐　雁　畢飛宇

程章燦　楊九俊　魯國堯　劉玉才　顧　農

總序

泰州古稱海陵，漢初（公元前一一七年）置縣，晋末（公元四一一年）設郡，南唐（公元九三七年）建州，始稱泰州。

泰州濱江近海，物阜民豐。漢唐以來，糧鹽並舉，商貿繁榮，爲溝通南北的重要港口城市。

泰州素爲文教昌明之邦。唐初立州學，北宋建貢院，明清開學政試院，産出大批科舉優秀人才。

泰州自古人文薈萃。走進泰州的，從范仲淹、富弼、陸佃，到孔尚任、吴讓之、蔣春霖，都留下深遠影響。走出泰州的，從張懷瓘、胡瑗、施耐庵、王艮，到李清、吴嘉紀、柳敬亭、黄龍士、李鱓、鄭燮、劉熙載、李詳、梅蘭芳、高二適，都在各自領域爲中國文化作出巨大貢獻。

泰州遺存的文獻也很豐富。僅據《江蘇藝文志》所載，便有二千七百餘種，涵蓋經、史、子、集的方方面面。其中，尤以明清時期爲夥，占到百分之九十九以上。這當中不排除由於種種原因，致使元以前的一些著述湮没無聞，但明清兩代，確是泰州文化的繁盛期。在這些文獻中，如《書斷》（張懷瓘）、《水滸傳》（施耐庵）、《王心齋先生遺集》（王艮）、《宗子相集》（宗臣）、《陋軒詩集》（吴嘉紀）、《板橋全集》（鄭燮）、《藝概》（劉熙載）、《李審言文集》（李詳）、《黄龍士先生棋譜》等，在中國文化史上都有重要地位和深遠影響。

與此同時，對鄉邦文獻進行整理的也代不乏人。自宋至清，周氏（周麟之等）、宫氏（宫偉鏐等）、陳氏（陳應芳等）、徐氏（徐鳴柯等）等都曾致力其事，爲泰州留下了許多寶貴的文化財富。清嘉道間，鄉人夏荃編輯《海陵文徵》二十卷、附録十二卷，《海陵詩徵》十卷。民國初年，曾任江蘇省省長的鄉人韓國鈞歷經十餘年編成《海陵叢刻》計二十三種六十六册。

二〇一一年九月召開的中共泰州市第四次代表大會，提出了建設文化名城的任務。爲此，中共泰州市委、泰州市人民政府決定編纂《泰州文獻》。這是泰州有史以來對本土文獻最大規模的整理和彙編。它對於保存、利用、研究和開發泰州的歷史文化，尋繹泰州獨特的地方文化價值，爲泰州文化建設提供歷史人文資源，意義重大。

爲了保證編纂工作的順利進行，市委、市政府專門成立了工作委員會、編纂委員會和學術指導委員會。工作委員會由市委、市政府領導和相關部門負責同志組成，負責對編纂工作的領導和協調。編纂委員會由相關專家、學者組成，具體負責《泰州文獻》的編纂出版工作。學術指導委員會由江慶柏、魯國堯、程章燦、茅家琦、華學誠、徐雁、金良年等國内知名文史專家組成，負責對編纂工作的指導和把關。

編纂工作按如下幾個步驟進行：（一）進行文獻調查，建立文獻檔案；（二）精選有代表性、有學術價值的作品影印出版，選目由編纂委員會和學術指導委員會共同審議確定；（三）編輯出版《泰州文獻總目》。

《泰州文獻》分爲四輯：

第一輯『官修舊志』，收録泰州地區現存所有官修地方志。

第二輯『地方史料文獻』，收録泰州地區歷代重要的筆記和史料。按内容又可分爲史地類：收録有關泰州歷史地理方面的著作，包括小志、專志、雜志等；政情類：收録有關泰州政治、經濟等方面的著作；文教類：收録有關文化、教育、圖書館等方面的著作。

第三輯『家族文獻』，收録泰州地區重要的家譜、家傳、家集與名人年譜。按内容又可分爲家乘傳記類：擇要收録泰州家族譜牒中的譜序、家規、家訓、箴言、族約、族記、祠田記、塋田記、雜記、著述等資料；家族總集類：以家族姓氏筆畫爲序。

第四輯『泰州文存』，收録泰州地區作者的詩文著作及其他代表性著作。按内容又可分爲學術論著類：收録泰州作者的經史雜著；文集類：收録泰州作者的詩文集；地方總集類：收録泰州作者的詩文合集。

考慮到《水滸傳》、《封神演義》（《辭海》云『一説陸西星作』）、《檮杌閑評》（學界多謂李清所作）等小説流傳甚廣，版本豐富，故不再收録。其他如堪輿、術數類著作，泰州人撰泰州地區以外的地方志、地理志類著作，一般性的彙編、摘鈔類著作，亦不予收録。

《泰州文獻》原則上收録現轄區内的作家作品。但從尊重歷史出發，泰州學派創派人物、明代思想家、哲學家王艮，平民詩人吴嘉紀等人，歷史上均屬於泰州地區，對泰州地區具有深遠的文化影響，他們的作品亦予收録。

前人給我們留下了豐厚的文化遺産，我們既要加以珍視和傳承，更要在前人的基礎上，創造出無愧於今天這個偉大時代的新篇章。這是我們更重要的使命，讓我們爲之努力。

《泰州文獻》編纂委員會

二〇一三年十月十八日

凡例

一、《泰州文獻》（以下簡稱《文獻》）分爲《官修舊志》、《地方史料文獻》、《家族文獻》和《泰州文存》四輯。

二、《文獻》收録範圍原則上爲現行政轄區内作者的著述和與泰州有關的重要著述，但考慮到歷史上曾屬於泰州地區的人物，如泰州學派的代表人物王艮、平民詩人吴嘉紀等對泰州文化深具影響，對他們的作品亦予收録。

三、所收著作成書年代限於一九四九年以前。

四、《文獻》所收著作，以學術價值、使用價值較高爲原則，適當兼顧版本價值。

五、《文獻》以影印方式出版。如有蠹損、殘缺、漫漶不清處，原則上以相同版本予以補配，以保證完整、清晰。

六、《文獻》對所收每種著作均撰寫提要，置於該著作前面，以方便讀者瞭解作者生平、主要内容、學術價值等。

七、《文獻》除保留所收著作原有頁碼外，均新編頁碼，每册頁碼自爲起訖。

八、《文獻》最後一册編有書名索引和作者索引，以方便讀者使用。

目録

板橋集

（清）鄭燮 撰

《板橋集》七卷，清鄭燮撰，據清刻本影印。

鄭燮（一六九三—一七六五），字克柔，號板橋，清江蘇興化人。鄭燮擅長詩詞書畫篆刻，以畫、詩、書爲其三絶。乾隆元年（一七三六）進士。爲「揚州八怪」之一。《清史列傳》卷七十二有傳。著有《板橋集》等。

《板橋集》前有《紫瓊崖主人慎郡王題詞》，後有板橋《自題》、《跋》各一篇。是集一編載古今體詩一百八十八首，二編載古今體詩一百五十一首，三編載詞七十七首，四編《道情》十首，五編《題畫》六十五則，六編《家書》一十六通。詩宗白香山、陸放翁，明白流暢，多及實事，抨擊時政者如《私刑惡》、《悍吏》等；詞尤勝詩，《巨鹿之戰》、《易水》、《項羽》諸篇吊古抒懷，激昂慷慨。「文宏博雄麗」，《家書篇》作家書十六，皆與其弟，足見其兄弟之情深，對親人關懷備至，温情脉脉。少孤貧，作官前後均在揚州賣畫。性落拓不羈，喜與禪宗尊宿及期門子弟遊。其贈友惜别之作如《贈巨潭上人三首》、《别梅鑒上人》、《寄松風上人》均可見其交遊之事。日放言高論，臧否人物，其詩文多於題下附帶所詠人物之小傳，略考其生平，明其官職，爲研究當朝當代人物，提供難得之史料。吟詠山水景物之作，聲情並茂，有「山色清晨望虚無，杳靄間直愁和霧」之句。《題畫篇》情景交融，詩畫一體，頗得王維之妙，亦多佳作。卷三《詞鈔》卷首附其自序，可知其創作之精神。父殁後，生活蕭條，其詞語短情長，言多義豐。多有感而發，感情真摯。

（胥樹婷）

板橋集目錄

目錄

詩鈔

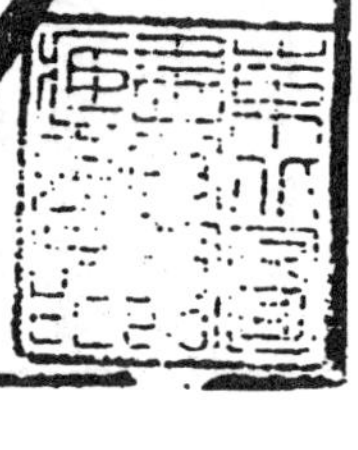

紫瓊巖道人慎郡王題詞

高人妙義不求解充腸朽蠹同
魚蠻此情今古誰復知蹤鑿
混沌驚真宰振枯伐萌陳厭
粗浸溪澳畋罪不無捋拍遊
捷月斅曲走盤亂瀉絞宮珠
十載相知皆衛踏夜傑把
券詩攏㞐明眸不識烏雌雄
妄與盲人辨偽鴟

板橋詩鈔

興化鄭燮克柔氏著

鉅鹿之戰

懷王入關自聾瞽楚人太拙秦人虎殺人八萬取決中江邊鬼哭酸風雨項羽提戈來救趙暴雷驚電連天掃臣報君讎子報父殺盡秦兵如殺草戰酣氣盛聲喧呼諸侯壁上驚魂逋項王何必為天子只此快戰千古無千奸萬黠藏兇夾曹操朱溫盡稱帝何似英雄駿馬與美人烏江過者皆流涕

種菜歌 寅常公延齡作

有明萬歷天啓間時事壞爛生兇頑群賢戮殘九千歲宮中不復尊龍顏烈皇帝起震而怒練帛一條殪凶孺天荒氣敗不可回龜鼎潛移九廟仆蒼谷先生閱平闊屢疏交章稱天意提將白叉守宮門敢盡黃金翻死事都城腦沒走南邦邑孽桐城馬貴陽新王夜夜酣春夢戊辛朝朝立曉霜上方請劍長號啞忠讜不聞城又破虎口纔離二點奸孤舟欲覆江流大買田種菜作生涯淚落春風遊野花頻尋舊第烏衣巷怕看鍾山日暮霞荷鋤負擔為傭保菜羹糲食隨荒草時供麥飯孝陵前一

犖長裘松楸倒家有賢媛鏂國孫廿貧茹芳披柴門燒爨昔日鴛鴦錦絛盡從前翡翠㾗一畦菜熟一畦種時時汲水提春甕玉纖牽斷井邊繩茅棚壓匾釵梁亞幾年羽毛先生死含飯無資乞鄰里天涯有客獨揮金棺衾畫槩皆周視人心不死古今然欲往金陵問菜田招魂何處孤臣墓萬里春風哭杜鵑

題美人圖

珮環摇動湘裙冷俏風偷入羅衫領美人稱倚倩斂溫細語無聲視素顏非指尖纖指何許秋笑短蛾無伴侶又似天邊笑薄雲夜寒不得成濃雨

板橋詩鈔　二

自遣

嗇彼豐茲信不移我于困頓已無辭束狂入世猶嫌放拳拙論文尚厭奇看月不妨人去盡對花只恨酒來遲笑他縑素求書輩又要先生爛醉時

山色

山色清晨望虛無杳靄間直愁和霧散多分遣雲攀流水澄然去孤舟隨意遊漁家破蓑笠天肯令之間

詩四言

夜殺其人明坐其家處分息事叱衆毋譁主人不知託爲腹心無好不肖無惡不深

仁義之言出于聖口奸邪竊似府欲忘醜猶談忠孝登悽淚痛哈詐賢明況汝愚衆

當春不華當意待秋秋又不實行將誰尤茸莪蛇梧桐歲鳳梟分性別各以類貫況汝棘刺鴟鴞遊之乃思鸞凰槁死不知

求利于地絲桑稼穡求利于天鋤慾植德求利于物網罟鈞弋求利于人面曲背直有禽其心有獸其力誑賢玩愚寢危卧仄天亦汝弊大道不塞

板橋詩鈔　三

偶然作

英雄何必讀書史直攄血性爲文章不仙不佛不賢聖筆墨之外有主張縱横議論析時事如醫療疾進藥方名士之文深莽蒼胸羅萬卷雜霸王用之未必得實效崇論閎議多低昂雕鎪魚鳥逐光景風情亦足喜且狂小儒之文何所長抄經摘史餖飣强玩其詞華頗赫燦尋其義味無毫芒弟頌其師客談說居然拔幟登詞場初驚既鄙久蕭索身存氣盛名先亡輦碑刻石臨大道過者不讀倚壞牆嗚呼文章自古通造化息心下意毋躁忙

送友人焦山讀書
焦山須從象山渡參差上下一江樹高枝倒挽行
雲住低枝搏擊江濤怒枯藤盤拏蛇走壁怪石崚
嶒鬼峽路日落煙生江霧昏微茫星火沿江村忽
然飛鏡出東海萬里一碧開乾坤夜悄山中更淒
肅鸛鶴無聲千樹禿鄰屋時聞老僧咳山魈遠在
雲端哭幾年不到大江濵花枝鳥語春復春抱書
送爾入山去雙峯覓我題詩處

海陵劉烈婦歌
烈婦夫武舉從左良玉陣亡無後婦誓奉公姑
待其終年即自縊死州人哀之稱爲劉烈婦云
爆雲壓窗燈欲死少婦停梭拂衣起夜慘心孤倦
欹卧沙場夢入深閨裏破甲殘旗纍血痕手提敗
鼓號冤魂自云轉戰身陷沒斷骸漂骨黄河奔倉
皇躑躅婦驚哭牽犬亂吠秋雞根深夜欲啼啼不
得淚珠迸落羅衾濕抹去胭脂罷曉粧翠翹雲髻
無顔色由問傳來敗散軍果然與夢無差分溫言
諸語慰翁媼幽閨裂破繡羅裙推心一哭數斗血
紙錢飄去迴秋雲柴門寂寞魘魑闞病婦把家門
户撐夜夜寒機達曙光剩朝破井提甕幾十畝荒

田歲不收一園花柳空如繡翁媼沒婦即殘宗
祀無人妾何立操將皓頸委紅羅要使芳魂覓沙
磧丈夫死國妻死夫忠義不得辭小以一念非綱
事則敗包羞泉壤何嗟及至今墳樹曉花溯旅行
自草秋原高寒鴉孤棲夜不定哀鳴向月求其曹

揚州
畫舫乘春破曉煙滿城絲管拂榆錢千家養女先
教曲十里栽花算種田雨過隋堤原不濕風吹紅
袖欲登仙詞人久已傷頭白酒暖香溫倍悄然
廿四橋邊草逕荒新開小港透雷塘畫樓隱隱煙
霞遠鐵板錚錚樹木涼文字豈能傳太守風流原
不礙隋皇量今酌古情何限頭借東風作小狂
西風又到洗粧樓衰草連天落日愁尾礫數堆樵
唱晚涼雲幾片燕鶯秋繁華一刻人偏戀嗚咽千
年水不流借問纍纍荒塚畔幾人耕出玉搔頭
江上燈鮮秋水新邗溝幾日雪迷津千年戰伐百
餘次一歲變更何限人盡把黃金通顯要惟餘白
眼到清貧可憐道上饑寒子昨日華堂卧錦茵

曉行眞州道中
僮僕甦兮不可尋客途長伴一張琴五更上馬披

風露曉月隨人出樹林參秀帶壓春郭迴山光臨
岸大江槳勞勞天地成何事撲碎鞭梢爲苦吟

寄許生雪江三首

詩去將吾意書來見爾情三年儂夢寐數語若平
生雨細窗明火鴉棲郁暗城小樓良夜靜還憶讀
書聲

金紫人間事縹緗我輩需閒吟聊兌俗極賤到爲
儒妙墨凝懸漏雄才欲唾珠時時盼霄漢待爾入
雲衢

不捨江干趣年來卧水村雲揉山欲活潮橫雨如
奔稻壓垂秋熟豚蹄佐酒渾野人歡笑罷買棹會
相存

贈石道士

樓閣玲瓏草木間洞簫吹徹碧雲間歌成莫擬無
招隱新洗羊脂白玉環

閒居

頗悅從容應接疏閉門掃地足閑居荊妻拭硯磨
新墨弱女持箋索楷書柿葉微霜千點赤紗廚斜
日半窗虛江南大好秋蔬菜紫筍紅薑煮鯽魚

宗子相墓

寥落百花洲老屋破還在遠水如帶環東風吹野
菜

七歌

鄭生三十無一營學書學劍皆不成市樓飲酒拉
年少終日擊鼓吹竽笙今年父殁遺書賣剩卷殘
編看不快爨下荒涼告絕薪門前剝啄來催債嗚
呼一歌兮歌偪側皇遽讀書讀不得

我生三歲我母無叮嚀難割襁中孤登牀索乳抱
母卧不知母殁還相呼兒昔夜啼啼不已阿母扶
病隨啼起婉轉噢撫兒熟眠燈昏母咳寒窗裂嗚
呼二歌兮夜欲半鴉棲不穩庭槐斷

無端涕泗橫闌干思我後母心悲酸十載持家足
辛苦使我不復憂饑寒時缺一升半升米兒怒飯
少相觸抵伏地啼呼面垢汙母取衣衫爲湔洗嗚
呼三歌兮歌彷徨北風獵獵吹我裳

有叔有叔偏愛姪護短論長潛覆匿倦書逃學樂
事無藏懷負背趨而逃布衾單薄如空橐敗絮零
星兼臥惡縱橫潑溺漫不省就濕移乾叔夜醒嗚
呼四歌兮風蕭蕭一天寒雨聞雞號

幾年落拓向江海謀事十事九事殆長嘯一聲沽

酒樓背人猶自問眞宰枯蓬吹斷久無根鄉心未盡思田園千里還家到反怯入門悽慌妻無言嗚呼五歌兮頭髮豎丈夫意氣閒房沮

我生二女復一兒寒無絮絡饑無糜啼號觸怒事鞭朴心憐手軟翻成悲蕭蕭夜雨盈階戺空床破帳寒秋水淸晨那得餅餌持誘以貪眠罷早起嗚呼眼前兒女兮休呼爺六歌未闋思離家

種園先生吾師竹樓桐峯文字奇十載鄉園共遊憩壯心磊落無不爲二子辭家弄筆墨片語千人氣先寒先生貧病老無兒閉門僵臥桐陰北嗚呼七歌兮浩縱橫青天萬古終無情

種園先生陸震　竹樓王國棟　桐峯顧于觀

哭殍兒五首

天荒食粥竟爲長慚對吾兒泪數行今日一匙澆汝飯可能呼起更重嘗

歪角鬟兒好戴花也隨諸姊要盤鴉於今寶鏡無顏色一任朝光滿碧紗

墳草青青白水寒孤魂小膽怯風湍荒塗野鬼誅求慣爲訴家貧楮鏹難

可有森嚴十地關兒魂一去幾時回啼號莫倚嬌啼態邏刹非而父母來

蠟燭燒殘尚有灰紙錢飄去作塵埃浮圖似有三生說未了前因好再來

邸塾示諸徒

飄蓬幾載困青氈忽忽鄰居又一年得句喜拈花葉寫看書倦當枕頭眠蕭騷易惹窮途恨放蕩深慚學俸錢欲買扁舟從釣叟一竿春雨一蓑煙

淮陰邊壽民葦間書屋

邊生結屋類蝸殼忽開一窗洞寥廓數枝蘆荻撐煙霜一水明霞靜樓閣夜寒星斗垂微茫西風入𢭏搖燭光隔岸微聞寒犬吠幾撚吟髭更漏長

項羽

已破章邯勢莫當八千子弟赴咸陽新安何苦坑秦卒壩上焉能殺漢王玉帳深宵悲駿馬楚歌四面促紅妝烏江水冷秋風急寂寞野花開戰場

鄴城

劃破寒雲漳水流殘星畫角動譙樓孤城旭日牛羊出萬里新霜草木秋銅雀荒涼遺瓦在西陵風雨石人愁分香一夕雄心盡碑版仍題漢徵侯

銅雀臺

銅雀臺千丈起，掛秋星，壓寒水，漳河之流去不已。曹氏風流亦可喜，西陵松柏是新栽，松下美人皆舊妓。當年供奉本無情，死後安能強哭聲。繐帳八尺催歌舞，嬾慢盤鴉鬟不成。若教賣履分香後，盡放民間作佳偶。他日都梁自撿燒，回首君恩淚痕納。

泜水

泜水清且淺，沙礫明可數。漾漾浮輕波，悠悠匯遠浦。千山倒空青，亂石兀崖堵。我來恣游泳，浩歌懷往古。偪側井陘道，卒列不成伍。背水造奇謀，赤幟立趙土。韓信購左車，張耳陋肺腑。何不數陳餘，與之歸漢主。

易水

子房既有椎，漸離亦有筑，荊卿利匕首，三人徒碌碌。世間無鳳麟，遲否縱蚯蚓。雷霆迴其威，人謀焉得遂。蕭蕭易水寒，悄悄燕丹哭。事急危虎尾償轅，終敗轅酒酣，市上情一往不可復。

贈甕山無方上人二首

山冣都城北，僧居御苑西。雨晴千嶂碧，雲起萬松低。天樂飄遙細，宮莎剪欲齊。萊人驅豆馬，歷歷俛長堤。

一見空塵俗，相思已十年。補衣仍帶綻，閒話亦深禪。煙雨江南夢，荒寒薊北田。閒來澆菜圃，日日引山泉。

追憶莫愁湖納凉

江上名湖號莫愁，納凉先報楚江秋。風從綠樹梢頭響，雲向青山缺處流。尚憶羅襟霑竹露，可堪清夢隔沙鷗。遲遲新月黃昏後，圖扇佳人正倚樓。

送職方員外孫丈歸田 韓光奎

先生六月江南去，散棄秋風亦徑歸。艤艙先嘗應憶我，薇蕨堪飽莫開扉。故人幾輩頭俱白，後學相看識者稀。淮海文章終自在，任渠披錫絳紗幃。

鶴兒灣畔藕花香，龍舌津邊粳稻黃。小艇霧中看日出，青錢柳下買魚嘗。邗墟古廟紅墻立，天末孤雲白帶長。借取漁家新箬笠，一竿煙雨入滄浪。

嶧山

徐州五色土，乃在嶧山下。凸凹見青黃，崩裂皆赤赭。偃蹇七十里，石若恐卧牛。跗苔斑古銅，鱗黑骨積鐵。冶肅然隔窖翁，千峯搆雲屋。曲逕回腸盤，飛泉衰雷瀉。古碑蝕蟲魚，老屋頹牲瓦。秋河肯可渴寒

星摘盈把悲鳥百聲叫孤鶴萬年家結芽此間住
萬事莽可捻山中古仙人或有騎龍者

山寺

山頂何年寺寒牆補破雲古鐘雀巢鈕斷石薜成衣僧話從教譯盤香久不焚迴風吹拂葉凄響正紛紛

徐君墓

湛虛夜哭墳頭樹夭神百怪精靈聚月射芙蓉冷露凝霜寒鞞捧銀蛇吐殷殷時呼水底龍蕭能欲化山頭虎爲表延陵萬古心忍負徐君三尺土世人擾攘不及身百千賂布空爾情季子抱恨刻心骨區區掛劍徒虛名眼前眷戀情難厭死後相思空寄念席上摩挲便贈之一條秋水橫棺殮

贈博也上人

閑門何處不深山蝸舍無多八九間人跡到稀春草綠燕巢營定畫梁閒黄泥小竈茶烹陸白雨幽窗字學顛獨有老僧無一事水禽沙鳥聽關關

寄許衡山

江淮韻士許衡州近日蕭疎似昔不好事春泥修茗灶多情小盌覆詩閒食眠消減綠花瘦背擬看

量怨水流我有無題新脫稿寄君吟向小朱樓

寄松風上人

豈有千山與萬山別離何易來何難一日一日似流水他鄉故鄉空倚闌雲補斷橋六月雨松扶古殿三時寒蔬脯茶油新麥飯幾時猿鶴來同餐

喜雨

宵來風雨越柴扉早起巡簷點滴稀一逕煙雲蒸日出滿船新綠買秧歸田中水淺天光淨陌上泥融燕子飛共說今年秋稼好碧湖紅稻鯉魚肥

弘量上人精舍

淼淼秋濤湧樹根西風落葉破柴門鸞鴉日暮無人管飛起前村入後邨

山門夜悄不能呼冷燭殘船宿葦蒲殘月半天霜氣重曉鐘雞唱滿東湖

題畫

秋山秋樹秋水蒼瘦禿落清駛舊曾遊望依稀湫湫雁行沙背

悍吏

縣官編丁著圖甲悍吏入村捉鵝鴨縣官養老賜帛肉悍吏沿村括稻穀豺狼到處無虛過不斷人

喉抉人目長官好善民已愁況以不善司民牧山田苦旱生草菅水田浪闊聲潺潺　聖主深仁發天庾悍吏貪勸爲刀奸宄遁溝洿虎而翼叫呼楚撻無寧刻林中殺雞忙作食前村後村已弃息嗚呼長吏定不知知而故縱非人爲

私刑惡

自魏忠賢拷掠羣賢淫刑有出其遺毒猶在人間胥吏以慘掠取錢官長或不知也仁人君子有至痛焉

官刑不敵私刑惡掾吏搏人如豕搏斬筋抉髓剔

毛髮督盜搜賊例苛虐吼聲突地無人色忽漫無聲四肢直遊魂蕩漾不得死婉轉迴離天地黑本因凍餒迫爲非又值奸刁取自肥一絲一粒盡搜索但憑皮骨當嚴威累累妻女小兒童拘囚繫械網一空牽累無辜十七八夜來鎖得鄰家翁鄰家老翁年七十白梃長椎敲更急雷霆收聲怯吏威雲昏雨黑蒼天泣

撫孤行

十年夫殁窗畱麗歲歲曬書抱書哭縹緗破裂方錦紋玉軸牙籤斷湘竹孀婦義不賣藏書況有孤雖是遺腹四壁空鴉噪不止十日索鹽五日紙學俸無錢愧塾師綫脚鐵頭夢中指燈昏焰短空房黑兒顛無爹母長織敗葉走地風沙沙檢點兒眠聽曉鴉

贈巨潭上人三首

山骨蒼寒壁古苔壞廊拳曲入僧房余錢十萬誰來施多起樓臺占夕陽

墨碟鉛匙一兩三半窗舊意寫江南誰家絹素摧人急先向空中作遠嵐

寒煙裊裊淡孤邨一路霜華界瓦痕睡足曉窗無

一事滿山晴日未開門

別梅鑑上人

海陵南郭居人少古樹斜陽破佛樓一逕晚煙籬菊瘦幾家黃葉荳棚秋雲山有約憐狂客鐘鼓無情老比邱回首舊房留宿處暗窗寒紙颯颼

客揚州不得之西邨之作

自別青山負夙期偶來相近輒相思河橋尚欠年時酒店壁還留醉後詩落日無言秋屋冷花枝有恨曉鶯癡野人話我平生事手種垂楊十丈絲

再到西村

青山問我幾時歸，春雨山中長蕨薇。分付白雲留倦客，依然松竹滿柴扉。送花鄰女看都嫁，賣酒村翁與不違。好待秋風禾稼熟，更修老屋補斜扉。

除夕前一日上中尊汪夫子

瑣事貧家甲萬端，破裘雖補不禁寒。餅中白水供先祀，窗外梅花當早餐。結綱縱勤河又涸，青書無主歲偏闌。明年又值掄才會，願向秋風借羽翰。

秋夜懷友

斗帳寒生秋被輕，疎星歷歷隔窗明。滿階蕉葉兼梧葉，一夜風聲似雨聲。塞北天高鴻雁遠，淮南木落楚江清。客中又念天涯客，豈是相思過一生。

芭蕉

芭蕉葉葉爲多情，一葉纔舒一葉生。自是相思抽不盡，却教風雨怨秋聲。

梧桐

高梧百尺夜蒼蒼，亂掃秋星落曉霜。如何不向西州植，倒挂綠毛么鳳皇。

得南闈捷音

忽漫泥金入破籬，舉家歡樂又增悲。一枝桂影功名小，十載征途發達遲。何處窮愁惟哭墓，無人對鏡嬾窺帷。他年縱有毛公檄，捧入華堂却慰誰。

山中雪後

晨起開門雪滿山，雪晴雲淡日光寒。簷流未滴梅花凍，一種清孤不等閒。

題畫

兩岸青山聚米多，長江突兀一條梭。千秋征戰誰將去，都入漁家破網羅。

莫爲

莫爲甄妃感歎多，袁曹寵幸舊曾饒。周郎早世孫郎妖，賜斷江東大小喬。

小廊

小廊茶熟已無煙，折取寒花瘦可憐。寂寂柴門秋水闊，亂鴉揉碎夕陽天。

懷舍弟墨

我無親弟兄，同堂僅二人。上推父與叔，豈不同一身。一身若連枝，葉葉相依因。樹大枝葉富，樹小枝葉貧。兒我兩弱幹，荒河蔓草濱。走馬折爲鞭，樵斧摧爲薪。含悽度霜雪，努力歷秋春。我年四十二，我弟年十八。憶昔幼小時，清癯欠肥肭。老父酷憐愛，謂叔晚年兒。餅餌携其手，痾飽不痾飢。出門幾回

傾入門先抱持年來父叔殁移家僦他宅幸有破
茅茨而無飽糠覈老兄似有才苦不受繩尺賢弟
才似短循循受謙益前年葬大父擴有金蝦蟆或
云是貴徵便當與其家起家望賢弟老兄太浮誇
家貧富書史我又無兒子生兒當與分無兒盡付
爾誰家一兩月念爾不能忘丞中有老樹枝葉鬱
蒼蒼東枝近屋西枝過鄰牆兩枝不相顧剪伐
誰護將感此傷我懷苦樂須同嘗

書苦短

晝苦短夜正不長清歌妙舞看未足樓頭鼕鼓聲

[illegible]明星振地纔數尺日光搖動來扶桑晝苦短
晝亦不短山中暇日如小年塵世光陰疾如箭古
來開國多聖明歷盡艱難身百戰一朝勘定稱至
尊承明殿上頭毛斑安期棗盡還瘦羸赤松黃帝
墳纍纍學仙學佛空爾爲晝苦短西日飛

贈高郵傅明府并示王君廷槳 傅有彝陵

出牧當明世銘心慕古賢安人龔渤海執法況青
天瑣細知幽與高明得靜便星躔羅腹底冰雪擢
脊梢昔守淮陽域曾丞睢雨濺麻鞋操斧鎬百口
寄舟船生死同民命崎嶇犯世嫌上官催決塞小

吏只壅田時值西風急憑翻竹楗編孤城將不保
丁命敢求全痛哭蒼天應焚香巨浪恬支祈收震
怒河伯劾淵潛運道終無悉居民亦有年稻粱千
里熟歌舞數州連魚蟹多無算雞豚不計錢青帘
橋畔酒細雨樹中煙父老村村祝鉦衙緩緩遷文
游春水浩鶯社夜珠懸頭獻長溪藻還供縮項鯿
鄰邦成取法下邑賜矜憐訪我荒城北停舟荻岸
邊一談胸吐露數盞意周旋頗有王生者曾經絳
帳延美材承斫削高義破迍邅約束神應阻籠絡
器益堅秋風動南國六翮會翩躚

落拓

乞食山僧廟縫衣歌妓家年年江上客只是爲看
花

贈潘桐岡

讀書必欲讀五車胸中撐塞如亂麻作文必欲法
前古婢學夫人徒自苦吾曹筆陣淩雲煙掃空氛
翳鋪青天一行兩行書數字兩箕北斗排星躔有
時滴墨爲日斫睫花浮露春風鮮瑤花玄豹年十
四欲折不折心相憐斬龍殺虎提龍泉定情溫細
桃花竝蕭蕭落落自千古先生信是人中仙天公

由意來纏繫困倒揚州如束溼空將花鳥媚暑沽
獨遣愁腸惱英特志亦不能爲之抑氣亦不能爲
之塞十千沽酒醉平山便拉歐蘇共歌泣君不見
迷樓隋帝最荒淫千秋猶占煙花國名姬百琲試
琵琶駿馬千金買鞍勒丈夫得志會有時人生意
氣何終極揚州四月嫩晴天且買櫻笋鰣魚相啖
食

觀潮行

銀龍翻江截江入萬水爭飛一江急雲雷風霆爲
先驅潮頭聳出青山立百里之外光熒熒若斷若
續且有情崩奔喧豗倏已過萬馬飛渡蕭山城錢
塘岸高石五丈古松大樸盤森擁翠樓朱檻衝波
翻羽旗金甲雲濤上伍胥文種兩將軍指揮鯤鯨
綜鼉蛟杭州小民不敢射盜豬擊鼓來相享我輩
平生多鬱塞豪情逆氣新搔癢風定月高潮漸平
老魚夜哭蛟宮溢

弄潮曲

錢塘小兒學弄潮硬篙長楫捺復撟舵樓一人如
鑄鐵死灰面色睛不搖潮頭如山挺船入艪腰掀
翻船豎立忽然滅沒無影蹤緩緩浮波衆船集潮

平浪滑逐沙鷗歌笑山青水碧流世人歷險應如
此忍耐平康在後頭

肅宗

百戰艱難復兩京范陽餘孽尚縱横太平天子無
愁思内殿惟聞打子聲

南内

南内淒清西内荒淡雲秋樹滿宮牆由來百代明
天子不肯將身作上皇

韜光

韜光古寺數山巔北窓直與餘杭縣萬洪小兒峰
嶺低南屏一片排秋扇錢塘雪浪打西湖只隔杭
州一條綫海日烘雲濕已乾下界奔雷作蛇竄山
中老僧貌奇古十年不踏西泠土厭聽湖中歌吹
聲肯來伺候衙門鼓曲房幽閒養神魚古碑剔蘚
蝌蚪書銅鉼野花鳥几靜湘簾竹榻清風徐飲我
食我復遺我茅屋數間山側左分屋而居分地耕
夜盛共此琉璃火我已無家不願歸請求了此前
生果

偶成

雨過天全暖樓新燕有情江晴春浩浩花落水平

平栽文吹簫坐吳兒撥馬行回西湖各會忘煙柳閉
州城

飲李復堂宅賦贈

四月十五月在樹嫩風清影搖窗戶來酒欲飲心
事來主客無言客老去主人衰家貧取以年肆聞初
試刪就雜談　歸出入古比口奏等侍直
皇帝明子雄顏為世所忌口雖禁默心不然蕭蕭匹
馬辭都市錦衣江上尋歌妓聲色荒淫二十年丹
青縱橫三千里兩淮世網故其家貧金盡晝夜孝
桂剩喉權祖綴史類求田千畝割為墨莊春臺
畫
畫益妙備見賢豈鄙非是此書雙松半未成時來
恣烈姿心然光志翻思路難塵一官聊以庇其身
救過花開上林樹十年不見京華春此中滋味淡
如冰未泯明良經眼貧

題國冠宸畫山樓

置尋檢收總畫山滿樓空翠滿煙雲明朝買神清
江上郵在李家園壽門

大中丞尹年伯贈帛

落拓揚州一敝裘綠楊蕭寺幾淹留留得梅花數朶
相鬚堪剪春衫好出遊花下草勢露斜滿煙蓋司遇

詠霞香雲集來小步隋堤上滿袖東風愁旅愁

題遊侶園

大雲滿天地胡為杖劍遊欲談心事門上酒
樓

題程羽宸黃山詩卷

黃山夢空青造化何枝瘦陰陽未判精氣五渾
潛幽結勢綿互抽拔出冷日月始明乃函雲龍潮
來往軒成大造奇鉅開哉天都強名日月老
思借將秦漢封銅宋唐宋遊屐慶雲游盡許歸松
清藝天幾雪飛泉百斷崖怪石萬劫廻巒小步樓閣
畫
嶽嶽金翠紛奇崢是樓縣龍穴秋疏淮等鶴鵝鶴相
嶠樓推奉典果淮早仙金銅見光山履煙
香雪峰頂樓蓮滿飛雁土寸若金風蕪薙家衣網時深
宗欲陰陂傍晚迷鬧我欲辭顧嬌嬌客深徒從快陸
騎怯熱驅波之浙江紫霧準塔媒果尚藥勞想
山重久抑斥飛砂草松類翰君欲遊趣聽度協翠
來深泉鳴胃脉卧寓盆滾沅昭耳流綜縛登身峰
乃柳描星摺戶臟洗日侏益捨是詩敘十篇才思
何開朗刻畫出金石怒結叶平上硃砂入獮鑑天
馬足文翁缺且重勢愁綴才描沛依先作記數千言

瑣細傳幽賞同遊誰何人吾宗庚谷黨當境欣淋
漓離懷惜時最昔我未追逐今我實慨慷萬頃林
巒最一官依欽儻當復邀同遊爲君負節鐙

贈張蕉衫

淮南又遇張公子酒滿青衫日已曛攜手五勾斜
畔去西風同哭窈娘墳

上江南大方伯晏老夫子 諱斯盛

虎瞰峯高迥出雲鳳池春早曲流紋才充上苑千
林秀氣壓西江九派分舟下牂牁開漲海山臨銅
鼓拂南薰武侯千載征蠻後直待先生展大文
公新渝人由翰苑視學貴州

歸朝晉秩列卿班檢點彤儀肅珮環虎旅千人排
象闕鵷行九品拜龍顏再持文柄心逾下屢沐殊
恩意轉閑慚愧無才經拂拭也隨桃李謁高山
公以大鴻臚分校禮闈

星軺湫湫下南邦飈匣書囊動曉裝六代煙花迎
節鉞一江波浪湧文章宗援保障開鎖乎天下軍
儲仰建康赤旱于今憂不細蘋圖何以繪流亡

淮南大郡古揚州小縣人居薄海陬桑上標緗皆
舊帙枕中方略問新猷鄱湖浪闊翰洋子匡阜雲
來潤石頭手把千將渾未試幾回磨淬大江流

由興化迂曲至高郵七截句

百六十里荷花田幾千萬家魚鳥邊舟子撈篙撈
不得沿松照人嬌可憐

煙裊兩笠水雲居穀樣船兒蝸樣廬賣取青錢沽
酒得亂攤荷葉擺鮮魚

湖上買魚魚最美煮魚便是湖中水打槳十年天
地間鷺鷥認我爲漁子

買得鱸魚四片腮莼羹熟致一尊開近來張翰無
心出不待秋風始却回

榴揭瓜綿老綠多公紅一點是秋荷暮雲卷盡夕
陽出大末冷風吹細波

一塘蒲過一塘蓮荇葉菱絲滿稻田最是江南秋
八月雞頭米賽蚌珠圓

船窗無事嘯秋聲容易年光又冷風續被無情團
扇薄任他霜打柿園紅

贈國子學正侯嘉璠弟

讀書萬卷胸中無適主便如暴富兒頗爲用錢
苦大哉侯生詩日進其歸不爲古所累氣與意
相輔浸浸如貫珠斬斬入規矩當今文士協如公

呈長者

御溝楊柳萬千絲，雨過煙濃嫩日遲。擬折一枝猶未折，爲人春燕太嬌癡。

桃花嫩汁搗來鮮，染得幽閨小樣箋。欲寄情人羞自嫁，把詩燒入博山煙。

酬中書舍人方超然弟

研粉宮箋五色裁，兔毫揮斷紫煙煤。書成佰擬蘭亭帖，何用蕭郎賺辨才。

君家兩世文名盛，宦況蕭條分所宜。笑我筆花枯已盡，半生寬枉作貧兒。

讀昌黎上宰相書因呈執政

常怪昌黎命世雄，功名之際太匆匆。也應不肯他途進，惟有修書謁相公。

甕山示無方上人

松杉仍彷度清秋，雲淡山空古寺幽。蜓蟀亂鳴黃葉逕，瓜棚半倒夕陽樓。客來拾飲欣同出，僧去京茶又小留。寄語長安車馬道，勸魚溪上是天游。

寄青崖和上

山中卧佛何時起，寺裏櫻桃此日紅。驟雨忽添崖

那可睹，家住浙東頭。山凹水之湄，鳳峰天上排。台根海底柱，樹密龍氣深，雲霾石情怒。安得從君遊，嘯歌入天姥。龍湫萬丈懸，對坐濯靈府。我詩無部曲，澒漫列卒伍。轉鬭屢蹶傷，猶思梟猛虎。家非山水鄉，半生食鹽鹵。頑石亂木根，憑君施巨斧。

贈胡天游弟

作文勉强爲荆棘，塞喉齒乃興勃發。燒煙雲拂滿紙，檢點豈不施濤瀾。浩無涘，眼讀秋霖賦，觸手生妙理。塗抹古是非，排撻世歡喜。抽思雲影外，造語石骨裏。李廣飛將軍，自然成壁壘。列子御風行，㢘

夫尋轍軌，錢塘江雨青山陰，石髮紫何必采。靈芝千崖看秀起，山靈愛狂逸，魑魅識才技。雜沓吾揚州，煙花欲羞死。

燕京雜詩

不燒鉛汞不逃禪，不愛烏紗不要錢。但願清秋長夏日，江湖常放米家船。

偶因煩熱便思家，千里江南道路賒。門外綠楊三十頃，西風吹滿白蓮花。

碧紗窗外綠芭蕉，書破繁陰坐寂寥。小婦最憐消渴疾，玉盤紅顆進冰桃。

下水泉聲都作晚來風紫衣鄭重
君恩在
御墨淋漓粲教崇透脫儒書千萬軸遂令禪事得真
空

訪背崖和尚和壁間晴嵐學士盧亭侍讀原
韻 晴嵐張公 若盧亭鄧公宗安

西風肯結萬山緣吹破濃雲作冷煙匹馬徑來黃
葉寺雨晴稻熟早秋天

渴疾由來亦易消山前酒旆望迢遥直深更飲秋
潭水帶月連星留一瓢

屋邊流水勢潺湲峭壁千條瀑布懸自是老僧饒
佛力杖頭揆處起靈源

烟霞文字本閑情衲笏山林味總清兩兩鳳凰天
外叫人間小鳥更無聲

法海寺訪仁公

昔年曾此摘蘋婆石逕攲危挽綠蘿金碧頓成新
法界情他荒朴轉無多

參差樓殿密遮山鴉雀無聲樹影閒門外秋風敲
落葉錯疑人叩紫金鐶

樹滿空山葉滿廊袈裟吹透北風涼不知多少秋
滋味卷起湘簾問夕陽

同起林上人重訪仁公

幾日不相見作詩盈一囊文殘雲外游鎖盡定中
香雨歇四天碧風高秋稼黃可應歌擊壤更爲繼
陶唐

賓主吟聲合幽窗夜火然風鈴如欲語樹鶴不成
眠月轉山沉霧花深鳥入煙朝霞鋪滿徑裁取作
綵箋

勝地前朝闢青山
滿座情薰經一物可特報他生齋粥分天庚晝蔬
到直盡秋風滿松聲幽梵曉來清

山中夜坐再陪起上人作

久訪山上煙月出秋樹底清光射玲瓏峭壁澄寒
水樓無見其腹歷歷明可指秋蟲草際鳴切切哀
不已潭心冷欲冰詩懷淡簡古吟成無底麻書上
破窗紙

頑奴傲烹茶湯沸火已滅冷然酌秋泉心肺總寒
冽叢花夜露濕細蝸石上茁老槐恃氣力排風骨
正折坐久月當中寒光射毛髮不但飲秋泉此心
何得熱

晨起望諸山煙嵐莽漲塞暘烏初出海氣弱不得力墨雲橫亘天稱霞歛顏色重帛那禁寒擁衾坐巖前露重如小雨徑危滑難陟酸棗垂纍纍爪果蔓寒棘招手謂山鳥與爾得飽食

詩成令我寫寫就復塗抹骨脈微參差有愛忍心割未得如抽繭鍼尖隱乇裼既得如尸解蜷蜕忽蟬脫主人門外來詩才日豪闊遲疾各性情繼余氣先奪

贈圖牧山 并清格

我訪圖牧山步出沙窩門雁䧕百本樹斷續千丈垣野廟包其中踏躡僧灌園僮奴數十家雞犬自成邨青鞋踏曉露小閣延朝暾烹茶亦已熟洗盞猶細捫平生書畫意絕口不一言江南渺音耗不知君尚存頑書千萬幅相與寄南轅

又贈牧山

十日不能下一筆閉門靜坐秋蕭瑟忽然興至風雨來筆飛墨走精靈出小草小蟲寫微妙古石古雲氣奔逸字作神氣與文緣以蝌蚪點濃淡恰迂荒幻性所鍾妥貼細膩學之謐訪君古樹荒墳邊葉凋草硬霜凜栗一醉十日亦不辭歷滿歸焉催人疾揚州老僧文思最念君一紙寄之勝千鎰

送都轉運盧公 并見曾

揚州自古風流地惟有當官不自怡監筴米囊銷歲月崖花澗鳥避旌旗一從吏議三年謫得賦淮南百首詩肸把青蓮踏隋苑壺漿獻出野田兒

清詞頗似王摩詰復以精華學杜陵吟撤夜窗秋紙破思凝寒澗曉星澄樓頭古瓦疎桐雨牆外清歌畫舫燈座上悲歡並喧寂心緣幾入碧雲層

塵埃吹去又生塵汨盡英雄爲要津世外煙霞負漁釣胸中寵利愧君臣去毛折項萌蘆熱豁齒還頭婢僕兵兩世君家有清德即今風雅繼先民

何限雞鶩供奉班懸子引對又空還舊詩燒盡重騰稿破屋修成好住山自寫聲花教幼婦閒拈玉笛引雙鬟吹噓更不勞前輩從此江南一梗頑

李氏小園

小園十畝寬落落數間屋春草無穢滋寒花有餘馥閉戶養老母拮据市梁肉大兒執簿刀縷縷切紅玉次兒拾柴薪細火煨陸續煙飄荳架青香透疎籬竹貧家滋味薄得此當鼎餗弟兄何所餐宵來安脹粥

晨起縫破衣鍼綫不成行母年七十四眼昏手又僵裝綿苦欲厚用綫苦欲長縫長衣縫緊綿厚耐雪霜裝成令兒服母衣單薄涼不衣逆母懷衣之情内傷

兒病母煮藥老淚滴爐灰幾死復得活爲母而再來終養理之順歲兒情至哀老天有矜憐後使歸母懷

兄起掃黃葉弟起烹秋茶明星猶在樹爛爛天東霞杯用宣德甆壺用宜興砂器物非金玉品潔自生華蟲游滿院凉露濃敗蒂瓜秋花發冷豔點綴

《安樸詩鈔》 五

枯籬笆閉户成羲皇古意何其賖

野老

輸龍官租不入城秋風社酒各言情明年二月逢春閏細雨長隄看耦耕

贈金冀

亂髮圍成字深山鑿出詩不須論骨髓誰得學其皮

細君

爲折桃花屋角枝紅裙颭惹綠楊絲無端又坐青莎上遠遠張機捕雀兒

雨中

終日苦應酬連陰得閉門清涼滿心肺草木向携言新竹倚屋簷綠沁窗紙昏梁燕坐不出蝸牛滿苔痕犬跡踏沙軟躡屐恐泥翻迴廊足散步把書行且温家釀亦已熟呼僮傾盎盆小婦便爲斜紅袖對金尊

平山宴集詩 爲進士王元衡作

閒雲拍拍水悠悠樹繞春城燕繞樓買盡煙花消盡恨風流無奈是揚州

春風細雨雷塘路旭日明霞六一祠江上落花三

《枝樵詩鈔》 十

十里令人愁殺冷胭脂

江東豪客典春衫綺席金尊索笑談臨上馬時還送酒寒鴉落日滿淮南

野花紅豔美人魂吐出荒山冷墓門多少隋家舊宮怨珮環聲在夕陽邨

贈梁魏金四首

坐我大樹下秋風飄白髭朗朗神仙人閒息飲光儀小婦竊窺廊紅裳隱疎籬黃精煨正熟長跪奉進之食罷仍閉目鼻息細如絲夕影上樹杪落葉滿身吹機心付氷釋静版無橫馳養生有大道不

獨覽英萃

骨董

末世好骨董甘爲人所欺千金買書畫百金爲裝池缺角古玉印銅章盤螭鳥几研銅雀象牀繞金椀一杯一尊斝按圖辨款儀鉤深索遠求到老如任癡骨肉起訟獄朋友生猜疑方其富貴日價直千萬奇及其貧賤來不足換餅餈我有大古器世人苦不知伏羲畫八卦文周孔繫辭洛書著洪範夏禹傳商箕東山七月篇斑駁何陸離是皆上古物三代即次之不用一錢買滿架堆離披乃其最下者韓文李杜詩用以養德行壽考百歲期用以治天下百族歸淳熙大古不肯好逐逐流俗爲東家宣德爐西家成化甆盲人寶陋物惟下愚不移

逢客入都寄勗宗上人口號

汝到京師必到山山之西麓有禪關爲言九月吾來住檢點白雲房半間

貧士

貧士多窘艱夜起披羅幃徘徊立庭樹皎月墮長陴念我故人好謀告當無違出門氣頗壯半道神

已微相遇作冷語吞話還求歸歸來對妻子局促無儀威誰知相慰藉脫簪典舊衣入廚燃破釜烟光凝朝暉盤中宿果餅分餉諸兒饑待我富貴來鬢髮短且稀莫以新花枝誚此蘼蕪非

行路難三首

天明始覺滿身霜抖擻征衫曳馬韁茅店煖烟呼冷面販人朝日出林塘

關山老馬怯馳驅幼僕而今作壯夫萬里功名何處是猶將青鏡看鬚顛

紅帖糊門挂柏枝東風馬上過年時一杯酒家千里逆旅多情送餅餈

又一首仍用前起句

天明始覺滿身霜日出繞伸十指僵山色半青還半霧烏頭紅葉是何莊

廣陵曲

隋皇只愛江都死袁娘洞簫紅珠子玉勾斜土化爲烟散入東風豔桃李樓上摘星攀夜天斗珠灼灼看人眉嫣塘水光四更白月痕斜出吳山尖曉閣涼雲笛聲瘦許散點花撒秋至長夜歡娛日出眠揚州自古無清晝

秦宫詞後長吉作

方庭四角繞艷香酒闌妓合登煌煌金輿翠幰貴
人散只有秦宫入畫堂南堂夫人賜金兕北堂相
公同繡被未識歡哥一片心平分偏向知何寄内
寵外寵重復重畫有微眠夜無寐自古淫花蕩雨
風海棠不得辭憔悴天生桀黠奴非衆柔軟嬌慜
復驍勇媿鵲承明百尺牆斗上乎翔燕赤鳳

范縣呈姚太守薛興漢

落落漠漠何所營蕭蕭瀞瀞自爲情十年不肯由
科甲老去無聊挂姓名布襪青鞵爲長吏白榆文
杏種春城幾回大府來相問隴上閒眠看耦耕

樸樹詩鈔

塞下曲三首

天遠山空塞草長太平羽獵出漁陽少年馬上談
詩事一種風流夫莽蒼
萬幃千山落日多將軍獵罷選清歌胡姬醉舞雙
紅袖笑指黄羊挂駱駝
洗盡寒酸舊筆頭十年關塞覓封侯臂鷹蹤馬黄
皮袴射得豐狐作短裘

村居

霧樹溟濛叫亂鴉濕雲初變早來霞東風已緑先
□草細雨猶寒後夜花村艇隔烟呼鴨去酒家依
岸扎籬笆深居久矣忘塵世莫遣江聲入遠沙

懷無方上人

禪識上人在西江廬山細瀑鳴秋窗後遇上人入
燕趙寶山古甎埋荒廟今君閑住孝兒營亂石寒
雲補蘇荆别築岩前數間屋繪圖招我同歸耕伊
昔茅棚晒秋藥我混屠沽君種作推墮塞壖邯市
中笑而不怒心寥廓嗟我近事如來嶽不牙懸吏
相推排不知喜怒爲何事夜夢蹁躚朝喧砭一年
一年遂留滯徒使高人笑疏贅我已心媿傍尔飛
來歲不歸有如水

樸樹詩鈔

懷程羽宸 余江潮落拓數十年惟程三子
鴻孝千金爲壽一洗窮愁羽宸是其表字
世人閑口易千金畢竟千金結客心自遇西江程
夫子始聞寒霧到如今
千載青書過不通蓼花洲上有西風傳未似有非
常信幾夜酸辛屢夢公

渡江

海日出復没江光紫而冷風平浩浩波颿定亭亭
影瓜步淼然去北固蒼翠聳未暇遊金焦先寫象

山遊

招隱寺訪舊五首

江鳥喚朝興山中訪舊僧過泉先解渴滿勝漫誇
能十里樹中曲半樓天外凭上方應遠在小歇更
攀登

沃水先清面除煩更削瓜客真無禮數僧亦去袈
裟竹榻斜支枕苔窗卧看花來朝好風日細細探
烟霞

禪房精筆硯窗又碧紗糊吮墨情温細論詩味淺
腴茶槍新摘蓮露旋收珠小盞烹甯滴青光淺
浮

俯瞰僧歸寺微茫蟻附階過橋疑入澗轉樹忽登
崖碧綠新篁果輕黃舊草藥林深天欲暮風起作
陰霾

樓有高於樹樹更迥於樓上下扶蘿碧陰晴戶闔
幽鳥聲人語雜花氣日光遒五月山秋逼僧衣衆
作裘

雲

濃雲風不動薄霧片時渦澤小含烟少山深吐氣
多鬬漫遮大塊輕抹乱微波愛巧嫌癡重人情可

乳母詩

乳母費氏　先祖母蔡太孺人之侍婢也
燮四歲失母育于費氏時值歲飢費自食
于外服劳于内每晨起負燮入市中以一
錢市一餅置燮手然後治他事閒有魚飧
瓜菓必先食燮然後夫妻子母可得食也
數年費益不支其夫謀去乳母不敢言然
長啼淚痕日取太孺人舊衣濺洗補綴汲
水盈缸滿甕又買薪數十束積竈下不數
日竟去矣燮晨入其室空空然見缸水貯
几然横視其竈猶温有飯一盌菜一盂藏
釜内即常所飼燮者也燮痛哭竟亦不能
食矣後三年來歸侍太孺人撫燮倍摯又
三十四年而卒壽七十有六方來歸之明
年其子俊得操江提塘官屢迎養之卒不
去以太孺人及燮故燮成進士乃喜曰吾
撫幼主成名兒子作八品官復何恨遂以
無疾終

平生所負恩不獨一乳母長恨富貴遲遂令慚恩

久黃泉路迂潤白髮人老醜食祿千萬鍾不如餅在手

白門楊柳花

白門楊柳花飄飄陌上遊人互見招明璫翠袖車中手錦帶彎弓馬上腰少年何必曾相識好鳥名花天下惜妾佳青樓第幾家映門桃柳方連刻家有水亭新綠荷東風不大生微波願得晴明好天氣郎來倚檻流清歌郎意溫勤自安妾郎情恍蕩誰閑鎖陌上遊人盡愛儂儂得郎憐然後可

長干女兒

長干女兒年十四春遊偶過南朝寺髻髮纖髻拜佛遲低頭墮下金釵翠寺裏遊人最少年閒行拾得翠花鈿送還不識誰家物幾嗅香風立悵然

長干里

墻裏花開墻外見誰門半覆垂楊綫門外春流一泒清青山立在門當面老子栽花百種多清晨擔賣下前坡三間古屋無兒女換得鮮魚供阿婆綵綵織穠家家事金鳳銀龍貢天子花樣新添一綫雲舊樣不用西湖水棧上男兒百巧民單衫布裕不遮身中原百歲無爭戰兒荷干戈敢怨貧

比蛇

粵中有蛇好與人比較長短勝則嚙人不勝則自死然必面令人見不暗比也山行見者以傘與之沖蛇不勝而死

好向人間較短長截岡要路出林塘縱然身死猶遺直不是偷從背後量

脆蛇

是蛇易斷易續能治病無毒土人以竹筒誘入塞之焙以為藥

爲製人間妙藥方竹筒深鎖掛枯墻身原有毒無毒寃竟身從何處藏

紹興

丞相紛紛詔勅多紹興天子只酣歌金人欲送欽欽返其奈中原不要何

宿光明殿贈婁真人 諱近垣

老聃莊列人中仙未聞白晝升青天五千妙義南
華詮虛靜恬澹返自然秦皇漢武心如烟騰空飄
幻無涯邊茂陵樹接驪山阡牧竪奴子來燒頭金
丹服食促壽年元和大歷無愚哲我 朝力掃諸
從前踢翻藥竈流丹鉛真人應運來翩翩神清氣
朗心靜專渾融天地爲方圓出入仁義娛經權藏
神斂精歸心田有何燒鍊丹磨研有何解脫尸蛇
蟬我來古殿夜宿眠銀瓏金索搖星躔雕闌玉砌
朝露鮮名花異草相綿連黔民千百萬金錢有明
事業諸所傳真人假寐心棄捐默以垂勞姑置焉
天子曰俞聊取便匪令逐逐還沾沾富而教之王政
全萬國壽命同修延

破衲爲從祖福國上人作

衲衣何日破四十有餘年白首仍縫綻青春已結
穿透涼經夏好等煖入秋便故友無如此相看互
有憐

贈㝡宗上人三首

卷畫溪邊髻高髻便拈荷葉作袈裟一條水牯斜
陽外種得山頭十畝霞
舜公美似晉司空 謂青崖老人 識取雲間紫氣濃手把
千將日磨淬匣中抽出秋芙蓉
詩清雲淡雨無心人自青春嶺自岑好待劉[illegible]
社
九後萬山紅葉冷相尋

山中臥雪呈青崖老人

一夜西風雪滿山老僧留客不開關銀沙萬里無
來跡犬吠一聲村落閒

紫瓊崖主人送板橋鄭燮爲范縣令

萬丈才華繡不如銅章新拜五雲書
朝廷今得鳴琴牧江漢應聞問字居四廓桃花春雨
後一缸竹葉夜涼初屋梁落月吟瓊樹驛遞詩筒
莫遣疏

將之范縣拜辭

紫瓊崖主人

紅杏花開應教頻東風吹動馬頭塵闌干首省嘗來少琬琰詩篇捧去新莫以梁園留賦客須教七月課豳民我　朝開國于今烈文武成康四聖人

僧壁題張太史畫松　蒲䳒冲

畫背所揭紙案頭已敗筆僧房坐無聊偶然作松骨松毛無幾許松幹頗蟠屈虬龍挺僵瘦脩竹欹出没輕霙澹欲無奔雷怒將擊想當無意中情神[illegible]擬反自失魯公坐位帖要以草藁得我音未嘗見僧粘在破壁及經驚歎奇千求不我銘此紙立即破裝潢事孔急吾求不汝強汝當真愛惜

板橋詩鈔

興化鄭燮克柔

音布

晉予老友音五哥書法峭崛倉阿鄭筆鋒下插九地裂精氣上与雲霄摩陶頹鑄折近歐蒲排黄鍊蔡淩蘇坡墨汁長傾四五斗殘毫[illegible]駱駝時時作草猶[illegible]亂怒猊騰梭與予飲酒意輒重討論人物無偏陂眾人皆言酒矣大予執不信嗔偽訛大鼓蕭蕭風風範細端瑣碎寧為幫鄉里小兒暴浮志好論家世談甲科音生不顧輒嘘氣至親戚屬相矛戈適老適寵適怫鬱屢蹶屢仆成蹉跎草去秀才充騎卒老兵健校相遮羅摩

呼先生拜于地盆酒大肉排青莎沓生瞪目大歡發狂鯨一吸空千海醉來索筆索紙墨一揮百幅成江河羣爭衆奪希拱璧無知反得珠慶多昨遇老兵剝窮餓煩以賣字溫釜鍋談及音生舊時事殊足歎恨蹉跎滂沱天與才人好ヽ花樣如此行狀應不磨嗟予作詩非寫怨扣頭逝矣將如何世上才華亦不盡慎勿咤吒為公魔此等自非公輔罷山林點綴雲霞窩泰岱嵩華自五岳豈無別嶺高嵯ヽ峨ヽ大書卷帙告諸世書窮莊ヽ出狀浩歌

范縣

四五十家負郭民落ヽ花聽事淨無塵苦蒿荠把隣ヽ僧送菜袖

鷄衣小吏貧尚肯憑幽難畫燭何曾領梗竟飯馴縣門一尺情猶隔況是君門隔紫宸

寄題東郭萬梦詩二十八字

聞說東郭萬昔詩一時燒去更無遺板橋居士重饒舌詩到煩君併火之

寄松哥

十五娉婷嬌可憐ヽ渠尚少四三年官囊蕭瑟音書薄累寄招哥買粉錢

懷揚州舊居 即李氏小園賣花翁汪髯所築

樓上佳人架上書燭光微冷月來初偷開繡帳看雲鬢擘斷牙籤拂蠹魚謝傅青山為院落隋家芳艸入園蔬思鄉懷古兼傷暮江雨江花晚

月如一

感懷

歌舞樓頭暮影催雪霜所了鹽陽
迴蘇秦六國都丞相羅隱西湖若秀才
游說寂寥齊市哭文章光往越山開
分明一匹施矣錦王費金刀請自裁

送陳仲秀才入都

天分才子屢嘉譽予京師飲國西
華門開懷吸盡玉泉水雙手按斷西
山根足時長安新晴九陌淨月光
爛爛升銀盆長風歘天片雲飛銀海
萬樹含烟翻爛星遠方動芳向迴
沙細浪酷似江南郊是後相逢廣
陵道予出肩驛入揚州扁舟一壺酒
布帆一尾魚煮魚煮酒談款誰道
傍便借村人屋飲酒語文分去君

從何處得此集生書家生不妄許與人
滇池洱海半為親憐君書法有古
意歷落不顧時賢嗔贈詩贈字指君
蹤要窺北關排闼陳范州知縣而迴
車柱駕來沙塵紫城古柳夕陽瘦長
隄嗥犬秋墳新此去京師一千里廿日
可到渾河津薄酒寒漿飯糲糲對
不慎勿嫌吾貧京師有獨介庵子是
藏滇南震層里書法晶瑩秀且清
穠蘭挺按吞桃紫君往從之必有
倚況兼古碑舊帖藏最多縱橫觀
之疑問彼問君此去胡為乎功名富
貴良難圖惟有文章世公瓻石渠天
祿開通渠觀君運腕頗有力柔軟妥
貼須工夫莫辭長跪習泥地隻紙片
字明月珠書法鉅公之老在法華庵

毛梁西湖法華寺張公照 梁西湖韓詩正

鄂公子左遷諱容安

仲子空殘嘔血鄂君原不求名草去東宮詹事來充國子先生

十日菊

十日菊花看更黃破籬笆外鬥秋霜不妨更看十餘日避得暖風禁得涼

縣中小皂隸有似故僕王鳳者每見之黯然

喁喁前行忽掉頭風情疑是舊從遊門渠了得三生恨細雨空齋好說愁

小鬟依然性亦溫善偎吮筆墨亦痕可憐三載渾無夢今日輿前遠近逢

小印青田寸許長抄書留得舊文章縱然面上三分似豈有胸中百卷藏

乍見心驚意便親高飛遠遁更依人

楚三幽幾年年斷鐺把衣冠認舊臣

喝攝

喟嘆排衙煩不禁芒鞋問俗入林深一杯白水荒塗進慚愧村愚百姓心

范縣詩

十畝種棗五畝種梨胡桃頻婆沙果柿椑番花淡宋秋實離離十月霜紅劬果乘枝爭榮謝拙麤柔于斯消煩解渴

經疾燎飢

桑下青梯桑上有女不見其人歌聲如雨小妹提籠小弟遮風摘彼桑葚青紫未紅既養我蠶兼市我蘭杼柚在堂絲絮在櫥暖老憐童穩風裁翦

蓄藹維蘇蔬百其名維筐維籃百顆其情蒲稗在井蕨草在坪棗花侵縣

麥漸盈畝小籃求翅窈窕厥聲哀嗟

趂望食近頸

苑以黄口為小雞以赴食哺雛者為老趙

矣麥一區飢雞弗顧甜瓜五色美于甘飴

結草為菴扶翳遠樹苜蓿綿芊蘺莪

錦豆三豆為上小豆斯附綠質黑皮勻

圓如注

苑有矣麥成熟後則不異黄黑等為三豆為大豆餘俱小豆黑豆而骨青者最貴

鶯爲晝長啼聲遊悠悠遠岸漠漠楊

絲人牛晝卧高樹蔭蔭去日乎到清

風来歛

斗斯鉅矣三登其一尺斯廣矣十加其七

豆區權衡不官而質田無埂隴畝無侵

軼尔種爾香我穫我稷丈之以弓凸之

以尺

黍稷翼翼以葱以鬱黍稷栗栗以實以

積九月霜花催得還家腰鐮背穀脚

霜眉霞頭指我屋思見我婦一縷晨烟

隔于深樹牽衣獻果幼兒識父

錢十其貫布兩其端四十聘婦我家實窶

亦有勝郗童兒女孫十五而聘十七而昏茆

枯與勢造化無根我欲望天我實戴盆六十

昔傭不識妻所寵燈昇縣終身為走奔

驢騾馬牛羊廼責斯算焦戍用二五八戍以

一四七期長吏出汲租借朋民苦疾老人不

識官扶杖拜且泣官差予所應吏援吏何

極最畏碌碌籤請君慎點筆貪者三其

租廉者五其息即此悟官歲情退亦多得

朝歌在北濮水在南維茲范邑匪謡匪樊

陶堯孫子劉累庶裔自昇祖于曾衍世于

茲娓娓斤斤唐風所歛翼翼力力物土之宜

絶句千三首

高鳳翰

鏞西園膠州秀才薦舉為海陵督
灞長工詩畫尤善印篆病癈後
用左臂書畫更奇
西園左筆壽門書海內朋交索向余短札
長箋都去盡老夫贗作亦無餘
圖清格
號牧山滄洲人部郎善醫學簿和
尚
媚尚人間作畫師朋游山下牧羊兒崖前
古廟新泥壁墨竹臨風寫一枝
李鱓
鏞宴坐興化人孝廉供奉內廷
後為滕縣令畫筆工絕蔣相公為司農弟子
兩革科名一貶官蕭蕭華髮鏡中寒回
頭痛哭
仁皇帝長把靈蘇將色看

蓮峰杭州詩僧雍正間
鐵索三條解上都
君主早為白寃誣他年寫入高僧傳一段風
波好畫圖
傅雯
字凱亭閩陽布衣工指頭畫濃
且園先生
表作諸王座上賓依然委巷一窮民年
年賣畫春風裏凍手胭脂染不勻
潘西鳳
字桐岡人呼為老桐新昌人精刻竹濮
陽仲謙以後一人
年年為恨詩書累處處逢人勸讀書試
看潘郎精刻竹胸無萬卷待何如
孫我山爾華
韓勅德州人進士通政司右通文章

滿天下子孫科甲無筭先生自如也
屢勸諸兒莫做官立官雖更覓難一門
自有千秋業萬石高風國史看

黄慎
字恭懋號癭瓢公七閩老畫師
愛看古廟破苔痕慣寫荒崖亂樹根
畫到情神飄沒處更無真相有真竟

邊維祺
字頤公一字壺民山陽秀才工畫雁
畫雁〻明見雁鳴蒹葭〻颯〻荻蘆聲筆頭
何限秋風冷盡是關山離別情

李鍇
字梅川又號豸青山人索相子壻也
極博工詩遼東卅卅
落兔王孫獨豸青文章脈命〻無靈爾
風吹沂平津閣何處重尋孔雀屏

郭沅
字南江揚州人孝廉工制藝〻
點染詩書萬卷開丹黄如繡墨如苔客
來相對無言說文弱書生秀才

青布
字顧遠長白山人善書
柳板棺材盡破祛紙錢蕭淡挂輀車森
羅未是無情地或恐知人就索書

沈鳳
字凡民江陰人盱眙縣令王以翁妹太
史門生工篆刻
政績優游便出奇不須頃刻合時宜良苗
也怕驚雷電肩濕和風好〻滋

閔景拉
字西驊〻延安人孝廉由内閣中書
為潮州府丞工書法

剪(?)鉤嚴灘去釣魚春風江上草爲廬如
何万里無消耗君屈銜官我簿書

董偉業

字耻夫號遡江瀋陽人流寓甘泉住
揚州竹枝詞九十九首

百首新詩號竹枝前朋原有艷妖詞集
方許稱完璧小楷抄謄秋秋(?)隨

保祿

字雨邨滿洲筆帖式遇于江西撫大
師家贈詩云西江馬大士(?)部國鄭都官
曾把都官目板橋心知誰哄又虞驕熙方
去後西山遠酒店春歸何處招

伊福納

字兼五姓郎拉滿洲人進士戶部
郎中工詩

紅樹年年只舊秋西山歲歲想同遊於

潭去盡沙弥換誰識當時兩黑頭

申甫

號笏山關中人孝廉工詩

男兒須問百千期眼底微名豈足料
滑(?)坊枯青石爛天涯淌誦笏山詩

杭世駿

字大宗號堇浦杭州人工詩舉鴻博
授翰林苑編修

門外青山海上孤階前春草夢中瓊宫
情亦及閒情熱一夜心飛入鑑湖

方超然

字蘇臺淳安人工書爲塩場大使

蠅頭小楷太白傳長恐工書損性靈急
限乘成三百幅官中鈔剩作錦園屏

金司農

字壽門錢唐人博物工詩舉鴻博

不訛
九尺珊瑚照乘珠紫䩵碧眼豎胡銀河
若問支機石還讓中原老匹夫
允大人先生載之圖書傳之左史
而星散落拓之輩名位不高各懷
絶藝溟恐失傳故八二十八宰標其
梗槩

義山先生亦應在
是列業已所爰逐不能自已
南朝
箇人謂陳後主隋煬帝作翰林自
是當家本色樊六謂杜牧之溫飛
卿為天子亦足破國亡身乃有幸而
為才人不幸而有天位者其遇不遇
不在尋常眼孔中也

舞榭歌樓蕩子家驕人落拓肯擒遮如
何冕旒山龍客苦戀溫柔舊疣花紅豆
有情傳夢寐青春無賴門煙霞風流
不是君王派請入雞林謝翠華
歷覽三首
歷覽名臣興佞京讀書同慕古賢人
烏紗果戴心情變黃閣旌登面目新翻
笑腐儒何寂寂可憐卌味太津津勸君莫
作閒居賦潘岳終須負老親
歷覽溪山過眼傾眼前岑寂律有誰爭三
千羅綺傳官牒十万貔貅擁禁兵白髮更
饒門戶計黃金先買史書名栄香彌哭
龍門叟一字何曾誑後生
歷覽前朝史筆殊英才多少冤誣
又著述千人改百日幸勘一日塗忌諱本
來無筆削乞求何河有褒誅難餘進

口文堪讀惆悵新添者也乎

有年

桃影鴉聲晝漏稀了除案牘吏人歸插
来舊梅花前歲種得新蔬雨後肥小院焉
童調駿馬畫樓纖手疊朝衣西陵未足
酬恩遣大有書年報紫微

立朝

立朝何必無纖過要在聞而遽改之千古
怙終緣寵戀問君寧得幾多時

君臣

君是天公辦事人吾曹臣下二三臣兢兢
奉若蒼蒼意莫待雷霆始認真

詠史

蠭起狐鳴幾輩轄足真天子歷羣豪家俾
須傀儡諸龍種拜冕乘旂贈一刀

天位由来自有真不須刻削舊松筠瀟家
子弟四四在王莽猶非極惡人

二生詩 宋緯劉蓮登庶縣秀才

廚史湘騷問我更銜齋風雨見高情也知
貧病渾無措不敢分錢惱二生

懷李三鱓

耕田便爾牽牛去作畫依然弄筆來一領
破蓑雲外掛半張陳紙酒中栽青蓮
眼看心熱白髮盈頭壯志灰惟有莫醨
堪漫與下官亦爲嘆魚回
徐買田莊然後歸此生無分到荊扉借君十
畝堪栽秫賃我三間好下幃柳線軟拖波
細細秧針青惹燕飛飛夢中長与先生
會草閣南津舊釣磯

秋荷獨後時搖蕩見風姿無力爭先發非因

後出奇

平陰道上

開河夜雨車馬晨征蕭蕭日出蕩蕩波平山城樹碧古戍花明雲隨馬足風送車聲漁者以漁耕者以耕高原婦饁墟落雞鳴帝王之業野人之情

止足

年過五十得兔孩埋情怡悪澹歲月方来彈丸小邑稱是非才日高猶卧夜戸長扃苹豐日飛波澹雲迴烏哉聲樂牛馬群諧訟退花落掃積成堆時時作畫亂石秋苔時時從容占與媚昔時時作詩寫樂鳴哀閨中少婦妒與無猜花下青童慧黠處懷圖書在屋芳草盈階盡食一肉莆飲數杯有後無後聽之焉哉

七ク

天上人間盡苦辛飛橋斜度水粼粼一年一會多離隔好把牛郎觀滑真

漏盡星飛頃別離細將長夜説相思明年又有新愁恨不得重提舊怨詞

孤兒行

孤兒躑躅行低頭屏息不敢揚聲阿叔坐坐上叔母臉厲秋鉀鉀　阿叔不念兒叔母不念嫂不記瘦嫂疾危篤枕上叩頭孤兒幼小主唤孤兒跪床前拜倒拭淚諾諾孤兒是保嬌兒坐堂上孤身走堂下嬌兒食粱肉孤兒婉婉捧盤盂恐傾跌受笞罵朝出汲水暮莝芻養馬莝芻傷指血流瀉瀉孤兒不敢言痛阿叔不顧視但詈死去兄嫂無無能者　嬌兒著紫裘孤兒著破衣嬌兒騎馬出孤兒倚門扉舉頭望望掩淚來歸　晝食廚下夜卧薪草房豪奴

所僕食餘棄骨孤兒拾齧并遺臚羹湯食罷
羅盤洗釜諸奴樹下卧涼　老僕不分涕泣
罵諸奴骨輕肉重乃敢淩幼主篤賤軀阿姆
阿姆聞知房悄坐氣不得蘇終然不念煢
煢孤　老僕攜紙錢出哭孤兒父母頭顱墳
墳淚浯墳土當初一塊肉羅綺包裹今日孛
煎苦藥樹蕭蕭夕陽黃瘦西風夜雨

後孤兒行

十歲喪父十六喪母孤兒有婦翁珠玉金錢付
其手蒲葦繫盤石可以卒長人紲不斂他人
兒寧不為阿女守　大大翁得錢歸鼠心狼
肺側目吞肥千謀萬算伏危機　姥曰不可
翁曰不然令孤兒汲水大江邊失足落江水隣
救得活全丈丈聞知復活不謝隣含中心悵然
朝不與食暮不與棲止孤兒蕩蕩無倚
乞求餐飯向月不返外父外母不問曷論

生死　夜宿楚廟悲號茫茫聞人笑語漸見
燈光縲絏君子勸令把火隨行孤兒不敢不聽
從強梁　事發賊得累及孤兒賊白冤故
官亦廉知丈丈辣心毒手悉力買告令誣涅
與賊同歸　兩日慘慘群盜就戮顧此孤
兒肌如瑩玉不恨已死痛孤冤毒行刑人淚
相續

題陳孟周詞後

陳孟周瞽人也聞予填詞問其調予
為誦太白菩薩蠻憶秦娥二首不
數日即為其友人填二詞亦用憶秦
娥調其詞曰花陰卸春風記得花
開夜花開夜明珠雙贈相逢未嫁
舊時明月如鉤掛只今提起心還
怕心還怕漏聲初定玉樓人下何處
了青綠不若無緣好無緣好怎生

禁得多情自小重逢郵覓同生卅相思
未劇抱怨藁拙魂稿月雖無恨天何
不老　予願而驚歎逢人便誦咸曰
青蓮自不可及李后主辛稼軒何
多讓矣拙詞近數百首因愧陳
佐遂不頌予
圓嶠仙人海上飛吸風飲露不晝歸偶然墮
墨成涓滴化作靈雲入少微
卅筒處處可憐情冷雨凄風作怨聲此調
再使黃壞去癡龜何日幽愁城

署中示舍弟墨

學詩不成去而學寫學寫不成去而學畫賣
賣百錢以代耕稼實救困貧託名風雅兔謂
當途乞求官舍座有清風所乘車馬四十科名
五十旂旌小城荒邑十萬編氓何養何教通
性達情河興何療務實辭名一行不當百
怨難更少予失教蹤率易輕水哀火熾老
史人不平日有悔吝終夜屏營妻孥綺紈童
僕易夌何功何德以安以榮若不速去禍患叢
生李三復坐筆精墨妙予為蘭竹家數小小
亦有意廿年探討迷於我硯速攜我稿賣
畫揚州與李同老詩學三人老聃與馬少陵
為後姬旦為先字學漢魏崔蔡鍾繇古碑
斷碣刻意搜求繼茲三事屋舍田疇宦貧何
畏宦富者慌即此言歸有竊不匱人不疵尤鬼
無瞰崇吾既不貪亦無悪需則失時决乃
云智

破屋

廨破墻仍缺隣雞喔喔來庭花牖扁豆門子臥
檢苦畫欹斜陽冷虛廊落葉迴掃階緣苔
客劃惹燕鴉猜

登范縣城東樓

獨上秋城望高樓出曉烟西風漳鄴水旭日魯鄒天過客荒無館供官薄有田時平氣地僻何況又豐年

姑惡

古詩云姑惡姑惡姑不惡妾命薄可謂忠厚之至得三百篇遺意矣然為姑者豈有悛悔哉因復作一篇極形其狀以為激勸焉

小婦年十二辭家事翁姑未知伉儷情以哥呼阿夫兩小各羞態欲言先囁嚅翁令褰閨閣織作新流蘇姑令雜作苦持刀入中廚切肉不成塊礧碨登盤盂作羹不成味酸辣然别殊析薪纖手破執熱十指枯翁曰是幼小教導當徐徐姑曰幼不教長大誰管拘恃其桀傲性將欺頼老軀恃其驕縱資吾兒將伏蒲今日肆詈辱明日鞭撻俱五日無完衣十日無完膚吞聲向暗壁啾唧微歎吁姑云是詛咒執杖持刀鋸汝肉尚可切頬肥未為臛汝頭尚有髮薅盡為禿壺與汝不同生汝活吾命殂鳩盤老形貌努目真兇屠阿夫畏顏視便嗔羞耻無阿翁畧勸慰便嗔昏老奴隣舍畧探問便嗔何與渠嗟嗟貧家女何不投江湖江湖飽魚鼈免受此荼苦嗟哉天聰甲豈不聞怨呼人間為小婦沉痛結寃誣飽食賃一刀頭作牛羊豬豈無父母來洗泪飾歡娱豈無兄弟問忍痛稱姑劬疤痕掩破襟禿髮云病疎一言及姑惡生命無須臾

邯鄲道上二首

銅雀臺尚非又叢臺洪濤麋沙泯水迴嘆武靈王無末踏愛廝養卒有英才青山易老人長在白髮無權志不灰最是耳餘豈借鑑千秋刎頸有疑猜

仙館蒼寒不見人 呂翁遺像滿埃塵 古碑剥蝕前文陋 畫壁含苔幻說新 我處斷橋支破椒 一溝折葦卧秋蘋 分明告我浮生事 伏枕何須夢假真

漁家

賣得鮮魚百二錢 糴糧炊飯放歸船 拔來濕葦燒難着 晒在垂楊古岸邊

小遊 贈杭州余省丑

書

撇杭越入姑蘇 吞震澤 窺西湖 錢塘潮十里迴盪以太湖 浪渾如瓶 惠山買酒酥酪酊 金山脚踢成蓬粉 別青寥寥 古澹心披衣散髮焦崖頂 半夜狂捫瘞窟銘又更冷 對文王禹大索揚州不見我飄飄 十里來山左 袖中力士百斤椎 開俗吏雙肩鎖 俗吏之俗亦可憐 爲君貸取百千錢 謁曲阜 墓觀嶧山 劍登泰山顛

尚有嘶風掃電之騏足 送君雲外飛歸鞭 君之小游畧如此 壯遊他日吾從爾

江七姜七 名呈 名文啟

揚州江七無書名 予獨識其神骨清 歐陽體質猪性情 窺姑冰雪光瑩瑩 如自畀 姜七無匹名 予獨愛其堅秀明 梧桐月夜仙娥娙 如聞歎息聲聲 酉中二子才思縱橫 二子學術原崢嶸 天南萬里諸髦英 佹肯聽命無

書

衡爭 权摘道入拜異行 昌羊別嗜顛倒傾 獨推書畫衆目瞠 尋諸至理還平平 癖坐君薦犧剛騂 二子應列丹刻楹 大章簫韶咸池濩 景王無射休嘈吰 即今別調繁笙笙 破裂琵琶箏 我泰山左塵沙乔 春風夜雨思乔驚 窮達偶合何足營 望君刺史孤薦江書姜畫懸梟振 歐于十壁州龜衡 我予謬鑑雙目盲 請呼走瓦甞殘餚

板橋詩鈔　濰縣刻

逃荒行

十日賣一兒五日賣一婦來日剩一身茫〻
即長路長路迂以遠關山雜豺虎天荒
虎不饑肝人伺巖阻豺狼白晝出諸
村亂擊鼓嗟予皮髮焦骨斷折腰膂
見人目先瞪得食咽反吐不堪充虎餓虎亦
棄不取道旁見遺嬰憐拾置擔釜賣

板橋詩鈔　卷三

盡自家兒反為他人撫路婦有同伴憐
而與之乳咽〻懷中聲咿〻口中語似欲呼
耶孃言笑令人楚千里山海關萬里遼
陽戍嚴城嚙夜星村燈照秋滸長橋
浮水面風號浪偏怒欲渡不敢攖橋滑
足無屨前牽復後曳一跌不復舉過
橋歌古廟聒耳聞鄉語婦人敘親姻
男兒說門戶歡言夜不眠似欲忘愁苦

未明復起行霞光影踽〻邊牆漸以南黃
沙浩無宇或云薛白衣征遼從此去或云
隋煬皇高麗拜雄武初到若夙經艱辛
更談古幸遇新主人區脫與眠處長犁開
古磧春田耕細雨字牧馬牛羊斜陽谷量
數身安心轉悲天南渺何許萬事不可
言臨風淚如注

還家行

板橋詩鈔　卷三

死者葬沙漠生者還舊鄉遙聞齊魯
郊穀黍等人長目營青岱雲足辭遼海霜
拜墳一痛哭永別無相望春秋社燕雁封
淚遠寄將歸來何所有兀然空四牆井蛙跳
我竈狐狸據我床驅狐窒鼠穴掃逕開堂
皇濕泥塗舊壁嫩草覆新黃桃花知我至
屋角舒紅芳舊燕喜我歸呢喃話空梁
蒲塘春水暖飛出雙鴛鴦念我故妻子羈

賣東南莊

聖恩許歸贖携錢負橐囊其妻聞夫至且喜且悸
徨大義歸故夫新夫非不良摘去乳下兒抽刀
割我腸其兒知永絶抱頸索我懷隋地哭潮
霞淚雨塗涯衆上堂辭舅姑舅姑淚浪贈
我菱花鏡遺我泥金箱賜我舊簪珥包并
羅衣裳好好作家去永永無相忘後夫年少
慚惸難禁當潛身匿隣舍紫樹倚斜陽

秋笳詩鈔　卷三　三

其妻徑以去遠隴過林塘後夫携兒歸獨夜臥
空房兒啼父不寐燈短夜何長

思歸行

山東遇荒歲牛馬先受殃人食十之三畜
食何可量殺畜食其肉畜盡人亦亡
帝心彰念之俤德回穹蒼東轉遼海粟西截
湘漢糧雲帆下天津艨艟過太倉會幾數
百萬便宜爲賑方何以未賑前不能爲周防何
以既賑後不能使樂康何以方賑時冒濫兼
遺忘臣也實不材吾
君非不良臣幼讀書史散漫無主張如叔敗貫
錢如撑斷港航所以遇頰劉束手徒周章臣
家江淮間慣捕魚藕鄉破書猶在架破氈猶
在牀待罪已十年素餐何久長秋雲雁爲伴
春雨鶴謀梁去去好藏拙淼湖尊菜香

效李艾山前輩體

秋笳詩鈔　卷三　四

秋聲何處尋尋入竹梧裏一片竹梧陰何
處秋聲起

輓老師鄂太傅　五首

西華門外草萋萋白塔金鰲樹影迷北
斗有光清漏肅三台無力曉雲低
上方乙夜調丹藥七校春風送紫泥其奈
巫陽下霄漢鈞天有詔竟先賫
扫蒼槍老早華東鈴索淒清澹曉風遺

草不曾歸太史熹讀只是告深宮河山有祭
心難畫周召無模趣則同應向九天陪
列聖赤牡騎在白雲中
六韶風烟舊莽蒼九邊吹角夜狼狼雲山秋
静黄金甲花柳春深綠野堂辟穀有方
叢檜閱掃門無客自清涼
聖朝若畫麒麟閣姓霍仍須諱寫光
天眼皇皇混尾箕八紫九譯盡銜悲武功萬
卷三　十五
里兼文德五佐千秋賫
帝師學校南陽還
令主熙高郎相又佳兒人間五福於今備今
演洪疇作謀彝
平泉草木錫
天家石檻杉門何遜賦籠鳥放還天地闊也
魚樂逆海江涯布衣屢卧平津閣遠泒
薙揮社燕花華居山卯何限痛紗須来

下舊烟霞
近句
白駒場顏秋水前輩詩二　又云偷
臨函稿奴藏筆貪看斜陽細倚樓
渺洲常建極有云奴潛去志淨先
阻鶴有飢容羽不脩湖州濤汝龍
西湖詩云秋風雁響錢王塔暮雨
卷三　十六
人耕賈相園淮安程風衣云乾坤
著意窮吾黨途路難言仗友生
一斑可喜何必全豹
小小茅齋短短籬文窗細幕隊封皮秋風白
粉粉泥壁细貼君韋賢歐句倖
署中無紙書狀尾數十與何上人
閒書狀尾與山僧亂紙荒麻豈惡屑最
愛一窓晴日照老夫衙署冷于冰

詠史

雲裡開門六扇開天邊太華鳥飛迴漢家
安受秦家業項羽東歸亞廢才
已有齊盟強自雄便應割據守關中如何
宴罷鴻門去却覓彭城小附庸

窘況為許衡州賦

半鉢紫門叩不關而後磚縫好蒼苔地偏
付徑清于水雨冷詩情瘦似梅山茗賒

卷二十 七

将菊代學錢無措喚兒回塾師六俵多情
思破點經書手送來
萬里西風雁陣哀五更霜月起徘徊薄田
累我年年種秋稼登場年年來私券官租
紛風欠女嫁兒待新栽老親八十豪情
在斗米焉能發臙酤

憶湖村

數聲桃杵隔烟蘿是處西風壓稻禾稏
半拳半合東墅雨過鷺邊立夕陽沉買魚人鬧
橋邊市潑酒船歸月下歌擬向湖干築秋舍
菊籬楓逕近如何

和高相公俗賑山東道中喜雨并五日自壽
之作 謹試疏東軒

相公捧
詔視東方百萬陳因下太倉
天語播時人盡飫好風吹處日俱長村村布穀催
新綠樹樹斜陽送晚涼多謝西南雲一片頓

卷二十 八

教霖雨徧耕桑
五日生辰道上過山根雲腳水羅羅衡泥角
黍棗翁獻介壽蒲尊厄盎多馬上旌旗
迷渤海柳邊輿蓋拂淮河愚民拙拳撫無他
祝為報
君王有瑞禾

和學使者于殿元拯贈之作 謹和中

十載揚州作畫師長將赭墨代胭脂寫來竹
栢無顏色賣與東風不合時

潦倒山東七品官幾年不聽夜江湍昨來話
到瓜洲渡夢遶金山曉日寒

三百人中最後生玉堂時聽夜書聲知君
療得嫦娥渴不爲風流爲老成

山東鎖院自清涼湖水湖雲入檻長剪取
吾家書帶草為君結束錦詩囊

板橋詩鈔　卷三　九

濟南試院奉和宮詹德大宗師招陪
王作 諱保

鎖院西風畫角清淡雲蹤雁濟南城桂
花不用月中折奎閣儼如天上行模範已
看金在鑄洗磨行愧玉無成饒他喈華青
青色還讓先生泰岱橫

小園

月光清峭射樓臺淺夜籬門尚半開樹裡
燈行知客到竹間烟起喚茶來數聲犬吠
秋星落幾陣風傳遠笛哀坐久談深天
漸曙紅霞冷露滿蒼苔

寄小徒岷峯坤豫二孝廉兼呈令師
崔雲墅先生

板橋頭髮已蒼蒼爾輩何須學老狂試
取舊延崔録李鶻鳩那得及鴛央

御史沈椒園先生新脩南池建少陵

板橋詩鈔　卷三　十

書院并作雜劇侑神令歲時歌
舞以祀 沈諱廷芳

御史驄馬行山東馬蹄到處膏露濃洗
排泰岱殭鄒嶧吹青漢柏秦皇松少陵
南池久寂沉夕陽慘淡荒波紅廟之祏之
續而塑牢之發之鼎以鐘雕鐫鱗羽動節
族梁桷翬翩相飄沖揮毫蘸墨作碑版
百余一字尤堅工板橋居士讀不厭臥看三日

鋪秋葺頗聞歲時灾禱祀盪豬割雉陳蝦
鱺莊黎青桃海臛鹿楊梅柄柚南柑封以其
餘閒作雜劇燕姬趙女黃孃踪相隨太白
著宮錦潞州別駕調羹饔金元院本久
退舍秦蕭湘瑟清魚龍神靈甄々循而書
葦花之外雲之中頗從先生乞是劇選伶
徧語琳瑯宮

瓜洲夜泊

泰州詩鈔　卷二　十一

葦花如雪隔樓臺咫尺金山霧不開慘恢
秋燈魚舍遠朦朧夜話客船偎風吹隱葉
雞唱江動洶々壯斗迴吳楚咽旗橫鐵甕數
聲清角五更哀

偶然作

文章動天地百族相綱繆天地不能言聖
賢為嚨喉奈何纖小夫雕飾金翠稠吐讀
子虛賦身著錦繡裳佳人二八侍明星

燦高樓名酒黃羊羹華燈水晶毬偶然一篇
華夢帛千金次歌鍾連成里詩而欲王侯
浪費才子稱何與民瘼求所以杜少陵痛
哭何時休秋寒室無絮春雨耕無牛嬌兒
累歲飢病婦長夜愁摧心擔肢體結想山海
陬衣冠兼盜賊征戍雜累囚史家欠實
錄借本資校讎吾持以奉吾君藻鑑橫
千秋曾劉沈謝才徐庾江鮑儔自云翻

泰州詩鈔　卷十三　十五

教筆吾謂乞兒謀

題盆蘭倚蕙圖

春蘭未了夏蘭開畫裏分明喚阿欽閱
盡榮枯是盆盎幾回拔去幾回栽

題破盆蘭花圖

春雨春風寫妙顏幽情逸韻落人間而
今完竟無知己打破烏盆更入山

題鳩壁蘭花圖

山頂蘭花早早開山腰小箭尚含胎畫工
立意教停蓄何苦東風好作媒

題半盆蘭蕊圖

盆畫半藏蘭畫半含不求發泄不
畏凋殘

題詩札石濤石谿八大山人山
水小幅并白丁墨蘭共一卷

國破家亡鬢總皤一囊詩畫作頭陀橫
塗豎抹千千幅墨點無多淚點多

題姚太守家藏惲南田採菊二軸 姚諱興濱

今日方知惲壽平石田華墨十洲情廿年
贋本相疑信徒使前賢笑後生

畫芝蘭棘刺圖寄蔡太史 諱時田

寫得芝蘭滿幅春傍添幾筆亂荊榛世
間美惡俱容納想見溫馨澹遠人

題石東邨鑄陶集

詩人老去興偏豪燒盡千篇又鑄陶從此
鑄韓還鑄杜更于三代鑄風騷

家兗州太守贈茶 諱方坤

頭綱八餅建溪茶萬里山東道路賒此是蔡
丁天上貢何期分賜野人家

惱濰縣

行盡青山是濰縣過完濰縣又青山宰官
枉負詩情性不得林巒指顧間

饒詩

寒來頗有一盤蔬寒去非無酒數卮賤姪官
忙身又病倩君饒我一篇詩
興到千山兩未足多愁來一字懶吟哦非云此
事從今絕脫後佳時待體和

贈陳際青

瓜洲江水夜潮平月滿秋田鶴唳清記得
扁舟同臥聽金山雲板二三更

眞州雜詩八首併及左右江縣

春風十里送啼鶯山色江光翠滿城曲岸紅徽明
澗水綫窗白紙出書聲衙齋種豆官無事刀筆題
詩吏有名昨夜村燈魚藕市青帘醇酒見人情

村中布穀縣中啼桑柘低簷麥隴齊新筍劇來泥
未洗江魚買得酒還攜山花雨足皆含笑絮襖春
深欲換綿何限農家辛苦事漸看兒女滿町畦

寒衣新熨指參差一笑裝毛落許時髀上漸衰唯
食粥風情不減尚填詞雪中松樹文山廟雨後桃
花浣女祠最愛卷簾高閣上楚江晴碧晚烟遲

梅橋詩鈔　三卷　圭

月白潮生野水瀉上游千里控荊蠻洗淘赤肆無
遺燼瀠瀠金陵有膹山烟裏戍旗秋露濕沙邊戰
艦夕陽閒眞州漫笑彈丸地從古英雄盡往還

吳越咽喉鐵甕城隔江相望曉烟橫高牆迥與山
排列濁浪喧同海鬬爭卷去蘆花渾雪意颯來鼓
角盡秋聲中原萬里無烽燧扶杖衰翁未見兵

南國楓凋結綺樓雷塘壯去蓼花秋染成紅淚胭
脂濕蘸破新霜草木愁雨地千戈纔轉瞬一般成
敗莫回頭後庭遺曲江邊唱又聽隋家清夜遊

行過青山又一山黃將軍墓几其間懸崖斷處孤
松出駭浪崩時血淚還江上諸藩皆逆類靡巾一
老後頹顏抵天隻手終何益運去心枯事總艱

何事秋風只杜門薇花長怕曉霜痕掛冠　盛世
才原拙賣字他鄉道豈尊山雨乍晴如洗沐江烟
一起又黃昏惟君詩與清豪在喚醒東南旅客魂

和張仲荷一首

眞州八首屬和紛紛皆可喜不辭老醜再疊
前韻

江頭語燕雜啼鶯淡淡烟籠綠背城沙岸柳掩騎
馮家草樓嶽捲賣花聲三冬犂菜偏饒味九熟櫻

梅橋詩鈔　三卷　末

桃最有名清興不辜諸酒伴令人忘却異鄉情張潔

神斧街溪米舖山方竹樓踏丁

滿林烟雨噪鴉啼脉脉春流與岸齊蝦菜半肩奴
子荷花枝一剪老夫攜除煩苦茗煎新水破暖輕
衫染舊綿最是老農閒不住牆邊屋角韭爲畦

滿塍新綠燕參差正是秧鍼刺水時陌上壺漿酬
力作田中么鼓唱盲辭霖霖

世唯露塊貓虎先型有賽祠野老何知含哺樂優
游化日向來遲

一江攤思水瀰瀰綠酒紅亭怨小蠻芳草不曾遮

逍遥浮雲只是負青山烟絲無力春蠶老繫臂何
心縷開咫尺鄉園千里闊大刀頭缺幾時還
莽莽山城接水城千年王氣業尚縱橫佛狸去後馳
戎馬侯景來時釀戰爭君相南朝同燕幕文章六
代總蛙聲衣冠禮樂吾
朝盛除却蒐苗未點兵
伍相祠高百尺樓屯田遺墓也千秋溪邊花落三
春雨江上潮來萬古愁無主泥神常趁廟失羣才
子且低頭畫船半破零星板一棹殘陽寂寞遊
踏遍芒鞋爲買山誰家小閣樹中間白雲封處門
長閉紅日高時夢未還六代烟花銷去念揚州金
粉付朱顏惟餘一二漁樵侶釣雨擔雲事未艱
柏葉楓枝静掩門臥看霜雁碧天痕一生去國曾
司寇萬古辭家佛世尊策馬有心鞭已折抄書無
力眼全昏而今說醒離非醒前此俱爲蝶夢魂

和雅雨山人紅橋修禊 盧韓見曾

一綫莎隄一葉舟柳濃鶯脆恣淹留雨晴芍藥彌
江縣水長秦淮似蔣州薄倖春光容易老遷延詩
債幾時酬使君高唱凌顛謝獨立吴山頂上頭
年來脩禊讓今年太液昆池在眼前迥起樓臺迴

水曲直鋪金翠到山巔花因露重留蝴蝶笛怕春
歸戀畫船多謝西南新月挂一鉤清影暗中圓
十里亭池一水通儲閑銀鑰日華東迤邐碧草長
楊道静悄朱簾上苑風天净有雲皆錦繡樹深無
雨亦濛濛甘泉羽獵應須賦雅什光搖柿怙中
草頭初日露華明已有遊船歌板聲詞客關河千
里至使君風度百年清青山駿馬旌旗隊翠袖香
車繡畫城十二紅樓都倚醉夜歸疑聽景陽更

再和盧雅雨四首

廣陵三日放輕舟漸老春光尚小留才子新詩高
白傳故國名酒載青州鄉人京人花因近席栽偏盛
有懸闌句未酬隔岸兩叢諸女伴一時欣望盡回
頭
其以青年笑老年老懷不家宕倍從前張筵賭酒還
通夕策馬登山直到巔落日澄霞江外樹鮮魚晚
飯越中船風光可樂須行樂梅豆青青漸已圓
別港朱橋面面通畫船西去又還東曲而又曲邗
溝水温且微温上巳風嫩鴨洲邊烟漠漠賣花聲
裏雨濛濛關心民瘼尤堪慰麥隴青葱入望中
新月微微一綫明柳山低樹傍欹斜烟横碧落

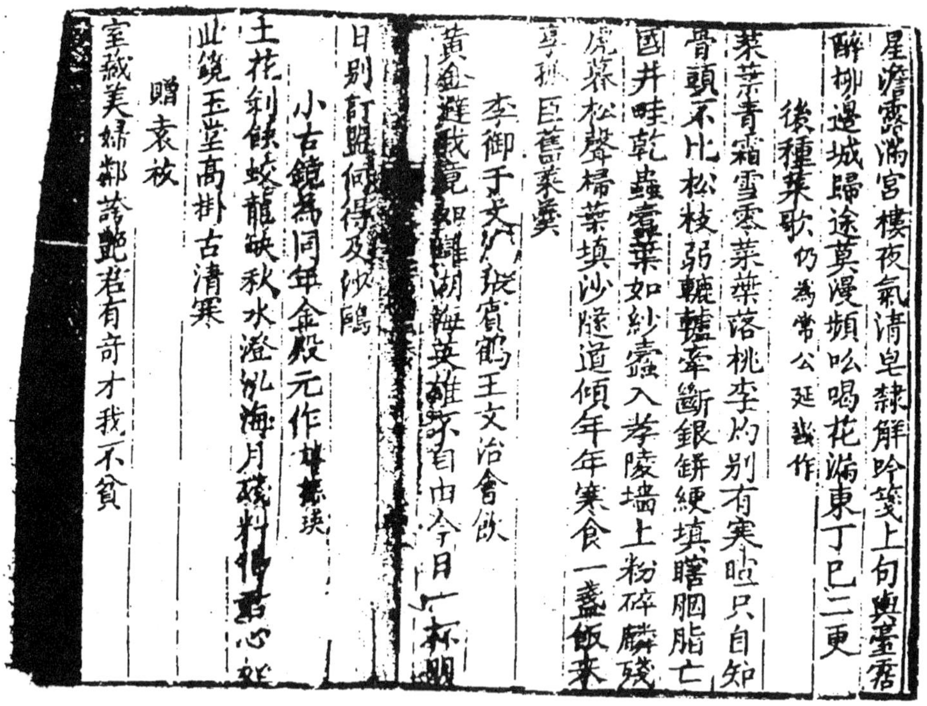
星澹露滿宮樓夜氣清皂隸解吟箋上句與臺磨
醉柳邊城歸途莫漫頻吆喝花滿東丁巳二更
後種菜歌 仍為常公延哉作
菜菜青霜雪零菜葉落桃李灼別有寒時只自知
骨頭不比松枝弱轆轤牽斷銀餅綆填瞎胭脂亡
國井畦乾蟲囓菜如紗蠢入孝陵墻上粉碎麟殘
虎蔡松聲掃葉填沙隧道傾年年寒食一盞飯菜
羹孫臣舊菜羹
李御于史張宵鶴王文治會飲
黃金難買兒觔湖海英雄不自由今月一杯明
日別訂盟何得及沙鷗
小古鏡為同年金殷元作 雙聲疊韻
玉花剝蝕蛟龍映秋水澄泓海月殘料得黃心於
此鏡玉堂高掛古清寒
贈袁枚
室藏美婦鄰誇艷君有奇才我不貧

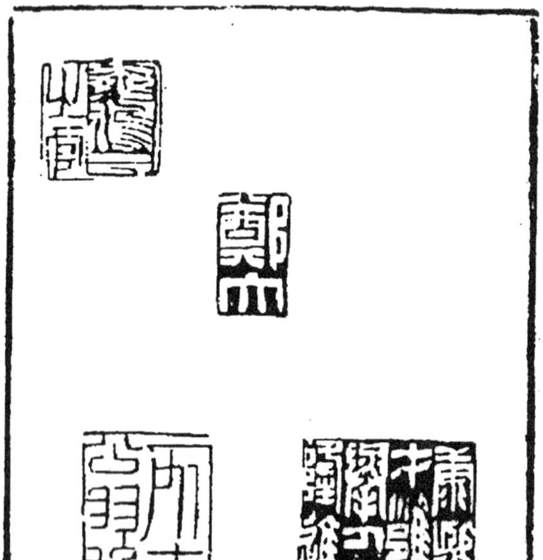

自序

燮詞不足存録　蘭亭樓夫子謂燮詞好于詩且付梓人後來進益不妨再更定嗟乎燮何進也燮年三十至四十氣盛而學勤閲前作輒欲焚去至四十五六便覺得前作好至五十外讀一過便大得意可知其心力日淺學殖日退志已酸而信前是且無成斷矣樓夫子以燮鄉試房師得毋愛忘其醜乎

十

陸種園先生諱震邑中前輩燮幼從之學詞故刊刻二首以見一斑

爲文須千斟萬酌以求一是再三更改無傷也然改而善者十之七改而謬者亦十之三乖腸晦拙反走入荆棘叢中去要不可以廢改是學人一片苦心也燮作詞四十年屢改屢誣者不可勝數今茲刻本頗多仍舊無中之酸甜苦辣備嘗而有獲者亦多矣世間爲文師者見其子弟之文蹤鬆爽諂便喜見其拗澀晦拙便憂吾願少寬歲月從之必有屈曲達心沉着痛快之妙天下豈有速成而能好者乎

少年游冶學秦柳中年感慨學辛蘇老年淡忘學劉蔣皆與時推移而不自知者人亦何能逃氣數也

二

板橋詞鈔

興化縣鄭燮著

上元司徒文膏刻

漁家傲

王荊公新居

積雨新晴江日吐小樵着水烟絲縷
茅屋數間誰是主王介甫雨兮曉
得青苗謗呂惠卿曾何足數蘇
東坡遇還相抵千古文章根肺腑
長憶汝蔣山山下南朝路

板橋詞鈔 一

蝶戀花

晚景

一片青山臨古渡山外晴霞漠漠收殘
雨流水遠天波似乳斷烟飛上斜陽
去 徙倚高樓無一語燕不歸來漢
茵崗量處鴉噪暮雲城堞古月痕
淡入黃昏霧

漁父

本意

宿雨新晴江氣涼濕烟初破柳絲黃
纔上巳又清明桃花郎店酒旂香漠
漠海雲微漏日茫茫春水漸盈塘波
瀲灩燕低昂小舟絲網曬魚梁

浪淘沙

板橋詞鈔 十

莫春

春氣晚來晴天澹雲輕小樓忽洒夜
窗聲卧聽瀟瀟還淅淅濕了清明
節序太無情不肯留停留春不住
送春行忘却羅衣都濕透花下吹笙

和洪覺範瀟湘八景

瀟湘夜雨

風雨夜江寒篷背聲喧漁人穩臥客

人數明日不知晴也未紅蓼花殘晨起望沙灘一片波瀾亂流飛瀑洞庭寬何處雨晴還是舊只有君山

山市晴嵐

雨淨又風恬山翠新添薰蒸上接蔚藍天惹得王孫芳草色醞釀春四朝景常拖烟日午澄鮮小橋山店倚増妍近到還無此色相遠望依然

板橋詞鈔　三

漁村夕照

山逈暮雲遮風緊寒鴉漁舟箇箇泊江沙江上酒旗飄不定旗外烟霞　爛醉作生涯醉夢清佳船頭雞犬自成家夜火纖星渾一片隱躍蘆花

烟寺晚鐘

日落萬山巔一片雲烟望中樓閣有無邊惟有鐘聲攔不住飛滿江天　秋水落秋泉晝夜潺湲梵王鐘好不多傳除卻晨昏三兩擊悄悄無言

遠浦歸帆

遠水淨無波蘆荻花多暮帆千疊傍山坡望裏欲行還不動紅日西矬　名利竟如何歲月蹉跎幾番風浪幾晴和愁水愁風愁不盡總是南柯

平沙落雁

板橋詞鈔　四

秋水淡平沙天末澄霞雁行栖定又喧譁怕見洲邊燈火焰怕近蘆花　是處網羅賒何苦天涯勸伊早早北還家江上風光留不得請問飛鴉

洞庭秋月

誰買洞庭秋黃鶴樓頭槐花半老桂花稠繞逕斜陽西嶺去月上爛鉤　滿滿大荒流烟淨雲收萬條銀綫接天浮

不用書船沽酒去我自神遊

江天暮雪

雪意滿瀟湘天淡雲黃梅花凍折老
松僵惟有酒家偏得意帘旂飄揚
不待揭簾香引動漁郎蓑衣撘濕
暖鍋傍踏碎瓊瑤歸路遠醉指銀塘

種花

宿雨昨宵晴今日還陰小樓簾卷賣
花聲伏枕半酣猶未足又是斜曛　晴
雨總無憑詐教愁人種花那題寄幽情
[illegible]　王
結實成陰都未卜眼下青青

徐青藤草書一卷

墨瀋餘香賸掃長箋狂花撲水破雲
堆嶺雲盡花空無一物蕩蕩銀河瀉影
又畧點箕張兒并未敢拔圖容易玩

拈烟霞直上嵩華頂與帝座呼相近
半生未掛朝衫領狠秋風青衿剝去禿
頭光頂　只有文章書画筆無古無今獨
逞吾無復自家門徑　拔取金刀眉目割破
頭顱血迸當花冷亦不是人間病

西村感舊

撫景傷飄泊對西風懷人憶地年年搔擱
最是江村讀書處流水板橋籬落遠一
[illegible]　六
帶烟波杜若密樹連雲藤蓋瓦穿綠陰拆
入閒亭閣一靜坐思量番番　今朝重踐
山中約盡墻邊朱門款倒名花寂寞
圃豆棚虛點綴衰草斜陽暮雀村犬吠
故人偏憑只有青山還是舊忽青山笑
我今非昨雙鬢減壯心弱

送顧萬峰之山東常使君幕

擲帽悲歌起歎當年父母生我懸弧射

矣半世銷沉兒女態羈絆難踰鄉里健羨尔蕭然攬轡首路春風冰凍釋泊馬頭浩淼黃河水望不盡洶洶勢　到看泰岱從天墜矗空青千岩萬嶂雲揉月洩封禪碑銘今在否鳥跡蟲魚怪異為我弔秦皇漢帝夜半更須陵日觀紫金毬湧出滄溟底盡海內奇觀矣獨有難忘者寧不見慈親累鬢於今雪滿檢點裝囊針線密老淚潺湲而瀉努力夢魂奏甚不為深情酬國士肯孤負獨騎天邊跨遊子歎關山夜　頗關東道兼騷雅最羨是峰巒十萬青排脚下此去唱酬官閣裏酒在冰壺共把須昂以仁風遍野如此清時宜樹立況魯鄒舊俗非難化休沉溺篇章也

常君名建極字近辰旗下人本登泰山絶頂詩云二三星斗胸前落十萬峰巒脚底青又云烟霞歷亂迷齊魯禪版零星倒漢唐皆登岱作也

贈王一姐

竹馬相過日還記汝雲鬟覆頸胭脂點頰阿母扶攜翁負背幻作兒郎妝飾小則小寸心憐惜放學歸來猶未晚向紅樓存問春消息問我索畫眉筆　廿年湖海長為客都付與風吹夢杳雨荒雲隔今日重逢深院裏一種溫存猶昔添多少周旋形迹回首當年嬌小態但片言微忤容顏赤只此意最難乃

贈陳周京

咄汝陳生者試問汝天南地北遊踪徧也十五年前廣陵道馬上翩翩游冶曾與日題賢盈把落拓東歸尋舊夢剔寒燈燼

畫淒涼夜渾不似無羈馬。君家先世丹青亞今祖
射闖賊中日 炳千秋淒烟衰郢雲臺耿賈誰料關西
將家子亂草飄蓬四野還一任雨淋霜打莫
向人前談往事恐道傍屠販疑虛假勉
强去粧聾啞

有贈

舊作吳陵客鎮日向小南湖上臨流弄石兩
洗梨花風欲軟已逞蝶蜂諸息却又被春

九

寒微勒閒道可人家不遠轉畫橋西去
蘿門翠時聽見高樓笛 緣慳覿面還
相失誰知向海雲深處懸勉款惜一夜尊
前知己淚皆著短檠偷滴又互把羅衫拭
濕相約明年春暮早辭花心紅蕊相思
汁共染得肝腸赤

落花

小立梅花下問今年暖風未破如何稱也

不是花開偏怨早總為早開先謝被斷兩
零烟飄灑粉蝶游蜂離念舊背殘枝飛過
秋千架上落得珠絲掛 江南一月花擅價
有多少遊童陌上春叔細馬寸里香車紅袖
小娘轉翠眉如畫伴不解傍人覷咱愁覺
柳人花飛亂絮洽海棠薺老誰紛嫁
須晴濕香羅帕

考小使許樗存

十

十載名場困走江湖盲風怪雨孤舟破艇
江上蕭蕭黃葉寺亂草荒烟滿逕差字
斜陽夢冷撿點殘詩尋舊句步空廊古殿
琉璃影一个字吟難定 書來慰勉慇勤
甚便道是前途萬里風長浪穩可曉金蓮
紅燭賜老了東坡兩鬢最辛負朝雲一枕
嫩買清風兼皓月對歌兒舞女閒消
悶再休說清華省

述詩二首

詩法誰為準，統千秋姬公手筆，屈宋奔八斗
才華曹子建，退讓老瞞蒼勁，更五柳先生澹
永。眼界好雄兼曠逸，從自裁本色留深分，一快
讀分倫等。 唐家李杜雙峰並，奕奕絲絲，詩
如詩史，詩魔詩鬼，王孟高標清徹骨，未免
規方界進，似顛少驊騮未騁。怯殺韓碑神揚
草，分學甚郊詩，排生硬，便無過昌黎頂。

二

作文章要體諸家，裁雲鏤月，標花寵草，縱使風
流，許一世不過閒中自了。那識得周情孔思，七月
東山千古在，描摹瑣細民情，妙盡不出豳風稿。
又聞國運猶其亦，剝漓濃清淳厚薄，直通
與突兼暑陰陽，多殄忒，筆底迴旋不少。莫
認作書生談笑，回首少年游冶習，採取名雲
紅豆相思料，深愧殺杜陵老。

食瓜

五色嘉瓜美，問東陵故侯，安在園圃殘廢。
多少金臺名利客，畏暑唱腥醲滋味，便忘却田
家甘旨。門逕薛蘿荒不剪，綠楊橋板御空
流水，總不作，稗身計。 吾家在湘波裏，繞秋城
滿灑蘆葉，沙甚無際。底事欲歸歸不得，說是粗通
作吏，聽此語令人慚恥。不但古賢吾不逮，看眼
前何限賢勞輩，空日費官倉米。

陸種園先生一首

板橋詞鈔

弔史閣部墓

將相寥寥，對西風招魂剪紙，澆羹列
餅。野老為言當日事，戰火連天相射，夜未半，層
城欲下，十萬橫磨刀似雪，儘孤臣一死他何怕。
氣堪作，長虹掛。 難禁恨淚如鉛瀉，人道是衣
冠葬所，音容難畫。敗瓦頹傍松與柏，日日村人
繫馬，且一任樵蘇盡打。只有殘碑留漢字，
細摩挲不識誰題者，一半是，蒼苔藉。

青玉案

宦況

十年蓋破黄紬被儘歷遍官滋味雨過槐廳天似水正宜潑茗正宜開釀又是文書累　坐曹一片吆呼碎衙子催人粧傀儡束吏平情然也未酒闌燭跋漏寒風起多少雄心退

菩薩蠻

醉花間

留春

留春不住由春去春歸畢竟歸何處明歲早些來烟花待前栽　雪消春又到春到人偏老切莫怨東風東風正怨儂

留穠

留春不住留秋住籬蹋叢叢霜下菊佳節又重陽持螯切嫩薑　江上山無數何處登高去松徑小山頭夕陽新酒樓

十三

宿千科柳

漁家泊在清淮口西風稻熟千科柳茅店掛新紅酒旗青更濃　買酒將魚换得酒船頭轉岸上打場聲漁歌水上清

浣溪沙

少年

硯上花枝折得香枕邊蝴蝶引來狂替人扛豆好收藏　數島聲時疑卦筭備書攤處暗思量鴟牆聽喚小珠娘

[illegible]

老兵

萬里金風病骨秋創瘢血漬隴西頭戍樓明補破羊裘　少壯虔傳京國信老年只說故鄉愁近來鄉思也悠悠

隴雨蕭蕭隴草長夕陽慘淡下邊墻敵樓風起暮鴉翔　冊上有名還點隊軍中無事不歸行替人磨洗舊刀鎗

十四

沁園春

恨

花亦無知月亦無聊酒亦無靈把夭桃斫斷煞
他風景鸚哥煮熟佐我杯羹焚硯燒書
椎琴裂畫毀盡文章抹盡名滎陽鄭有
慕歌家世乞食風情　單寒骨相難更笑
席帽青衫太瘦生看蓬門秋草年年破巷疏
窗細雨夜夜孤燈難道天公還箝恨口不許長吁一
聲顛狂甚取烏絲百幅細寫淒清

板橋詞鈔　廿五

落梅

小苑閒窗細雨初晴日射朱扉正踈梅幾點粉
嬌紅姹幽香滿逕天際雲徧莫打游蜂還憐
舞蝶海燕今朝歸不歸春如醉甚東風惡
劣碎攪花飛　明知不怪風吹奈不忍東
風卻怨誰且落英細掃藏諸硯匣殘枝一
剪供在書帷昨夜三更燈昏月淡錢馬擔
前識是非全無謂乃飄零殘褪怨甚光輝

西湖夜月有懷揚州舊遊

飛鏡懸空萬壑秋山一片晴湖望遠林燈火乍
明還滅近瞧人影似有如無馬上提壺沙邊覓
曲芳草迷人臥莫扶非無故為青春不再荒
煞蕭踈　十年夢破江都奈夢裏繁
華費掃除更紅樓夜宴千條絳蠟綠盤春
泛四座名姝醉後高歌狂來痛哭我輩多情
有是夫今宵月問江南江北風景何如

板橋詞鈔　廿六

踏莎行

無題

中表姻親詩文情愫十年幼小嬌相護不須
燕子引人行畫堂得到重重戶　顛倒思
量朦朧劫數藕絲不斷蓮心苦分明一見怕
銷魂卻愁不到銷魂處

荊州亭

江上

江雨蕭蕭漸大，悶倚篷窗，一箇沽酒不曾來，準取隣舟燈火。半擔六朝奇貨，千古暮雲，左販賣是誰家，紫綬貂蟬八座。千里布帆無恙，萬里沙鷗來往，剗却暮山青，更覓溶溶漾漾。多少六朝關塞，近來樵都忘此，是怨弘光白書金鑾殿。

柳梢青

十七

有贈

嶺遠情親，眉梢有話，香底生春。把酒相看，還復勸溫，又重溫。料條江上鮮新，有何恨、鶯兒喚人。鶯留多情，鶯還多戀，我只憐憐。

虞美人

無題

盈盈十五人兒小，慣是將人惱。擣他花下去圍棊，故意推他，勍敵讓他欺。而今春去

花枝老，別館斜陽早。還將舊態作嬌癡，也要數番憐惜憶當時。

念奴嬌

金陵懷古十二首

石頭城

懸山嚴千，又借歐刀吳斧，削成江郭。千里金城，回不盡，萬里洪濤噴薄。王濬樓船，旌麾直指，風利何曾泊。船頭列炬，等閒燒斷鐵索。

十八

而今春去秋來，一江烟雨，萬點征鴻掠。叫盡六朝興廢事，叫斷孝陵殿閣。山色蒼涼，江流悍急，潮打空城脚。數聲漁笛，蘆花風起作作。

周瑜宅

周郎年少，正雄姿歷落，江東人傑。八十萬軍飛一炬，風捲灘前黃葉。樓艣雲崩，旌旗電掃，射江流血，咸陽三月火，光無此橫絕。 想他豪竹哀絲，回頭顧曲，虎帳談兵歇。公瑾伯符天挺秀，中道

春氣惜別與蜀交疏炎劉興沸老魅成姦黠至
今遺恨秦淮夜夜幽咽

桃葉渡

橋低紅板，正秦淮水長，綠楊飄撇。管領春風
陪舞燕，帶露含悽惜別。烟軟梨花，雨嬌寒
食，芳草催時節。畫船簫鼓，歌聲繚繞空闊。
究竟桃葉桃根，古今豈少，色艷稱雙絕。一縷紅
絲偏繫左，閨閣幾多埋滅。假使夷光，苧蘿終
老，誰道傾城哲。王郎一曲，千秋豔說江楫。

勞勞亭

勞勞亭畔，被西風一夜，逼成衰柳。如線如絲無
限恨，和雨和烟僝僽。江上征帆，尊前別淚，眼底
多情友。千言不盡，斜陽脉脉淒瘦。 半生圖
利圖名，閒中細算，十件長輸九。跳盡胡孫粧
盡戲，總被他家哄誘。馬上旌笳，街頭乞叫，一
樣歸烏有。達將何樂，窮更不若株守。

莫愁湖

鴛鴦二字，是紅閨佳話，然乎否否。多少英雄兒
女態，釀出禍胎冤藪。前殿金蓮，後庭玉樹，風
雨摧殘驟。盧家何幸，一歌一曲長久。 即今
湖柳如烟，湖雲似夢，湖浪濃於酒。山下藤蘿
飄翠帶，隔水殘霞舞袖。桃葉身微，莫愁家
小，翻借詞人口。風流何罪，無榮無辱無咎。

長干里

逶迤曲巷，在春城斜角，綠楊陰裏。赭白青
黃牆砌石，門映碧溪流水。細雨餳簫，斜陽
牧笛，一逕穿桃李。風吹花落，落花風又吹起。 更
兼處處繅車，家家社燕，江介風光美。四月櫻桃紅
滿市，雪片鰣魚刀鮆。淮水秋清，鍾山暮紫，
老馬耕閒地。一丘一壑，吾將終老於此。

臺城

秋之為氣，正一番風雨，一番蕭瑟。落日雞鳴

山下跡爲阿鼙城舊 老萬蝨鼠雌幽花濺血壞
堞零烟碧有人牧馬城頭吹起啗粟 當初麹
代蠛雌食惟梁果帑守沙門律何李餓梁翻
掘鼠雀卵攀巢而吸 弄曰荷荷跌跏竟逝嗟
爾何妨失酸心硬語英雄泪在胸臆

胭脂井

轆轤轉轉把繁華舊夢轉歸何許 有青山
圍故國黃葉西風菜圃淡斜陽階前息宮謠
暮春人歸去銅瓶百丈哀音歷歷如訴 過江咫
尺迷樓芋文化及便是韓擒虎井底胭脂
聯臂出問亦蕭娘何處清夜遊詞後庭花
曲唱徹江關女詞場本色帝王家數世否

高座寺

暮雲明滅望破樓隱隱 卧鐘殘院 亦青山
千萬疊階下淡泉清淺鴉噪松廊鼠翻經
匣僧與孤雲遠空梁蛛脫舊巢無復歸燕

可憐六代興亡生公寶誌絕不關恩怨 手種菩
提心劍戟先墮 禪迦輪轉 青史誤 彈傳燈焚
柄 枉作騎牆漢 恆沙無量人 閒封殺自短

孝陵

東南王氣 掃倆安舊習 江山整肅 老檜蒼松
盤寢殿 夜夜蛟龍來宿 翁仲衣冠 獅麟頭角 靜
鎖苔痕綠 斜陽斷碣 幾人繫馬而讀 閒說
物換星移神出 風雨夜半 西靈毀 不記當年開
國日元主 遺人淚簇蛋嶽 乾坤九泥世界[illegible]
如風燭 老僧山畔 煮泉此取一掬

方景兩先生祠

乾坤歘倒 藉豪英幾輩 手空撐住 千古
龍逢原不死 七竅比干肺腑 竹杖麻衣 朱袍白
刃 朴拙爲鄰 苦信心而出 自家不解何故 也知
稷契皋夔 閒顛散 透嶽除維申甫 猶曾承
乎吾破裂 題目原非一誤 十族全誅 成□萬

毀瓦銚雄霸武世間鼠輩如何抵得老虎

洪先

宏光建國是金蓮玉樹後來狂客草木山川何限痛只解徵歌選色燕子啣箋春燈說謎夜短嫌天窄海雲分付五更攔住紅日　更兼馬阮當朝高劉作鎮犬豕包巾幘賣盡江山猶恨少只得東南半壁國事興亡人家成敗運數誰逃得太平隆萬此際次且出

西江月

警世

細雨玲瓏葉底春風澹蕩花心夢中做夢最怡情蝴蝶引人入勝　俗子登青史英雄半在紅塵酒懷豪淡卧旗亭滿目蒼山暮影

世事無端冷淡老懷何處安排美人頭上插新梅昨日花枝不戴　粉蝶詩衣徑去黃鶯杏舌先回醉中丟我在塵埃醒後也無甚係

老子殘書破帽兒孫綠酒紅裙爭春不肯讓豪多轉眼西風一陣　皓月當頭最樂疾雷破柱還驚世間多少夢和醒悲得黃粱飯炸

唐多令

寄懷劉道士并示酒家徐郎

一抹晚天霞微紅透碧紗顫西風涼葉些些正是客愁愁不穩揚柳外又驚鴉　挑子別君家霜凄菊也花數歸期雪滿天涯分付河

橋多釀酒須留待故人賒

思歸

經寒雁行天東吳鴨觜船走詞場三十餘年少不如人今老矣難白髮有誰憐　官舍冷無煙江南薄有田買青山不用青錢茅屋數間猶好在秋水外夕陽邊

滿江紅

金陵懷古

淮水東頭問夜月何時是了空照徹飄零宮殿
凄涼華表才子總緣杯酒誤英雄只向棋盤
鬧問我家輸局我家贏都秋草〻 流不斷
長江淘捉不倒鍾山峭賸古碑荒塚淡鴉殘
照碧葉傷心亡國柳 紅牆墮淚南朝廟
問孝陵松柏幾多存年〻少

憶家

我夢揚州便想到揚州夢我第一是
按稿陶鈔 二十五
隋堤緑柳不堪烟鎖潮打三更瓜步月雨荒
十里紅橋火更紅蘇洽淡不成圓櫻桃顆 何日
向江都縣何日上江樓卧有詩人某〻酒人个〻
花逕不與新點綴沙鷗頻有閒功課將白頭
供作折腰人將毋左

招隱寺

轉過山頭隱〻見松林一片其中有佛樓斜角
紅牆半閃雨後尋芳沙逕軟道傍小飲郵亭
賦聽石泉幽澗響琮琤清而淺 山門外金源匯
祇樹下香塗殿看我朝營造我朝衰敗〻紛
浮圖空累積一般村字誰聽見向禪扉合
掌問宗風斜陽遠

田家四時苦樂歌 退招於括

細雨輕雷驚蟄後和風動土正犬老催人早作東
畲南園夜月荷鋤村吠犬晨星吐犢山沉霧黃到
五更驚起是荒雞田家苦 [illegible]外枇華灼
二十六
池塘上楊絲弱漸茅檐日煖小姑衣薄春蠶
園隨意剪臘臨牛羣邀人酌喜白頭人醉白
頭扶田家樂
麥浪翻風又早是秧鍼半吐着壟上鳴桿滑
滑傾銀瀵乳脫笠兩株頭頂髮耘苗汗滴禾
根土更養蠶忙殺乘桑娘田家苦 風搖〻摇
新著翠漸〻飄新擇 正青蒲水面紅榴屋
角原上摘瓜童子笑池邊濯足斜陽落晚

風前箇箇說荒唐田家樂

雲淡風高送鴻雁一聲淒楚最怕是打場天氣秋陰秋雨霜穗未儲終歲食縣符已索逃租戶更爪牙常例急于官田家苦　紫蟹熟紅菱剝桄桔響村歌作聽喧填社鼓漫山動郭扶瑟瑟瓷壺傳吉兕扶藜老子持康爵祝年年多似此豐穰田家樂

老樹槎枒撼四壁寒聲正怒掃不淨牛溲

滿地糞渣當戶茅舍日斜雲釀雪長隄路斷風欲雨信卻春夜火到天明田家苦　草為榻蘆為幕土為鏟鍬為杓砍杉枝帶雪烹葵煮霍秫酒釀成歡里舍官租完了離城郭笑山妻塗粉過新年田家樂

陸種園夫子一首

贈王正子

驀地逢君且攜手壇邊細語說蜀棧十年肆火萬山華鼓棍聲滿林愁思黃花橋邊歸路歎他鄉好景最無多難常聚　同是客君尤苦兩人恨憑誰訴看囊中蘿矣酒錢何處吾輩無端寒至山窗見何物肥如許脫敝裘付與酒家孃搖頭去

江女搖仙珮

寄呈

慎郡王

紫瓊居士天上神仙來作人間

聖世河獻徵書楚元設醴一種風流高致論詩情字體是王孟先驅鍾張後起豈屑了丹青繪事已駸駸倒薑巨荊關數子羨翩翩肯訪山中盤根仙李（謂松山李鍇）我亦青王燒燈紅芽顧曲醉臥瑤臺錦綺一別朱門六年山左老作風塵俗吏總折腰為米竟何曾小補民生國計憑致書青鷹林邊李氏莊園

地變天上詩文不是忙中事舉頭遥望燕山翠

有所感

綠楊深巷人倚朱門不是尋常模樣旋浣春衫
薄施雲鬢韻致十分娟朗向芳鄰潛訪說自小
青衣人家斷養又沒個憐香惜媚落在天鵝
燒琴魔障頓惹起閒愁代他出脫千思萬想
究竟人謀空費天意從來不許多花擅長屈
指千秋青袍紅粉多少飄零就淵且休論已往試

二十九

看予十載醋海盈盈憑寄語雪中蘭蕙春將
不遠人間留得嫣無恙明珠未許塵壤

酷相思

本意

杏花深院紅如許一線畫牆攔住歎人間咫尺千
山路不見也相思苦便見也相思苦分明背地情
千縷撩惱徑教訴奈花間乍遇言辭阻半
句也何曾吐一字也何曾吐

太常引

聽嗜將軍說邊外風景　韋子雲

滿天星露壓長城夜黑月初生萬障馬嘶鳴還夾
雜風聲雁聲紅霞乍起朝光滿地飛鳥立
轅門遙塞靜無塵須撿點中原太平

水龍吟

寄嗜將軍歸化城

十年不見手儀髯鬚應向邊庭老李家部曲程家
刁斗宵發兩到瘦日偏多淡雲無著涼風易掃想

二十

錦衣秘障三更雪壓燈未滅鄉心照　近州文章
草草把書生衷情談笑八股何益六經猶在如何推
倒栢梁與吳鄰陵破梦兵機最妙寄東君滿
腹韜鈐盲左六須尋討

滿庭芳

贈郭方儀

白菜醃菹紅鹽煮豆儒家風味孤清破餅殘

酒亂擲小枕英莫負陽春十月且竹西邨落閒行平
山上歲寒松柏霜裏更青青　乘除天下事圍棋
一局勝負難評看金尊檀板豪華傾便是
輸他一著又何曾著著讓他贏寒窗裏烹茶掃
雪一椀讀青燈

晚景

秋水連天寒鴉掠地夕陽紅透疎籬草枯霜
勁颯颯葉聲悲哉點漁莊雁戶為風波約艇鄰
雞關山遠征人何處九月未成衣　嘶雁無一
事亂乾坤儘大儘可容伊但著書原錯學劍
全非漫把然燈遣興怕有人戶外聞知如相問
本來蹤跡采藥未曾歸

贈歌兒

玉笛聲邊琵琶索緩幾回欲唱還停撚花微
笑小立繡圍屏待把金尊相勸又推辭宿酒
還醒秋宵靜露華悄悄銀燭冷三更　輕輕喉一
轉未曾入破響遏秋星又低聲小疊鸞簫寒情
試問青春幾許是莫愁未嫁芳齡吾慚甚與
黃曲苦未敢說消魂

村戶

草綠如秋秋青似草碁盤畫出春田雨濃
桑重鳩婦喚晴烟江上斜橋古岸掛酒旗
林外翩翩山城遠斜陽鼓角雉堞春雲邊　老
夫三十載燕南趙北漲海蠻天喜歸來故舊
情話依然提起髫齡嬉戲有鷗盟舊約前言
欣重見攜男抱幼姻婭好相聯

瑞鶴仙

漁家

風波江上起蕩扁舟綠楊紅杏村裏蒹漁
艤風味總不施脂粉回合加梳洗野花插鬢
便勝似寶釵香珥乍呼郎撒網鳴榔一
棹水天無際　美利蒲筐包蟹竹籠裝

蝦、柳條穿鰓市城不遠、朝日去午歸矣。併攜
來一甕誰家美醞、人與沙鷗同醉。醉葦
花一片茫茫、夕陽千里。

酒家

青旗江上酒正細雨梨花清明前後。蝦螺雜
魚鵝、況涯頭舊甕新開未久。清醇可可盡
醉倒漁翁樵叟。向村墟歸路微茫、人與夕陽
薰透。知否世間窮達、葉底藥枯卦中奇偶、

叔瑜詞鈔　　三十三

何須計較、捧一觴為君壽。頹先生一掃長
安舊夢、來覓中山渴友、解金貂付與當
爐從今脫手。

山家

山深人跡少、漸石瘦松肥、雲癡鶴老。茅齋嵌幽
島、有花枝旁出薜蘿上、罩游魚了了。潭水澈澄
清、竈暖炊燃中、春光漸犁。嘗得靈芝仙草。
飄渺、五更日出、犬吠雲中、雞鳴天表。離邑西角
星未盡月猶皎。問何年出訪山中高士、洞頂方
袍大帽也不須、熙食黃精、餘閒便好。

田家

江天春雨後、傍山下人家、野花如繡。平田大江口、
喜潮來夜半、土膏浸透。青秧將將便好撒麻
種豆、放小橋、曲港春船、布穀烟中楊柳。
株守、最嫌吏擾、怕少官錢、惟知農友。絕尋
訪笙歌醵飲、社鼓村翁叟、海長虹、稚女童孫長大

叔瑜詞鈔　　三十四

婚嫁也須成就、到今來新婦家家情親姑舅。

僧家

茅庵欲欲倒、倩老樹撐扶、白雲環繞。林深
無客到、有澗底鳴泉、谷中幽鳥、清風來掃。
掃落葉盡歸爐竈、好閉門煨芋、挑燈盡
芋香天曉。　非矯也、親貴曾也跳紅塵終歸厭表、
殘衫破衲補不徹、縫不了、比世人少卻幾莖頭
髮。省得許多煩惱、向佛前燒炷香兒閒

眠一覺

官宦家

笙歌雲外迎，紅燭爛星明，花深夜永，朝霞樓閣冷，淌牡丹貪睡，鸚哥未醒，戟枝槐影，多少金龜玉笋，霎時間霧散雲銷，門外雀羅張迋，狂省，燕窩春去，雁帶秋來，霜催雪緊，幾家寒煉，又逼出梅花信，蒼天公，何限乘除消息，不是一家慳，定任憑他，鐵鑄銅鎸，終成畫餅。

帝王家

山河同敝屣，羡舜禹子傳賢，陶唐妙理，禹湯無算計，把乾坤重擔，兒孫挑起，千秋萬禩，淌多少英雄霸氣，可如今，故紙紛紛，何限秦頭漢尾，休倚，幾家宦寺，幾編藩王，幾回戚里，東扶西倒，偏重處成乖戾，待他年，一片宮墻瓦礫，荷葉亂翻秋水，賸野人，破舫斜陽，兩汊荻。

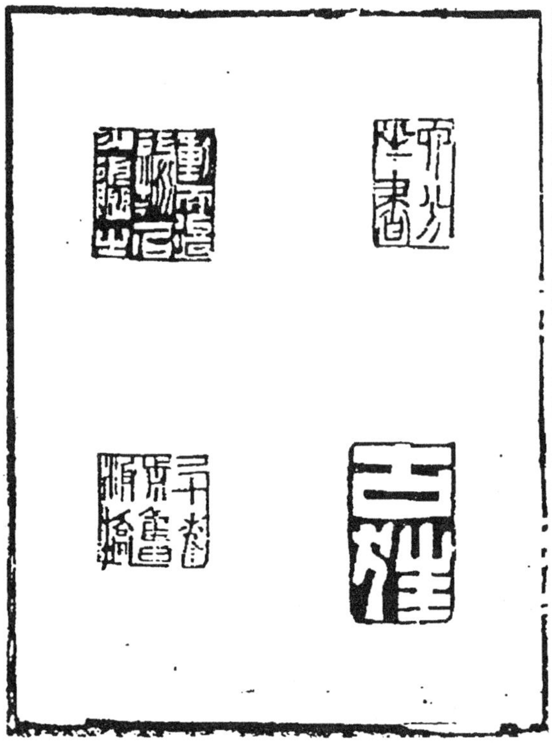

小唱

道情十首

板橋鄭燮著

楓葉蘆花並客舟，烟波江上使人愁，勸君更盡一杯酒，昨日少年今白頭。自家板橋道人是也，我先世元和公公，流落人間，教歌度曲。我如今也譜得道情十首，無非喚醒癡聾，銷除煩惱。每到山青水綠之處，聊以自遣自歌。若遇爭名奪利之場，正好覺人覺世。這是風流世業，措大生涯，不免將來請教諸公，以當一笑。

老漁翁，一釣竿，靠山崖，傍水灣，扁舟來往無牽絆。沙鷗點點輕波遠，荻港蕭蕭白晝寒，高歌一曲斜陽晚。一霎時波搖金影，驀擡頭月上東山。

老樵夫，自砍柴，綑青松，夾綠槐，茫茫野草秋山外。豐碑是處成荒塚，華表千尋臥碧苔，墳前石馬磨刀壞。倒不如閒錢沽酒，醉醺醺山徑歸來。

老頭陀，古廟中，自燒香，自打鐘，兔葵燕麥閒齋供。山門破落無關鎖，斜日蒼黃有亂松，秋星閃爍頹垣縫。黑漆漆蒲團打坐，夜燒茶爐火通紅。

水田衣，老道人，背葫蘆，戴袱巾，棕鞋布襪相廝稱。修琴賣藥般般會，捉鬼拏妖件件能，白雲紅葉歸山徑。聞說道懸巖結屋斷教人何處相尋。

老書生，白屋中，說黃虞，道古風，許多後輩高科中，門前僕從雄如虎，陌上旌旗去似龍，一朝勢落成春夢，倒不如蓬門僻巷，教幾個小小蒙童。

盡風流，小乞兒，數蓮花，唱竹枝，千門打鼓沿街市，橋邊日出猶酣睡，山外斜陽已早歸，殘杯冷炙饒滋味，醉倒在迴廊古廟，一憑他雨打風吹。

掩柴扉，怕出頭，剪西風，菊徑秋，看看又是重陽後，幾行衰艸迷山郭，一片殘陽下酒樓，栖鴉點上蕭蕭柳，撮幾句盲辭瞎話，交還他鐵板歌喉。

邈唐虞，遠夏殷，卷宗周，入暴秦，爭雄七國相兼并，文章兩漢空陳迹，金粉南朝總廢塵，李唐趙宋慌忙盡，最可歎，龍盤虎踞，盡銷磨燕子春燈。

吊龍逢，哭比干，羨莊周，拜老聃，未央宮裏王孫慘，南來薏苡徒興謗，七尺珊瑚只自殘，孔明枉作那英雄漢，早知道茅廬高臥，省多少六出祁山。

撥琵琶，續續彈，喚庸愚，警懦頑，四條弦上多哀怨，黃沙白艸無人跡，古戍寒雲亂鳥還，虞羅慣打孤飛雁，收拾起漁樵事業，任從他風雪關山。

風流家世元和老，舊曲翻新調，扯

碎狀元袍，脫却烏紗帽，俺唱這
道情兒歸山去了。
是曲作于雍正七年，屢抹屢更，
至乾隆八年乃付諸梓，刻者司
徒文膏也。

板橋題畫

鄭燮克柔甫著
靳𨥫秋田甫校

竹

余家有茅屋二間，南面種竹。夏日新篁初放，綠陰照人，置一小榻其中，甚涼適也。秋冬之際，取圍屏骨子斷去兩頭，橫安以爲窗欞，用勻薄潔白之紙糊之。風和日暖，凍蠅觸窗紙上，鼕鼕作小鼓聲。於時一片竹影零亂，豈非天然圖畫乎？凡吾畫竹，無所師承，多得于紙窗粉壁日光月影中耳。

一節復一節，千枝攢萬葉。我自不開

花兔擄蜂與蝶

哎自西湖爛醉歸沿山密篠亂牵衣搖舟已下金沙港回首淸風在翠微

江館淸秋晨起看竹烟光日影露氣皆浮動于踈枝密葉之間胸中勃勃遂有畫意其實胸中之竹並不是眼中之竹也因而磨墨展紙落筆倏作變相手中之竹又不是胸中之竹也總之意在筆先者定則也趣在灋外者化機也獨畫云乎哉

文與可畫竹胸有成竹鄭板橋畫竹胸無成竹濃淡踈密短長肥瘦隨手寫去自爾成局其神理具足也藐兹後學何敢妄擬前賢然有成竹無成竹其實只是一个道理

文与可墨竹詩云擬將一段鵝溪絹掃取寒梢万尺長梅道人云我亦有亭深竹裏也思歸去聽秋聲皆詩意淸絶不獨以畫傳也不獨以畫傳而畫益傳變既不能詩又不能畫然亦勉題數語雷停雨止斜陽出一片新篁旋翦裁影落碧紗窗子上便拈毫素寫將來言畫意簡有慚前哲

與可畫竹魯直不畫竹然觀其書法罔非竹也瘦而腴秀而拔欹側而有準繩折轉而多斷續吾師乎吾師乎其吾

遊之清癯雅脱乎書法有行欵竹更要行
欵書法有濃淡竹更要濃淡書法
有疏密竹更要疏密此幅奉贈常君酉
北酉北善畫不畫而以畫之關紐透
入于書燮又以書之關紐透入于畫吾兩
人當相視而笑也與可山谷亦當首肯
徐文長先生畫雪竹純以瘦筆

板橋題畫　四

破筆燥筆斷筆為之絕不類竹然
後以淡墨水鉤染而出枝間葉上罔非
雪積竹之全體在隱躍間矣今人畫
濃枝大葉略無破闕處再加渲染則
雪與竹兩不相入成何畫法此亦小小匠
心尚不肯刻苦安望其窮微索渺乎
問其故則曰吾輩寫意原不拘拘于此殊

不知寫意二字誤多少事欺人瞞自己再
不求進皆坐此病必極工而後能寫意非不
工而遂能寫意也

石濤畫竹好野戰略無紀律而紀律自
在其中燮為江君穎長作此大幅極力
仿之橫塗豎抹要自筆筆在法中未能
一筆逾于法外甚矣石公之不可及也功

板橋題畫　五

夫氣候僭差一點不得魯男子云唯柳
下惠則可我則不可將以我之不可學
柳下惠之可余于石公亦云

為無方上人寫竹

春雷一夜打新篁解籜抽梢萬尺長
最愛白方窗紙破亂穿青影照禪床

一枝竹十五片葉呈七太守

散云鈔〻許勝人多〻許努力低纏聲
瑶窗弄風沛

濰縣署中畫竹呈年伯包大中丞括
衙齋臥聽蕭〻竹疑是民間疾苦聲些
小吾曹州縣吏一枝一葉總關情

予告歸里畫竹別濰縣紳士民
烏紗擲去不為官囊橐蕭〻兩袖寒
寫取一枝清瘦竹秋風江上作漁竿

笋竹
江南鮮笋趁鰣魚爛煮春風三月初分
付厨人休斫盡清光留此照攤書
笋菜沿江二月新家〻厨爨剥春筠
此身願劈千絲篾織就湘簾護美人

初返揚州畫竹第一幅
二十年前載酒瓶春風倚醉竹西亭而今再
種揚州竹依舊淮南一片青

為馬秋玉畫扇
縮寫脩篁小扇中一般落〻有清風牆
東便是行庵竹長向君家學化工
時余客枝上村隣壁即馬氏行庵也

小院茆堂近郭門科頭竟日擁山尊夜
來葉上蕭〻雨窗外新栽竹數根 燮常
以此題畫而非我詩也吾師陸種園先生
好寫此詩而亦非先生之作也想前賢有此
未考厥姓名耳特注明於此以志吾
曾據善之戒

余畫大幅竹好畫水〻與竹性相近也少
陵云懶性從來水竹居又曰瞅竹水穿沙此

非明証乎渭川千畝淇泉菉竹西北且然況瀟湘雲夢之間洞庭青草之外何在非水何在非竹也余少時讀書真州之毛家橋日在竹中閒步潮去則溼泥軟沙潮来則溶溶漾漾水淺沙明綠蔭澄鮮可愛時有鯈魚數十頭自池中溢出游戲于竹根短草之間與余樂也未賦一詩心常養養今乃

板橋題畫　八

補之曰風晴日午千林竹野水穿林入林腹絶無波浪自生紋時有輕鯈戲相逐日影天光暫一開青枝碧葉還遮蔽老夫愛此飲一掬心肺寒僵變成綠展紙揮毫為鉅幅十丈長牋三斗墨日短夜長繼以燭夜半如聞風聲竹聲水聲秋聲。

為黃陵廟女道士畫竹

湘娥夜抱湘雲哭杜宇鷓鴣淚相逐叢篁密篠遍抽新碎翦春愁滿江綠赤龍賣盡瀟湘水衡山夜燒連天紫洞庭湖渴莽塵沙惟有竹枝乾不死竹梢露滴蒼梧君竹根竹節盤䧟墳巫娥亂入襄王夢不值一錢為贱雲

蘭

板橋題畫　九

屈宋文章草木高千秋蘭譜壓風騷如何爛賤從人賣十字街頭論擔挑

此是幽貞一種花不求聞達只烟霞采樵或恐通来徑更寫高山一片遮

僧白丁畫蘭渾化無痕跡萬里雲南遠莫能致付之想夢而已聞其作畫不令人見畫畢微乾用水噴噀其細如霧筆墨之痕因茲化

去彼忍貽詸致閉户自為不知吾正以此服其奇才妙想也口之噗水與筆之蘸水何異亦何非水墨之妙乎石濤和尚客吾揚州數十年見其蘭幅極多亦極妙學一半撇一半未嘗全學非不欲全實不能全亦不必全也詩曰十分學七要抛三各有靈苗各自探當面石濤還不學何能萬里學雲南

余種蘭數十盆三春告莫皆有憔悴思歸之色因移植于太湖石黃石之間山之陰石之縫既已避日又就燥對吾堂亦不惡也來年忽發箭數十挺然直上香味堅厚而遠又一年更茂乃知物亦各有本性贈以詩曰蘭花本是山中草還向山中種此花塵世紛紛植盆盎不如留與伴烟霞又云山中蘭草亂如蓬葉暖花酣氣候濃出谷送香非不遠那能送到俗塵中此假山耳尚如此況真山乎余畫此幅花皆出葉上極肥而勁蓋山中之蘭非盆中之蘭也

畫蘭寄呈

紫瓊崖道人

山中覓覓復尋尋覓得紅心與素心欲寄一枝嗟遠道露寒香冷到如今

破盆蘭花

春雨春風洗妙顏一辭瓊島到人間而今究竟無知己打破烏盆更入山

半盆蘭蕊

盆是半藏花是半含不求發泄不畏凋殘

半開未開之蘭

以上蘭花向曉開山腰乳筍尚含胎畫二三
劍意敎停莫何苦東風好作媒

莚蘭

春蘭未了夏蘭開萬事催人莫要獃
閱盡榮枯是盆盎幾回拔去幾回栽

畫盆蘭送范縣楊典史謝病歸杭州題曰
蘭花不合到山東誰識幽芳動遠空畫一
個盆兒載回去栽他南北兩高峰 後跋
好事者攫去楊甚慍之又十餘年余過
杭而楊公已下世久矣其子孫述故乞更畫
一幅補之既題前作又繫一詩曰相思無
計託花魂飄入西湖叩墓門為衛老
夫重展筆依然蘭子又蘭孫

折枝蘭

多畫春風不值錢一枝青玉半枝妍山中
旭日林中鳥啼出相思二月天

峭壁蘭

峭壁一千尺蘭花在空碧下有采樵
人伸手折不得

畫盆蘭送太中丞孫丈予告歸鄉
諱勤字子未號峩山

宿草栽培數十年根深葉老倍鮮妍而
今歸到山中去滿眼名葩是後賢此莚
三年事也後十三年過德州公年八十二十
子孫曹林立并見元孫復出是圖索題又
書二十八字載得盆蘭返故鄉 天家雨露
藹蒼蒼今朝滿把蘭芽茁又喜山中氣候長

畫盆蘭勸無方上人南歸

萬里關河異暑寒，紛紛灌溉及摧殘。不如歸去匡廬阜，分付諸花自出山。

為侶松上人畫荆棘蘭花

不容荆棘不成蘭，外道天魔冷眼看。門徑有芳還有穢，始知佛法浩漫漫。

折枝蘭

曉風含露不曾乾，誰插晶瓶一箭蘭。好似楊妃新浴罷，薄羅裙系怯君看。

叢蘭棘刺圖

東坡畫蘭長帶荆棘，見君子能容小人也。吾謂荆棘不當盡以小人目之，如國之爪牙，王之虎臣，自不可廢。蘭在深山，已無塵囂之擾，而鼠將食之，鹿將齕之，豕將豗之，熊、虎、豺、麝、兔、狐之屬將嚙之，又有樵人將拔之割之，若得棘刺為之護撼，其害斯遠矣。秦築長城，秦之棘籬也；漢有韓、彭、英，漢之棘衛也。三人既誅，漢高過沛，遂有安得猛士守四方之慨。然則蒺藜鐵菱角，鹿角棘刺之設，安可少哉！予畫此幅，山上山下皆棘，而叢蘭得十之六，棘居十之四。畫畢而歎，蓋不勝幽并十六州之痛。南北宋之悲，不以無棘刺故也。

為婁真人畫蘭

銀鳥金猊暖碧紗，瑤臺硯墨薄烟霞。一揮滿幅蘭芽茁，當得君家頃刻花。

石

米元章論石，曰瘦，曰縐，曰漏，曰透，可

謂畫石之妙矣東坡又曰石文而醜一醜
字則石之千態萬狀皆從此出彼元章但
知好之為好而不知陋劣之中有至好也
東坡胸次其造化之爐冶乎燮畫此石
醜石也醜而雄醜而秀弟子朱青雷索
予畫不得即以是寄之青雷袖中倘有
元章之石當棄弗顧矣

板橋題畫

何以謂之文章謂其炳炳耀耀皆成文也謂
其規矩尺度皆成章也不文不章雖句句是
題直是一段說話何以取勝畫石亦然有橫塊
有豎塊有方塊有圓塊有欹斜側塊何以
入人之目畢竟有皴法以見層次有空白以見
平整空白之外又皴然後大包小小包大構
成全局尤在用筆用墨用水之妙所謂塊

〻之氣結而石成矣看山李鐵君先生文章
妙天下余未有以學之寫之石奉寄二
細皴一亂皴不知彷髴於文之似否翁出古
道不肯作甘言媚世當必有以教我也
今又畫石三幅一幅寄膠州高鳳翰西園
氏一幅寄燕京圖清格牧山氏一幅寄江南
李鱓復堂氏三人者予石友也昔人謂石

板橋題畫

可轉而心不可轉試問畫中之石尚轉
乎千里寄畫吾之心與石俱往矣是日在
朝城縣畫畢尚有餘墨遂塗于縣壁作
卧石一塊朝城訟簡刑輕有卧而理之之妙故
寫此以示意之君子聞之亦知吾為吏之
樂不苦也
昔人畫柱石圖皆居中正面竊獨以為不

然國之桂石，如公孤保傅，雖位極人臣，無居正當陽之理，今特作為偏側之勢，且繫以詩曰：

一卷柱石欲擎天，體自尊崇勢自偏，却似武鄉侯氣象，側身謹慎幾多年。

老骨蒼寒起厚坤，巍然直擬泰山尊，千秋纔有秦皇帝，不敢鞭他下海門。

頑然一塊石，卧此苔階碧，雨露亦不知，霜雪

亦不識，園林幾盛衰，花樹幾更易，但問石先生，先生俱記得。

蘭竹石

介於石，臭如蘭，堅多節，皆易之理也，君子以之。

後堂李鱓，老畫師也，為蔣南沙、高鎮嶺弟子，花卉、翎羽、蟲魚皆絶妙，尤工蘭竹，然燮畫蘭竹，絶不與之同道，後堂嘗曰：是殆自立門戶者，今年七十，蘭竹益進，惜後堂不再，不復有商量畫事之人也。

靳秋田索畫

終日作字作畫，不得休息，便要罵人，三日不動筆，又想一幅紙來，以舒其沉悶

之氣，此亦吾曹之賤相也。今日晨起無事，掃地焚香，烹茶洗硯，而故人之紙忽至，欣然命筆，作數箭蘭，數竿竹，數塊石，頗有灑然清脱之趣，其得時得筆之候乎！索我畫偏不畫，不索我畫偏要畫，極是不可解處，然解人于此，但笑而聽之。

三間茅屋十里春風窗裏幽蘭窗外
脩竹此是何等雅趣而安享之人不知
也懵懵懂懂沒沒墨墨絕不知樂在何處
惟勞苦貧病之人忽得十日五日之暇閉
柴扉掃竹逕對芳蘭啜苦茗時有微風
細雨潤澤于疏籬仄逕之間俗客不來
良朋輒至亦適適然自驚為此日之難得

板橋題畫　卅

也凡吾畫蘭畫竹畫石用以慰天下之
勞人非以供天下之安享人也
石濤善畫蓋有萬種蘭竹其餘事也
板橋專畫蘭竹五十餘年不畫他物彼務
博我務專安見專之不如博乎石濤畫
變千變萬化離奇蒼古而又能細秀妥貼
比之八大山人殆有過之無不及處然八大名滿

天下石濤名不出吾揚州何哉八大純用減
筆而石濤微茸耳且八大無二名人易記
識石濤弘濟又曰清湘道人又曰苦瓜和尚
又曰大滌子又曰瞎尊者別號太多翻成
攪亂八大只是八大板橋亦只是板橋吾不
能從石公矣
鄭所南陳古白兩先生善畫蘭竹燮未嘗

板橋題畫　卅一

學之徐文長高且園兩先生不甚畫蘭竹
而燮時時學之弗輟蓋師其意不在迹象
間也文長且園才橫而筆豪而燮亦有倔
強不馴之氣所以不謀而合彼陳鄭二公仙
肌仙骨藐姑冰雪燮何足以學之哉昔人
學草書入神或觀蛇鬭或觀夏雲得個
入處或觀公主與擔夫爭道或觀公孫大娘

舞西河劍器夫豈取草書成格而規規傚
法者精神專一奮苦數十年神將相之鬼
將告之人將啟之物將發之不奮苦而求
速效只落得少日浮夸老來窘隘而已

題蘭竹石調寄一剪梅

幾枝修竹幾枝蘭不畏春殘不怕秋寒飄飄
遠在碧雲端雲裏湘山夢裏巫山　畫

工老與韋金刪筆也清內墨也班借君
莫作畫圖看文裏樓閣字裡披開

乾隆二十一年二月三日予作一桌會八人同
席各攜百錢以爲永日歡座中三老人五少年
白門程綿莊七閩黃癭瓢與燮爲三老年
少者徒李御蘿邨王文治夢樓燕京于文濬石
卿全椒金兆燕棕亭杭州張賓鶴仲謀爲
五少年午後濟南朱文震青雷又至遂爲
九人會因畫九畹蘭花以紀其盛詩曰天上
文星與酒星一時歡聚竹西亭何勞芍藥
誇金帶自是千秋九畹青座上以作畫爲
最長者奉上程先生撰者

韜光庵爲松岳上人作畫

天陰作圖畫紙墨俱潤澤更愛嫩晴

天寥寥三五筆

元日畫蘭竹遠寄郭芸亭萬水千
山外知余老更青

綴玉倉珠發箭蘭新篁葉葉翠琅
玕老夫本是瓊林客只畫春風不畫
寒

亂蘭亂竹亂石與汪希林

掀天揭地之文震雷驚醺之字呵眉罵鬼之談無古無今之畫原不在尋常眼孔中也未畫以前不立一格既畫以後不留一格

畫鞠與其官留別

進又無錢退又難宦途蹭蹬不堪看吾家頗有東籬菊歸去秋風耐歲寒

板橋鄭燮畫

竹石

咬定青山不放鬆立根原在破岩中千磨萬擊還堅勁任爾東西南北風

四竿竹

一竿瘦兩竿夠三竿湊四竿救

籬竹

一片綠陰如洗護竹何勞荆杞仍將竹作笆籬求人不如求己

出紙一竿

畫工何事好離奇一幹掀天去不知若使循循墻下立拂雲擎日待何時

竹石

十笏茅齋一方天井脩竹數竿石筍數尺其地無多其費亦無多也而風中雨中有聲日中月中有影詩中酒中有情閑中悶中有伴非唯我愛竹石即竹石亦愛我也彼千金萬金造園亭或遊宦四方終其身不能歸享而吾輩欲遊名山大川又一時不得即往何如一室小景有情有味歷久彌新乎對此畫構此境何難斂之則退藏于密亦復放

板橋鄭燮畫

之可彌六合也

一筆石

西江萬先生名个，能作一筆石，而石之凹凸淺深曲折肥瘦無不畢具，八大山人之高弟子也。燮偶一學之，一晨得十二幅，何其易乎！然運筆之妙，却在平時打點，閑中試弄，非可率意爲也。石中亦須作數筆皴，或在石頭，或在石腰，或在石足。

板橋題畫

八畹蘭

九畹蘭花江上田，寫來八畹未成全。世間萬事何時足，留取栽培待後賢。

家書

與舍弟書十六通

興化鄭燮板橋氏著

雍正十年杭州韜光庵中寄舍弟墨

誰非黃帝堯舜之子孫而至于今日其不幸而爲臧獲爲婢妾爲輿臺皂隸窘窮迫逼無可奈何非其數十代以前即自臧獲婢妾輿臺

皂隸來也一旦奮發有爲精勤不倦有及身而富貴者矣有及其子孫而富貴者矣王侯將相豈有種乎而一二失路名家落魄貴胄借祖宗以欺人述先代而自大輒曰彼何人也反在霄漢我何人也反在泥塗天道不可憑人事不可問嗟乎不知此正所謂天道人事也天道福

善禍淫彼善而富貴爾淫而貧賤理也庸何傷天道循環倚伏彼祖宗貧賤今當富貴爾祖宗富貴今當貧賤理也又何傷天道如此人事即在其中矣愚兄爲秀才時檢家中舊書麓得前代家奴契券即於燈下焚去并不返諸其人恐明與之反多一番形迹增一番愧恧自我

用人從不書券合則留不合則去何苦存此一紙使吾後世子孫借爲口實以便苛求抑勒乎如此存心是爲人處即是爲己處若事事預留把柄使入其網羅無能逃脫其窮愈速其禍即來其子孫即有不可問之事不可測之憂試看世間會打算的何曾打算得別人一點直是算盡自家

可可哀可歎，吾弟識之。

焦山讀書寄四弟墨

僧人徧滿天下，不是西域送來的，即吾中國之父兄子弟，窮而無歸，入而難返者也。削去頭髮便是他，留起頭髮還是我。怒眉瞋目，叱為異端而深惡痛絕之，亦覺太過。佛自周昭王時下生，迄於滅度，足跡未嘗履中國土。後八百年而有漢明帝說謊說夢，惹出這場事來，佛實不聞不曉。今不責明帝，而齊聲罵佛，佛何辜乎？況自昌黎闢佛以來，孔道大明，佛焰漸息，帝王卿相一遵六經四子之書，以為齊家治國平天下之道。此時而猶言闢佛，亦如同嚼蠟而已。和尚是佛之罪人，殺盜淫妄，貪婪勢利，無復明心見性之規；秀才亦是孔子罪人，不仁不智，無禮無義，無復守先待後之志。秀才罵和尚，和上亦罵秀才。語云：各人自掃階前雪，莫管他家屋上霜。老弟以為然否？偶有所觸，書此寄汝，并示無方師一笑也。

儀真縣江村茶社寄舍弟

江雨初晴，宿烟收盡，林巒碧翠皆洗沐以待朝暾，而又嬌鳥喚人，微風疊浪，吳楚諸山青蔥明秀，幾欲渡江而來。此時坐水閣上，烹龍鳳茶，燒夾剪香，令友人吹笛，作落梅花一弄，真是人間仙境也。嗟乎！為文者不當如是乎？一種新鮮秀活之氣，宜場屋，利科名，即其人富貴福澤享用，自從容無棘刺。王逸少、虞世南書，字

字蘗逸，二公皆高年厚福。詩人李白
仙品也，王維貴品也，杜牧雋品也。維、牧皆
得大名，歸老輞川、樊川，車馬之客日造
門下。維之弟有縉，牧之子有荀鶴，文復
表表。後人惟太白長流夜郎，然其未高
上金鑾，御手調羹，貴妃侍硯，與崔宗
之著宮錦袍，游遨江上，望之如神仙，何嘗
翰林匝月，用朝廷金錢三十六萬，凡失路
君流落，魄公子，皆厚贈之。此其際遇何
如哉，正不得以夜郎為太白病。先朝董
思白、我　朝韓慕廬，皆以鮮秀之筆作
為制藝，取重當時。思翁猶是慶歷規
模，慕廬則一歸從前，橫斜疎放，愈不整
齊，愈覺妍妙。二公並以大宗伯歸老
於家，享江山兒女之樂。方百川、靈皋兩先
生出慕廬門下，學其文而精思刻酷

過之，然一片怨詞，滿紙悽調，百川早世，靈皋
晚達，其崎嶇也，難亦至矣，皆其文之所必
致也。吾弟為文，須想春江之妙境，挹先
輩之美詞，令人悦心娛目，自尔利科名，厚
福澤。或曰：吾子論文，常曰生辣，曰古奥，曰離
奇，曰澹遠，何忽作此秀媚語？余曰：論文，公
道也；訓子弟，私情也。豈有子弟而不願其富
貴壽考者乎？故韓非、商鞅、晁錯之文，非不
刻削，吾不願子弟學之也；褚河南、歐陽率
更之書，非不孤峭，吾不願子孫學之也；郊
寒島瘦，長吉鬼語，詩非不妙，吾不願子孫
學之也。私也，非公也。是日許生既白，買舟繫
閣下，邀看江景，并遊一錢，潑書罷，登舟
而去。

焦山別峰庵，雨中，鄭燮書，寄舍
弟墨

秦始皇燒書、孔子亦燒書、刪書斷自唐
虞、則唐虞以前、孔子得而燒之矣、詩三
千篇、存二百十一篇、則二千六百八十九篇、孔子
亦得而燒之矣、孔子燒其可燒、故灰滅無所
復存、而存者為經、身尊道隆、為天下後
世法、始皇虎狼其心、蜂蠆其性、燒經滅
聖、欲剜天眼而濁人心、故身死宗亡國滅、而
遺經復出、始皇之燒、正不如孔子之燒也、自漢

板橋家書

以來、求書著書、汲汲每若不可及、魏晉而
下、迄於唐宋、著書者數千百家、其間風
雲月露之辭、悖理傷道之作、不可勝數、
常恨不得始皇而燒之、而抑又不然、此等
書、不必始皇燒、彼將自燒也、昔歐陽永叔、
讀書秘閣中、見數千萬卷、皆霉爛不可
收拾、又有書目數十卷、亦爛去、但存數卷
而已、視其人名、皆不識、視其書名、皆未見、

夫歐公不為不博、而書目之能藏秘閣者、亦必非
無名之子、錄目數卷中竟無一人一書識者、
此其自焚自滅為何如、尚待他人舉火乎、近
世所存漢魏晉叢書、唐宋叢書、津逮秘
書、唐類函、說郛、文獻通考、杜佑通典、鄭
樵通志之類、皆卷冊浩繁、不能翻刻、數百
年兵火之後、十亡七八矣、劉向說苑、新序、韓
詩外傳、陸賈新語、揚雄太玄、法言、王充論衡、

板橋家書

蔡邕獨斷、皆漢儒之矯矯者也、雖有些零
碎道理、譬之六經、猶蒼蠅聲耳、豈得為日
月經天、江河行地哉、吾弟讀書、四書之上有
六經、六經之下有左史莊騷、賈董策略、諸
葛表章、韓文杜詩而已、只此數書、終身讀
不盡、終身受用不盡、至如二十一史、書一代之
事、必不可廢、然魏收穢書、宋子京新唐書、
簡而枯、脫脫宋史冗而雜、欲如韓文杜詩

膾炙人口，豈可淂哉！此所謂不燒之燒，未怕秦灰
終歸孔炬耳。六經之文至矣盡矣，而又有至
之至者，渾淪磅礴，闊大精微，却是家常日用，
禹貢、洪範、月令、七月流火是也。當刻刻尋討貫
串，一刻離不淂。張橫渠西銘一篇，巍然接六經
而作，嗚呼休哉！　雍正十三年五月廿四日

哥哥字

板橋家書

焦山雙峰閣寄舍弟墨

郝家莊有墓田一塊，價十二兩，先君曾欲買
置，因有無主孤墳一座，必須刨去。先君曰：嗟
乎！豈有掘人之塚以自立其塚者乎？遂去之。
但吾家不買，必有他人買者，此塚仍然不保。
吾意欲致書郝表弟，問此地下落，若未售，則
封去十二金，買以葬吾夫婦，即留此孤墳，以
為牛眠一伴，刻石示子孫，永永不廢，豈非
先君忠厚之義而又深之乎？夫堪輿家言

亦何足信？吾輩存心，須刻刻去澆存厚，雖有惡
風水，必變為善地，此理斷可信也。後世子孫清明
上塚，亦祭此墓，卮酒、隻雞、盂飯、紙錢百陌，著
為例。　雍正十三年六月十日哥哥寄

板橋家書

淮安舟中寄舍弟墨

以人為可愛，而我亦可愛矣；以人為可惡，而
我亦可惡矣。東坡一生，覺淂世上沒有不好
的人，最是他好處。愚兄平生漫罵無禮，然
人有一才一技之長，一行一言之美，未嘗不
嘖嘖稱道，囊中數千金，隨手散盡，愛
人故也。至于缺陷欹危之處，亦往往淂之
力。好罵人，尤好罵秀才。細細想來，秀才受
病，只是推廓不開，他若推廓淂開，又不
是秀才了。且專罵秀才，亦是冤屈，而今世
上那個是推廓淂開的？年老身孤，當慎口
過。愛人是好處，罵人是不好處，東坡以此受

病，況板橋乎！老弟亦當時時勸我。

○范縣署中寄舍弟墨

刹院寺祖墳，是東門一枝大家公共的，我因葬父母無地，遂葬其傍。得風水力，成進士，作官數年無恙。是衆人之富貴福澤，我一人奪之也，於心安乎！不安乎！可將我東門人取魚撈蝦，撐船結網；破屋中喫秕糠，喫麥粥，搴取荇葉、蘊頭、蔣角煮之，旁貼蕎麥鍋餅，便是美食，幼兒女爭吵。每一念及，真含淚欲落也。汝持俸錢南歸，可挨家比戶，逐一散給。南門六家，竹橫港十八家，下佃一家，派雖遠，亦是一脈，皆當有所分惠。騏驎小叔祖亦安在？無父無母孤兒，村中人最能欺負，宜訪求而慰問之。自曾祖父至我兄弟，四代親戚，有久而不相識面者，各贈二金，以相連續，此後便好來往。徐宗于、陸白義輩，是舊時同學，日夕相徵逐者也。猶憶談文古廟中，破廊敗葉飕飕，至二三鼓不去；或又騎石獅子脊背上，論兵起舞，縱言天下事。今皆落落未遇，亦當分俸以敦夙好。凡人于文章學問，輒自謂己長，科名唾手而得，不知俱是僥倖。設我至今不第，又何處叫屈來，豈得以此驕倨朋友！敦宗族，睦親姻，念故交，大數既得；其餘鄰里鄉黨，相賙相恤，汝自為之，務在金盡而止。愚兄更不必瑣瑣矣。

范縣署中寄舍弟墨第二書

吾弟所買宅，嚴緊密栗，處家最宜，只是天井太小，見天不大。愚兄心思曠遠，不樂居耳。是宅北至鸚鵡橋不過百步，鸚鵡橋至杏花樓不過三十步，其左右頗多隙地幼時飲酒其旁見一片荒城半堤衰柳斷橋流水破屋叢花心竊樂之若得制錢五十千便可買地一大段他日結茅有在矣吾意欲築一土牆院子門內多栽竹樹草花用碎磚鋪曲逕一條以達二門其內茅屋二間一間坐客一間作房貯圖書史籍筆墨硯瓦酒董茶具其中為良

板橋家書　十三

朋好友後生小子論文賦詩之所其後住家主屋三間廚屋二間奴子屋一間共八間俱用草苫如此足矣清晨日未出望東海一片紅霞薄暮斜陽滿樹立院中高處便見烟水平橋家中宴客牆外人亦望見燈火南至汝家百三十步東至小園僅一水實為恆便或曰此等宅居甚適只是怕盜賊不知盜賊

亦窮民耳開門延入商量分惠有甚麼便拏甚麼去若一無所有便王獻之青氈亦可攜取質百錢救急也吾弟當留心此地為狂兄娛老之資不知可能遂願否

○范縣署中寄舍弟墨第三書

禹會諸侯于塗山執玉帛者萬國至夏殷之際僅有三千彼七千者竟何

板橋家書　十四

往矣周武王大封同異姓合前代諸侯得千八百國彼一千餘國又何往矣其時強侵弱眾暴寡刀痕箭瘢薰眼破脇奔竄死亡無地者何可勝道特無孔子作春秋左邱明為傳記故不傳于世耳世儒不知謂春秋為極亂之世復何道而春秋以前皆若渾渾噩噩蕩蕩平平殊甚可笑也以太王之賢聖為狄所侵必

至桑國與之而後已天子不能征方伯不能討則夏殷之季世其據擾淆亂為何如而得謂之為平安輯哉至于春秋一書不過因赴告之文書之以定褒貶左氏乃得依經作傳其時不赴告而背理壞道亂亡破滅者十倍于左傳而無所考即如漢陽諸姬楚實盡之諸姬是何國楚是何年月日如何殄滅他亦尋不出證據來學者讀春秋經傳以

板橋家書　十五

為極亂而不知其所書尚是十之一千之百也嗟乎吾輩既不得志于時困守于山椒海麓之間翻閱遺編發為長吟浩歎或喜而歌或悲而泣誠知書中有書書外有書則心空明而理圓湛豈復為古人所束縛而略無張主乎豈復為後世小儒所顛倒迷惑反失古人真意乎雖無帝王師相之權而進退百王屏當千古是亦足以豪而樂

矣又如春秋魯國之史也使聖儒為之必自伯禽起首乃亦全書如何汲汲聯半路上從隱公說起殊不知聖人正要明理範世不必拘牽其簡冊可考者考之不可考者置之如隱公以前不可考便從桓莊起亦得或曰春秋起自隱公重讓也刪書斷自唐虞亦重讓也此與兒童之見無異試問唐虞以前天子那個是爭來的大半

板橋家書　十六

刪書斷自唐虞唐虞以前荒遠不可信也春秋起自隱公隱公以前殘缺不可考也所謂史闕文耳總是讀書要有特識依樣葫蘆無有是處而特識又不外乎至情至理歪扭亂竄無有是處

人謂史記以吳太伯為世家第一伯夷為列傳第一俱重讓國但五帝本紀以黃帝為第一是戮蚩尤用兵之始

然則又重爭乎？後先矛盾，不應至是。總之陋儒之言，必不可聽，學者自出眼孔，自竪脊骨讀書可耳。乾隆九年六月十五日，哥哥字。

○范縣署中寄舍弟墨第四書

十月二十六日得家書，知新置田獲秋稼五百斛，甚喜。而今而後，堪為農夫以沒世矣。要須製碓製磨，製篩羅簸箕，製大小掃帚，製升斗斛。家中婦女，率諸婢妾，皆令習舂揄蹂簸之事，便是一種靠田園長子孫氣象。天寒冰凍時，窮親戚朋友到門，先泡一大碗炒米送手中，佐以醬薑一小碟，最是暖老溫貧之具。暇日咽碎米餅，煮糊塗粥，雙手捧碗，縮頸而啜之，霜晨雪早，得此周身俱暖。嗟乎！嗟乎！吾其長為農夫以沒世乎！我想天地間第一等人，只有農夫，而士為四民之末。農夫上者種地百畝，其次七八十畝，其次五六十畝，皆苦其身，勤其力，耕種收穫，以養天下之人。使天下無農夫，舉世皆餓死矣。吾輩讀書人，入則孝，出則弟，守先待後，得志澤加于民，不得志脩身見于世，所以又高于農夫一等。今則不然，一捧書本，便想中舉、中進士、作官，如何攫取金錢，造大房屋，置多田產。起手便錯走了路頭，後來越做越壞，總沒有個好結果。其不能發達者，鄉里作惡，小頭銳面，更不可當。夫束脩自好者，豈無其人；經濟自期，抗懷于古者，亦所在多有。而好人為壞人所累，遂令我輩開不得口，一開口，人便笑曰：汝輩書生，總是會說，他日居官，便不如此說了。所以忍氣吞聲只得捱人笑駡工人製器利用賈人搬有運無皆有便民之處而士獨于民大不便無怪乎居四民之末也且求居四民之末而亦不可得也愚兄平生最重農夫新招佃地人必須待之以禮彼稱我為主人我稱彼為客戶主客原是對待之義我何貴而彼何賤乎要體貌他要憐憫他有所借貸要周全他不能償還要寬讓他嘗笑唐人七夕

板橋家書 九

詩詠牛郎織女皆作會別可憐之語殊失命名本旨織女衣之源也牽牛食之本也在天星為最貴天顧重之而人反不重乎其務本勤民呈象昭昭可鑒矣吾邑婦人不能織紬織布然而主中饋習鍼線猶不失為勤謹近日頗有聽鼓兒詞以鬭葉為戲者風俗蕩軼亟宜戒之吾家業地雖有三百畝總是典產不可久恃將來須

買田二百畝予兄弟二人各得百畝足矣亦古者一夫受田百畝之義也若再求多便是占人產業莫大罪過天下無田無業者多矣我獨何人貪求無厭窮民將何所措足乎或曰世上連阡越陌數百頃有餘者子將奈何應之曰他自做他家事我自做我家事世道盛則一德遵王風俗偷則不同為惡亦板橋之家法也哥哥字

板橋家書 十

范縣署中寄舍弟墨第五書

作詩非難命題為難題高則詩高題矮則詩矮不可不慎也少陵詩高絕千古自不必言即其命題已早據百尺樓上矣通體不能悉舉且就一二言之哀江頭哀王孫傷亡國也新婚別無家別垂老別前後出塞諸篇悲戍役也兵車行麗人行亂之始也達行在所三首慶中興也北征洗兵馬喜復

國里太平也只一開卷閲其題次一種憂國憂民忽悲忽喜之情以及宗廟丘墟關山勞戍之苦宛然在目其題如此其詩有不痛心入骨者乎至于往來贈答杯酒淋漓皆一時豪傑有本有用之人故其詩信當時傳後世而必不可廢放翁詩則又不然詩最多題最少不過山居村居春日秋日即事遣興而已豈放翁爲詩與少陵

廿一

有二道哉蓋安史之變天下土崩郭子儀李光弼陳元禮王思禮之流精忠勇略冠絕一時卒復唐之社稷在八哀詩中既略叙其人而洗兵馬一篇又復總其全數而贊歎之少陵非苟作也南宋時君父幽囚棲身杭越其辱與危亦至矣講理學者推辨于毫釐分寸而卒無救時濟變之才在朝諸大臣皆屈連詩酒沉溺湖山不顧國

之大計是尚得爲有人乎是尚可辱吾詩歌而勞吾贈答乎直山居村居夏日秋日了却詩債而已且國將亡必多忌躬行桀紂必曰駕堯舜而軼湯武宋自紹興以來主和議增歲幣送尊號處卑朝括民膏戮大將無惡不作無陋不爲百姓莫敢言喘放翁惡得形諸篇翰以自取戾乎故杜詩之有人誠有人也陸詩之無人誠無人也杜之

二十二

歷陳時事寓諫詩也陸之絕口不言免罹纖也雖以放翁詩題與少陵並列奚不可也近世詩家題目非賞花即讌集非喜晤即贈行滿紙人名某軒某園某亭某齋某樓某岩某村某墅皆市井流俗不堪之子今日纔立別號明日便上詩箋其題如此其詩可知其詩如此其人品又可知吾弟[illegible]事于此可以終歲不作不可以一字苟

誨慎題目，所以端人品，厲風教也。若一時無好題目，則論往古，告來今，樂府舊題儘有做不盡處，盡爲之。 哥哥字

二十三

濰縣署中寄舍弟墨第一書

讀書以過目成誦爲能，最是不濟事。眼中了了，心下匆匆，方寸無多，往來應接不暇，如看場中美色，一眼即過，與我何與也。千古過目成誦，孰有如孔子者乎？讀易至韋編三絕，不知繙閱過幾千百遍來，微言精義，愈探愈出，愈研愈入，愈往而不知其所窮。雖生知安行之聖，不廢困勉下學之功也。東坡讀書不用兩遍，然其在翰林讀阿房宮賦至四鼓，老吏苦之，坡灑然不倦。豈以一過即記，遂了其事乎！惟虞世南、張睢陽、張方平，平生書不再讀，迄無佳文。且過輒成誦，又有無所不誦之陋。即如史記百三十篇中，以項羽本紀爲最，而項羽本紀中，又以鉅鹿之戰、鴻門之宴、垓下之會爲最。反覆誦觀，可欣可泣，在此數段耳。若一部史記，篇篇都讀，字字都記，豈非沒分曉的鈍漢！更有小說家言，各種傳奇惡曲，及打油詩詞，亦復寓目不忘，如破爛廚櫃，臭油壞醬悉貯其中，其齷齪亦耐不得。

二十四

濰縣署中與舍弟墨第二書

余五十二歲始得一子，豈有不愛之理！然愛之必以其道，雖嬉戲頑耍，務令忠厚悱惻，毋爲刻急也。平生最不喜籠中養鳥，我圖娛悅，彼在囚牢，何情何理，而必屈物之性以適吾性乎！至於發繫蜻蜓，線縛螃蟹，爲小兒頑具，不過一時片刻便摺拉而死。夫天地生物，化育劬勞，一蟻一蟲，皆本陰陽五行之氣絪縕而出。上帝亦心心愛念。

而萬物之性人為貴、吾輩竟不能體天之心以為心、萬物將何所託命乎。蛇蚖蜈蚣、豺狼虎豹、蟲之最毒者也、然天既生之、我何得而殺之、若必欲盡殺、天地又何必生、亦惟驅之使遠。避之使不相害而已。蜘蛛結網、于人何罪、或謂其夜間咒月、令人墻傾壁倒、遂擊殺無遺、此等說話、出于何經何典、而遂以此殘物之命、可乎哉、可乎哉。我不在家、兒子便是你管束、要須長其忠厚之情。驅其殘忍之性。不得以為猶子而姑縱惜也、家人兒女總是天地間一般人、當一般愛惜。不可使吾兒凌虐他。凡魚飧果餅、宜均分散給。大家歡嬉跳躍。若吾兒坐食好物。令家人子遠立而望。不得一霑唇齒、其父母見而憐之。無可如何。呼之使去。豈非割心剜肉乎。

夫讀書中舉中進士作官、此是小事、第一要明理作個好人、可將此書讀與郭嫂饒嫂聽、使二婦人知愛子之道在此不在彼也。

書後又一紙

所云不得籠中養鳥、而予又未嘗不愛鳥、但養之有道耳、欲養鳥莫如多種樹、使繞屋數百株、扶疏茂密、為鳥國鳥家。將旦時睡夢初醒、尚展轉在被、聽一片啁啾、如雲門咸池之奏。及披衣而起、頮面漱口啜茗、見其揚翬振彩、倏往倏來、目不暇給、固非一籠一羽之樂而已。大率平生樂處、欲以天地為囿、江漢為池。各適其天。斯為大快。比之盆魚籠鳥。其鉅細仁忍何如也。

書後又一紙

嘗論堯舜不是一樣，堯為最，舜次之。人咸驚訝，其實有至理焉。孔子曰：「大哉堯之為君，惟天為大，惟堯則之。」孔子從未嘗以天許人，亦未嘗以天許人，惟稱堯不遺餘力，意中口中，却是有一無二之象。夫雨暘寒燠，時若者，天也；亦有時狂風淫雨，兼旬累月

傷禾敗稼而不可救，或赤旱數千里，蝗蝝螟螣特肆生孜，草黃而木死，而亦不害其為天之大。天既生有騏麟鳳凰、靈芝仙草、五穀花實矣，而蛇虎蜂蠆、蒺藜稂莠、蕭艾之屬，即與之俱生而並茂，而亦不害其為天之仁。堯為天子，既已欽明文思，光四表而格上下矣，而共工、驩兜尚列于朝，又有九載績用弗成之鯀，而亦不害其為堯之大。渾渾乎一天也。若舜則不然，流共工，放驩兜，殺三苗，殛鯀，罪人斯當矣。命伯禹作司空，契為司徒，稷教稼，皋陶掌刑，伯益掌火，伯夷典禮，后夔典樂，倕工、鳩工，以及殳、斨、朱、虎、熊、羆之屬，無不各得其職，用人又得矣。為君之道，至舜而毫髮無遺憾。故曰：君哉舜也！

又曰：舜其大知也與！夫彰善癉惡者，人道也；善惡無所不容納者，天道也。堯乎，堯乎！此其所以為天也乎！厥後舜之子孫賢，諸侯無一達人，後代有籍國，亦無一達人，惟田横、五百人，從之斯不愧祖宗風烈，非天之薄于舜而不予以後也，其道已盡，其數已窮，更無從溢而再發耳。若堯之後，至今遲

且速也豢龍御龍而有中山劉累季漢
高而先有天下既二百年矣而又光武中
興又二百年矣而又先帝入蜀以諸葛
為之相以關張為之將忠義滿千古道德
縱賢豈非堯之留餘不盡而後有此
發洩也哉夫舜與堯同心同德同聖而
吾為是言者以為作聖且有太盡之累
則何事而可盡也留得一分做不到處
淮安舟中書
廿九
便是一分蓄積天道其信然矣且天私
有過盡之弊天生聖人亦屢矣未嘗
生孔子也及生孔子天地亦氣為之竭
而力為之衰更不復能生聖人天受
其弊而況人乎吾在范縣與進士田種玉
孝廉宋纘言之及來濰縣與諸紳郭
偉勳談論咸鼓舞震動以為得未曾
有并書此寄弟且藏之匣中待

吾兒少長然後講與他聽与書寄之
意互相發明也
濰縣寄舍弟墨第三書
富貴人家延師傅教子弟至勤至切
而立學有成者多出于附從貧賤之
家而己之子弟不與焉不數年間變
富貴為貧賤有寄人門下者有餓莩
乞丐者或僅守厥家不失溫飽而目不識
濰縣署中書
三十
丁或百中之一亦有發達者其為文章必不
能沉著痛快刻骨鏤心為世所傳誦豈非
富貴足以愚人而貧賤足以立志而濬
慧乎我雖微官吾兒便是富貴子弟其
成其敗吾已置之不論但得附從佳子弟
有成亦吾所大願也至于延師傅待同學
不可不慎吾兒六歲年最小其同學長
者當稱為某先生次亦稱為某兄不

得直呼其名。紙筆墨硯，吾家所有，宜不時散給諸衆同學。每見貧家之子，寡婦之兒，求十數錢，買川連紙釘做字簿，而十日不得者，當察其故而無意中與之。至陰雨不能即歸，輒留飯；薄暮，以舊鞋與穿而去。彼父母之愛子，雖無佳好衣服，必製新鮮襪來上學堂，一遭泥濘，復製爲難矣。夫擇師爲難，

敬師爲要。擇師不得不審，既擇定矣，便當尊之敬之，何得復尋其短？吾人一涉宦途，即不能自課其子弟。其所延師，不過一方之秀，未必海內名流。或暗笑其非，或明指其誤，爲師者既不自安，而教法不能盡心；子弟復持藐忽心而不力於學，此最是受病處。不如就師之所長，且訓吾子弟之不逮。如必不可從，少待來年，更請他師；

而年內之禮節尊崇，必不可廢。

又有五言絕句四首，小兒順口好讀，令吾兒且讀且唱，月下坐門檻上，唱與二太太、兩母親、叔叔、嬸娘聽，便好騙果子喫也。

二月賣新絲，五月糶新穀。醫得眼前瘡，剜却心頭肉。

耘苗日正午，汗滴禾下土。誰知盤中餐，粒粒皆辛苦。

昨日入城市，歸來淚滿巾。遍身羅綺者，不是養蠶人。

九九八十一，窮漢受罪畢。纔得放脚眠，蚊

嚶鳴番出

○濰縣署中與舍弟墨第四書

凡人讀書原拏不定發達然即不發達要不可以不讀書主意便拏定也科名不來學問在我原不是折本的買賣愚兄而今已發達矣人亦共稱愚兄為善讀書矣究竟自問胸中撞得出幾卷書來不過那移借貸改竄添補便爾釣名欺世人有負于書耳 書亦何負于人哉昔有人問沈近思侍郎如何是救貧的良法沈曰讀書其人以為迂闊其實不迂闊也東投西竄費時失業徒喪其品而卒歸于無濟何如優游書史中不求獲而得力在眉睫間乎信此言則富貴不信則貧賤亦在人之有識與有決并有忍耳

濰縣署中與舍弟第五書

無論時文古文詩歌詞賦皆謂之文章今人鄙薄時文幾欲逆諸葉墨之外何太甚也將毋醜其貌而不鑑其深乎愚謂 本朝文章當以方百川制藝為第一侯朝宗古文次之其他歌詩辭賦扯東補西拖張拽李皆拾古人之唾餘不能貫串以無真氣故也百川時文精粹湛深抽心苗發奧旨繪物態狀人情千迴百折而卒造乎淺近朝宗古文標新領異指畫目前絕不受古人羈紲然語不遒氣不深終讓百川一席憶予幼時行匣中惟徐天池四聲猿方百川制藝二種讀之數十年未能得力亦不撒手相與終焉也世人讀牡丹亭而不讀四聲猿何故

文章以沉著痛快為最左史莊騷杜詩

韓文是也。間有一二不盡之言、言外之意，以少少許勝多多許者，是他一枝一節好處，非六君子本色。而世間娖娖纖纖之夫，專以此為能，謂文章不可說破，不宜道盡，遂訾人為剌剌不休。夫所謂剌剌不休者，無益之言，道三不著兩耳。至若敷陳帝王之事業，歌詠百姓之勤苦，剖晰聖賢之精義，描摹英傑之風

猷，豈一言兩語所能了事？豈言外有言、味外取味者所能秉筆而快書乎？吾知其必目昏心亂，顛倒拖沓，無所措其手足也。王孟詩原有寶貴處，不免磨滅處，亦因務為修潔，到不得李杜沉雄。司空表聖自以為得味外味，又下于王孟一二等。至今之小夫不及王孟司空萬萬，專以意外言外自文其陋，可笑也。若絕句詩、小令詞，則必以意外言外取勝矣。

宵寐匪禎，札闥洪庥，以此訾人，是歐公不是處，然亦有淺易之病。逸馬殺犬于道，是歐公簡鍊處，然五代史亦有太簡之病。高密單進士焜曰：不是好簡之人，無才求其手是。

寫字作畫是雅事，亦是俗事。大丈夫不能立功天地，字養生民，而以區區筆墨供人玩好，非俗事而何？東坡居士刻刻以天地萬物為心，

以其餘閒，作為枯木竹石，不害也。若王摩詰、趙子昂輩，不過唐宋間兩畫師耳。試看其平生詩文，可曾一句道著民間痛癢？設以房、杜、姚、宋在前，韓、范、富、歐陽在後，而以二子廁乎其間，吾不知其居何等而主何地矣。門館才情，游客伎倆，只合剪樹枝、造亭榭、辨古玩、鬥茗茶，為掃除小吏作頭目而已，何足數哉！何足數哉！愚兄少而無業，長而無成，老而窮

窮不得已，亦借此筆墨為餬口覓食之資，其實可羞可賤。願吾弟發憤自雄，勿蹈乃兄故轍也。古人云：諸葛君真名士。名士二字，是諸葛纔當受得起。近日寫字作畫，滿街都是名士，豈不令諸葛懷羞、高人齒冷？

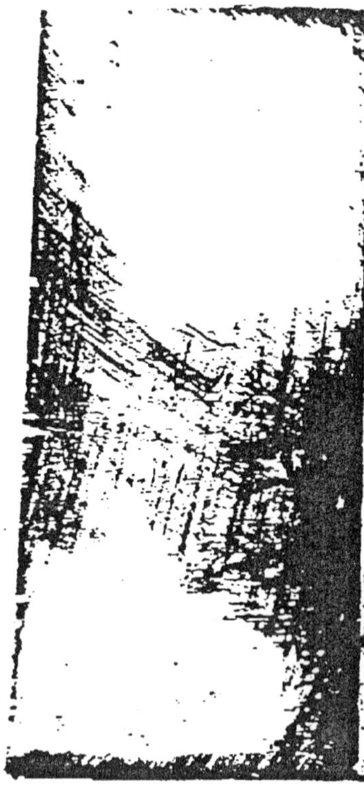

板橋詩文，最不喜求人作敘。求之王公大人，既以借光為可恥；求之湖海名流，必至含譏帶訕，遭其荼毒而無可如何，總不如不敘為得也。幾篇家信，原算不得文章，有些好處，大家看看；如無好處，糊窗糊壁，覆瓿覆盎而已，何以敘為！

鄭燮自題

乾隆己巳

十六通家書小引　一　司徒文膏刊

自古名人著述流傳海内者夥矣然欲彙平生之精擇手録成編俾吟攬之餘即為臨池之助者殊不多覯 板橋先生以風流倜儻之性縱情翰墨間其為詩詞書畫醖釀古人自開面目海内争寶藏之而衣鉢真傳亦鮮是集予偶晤諸貴人竊喜得窺全豹又字畫皆出其手惜傳刻年多積久就湮用重付剞劂以俟同好歲昭陽單閼如月之望延陵葉挖子識于清暉書屋

二

全終

定齋詩鈔

（清）李光國 撰

《定齋詩鈔》，清李光國撰，據清乾隆刻本影印。

李光國（一六九二—？），原名慧火，字智周，一字定齋。清江蘇興化人。幼孤貧，雍正七年（一七二九）拔貢，肄業太學，方苞延主家塾。乾隆九年中順天副榜，授祁門教諭。後告歸，僑居高郵。工詩文，擅懸肘書，詠史諸作多古人未發處。著作有《帝王世系録》、《姓氏譜》等，輯《甓湖聯吟》等。

此集爲李氏篋中尤精者，凡惆悵遊戲、香奩駢儷諸體皆不列入。集前有其甥沈均跋及同宗李雪鄰所寫之詩序。序之後便爲目録。集中存詩三百一十三首，目録分之爲五言古、七言古、五言律、七言律、五七言排律、五言絶句、七言絶句七部分。縱覽李氏所作詩文，雖非上品，亦有璀璨過人之處。其詩歌題材有詠史、交遊、題辭、寫景狀物、教育子女等，以大量的篇章寫自己生活中的所見所感所歷，如《中年惱》、《僦居》、《燕巢》、《懷王滄浪》、《雜感》等，表現了詩人清心淡遠的生活情趣和寧静祥和的俗世交往。李氏詠史詩小有成就，沉郁頓挫，寄託遥深，如《吊淮陰侯》：『鐘室捐生萬古哀，中原鹿去逐誰來。狗屠自是通侯業，刀筆寧非相國才。莫倚設壇終豁達，須知躡足早疑猜。角巾歸地尋常事，何不扁舟返釣臺。』文字簡潔、意象精練，融合了對自然、社會、歷史的感觸，蘊含了作者無限的歎惋。

（畢研哲）

興化李氏

定盦詩鈔

師儉堂藏板

均敬跋

吾舅以選拔遊京師十餘年試輒得副車[illegible]祇得廣文歸來杜門卻掃息機硯[illegible]如也檢篋中詩稿擇尤精者得三百若干首凡酬唱遊戲香奩騈麗諸體皆不列焉夫當時王公貴人留心風雅者爭欲序其詩而吾舅皆託辭謝之舊有雪鄰先生相贈古詩即以作序對兹猶如見故人也其視馳鶩名場藉顯者之獎許以爲光榮者何如而况信其必傳於後者寧賴是耶詩將付梓命余書數言以記之余以長者命不敢辭至其詩之境地弁未一加評品者其敢以蹄涔而測滄海乎哉甥沈

吾宗盛風雅提唱首鸞嘯羸隱亦趍邅蚪峰允前
導惟兹正法眼元音異輕剽子也推繼起接踵擅
才調選擇貢王廷石鼓窺學校循例品館課松陰
觀返照司成廣育才槐黄目屢眊三上不見收却
仍慎所操不伺北山移競欲東牆掃火速遽歸來
付之以一笑過我一出談胸懷何浩浩爲言卅年
前家各植幢纛憑誇七葉王爭傳絶塵到魏晉溯
淵源唐宋别嗜好根柢千卷書頓挫力排奡邗江
文章藪光遠自有耀立言人人殊皆能參闡奥如
何風驟變喧囂但取閙規撫遠先型遺神取其貌

定齋詩鈔序 一

平章及花月蛙鳴而鵲噪近且高閣置不言之爲
妙此實地使然直可動愍弔又言詩窮人賤貧身
易蹈苦吟泣鬼神造物罕能療或杜僅拾遺或李
終待詔或孟以寒稱或賈以瘦號古來工詩者彼
蒼任顛倒金張許史輩奕世躋炫燿未聞事聲韻
識字商推敲是有激而然措語多翻謡今年逢上
巳修禊虚佳約輕風吹微寒飲酒盡一釂舴艋斗
大舟向日進短櫂拱極峙高臺滄浪俯水澳時而
耕可偕時而漁可釣行藥孤筇扶登山入穿篠跫
然雖寡歡詩筒相慰勞唱和惟汝俱歌聲間咷嗷

往哲有新傳前修在則傚三先生有知勿爲他人
道半人基簡

此吾宗雪鄰先生贈余詩也先生病廢曾許序
余詩命録帙呈政會余遊學海濱方手鈔以俟
而先生遽殁矣余詩本不足序不敢向知交妄
索恨不能起先生於九原傷已然素交最深無
如先生而知余家學之淵源者亦惟先生得其
詳爰即以是詩爲序定齋識時乾隆庚辰冬日

定齋詩鈔序 二

定齋詩鈔總目

共計三百一十三首

定齋詩鈔

昭陽李光國著

勗弟 四言

人各愛身身從何出此身不修厥爲親疾作事毋苟詬言毋失惟身爲寶事親之實

貴匪公卿賤匪韋布爵不當身千夫憎惡貧士姱修賢者敬慕孰貴孰賤請試權度

親近端人每苦拘束比之匪人樂其縱欲拘身身修縱身身辱不琢不鍊不成金玉

誰云年少轉眼老蒼莫教後日思痛前創父母生我寶若明瑺寶父母寶一餉無忘

春窓試湖穎

鳳味香凝玄女腦土蝕銅螭壓素縞兔毫朧爲春風柔詩腸寒瘦猶郊島

洞簫引

譜就霓裳入烟竹瀟湘帝子蒼梧哭古龍揺甲出波心朧目盲魂抱鉛筑可憐閶闔鎖銀鐺杜夔老死無宮商枉將一部蘇門嘯留在空山叶鳳凰

中年惱

中年惱老年輕我少少年鄙我老好友星散布天

涯漫空賓鴈音書杳獨抱寒爐撥死灰柴門無鎖夜風開可憐月色侵階冷曾向春光暖處來

晚泊

何地堪停宿荒村曲岸頭黑雲吞落日禿樹繫孤舟衣食驅人老行藏對僕羞殷勤同一飯明晚又揚州

悲約社先生

凋謝吾宗甚無如此一門十年亡兩世四代接孤孫篋滿未鐫稿堂棲久殯魂空庭餘老樹朽蠹直通根

僦居

負郭已無田家居欲剩船妻孥容膝地旅邸賣文錢壁立非今日囊空勝去年人間皆餓土拔宅望飛仙

春寒曲

媧天古石生微罅萬瓦滴殘孤枕夜四肢仁讓互相温鼻息猶聞舊蘭麝須臾屋角響騷騷十八姨持切夢刀短魂只許空牀立釜底城頭浪正高

夏末歌

活東聒水蚓歌牆碧天四垂搖星光炎風得露生晚涼深巷沉沉末麗香濃陰覆戶拖翠裳神女挈伴話高唐銀河低轉銅箭促黃姑好渡漸臺宿

懷王滄浪

我客蜀岡西君鄰東海島覓食活妻孥硯田耕遠道一歲幾歸來俗事還纏繞握手倒青尊言談頗草草白日本舒長在家容易了束裝東西去淮雲割昏曉蕉窗綠影深離憂入懷抱平生素心人會面鴻留爪甲辰春王月雙車逐飛鳥朝走龍潭驛時有被褐老（謂魏存齋）指點南都山三人頭屢掉暮入石頭城九軌塗浩浩僦得市樓居却沒囂塵擾任

華亦後至（越二日似武到）齊心謀醉飽切肉出屠門提壺過酒媼相使直指臂不知茵大小興到便登山幽境各探討異出歸互証神奇或自造炙轂共談天顧兔兩朒朓楚陽桑梓邦何似逆旅好遙遙七載中追踪日竟少良朋得歡聚從後須珍寶

秋日同詹二過慈蔭菴

阡陌縱橫處禪關亂樹邊人行黃葉地秋在白雲天擔影搖香界鐘聲報淨緣平生耽寂寞日落尚留連

初夏閒居

午餘無一事夏日正暄長棐几敲碁子瓶花落筆牀蝶情初帶夢蜂意嬾尋香乂手看新綠枝枝出短牆

眼倦抛書立黃昏一榻孤推窓驚蜥蜴芟網失鼃竈屋小堂兼室年荒主攝奴中厨炊晚飯露坐飽潛夫

停雲

停雲謂行雲爾胡太飛揚幻化同一瞬靜者寓目長勿學三神仙縹緲惑秦皇泰華吾根蔕奇峰亦尋常卷舒霄漢間隨意布天章友風而子雨飛龍從翱翔

冬夜同吳姊丈丹崖茅二心友閒話

抛殘酒盞扇茶烟舌底瀾飜湧百川多謝雄談消永夜不知雌伏到何年鹿藏蕉葉元非夢蠹老芸編未遇仙窮臘漸回鄒谷煖行看斗柄轉霜天

飯畢作字

已熟黃粱飯兼調白菜羹弟兄同一飽燈火坐三更上舍書聲歇風窓裂紙鳴旅懷無賴甚揮洒墨爲兵

哭史萬萬

吾之祖母君祖姑兵戈播盪眷屬疎故舊得君如拱璧況復交情絕世無憶昔尋君春欲暮江干十里桃花路籬畔掀髯一笑迎熱腸滿腹無言處吾翁若翁不相知交游有數聚有時以膠投漆二十載不怨死别怨生離凶問冬來老淚迸黑雲如牛朔風硬黃昏冰雪鬼吹燈把酒爲誰談血性

大雨行和皖江王筠齋韻

大雨應時至不須牲玉禱三伏正炎蒸陰雲布廣昊翹首望西山空濛沒昏曉俄頃竭石破天瓢注淜浩彷彿廣陵濤銀波白晶晶鮫淚霤下濺冰絲

簷際梟屋翻蔄子藤階浸康成草古樹烟霧濃玉甃光輝渺風扉響匉訇旋渦互顛倒蹄涔化巨壑堂坳成曲沼陸地可牽船青蓑搖桂棹駭鷺踏紅蕖驚鱗跳碧藻欲陷支牀龜頓阻穿簾鳥燥烈一時去琴書潤多少雨後路無塵問卜季主好

立秋

祝融鞭火入西流從此雙龍駕蓐收商氣捲殘三伏熱角聲吹動九門秋拳毛戰馬爭騰棧磔肉饑鷹欲出韝庾信鄉關何處望燕山淮水獨生愁

張節母

明季鳳陽泗州人張應麟妻章氏于歸一載生一子其姑亡夫以毀亡其舅亡流賊入亳其父母昆弟皆亡撫孤成生孫其子又亡撫孫成生諸曾孫而節母亡年八十有六曾孫某始上其事而旌表焉詩以紀之

剉蘗瀝膽苦難進口生罹百殃惟張節母　十六
嫁謹事舅姑姑病篤刲股奉姑餔　姑方永訣夫
傷泣血匪夫之哀毀滅性夫命中絶　誓同穴檢
羅襦啟視我懷中尚有呱呱三歲雛吾死舅兒死
絶吾夫　篝燈紡績易穀供舅秕稗充枯腸皸瘃
兩手　時丁大疫兵荒人賤於糧舅不得延殘喘
棺衾草草舁入北邙　鼠盗訌泰流寇略亳礮火

飛高燭腥刀肆饞鍔可憐閨中弱攜兒竄身榛莽
免塡溝壑　賊氛靖亳城空啄肉烏鳶瓦礫叢親
戚死亡盡眼孤心楚但見殘男剩婦拾骨斷垣中
何幸母子得脱兵戎　莫謂門衰祚薄歎未亡嫠
婦尚能恤緯佐兒讀書聘取佳婦抱孫有慶大乃
祖乃父門閭　蔗境方甘豈料哭夫老淚又哭亡
男　環侍孫曾鸞停鳳翥喜張氏繩繩不絶誰肇
厥初而成功者去　嗚呼節母茹荼集蓼八十六
年鐫姓氏於青史金石永堅

賦得宮殿百花中　十二韻

壯麗神仙窟芳華錦繡叢七襄盤地軸五采織天
工濃淡環相間參差互不窮林梢翻畫雉根底臥
長虹寶錟金鋪照霞光玉碣烘千門攢駭緑萬户
簇紛紅乍弄罘罳影還遮燕雀風堂高羣卉伏扉
闔衆香通夜月分明暗朝曦判異同唾衫唵漢殿
翦綵笑隋宮璀璨三春暮輝煌一氣中琱鎪非巧
匠造化在蒼穹

病起

病起成何事空牕伴日斜古香研斷墨冷艷對秋
花羣力猶爭鹿雄兵正門蝸莊生方化蝶栩栩樂

無涯

九日

此生還許過重陽短杖支持骨不强半榻殘書排
舊物一簾晴日老秋光。血衰但有顛毛白人瘦真
同菊蕋黄把酒登高讓年少羸軀怕見九門霜

憶家

寒燠憑誰問褐夫晚風穿幌逼肌膚人逢旅病身
多賤月到深秋影自孤只有原頭羅燕雀從無海
底覓珊瑚何時暴背茅簷下閒譜農桑課子圖

擬躬耕述懷和方望溪先生作

務成爲帝師深山澹無事蠢蠢三苗民於何用才智干戈包虎皮凶門苦一試誰云蹈厲象而是太公志夾鍾吹天和秋鷹化其鷙種桑八百株飼蠶作田器

同異行

淇園之竹徂徠松地隔千里精氣通幽奇各抱耻雷同鏟削萬僞歸鴻濛畢天不老無初終凡卉齊生一畝宮顏色互妬爭華榮交枝接葉驚飄風向背陰陽頃刻中造物幻化何匆匆

復堂兄硯銘

燒雕巧成劫灰樸土團形文又胎

賦得中得天地心 八韻

象數開千古陰陽列九宮八方環繞匐五位正居中紫殿天旋極黃圖地載嵩微茫司化理樞紐執元功剥盡還來復初成自有終縱橫曾不易運量本無窮穆穆調真宰存存麗太空萬靈歸橐籥一氣轉鴻蒙

燕巢

只爲窓多隙飛來亂點泥如何滋卵育久占畫梁棲

藤梢

借得鄰家綠緣牆上華門三秋風力勁葉落必歸根

從蒲坂崔南有師試永平

客裏重爲客秋風古北平萬山圍絕塞一水抱孤城日對空堂樹宵聽鎖院更吾師來此地衡鑑有餘清

孤竹山堂與同人閒話

孤竹山堂畫漏分茶烟裊處聚同羣簾開畫棟橫秋日松偃疎窓起塞雲共說盧龍唐節度誰傳射

虎漢將軍數奇自是吾家事一笑人奴衛霍勳

夷齊廟

空山拜夷齊斷碣苔花古一片榛莽場還是商家土

讀史

劉季營天下太公可入釜大哉重瞳子不肯殺人父圖帝雖不成此義足千古

秦楚大亂後九土宜休歇漢文幸庸才遭此自藏拙釆繒奉匈奴卑辭荅南粵大度包遐荒情親國戚褻勿云捐細故高后受狎媟所以賈長沙涕流

言激切孝武能雪耻萬里縱斧鉞勒功狼居胥瀚海烽烟絕天產霍嫖姚中道恨夭折駿馬馱明妃又向紫臺別

淮陰漢之傑將兵誰與倫鞅鞅羞絳灌實乃重其身谷風嘯雕虎雲氣噓龍鱗國士本無雙肯伍屠狗人

相如貲郎伍情好非其志彈琴挑文君用爲錢刀貿欲干王孫怒賣酒臨卭肆滌器庸保中辱身致貲利男兒無血性辭賦徒工緻

功大衆所歸何必拘長嫡世子立建成釀成兄弟

鬩横戈玄武門矢鏃弓弦急神堯始心驚天位恐反側高居大安宮左右無裴寂

唐代開風雅首推陳子昂曠懷賦感遇賓王激清商如何對女主興學坐明堂援古角空言幃闥涸圭璋大周受命頌獻媚不能長獄中尚占卦胡乃昧行藏

右丞多絕藝不但詩才高霓裳第三疊按譜識纖毫祿山名梨園歌管聲嗷嗷傷心凝碧池何似鬱輪袍

退之六朝後砥柱中流立數上宰相書求知何太急丈夫遊五嶽山靈共呼吸奇怪墜靡情生死不得入聳身玉女峰云胡垂涕泣

鄭五作宰相深愁天下笑搔首對宗親佀佀居廊廟三月乞骸歸避賢樂耕釣知己復知幾豈是俳諧料

從來君父耻十世許復讐二帝未生還圖報無時休雖屬草莽臣甲兵宜日修金革代衽席韜略爲衾裯磨厲以待用鼓譟學春帳南渡不講武莪冠談魯鄒逍遥禮法場主辱竟忘憂此豈鄉鄰閧閉户甘巢由務華絕本根大海覆輕舟

姦臣採主微委曲逢其惡秦檜有何威因風縱殘虐本無恢復志不用凶門鑿感敵錮尊親故使權旁落陰謀在廟堂將軍自鼎鑊

嶢嶢者易缺皦皦者易污申生性精潔夜半麗姬誣雜佩衆香草上官讒左徒自愛授人隙浪死亦非夫試觀嘗糞者含垢沼强吴

楊廣梟獍性焉能無疑猜雖殺薛道衡心實知其才漢高遇儒者如火然死灰天性不愛文帝業從此開

豎儒盡信書動必引經術緬思倉頡前豈少聖人

出拘牽生利害事業百無一縮首如寒龜屏氣語塞澀反讓市井徒彈射多膽力古來震世功朴誠能樹立霍光若好學未敢廢昌邑嗟爾揚子雲高文美新室

王莽用僞學能竊漢天子雖爲萬世嗤志猶不小耳江河日下流古僞失其旨傾身謀孔孟不過博官仕手把六經文鞭箠供役使聖賢良難爲久假滲漏起何如東陵盜真氣貫終始

王朴平邊策粲然如畫沙多方以誤之利在先乘瑕江淮得門户吴越一矢加囊括桂廣地飛書名三巴席卷下隴蜀幽燕墮鳴笳唯弁必死寇勁鋭相紛拏力竭終内附四海爲一家香孩劇六宇銖兩不能差英雄有實用空言何足誇

商道尚嚴厲賢聖六七作周自成康後中興不古若忠厚藏優柔積久必孱弱震怒走雷霆天心匪酷虐子産鑄刑鼎萑葦無剽攫西蜀諸葛君關中王景略亂國用重典救時投要藥安得此數公經緯互參酌腐儒慣膠柱柢可束高閣

視臣如犬馬勿爲齊宣病羣小徒實繁誅鋤誠難竟彼已禽獸心人道何能正穿鼻加羈絡帝王識物性豢養鞭笞之亦可供使令商鞅嚴刑罰御下一大柄

司馬受巾幗用柔以制剛可憐沓沓夫緑斯學包荒好官自爲之千年藝辦香寄語長樂老笑駡豈尋常春秋重斧鉞庖丁善刀藏爾輩身名泰安富壽且康新臺刺燕婉不爲倚門倡

聖人憫聾瞶立言非得已繁簡奇平異萬世經常理唐宋稱大家無端創起止特地生波瀾操縱頗自喜排篡分門户洋洋數百紙刊落其枝葉歸根曾無幾卓然千載中豪傑尚如此何況病腓人學步邯鄲子

春秋號博物吴札鄭國僑二百四十年屈指亦寥寥後世盛文采普天産英豪胸羅瑯嬛富下筆傾波濤駝裝走都會多似九牛毛乃知古無書謬云秦火燒太沖真鈍漢十載空推敲

山雲幻奇峰物象隨情變一自制科開萬古無才彦低眉塗粉澤對鏡施釵釧貧女假珠鬘纍纍不貫穿治步學夫人頑奴誇美眷黄河天上來魚龍暗流轉李杜逢昌黎熊熊起光燄

萎蘭篇爲馮陶章悼亡作

儒家婦難爲良人抱遠志束髮事詩書奮起摩空翅秣馬走京華成均樹文幟自謂致通顯榮親光後嗣男兒遊四方懸弧誠古義可憐蘭蕙花芬芳易蕉萃弱質臨秋風長空迷鴈字繡匣斷寶釵香奩蠹文翠熒熒牀第間六載傷心淚馳封應有期榮華身後事何如共餔糜食貧不相離翦紙招柔魂舉案在夢寐

賦得夏雲多奇峰 十二韻

炎帝乘權司夏令衆雲環甸擁奇峰懸崖絕壁來崑圃叠嶂層巒出岱宗玉女開盆垂黛髻仙人聳

掌挂芙蓉排閶立闕疑雙鳳御氣騰虛似六龍歷歷白榆依峻坂曈曈紅日走高舂欹斜斗柄山腰隔清淺銀河石筍衝萬點青蒼摩詰畫一拳秀拔巨靈蹤霞留遠岫光先赤露洗華巔勢欲濃竹院風搖形起伏池塘波動影横縱卷舒有意還成象結撰無心亦偶逢丹桂宮前羅葉葉紫微垣外壯城墉熙朝瑞靄隨時現好逐非烟獻九重

賦得天驥呈材 十二韻

黄竹歎沙充上選蒲梢汗血不凡材海西舊用千金買冀北新承一顧來骨相權奇疑虎脊拳毛迥立是龍媒霜蹄走坂埃塵合峻耳追風道路開掣電驚帆空牝牡過都歷塊笑駑駘聖人本取馴良德帝世兼收致遠才莫使秋風餐苜蓿寧堪永日卧蒿萊丹青定擬陪烟閣羈靮須教入義臺玉埒金鞍從蹀躞踰輝超影免虺隤曾侯頌載三章駜衛國詩歌七尺騋伏櫪長嘶心未老負圖呈象卦先胎天閑列駟多騏驥願備鸞和步九垓

連陰雜感

三伏多雷雨連陰直到秋漏天同澤國惡濕想居樓古屋生青草枯塘漲亂流晨昏渾不辨一氣滚

鄉愁

淫霖終不歇秋日少清光那料幽燕地翻成沮洳場羣蠅叢穢物小犬上頹牆莠稗當門立纍纍穗轉長

濕氣侵肌骨繩牀卧未能黑甜酣夢杳烏几擱書凭淅瀝空階雨模糊半壁燈欺人多黠鼠來去影騰騰

定是媧天破難逢蜀日晴陰崖魑魅喜丹穴鳳鸞疑過渡防遭溺無衣必薦饑溝隍懼將及恤緯歎

螢火穿簾入微光欲照人幾時離腐草中夜亂青燐隋苑妖粧靚秋墳鬼眼新重陰成汝質速化返吾真

西山無爽氣鎮日白雲封路滑難馳馬風腥又起龍樹頭飛颯颯簷角響淙淙裹足長安道交遊萬事慵

四野浮雲合層層塞九閽未聞雷破柱但見雨翻盆蒼狗金風幻陽烏水氣吞支祁蟠大壑百里暮烟昏

雨過疎星出依稀認太微畢箕方閃爍奎壁少光

輝鼯鼠巡檐立鵂鶹帶霧飛中庭陰氣重燒燭下書幃

銀河波浪濶牛女渡應難字寄千回錦魂銷四角盤白頭搔短髮紅淚滴秋蘭極目長淮水維舟怕急湍

二千餘里外四十六年身面樸京華士心傷故國春筆隨頭共禿儒與巧爲鄰擬買烟蓑去桃源問舊津

元旦後三日遊萬壽寺

宗成西僧路迎葡萄壽寺容幸無事遇可以放情

致敬車偕我弟日暖和風吹郭外半田園勢鬅鬙農事祈徑轉高阜亂石攢沙出遥聽澗水鳴漸逼愈騰沸寺門面懸流華闕鏤敕賜朱竿淩青霄風旛金瑣碎鼉鼓對鯨鐘飛樓雙聳翚跂然梵王宮九級歷階次平臺廠百步丹㮽白玉砌䆐熾烘晴霞迴環盤錦字猊鑪銅花古莫辨誰朝器經幢靈鷲簇雲蓋瓔珞綮九品蓮花座佛相特端麗妙顏無奸醜袒露兜羅臂爽項白氎巾云是西番纘七尺旃檀香琱鏤尤密緻五百羅漢形駭㦒一一異隻手擒弁龍赤脚踏螭魅輸般逞奇巧鬼神驚絶

藝徐步觀音堂法身齊屋際項珠大如斗光耀青螺髻逶迤入普陀周遭石逕細鞠躬下深洞幽隱目生翳穴隙逗樹根攀巖衣牽掣登臨瞰前簷摠摠心發悸奧室垂黃幙世尊大内製寶龕紗羃歷珠相眼慈慧萬里烏斯藏鉢盂遠貢至宸翰墨淋滴繡文圜蟲鳳貝葉閒牙籤最上一乘義方丈閒無人籐杖空中植重簾護禪房細氈覆平地如來大弟子在此參三昧老夫筋力疲歎側僧牀睡鐘聲喚客夢頹陽屋角睨大塊莽無垠芒鞵走一二

念萬恒河沙祇園難數計山海象王家乾坤金銀

世

昌運宮

傳是前朝昌運宮石垣缺處逕相通松枝壓屋碧瓦墮碑帽臥階枯草叢應有金泥留玉府空將紫氣入清風不須細細尋丹竈萬古玄元一老翁

五㙮寺

卓午薰樨陽閒身任孤往野寺何年建四圍谿平峽中央踞一㙮五峰矗仙掌金碧千層梵凸凹萬佛像騰踔竞其巔下視境開朗番僧戴亂黃鬉垢如魍魎白日恣游戲不聞鐘磬響室前繫猘犬似

畏客遊訪異類褱狼心幽邃觸世網屏氣尋我族河山自高廣

晚眺

山迷遠樹樹迷雲曠野荒荒映夕曛舊土一堆誰豪葬行人指點建文墳

田贈公詩 相國從典父也

明季國步艱危運遘陽九天下將土崩勢若拉枯朽君子存仁心顛沛不失守死生自有命焉能從小醜避難攜童穉免遭兇惡手幼子及孤姪何分彼與厚伯氏爲北宗嗣孤承祖後幼子身所出身

存子亦有植木培本根枝葉必悠久仁哉田贈公權衡未嘗苟先河而後海源委分明剖名山產松柏所以異部婁

懷王滄浪

記得江船初識面廿年情好共江深千山風雨寸心結百歲聲華兩地沉老大各牽兒女累窮愁同載短長吟何當漉酒青燈夜互說相思及古今

懷任似武

春水桃花岸回環野徑迷問塗穿碧草攜手聽黃鸝十載江鄉夢三年計吏期郵亭稀會面溯舊境

全移

懷趙景光昆季陸聯郭諸友

夢遊心尚少伏枕憶當初狂飲邀同伴燒燈讀異書江湖雙鬢禿故舊十年疎況乃重爲客三春七度餘

所思

百種機槿厭觸蠻所思常在水雲間松枝偃屋猿吟細梅影橫池鶴夢閒藥買韓康蘇肺氣丹分赤斧駐衰顏茅堂誰是羲皇侶二仲求羊日往還

篳篥聲吹肅九衢將軍夜踞血氍毹盲奴唱得邊關曲笑飲羊醲捋短鬚

竹下

我愛陶潛菊兼愛茂叔蓮不可無此君相與共周旋繞籬數新笋數日已參天清晨方帶露暮色又含烟三夏多炎熱涼風夾徑穿科頭扶短杖右手把青編碧影射雙眸蕭然一枕眠

偶見

雕輪飛繡蓋駿馬控金鞭小婦花盤面胡僧紫裹肩背風垂窄袖映日吐輕烟辟重招搖過行人滿

市廛

秋日懷陸緘齋

文賦終須讓陸家思君南望塞鴻斜諧談常共秋宵被小飲看殘菊圃花雪鬢何心羈朔漠霜天有夢到蒹葭得歸還是吾儕樂快讀新詩手自搵

三感

逢此百憂惟我父仰事俯畜無寸土澤國頻遭洪水浸故家流落十之五舊時奴僕散如烟負郭田疇新易主畫棟雕甍王謝堂燕子已傍他人户烏衣子弟御詩書賃舂莫問誰家廡大王母年垂九十七十衰翁有吾祖伯死幽都叔夭亡影隻形單備諸苦喪葬麤完婚嫁促鬢白頭童齒牙齬還爲兒孫計久長竹杖過眉郁得拄花香鳥語暫開顔一笑慳如大旱雨每當除夕圍爐坐追遡少壯傷心語方喜含飴屢抱孫紅日頹西難再午有兒虚度三十春雞豚未養身何補只今偃蹇滯京華夢想南轅卜葬所傷哉兩世徹骨貧天地無情忍終古

歲在乙酉五六月大雨翻盆四十日盂湖水漲直東衝小邑半作蛟龍窟舍傍城隅地勢高溢流已

到鄰翁室居民架木結爲巢日午不見炊烟出暑溼蒸釀癘疫多七月五日母病革藥猶在鼎醫在門回首茫茫只頃刻爾時余年甫十四弱弟幼妹知哭泣仲兄未冠姊及笄俱在嬌癡未成立狼藉諸雛伏母尸白頭老父無人色佐父辛勤二十年困厄憂虞備經歷五十始衰何足稀吁嗟天道太偏仄吾母雖有子三人娶婦未嘗曰見一一子書愚最坎軻虚名題棺亦不得士貧且賤竟如此吾母遊魂應抑鬱

哀哉兩世絶親屬毋歿姊氏爲家督姊氏于歸麻

縷棼裳衣顛倒筐箱覆吾父何心續斷絃垂髫弟妹無拘束繼母中堂拜母靈兩行熱淚流雙目深愁嬌小受鞭笞那識慈顏同顧復垢膩衣裹煖湯濯瘡痏頭顱親手沐哺子均平各慇恩劬勞只少離母腹父喪三載服初闋母氏孱羸暮景促作客柴墟凶問來單車奔喪哭寢褥我母生我我尚幼繼母撫我孫就塾空戴儒冠讀禮經列鼎重裀徒有欲棺衾草草取周身奉養生前但啜菽無財負罪天地間抱恨何窮此風木

四悲

同胞六人一長殤伯兄先母二載亡憶余八齡就外傅少長咸集讀書堂兄年十五軀幹偉皎如白鶴淩風翔雛誦中庭聲壯浪搖筆落紙驚老蒼熊熊光氣直騰上豐城求劍必干將鬼神見危喜排擠不教負重行康莊奪去驊騮萬里足留爾駑馬困車箱

母歿五月姊出閣夫家門祚久衰薄三歲爲婦甘食貧一病臥牀神色弱姊也年方二十二體貌豐盈性拙朴裙布釵荊分所宜井臼蕭條亦頗樂自有幽憂結胸臆壹鬱噦嘔常中惡時復顛之心慘然何處尋醫得盧鵲日積月削漸銷亡病入膏肓難救藥淒涼半榻舊衣衾戶外冰天雪花落黃泉有母兼有兄見姊魂來應錯愕地下人間總可悲惟餘一甥又漂泊

曾祖只生吾祖翁祖生三人父居中叔年蚤折可無後伯接曾祖爲小宗伯兄夭亡仲兄嗣相承四代水源通仲兄壯歲又無子次男作姪遵父風余走京師兄偕甚道路隱隱驚心胸未踰二載即告歿淚眼悵望南飛鴻孤姪千鈞繫一髮斬然中絕到孩童吾家嫡長每不祿將毋祖墓地脈凶天道冥漠不可問拊膺扼腕何終窮

吾妹心靈性愛潔敝衣皜皜如霜雪修整閨闈十幾年老婢無言小姑悅生得三甥可負薪一旦良人命中絕郭外孀居近市喧住我東屋傍女姪別院同門有所依是時余將赴北轍束裝拜辭父母靈妻子牽裾語瑣屑吾妹攜甥出屋遲意態閒冷禮儀鉄遠行不敢白衣送千里關山要面別含淚躊躇棗樹邊欲行且却氣俱咽余謂來都只暫離誰知此際成永訣藐孤未審能卜葬歲凶多恐生理拙一兄一弟滯窮途何日憑棺眼流血

冬夜聽琵琶

夜氣侵肌酷天涯老縕袍掩關憑棐几隔院聽檀槽古塞嘶征馬胥江捲怒濤不知何所怨十指泛牢騷

寒夜與舍弟

屋老窓櫺暗門高毳幕牽疾風翻大地寒月在中天傲骨難諧俗空囊不受憐窮途還有弟襆被且安眠

廢寺

短笻經廢寺詰曲路難行階斷松根直垣頽佛像

横碑經字缺鐘卧土無聲用盡脂膏力興衰迭變更

獨居

閉門却掃喜離羣鳴鏑嗥狼絶不聞鳥下空庭啄殘雪樹依高漢拂微雲推排舊物羅羅秀調叶華音歷歷分鄉國雖遥心跡静羈棲誰耐治絲棼

至日思歸

莫謂陽潛動乾坤氣正疑雲沉爭釀雪日弱不融冰搏擊迷蒼隼逍遥羡大鵬南轅常滯跡烏几冷還凭

病中自悔

自悔頭顱滿雪霜鍊神補腦盡荒唐心如槁木難生蕋氣似飛蓬望復陽却病無方非藥裹寄情有術在詩囊扁舟何日歸東海夢入華胥好睡鄉

懶起

傍曉霜風厲重門冷氣侵穉陽鍾地脉殺物見天心兔窟無文豹鴞林引怪禽披衣搔短鬢日影射窓深

岑寂

近市同邊塞蕭條院宇空亂沙常障日古屋自招

風噪樹時來鵲層門不用童無人破岑寂且就火徵紅

孤月

可憐東海月又到古幽州淮水留清影燕山照白頭暗添思婦淚競動旅人愁來往無情甚孤光自在浮

荅客二首

滯跡緣多病功名意已疲非關厭奔走閉户在京師有耻公卿惡無求等輩疑賣書供藥物聊度歲寒時

陋室妻孥苦孤村壟墓荒七年千里客一日九回
腸併食愁長夜單衣怕早霜得逢春水活扶病問
歸航

棄書

從來衣食問桑麻可笑無端戀五車萬卷圖書擔
不去一頭霜雪帽難遮甘為聖代烟波老羞說先
朝鼎貴家海縣環城皆面水刺船把釣是生涯

寒宵

嚴城喧市柝霜夜耿孤燈灰死竹爐火毫枯瓦硯
冰借噓人習慣炙手我無能半壁蕭疎影真成耐

定齋詩鈔　廿六

久朋

對食

貌為憂生老神因逆旅昏白頭成棄物索米向誰
門漂泊餘書簏淒涼對夕飧一身仍凍餒鞠養愧
深恩

苦寒

誰許燕京度歲寒南冠能敵朔風[illegible]削殘朽木供
宵火鑿破堅冰備早餐鐵硯雪窓無計避金爐繡
閣此生難耐霜老骨何嘗熱冷月迴廊仔細看

秋感四首

朋身不易得浩然悲此生蹉跎旅病多辜負秋月
明空窓響落葉鄰樹撼風聲蕭騷百憂集惟恨心
神清

可憐無根草彌望生高屋驕陽盛時披紛縈然
綠未及霰雪零槁落隨風逐涼秋方釀黄階下含
苞菊

大禹正疆理田祖司稼穡蠢蠢害苗蟲種類百千
億不思畀炎火用螟螣蟊賊寡婦哭秋風遺秉何
時得

園中有巨石立地頗牢固巉巖露稜角藤蔓不可
附驅牛載大車移置九逵路萬物無混施休嗟失
故步

定齋詩鈔　廿七

仲冬大閱五十韻

帝德兼文武軍容邁漢唐仲冬修狩禮大閱簡戎
行鳳闕排仙仗鸞輿出建章雷霆開道路日月晃
旂常水落郊圻闊山空壁壘長和門收宿霧伍幕
麗晴暘列隊魚鱗集周廬鴈翅翔趨蹌歡踴躍宛
馬飽騰驤征伐惟　天子神威仰　聖王赭袍雲
爛縵金甲鎖輝煌九節詩篇奏三侯畫的張琱弓
雄貫革羽箭直穿楊衛士鳴鼙鼓圍人駕驌驦坐

懸蔥玉鑾御鞍紫絲韁躬覽師徒健親稽器械良
五兵咸整飭七萃總軒昂部曲分牙帳馳驅選上
襄虬眉紅抹額虎脊鋏纓襠連袂攢弧矢摩肩簇
斧斨酋矛伸鶴膝寶劍帶干將勁於千鈞弩堅持
百鍊鋼招搖朱雀幟銛利綠沈槍叱撥追風雨兜
鍪耀雪霜八門旗正正萬騎陣堂堂步伐嫻規矩
更番類頡頏交綏成犄角脫穎試鋒芒越石身材
捷投衡膂力剛呼聲濤沸海礮燭火焚岡將帥饒
韜略貔貅競奮揚指揮身使臂統領綱從綱少長
登高辨偏縫按次詳膽由忠作胄心以智為囊猛

銳前無敵縱橫勢莫當匪惟強本幹實可鎮邊防
甫草攻車地長楊校獵場騂騮齊蹀躞鷹隼驟飛
颺六郡良家子期門執戟郎射膘矜中左舉柴羨
成梁鉅典推戎祀明禋重禘嘗充庖供宴享登俎
薦馨香纘祖承英烈繩宗覲耿光巡行觀禹甸褒
對識周疆蒐狩歸司馬師田自古皇玉璜傳渭水
石鼓勒岐陽國是勤宵旰兵符握廟廊屏藩環壯
極畿輔制中央斥堠烽烟靖朝廷軌物彰采薇宣
偉績天保佐垂裳韎韐先羣策聲靈震四方　一
人專閫幄萬載固金湯

過王氏廢園

聞說名園畫不如當年相國此中居歌臺舞榭凋零盡現出民間舊井閭

首春

漸覺衣裘重初知步履輕。春風能轉物天意愛含生赴溟瞻魚化朝陽得鳳鳴楚材饒杞梓老眼最關情

思家

閒行小院步遲遲淡蕩柔風拂鬢絲一點春光紅日逗。九年旅況白頭知。妻兒不解疎音問老子何

嘗忘別離遙憶故園烟水畔杏花村裏燕飛時

方鏡

山靈團秀結青精大地形模鼓鑄成巳是媸妍能別白更兼圭角太分明光留海嶠仙瞳影色映秋潭玉水清鑑巳必須懸正範秦臺魑魅莫相驚

可憐

可憐冶遊兒容易拋鄉里春風不殺人。愛向春風死。

偶得紅蘭主人詩數首慨然有作

桐探挂壁暗凋殘十載塵封不忍彈隔院何人吟

白雪好詩今日見紅蘭玉魚出地苔花古寶劍沖
霄碧落寒一代風流賓客盡小山桂樹憶劉安

題秦王與虬髯客對奕圖

妙算奇謀逞壯圖兩人對奕費工夫殘唐五代收
棋子血戰輸贏一著無

題風雨罷釣畫冊

魚貪芳餌我無求不用敲針作釣鉤脫却蓑衣崖
上立看人逆浪打船頭

題牡丹畫

蘭與衆草伍菊寄人籬下何如畫牡丹富貴真無
價玉環醉倚沉香亭隨輦司花別有情芍藥新擅
吳宮寵飛燕身從掌上輕幾枝濃艷何處得北地
胭脂染絲筆却笑臨池潑墨人猶如素女無顏色

初夏

盡啓軒窓坐清和四月初薰風不識字只是愛翻
書

雨後

雨霽塵埃淨空庭景物閒碧天開畫卷現出幾層
山

喜秋將至約舍弟小飲

客中何所事詩卷日相親有興便成句無心同古
人盼秋勞老眼過暑得强身狂飲須吾弟時來不
厭頻

萬峰招遊萬安山 時偕石門丁芥子先至

碧落秋空闊羈魂欲御風有書來法海招我謁憨
公車走黃花路人迎紅葉中山房今夜宿添得白
頭翁

觀萬峰自書遊山詩

卓午迎清輝秋山橫古繡短杖步檐楹空蒼上襟
袖閒觀萬峰詩紀遊三十首行復自書之奇崛理
精透川嶽得斯人靈氣有結搆嗟余百無成相對
益增陋照影蹲方塘泉聲鏗白晝

觀薙草

秋草荒山逕不能恣杖履顧生躬芟夷以爲童僕
始眼界欲分明殺物順其理桀桀小黃花刻露亦
可喜

山腰晚眺

亂石棲枯澗霜風背面侵幾株紅葉老一片暮烟
深山瘦乃知罰士窮原有心吾家終古業還向此
中尋

曉望

潄畢清泉倚石闌朝暾浮影下前山平疇宿霧無邊岸陸海茫茫正此間

山中雜詩

飯後攜顧生回旋循水道空山絕行人黃牛齕枯草巨石黑如墨亂紅點綴好柿葉染丹砂其下有酸棗結實還造物成功無大小日影昃前峰秋風吹鬢老

林密目難穿下階擇所望步移景象變無心得妙狀顧生侍我旁指點東西向飛閣隱現間前日曾

植杖此身在畫圖塵勞一齊忘

青藹嵌巉巖其下有石屋不知何人建留與閒雲宿圓中渾渾然蓄氣特暖燠轉側一古廟龜龍左右伏河洛字模糊可捫不可讀簷宇半傾圮石像排二六猶見冠簪尊土花蝕圭玉空山謁帝玉獨向黃農哭

清泉注膽瓶秋花閒採掇屋角見肓山有人出木末一陣天風來數枝黃葉脫把菊歸僧房晚涼宜擁褐

朝雀喜晨光暮雀喜暝烟深山無罻羅飛飛全其天海鄉收穫後農夫上釣船刷魚沽濁酒醉倒豆棚邊

萬安山留別二憨和尚 時辛酉秋杪將南歸

李生羸老滯京邑十年不見西山巳天生兩脚怕奔波到得山中無足力五步眠飛花十步喘巳急熱汗透中單氣蒸面全赤雖有短杖那能扶撥轉荒藤𨁂幽石極目秋林不斷紅萬山靜穆天逾碧澥陸石門王芥子探奧搜奇罕儔匹亂草蒙茸夾荆榛碎石層疊如疆域木杪回身等捷鳥磴道盤旋矜偪仄泉流雙眼響琮琤軒聳來青勢崒嵂巡

闌俯眎萬木頂蜀錦平鋪幾千尺二憨主人山之豪每逢佳處必宕佚山得憨公別有山峰巒滿腹無人識我來此山爲憨公結得素交吾事畢下山即離軟紅塵萬里烟波生兩翼蘆花深岸蓼花灘是我故鄉安樂國憨公憨公幾時來耿耿秋月山頭出

春日吳枷溪招飲即登文遊臺二絕句

文遊臺畔高人宅紅雨青錢一畝宫不惜清尊招舊侶櫻桃花下醉春風

登臨縱目似荒村土銼頹牆帶水痕多少流民臺

上哭繪圖難覓鄭監門

牆外桃花

海鄉三月半比屋逗春光不是茅簷矮桃花慣出
牆

再之京師留别沈甥以任 時癸亥仲冬

十載客京華歸來補茅屋雖有三男兒有書不肯
讀牽絲百里中快壻得坦腹一歲兩度來連牀數
十宿棐几拭明窓插架富卷軸伸紙索我書百紙
猶不足洗硯手常黑中書君屢秃圍繞筆硯間雙
雙在我目安隱過三冬老夫曾沒福白首望霜天

茅店雞聲喔北風劈面來玉樓寒起粟又牽弱女
腸寒宵念征轆我老不求名金錢何用卜望汝公
車來好聽臚傳速

俗人

俗人徹骨愚終身在陷穽一朝中寒熱水火妄爭
競肺腑不能言庸醫執其柄漠糊用藥物莫辨溫
涼性或執一古方無論脉相應或元小試之弗效
再改正九竅何竅變七情何情勝五行何行舛六
氣何氣盛問以天人理心盲目發瞪而斯患病夫
則惟醫是聽青囊號傳家懸壺有左證但求稱爲
醫不求能治病寧爲庸醫死豈敢愛性命嗟哉冥
頑質命與他人定可知無病時諸病已湊併欲得
大病除沒身爲究竟

絶句八首

塵相未除嗔熱客情絲難斷愛良朋是非日門何
時静枯木寒崖愧老僧

擎天國相爲羊豕墮地嬰兒辨虎狼皮裏陽秋傷
本性鑿開混沌戰玄黄

口已三緘猶有舌臂經九折未成醫妄施黙畫嗤
倉頡糅亂陰陽笑虙羲

花種淵明三徑菊草深仲蔚一庭蒿材非鷹犬喬
云懶命不公卿强曰高

無子棋枰誰黒白斷絃琴軫沒宮商鵬飛北海三
千水龍卧南陽八百桑

殺機日起持蠅拂色界猶存護蝶衣寧向蓬窓讀
寒瘦不馳綺陌覷輕肥

鳥鼠穴居亡牝牡馬牛風逸失東西混同物我師
莊老放浪形骸病阮嵇

胠篋探囊非大盗倚門揄袂豈名倡絢成朽索拴
騏驥鍊就鉛刀割鳳皇

無題

吞刀吐火事離奇百怪紛陳學偃師魑魅爭光先
秉燭糠秕欲出共揚箕牛能眩目成龍采馬不驚
人冒虎皮十九縱橫迷道路夜聽姑婦半枰棊
白馬馱經出世雄漆書蟬斷素王宮鳳飛荆楚時
真殆麟獲鉏商道已窮居士在周元土木仙人辭
漢本金銅不知誰荷劉伶鍤埋得頹山地幾弓
紵漆南山好墓門三年石槨斂童昏專車莫辨封
禺骨大地難藏闒茸魂水醫前和成枯栢屍斑含
玉等彝尊人間盌出何須怪少見渾如蝨處褌

架石梁遙百堵深巡功應是邑中黔鳩形滿澤勞
千慮鴈齒排雲毖一心波冷洞庭朝北闕材高斲
栢抵南金由來富媼真多寶八柱無煩羨桂林
繡褡金幢易几筵身從切利現諸天針關已透猶
牽綫寶岸難登再上船石起三生新說法門通七
祖大參禪是誰饒得豐干舌徑向寒山拜普賢
都陽坐擁鸝鵝裘三疊霓裳結綺樓虎幄有人成
殿脚犀軍無弩射潮頭酒酣燕市悲屠狗夢醒齊
臺笑爽鳩嫠婦此生誰恤緯手栽萱草號忘憂
帝休作食歲華平何事吹虀懲熱羹萬戶清齋消

旱魃一杯濁酒掃欃槍邁邦鉅典勞喉舌納陛殊
恩逸保衡莫謂飲河期滿腹能精五技總鼯鼪
冷珮敲湘妝雨工老春千日醉張翁伐毛洗髓芻
靈貴剖腹剜心妙相空大匠蓄材存栭屑國醫採
藥到苓通人間部婁難言壟郪得天梯上九垓

立秋

却掃成編久絕遊恢台九夏喘吳牛苔痕上屋連
宵雨涼氣侵窗此日秋楚士招魂嫌舊些巴童度
曲愛新謳堪憐髮共心俱短井自飄桐火自流

雲照寺小憩

叠土成高阜周遭只數弓鷹盤丹殿枓鼯嚙石闌
桐僧老逢人笑秋登是物豐香清茶一盞趺坐片
時中

遊圓覺寺

圓覺何年造龍碑紀大明壁間思九白石上哭三
生貌醜樹疑鬼皮穿鼓化精金身經浩劫瞻禮獨
含情

野店

野店綠楊下迎門小板橋地高秋水涸沙軟馬蹄
驕緩轡尋茶董班荆乏酒瓢當風搔白髮惆悵短

長條

遊化成寺

勅建化成寺番僧類萬童披肩横紫罽抓頂豎黄絨秘密覘神像雕鏤訝鬼工誰言王者力能絶地天通

畏人

閔嘿挑鐙坐天涯老緼袍毫枯江令筆鉄鏽吕虔刀淡月窺鴻夢狂風助犬嘷畏人嫌我怨不敢讀離騷

題文待詔秋林高士圖 時再客崔南有師署

輪蹄逐輿臺九逵奔鹿鹿喧聲聒耳根熱塵眯雙目夢想清涼境不得遂其欲飛身到澄江日伴梅花宿素甆傳茗餘畫圖展幾幅緬懷文待詔意致超凡俗幽静水無波巑岏山有麓酣霜老樹下髙士淡於菊疑是避秦人未改秦衣服掩帙視青旻春風摇菉竹

池上

曲澗皺層瀾濃緑垂老景巖阿平敞處天光淩倒影調息遊大化神濬畫逾永閒人心眼中自有羲農境

題畫中觀畫者

長松纏古藤清泉穿亂石素心兩三人客席地各趺坐手開書畫冊我亦觀畫人恨無山水宅

雲間學署紫閣峰陰下作

池邊水閣閣邊峰罅穴玲瓏面面同老樹壓簷能蓋雨怪藤穿石欲當風衫辭栁汁霑桐淚夢走槐安入桂叢不用小山招隱士幽巖曲磵自相通

題董玄宰畫冊

明季有宗室清湘大滌子余兄約社家其畫列棐

几謝詩與栁記形容不到此彈指四十年付之臥遊耳每逢晴嵐圖拭目生歡喜況當盛暑溽清音涼骨髓江深草閣寒獨坐看雲起俗塵飛不到熱客隔千里伏雨闌風夕移情一幅紙人無山水癖骨癡胸次鄙深悔少年時不學畫山水

觀雜草

澄江學署東偏有大雅堂余居右室其南曰衡鑑堂含山王君令梃及大令若和居右室嵊邑葉君荻新居左室時當盛暑初自吴淞返棹庭草蕪穢無露坐地童僕各

營其巢弗急此也葉君躬自芟薙有披榛斬棘之風焉喜而賦之

空齋積雨後隔牆抽亂篠蝶翅晒花鬚蟬聲響木杪尋蘭獲素心二三不爲少中庭盛灌莽有地那得掃入手無長鑱勞君雙指爪夏氣長萬物榮華無大小任其滋蔓性彌望塞行道自古僮僕懶芟夷莫肯早穢爲蠻蚩藪垢汙何時了回思負土日青青生意好可憐蕭艾姿錯認護門草

偶然作

積陰喜乍晴竹木影森鬱濃綠點輕紅髣髴春餘色披襟倚南窓手弄鼠鬚筆學書老不成長吟空抱膝高天起微雲須臾漸蓬勃或如牛奔逸或如豕駭突或變爲蒼狗獰猙露毛骨憑空幻結撰散漫勢詭譎老夫目生翳蹲身搔短髮砌坳餘盃水蠹葉醬半缺蠛蠓坐其中浩浩江湖闊逶迤路盤互鼯鼪螻蟻垤詹雀啄蜻蛉食餘一股脫萬蟻輿蟲尸以爲得大物攢簇競趨蹌軒騰鼓歡悅癡奴任意行步重脚跟疾左右觸蠻國吁嗟亡也忽踐草履生蟲慙愧騶虞質卓午天無雲蟬聲正清越

秋夜觀練忠貞公廷試策 時客南梁

黑雲蔽星斗天文不可見秋鐙耿孤光古書開一卷緬想三絲夢兆應顯綸練悠悠四百年陽烏如激箭搔首雙鬢禿恧心靦老面負手行空廊熱腸寒發顫 明太祖夢得三絲洪武十八年公與丁顯花綸同時及第而姓名傍各有絲

晚眺

並無朋好到茅堂獨自扶童傍女牆短草長天垂盡處春帆數點入斜陽

題高郵奎樓畫壁

天風莽蕩吹魁斗巨筆高擎文曲手淮海人文聚此邦三十六湖吞萬有試看畫壁樹重重桂花紅

杏夾青松秋香春露蟬聯上一路平肩十八公

偕沈以任賈肇先閒步 時客海陵

側身天地欲何之朋輩凋零皓首時二妙肯隨羸老步西橋樹下聽黃鸝

題雪鄰冬夜說詩圖

深山虎豹蹲巨澥蛟龍窟邦邑有大家風雅所叢出吾宗雪鄰叟詩家高閥閱三世主騷壇墨兵得連帥此道盛榛莽逵路多岐轍紫色絢涼白鼃聲嗚軋茁危哉正始音千鈞繫一髮寒窓燭未跋氣冷袞被獮執卷趨庭時源流細區別枕葄六十年

臂曾經九折金即盡牀頭蓏還富作述一幅說詩
圖先生家長物

五日同鴻圖姊丈觀龍舟

短衣逐隊出西城遥指中流競渡聲一綫漕渠人
兩岸靈旗飛舞搶風行

病中視沈甥病

幽燕十餘載飽嘗霜雪冷南來不耐暑將秋瘧作
梗乍寒冰負背乍熱火燒頸汗出透中單從踵直
至項目眩飛狂華足酸揺兩脛强步至庭除蹩躠
不能逞反側牀第間入夢闐然醒突聞沈郎病裏

衣登艅艎涼風九月初細雨蕉窗打青燈照書壁
甥舅雙瘦影嬌女勞藥餌身不離鐺鼎顧我無片
言愁緒亂難整可憐羸老翁憂懷何耿耿頻覆掌
中盃模糊過夜永

破襖吟

六月如初秋夜靜涼氣侵破襖二十年補綴百千
鍼老人喜温煖以之覆布衾委宛隨四肢酣睡夢
沈沈兒輩相視笑謂若百衲琴而我不能割珍重
反倍深一從老妻亡無人代縫紝錦繡羅綺中鶉
結何處尋公孫求故劍少婦哭遺簪念此豈足貴
故物感我心

食瓜

僕射黄瓤未可誇青門還羨故侯家老年齒齼鹽
梅味肉食無緣且啖瓜

盆中小橋爲蟻所緣而作

短木互戢香承盆植小橋離溼土性燥根堅易結
實緑葉滑於油白花如瑟瑟顧維螻蟻輩嗜此同
崖蜜援引其醜類盤踞爲巢窟往來枝幹間紛紜
行蟻蝨萬方麾使去餘孽猶穿穴爾亦自有封爾
亦自有垤胡爲妄升高係戀在是物又非大槐安

彊埸地廣闊蕞爾一丸泥那足排行列飛空讓蛾
蠓泅水遜孑孓嗟哉醬瓿蟲曠刼頭難出時盆下承以水底

喜復堂兄搆别業

雙丸對擲東西路三萬六千彈指度人生爲樂須
及時何況眼暗髮垂素復堂才如不羈馬昂藏懶
繫輪轅下性情到處即文章麤服亂頭皆古雅好
奇那顧山鬼嗤挨俗慣遭傖父罵每於險絶自矜
長荆棘叢中能脫洒九霄烟鶴御天風烹鮮一割
爪留鴻芒鞵草笠遊壓市刜竹蒔花錯畝宮城西

隙地初開鑿引水通渠度小閣蕩塘肥緑閒猩紅曲岸分流横略彴纔施點綴便幽深畫家心胸難捉摸休管後日踵增華且勿抛荒現在樂同邑詩老五六輩風牀散坐拈杯勺美景良辰聚快士洗除宿垢解纏縛海縣不産李復堂一堆笨土無邱壑

沈甥後園作

荒徑草蒙茸閒行策短筇斷橋楊柳外萬朶木芙蓉

九日懷陸晝衣

偏是重陽雨無心倒緑尊燈前搔短髮有客在吳門

荒園 時沈姊丈初殁

園荒人不到風雨自瀟瀟楊柳臥於水芙蓉開上橋草閒蟲悉窣籬畔鳥啁噍獨有悲秋客含情賦大招

對瓶菊

瓶中餘得菊花枝又是清霜刻轢時蕉葉滿窗風索索挑燈閒讀杜秋詩

楚州

漕渠一綫水穿沙横壓三城百萬家路入徐疆人漸悍界連揚境俗猶華輿臺輻輳迎醮賈弓馬囂騰鬧虎牙客館幸鄰枚叔里敢將辭藻鬭浮夸

弔淮陰侯

鐘室捐生萬古哀中原鹿去逐誰來狗屠自是通侯業刀筆寧非相國才莫倚設壇終豁達須知躡足早疑猜角巾歸第尋常事何不扁舟返釣臺

滁硯

老向天涯寄此身陶泓冷面久爲鄰雄心磨盡無多墨不寫牢騷亂與人

山陽懷古

旅館山陽傍水隈遺蹤難問獨低回才長騷賦虚傳耒筆擅飛書定溯枚承祐不歸長笛裂伯倫一死酒星頹可憐風雅成千古姓字空教付刼灰

觀劇

綺席春燈囮虎豹窮途短札餧豺狼禍心毒手今安在流盡清淮與濁黄

偶見紅蘭主人無題詩半冊書一律於後

朱栱霞明乳燕飛翠幃高捲蕩晴暉春光射目花分面香氣穿簾婢整衣崔護不來紅雨亂司勳重

過綠陰肥東鄰本是荒唐話賦得登徒事已非

懷宗室雨田

歸來縮澀局團瓢不似燕臺放眼遥九軌縱橫鋪繡錯五門金碧聳雲霄西山春滿王孫馬南海秋盤獵士鵰只此胸懷殊壯浪輸他大隱隱於朝

偶句

捫錀誰知景物殊工人獻櫝已亡珠春旗芝蓋無顏色秋水長天入畫圖

自淮返郵宿礐泉書屋

衮衮名場幻偃師靜中滋味老人知半間書屋橫朝日臥看秋花照硯池

銅尊土定注清泉亂插秋花影自妍蘭室已成衆香國蝦身不夢大羅天

感舊

余自辛酉南歸時往來泰郵未及十年其交戚如丹崖吳姊丈宗西李兄摺書賈十一兄家雍南兄筠莊夏姪堉鴻圖沈姊丈皆相繼云殂感而賦此

落魄歸來賦老饕初經黌社興猶豪紅燈密座三更酒黃菊疎籬九月螯壯歲光陰徒浪擲暮年親友不堅牢可憐歷歷交遊者半向荒原伴野蒿

追憶雪鄰

同是烏衣舊謝王尚餘邊腹貯謨觴鶴歸莫記堯年冷夔死方知舜樂亡玉瘞金舂埋蟄室零膏賸馥鎖巾箱嗟君一子眉能白門户丁單勝五常雪鄰書屋額曰蟄室其手鈔雜事曰巾箱賸録子格非能詩古文辭

舟行即事

乘屋餘閒便載芰野翁牧豎荷長鑱勸君莫斫漕隄柳曾逐春風拂錦帆

九日憶舍弟

鴈陣橫雲展翼遲淮陰秋老客心悲埋文空傍枚皋宅寄食羞尋漂母祠壯歲友朋俱錯落童年昆弟鈌追隨白頭脱却龍山帽一任西風著意吹

遊三仙樓

仙人自昔好樓居樓傍西城水繞廬高棟巍峩浮碧落曲房宛轉孕清虛枯桐體載無聲始漁鼓中含太極初一片山心如菊淡歸來閒檢道家書

秋杪

翦翦西風刮面涼淮陰秋杪漸飛霜紫萸入市花千本白鴈排空字一行毀茗靜參香後味攤書愛

就日中陽客途歲月消磨慣不怕寒宵漏點長

買菊歎

紫菊白菊紅黃菊塈土摶根亂蒲束好者賣與鹽商家餘芳移植寒儒屋老夫囊底但青氊稚子布襪綻兩足寫帖乞米尚無門夘有閒錢潤草木幾朵紛披深寶貴拾人剩物亦可哭幸乏酒肉腥臊氣轉覺清香特芬馥如此品格入繁華等彼妖姬悦耳目何似斗室滿牀書篝燈夜伴兒曹讀快飲盧仝七椀茶對爾高吟懊惱曲

晚菊

冷豔不終藏霜酣花蕾坼秦王卷衣女秀髾初覆額瘦紅鍼染血肥白瓠排犀樗散秋燈畔蓬頭隱士妻

旅悶

平生癖懶但安居況值衰年舉步遲好事絕難同輩伴獨行兼恐路人疑定知孝子祠無石虛擬元王廟有碑自到山陽涼燠換還如裹足在家時

禪扉乍啓多岐路小市閒行破寂寥惡少也知韓信廟酒人不識杜康橋河防幕下奔狐兔漕運營前載猶犒還向案頭尋故紙南華篇裏學逍遥

霜天密室耿孤燈兀坐脩然入定僧傲骨已同松化石名心直是水成冰錐無可立輕鄉土子不如人絕友朋子爾一身真棄物惟餘老眼看書能

晚角頻吹露氣寒九秋剛盡菊花殘征鴻應傍鄉園過好月都從旅邸看五世無田輸草服卅年遊學誤儒冠焚膏繼晷渾無謂怕聽奚童話夜闌

殘菊詩示子疆

霜落關河草木衰蕭蕭槁葉旋成堆盲風已令羣芳歇冷豔猶餘幾朵開仔細燈前看色相摩挲盆内護根荄明秋依舊黃金滿自有王弘送酒來

與文壽菴僧絮話

隔牆黃葉隨風墮白頭人擁殘書坐四壁無聲夜漏長兩目鰥鰥不肯卧憶昔我祖重綸扉奕世冠簪侍衮衣瓶守縹緗紹學業耻將裘馬鬬輕肥淩雲甲第連衢術句曲昭陽誇第一光燄羣摹李杜篇海潮共放蘇韓筆詩老宗工領袖多門森三戟里鳴珂塵尾蠅拂隨遊屐別墅名園縱歗歌運會滄桑彈指速皂隸公卿掌翻覆故家子弟半賃舂米桶藏身羞欲哭荆榛瓦礫滿池塘土銼炊烟黦

畫梁富商直踞崔盧宅豎賈高居王謝堂毛錐秃
盡硯穿鐵廿載長安事干謁傲骨偏同陶令腰巧
言又沒張儀舌脚跟漂轉等浮萍親戚彫殘欲曙
星鄉井歸來補茅屋依然白蠟老明經可笑胸懷
不了了春蠶吐絲自纏繞撒手懸崖掉臂行秋毫
爲大泰山小謝絕塵緣到處家誰知蟻國與蠻衙
揚輝覷捉波中月眩眼曾看鏡裏花刀頭餂蜜甜
傷口蠆尾穿針毒螫手頹風陣陣捲楊花大雨漂
漂流土偶高必危兮滿必傾枯碁三百有輸贏歎
奇枉作封侯夢相餓空標細栁營且咬菜根嘐豆

粥心似死灰身槁木上牀鼾睡日三竿無病無憂
便是福新來結識老瞿曇暮鼓晨鐘傍佛龕半生
南北東西路又客淮陰文壽菴

佩紫表弟五十初度

我周花甲君半百十年以長余占得性方骨傲本
連枝中外弟兄猶間隔吾弟伉爽豪邁人眼界放
開横八極長才擬乘駭浪風雄心欲展沖霄翮龍
文虎脊不受羈霜蹄恒苦路偪窄我走都門二十
春金盡裘敝面黎黑歸來吾弟還青衫子羽常令
頭來責仰天大笑攜幼兒扁舟共作淮陰客幼兒

性頗愛文翰君也珍之如拱璧擘窠大字動人坐
觀者如堵聲名赫我亦喜此竟忘家借此娛情弄
筆墨禪關瀟灑無買塵薙髮爲僧度朝夕有書同
讀子同教奇文同賞疑同析且喜眼邊無俗物痛
飲香醪啖膾炙酒酣耳熱歌嗚嗚天爲幕兮地爲
席吁嗟乎與其齒者缺其角天地自有大消息古
來豪傑半泥塗如我兩人應困厄吾弟吾弟且尋
樂及時行樂壽增益作詩祝壽者誰與昭陽定齋
李光國

初冬述懷

絕無雲影翳長空幾字排連過塞鴻屋角易頹南
至日樹頭時吼不周風詩哦彭澤憎行乞文讀昌
黎耻送窮把卷燒燈消養夜非關見獵尚心雄

一錢

癡僕探囊笑其中剩一錢和嶠多乃癖劉寵少方
賢得免程係爲留爲杜老憐孔神惟壹氣只此可
通天

嘲狂客

休歎華年一擲梭方剛已識老蹉跎狂開白眼輕
題鳳醉寫黃庭不換鵞曾擬上林驕得意屡經具

草笑常何浮情未盡顛毛禿飽看兒童駁馬馱

醃菜

旨蓄資鄰媪吳鹽撒晚菘綠萎霜漸漬白軟雪消融入甕蘊芽茁充盤筍笱叢齒搖憎韌物鬆脆利衰翁

月夜思舊

滿地光華沒寸陰當頭寒月到天心惜無花影添幽興翻引烏啼攪夜深隔院鄰人吹塞笛誰家少婦哭遺簪陡然觸撥傷情事一缺難圓直至今

讀西漢奏疏

西漢文章藪由多梗直臣整冠延豸角攀檻逆龍鱗網闊天才縱門開士氣伸一除秦錟虐簡冊盡回春

觀列仙傳

誰云海外有蓬壺顛倒人間一世愚是處俞兒爭引路無邊象罔亂求珠金鎔陽邁驕貧士飯煮胡麻誑餓夫仙骨不從鉛汞得雲中鷄犬笑區區

陶渭玉贈蠟梅天燭

禪房香與色俱無肯折寒芳伴老夫枝上亂堆圓蜜蠟中橫一篆碎珊瑚

小至有感 乾隆丁巳曾與博學鴻詞試詩賦於太和殿上

曾將文藻伴時賢夢斷觚稜路幾千兔管禿從三賦後羊裘敝在十年前貧家但立相如壁長物惟存子敬氈恰幸光陰容易轉一陽來復望春天

苦寒病臥

布被多年絮不溫嚴冬冷氣透脚跟曲膝拄腹臥而蹲玉樓起粟銀海昏百憂火灼肺腑焚邪熱內迫眩崑崙齒牙酸嚔連耳根雙鼻孰噫寒復噴苦寒旅病難具論僕云乞兒叫饔飧襪材覆背草作褌肌膚割裂刀箭痕未知終夜立誰門霜風刻轢慘無恩老夫念此驚神魂汗濕中單若負暄睡魔招我蝴蝶園黑甜之美不可言酣齁一覺身乍翻方窓白處紅朝暾

讀史

權術精通仁義亡箕裘弓治判毫芒傳家尚染陰符習諸呂封侯誤辟疆

良鳥從來擇木棲肯將白璧混汙泥公門桃李崢嶸甚羅致英才事牝雞

風雪嚴宵玉趾臨籌邊元老器深沉可憐二十篇論語不敵十瓶瓜子金

前人手植三槐意寧爲妻孥得美珠不諫天書誠
大過披緇削髮亦何愚

黃梅

隔絶春光遲又遲含英獨在雪霜時生成正色天
難媚釀得幽香冷不知只有松筠能結伴斷無蜂
蝶動相思重陰固凍孤標異恰笑迎陽向暖枝

對鏡

此心猶作童年夢鏡裏驚看百歲人病鶴帶霜形
半槁凍梨含垢色全皺相君之面原難貴託子爲
頭不免貧衰瘠充肥隨暗換休教失却本來真

觀雜記

穆傳開叢說其流雜秘辛蛤懸真臘夜鐘動景陽
春殿脚三千女天魔十六人荒淫昭炯戒鄭衛總
還淳

少年

何處游閒滿路誇故輕冰雪踐霜華羣拖長畢鷲
寒兔醉挾飛丸打凍鴉肥馬白分驕角鈌豐貂紫
壓帽簷斜禿衿窄袖監奴輩知是楊家是霍家

賦得頗覺陰何苦用心

亂寫羇愁操土音巴渝難入伯牙琴曼聲恥學韓

定齋詩鈔　十四

娥哭促節聊爲莊舃吟自喜郡中無狗監誰傳海
外有雞林甌風過耳須臾事頗覺陰何苦用心

孤鴈

豈是桑弓破陣圖失羣索隊獨驚呼聲流廣野何
哀怨影入寒雲乍有無烟戍乍兵愁送目畫樓新
寡泣添珠晚來應傍沙灘宿莫又單身陷畏途

讀義山詩

歌哭無端病雨傷寓言十九效蒙莊雨沾宋玉都
成夢草拾靈均盡帶香帝子有時來北渚美人何
必定西方休將獺祭嗤淫豔一種風騷味轉長

懷碧泉甥

陽元賢宅相逸少好東牀充射能超衆論書獨擅
場揭來淮水凍別自桂花香幾月縈懷抱寧惟左
蕙芳

馬鞭

執此威天下投之可斷流雖死終不及先著我何
處張耳趙城枕繞朝秦國謀役身隨晏子欣慕亦
堪羞

無錢

夢入畢羅猶計直輸他博進未能償上清童子背

定齋詩鈔　十五

而去白水真人掉臂亡銅山崩頹金穴塞地馬老死天龍藏青蚨飛盡不留毋貰酒黄壚無鷫鷞

河凍不得歸里

米珠薪桂苦寒天老客僧寮倍黯然大地有權教粟死推陽無力解冰堅食殘方丈闍黎飯用到兒童撲滿錢安得燭龍銜寶筏還家飽煖過新年

憶柴墟春路

柴墟人住武陵間村徑逶迤自往還高挑青帘楊柳店斗横略彴杏花灣漁翁解網停橈曬桑女提筐選樹攀二十年前江口路夢中猶聽水潺潺

懷趙秋墅

魄死西方現一痕斫殘老桂未除根水經凍後情終潤火到灰時意轉溫鐵網千絲沉澥底琴材百尺竦龍門好春歸去鶯聲瘂駭綠紛紅不可論

雪夜

纔快時晴旋復陰漫空瑟瑟冷森森自憐短案分餘映誰傍寒門立夜深柳絮顛狂飛不斷梅花高潔夢難尋渴來欲嚼冰牙齒且臥匡牀擁破衾

憶望溪先生

擘石迴瀾力斡頹脫口身鉤玄多著述實齋富積

神自失劉中壘難逢井大春亭前誰問字到處是迷津

哭王滄浪

老儒貧且病病不得速死房中有瘨妻膝下無弱子四女三出閣一女留經紀得壻爲布代門户差可倚城隅一畝宫古屋半傾圮滿架蠹殘書盈筐裹藥紙苔階曾未破南窗日隱几初病右偏枯俄復痿左髀百體不從令天君綴旒耳寒暑蓋夜換此身在牀笫手口寄他人便溺不由已背瘡誰爲搔足垢誰與洗誰與顏靣目誰與漱牙齒誰與扇

蚊蠅誰與爬蝨蟣萬苦向誰告天乎命如此昨聞歸臣室心中翻歡喜形骸重累君今日弛擔矣游魂飃爽健任爾意栖止朝踏閬風巔暮看蓬萊水大患莫若身蟬蛻快無比慎勿化爲鶴飛來望鄉梓人間正苦寒天上春纔始

追憶沈姊丈後園構樓未成

十畝之閒兮附在居宅後中有兩三亭池塘種菱藕三十樹梅花萬个拂雲帶海棠垂猩血繡毬大如斗碧桃映人靣牡丹酣朝酒清露滴梧桐輕風舞楊柳桂香濃撲鼻芙蓉密礙肘芟夷藤蔓塲積

土爲高阜誅茅結其巔路逕亦頗陡登臨遠縱目胸懷蕩塵垢主人欲架樓邐迤園東首此志未及成頓喪吾老友斜陽策短笻獨立小橋口

臘月初旬淮城散步

傳說河冰到處開望鄉孤客亦能回淮陰不減燕山雪甓社渾無庾嶺梅走集邏丁塗舊柵旗亭酒保醱新醅閏年遲遇王侯臘留却東皇緩駕來

書事

自是盆成取殺身網疎目闊有潛鱗若教遇得孫賓石複壁應藏賣餅人

嚴寒不寐

怕犯嚴寒偃息牀却因早臥夜加長窓櫺映月疑開戶鼓角驚風到隔牆晝腹原無松入夢蒙頭終以睡爲鄉誰將心目分先後返目觀心自兩忘

旅館歲晏對月懷畨泉甥

文曲溝前文壽菴朝朝引領望東南漕渠冰凍堅還解桂魄虧盈十又三客路祇應憑短僕家書無事達空函青陽逼歲歸裝近好共圍爐促膝談

漫成二首

龜羹染指嘗鼈小勃然怒公卿貪口腹御士不足數聖王順人情釀酒加肥豜醉飽使屬饜饕餮皆心膂莫謂肉食鄙萬羊稱宰輔日取一片肝屠家笑貧窶孰是於陵子咽螬肯復吐

董威衣百結江革臥半氊忍凍成高尚後世惡知賢對客有慙色兒曹情本然西華冬著葛未見故人憐胸中橫羅綺口發玩世言狂暴憤鼻褌曠達貰寒酸翠被秦復陶望之真帝天

錢牧齋杜詩箋

三通羅冊府七略著分門梵唄精紬繹玄關妙討論須求賈婦笑不必息媯言識得浣花老刊枝自

有根

戲題錢牧齋所作徐霞客傳後

法虒捷足千峰過玄奘堅心萬里探天下名山都踏徧不知佳處在終南

感懷太學同門諸子

二十年前舊羽翰雄飛雌伏各凋殘賦傳洛下三都貴石遇韓陵一片難莫野羣空天駟暗豐城氣散斗牛寒憑誰細訪貧簹谷剩得淩霄竹幾竿

臘月對月

也是清光映碧天含情獨向此時圓花埋寶砌雕

闒冷人鎖銅鋪繡被眠且照羣烏栖禿樹莫撩孤
鶴舞寒烟冰輪碾處無聲過辜負霓裳第一仙

睡

衰年愛卜睡鄉居收斂精神樂有餘才劣憑誰探
夢筆手風得免攝䰟書燈前説鬼憎螭魅枕上遊
仙到赫胥漏點雞聲渾不覺醒來紅日透窗疏

道家僞書

不盡真源智慧珠翻教起穢陷泥塗紅鉛黑汞虛
龍虎白乳黄芽舊鼎鑪北海嬰兒原有母南園姹
女妄求夫水妃火牡尋常事故作鉤深駭豎儒

書室

何必山林遠俗氛一間精舍貯淵雲枕衾亦帶烟
霞氣腸胃俱成篆籀文草聖狂臨張長史遊仙神
往郭參軍黑甜白醉閒功課只少超超鶴作羣

淮隄晚眺

淮隄一帶畫維舟獨立蒼茫古渡頭塞鴈南飛車
北走夕陽西下水東流百川匯澤趨高堰七省均
輸會楚州大吏必須真保障河漕雙管此咽喉

足

難逐中原鹿須臨萬里流卞和徒取刖樂正豈忘
瘳
跡到侯門絕音惟空谷存何能加帝腹且用濯金
盆

雜詩

一勺不盡水一拳不盡山天地好奇險曠士得大
觀桺記謝客詩百怪羅筆端親飫愜真趣恣力肆
窮原臥遊强解事然疑忽恍間靈境匪所思隔目
妄造難自悔少壯日局脊守遺編胸中無丘壑出
語多寒酸雒誦馬遷史抱膝起長歎

楊桺垂亂絲夭桃笑濃露隔水映青樓紅板橋頭

渡盈盈三五年生小不織素言鳥鑠金籠瑞獸噴
烟霧水暖鴛鴦憨花嬌蛺蝶聚香飛燕拂簾玉腕
鶯穿樹未解好春光脉脉春前佇可憐蔡琰春蠶
幕韋韝去

肥遯開僞途無才混耕釣丈夫思利濟安能終荷
蓧沮溺接輿時周衰勢頹倒狂瀾不可迴甘心絕
廊廟光武中興主龍虎喜吟嘯搜幽頗殷勤聘幣
實周到咄哉嚴子陵披裘富春隩大道有高尚盛
世無高蹈張目語誕慢足加更倨傲景星邦國瑞
犯座豈吉曜宣聖叩原壤惡其蔑禮敎清風凝伯

夷毋乃不相肖
漂母飯韓信漂女飯伍員慣是貧婦女識得英雄
人捫蝨談天下王猛快絶倫豪傑促席坐遠去問
三秦從來憒憒者奚但莽桓温雙眼四瞳子不能
全照身披沙揀金寶責之恐念昏進賢宰相事國
士亦有真知人良不易我思一个臣

千古稱才子元愷十六族降及賈長沙疏陳先痛
哭經綸天地間十亂猶不足曠代得逸才山川費
鍾育如何詞章士謬欲婉顔謈魚眼混美珠荆玉
雜鼠璞實不稱其名徒晒喝然腹建安既哆侈大

歷更顔恧陵夷到稗官亦妄標斯目奴婢作夫人
貂頭狗尾續寄語後世賢才名莫浪逐

古人骨已朽後賢初未生側身遼闊境何處發幽
情結得一目網臨淵羡大鯨買得無絃琴挂壁和
韶韺漁父掩耳走樂工掉臂行迂哉石户農畀天
守硜硜

寒雲吹不開陽烏慘無色可憐射陽湖流澌數千
尺商旅阻西東舟航斷南北米價陡騰踊貧者無
頓食餓夫攜短童頂露雙脚赤券賣中富户估直
貫五百黄口怕爲奴潛入鄰家匿其父忍提回軟

語佯帶嚇兒向耶號咷耶背兒逆嗌明知心頭肉
不剜不可得飢鴟叫破樓瘦馬嘶荒驛曳杖嘿跼
蹐冰天又昏黑

一心妙變化陳言皆守株天神博華山人跡刻番
吾力疲忘所用千載笑笨夫高堂十七篇掇拾煨
燼餘一字一句讀昌黎猶病諸大道無凝滯禮樂
隨世殊馬上得天下窮愁乃著書

卿自不思我我心如轉輪漩澴千折水危峰亂插
雲夢中原識路魂去若飛仙天門横虎豹血口大
如盆鋸牙舌舑談紅沙劈面噴醒來驚噩夢依舊

隔關津

可憐古人書只留後人讀可笑後人心不入古人
腹聖賢經世意非必故委曲時勢既殊風五土亦
異俗錯綜參伍中縷縷具條目譬彼原泉水其流
有隱伏又如周身氣脉絡分任督著察差微芒何
以得歸宿少年半麤浮恃才兼欲速津逮未及終
得隴復望蜀自謂頗飽飫腸胃皆完穀膚革失充
盈皮裹翻受毒至理無盡藏精通在寡欲千蹊影
響間不如一徑熟

金陵報恩寺浮圖九級高百丈碧琉璃巋然卓地

牢其上有遊客縹緲淩雲霄幼年心艷羨身輕意
氣驕自恃足力健拾級忘疲勞急造最上乘縱目
望遠郊崇城圜一帶長江杳一瓠胸懷斗開闊洗
盡俗塵囂歸來矜喜甚大言誇同袍長者莞爾笑
子胡太麤豪層層有境界面面有波濤逐節生萬
態微妙窮纖毫面面到絕頂雖高亦寂寥俯首受
斯語使人意也消
陽氣積滿盈空天走霹靂雨散雲收後索之杳無
迹帝王制兵刑施於不可測梟雄既授首羣鳥自
斂翼玉石必俱焚火威恐太赫牧馬去害馬種樹
斬荊棘無恩大恩生戈矛化衽席七日誅聞人麟
趾騶虞德仁義一分塗申韓從嘖嘖
微蚓亦能唱微蟬亦有聲造物惡瘖瘂非關觸不
平天產塊然肉特特竅其形枯坐强閉塞翻教損
性靈春花生雜樹黃葉到秋零無端流逸響傖父
詑多情我欲尋夏蟲一爲語寒冰
不汲井必枯不耕田必荒各具有源物束手使閉
藏烏兔迅飛走萬古仰輝光薄蝕非本體羅孛焉
能傷武公九十五誦抑十二章訖歲而惕日趙孟
年不長勤學亦能壽君子貴自强

重簾押銀蒜寶鼎薰蘭膏素月上東嶺美人何迢
遙欲裁合歡被嫌他金錯刀欲寫鴛鴦字嬾用香
貍毫春煙化紫玉何處弄秦簫出户乍延頸牆外
搖紅杏一半落花飛翩翩蝴蝶影
山莫妙於轉境莫妙於換人莫妙於心心莫妙於
變風雅變爲騷屈宋才獨擅三頌變爲賦馬班盛
西漢篆隸變爲楷鍾王淩魏晉踵事有本原體格
實創見錐鑿蠶叢路隻手開生面蓬萊入杳冥海
市眩奇幻五色石補天星辰重貫穿縱橫任揮霍
眼底無成憲匹夫起草莽鋒銛力精悍束身什伍
中强排鶖鸛陣步伐半參差雄心憂覆賁唐律不
如古誤死休文韻
指爪日日生鬚髮日日長造化密移人絕不留影
響惺然方寸間忽蔽忽開朗暗者誰令昏明者誰
令爽清濁本一氣安得截爲兩試於隔礙時回光
默存想
千古積何處今日即是古天猶堯時天地猶禹時
土萬物本雍熙人心自愁苦游魚不滿尺詎必盡
網罟城市非山林往往出猛虎有卵皆可翼嬰兒
那擇乳當身棄仁義紙上談鄒魯嗟哉勿復言莊

生在貧窶

後車數十乘從者數百人譁然越都國後世驚亂民古之大亂也後世羲黃年古時易爲堅後世難爲賢苦貧顏氏子附郭有腴田簞瓢得所恃樂在其中焉赤手無恒産八口在倒懸食飲關軀命安能强晏然干謁寡廉耻營求羞執鞭凍餒入庠序教矣富不先哀哉無告儒窮民別一天

極知炳燭光坐荒古所戒志士惜分陰奈何不寶愛勿曰混泥塗頹唐甘放廢守身如治國官亦有五大紀功糾過惡日省考殿最存養責冢宰遏欲仗連帥將相既調和安内復攘外百體皆受令天君自寧泰但恐稍縱弛五賊犯關隘責軍難復振慄慄馬敢懈

定齋詩鈔　六六

題桐陰拂琴圖

輪蹄絡繹奔熱塵高拱深揖趨要津可憐一身不自主面目嗔笑由他人雅懷孤潔惡喧𧽊獨愛山林友泉石杜門却掃養天和胸中別有烟霞癖秋水潺湲智士心桐陰如蓋影森森成連海上留仙曲巖畔橫張爨尾琴瀟洒丰姿神朗暢注莊幽雋常思向寫生妙筆得真情舉肥莫示今之相

別秦郵諸子

諸公向有消寒詩會推雪鄉雲洲主盟二公既歿余託爲忘年友獻歲將之邗門作此留別

乾坤幾詩老天意恒中傷頹然槁木身出門等面牆珠湖六七子銷寒建壇墠才高能下人折節重老蒼肯出詩數篇脫穎露鋒鋩盛年腦腹滿咳唾流寶光淵淵金石聲誦之潤肺腸我生亦何早齒貌不相當況復百千里冷官就蠻方安得扶短杖頻登作者堂大江排巨浪五星閃寒芒萬古所不廢精氣遥相望

定齋詩鈔　六七

歲暮放歌用昌黎贈崔立之韻（消寒詩會題作此荅諸友）

三都十載八乂斂筆花抽繭才難盡指尖按譜調宮商亂點金徽轉玉軫和情騷蕩春陽熙烈性肅殺寒威緊肯學醜婦描蛾眉糞土之牆塗白堊兩股動搖鳴蠢斯一竅吐納唱蚯蚓蝨睫藏身世界寬大鵬翻遭鷽鳩哂羖羊賸秦汙井伯鼎俎干湯峨伊尹金穴錢神到處通含辱包羞百無窘吾儕赤手擎毛錐相捩真同矛刺楯揚帆濁浪旋覆舟乘材平陸巳絕剗天生猿臂使數奇泣抱荊山足

屢臏縹幣永斷衡茅路楮冠葛屨嗤曾閱回頭還
讀古人書名教樂地情牽引詛楚岣嶁排霜戈謨
觴汲冢東春萮盬歸騷七搜奇葩妙入耳周索玄
牝自分苦李棄道旁誰想名都充貢篚塞兑垂簾
元習慣縮爪伏翼非固忍心灰意蕋不晨飛枯木
那得蒸爲菌实遇珠湖數壯夫淩空直上搏秋隼
壁壘旌旗忽變色甂執鞭弭傷拙蠢冰天凜凜逼
除歲呵凍雕肝鏤刻腎萬牛回首栢梁材匠石何
虔施繩準雲鄰雲洲二盟主提麾鼓衆恨先殞郲
莒從事忝小邦謹守封疆限域畛老眼喜見才人

多淮海風流尚未泯

選甓湖聯吟

眉眼鼻口耳安排類如此或爲人看殺或教人懵
死隨手拈六書五七字而已任君百千句絕無一
相似人心如面貌不同不在窽美惡在無形我欲
觀其妙

將之祁門口占

整齊書帙檢青氈白首爲官老鄭虔旅橐誰充千
里費泰郵十載賣文錢

宿白花

山嶺沉雲暗征輿復駐留暮飛紅葉雨夢在白花
秋蠻語多岐舌輕裝只兩頭明朝弛負擔好覓下
坊舟

曉行

彌望青螺髻山腰截白雲東西渾錯謬上下共氤
氳物動雞豚見天開逕路分殊方猶有畫鳥獸又
同羣

山花

徑絕雲通景亦奇山花㴱眼客心悲翠深紅老黄
金碎開向懸崖欲媚誰

黄池舟中憶四弟

靜夜遥聞鴈嗟予季不歸離羣剛十載何日向南
飛

晤宗室瑤圃 時督學安徽

八載不相見山林對廟廊金枝原貴重玉尺好裁
量白髮風雲變朱顏歲月長老夫無遠志託足近
家鄉

青山下

一水分灣沚涓涓向北流夾河垂栁樹雙槳木蘭
舟白葦藏魚罩青帘出酒樓故鄉風景似對此反

添愁

涇縣道中

秋杪冬初景色晴楓林一片畫眉聲回環嶺岫濃於黛人在青山窟裏行

偪仄

山徑忽偪仄輿夫彳亍走左眼觀流泉石壁觸右肘

路遇趙十一弟然乙

兄弟散晨星江南餘李趙一別十三載路遇旌德道壯心真已矣皤然成二老青山黙笑人萬古無

煩惱烟雲變幻多葉落狂飆掃執手水石間圓蒼氣清杳

看霜葉

天淨碧如洗峰高石帶斑貪看霜葉好又過一重山

遠道

長路負載多纍纍祟岡下但見有物移不辨人與馬

直路宜送別曲路宜獨行曲無畏遠意直有望遠情

遊雲藝寺

環祁萬重山欲遊無足力擇其卑小者聊以試蠟屐城東四五里徑路多碎石籃輿委折行喜不甚偪窄山腰雲藝菴樓臺可登陟長松高幾丈巨竹圍數尺月嶺踞其南屏障面面碧野花緣枯樹垂紅絢春色歸然藏經閣傳自前明錫黄帕包裹齊二百十三冊後補五十部語録費番譯斜日晚文殊西風笑彌勒迤迤散百武扶童恐喘息離僧解人意贈我青藤策滿林畫眉聲巧語送歸客

舟中觀水碓

澗石如星羅舟行隨委曲水聲尚未聞遥波白浪麼激箭下重灘驚散鳧鷗浴鐺鞳響舂杵咿呦轉轆轤糠秕簸揚盡尚恐未精熟粒食勞生民深山選米粟華堂列鼎茵芬香厭粱肉那知農夫外別有胼手足負重越嶺嶠貢入富家屋

同星閣晚步

籃輿送友過賢關脱帽披風水石間二老差肩攜手立暮雲深處望黄山

雨

祁閶高踞似天都龍起蠻山雨點麤澗水西流三

百里奔騰直下鄱陽湖

夏晚有感

月映垂楊意黯然遥天薄宦白頭年家書難似題名録學俸慳於賣賦錢對此長條成老綠睨他圓影惜初弦扶筇自捋于思笑萬點蒼山在暮烟

筆客至話舊

得見湖州筆幾封故人千里足音跫廣文頭禿中書老莫認當年舊李邕

過石坑

徑陡籃輿蹙坡平石路分紅深秋晚葉白逗夕陽雲密箐多鷹嘯巒天少鴈羣老年無愛惡聞見自紛紛

西城觀桃花

辟縣尋芳得得來扶童拾級上平臺萬家屋瓦差參向千樹桃花歷亂開人面門中嗤俗客遐心世外愛仙才空山惜少漁舟渡一路春風白首回

古老塢觀花

肩輿出西郊折入古老塢青山四面垂梨桃開幾樹粉白間嫣紅縱横盤織組和風散微雲空天日卓午萬象趨華榮浩蕩春無主絢爛有時盡終與狠草伍可惜一株花荒彼百尺土深羨桔槔翁低頭澆菜圃

無事

雨中畫眉叫越叫雨越大鳥聲雜雨聲耳根都聒破老夫最愛閒又畏日空過攤書摩古帖深愁漏點沈十指如懸槌何以尋事作無營翻困倦欠伸口頰呵兒買黄脚雞爛煮供饞餓埋頭圖一飽摩腹且高臥隨夢到羲黄是我閒功課

連陰

祁閶如高屋四方皆處下連陰五十日萬山水奔瀉澗道朝滅頂向夕已至胯農夫但愁旱滔天不能嚇嗟余澤國人水深没禾稼安得巨靈掌移山塞輿化任彼淮黄怒那用築堰壩頻遭大漏天坦然無驚怕春隴插秧針秋場登穲稏負郭百畝田攜兒住村舍

示兒

家鄉疊遭水未卜今年秋拙子懶作書莫慰老夫憂清晨啟蓬户簷雀聲啁啁金鳳敗紅墮芭蕉新緑抽百草得時雨生意欣油油盥漱坐南窓詩書供冥搜掩卷三歎息誤我到白頭何不學老農四

天霧鼠磨荒棧霜韉縮老拳新豐多好客莫恃舊
鳶肩

寒月

霜氣淩三徑清光耀九霄畏寒還愛月欲睡轉無
聊

遥哭椒園

心曲何曾亂攖寧爲友生琴音終古淡碁局幾時
平寒夜梅梢月春風柳上鶯鄉關歸有日宿草苦
縱横

題陸絨齋鹿鹿圖

毛遂十九人因人爲碌碌今世誰可因而圖此一
幅吾友陸絨齋鴻才扛百斛珠璣隨咳唾騄七命
奴僕高談衍雕龍雄辯炙輠排難魯仲連玩世
東方朔抗心希古狂降志混流俗濯纓滄浪清濯
足滄浪濁憶昔藝林交素心得五六君最膠漆投
朝夕聚書屋疑義引手析奇文拍肩讀堅坐到深
更跋見頻换燭寒宵苦飢腸火米嚼充腹醉眠常
共被不覺雞聲喔雨足者附翼與齒者缺角悠悠
五十年還是荆山璞并家蝶術堂壽世文千軸威
鳳無凡毛有子能式穀奕葉盛文藻我羨君有福
體勤田疇坐令頑兒輩衣食不自謀飽食了終日
下箸亦可羞悔悟誠已晚桑榆尚得收曰歸買負
郭荷春飯吴牛

域兒歸里

已是離家客安貧亦士常秋風人正爽白露桂初
香有子偏多病無醫得妙方歸歟暫調息何必滯
他鄉

忘情非我輩老子渴思家親友經年隔詩文易地
差冷官真贅物枵腹等匏瓜澗水三春滿扁舟下
若耶

過西武嶺

篔輿陟仄過西武一路盤回石磴遥山勢中分横
古廟水聲鼎沸下殘橋黑雲欲雨饑鴟叫黄葉驚
霜亂蝶飄老犯塵沙顔面厚愧他野衲臥團瓢

黙署夜坐懷鬒湖諸同人

破壁霜風厲篝燈半滅時山鳴疑虎豹瓦響是狐
狸悽苦卑官受行藏蠢僕知故園黄菊滿中夜起
相思

冬夜述懷

少壯空抛擲衰齡憶盛年可憐苦寒月已失艷陽

放眼宇宙間大都皆鹿鹿鹿鼓刀屠鹿鹿飯牛
犢鹿鹿負鼎俎鹿鹿操版築偶爾際風雲衣繡腰
金玉圖形淩烟閣不過此面目何似我緘齋杖短
頭顱禿明月耀心胸羽扇步林麓

子田初集

（清）任大椿 撰

《子田初集》四卷，清任大椿撰，據清刻本影印。

任大椿（一七三八—一七八九），字幼植，一字子田，江蘇興化人。清乾隆三十四年（一七六九）進士，授禮部主事，三十八年任《四庫全書》纂修官。官至都察院陝西道監察御史。少工文詞，爲文章有盛名，專究經史傳注，通漢儒之學。著有《字林考逸》、《小學鈎沉》等，另有《子田初集》。傳見《清史列傳》卷六八、《碑傳集》卷五六、《漢學師承記》卷六。

是集前有錢陳群題辭、沈德潛詩評三則、西莊王鳴盛題辭。卷一郊祀歌二十曲如《天門開》、《五神》；鐃歌二十二章如《戰城南》、《有所思》。其郊祀歌『肅肅穆穆，不落六代，唐人以下爲之心折』；鐃歌『用意不觸漢人不襲漢人』；其樂府『幽深杳冥』。此類擬古之作，得樂府精髓而變其陳詞，意境與古調相仿。卷二爲五古，常見者如寫景詠物，《秋雁》是也，覽舊懷古如《登金山絶頂》，贈答唱和如《江陰水次贈客一首》。間有組詩者，多寄友唱和之作，如《酬魏次卿四兄五首》、《雜憶十二首柬王士會五兄鎮之六兄》。又有擬女子之態所作閨辭者，如《長干曲》、《擣衣篇》，表思君念遠、春閨寂寞之情。卷三卷四皆爲五古，内容大抵如前。五古『曲折微致』，誠如沈歸愚所言『五古陳射洪後，一變陳隋，古調獨彈，此其嗣音矣』。任大椿名於當世，深於經學、小學，爲文詞亦負盛名，是集之樂府有樸拙古奥之氣，五古則渾然協韻。

（邱燕美）

錢香樹先生題辭

任生善學者往往會涯液曾携所爲文謁我林棲宅三日但對面無以爲生益生故益依依恍然若有獲我船泊胥江忽來扣舷客過船坐黙然又出袖中册心靈窮大幽思精體逾碩煌煌樂府詞大雅中程尺扁舟隨我歸繫纜門前石伺我神少恬請益無逼迫七日乃告去子復不忍釋生如春谷泉流出自湜湜又如太璞完蘊眞外雕飾生行何以贈聚萬惟擇一執手日後期見爾雲間翮

沈歸愚先生詩評三則

郊祀歌二十章肅肅穆穆不落六代唐人以下爲之心折

鐃歌二十二章用意不觸漢人不襲漢人高子李滄溟作

五古陳射洪後一變陳隋古調獨彈此其嗣音矣

昔人有言學如牛毛成如麟角甚矣詩之難也以余所見今世詩人多矣健于氣輿于思莫任子若殆所謂麟角者非歟任子以陸機作賦之年中蘭成射策之選一出而才名滿京洛儕輩咸推下之余管禿腸枯無能爲役謬以所業相質閲其近作樂府幽深杳冥五古曲折微至而一種澹風遠韻又入韋左司柳儀曹之室是眞卓然名家者矣前輩如錢香樹莊滋圃李鶴峯諸先生咸以遠大相期許惜乎余之頽落其言不足盡任子也友人西莊王鳴盛題

子田初集卷一

興化　任大椿幼植

郊祀歌二十曲

練時日

練時日嘉觴敦膋血薦牲玉燔候天門靈之車過元雲聲殷殷神光分靈之駕揚參旗策虹蜺靈之來出忽没青虬吟紫烟絶華星飛紛若列靈之至陰景移杳莫屬繁思希洞冥冥中不疑開赤霄祥飈吹蘅蘭芬穰雲粢周上下時合離靈安留絶瞻聽宫微錯經緯應靈所鄉紛者定桂火燎元絹絙料黄目焚冊饎合烝陳水苴潤秉至誠物莫勝靈歆歆錫休祉迴霜旱曳羅軌歌皇雅祝天子

帝臨

於穆上帝辟穜中央坤德曰厚中彙百昌維蘊斯達所附畢康厥利咸在莫知其疆陶匏以奏聿開天閶龍旂至止降福穰穰

青陽

駕彼蒼騮時臨總章曰人緇皂羅彼椒桀厥明燔柴歲星皇皇太皞之德當發若蔵靡不及物乃無所將百辟咸集用格青陽

朱夏

朱夏蕃昌品彙畢遂百物貝逞軋力於地嘉芮既沛宣
之以易時維火中靄靄桐翠典瑞奉璋肅將禋祀燎薌
颺騰照升赤帝

西灝

金飈宵振霜落斗高物戕於盛洵危所遭驕氣以遏外
剝中牢騶騶嘉木華以實凋秋昊澄素嚴威用昭肅雍
建祀摠坎燔膋

元冥

吉日既筮載祀顓頊佳穀畢登太祝以告水骨之堅土
膏之沃息陽於陰用無不足霜霰紛來北風肅肅猗歟
至德萬物歛青

惟泰元

穀穀壽宮聿祀太元神光下流紫烟氤氳太元胚始邉
探其根軋坤之軸闢乾之門二五騰逐挈於天根潢漢
之委下交艮嵛岳嶺巽胍乃一其原天喬雖羽肖於不
言炎卯燭龍南旦北昏人性胷合如居一垣杳不可測
其道至尊爰薦清酤奠以璵璠龍文金景鼎彜是敦其
羊神臬列陳帝閽靈來裔裔龍旌截翻綏皇景福總齊

四落

天地

於昭上帝聿闡珍符撫有九紘截㷽神居煦濡涵貝二
極爲紐嘉薦瓚盤爰父爰母斟以玉斗下垂太乙煇熒
熒精靈遐構洞以貝會弁鱗次百辟聚萬祗星錯張纁
黼黻音粥粥路斃陰竹延綿三宮不知絕續畢枓錯落
虯飾闌牛以藿羊以薇籩巾梡俎交虎彝修儀秩秩愼
獨持志格上下靈不移二儀中合無端倪蒲筵繡帝緎
幽思含商調角精四馳丕承景祜綏四垂百官畢勞回
鑾軺金鷄樹羽鶉火旂奉常眡徹歆孔時榮光如電流

壇壝

日出入

二儀項洞日出入安馳放乎碣石咸池發軔天市次于
參旗鶉火而東天氐而西出逆六驂以時經緯繚乎周
知上轢九逵下臨四垂四垂中高陵谷坱圠逝策神螭
返天乙

天馬

帝披圖降天馬轢浮雲自西野龍文炳蘭筋騰逆炎曜
目有棱錦絲繫天閶開嚆爲匹蒼龍來

又

天馬來陰山道遂黃埃嘶白草天馬來自圃中奮虎脊
貟長虹天馬來炳房精馳月窟瞥無聲天馬來翔紫憶
遊足騰精魄變天馬來排帝閶蹈且舞黃頭郎天馬來
不遑息逝乘女俯西極

天門開

天門開光熛爚流紫壇輝日銮仰帝閽橫斗杓珠熉黃
相璀錯皐駟騖騰格澤圓薄歷次十二畢會其絡拂鉤
陳九游翻游極下闔端門圓靈躍乎金穴羲曜起於天
根火齊爲堦玉砌垣中有銀潢貫其藩乘雲軿傌鸞靚
喬喬訣訣往若疑神光滮蔚臚所知如歷中垣卧靈威
金薄華虫擢鈴綷丹書綠字天語奇用褒姬德錫乾儀
聿撫九有萬億期

景星

景星昭明麗彼上元起自龍角延及朱天輪菌菌靈
臺以宣汾脽躍鼎載會龍祊强巍既夷遂撫八埏疇錫
之瑞厥象承乾尊牟羅列逘豆連延赤帝錯以珊瑚珠
席前翠羽垂旒穆靈來湲潰忽若踰鳴鐘叩鎛鵾絃俱
宮商潛轉靈機紓河伯伊鮭神虬趨芍葉猳羅紫璁逾
神醉歆歆錫嘉符拜手敬讓神所綏願敷嘉澍周四隅

齊房

熂彼齊房靈芝吐英甘霖所濡朱華翠莖后土之精欝
若霞爛神后乾乾以脩殷薦

后皇

后皇承宇撫豫我人萬彙咸若帝握其鈎烏弋黃皮罷
縷而至厥贄伊何朱鷺白雉

華熂熂

華燁燁沛靈液神之來流光白芙蓉冠珠錯馬神之來
紛樹羽前蒼麟後文虎神之來清酤薦恍有聞嘗流電
神之來垂組帷颯靈雨濟芝旗神之來侍修顏中有屬
和音難神安坐延玉盞燒霞綃杳莫窺神欲休蘭膏夕
椒桂香委蛇席神之逝儼韶軒踰廣漠陟昆侖神之愉
精有融坎雷鼓報夂穀幽靈并陰景倏翳翠旌菱如告
格天休錫景福固乾樞式坤軸

五神

卜遠日薦嘉壇肅貂帷焚以蘭贄伊何璧與琮次黃琮
間琥璜醓醢献菹葅菲雲雷尊皞北煸五神列建金枝
精思錯靡不宜紫廚車屬於麾天子來拜神綏

隴首

帝肅駕臨大荒左繁弱右干將伊般般來白麟斗樞流
繁祉陳度玉關及隴坻邊馬登荐千里踐水雪鶚泖坦

赤日出顧中原策驌驦毋却走越翠水謁金母

象載瑜

象載瑜自西亞沫流霞足盤寬千里馳靈雁飛軼黄埃啄芝田閬風開僊元胎疇上之東島來

赤蛟

赤蛟綏青芝蕤夜未央炳蕭艾神欲來零露沛風爲軒雲爲旆萬祇位肅瑶坐雲母屏明月瑠錯珠網爛生光列干羽夾綵黄麟以脂龍以膾席火齊犖文貝犕金合氣氤氲精奕奕來無門九繿燎金支翻祝致詞神惠縏

天震井歌 謁孟廟作

我臨邾曾窮幽探圖經羅縷非夙諳延途犖确苦登頓入廟瞻拜還稽覃階下寒泉注清泚其旁樅栝周兩三碑鐫天震拭蘚讀時見老衲來精籃云兹秘蹟出非偶五丁開鑿性所耽欻驚雷斧鑱地脉如鬬險塹力正酣蒼藤紛糾黑雪落蛟螭蝼蜧抽箛簪嶄巘石骨嵌窮坎劃然中絶知誰勘金繩交絙古月魄赤電搜取精内含又決銀潢作靈竇倒出地上注兩檐下臨蒼黝太陰窟叱策龍伯守亦甘陰飈颯颯流瑟瑟載記欲與桑欽參趣車出没怯疲馬客身偃蹇同眠蠶忽境塵函沁心骨喜無沙礫藏珠蛛蚶浣腸無分乞靈液式大賢里深懷

卷一　六

慚

鐃歌二十二章

朱鷺

朱鷺矯以翼來翔廟廷赤星班班角彩騰精延頸而起思太清不思都宫闕室洞洞冥冥犧象雲雷羅縷宜幽靈登歌兩兩各抗蠡與旌紫綃霞駁金支參横七音粥粥經緯生不依軒墀逡遐征朱鷺矯以翼將游倉浪之天摩華星潢漢十二樓但見鉤陳熠爚爲籓屏殺翮下墜引足上騰欲薄中黄決背一鳴天門呀然翩何不來下天子聖哲麟不率庭靈雀之集難强名羌何炳炳揚朱明雲旱以雉綵以榮獻閶闔炳赤璦億萬世歌由庚

思悲翁

思悲翁遠何之大川脩阻長冰邐迤登嶙峭一何峻巇陰蘿冥冥猿下啼驅車不及步久合知當離今胡不歸歸無期中心杳梟難爲詞松鬱鬱石纍纍繊余懷非翁知

上之回

上之回肅前駕虎賁先羽林亞護羌厲天威陳廣野下榆閱烽連夜環以車趣以馬赤書馳詔單于來黄雲沉沉北山下

卷一　七

戰城南

戰城南前有高山大谷欝乎崔嵬控馬馬逸直前但見黃沙開夕月冥冥下低蒿萊死生中斷絶失足由徘徊奮臂而起馳其壁壘懦夫之志乃期復來兩石不發咄嗟奚爲復有琱戈長劍能使後軸前冲催没爲兒雄胡危哉下顧白骨籍籍填彼黃埃却敵億萬獨慷慨來歸

巫山高

巫山高湘水深百鳥號絶猨猱林丰容窈窕杳莫尋微雲容與魂不任來于何所篠森森明瑙翠羽綠鸞音擬捐情愫滄至今飄風零雨知此心椒漿桂醑將所欽欲

卷一　八

至不至當晝陰三湘綠净波浬浬中流杳遡瞻遥岑

將進酒

將進酒歌慨慷皇帝百千萬年撫有八荒仰顧七曜五緯軒軒煌煌錫岳瀆以珪璋枉矢不流貫索明鷄鳴于田人知井疆今我不樂胡爲相羊前除燭跋夜未央毀尊易罍脩庖枓當當忻而戚孰知短長酒酣壯志欝以揚復聞巫山之陰流瓊瑕以斗酌之得玉一璜琢其稜爰爲觥願復陶然載歌樂康

君馬黃

君馬黃臣馬蒼自顧其騎嗃不良美人馳以南長江汩汩聊以息兩驂美人馳以北太行巉巉無路登岑客

上陵

上陵高高入雲端麒麟狻猊呀然蹲其前白獸眈眈青虬盤盤入馳道長風森與懔慄不能語載拜而起式展列祖陰火來瞻北户龍旗翻栢飛雨

有所思

有所思何以致區區宛轉玉挑脫錯落金躑躅一日三撫摩祇覺膩有餘輾轉未云已團扇白叠羅度爲君所娛溥物華能遙中藏獨難與君有他心相遺白如初自如初君心諒不渝物故則敝人故則疎賤軀忍輕絶

卷一　九

作書槃槃上言初相於

雉子班

雉子班班來遊於田羽毛豐茸所患在弦足短道長岸絶沙連日暮苦飢遂羅千篇鴻鵠之來何翩翩殺脩翮私自憐喑不鳴窺高天

聖人出

聖人出應昌期秉五德宰二儀握金鏡乘赤螭發醴泉蘊元芝本苶穆運萬幾經緯合乃潛移中洞洞繚深思緒所觸難周知欻然發八表垂裳乾斷瞻離輝賓恩韃過黃皮猶惕若時孜孜曰帝佑非人爲

芳樹

芳樹喬疎柯生单上有碧落長風湍下有黃鵠鳴聲繁延頸而起羽毛襂襂其枝可托實可餐羌何念彼青琅玕北風獵獵紛以雪日夕遄征中道絕嗟乜有鐵且有絲黃鵠得歸惟此時

上邪

上邪新知夕不及旦楓棗之錯上下之鑒甲乙毋亂素絲熒熒赤絲爛糺縵縵端連緒不斷

臨高臺

臨高臺以軒綠篠婥約沙連延孿弧射鵠殲其前其羣

却散天水連䨓弦不張控八埏有不靖如此弦

遠如期

遠如期威四垂鎮服內外靡不率俾維彼西羌逐逐如熊羆控弦未發旋來歸曰予蔑爾敢承鞭箠北山磊磊南山巖巖紫貂黃羊戢戢濕濕圜黑水而西願籍茲土允王畿宜禾入奏帝報以嘉辭揚翠𦐇建金支百官上壽奉玉卮繩繩秩秩天語希稽首者誰前軍師

艾如張

艾而張羅於卬樊蒿萊參錯枝葉繁中有黃雀雛哉翻哀鳴奈此身受羈少年拔劍起開羅脫其靡黃雀高飛鵓鴣入少年不識開羅危

石流

石流脊融烈日所爍黃流溶溶陟彼恒沙遂壑硿硐編斑石氣如長虹飲以瓊瀝神明通靈之祥希世逢誰所遺其韓終

務成

務成抗塵表道叙知者希朝沐朱天露夕吸丹崖芝凰性本溟洞獨能忘所知夷然謝之去休績靡不資上冀圜九重下畫地四維容匆運經緯乃及龍與旭帝曰萬幾協能無念音徽嬌嬌彼高士不願稱堯師

元雲

元雲攄奇彩出洛還入房引縷絲三辰布葉垂八荒虬龍發潛奓上下紛回翔冲舉精爽廓變化靡不彰佳會一以觸撫鉄長慨慷合龠以成量剖璞爰得璜圖小乃知大棄短難言長相期各異趣志士操其常沉吟顯與晦疇能辨中藏思心入無間身外存蓬桑蹯磎秘鈐畧商洛蘊圭璋瞻息策高足榮替均足忘希蹤悵陵愐撫世徒相羊神龍訶不顧顧接孤鸞行

釣竿

釣竿何簁簁竹短絲不長臨淵設芳餌潛鱗竟相忘所

獲非所貴慨此綸與綱神龍出層淵濆沫如雪霜不知彼何物但見鱗鬣翔八表盡風雨熻熠時有光竦身失江海昂首知天潢中垣十五星左合而右張百六相鉤帶芒角騂以蒼熊熊大角赤晢晢參旗黃天門欝蕘蕘欲上還徬徨紫閭一朝達乃下顧八荒王者乘乾籙明堂受賀朝侯王宏猷一何炳炳詔下典瑞頒王璋靈臺函達史臣上攝提以正鉤鈐明虎臣火輔龍德奮庶事康庶事康臣拜稽首帝讓德顧鶩鶖翻歸昌

黃爵行

伯翁佐舜禹大地忘嶮巇[illegible]振繁纘神倍知其微勳

卷一 十二

越岳牧外宏畧非人爲鵷鶵振修翮巢在青桐枝鸞鷟亦矯矯乃入於棠翳負質詎殊軌所托艮畏規休哉十六相策足當艮時我皇秉離照升聞古所希鯨物尙寡謐定策先英奇如玉韞於石詎分璧與珪刻琢得其性各各生光儀濟濟廟堂彥經綸靡不宜仮才必以德極慎安所岐自非聖人出元凱能無遺努力崇元運四隩歌雍熙

白蓮花歌

穀文小臧蘭橈輕瑠璃匣净天光平池塘十里半楊梛輕綃飛入芙蓉城家在若耶溪裏住還向清風懷白苧

碧烟消盡月爲魂夢斷氷霜起寒素中流何處吹參差江北江南空暮思就中疎韻誰特絶一枝獨背斜陽時洞庭帝子青塵闕水盡天長澹將發吹殘翠帶明粧滴盡紅珠剩香骨臨花三嘆中情縈勿圖灼灼丹華蕃對客何爲謝鉛粉青蒲獵獵花無言

雜詩

宵深戶庭寂月高池館清端居撫物化感彼元蟬聲歷落見東斗躑躅臨西楹霏霏露華落習習凉飈生寒夷青樸叢敢托末蘭英顏色一朝顯難爲枯與榮繁思誰能遣劇感聊自平所以嵇中散撫軫時一鳴

卷一 十三

其二

駕言遊廣陌樓觀何煌煌飛甍倒碓垂反宇陰虬翔文綺交四隅玉壘羅中央交錯盡三爵起致丈人行朝暮異今昨襟帶成參商愁人易爲樂短歌亦能長毋辭桂醑傾繼以蘭膏光香檀撥水柱春醪炙羔簧樂闋列賓散起顧天零霜

其三

游神切霄漢臨風生羽翰浩落忽萬里時見虬與鸞下顧盤石岡忍已擢爲田娛樂有白髮憔悴無朱顏忽忽不自保先後遞相觀覩此松柏陵但覺生者難自非金

石堅百歲詎能殫中途逢偓佺躑躅起長嘆

其四

崩蛟固其理好爵非所娛所貴策高足因時致區區蹈海謝羣策辟穀全厥軀哲人欣有托潛逵兩不俱李廣復將軍忽與故侯殊軒冕一朝錫變化在須臾伊彼林居子百齡環一廬左顧映林麓右攬臨菰蒲

其五

貧緑跡絶巘言與高人期徑絶來去蹤怳惚中難持牽蘿延夕景入谷秘暘曦激激澗流駛冥冥猿聲悲陰飈起寒木層雲翳懸梯岡巒有合沓不見心所知頃遂淂深契乃似桐逢時長歌拳石耳此道悟者希

其六

伯牙師成連神契良獨難移以寥廓情罷諸徜怳間上下合蒼杳出没靈籟繁遂撫白玉軫俯仰時一彈孤桐自有調大海自有瀾願言心所契忽復忘其端樂苑工笙竽應節舞七盤朱絃秘不發中心自盤桓

其七

嚴霜促行役秣馬將北征溯淮面平野枌榆莽縱橫振轡問韓侯挾策弔枚生登高望泗漢天盡河流聲中途赤日下獨客來彭城西楚昔稱霸今見蒿萊平鷩飈擊野鶻僕夫起屏營展軨戒行子去去臨幽幷

其八

素草隕中閨織婦驚秋露宛轉刀尺間約此短長度織成雲霓輝拭以氷雪素製爲繡袂襦緘以元綃固幸工今剪裁忽忽已成故當時秉機杼竊幸得所措輾轉將繁思中夜獨成寤

其九

綽約彼姝子色若朱霞鮮顧盼華自芳棄捐人不妍目成雖云希幸謝飾御繁永言矢中阿芳佩紉以蘭豈不念容好恐爲蕩子憐君子慎厥軀盤渦起重淵閉戶守葵藿所貴令德全側席獨撫膺中想誰能傳

其十

文禽振脩翮高不知九天神虬揚潛鱗深不知重淵浮沉既失所時長漁與弦側身彼異都驪好常苦縈傾然一丈人緑髮松脂鮮授我尺素書四角蝌蚪連不知書所云敬佩無由宣斗口太乙餘庶其瞻令顏

京口

粉堞黃雲海氣封弧開北府厲軍容周觀鐵甕憑雙檝回首焦門第一峯向夕鷁懷吟桂楸過江秋思落芙蓉當年霸業空池館爲問興亡入暮鐘

子田初集卷二

興化　任大椿　幼植

江陰水次贈客一首

澄江錯芳甸朝落一帆斜有客爲吳語相逢隔水花蘋年踈綺翼何處轉仙槎其惜風塵色餘情指白沙

秋鴈

閑堂清冷晝屏開嘹嚦遥傳塞北哀無那秋江人去遠曉風殘月數聲來

秋夜簡書得半蝴蝶翅率筆成歌

秋宵月落松亭亭起繙敗簏倦復醒誰折羅浮五色翅入此竹素交輝熒多生曾作漆園吏新宴孛在南華經若分餘彩八孔壁剥落不殊蝌蚪形生雖輕薄死不朽羽翼經傳非無靈班綜七畧阮七録雖沿一綫終皆零虫魚箋詩艮瑣瑣蜥蜴註易何星星異學蜂擠劇難治六經蠹食誰能扃幾年失守兎園冊徂秋振策春揚舲牙籤錦軸成汗漫殘編曾塞軒與櫳何如此物不妄托羽化還復依縹青雖與蜉蝣莽零落不偕腐草埋林坰夙性難忘藝圃秀香芸深處甘清冷不爾雷書茂由八麻姑壇上徒沉冥破體宜分字如蠹餘身復見囊間螢入眼生喧壁魚合拔笺喜帶花魂馨高歌不見釋靈一

載拜酹以杯中醽

洗象行

玉河春静波漣漪金吾甲仗連朝曦夜郎奴子縛雙帚洗象欲踈崑崙維紫衢連延二十四赤絲金罽交紛披鬣毛鬖鬖肉硠砢才大未肯儕熊羆期門羽林互奔逐擬金伐鼓當流斷聳身俄看急湍作擬蹴元窟搜鯨鯢鼻捲天津欻然落半拖紫海猶透迤斜飛倒吸勢倔傀黑雲下墮如參旗水花騰擲氣磅礴欲令潭底生虹霓中流昂昂更起立掉臂已逐龍湫移花牙磨空吻排擊所向但見光參差虎賁控鈎左右顧欲墜反抗奮所持百丈変濤忽無力失勢一落愁攀躋般般霆聲不能上怒激散沫成珠璣綠蝻赤鯉互顛倒香蹄飛出天旓垂十里紅芳灑毛髮立仗不受腥風吹豹帳牽掣飾纓珞鬱若山屣神恢奇驂攢軺噎觀者衆頃刻百變寧知疲昔從阿難歷諸劫栴檀林下恒河湄又入昆明習攻擊勝簇火牛驅水犀瑶光之精炳滇國神物瓌瑋疇能羈衙波湧濯自珍惜此意獨有烏蠻知

平望道中

出郭星已闌解纜潮將歇燭滅蒲塘深去棹何忽忽殘酒有餘情西風吹不絶乍别易懷人欲寐屢搔髮如何

將客心一棹雨絲白

泛舟烟雨樓

漾舟及平湖竹樹引佳興渚近棹浸遲沙平纜初定拂衣緣木杪躡屐臨丹磴疎雨寺門來春寒在蘿逕松房僧語稀餘情入清磬移時促歸帆雲水易成暝近郭烟穗斜縠縠寒鴉應

舟次西城訪秋澹

鼓枻旣迢遙遵垣逾偪仄鮮徑風蕭蕭知近幽人宅委心蝸奩中屏跡得奇特日對古樹林妙契不可測入門詑何自欲獻語疇昔問我湖上歸幾處陟蘿壁遊踪杳難言來去流水色

發嘉禾寄別諸故人二首

經旬客長水銜烟復遐征執手臨河涘觸緒難強名徘徊日將夕木杪歸禽鳴解纜竟辭去隻身易怦怦中流乍回首故人知此情離愁起寒色疎雨來孤城前行涉江路遠寄惟芳蘅

其二

到日巇烏榜言訪班生廬春陰不出戶餘寒入奇書握手古梅下爲我傾新蒭久客怯歸路忍趣帆北徂訣別難爲詞何以致區區水宿積晨暮軫懷獨欷歔蘼蕪綠千里惠我憑雙魚

吳閶道中

征衣越中雨短棹吳江風入聲出村市演漾楓橋東孤烟紛漠漠客篠交濛濛流水靜逾綠影散寒鴉中寂歷葭菼響偶與羈情通擊楫指前路慷慨看歸鴻要離塚彝彝窅然弔遺踪

分賦錢武肅王鐵券歌

臨安錢氏武肅王鐵券傳自乾寧時中逢劫運久淪沒蒐獲乃在滄江湄貯以琅函蹟幽秘啟視金薤交紛披其詞炳炳光寶命曰王嘉女扶天維誅宏殺昌孽醜盡命女鎮海綏鯨鯢錫官太尉赦九死欽哉明德守勿衰

歷舉其詞覈正史謬誤不襲疑不滋我聞王者爵勳佐受命于廟頒鼎彝錫之鐵券已非古幸獲异數當孜孜帝廷玉冊嚴授受鏐僅列砰安能私表請于朝越天紀改元寶正建百揆俄礪王爵國幾滅冊書雖在將安施何如此物本天錫自非要請疇相嗤卽今字體尚完好質堅未敢輕磨治雙蛟骨蜕血痕紫久蝕塵土猶斑駮兵火相尋十國盡獨於寸鐵無增虧錢塘遺址半榛杞落星山下餘豐碑遺廟蒼蒼枕江曲古木陰翳花葳蕤孫曾祠享倘陳此絕勝敦槃羅華墀不念勳榮念勤服

底其無隕前王基

對門放舟一夕抵嘉定

役役逐昏旦泛泛親菰蒲宵江滯春霖少霽復長徂漸覺客情淡宛在脩竹餘乘流玩浦漵寂寞烟景晡殘曇落何處蓬角星疎疎洲盡屢迴復嘐城戒前途及郭寒云曙繫纜看棲烏

維舟蘭陵西村小憩止止菴

舍檝步遙村維舟臨淺瀨落日餘冷姿杳然碧蕪外脉脉度前阡斜風起衣帶小憩得精藍近水多虛籟老衲守園蔬菴空一身泰欲識長參心蘚徑有松檜庶幾移

卷二　五

我情歸途入昏靄

由江陰入無錫望諸山

扁舟發澄江蘭陵枕東陬境僻罕行旅湖回押鳧鷗落日半湖紫荻滿風颼颼前及范蠡城水驛臨烽櫓微雲澹青嶂𡺸然下平流少近迤邐迤一棹行更留伐竹待昏爨殘火明沙洲

焦山古鼎歌

枯木堂靜楓脂香前列寶鼎鸖寒芒沐日浴月自今古海風吹老銅花蒼我來焦山再留宿銘傳瘞鶴頻搜敫老僧延客拂塵席趺坐恰值金鉉旁爲言袁江強解事百端鈎致生瘡痍我思神后鑄彝器欲懲饕餮誅奸強對之祗足傀精魄豈若璣貝充雕堂鄧趙攢雖勢烜赫法物不受私家藏氷山摧裂積霾散移置乃在崇山岡得欽至寶頻拂拭苔錢逗出雲雷章屈盤一片老蛟骨斷處忽起陰霞光又掇千星錯周徑芒角碎落皆青黃置身寥廓偶一擊噴薄潮氣聲琅琅溜痕欲起赵飛瀑虫尤虁魍紛低昂其銘伊何指諧久錫廷臣惠詞煌煌餘字縱橫半蝌蚪我舌屢撟情徬徨爲臣作鼎古多有矧周遺策垂緗細長安萬年各有獲京兆所釋傳岐梁仲山仲僻酬薦伐父乙父巳嘉對揚觀今銘詞豈殊旨

卷二　六

金石不載徒茫茫陳列雖非郜鼎匹留傳合與滄流長雲埋浪打絕人迹但存物外無滄桑龍宮有石堪拄足誰與敲葛爭圓方山僧語罷燭將盡薜荔半壁江天凉

登金山絕頂

近郭屐遊屐登巖拭層苔丹迢既邂逅碧蘿復陰霾上捫天半壁下瞰江千回橫垂北斗柄欲與凌濤來海氣紫如電煜然落深杯南徐鎮天塹極目矚情開月落宿僧閣特兀超塵埃

錄別十首

孟冬抵元朔鴻雁東南翔慷慨托殊土零落知故鄉朋

好日以緐愴惻厲歸裝尺步不相及渺若參與商訣別非一端且復盡杯觴促景無停晷川霖浩縱橫軫懷及長路與子登崇岡

其二

崇岡列岑嶢重冰復峨峨榛棘薇蕨廣路驅車歷坡陁緜望極青岱長淮盪層波豈意平生友一息殊關河躑躅不能別歡好翻苦多浮雲暮西馳孤鵠入雲羅撫劍獨辭去毋爲念蹉跎

其三

離筵列廣陌清商厲音徽彈作雙龍引流飈聞哀絲別淚潸已揖臨觴忽難持羅坐皆故歡脉脉不能辭晻忽白日晚欲發中如疑未及反與商敢謂長相思孤蓬振霜野廓落令心悲

其四

夙昔承歡愛嬌若雙虬騫何意雲中翼一失無由緣故顏日以萎欲絕重相憐哀謝喻茲意顧盻皆棄捐前景倏以逝後晷不復延情好輒相失旦夕廣其遷長當異鄉縣引睇思緜緜

其五

握手感君意涕泗交我裾伊我臨岐路遑忍促征車辟

地待蘭蕙植少華先敷出門慎驅逐交希情有餘咫尺不易親千里難見疏歡洽有期會我思一何紆含辛異鄉別勿復忘里閭

其六

邂逅厮千載意氣矜盛年急裝金縷袴寶飾珊瑚鞭春調宛洛馬秋獵鄠杜田奮施客星落控弧邀月圓時去一身賤志士寧自憐過者輒相眥垂首無一言屈蠖固其理長揖歸邱園

其七

弭策及昏夕野宿心踟躕身孤怯徒旅行子安所娛久役戀鄉邑中夜促長徂商風吹寒木寒霜皓穹廬馬鳴天欲曙少息知飢劬短褐向沙川流光慘無餘緐情聊自軫日歸存賤軀

其八

行行及窮谷日夕多悲風回谿積陰霰狐兔行絕蹤浮烟蔓榛棘振策登峒巃尺步絕岑嶢瞥見千仞窮緒觸端已別遊子難爲衷異域多感愴倦客無豪雄獨行凛寒色颯然驚孤蓬

其九

夕息望鄉井朝旦及城閫歸客不入門安知非異鄉故

老出相視攜榼羅後堂炙鴰臛潛鼂前席傾三觴壯盛惜日短衰賤知年長籟悵舊親串未敢咨存亡勞心客中盡詎任多感傷

其十

十載事行役穀翮仍舊居堂下青蕪生堂上朱蘭披久別初來歸入門罕所宜飈回碧雲合迢迢念心期日暮尺緘至光景希末乖四角何纍纍更及臨岐詞沉吟不能發積愫遠莫知丈夫厲明德相與惜陽曦

擣衣篇

青梧凋盡流螢沒少婦邊思何忽忽殘夢曾侵紫塞烽

征衣應冷金微月雙蛾蹙損耿離情中夜紹繚絶復生閼窗小傍犀釘立拂杵還憐玉練輕詎惜巖飈鳴素指恨落青砧聲不起爲警元霜憶塞垣忍從繡閫看羅綺夜長心折力翻慵掩抑何堪閒壁蛩誰知哀響高低作盡入啼痕斷續中露泫香徒嗚不歇幽悰似與清商發一息銷殘鳳炬紅千回催墮銀河白石牀淨拂素紈收獨捲晶簾半下鉤蘭釭焰短裁鴛錦金剪聲殘泣隴頭隴頭迢遞音塵闊欲往從君莫能越戰骨屯連瀚水雲別魂散作龍沙雪大漠防秋秋已過量成尺幅怨思多此時賤妾臨機素此夕征夫枕鐵戈却憑綺翼遥相致流黃織就回紋字到日君看刀尺痕是妾匆匆寄時意

落花篇

匆匆紅萼爭芳塵東風不爲留殘春洛陽陌上悲啼鳥金谷園中承錦茵三秋零落從茲始露葉風條那堪視望斷殘魂不肯回紅雪深時幾回死還憶濃陰緑滿枝臨春結綺交紛披龍涎香染鉤欄玉鳳尾羅收雀網絲芙蓉閣敞天將曙十二犀簾捲飛絮下階一汲金井泉有夢惟應向花語此時銀甸正連娟林外常鳴七寶鞭珊瑚玦色連青障錦罽靴紋上紫烟如電流光延不得坐歎芳菲委榛棘誓將香骨化雲輕塵埃肯剩臙脂色

瞬息韶風又倒吹已落重愁未放期百歲榮枯一年盡主人惜花花不知青樓少婦憐芳草鏡裏熒熒矜美好顏蕙紺蘭曾幾時願君甘此菖蒲老

邯鄲少年行

邯鄲城中晚烽赤邯鄲少年萬人敵但揮杯酒卽捐愁倘棄雕戈轉無力繁陽肥下幾防秋當營叱咤輕貔貅急裝不辭金縷袴贈人詎惜青兕裘盛年歲月何忽忽玉帳韜鈐思一發負劍幾成死後身壯心已作刀頭血當年曾奪信陵軍願誅栗腹平烟氛馳符爲發晉陽卒作客恥逐平原君上党雲荒獵芳甸韝鷹一掣同飛電

朔雪深連錦罽鞍邊星碎落箙箭歸來抑塞歌烏烏
門外常鳴金僕姑閑從趙女鼓冰瑟馳情爲結紅羅襦
綺疏半厰調雲髮甲煎香濃沁香骨笑奪鸞靴語未明
醉臥茱萸帳中月於今百感劇難平氣奇祇覺珪符輕
防邊李牧竊自許談兵趙括徒華聲結客殊鄉皆磊磊
此時意氣凌河海他日重尋關外遊龍兇城邊一相待

紫騮行

紫騮顧影嘶春風桃花叱撥青絲鬃平陽騎出萬人覩
乃知天駟眞難逢黑衣絳袜幽州客勁鍛能爲左右射
平埃散轡瞥無聲磧裏飛來一星赤風沙萬里力獨任
蹴踏近在陰山陰世間駿骨豈容市燕丹空使千黃金
昂昂不惜相知寡近逐軍烽馳廣野掉臂須從月窟歸
他年恐落鹽車下

東懷王士會五兄鎭之六兄

玉衡北指冬氣嚴窮士廓落情彌恬遙知燕市杜門客
新簿讀盡中經添豈無鴻篇報餘子不見尺素光窮簷
又疑倦客亦南返水驛或免蕪城淹自別羣公出蕭寺
邅車登頓還衡炎滹沱北渡指涿鹿有石綿亘其鋒廉
馬弛繮靷輿脫輻志挫乃復虞身殲僕夫前挽出犖确
冷顏重得塵沙沾枉輕踁澤幾滅趾如捉郭索初入箝

古榆一徑絕燈火獨欵村舍延明蟾強脫重銜情歷歷
忞傾破罍宵厭厭前臨穀水弔項冢赤日倒下蒼巘尖
知時不利復何益玆下夜起徒沾沾故人遠隔欲誰語
壯心如此終摧潛抵家倉卒兩經月落落詎忍勤虀鹽
出門顛躓不自保類有鬼物潛相覘何如厲志出塵莽
貧居寧慮哭不黔束髮攻經尊服鄭甲部屢易紅牙籤
於今抑塞百緣屏所向旣定捐顧瞻種樹旁吝勝之術
讀書重得京房占曠洗胸中九雲夢忞披玉帳談虎鈐
峨眉才子越時彥遠追珣珉毋撝謙我客燕京八十日
過訪頻揭君平簾海棠花下古籐屋猶憶飯我烹魴鮎
縱談昕夕忘主客歸見缺月光纖纖廣情相於信非偶
中藏披瀝夫何嫌如余蹇澁厠冠蓋匹懸匏苦都蔗甜
當今王會軼貞觀君當把臂瀛洲閤他時窮達不相及
毋棄菅蒯防其漸

春日東懷王叔華

悵隔川原會合疎游情何似馬相如懷人夜雨擁雙鬢
孤館桃花到尺書贈我明珠珍錦篋知君歸夢在園蔬
芳洲擬送江南棹更向春風問起居

古詩一首

喬竦孤生桐托根崇山基嚴颷厲修幹素霰零華滋何

意希聲發涓曠偶得之斲以青琛瑟組以冰蠶絲一彈水仙操坐客忽以希移柱理前曲自繹中所宜致此殊諧合亦足捐餘思願言遵前度無愧登歌時

憶玉照堂梅柬懷黃小山大兄

昔居滄浪小亭闌別院散朧如荒村相公闢地固堂與植梅百本周四垣鐵幹槎枒不可數好作曲勢蟠松門千枝撐拒莫相下有力欲出形怒鶩忽如瘦蛟奮鱗爪提攫月魄交崩奔我時留住臘將盡枝上未見寒葩繁東歸倉卒與花訣幸復侯我開清尊我心與汝共冰雪別後未肯成區分猶記西軒一樹枝半壓片萼欲吐繚

烟痕抵家鏟戶忽經月三徑獨有荆榛存枯樹傾頹枕孤石禿鶴病鶴交攀援對之那足豁心目苦憶令艷羅幽襟今開落復何許老骨幸在無寒温不識高歌傍官閣尚念違客高鄉園道長與子共離夢願并散作疎梅魂是梅是人總無別江南江北同溫重尋別恨了無著書到幸爲梅一言

齋中玉蘭一本姿致甚妍花時將之吳中漫成一首

玉蘭老去榦如鐵誰植一本窮山間體清志潔愉者少怪石壓處逾芊眠肯將玉骨托塵土欲盡化去從飛仙晨興繞樹三歎息客行輒與芳期愆一年挾策適燕土春寒作霰花未然一年縞擢正如雪忽促征棹沿江天昔歸長水春已暮萬片委落隨輕烟風沙歷盡黑貂敝欲叩鏟戶翻無緣輕拋鄉井別情少獨惜此樹花娟娟憶當爛熳日相就祇覺數見難爲妍自非倉卒理行笈寧及未放先流連乃知久別情愈軫花願客歸常隔年

弟大樸 大楷 仝校

子田初集卷三

興化　任大椿幼植

樊噲劒歌

距興化縣城南十里許有噲墩傳噲駐軍處後穿渠得劒一亦傳爲舞陽侯物父老言之甚悉余爲作歌

舞陽遺劒天下寡銘詞斷續久莫詳敓覈忻聞故老說犀渠鶴膝安足量南郭隆隆鬱高阜曾傳漢將屯軍處使者穿渠不記年掘得雷翠力難舉須臾熠灼神光流紛紜繚繞杳莫求聲來殷殷石爲裂得勢一躍看純鈎股長三尺縱有理中鋒剡剡鐵花紫嚴颸倒激鳥鴟愁横倚霜郊萬人視苔斑剝盡寒芒開層濤入望捐纖埃芙蓉鍔碎白虹走更鑱一角天河來壯士拔劒秋蕭瑟欲捽其鋒詫無質蚩尤爲匿古月魂卻向鮫胎呼不出臘間剝蝕轉可捫龍文蟲篆交絪縕當時斬敵幾千級入地尚作沉沙痕玉櫑崚嶒銀鑿鏤背上貪狼七星吐豹髓淨膩螮蝀堅挼金圜絲絙秋雨河渠使者何堂堂衆中起舞揮流黄邦命材官貯官府到今不受私家藏舞陽軍功一當十殿上昂藏善爭執從征曾諫留秦非視疾何辭排闥入征燕旋值讒言張將夷戚氏危趙王

詣京若使坐誅臨當時蓼彰誰見明此時利劒應在手爲請先誅小臣首誰見鴻門謝項心併作孤光照牛斗久同寶鼎沉河汾魏文七劒徒紛紛金精知已厭膏血悔不早出從朱雲

紀先沂國公傳後

先臣勤王至正末誓刑白馬誅欃槍魚腹叢祠各搆難赤帝奮興芒碭鄉世子由來重朱異表鎮東沂當重寄泰山雄峙海揚波百二堅城獨能制羽書未遍先戒嚴督儲轉餉軍鋒銛指陳三畧潮黄石變化八陣成虎鈐張陳割據安足數鐔掃空存亡國土斯時海岱獨不臣南軍畏公乃如虎城頭赤箭如星馳進攻轉鬭堅相持飢壘不下氣彌壯田單一戰茲其時孤壁蕭蕭陣雲黑軍中析骸不遑食月没枯蒿血倒飛啄肉烏鳶轉無力元戎夜起驚沙中牙將行部中涓從横刀裂眥北向拜日予不死將安庸身行甲士哭強壘殺氣能消遠烽紫呼聲動天一當百髑髏錯落千星裹敵援漸合兩翼俱退保深塹思良圖餉軍陶侃不可得勵衆未敢滋躊躇行軍司馬才不偶願以單騎馳細柳仇國何嫌抗王賓欸言訖未忘甥舅俄陳火齊百琲珠天鹿錦罽紅氍毹劍篆流黄馬騊駼我軍謹致將軍書上云中原困鋒鏑

閣下戎功穎川敵下云江表致區區帶礪河山此何易啟篋不語怒髮道塡復意解交綢繆謂言進退易休決願公姑作中宵留戮使潛憑壯夫手幾事廉知禍旋受豹帳天昏急雪飛獨斬南關竊符走詰朝百道攻守陴孤城乍陷角聲低矢石通中力能辟甲士死生非所知仰天大呼怒飈舉瑯玡守臣得死所重創欲吮游騎來蒺藜騈闐馬爲仆膝行麾下非吾徒事去寧復生啼嘘使者昔已裂諸地公不加刃將安需却看餘子皆狐鼠先軫喪元心不𢙣沒爲鬼雄精未湮出沒千軍作風雨驅車再入古青州周覩故壘餘松楸層陰暮結水聲激

客心盡作蒼嚴秋

徐秋滔邀留王雨亭先生松下清齋話別即景贈懷一首

躡屐渡溪橋弭柂及村渚墟中寒色來窅然入幽戶君指平流餘小閣足延佇上堂款主人云客曲江浦款我具羹糜君意何縷縷話別雖爲情不願竟其緒下階散清襟風泉乍廻互柏竹色無多厥性此中取燭剪夜窗明妙契一相語

得樹堂看梅

嚴寒病踈閣靜晤通幽元步屧啟北戶有梅面松門杈枒四五榦怪若蒼虬騫骨瘦獨自惜著花未肯繁古意孰能辨杳然孤煙痕所恐化爲月不作人間魂時有還歸客拄頰無一言

登偶泊亭

訣別非一端此意落流水陟閣闢踈櫺孤煙起芳沚棹遠夕陽稀極目情靡已風厲發殊響琤琮到軒几靜言平碧中晃鷺得其理獨客別人時蒲塘泠如此

贈無住上人二首

獨行禪宇靜一逕入苔深欲問支公法坐看踈竹林名香定中諦清磬悟時心相對不知暝簷端喧暮禽

其二

由來面窮壁析義入希微習靜經翻輟因人悟亦非泉聲通石磴松影過荊扉欲問楞伽字君看雪滿衣

病起

幽棲屏書史伏枕惜年華未折病中骨起看松有花奔車銷壯志流水在貧家採藥堪終日臨風短鬢斜

秋齋

秋齋林壑裏寂坐萬緣平已絕有無諦尚多風葉聲忘葵宜露淨櫛髮借泉清幾載勞塵墟端居悟此生

甲申八月過南津觀獲二首

逝節警商素事與觀歲功古道半蘋藻緣源昧西東數
折及廬舍人跡兼秋蟲蓬戸勢相襲雜卉紛青紅夕舂
坐園圃曲巷交疎桐農談理各殊致力亦罕同錯互觀
物變乃盡桑麻中嗒然忘言說感彼植杖翁

其二

黍稷盈遠疇刈穫識良植枯條折寒響欲振忽中墜忩
彼霜霰零遂令土膏閟候至事亦興所穫苦非易農力
苟未周忽忽多所慮荆榛事芟夷善用皆不棄室家幸
已盈不處乃爲利愼固衣食端戚戚感兹意

雜憶十二首東王士會五兄鎮之六兄

壁立如君少相逢得古歡心緣長路折春爲故人闌極
目青蕪外空江白雨寒猶餘別時恨頻向尺書看

其二

一棹遊東越（來書云近有越東之行）人應訪戴憑避塵衣白袷檢
笈串青籐海色翻秦駐春寒在禹陵倘經修禊處乞爲
寫吳綾

其三

遍是桃花水螺舟麏早旋閑居訪科斗卻客就風泉氣
逸能噓雪思奇許問天如何同羽翼惜別過年年

其四

長安盛徵逐騎轂擬雲屯銀牓通侯第金戈上相門踈
慵看世足坎軻覺身尊倘有青山志鴻文好共論

其五

剎古柴關寂（余時寓法圓寺）因君偶罷觴杯深憎劇感醉起聞
春星甘謝射熊館同繙相鶴經端居絕塵躅心事一燈
青

其六

奔走兼南北依然白角巾願違勞俯仰事過識風塵顏
闇操猶昔虞翻志未堙君看湖海內誰是採芝人

其七

春霖迷海戍落拓獨來歸久挫愁翻減長貧僕亦稀淮
南餘桂樹郭北尙荆扉有秫供家釀岩居願不違

其八

蓼塵鶯湖水方歸復遠徂載登司寇宅一發丈人書橋
賦供常足茶經著不虛朱陵尊道氣服食近何如

其九

言尋三蜀客占宅越江淸似我不如志知君忘此情藥
埒泉共冷蘿徑月微明子晉留遺躅棲眞錯弟兄（子晉兄弟得道者六人）

其十

平湖乘舴艋同入鏡湖涼不語看流水將歸戀異鄉探
幽忘久客訣別倦臨觴凋盡長堤柳天涯思不忘

其十一

北府操兵地到來笳鼓繁握奇千幟合張翼萬營屯雪
色開龍劍江聲走虎賁客行淹歲月慷慨下焦門二月望抵京口值水操

其十二

肯着舊凋裘浮生一劍留已拋身世感盡得薜蘿秋㝢
戶宜東海懷人在越州他時重打槳應上郦原樓

白紵舞四首

綺寮夜闌風花香吳姬㛛媮含春陽將前復卻生回翔
逶態潛轉無恒常霧縠斜飛蠶縷長翠翹錯落連明璫
香袿交騰朱雀章曆上午落華星光跗蹋摩跌躞以揚
躑躅凝思忽有怨觸穴別端不可量援持玉角情未遑
曲中起顧天雲霜緩飲三爵歌樂康

其二

上客列坐觚爵飛金鈿屏合蘭釭微纖以蚖脂騰列輝
龍涎香焚客忘歸爲君起舞揚清徽所向既定繁思稀
層波旁矚中情非經緯交錯發若機欲墜反抗行綴違
角技未終歌倦衣

其三

七盤妙技知者稀長袖雙舉迴虹霓酒酣爲奏火鳳詞
含商調角靡不宜與志變化精四馳繁音橫濱慎獨持
思來繹繹舞不支衆中沉吟節忽移未敢傷君聊委蛇
闕終私顧春山低

其四

奉君玉觴傾天津命臛瀹鼈炙鳴蝸招搖之囂漢南薑
和以嘉珍美且醇金壺之釭照文茵盛鬋二八縱橫陳
更舞巾拂周七均摘齊行列技乃神連延絡繹百態增
蹝節鼓陳靡所因紛挐跳踏不及巡俄復娉嫋隨輕塵
纖詞杳裊感所親黃中月暈拂拭頻與衆進退抑不伸
願鑒茲意餘何言

孤兒行

孤兒生失異母昆命獨當苦所私詰兒口喑喑淚下如
雨偵伺左右乃復一吐盎中石儲命兒行就舂杵云穀
四區其實一觚得少來歸安知女處所日餔入門皇皇
不敢躡履聞咄嗟聲蹙蹙顏俯秋蜩鳴促治園圃蓼莪
扠薑隶一何縷縷八月霜稀不可越取朝行踐園謂女
不力將安錯女宜笞骨僵悔不速腐阿弟暮歸牖鳴雞
置佳酺作使堂下孤兒孤行趑趄廉得其故阿母大怒

嗔疑兒背有偶語黃河氷周我北戸宵行鑿氷仰顧北
斗纍纍復垂頭欷歔四顧人絶兒安圖枯楊風吹单鶴

酬魏次卿四兒五首

魏子青雲姿志潔埒埃委易知不易親此意足終始中
款一以輸巨業力相砥朋好悉在庭談諧日移晷當君
扗頰時不語豈無吉從游亦云繁所蘊罕能擬

其二

騁目五都肆珍好靡或遺水碧間空青珂戍交流離錯
列易爲龗獨出旋足疑情好一相狗艮賈難周知百緣
同一途心紛悵多岐失策不遑耻孤立斯已竒漸與世

塵遠始應高人嗌俯仰愧前轍願復與子期

其三

鸑鷟隱丹穴已與良時期苞羽耀雲日不自矜陸離
棘寧足顧引吭翔天池天池貫銀潢其中出虹霓浩落
忘所歷熠爍鈞陳垂昂首薄大角抗足揮參旗反覩
離鵾高下同一棲身峻心逾卑毋使凡禽知

其四

朽南日殺靑博涉綜遠邇下帷捐世氛箋繹何纍纍不
知科斗書但見石紋紫之子抗遐志自得在殊旨恹才
極杳冥得間乃無幾能絶希世心元倡遂難啟偉長建

安雄南北久異軌作書幸相招歸帆及秋水

其五

卜宅芙蓉中四角盡平楚柴荆晝獨扃長川復回阻落
日隱榛棘平疇錯禾黍披衣陟前蹊濯足臨枉渚水滄
蘋花稀薄寒無處所境僻幸自寧慮澹乃無取耳目不
及捐獨有白楊樹日夕期君來平沙久延佇

小滄浪夜聚述懷九首贈黃小山管范夫

十月吳江作客爲憶鄉園正荷若有滄浪一曲閉門蘭
養魚經

其二

尚剩松窗殘月共話天涯轉蓬有客兀然不答此情當
問孤桐

其三

白角巾猶似昔赤玉箱翻不靈塊壘難教酒下與君看
一潭星

其四

一榻西窗夜燭銷尊爲菊花開昔日苦從元亮何曾酹
汝一杯

其五

長經短經自在七録七畧罕同傳得古文竒字人病不

如活東

其六

寂寞空懷鉛槧曾國忻逢此人歸去若過高密爲余一問經神（鄭康成山東高密人）

其七

桐帽屨鞋自在藜牀煨竈何如爲椒熙寧茶法忽思陽羨山居

其八

人似王微善病別餘還念興居（椿叔病旬月不愈客中寄念甚切）客子不堪憔悴秋江莫到鄉書

其九

客去頹然就寢心雜難言夕夢是西風吹去不知何處江南

晚出南郭息芙蕖館

出郭呼短楫臨磯拭層苔俯視水花碧緩逐鵁鶄回棹轉白沙外秋自稀衣來南垞幸云即西軒聊一開殘荷有餘姿斜漢相縈廻境僻慮方澹景延時以推願言予虛室毋令生氛埃

芙蕖館泛舟

遠市屏塵躅棲禪閉荆關日夕逐漁唱泛舟弄潺湲渚

卷三 十一

盡木孤秀灘明石斒斑沿洄騖屏澹泛忘險艱秋色落流水出沒蒲稗間水禽低不飛湖上遊子還伊彼九衢客擔爵錫永般所嗜諒難易殺翮甘椿菅

湖上作

平沙緩歸棹夕暉隱荒林出圻煙渺渺近郭篠森森昏星錯煙梗殘虹斷湖陰詮伏志無忝遠騖力不任西門耻蓬室北郭謝華簪錯互鑒前轍亦足開我襟居卜隱城市孰云移此情

庚辰秋自白下渡江風大作幾沒舟留滯信宿土人云此間去棲霞僅二十里許遂徒步往歸而作歌兼贈同行

探幽未陟攝山趾幸脫重險情殊常晚發金陵涉江路平沙綠淨風微凉月光晶熒露華白中流擊楫波渺茫酒闌不寐夜將半倏亘白氣如懸梁直下沉沉數千尺魚牛鈎虎交披猖四山濛濛疾雨作噴出萬派凌濤光推篷斜視水倒立柁忽後俯唇前昂陡如絕壁自天削身外水外無餘疆層波四擁絕瞻向隙處乃復通寒芒蛟螭轉鬬百靈合非風非浪皆怒狂出入千聲互砰磕精魄震盪翻相忘篙工力盡風漸殺橫渡頃刻收帆檣艤舟平渚天未曙却顧蟹舍燈猶明古道逶迤半榛杞

卷三 十二

同行先後相扶將不辭重繭款村舍席地坐久聞鷄鳴
空江返顧浪猶惡欲即北下情徬徨丈人謂客倘留住
攜山無使空相望余時策足從者衆檜柏一逕皆荒庄
周行十里乃登陸連岡向背爭陰陽幽谿窈窕入無際
仰見瀑布流湯湯初看一線走平地下有絕磴橫其吭
咫尺爭行莫能過其勢逾激聲逾張俯觀龍穴投以石
乍觸散沫猶琅琅自空倒墜出殊響彪出衆鎛尤難詳
雨餘苔逕淨如掃石氣往往成松篁縱橫起伏狀非一
山骨斷處皆生香最高峯近不能陟却羨健足齎餘糧
向昏聊復宿僧閣時見老衲烹松肪升堂飯罷月初出
下視平楚生青蒼支頤相對絕言說但分一榻聽寒螿

卷三　十三

備經夷險畧如悟憾不早入無何鄉

擬昌谷溪晚涼同王鎮之徐秋湄宿偶泊亭作

黝然元宵珠宮扃釣絲如髮圖流螢斜飛石雨到棕笠
欲呼龍子尋天星欸驚古棟出殘炬菰田夜紫風泠泠
溪頭月魄寒不上乍出尚帶松毛青顚瀉銀瀨洗心骨
倒騎赤鯉窺滄溟

秋齋讀京氏易適無任上人枉過即贈

夕雨淨蘿館讀易扃西園卦氣啟扃鑰遠溯京房尊朔
旦始於復歸魂表絪縕太初靈憲外更得專家言著歷
非詁易精駁是足論太元復苗軋衆妙亦罕存懷痾百
緣屏性尚探幽元思窮志逾攝[illegible]希扶其籥上人過我
廬月華滿前軒妙契不相證遂絕元詞繁星河沒高樹
有會義皇原

煙蒲篇

結客洛陽陌意氣徒區區不知何年少冠蓋光路衢相
逢不相問盡識城南居所居一何峻雲彩錯櫳櫨壁帶
黃金鈿不若大秦珠千金買辰風三載屏不需急裝走
長埒獨挾鵾絃俱按轡忽中立舍人不敢踰欲射青鵁

卷三　十四

雉却顧霍家奴謂言大黃弩獨與貉子殊一發意將沮
左右趣云都歸來坐蘭室妙舞交摩跌乍撤翠羽簾易
之以鱗鬚客至或不省直視如有圖客侍逾歷歷久乃
下堂趨中廚敕豐宴九醞四金壺烹臑邊足顧奉子澤
中蒞夙負遨遊志願謝班生廬道逢猿臂翁磬折為下
車紿曰熒火丸中有太乙書敬奉不敢發覺後羞言誣
冲舉始云泰好爵安足娛欲問寒門彥起家執金吾仲
兄千牛衛小弟大長秋僕耻一人敵曾議中大夫

檇李寓齋夜集述懷邀王鎮之徐秋湄仝作

夜短羈心長未肯嗟矻矻殘酒易中人起步苔逕滑徒
何石一拳不覺冷入骨乍牽壁上蘿餘綠到毛髮情至

語已捐時聽鐘磬發苟未感參辰安知慕鵜鴂昔年敢
松闌揖別何倉卒春盡孤槎中生涯半龍窟攜來白滕
笈蚪蚪紛欲活縱丁剌促時得此氣硉矹所願醉來夢
不與星同沒投我竹榻間知是古時月

延陵道中

又乘白舫向天涯路入延陵極望賒盡日吟情連鴈鶩
一秋風色在蒹葭閑梳短髮孤煙外忽脫征帆落日斜
尚有鄉園數弓地種麻殊羨野人家

冬杪僑居平江聞叔凶耗倉卒來歸則已殁三月
矣率成六章用誌悲悼

寂寞入修夜欲從泉路長書來銷病骨心痛在地鄉涵
灑閑窗雨淒清別院霜依人艱一哭此意最難忘

其二

招魂無處所痛定意翻迷願作不歸客常如生別時如
何歌絕命偏爲促征期奔走銷真性空教淚暗滋

其三

茹苦身旋隕回思倍黯然別人無一語怯死已三年舊
兆添新礦羈心折遠天於今腸斷處多在未離前

其四

擬韓存十操佳咏未全蕪入豈慚才鬼魂猶畏病軀百
年心竟腐一夕眼堪枯敗簏餘蝸蝕傳家幸有孤

其五

我父悲無季譚深淚不禁僅銜生死恨未盡鶺鴒心白
髮南垓咏青閨發婦吟歲闌紛意緒誰爲達冥冥

其六

骨肉緣枝葉情深分自全早知身莫贖不願叔相憐急
雪衝寒夜空江獨客船歸來惟一慟無淚到重泉

弟大模 大楷 仝校

子田初集卷四

遊雞籠山　典化　任大椿　幼植

白露淨山氣裊裊風吹衣忽已躡空曲巖下秋鴻飛石鈌響雜聚木長天下垂入深不知外履曠忘所歸冥濛過蘿壁見月還疑非其下發鐘磬徑轉聲依稀無心境屢得探奇情轉達始悟澹泊趣獨倚山公屏

望臺城

太息南朝事秣陵秋色平大江搖客艇八月弔臺城有變難自靖至今空復情不知古原上荒草為誰生

極目倚山寺遺城近若何試看懸壁下最是夕陽多令績留經梵餓魂附薜蘿為君懷往業風動大江波

泛舟城北入山水深處

揚舲展佳興固望石首城路迴狀頻變意愜迹反輕入峽若無地過壁滿漸平馳情眺絕島已發疑未行涼颸過兩巖空翠微有聲潺湲忽在上仰見大壑橫深溪曉逾靜咳嚏皆分明客竹轉孤櫂初日澹已盈迴艫返舊渚歷歷想所經夙航謝公癖遥境終難名

發秣陵

餘事畢羈況早行猶及餐放船歸思減久客別入難去屏宜平水微霜生薄寒不知昏霧裏已過幾峯巒

行秣陵境

曉行易傷意羈魂亂凫鶩散髮凌霜風嗽齒汲寒玉溪冷水多姿淡碧看已足伐竹聊代薪客爨易為穀風帆際流轉洲島屢回復初聞雞犬聲忽已通平陸朝曛帶遠人微暎時斷續近林漁舍多出瀬菰蒲綠挂席望江流路迴情煩複

燕子磯釣者

青谿分兩垠中與澄流俱秋風吹白髯獨釣懷自殊世境盡巖壁青心散菰蒲江流渺無際舍此欲安如未遂

絕生慮所羨猶在魚少得味逾足博獲情易虛出壑汲江水已即他人居

晚泊江口登燕子磯

近暝泊迴渚舍檝步山陬過寺地逾曠近壁磯忽遒巖寂語易喧石竅聲如留船火乍通陸夜漁忘故洲初至俯近林既定聞遠流落月與江邈去去神爽猶持此蕩塵慮延佇情悠悠未謝秣陵境颯然驚暮秋願延阮公屐領此山林幽

渡江

凌晨發鍾阜輕帆颺微風潮收響漸泯靜視平碧中眺

遠但憑意意得勢已通雲日曉逾薄擊汰忘西東沉江
昔何物浩歎今無踪

宿瓜洲

小歇扁舟柳外曾松谿渺渺出疎燈三更月落瓜洲渡
行盡青山看秣陵

眞州道中望瓜步諸山

晨光薄睛鼉鼓枻玩清漣小因風湍息遥望瓜洲山不
惜邈難見易見姿不妍低峯看易盡獨愛峯際天中流
乍回首杳渺眞州烟展眺與難竟擁楫思緜緜

揚州旅舍

不定羈魂似泛波愁將短髮數摩挲得成別夢燈花落
將近歸期夜雨多猶憶片帆來白下向昏沽酒對青蘿
卽今樓止還江國寥廓生涯欲放歌

廖家溝阻雨

蕭疎荻港宿鷗鷀夢裏歸家秖自知無限旅懷言不得
一溪風雨泊船時

舟次邵伯湖西村

長纜初收竹樹間烟光遥共水容閒千村蘆葉一聲雁
知是湖西第幾灣

[illegible]

遠別離

不惜久爲別難處初離時去去返何日未敢長相思未
別忘所云在途憾有遺憶昨罷離席悵念盧龍西盧龍
險且迢不願君知之

有所思

落日耿餘景破鏡虧全輝佳人惜遲暮已及遲暮時躑
躅滅光采故情難卽移芳華漸銷歇翻嫌妾自知榮悴
既分明寵棄皆可疑苟不矜華髮詎怯桑榆期

白馬篇

少年氣概雄坎壈亦因之親舊爲我謀直視無一辭別
有不移志不敢生餘思顧馬馬頭昂爲我窮四垂萬里
何足廣尺步良易岐心忌不能下能下才愈奇自謂探

揄塞安知入焉支按轡不輕入久立審所疑開弧聽胡
風側見陰山低慮定神乃縱一往誰復羈彼亦羽林客
上下從我馳乃知自立者何取驕人爲少年無深謀休
用此青驪

幽居

八月秋如水閑花纂纂開抱琴看月去吹鬓好風來隔
屋春黄黍迴廊貯緑醅不知裘馬地還似此悠哉

秋夕齋中

竹屋耿微熒疎籬湛虛白閒園久寂寥心知籟將發散
髮宜好風非緣好疎越撫化匪摭理自得百端絶獨存

定後心多此松間月

涉江采芙蓉

多君涉江水竊願敷朝榮思君在江北相望空含情盡
妍向君子隆薄感已平將悴始矜榮引重良自輕渺渺
指洲渚采此心怦怦回謝朱蕨莛爲我懷芳馨

澹園四絶

竹塢

入湖風水聲竹塢渺難即行行見白沙似有一痕碧

聽桐館

石館挺修幹到來無限情客心愁不得未肯聽桐聲

月泉

取彼松磁黄貯茲月泉碧月因泉有聲莫問品泉客

雪谿

入夜雪無聲閉户松谿北開戶望松谿不知何處白

關山月

遥知邊外月宛轉向天軍清光慘豹幕素質冷龍文久
痛猶能泣長此感離分對景空延佇何若不思君

當壚曲

繡軸銀鞍滿洛城當壚空抱惜春情東風斜過自牽手
忽落玉搔頭有聲

東飛伯勞歌

伯勞東飛桃李香金閨明月照流黄流黄空滿金閨裏
少婦春思似秋水可憐萬里未歸人十載盧龍磧裏春
亦憑春夢到龍沙安得龍沙在妾家憶前將别未别時
篋中百結鴛鴦絲歲莛織作相思辭朱顔半爲相思減
碧玉牕前惜春晩五絲雀網侵玉鈴蛾眉空爲春沉吟
流蘇帳額交雙燕豹枕微欹損金鈿欲眠不眠來遠風
無言終日看簾櫳更捲珠簾向遠天銷盡芳華始計年
青芝花老不堪折背人自結雙行纏

至了義寺

過塢指疎林，到寺停雙檝。風吹烟穗斜，入户氣騷屑。境僻罕來蹤，日落見殘雪。不識此何人，隔竹聞僧說。

櫂船歌

雨收板子船先到，踏浪兒傳賈客來。近日野塘風不定，水花吹落復吹開。

秋懷

多求易坎軻，智士知其然。不辭冷冷音，聽我朱絲絃。曲終更自按，嗟哉亦難言。解此忽捐處，始覺桐花閑。巖木隕寒籜，秋風鳴其巔。物候自如此，理達情不遷。

日夕氣蕭瑟，步出城南隅。塡色起霞末，在遠多卷舒。緒風雜鵾響，亂落暗村墟。後顧眼易促，前瞻情有餘。不敢憂千載，臨衢自躊躇。

十步九紆折，用爲提足規。急流無安鱗，促轡無完車。人情輒激昂，自信安足居。茅檐秋月高，虫寂籬巳虛。此景同寥寂，何事分憂娛。

眞憂不堪却，至樂非可求。但覺籬落間，逸境無去留。塵慮苟未謝，始羨端居幽。清秋起遥想，翹首情悠悠。

秋蘭湛寒露，氣寒華不榮。窮士計無出，乃復希令名。所獲非本志，雖獲難爲情。冲夷得其柄，非慕羲皇人。眼前何所有，緑醑盈芳樽。

夜起坐東壁，稀星耿微光。誰結百尺絲，綰彼天河長。天人一以隔，相望何蒼茫。蒼茫理固宜，上下各有疆。翳翳桐樹陰，中有孤棲鳳。孤棲不出林，夜永零繁霜。

纖月忽已落，還念初生時。憑軒望秋漢，前端邈難思。清輝苟未滅，豈不期自持。歎息竟長夜，升降常如斯。

露筋廟

到來村落月斜時，涇渭千年係所思。永夜徘徊無說處，青楓白露女郎祠。

村寺

古木頹垣愴客懷，寺門斜向白蘋開。蘆根流出秋村水，極目殘陽一棹來。

長干曲

風帆馳大舶，小住爲通名。相識白蘋渚，試看青草生。君應知此意，妾不解言情。遍是秦淮水，如何出石城。

青溪小姑曲

青溪漠漠姑居之，爲姑太息無郎詞。溪風欲起姑來時。

秋江詞

妾住秋江頭，家滿風帆色。江雨滴枯荷，儂家聽不得。

抵毗陵

川途夕息已忘疲酒近毗陵味更宜久客情兼流水淡思家人到晚秋時孤村月露清鐘起十里菰蒲一棹遲欲向句吳訪公子江楓何處問空祠

辛巳出都東麓師命謁柘南大司寇於檇李時値入覲即附舟北下至邵碶而反瞻溯之私久而愈劇遂成一章以達左右

神仙中人廟堂望如地列岳天垂杓常伯司刑五刑格播在寃意嘷能撓告歸十載但扃戶案牘理文詞條六籍爲律史爲例息古疑訟靜不囂亦如司李掌三法析

難析義羣喙銷攻經攻獄匪二理在朝在野權兼操破書萬軸抵其間能事豈止揚風騷廟廷得此大手筆約法不宥文中妖理嚴詞重華鋒欲與雅頌爭秋毫願前問字苦才絀覺鴒安敢攀雲霄昔於京邸侍夫子授以詩教六義昭復承師命趣歸里溯江而下憑輕舠斯時秋淨萬山綠平湖荻老風蕭蕭閱三昕夕抵檇李値四更漏傳麗譙弭棹楓根月正落霜餐野宿還一宵晨興盥沐徑趨謁恍披列宿瞻招搖衣鳴坐忘適肅道氣能令凡情消一動一默殊有意會斯意者神理超標以正始之典則斬以末世之繁幺窮源等曆溯甲子彙古譬律賡虞韶識超學外署箋釋翻覺錮柰皆推歒周秦秘笈老能誦協以金石音可調經師人師兩孫絶法物直溯虞與陶維持大雅賴前哲求諸今古良寂寥館予小子卓元閣體恤備至眞意饒移時命復見諸丈詎期一笑成久要主客均分骨肉愛別家遑惜千里遥開沽飲客客易醉乃獨傾壘如秋潮前除燭短興彌壯時見一角星芒高本自文中老祭酒亦以酒政苛同曹椽玆屢得飲中理醒者輒犯醉易逃敬承清誨還在遠口所不及家已標會期負笈受經訓奈不旬日揚星軺途中百讀古今體如經緯合成匹綃若持三品定詩品肯

與杜韓爲下僚筆前有氣調逾壯句外出力神不驕聞以瑔函彙全帙載拜稽首升諸朝

至尊乙夜閲[illegible]曰汝所職符咎繇帝廷作敬須元首汝順其則音未迢遂常豪華侍楓陛下値亦膺中使招凡所應詔必稱旨自天眷德非人邀伏生雖老典刑在況神不倣顏不凋入趨清省荷殊禮得君不數軒與堯令播訏謨尚書省隆以夔典非金貂自非清情著家政寧錫賚命光瓊瑤香山崩岃插天骨靈氣颯颯生巖椒自頭奉詔徃者九道心寂歷通漁樵沈前錢次齒不躐製圖一幅神翛翛休哉此舉古莫比傳諸異代人所翹

嗟余汲古若無綆白日逝矣非吾髭道長志迫才易短
激昂未肯愁鵂鶹致書千帙迷所適此中亦似飄蓬飄
石倉汲冢詎相隔弗以心至皆絕遐千搜萬索力方出
匹泉初發火正燎志一能俾毀舉絕多求徒使音嘵嘵
南望由拳隔江水離魂了彳情黯摇徑須鼓枻苦羈紲
鍵戶倍覺情無聊但期健飯復强飲服食翻鄙王子喬
尺書緘罷雨初過滲綠亂灑窗前蕉

舟次吳閶懷薛香聞

閶閶城近藝花蹊幾曲橋通水竹居作客每隨歸雁後
停橈正及晚餐餘人行紅樹村中雨潮落青山郭外魚

卷四 十一

咫尺尚緘天末怨秋船漂泊一裁書

寄王翠巖山中

端居繹故情歲月何忽忽三復陽羡書幽屏成超越曉
風苦館清秋泉藥墀浚卜宅近僧寮寂歷鐘磬發定中
眞諦生悟後元談敏世境壁蘿青幽思水花白拂巾清
野塊開孟櫛華髮寤言天中阿聊以謝悁悴我亦田間
人一問山中月

石鼓歌寄王鎮之昆仲

夙聞岐陽十石鼓日銷月鑠餘蝌蝸近存二百七十字
曾披玉牒商謬訛作客燕都苦風土日長閉戶看籐蘿

王君博古興不淺欲入太學觀嵯峨漢唐石經初撰刻
鴻都已見肩相摩雖茲秘蹟邈學古寸步不訪徒咨嗟
嗟予學植久荒落未明制作徒口呿丁卣乙壺匪重器
綜研不使隻字過此物陳列比鄙彝敢登帝室輕摩挲
章樵曾釋巨源本佛龕所貯靡不羅文忠別本傳岷蜀
字增於昔詞殊科尚書訓詁宗伏孔古傾今簡猶深苛
誦臣鐫勒傳者寡以意增減疇能訶正訛牛關既異學
箋釋互出尤難和貝貝獵獵義莫曉錯互遂使儀爲莎
潘迪釋甲文日君子員員獵獵員游揚本作君子爰獵爰獵爰游字奇語奥本騖衆諸
儒仍從爭么麽周秦制作傳不一抉摘片義成操戈嗣

卷四 十二

王天子文特渾其名未著知誰何始皇之前蕪文後鑿
空翻覺支詞多鄭樵釋其文有日天子天子可爲帝亦可謂王秦自惠文稱王始皇稱帝以爲惠文之後始皇之前所作也秦權秦斤證岙岙毀也謂斷茲獄乎不
頗爲緊爲烝古文省猶云小篆寧非阿六經絕學有變
釋徵顯闡幽期不磨經無明文强從我如窮江漢遺岷
嶓岐陽之蒐古多有詎如穆滿西臨河我來自東出自
洛厲人師氏交撟訶我來自東大車出洛厲人師氏皆本文其八其地畧
可指考索過密成沉痾但據詞條別遐邇當與雅頌充
登歌陋儒汲古苦無籍敢遺金薤隨流波異文亦勒世
莫貴旁羅遑問隸與蝌石鼓鐫書牛史籀釣揭豈第供

切嗟長安徵逐盡冠蓋獨余摇落如枯荷殺青一編空
自把欲追羲古呇皇娥陳倉法物莫能覩束髮徒事邱
與軻達輸公等欽至竇勝入朱里隨鳴珂南歸徑自適
吳越會稽禹穴乘屐様字青石赤探豊碣掉臂不分終
嗟跎

擬四憶堂閨詞

幾翻離恨老韶華紅淚娟娟濕碧紗繚亂雲鬟無意緒
可憐春夢落梨花

其二

自褁羅箔望天涯小櫛空憐鬓似鴉水殿月明珠翠冷
清風閑折白蓮花

其三

小擬檀槽淚暗滋可堪長夜譜相思裁書欲寄臨洮北
爲語青楓白露時

其四

不知羈緒近如何久別難教淚更多曉約榆關風雪後
妾魂今夜過黄河

次蘆溝橋寄懋圃

落魄復羈旅怯人常苦多振策出京甸逶迤臨長河脩
梁亘南北出沒同坡坨野黒湍聲急失足愁如何風沙
四面至中流下鳴駝夜起斗杓紫馬上看滹沱登頓窮
胡雪慷慨知燕歌以此舒紆志感彼奔騰波中途報公
幹歸去盟巖阿

東阿道中

驅車半林垌振策出陵谷嵐氣落東阿蒼翠入坟足倦
客怯危梯飛鳶下平陸沙白巖中分水石湛疎竹山風
吹碧蕪茶香出茅屋近籬緑午烟炙轆慰荒麓緬想臨
淄侯移封此潘國靈梵下遥岑翛然念芳躅

弔項羽墓

村虚木落一燈明拂拭豊碑愴客情樵牧空存園漢地

藕怡詩鈔

（清）顧仙根 撰

《藕怡詩鈔》四卷，清顧仙根撰，據清刻本影印。

顧仙根，字藕怡，號金香。清江蘇興化人。生平尤工詩，沖淡古樸，不作風雲月露語。以諸生終。名噪江淮間，法式善謂其詩得三百篇意。嘉慶十年（一八〇五）、十一年、十三年湖水頻爲患，仙根請於都轉，興化民得食粥。其後揚郡歲荒，當事踵行，遂爲例，蓋仙根之力云。著有《從政摘要》、《紀荒詩略》、《藕怡詩鈔》等。

是集前有序言及作者自序各一篇。作者爲詩『七言每少作，七古猶間存一二，七律則絶無存者』，其『存詩不多，凡作一詩必慘澹經營而得』，可見作者作詩態度之謹嚴。《初卷》載詩四十二首，内容豐富，不乏贈友惜别、行吟山水、詠物抒懷之作，如《望山》、《遊宏濟寺》、《望窗外遠樹》、《秋暮寄懷友人》諸篇皆是。其詩亦多涉民之艱苦，如《冬日晨起憫無衣者》、《感懷》等篇。有《新僕》一詩云：『我家增一僕，人家少一子。同是父母心，還當慎驅使。』其悲天憫人之心袒露無遺。故序云作者『貧而好施，凡事之少有裨於其人者，肫肫然不恤勉力致之』，讀其詩『無論知與不知，皆油油然生其仁愛之思』。此言得之。次卷載詩六十七首，亦多佳作，然尤爲突出者爲其《感詠八首》，每歎時光易逝，芳華不再，『安得生羽翼，四海一俯仰』，語自天然，然用情之深、鴻鵠之志亦可知也。作詩講究真性情，認爲『凡有性情，熟不能詩，性情真則語真』，於此得見其真性情也，故曰其詩『思深而旨遠，有國風小雅之遺』。

（胥樹婷）

吾宗自渡江以來惟學公七歲咏詧之作流譽人間越後以詩文集傳世者甚夥伯父海陸詩鈔王二芥子以爲得三百篇之遺杭堇浦太史以爲靈均太白後身各有灼見語不誣也繼伯父海陸起者其吾姪藕怡乎藕怡之詩始則浸淫漢魏胚胎靖節而尤以孟山人爲宗後復李杜及各家皆能蘊釀然得其精而絕不襲其貌方其教授諸生時有纔解句讀者卽教之詩得佳句輒對客吟誦人或疑藕怡代作藕怡笑曰此輩誤後生不淺凡有

性情孰不能詩性情眞則語眞自古歌謠諺語垂千百世不至遺忘澌滅者得天地自然之眞趣也藕怡持品甚峻少力學識特殊貧而好施凡事之少有裨於其人者肫肫然不恤勉力致之常以吾輩身立天地間日與斯人居苟目見耳聞而於心無隱隱關注意雖顯貴亦奚以爲有觸於中形爲歌詠誦其詩者無論知與不知皆油油然生其仁愛之思眞樸之意流連詠歎彷彿其人楊鈍夫先生任西川時得其詩數首讀之卽郵寄云東南風教好支持楊公知名士也面不相佯亟稱而重望之豈僅名流標榜之虛聲哉藕怡七言每少作七古猶間存一二七律則絕無存者問其故以今人動輒七律不知此體唐人皆寥寥惟子美獨步浩然太白尙非其長古人所難而今人易之以致詩學日就卑靡故以不存七律欲挽其積習是亦藕怡之苦心也藕怡名日益盛而存詩無多凡作一詩必慘淡經營而得及其得之則迴環往復涵泳無涯海內時賢爲之傾首用功深者收名也遠其

藕怡之謂歟予故書而弁其卷

乾隆庚子上元文子愚叔九苞誌

藕怡先生自其弱冠卽已工詩今爲之垂三千年獨以精進能不退轉卓然遂成名家丙辰秋客吳陵暇日出其稿見示且屬予評予廢學久矣何足以知先生之詩然每讀一篇思深而旨遠有國風小雅之遺反覆䌷繹窅然莫窮其涯涘非近人之所爲詩者自漢魏以迄盛唐作者不必有意規倣而其精神獨到之處未嘗不兼而有之所存詩不多予讀之幾匝月卒莫能竟蓋其體靜以厚則氣之浮者不能入也其品高以潔則念之雜者不敢

嘗也先生將旋里急索稿以去予悵然若有所失爰不得已綴數語而歸之禮華居士徐步雲謹識

藕怡詩鈔初卷

興化顧仙根藕怡 一字金香

夏日曉起

鶴警夢初散骨立神清癯與我若相得飛鳴同步趨綠葉湛新露雲白山光腴籠鳥無野情飛鳥鳴相呼各自適其適得性何所拘展卷見古人志曠心常舒

山房月下作

桐響竹聲清獨步長廊靜天光鑒毛髮耳目闢靈境月迴低山光林疎露鶴影絲竹動遠音衣露風吹冷心曠已忘歸有懷良夜永

望山

新沐面山色白雲繚繞生雲自出山去山立如忘情我日向山坐空翠一心清我客爾當主與我相將迎昨日雨初霽林端蟬乍鳴

沭陽界雨中慰農

前村望數里雲覆飛新雨冒雨犁欣欣一農向我語雨不濕我身雨但濕我土土濕我能耕今年月

已五誰知長吏心亦如爾心苦得雨樂有餘愼勿
去公府

息樹陰下聞輿人談藹然動聽繫之以詩以
見民情可近而民口之可畏也即呈海州
司牧林莼浦先生

日午行暫息憩陰坐古木輿夫三四人款款談心
曲來往送長官心急步不速州府大吏賢未夕催
就宿下館促辦飯飢者先飽腹大吏愛文墨輿中
書自讀不知讀者誰但覺神穆穆昨日一長官夜

半仍催促奔走苟不前聲聲欲鞭扑父母生我身
手足亦猶人我身不自惜大吏憐我貧大吏我父
母父母心本仁我聞深太息言樸情最眞貴令賤
者役賤以貴者生彼生如不足我貴非所榮

過青城山下口吟

搖舟過青城秀色清人顏青城遥見我我戀青城
山山中桃花開春風吹開開李白騎鶴遊問我何
時還

遊宏濟寺

下山履平陸山轉寺門靜屋上石勢險屋裏人心
正佛燈常不滅僧容不離病前山與後山登樓江
光映何必入深山山深得眞性

郡館作

我行復至郡舍館臨官市市言雖雜亂亦復有至
理諍詞何紛紛半是鄙農子懦拙易成忿忿息訟
方始云從去歲來日日向城裏良田半已典豈不
思秉耒今春多夜雨農事家家起未得見長官胥
吏來無已

望窗外遠樹

窗開風滿牀當牀見遠樹啜茗愛新翠清旦飛凉
雨趺宕白雲際終日得天趣我有灑落懷望君欣
欲吐

夏夜露坐

新月未肯落清光如戀我天濶繫衆星階寂容獨
坐俯仰百年内余懷亦誰可持扇搖清凉蟲飛爭
向火

讀李供奉詩

空天懸皎月我讀青蓮詩青蓮去我遠使我長相思壯心苟有憑安用斯人知滄洲在何處拂衣來相期

新僕

上堂復下堂含悲更含恥本未識禮數安能合步履我家增一僕人家少一子同是父母心還當愼驅使

田家二首

田家事方畢鄰族互嫁娶兒女促雞黍茅簷滿親

故親故欵欵來禮樸人意古子弟漸趨新亦解衣絲縷村人時有訟羣然去公府寧知閉戶尊出門人易侮老翁日未閉不辭暮歲苦昨日去種麥今日好新雨

二

未曉村半起方夜人早寐星月橫在天雞鳴霜滿地叩門有客來土竈爨炊易共道長官賢不比去年吏眠食時不驚盜賊已潛避鄰叟頻往還坐久語言碎畏見城中人喜說城中事釀茲斗粟酒留待風雪醉

感懷

客行歲不歸親憂日百結鄰兒叩門聲驟聞心乍悅盼得子還家意亂思力竭新衣日日綻破衣夜夜納今日裝客囊明朝又拜別空將旦夕勞依然怨風雪借問悽惶子肝腸是誰熱

題徐範堂園壁

啼鳥亂春曉落葉鳴秋夕夏日不到屋冬雪盼行客園前是田圃園後危橋隔君心邪不開君情亦

已僻

冬日晨起憫無衣者

晨霜刺人骨就旭溫又蹙衣短兒不完日午無饘粥嗟予一綈袍衣汝我無服忍此竟前去一步一回目可惜披裘人畏寒不出屋

秋暮寄懷友人

一人各一心日出同紛紛此心不可見日與斯人羣短袖豈善舞白日又易曛寒蛩時一聲客子那堪聞

懷任子田侍御

紅桃猶未花綠柳儘堪折夜夢入君園心與春流潋北登淮陰臺南望清光接芳草應待君馨香似明月昨歲客來歸梅開正風雪

客舍贈友

君家爨上煙向我階前垂豈惟室相鄰而能心與期羨君戀高堂不走江海涯課子及春夜兄弟情怡怡伊余親亦老弟客潁川湄隔牆聞笑語憶我在家時

雨窗答友

茗香神漸清掃几飯初畢心懷彭澤趣手寫河南帖意得不肖形京雨飛入筆屋角樹葉陰滿目新光出人情戀故鄉歸來正十日

渡河之海州道中

渡河日正午數里見人家野有提筐婦山無媚客花蹇驢能識路土屋煮新茶客子緣何事尋師向海涯

和友人詠馬

長鳴亦可愕怪爾久風塵造次緣誰識艱辛自有眞血心終致用駿骨豈依人失瘦憐時久驍騰信鬼神

江行舟中呈宣城太守謝蘊山先生

目極西南路中流鼓棹吟衆山爲我立默坐契天心雲雨人間徧蛟龍窟宅深不經波浪闊那得有知音

宣城道上

江光雲外白新沐及春晨上馬問前路餘寒尚戀

人山風如帶雨澗水不沾塵客子行當午炊煙散遠鄰

贈同舟客

促居乍識面鄉語自相親各戀百年我同爲一葉人流雲過江影啼鳥及時春持此問行客伊誰不苦辛

由采石磯晨起渡江

宿霧與朝靄縱横山影昏浮舟入混沌元氣走乾坤浪濶悲生拙江寒藉酒溫心顔一照曜旭日出

天門

金陵曉發懷廣陵諸友

大江平是鏡風靜識潮迴片雨雲吹散千帆日出開山光如絲鬢春意發新醅因念故人去同尋嶺上梅

至郡

過江還至郡適館輒思鄉夜雨曉來密春寒晝已長高堂應有夢遊子更無方性拙難爲客看人獨自傷

北樓懷謝宣城李供奉兼呈太守謝蘊山先生

青蓮憶小謝我又憶青蓮飛鳥時不盡孤雲佇遠天憑軒縱雙目此地屬三賢春雨昨宵過敬亭山悄然

小閣初寒即景感懷

小閣曳如舟懷人獨自謳悲梅開細雨輕雪凍邗溝有骨難諧俗無媒愧漫遊親心何以慰昨日寄征裘

即景遣懷

庭前梅葉綠映我好清輝久客身如夢多懷事每非春温嫌厚絮飯至已先飢白髮憐遊子何時擁棹歸

春曉梅落感而成韻

聞香知近樹薄夢似還家旭日啼飛鳥何人掃落花慰余常繾綣久客莫咨嗟默坐思吾友春風一逕斜

龍潭道上

土屋妻兒聚村鄰笑語親農情當暇適人意入山淳補葺知防雨開田及早春羨渠生理足遊子畏風塵

偕友人出東郭眺遠

水氣昨方雨雲陰今見山行行深巷轉倚樹寺門閒我輩未能到清光在此間前村近秋穫波勢莫潺潺時農若雨

舟次懷諸友

水定見顏面煙清愛月眞停舟一悵望念我同懷

人今古共爲客江河分此身各期知己在何必厭風塵

寄鮑二曉堂

昨曉送君去今宵未到家忽然風又雨孤艇繫天涯令我不能寐徒勞客思睬何時相見說帶雪折梅花

村居偶感

雪霜年已晏雲雨客思歸交久分疎密村間辨是非力耕羞拙陋入市學輕肥誰識翁年老侵寒未

肯衣

村舍答城中諸友

尺寸能拘我高卑乃在心到來茅屋裏上友古人深雨綠舊枯草春喧不語禽此中忽自得所以答知音

初秋舟中寄朱南淮

綠樹重隱屋深深如對君出村入村水欲變不變雲物意自幽轉余懷與懇懃因念同羣者不共此清芬

暮眺護金蕩

萬里一湖水昏黃未盡霞與天爲契合有月共光華明見遠村火凊含野士家蕭疎愛寒柳舉步已驚鴉

冬日東諸友

耳目易風氣性情無古今所期師往哲各以妙其心昨夕與登眺蒼茫煙水深歸來夢村郭即席是清陰

廣陵贈黃三心禽

舉世望知己搜羅亦苦辛（時選今詩所見集行世）才華寧耀俗詞翰正觀人昨歲欣方見眞懷誰與倫如君誠磊落談笑寄風塵

藕怡詩鈔初卷

藕怡詩鈔 文卷

與化顧仙根藕怡 一字金香

迎秋曲和仲雲潤

綠柳繫如絲雙燕翩翩來涼風颯然至吹我簾幕開新雨夜方濕碧映階前苔我有意中人策馬今當回晴雲似皎月去住情徘徊天地忽焉秋與君臨高臺

見庭前瓜葉蔓衍感而賦之

庭前瓜結實綠葉延階墀葉旆瓜在地瓜生葉護

之風雨時亦來人力奚所施物生異遲速得氣良有時緣枝如弟兄先後互相垂伯仲既長大季穉爭追隨欣欣共一氣顧盼多恩私瓜葉日以茂根本日以虧共愛瓜實好誰識生者慈感此惕余懷何以慰所思

望太行和陳理堂韻

吾讀曹公詩几上盈蒼崒茲山勢鬱盤艱哉與我違今我涉遠來空翠遙相依千里夢不隔咫尺寧云非長河奔天際羣木隱巖溪登高望不遠所恨征塵飛壯士悲天寒持斧淚沾衣古人去千載對此何所希

醉來和仲雲潤韻

醉來清風吹舉目多所親萬古在須臾四海為比鄰十擲犍非拙三語椽非神快意不必貴下志不必貧千鍾與百榼何以全其真傾壺者誰歟躑躅來叩門千金驌驦裘一笑歡文君翔高鳥以翼沈淵魚以鱗神龍善變化升天須浮雲大呼塵壒中歡顏皆吾人

夜雪久坐東仲雲潤陳理堂

雪靜本無聲風聲吹不息燈光寂似語紙白點新墨展卷忽自欣下筆亦清特二子有奇懷千里此同域往者去不留來者豈能測置身非尋常天地為我力夜坐增新寒鄉心夢不得

拙時

好語亦成病拙時堪自嗤何如閉一室令我多幽思但含語言妙不吐峰巒奇文章愛曲折古人遺妍姿翻覆余不識閒暇但詠詩詩成又自惜安得

非君癡

村中誌感

村中有高門特兀抗四鄰彼此亦來往居然分賤貧談笑毎附會拙朴非天真健兒學爲僕几案飛埃塵招呼多意氣酒薄味不淳倚門來餓夫中有同祖人同祖不同身飢寒難具陳

行路難

波濤生足底不必江與湖顏色不可測不問賢與愚已知行路難何用多所驅塵俗有變幻他人不

我拘

睬從遊

同食各異味心至有深淺同音各異聽情屬多繾綣山水有淵源不厭千萬轉闘境貴耳目會意非顏面

金石

萬里如覿面百年在一時浮雲頃刻間變滅多參差食甘常不足茹苦有餘滋人生爭嚼飲甘苦同斯須安得金石心一信不兩疑

觀市人異感

白日亦不短勞者心自速閒從市上遊來去互相逐不識逐何事看人異面目所營各自私智巧于焉伏憂喜雖殊途歲月同一促誰識靜者妙深坐不出屋自然有餘閒天光吐朝旭

贈我

知我亦有盡勞我何無極生我實用我豈得爲我役耳目其形骸幹濟是誰職古去今更來賢愚共一域賢愚無已時此身久變滅今古頃刻間世事

不可測只緣爭一我天地同偪側日月發清輝靈光用不竭贈我須識我此心不易得

感詠八首

尺土不我棲涉此無端想羣物從大化勞生亦非罔來時方及春夏木漸成長遠夢驚過鳥拳室大如掌安得生羽翼四海一俯仰甚念傷我生羈心誰與兩

二

裸體方畏暑重衣侵寒飈頃刻異炎凉氣候何難

期久客語言竭俯几情如癡嶺海有坡仙叩門陶
公詞展卷偶對此二人今在茲人生遞感慨天運
常如斯

三

見人須好顔如花折其榮我有積憂懷欲好顔不
成同心兩三人委曲怡我情一語未及畢慨然念
所生匪石安可轉不絕中腸縈我有仲子賢兀傲
揚州城心力通天淵未吐隔幽明對此舊日侶畏
聞疇昔聲有夢未失弟昨夜猶呼兄

四

朝雲覆似夕積雨亦已淫千里東方寸堂奥步相
尋簞食有厚顔促節無娛音長林振金玉皎皎來
歸禽耳目習見醜乃不明吾心

五

積土不成山爲此積者勞涓流如到海亦已成波
濤短翼多參差何以恣游翱翔飛燕雀儔寧識青
天高吾愛離婁子能鑑清秋毫

六

青天翔白雲念我意中友雲去不可極時時一舉
首聆時有佳言別後思能久短褐重意氣足恒不
及口有懷未及酬安用寸心厚

七

艱險歷河海昏夜夢四散前途迫我行其如舉足
緩歲月亦悠悠羣生爭短短浩哉江漢流爲我心
腸齊

八

昏旦迭幽顯貴賤爲其家孰是若自及寧用常咨

嗟主人館一室春碧窗綠紗懶慢不出戶坐愛晴
天霞清風脫然來吹宕夭桃花

客樓眺遠

風力不遺隙入窗微有聲兀坐念所思我客何遼
巡良田灑新雨點點俱陽春天際一葉舟飄蕩隨
遠津舟人如見我我亦棹歸人

枕上聞鳥語感懷聊成短篇

枝頭小鳥鳴如春客睡未醒客夢驚依依切切似
告訴向我細數平生情又如嬰兒初學語似語非

語俱天成倚枕傾聽思無端爐火未熱披衣寒側身危立高山巔夜長不見江南天江南迢隔二千里我有老親親有子報書安得快于馬仰看冬日半窗下

醉後對月偶感兼贈仲陳二子

高樹落葉骨不枯中含潤致搖空虛寒月萬丈無隱情長廊素壁枝扶疏粗濃細淡寫分明令我淚下思倪迂（思二弟蓮溪也）其神在影不在樹空靈天地爲我圖對影翫月有三子披裘醉立同清癯

客館歲暮偶觸而成

屋上殘雪白如銀不棲之鳥來窺人旭日照窗紙瑟瑟室中有客含清神翻書欲歌還欲泣古人千載親不得日月如何去復來空垂兩手有餘力大河風起層冰黃夢斷寒冰路昏黑

自歸德赴武陟縣途中作

五月未爲暑驅車正午時我勞應不惜涉遠漫多思風俗隨鄉邑言談異口辭經過今是宋國小政堪施

又

適館頻徵姓移時又一家厨餐惟麥黍鬚髩半泥沙婦女盤高髻兒童插野花長隄多古意夾道綠陰遮

早發

積霧濕如雨微風暗拂人謂行寧夙夜憚暑促清晨泥滑車輪陷天開曙色新淋漓望空濶元氣慰生民

贈隄上老叟

攜兒翁歲老小屋用茅編掘地因成竈烹茶亦取錢勸余當渴飲知爾獲豐年笑指行人看青青是我田

至杞縣作

東婁行且近策馬入城闉跡訪耆苔石心欽白髮民地知今日改土是舊時塵我本余侯後情深杞國人

泥深

重雨塵沙壓泥深不可行艱難爭寸進險阻正長

征覆載惟天地奔馳任衆生會須騎駿馬羽翼似
風輕

車中誌感

過目人堪愛觀風意愬然村兒養山雀茅屋弄絲
絃醉飽逢今日飢寒憶去年教耕兼教食端賴長
官賢

將次徐州城

衆山抱城郭蒼莽大河奔市近長沽酒人閒晝倚
門如雲新穫麥過雨透前村去歲荒兼疫人家今
幾存

旅宿贈同客

頻來俱是客偶聚易相親破壞橫斜榻東西南北
人片時催短夢凉露逐征輪莫訖多勞勸人生盡
苦辛

入境

入境問疆里觀民識縣官人家有約束子弟自能
安尺地我曾屬三年治豈難民情原易近心力莫
辭殫

積雨阻行感懷不已

遠行憑弱僕不盡雨風侵冒險無他術長途有寸
心以茲立天地亦自開胸襟迴念情何限高歌豈
漫吟

渡河

人馬聚成蟻扁舟競渡河帆隨逝者速日載幾回
過無量苟如此軒然作大波以茲萬里勢慰我行
蹉跎

雪中東雲澗理堂

薄雪積成素爭飛鳥亂鳴簾疏明几淨風細灑窗
聲日月憐遲暮天涯有弟兄近來憂思減不起故
鄉情

冬菊和唐竹處韻

映月非秋影晩香直至今人情仍舊向籬落故相
侵入目似餘傲此君無是心摧殘霜又雪根底得
春深

庭前秋柳披拂階墀感而題此

秋柳將新月低低拂我廬可憐閒眼處不是畫眉

日暮即景兼懷河朔諸友

舉步只方寸長隄路漸通飛鴉爭食健村犬踞門雄野暗宜投宿天寒欲避風太行行不見悵念暮雲中

懷汶上孔荐堂

連榻兼風雪今朝送我行難將半載意慰此片時情揮手別還住春天暗不晴應知同幕友日日記征塵

早征車中有感

古樹落春雪蒼皮有潤痕路愁欹逕轍車過幾家村雲起客腸亂風吹望眼昏農家晨食早麥飯倚衡門

又

野綠因寒澁長天望眼穿鷹高乘勢傑柳淡得春仙遠客程難縮華雲月正圓百年無限好言笑老親前

懷雉水江心止

城畔同攜手招尋吏放衙與君忘是客送我正還初情尙千條繫形衛兩鬢疎因風漫搖蕩珍重待春餘

秋柳和雲澗韻

青春澤亦久弱質豈堪任頓覺形俱滅何曾秋已深影搖既竭力絲繫不枯心誰惜芳時葉紛飛散滿林

冬夕和唐竹虛韻

飯罷友常聚庭前手又分情憐歸樹鳥身是出山雲隔院家人話閒齋客意欣鄉園同歲暮望眼莫

紛紛

次陽武懷陳九理堂

微醉論文史眉端秀有神那堪孤館夜憶此乍離人驛路寒餘臘征裘敝染塵長途空跋涉辛苦得君眞

道旁古木側生感賦

側木有生理橫斜致愛人得春常在骨當路不沾塵掩映長溝水婆娑上古民去時曾憩此愧我逐征輪

家言發見天性狂時且自誇別來今幾日努力愛
春華
懷太倉凌春江
不語爲青眼肝腸欲與人得交年乍過把臂意何
真送別嬉遊路合情慘淡春解裝頻有贈知我畏
風塵
將至徐州渡河南下
急呼一葉渡佇望大河濱險石如危客遲車似困
人連村行歲酒短麥吐新春此地曾三至羣山慰

我真
早發慨然有懷
莽莽路南北棲棲計拙工衆寒爭薄旭積霧退輕
風物態生何異春心化不同古今人得失在此去
來中
早春偕友出安昌東門遊眺
挈伴出城闉巡隄佇水濱草心初得氣柳質易爲
春綠野馳文馬新粧艷遠人片時欣共樂未必客
情真

過下邳
早征難續夢過境憶前賢野濶人來小山低氣聚
圓春風吹到樹池水靜如天却愛村農好攜鋤自
有田
過邳州數里忽風雨驟至車中口吟
平陸忽翻覆行人何處歸川原知地險風雨識天
威路滑豈容足天寒且濕衣身勞非所惜遲我到
庭闈
高陵憑眺

遵路復因陵危身試一憑重枝厭茅屋輕鳥立春
冰山小隨如子鴻高近似朋客心還自慰清興忽
飛騰
宿遷
常驅安暫息適館即吾廬數米人炊粥加餐市買
魚客愁隨路遠鄉味及脣初勞極翻無寐懷人夜
寄書
曉發
歷歷星堪數前村望且昏爨炊晨待客燈火夜開

門茅屋雞豚散春隄鳥雀喧霧深衣可濕爛漫出朝暾

途中贈客遠行

所過境如夢因傷客遠遊聞歌非已樂知痛爲人憂深淺心難共崎嶇面乍謀得留知已在不使越鄉愁

荒村

昨歲悲河決波濤今尙奔炊煙生破屋水氣冷荒村橋斷人呼渡風吹市閉門此間朝與夕生理自然存

過佸風渡至海州

海勢向東濶危檣欲渡難得風爭頃刻到岸看波瀾斥鹵居人黑荒蕪古木殘近城還十里山石亦雄觀

殘臘

炊煙濕不起殘臘雨聲清跌宕詩兼畫蹉跎弟與兄黃金招素友好語憶平生鼎鼎百年內須知名所成

邗上留別汪大燮齋

欄曲留深話苔青映綠紗三年如售客一雨碧桃花暗春風度遲遲白日斜有朋爲際會何事夢天涯

彭城道上作

馬行非不疾客子暮多愁天地濶如此河流聲未休我懷原磊磊去日苦悠悠已近彭城路蒼茫問古邱

黃河舟中作

萬里河趨下扁舟勢亦雄我行何拂鬱濶浪有長風不盡浮雲態俱歸一瀉中高歌無與和迴立向蒼穹

泊岸

霞散暮雲暗天遥帆影斜來船爭泊岸得地自爲家村語分鄉邑湖田傍水涯勞人易生感歲儉起長嗟

酬趙筠齋自京口見寄二首卽步元韻

昨歲蕪城客連牀夜火熒夢隨三逕杳山隔一江

青八世勞人拙知君靜者醒溯洄何日接千里慰
飄零

二

卓爾爲懷抱螢光亦自熒浮雲歸海滅拳室露天
青步澗峰巒小蘭芬草木醒秋風未蕭瑟相望數
星零

及門多子自蜀中寄書凡數次矣寄此述懷

心至無遠境一書萬里傳何曾蜀道險不盡暮雲
懸念汝追隨意于今歲月遷西南好山水奥竅是

青天

寄懷陳九理堂

獨識數千里清心遠佇余寄懷詩在卷隅歲望無
書潘岳花今發謂潘大沙隄長康畫久虛感亡弟蓮溪也天涯
時極目鴻鴈莫徐徐

藕怡詩鈔次卷

藕怡詩鈔三卷

興化顧仙根藕怡一字金香

夜靜步階下月示同客孫二山

新月懸寒光高樹寫天意石逕鋪參差風動影嶄
離舉步繞我身步過仍依地天地冰雪心上下無
纖翳扃戶久無人雙客一園寄

題張平伯松楸丙舍圖

非雨亦非風披圖何凜烈子行半天下親骨歸于
穴淚濕不到土骨寒那更熱我亦抱終天對之腸

斷絕人生重百年舍此復何說君今爲此圖親顏
不可接如聞紙上聲盡是眼中血

金陵送孫大一郵回吳興省試

三載客江南得君昆與季愛物有真懷兀傲風塵
寄幾月一會面欸欸言其志今日送君歸令我增
憂思珍此大厦心當爲斯人庇極目盼長天且展
青雲翅

京口贈伯山張五

細雨濕敝袍談笑識君始我來方三月未晤心已

邇訪君在深巷秋月夏陰裏花草雜階墀一室大容几白髮娛老親青燈對書史沉吟句必工刻畫求其是傲然意自足食苦如食旨薄俗慕峻節倘未測涯涘交游鮮當意誠不以我鄙登高曠懷抱特兀山與水兩點墮江流金焦相對峙

同人放舟金山歸集臨東亭餞別陳二少鄒回會稽分韻得草生二字

送別亦何速登山恨不早離懷苟不縈雲物看盡好山僧笑迎客躡步恣幽討見屋不見石使我心

煩惱嶔奇由天成丹青賁後造窗開對綠焦鬱是池中島兩山如弟兄一水氣環抱微渺天際舟江樹大如草

二

東望不可極直欲窮蓬瀛萬里來奔濤浩蕩開軒楹各持一樽酒酒綠天光傾空濶自古然一夕會友生世事既有常聚散亦有程一葉下吳江迢遞山陰城高宴凌雲霄夢裏猶崢嶸微風侵温顏冬暖如春晴新月飄素影煙霧羣山橫

題枕滌書屋贈筠齋主人

愛君窗前蕉葉落旋復生幾日方紉稱幾日俱長成有時不見君對我如含情葉葉搖清風淅淅微有聲窗內會友朋窗外新光迎惜茲盈尺地葉大難縱橫念我數經過未嘗問陰晴談笑無雜賓君家弟與兄我有同心友會于此訂盟嶺南既迢遞謂陳二少鄒冀北又遠征謂鄒九霞城聚散固如此萬里思腸縈猶憶初來時簾垂酒滿傾送我出門去門前春雪平

京口龍埂寫望

雜樹亂無紀蒼翠中生煙背山望江北遙映江南天天際我所歷黙契峰巒巔今我陟崇岡白雲天半懸田渠耿夕暉霜野鳴寒鳶胸懷本浩蕩對此心超然竚目亦不久延攬皆有緣新碧無冬春江流石一拳

十月十三夜同人訪張伯山郎至板橋翫月

昨夕月在雲今宵月在地皓魄有顯晦我無凌雲翅石徑履難平曲巷光亦被叩門有袁安一燈書

强記壁上花有影骨勁影不媚新茗薦佳客清味醍濁醉緣河陟層橋林木鬱蒼翠逶迤不半里萬壑同深邃橋高月在中纖雲盡趨避我欲揚其光鑒物無虛僞我欲被其華澤物改顦顇天地旣空濶余懷亦放恣平土即蓬瀛霄漢安有二恨不見姮娥肌膚愁曝曬

送鮑綺堂歸蕪湖復之大梁

交君十餘年見君方幾面安用見面多深情兩相眷江海促前驅煙雲看屢變豪宕本非狂清介乃

眞狷濟物有同懷寧徒事筆硯時時發高言驚人如掣電莫謂風塵中漫識無爭羡天寒日不長長江飛匹練歲暮送君歸君歸遊未倦所遊我售歷車馬寄遥戀

冬日同人遊煙雨樓

紅葉濕朝露影在清波裏楊柳綠未歇參差尚遠邇坏土亘中央斯樓終古峙帆檣隔岸停讓出一湖水何用打魚聲臨流已見底回環映房櫳分明望數里清極轉迷離悟得煙雨理今我飄然來相逢有吾子搖舟未肯渡回首情無已

丹陽舟中作兼懷京口諸友

杳渺辨雲樹良久舟所至及至更杳渺終日望天際風逆水聲聒村寒日影媚客心貪向程爭涉恐不利上天覘羣動百年同一類我行非悠悠我懷常惴惴行止有定端寧曰我非智我有平生友京口橫蒼翠

黄約領畫荷花見貽并作采蓮詞十首依韻奉酬

葉亂不可數蓮花高似人一聲欸乃去語笑湖池

濱

日落碧天際迷離香霧泫澄潭千尺深托根原不淺

冰雪久爲心華實空中結惆悵美人來含情一采折

我欲遺所思幾載不相晤此間朝與夕一水可常渡

颯颯風雨來葉葉圓如笠卓然見高枝白雲天半

立
色相真變幻芳心護曲塘昨日化翡翠今日巢鴛
鴦
弱柄何亭亭新緑亦飄渺萬竅本天生安得如君
好
空淡出奇秀異采同枝柯不是一湖水不見千頃
荷
采蓮莫辭苦蓮苦味愈旨甘苦試同嘗此心有如
水

貌花能貌情靈氣筆端繞尺幅搖新凉數枝在煙
杪

客窗前新桑盛發晨夕對之所謂其葉沃若
者也因賦是篇

遠客憑危樓跡滯神已往桑樹緑映人濃情與我
兩葉厚翻有光風搖在葉上葉裏采桑人空隙見
紅掌不聞笑語聲但覺枝葉響東園桑葉早西園
桑葉好各各自愛惜一采莫便掃滴瀝細雨來雨
潤聲不燥甚愛此邦人衣食固有道豈不識生理
我行亦顛倒繾綣對此樹此樹慰懷抱

自嘉興之杭州

一程復一程送我行不已問我行何爲看雲但自
喜樵李古時强歷境思往士豈不貴深謀泉清陰
緑裹繁華固足耀寂寞亦有理探物求其原獨坐
惟一己挂席風愈來不愛去如駛林端見遠影處
處好山水

至杭州留宿舟中一夕

泊岸即辭舟轉覺舟可戀客子畏投人有如鷰幕

燕以兹一夕留慰我千里倦古驛集行旅昏鐙明
遠甸闤市夜猶喧聽語聲百變雲際何空明深白
湖光現奇采透青霄秀氣歸羣彥此心忽浩蕩我
游亦可羨疇昔勞夢思明月眼中見

過吳門訪謝五蒼筤于郡署把酒話舊而別

一見信有緣不然舟已往白下兩分手八載如俯
仰今日開歡顏髮白氣蒼莽君詩付棃棗不愛時
賢獎閑篋陳几席故人有真賞至性透詞表真氣
爲鼓盪我以所僞疎負米不充養莘物智有餘逢

人顏亦强慇懃一樽酒何以謝塵鞅舟于不由人日暮催雙槳新月吐光芒白雲千萬丈

之餘杭道京口與張伯山晤

維舟京口驛見人問張五路滑履不易細石沾新雨過橋春樹綠果然猶閉户淸晨未盥漱淡墨臨帖古幽居貧亦樂衰白力恆努愛君頗有人拒俗不受侮風塵悲壯士歲月無小補見面聊勝夢有懷未曾吐行客莫多愁雲山不勝數

錢塘湖上作

青青水底泥苔厚平如掌荇藻立亭亭枝葉波心颺淵洞鑒毫髮游魚不入網朝出涌金門風輕送蘭槳得此浩蕩天寬然一俯仰南山日照耀北山雲滉瀁橋影半空落塔勢崇巖上孤踪攜僕偶此心與湖兩何須選勝游但任扁舟往

昭慶寺

崇閣敞朝輝超然雲物秀金碧多潤氣澄湖在其右長廊見僧房窗明碧紗透飯熟來衆僧轉嫌僧不瘦深室誦經聲列坐皆錦繡城中作福人老婦攜少幼粉氣襲古佛香風動芳袖觀者口稱說云是華貴胄習此不知非誰爲風化首

午日錢塘客中置酒自獻

我實不飲酒置酒須一樽陶然慰佳節但飲無與論焚香還讀詩不出湖上門忽憶紅榴開今日花滿園

贈客

客行既多日見人非一顏顏色亦甚温客心已先寒如何幽居士不肯早閉關咫尺常萬里語笑成

波瀾但自得寸地不異雲在天浮雲本虛空變幻已自仙金玉蒙塵埃賢聖俱好頑豈無知心人豁達誠獨難

苦雨遣懷

客齋無外喧簾垂坐不出耳目有聞見瑣細如家室方喜晴最好既雨又數日滌硯墨花香展卷意態逸我向湖上天澄空一放筆

蔡大景曾先客湖上及至訪之不遇悵然有懷

停棹由吳門訪君至湖上湖影日悠悠羣山四面向我友惟蔡子眞心絶虛妄爲善信云貪年來常抱恙頗知草木性未若情懷放飄然兩三人空天載一舫以我所歷境知君此俯仰祇此一湖中雲陰千萬狀念子非尋常竚望空惆悵

奉懷曾賓谷先生

窗開逼霜氣早旭已入屋几上生輝光纖塵無不燭我身忽在茲寄食類轉轂慨然念夫子此心何往復春夏接温顔語少告別速大才才所歸無才

非骨肉位置因其人親疎共一腹不欲已有餘常苦人不足高齋吟誦聲文章紛簡牘萬事待經理情得一寓目黄河自天來直下千萬曲人常窮其源莫作字句讀百里未云遥徒令意常蓄馳驅數十載出語忤時俗夫子謂不然闢境不嫌獨奥竅本於心琢心如琢玉寧論古與今此事有眞脉感茲懷百年依人愧局促

龍井 此下至采茶學使阮芸臺先生招遊之作

陟山凡幾重最上得龍井少坐憩流泉欲汲無素綆憑高俯來徑蒼莽翠千頃竹木石蒙密雜亂氣清整林外一痕白透迤盼湖影使君眉宇秀淵涵與山靜江子本故人見我情耿耿寧辭幽必踐祇覺晝不永老龍井何處欲尋數里迥窄徑行愈陰良馬足不騁披榛茅屋後一泓乃眞境僧菴曬新茶窗開萬山嶺

陶莊

玲瓏愛石狀爲問陶莊路叩門久不開一老空園住積階擁萬綠當軒見直樹層樓踞其巔危徑不

可步一石中開闊寛然大門戶敧側成橋梁零落如破瓠石竇乳常滴暗流細無數人巧費雕鐫天心見陶鑄幾點荼蘼紅慰客情懷素如何轉寂寞靈異人不顧以茲惠然來爲爾賞心遇今宵新月好回憶水雲互

虎跑泉

入山意已遥挈伴情愈暢聳幹夾直道森列似擁仗傾耳泉聲來深林風颯爽樓觀無藻飾寺宇存眞象清流聚一池魚躍僧馴養問泉得古井即事

申前想石壁上嶒崚凹石下如掌苔靑水漠漠心靜滴瀝響立此亦須臾久客滌塵鞅出門見古藤橫枝東西長高嶺碧無極白雲在其上

花神廟

因悟花爭出乃知中有神神顏盡欣容歡然與我親我本爛漫懷爲此遷流身草木非奇質異采皆陶甄曲房旣窈窕回廊亦鮮新層臺敞高軒湖水波無垠靈氣之所鍾能使萬物春拜神前致詞何以慰風塵

湖上春歸

暝色載一湖搖颺煙不薄雲紅霞忽明變幻亦難度林巒吐秀氣幽人得其畧深心入杳冥回首見城郭意愜已忘歸更有來朝約

理安寺

升降陟崇岡連翩試輕騎行行漸空曠數里蕩靑翠靑翠中隱約高見理安寺峻木倒逾澗修竹圓且膩窗影互參差疎處日光媚列坐各欣賞穆穆動涼吹泱漭得其天葱靑遂恣意綠徑靜不掃敗葉時墮地良遊未蹉跎斯境獲不易人不具靈性亦不瞥幽異上有法雨泉淸液奪庶類羣僧煮新茗試此味澄泌日落風亦起馳驟出深邃以君偕樂心幽懷入夢寐

水樂洞

入洞畏仰視峭石高于頭暗步躡滑逕晴晝忽夜幽石空泉愈響澎湃水四流我友發狂興大笑聲不休手掬一勺水爲我澄雙眸洞外方畏暑洞內疑淸秋垣傾亂草荒披拂登層邱石上更有池天

巧非人鏤賈氏曾搆園盛事遺靈蓋造化本無心安用區藁藉我自出奇幻人自恣冥搜

南屏

摩天石爲屏結構因嶔崟綠樹各爭長山高樹亦隨入門不數武積陰涼階墀綠徑登愈高俯樓眺且危蒼苔隱古蹟涑水留遺委石上有司馬公鐫書空際鸞鳳翔手摩心儀之丹崖不可見琴臺猶有基湖光忽掩映天風吹紛披尋幽貴奧窔固不厭險巇牽衣陟絕頂最下那敢窺少立喘稍息揮汗神未夷

澗底見茅屋四面流淸澵林深日易昏安得久留
茲一步一回顧暮靄滋漫瀰終日一園閉萬壑千
巖奇

尋諸名勝途中作

湖光盪其外山勢幻其內湖澄氣薄天山深晴亦
晦晦昧進此身乃覿千萬態對我何稜稜懸崖大
石塊迢遞樹入雲綠密整不碎艮田雖無多頗見
人耒耒行者已忘情幽淸眷我輩前騎遥不見策
馬過山背

游理安回見采茶者作

茶樹將及人婆娑山岡側有枝疎不長有葉青翼
翼有女十四五映樹好顏色挈伴分入林林深身
已匿笑語戲同羣盛夏衣整飾雜樹萬千株各自
采所植雨露汲其精馨香美人得其下泉流淸其
上山蒯芳

京口別張詒豐

羣友送我行日暮不可住君家南渡口我舟所過
路與君共登舟深懷語不吐葉落秋氣淸客子莫

愁苦昏黑我方行不辨雲與樹岸上是君家君歸
幾回顧

晩步偶然作

旣飽忽自得不覺心神舒擧目皆可愛擧步皆自
如何以一日內或戚又或愉戚時怒所觸愉時喜
有餘愉戚本無端在我不可詎何況我與人安得
不相殊但於此理得入我無齟齬出門有大道新
月盈通衢與人共往來忘我爲羈孤

雨中憶所遊處

積雨不出戸湖山滿胸臆溪聲雜雨聲蒼茫不可
陟惟其最幽處邱壑愈不測誰肯風雨中一爲訪
奇特嗟哉我與爾造運同一奮相識在片時相思
澹無極

懷趙九筠齋兼柬顏四欽若

愛我有深意知君不盡言直道自古黜薄俗安足
論湖山靜窈窕客子娛心魂長志感良辰短衣念
舊恩盛夏樹蒙籠淸溪對君門詩文眷子姪閒暇
邀弟昆弟昆我夙好有念知常存吾鄉去不遠終

當共一團延之性疎淡何以爲朝昏

賓谷先生詠露果詩首二句云孤生才易遺此物吾未知讀之慨然增感奉和一篇露果吾鄉之所產也

霏霏上天露漠漠下地土露清土不濁涓滴合成乳靈氣不外洩深藏形已剖冰雪滌塵滓餘潤滋潛補中實仍中虛寧與凡實伍清淨進盤餐粒粒天心吐吾鄉煙水區物妙于此取產異自孤生嗜好難言溥吾師慮才遺幽姿不先覯苟不負所生

大造亦欣舞

林亭閟舟中郎事東黃約領

家居九十日非少一日辭家心懊惱東風不肯送行舟細雨吹風上樹頭樹頭綠色新如洗野鳥聲聲皆自喜水田傍岸農耕作幾家邨舍亦不惡兩日舟行未出鄉回首望鄉思繞腸頃刻風回去若馳人生遲速固有時故人先我到揚州明日相逢話酒樓

翼翼歸鳥四章陳九理堂同客河朔時作擬陶四章後余客金陵始和之

翼翼歸鳥自我庭除去必回顧來則相呼寧知儔侶以相憶匹暮宿朝哺及時不哺安用生雛

翼翼歸鳥載飛載翻豈無新好競念舊恩寒月在天借羽同溫相依不驚相得忘言

翼翼歸鳥爾來何遲天路翱翔豈云其違還知爾倦食知爾飢四海雖大不如一枝

翼翼歸鳥懷我好音之子憔悴實傷我心山亦匪高水亦匪深望風而招眷戀舊林

咏齋中盆蘭

幾枝亦自異用以蘊春和力薄開嫌早香清靜覺多垂簾成久坐展卷漫高歌欲語同心友開時且數過

自郡齋移館贈宋二六如及姪香亭

一榻頻移此浮雲去不休屋深晴後燥樹老客先秋朝夕因君語憂危覺夢愁故人何處滿江上有扁舟

白下贈友

久客恒憐客相逢在此間血心歸素友青眼識紅顏一笑緣難得千金願太慳故人俱磊落新月滿秋山

秋晨

清晨揮有汗今日暑猶煩虛牖凉侵入秋聲響易奔屋愁大樹挈風起亂雲翻冷燠須臾事天高不可捫

贈南城鄒九霞城

眦睨含真意揮毫亦自豪雄詞偏態度細致作波

濤客裏衣裳嬾人中步履高會當霄漢近振翮任翱翔

春夜感懷

少飲常餘醉窗虛夜色微薄衾寒漸減細雨夢初歸自信豪猶在如何事每非百年應不易未敢漫依違

庚戌歲暮過揚關舟中作

一棹輕于葉危哉寄此軀開關誠得勢征旅併相趨險監爭微渺輕肥屬隸奴前舟行已遠不用過招呼

歲暮柬陳二少鄒

家使幾時至君今歸不歸燈清憐偶坐裘敝賴重衣大樹憑風勁寒雲挾雨飛鄉心兼歲暮夜夜夢荆扉

趙入玉珩索詠盆蘭題此以贈

聞說經年種居然爛漫開爲余移到此好客望頻來隔戸雨侵潤隨人香暗猜慰君憐素質得句幾回催

立冬前七日枕滌書屋看桂筠齋伯山詒豐卿若殿掄慎之同賦分韻得遲字

須識冬榮樹馨香發滿枝只因含氣足不是放花遲珍重留芳意扶疎獨立時夜來寒已甚寧畏晚風吹

出瓜洲渡江至京口

綠樹漾天際濃陰壓短垣入村殘日淡出口大江渾欲渡憑舟子中流見寺門問誰容是海洶湧勢能吞

冬日懷趙九笏齋

空室當虛夜戶扃神未安僕僮言雜遝風霧月團圞萍泛原無定憂來亦有端如何之子遠幾夕隔江寒

同張伯山張平伯顏欽若散步至城隍山眺遠

空翠撲雲霨青青不改顏峰巒當巷遝平步忽躋攀歲暮人爭促天遙鳥去閒直西最高處道是五州山

望京口山有懷諸友

雲裏山爭見看山慰所思别來方閱月事隔已多時日短舟行速田荒野穫遲一江風可渡卽與故人期

見擔菊者入市慨然興感

一年風雨力得此幾叢花剪去向塵市依誰護碧紗聲華當自惜芳意莫先誇頗有人嫌傲無須索價賒

張伯山爲郭五庶中便面畫梅一枝屬題卽贈郭五

幾日不成笑一枝向我開問誰香入肺寫此韻如梅疎影何時落香風拂袖來知君心共素把握與徘徊

笏齋詒豊同夜話分韻限談字卽贈笏齋

莫説月偏暗清光雲內含半豪須藉酒久坐發雄談至友子寧直眞懷語不甘佳兒珍是玉目竚大江南

冬夕偕友閒眺

物情喧暝色遊倦尚忘歸日氣沒還射山光活欲飛骨清原磊落面滿識輕肥攬取風塵久何時得掩扉

和友人客感韻

晝長翻愛短散步日斜西天地勞犂動高卑遞暫棲好花開且緩過鳥去還啼掃盡浮雲跡崇巖暗有蹊

春夜翫月和友人韻

天上月爲顏行雲去莫攀氣浮深夜樹夢繞隔江

山王粲原宜客陶潛未掩關揚州車馬地于此亦
閒閒

和陸蓀軒閒話韻

出語不成用何由慰衆生風雷憑羽翼雲雨看飛
鳴歲月歸于盡賢愚各自爭吁嗟陸夫子與我有
深情

喜陳理堂自金陵回卽送赴崇川廣文之任

昨日雙魚寄扁舟已自回深情緣在昔執手又徘
徊議論知余闊交游愛爾才一官雖小別未及與

卿杯

將之嘉興徐秩南傳晴川朱文實同游餞別
秩南贈詩依韻奉答

昨日眺煙水我心向遠天離情已先別此意幾經
年淡泊秋暉迥躊躇友意憐清樽過夜半新月滿
前川

晨起過澥墅關

薄霧開微旭晴光宕曉山榜人催早起過客盡停
關水闊清逾厚林深翠欲殷當前誰曳槳遠影婦
音蠻

嘉興訪長白纏二述之時游山左未回

煙水吾鄉遠空明此亦饒方冬余命駕待友夢清
宵路路通微艇家家有小橋高林葉尙綠土厚不
輕凋

借寓

借寓分余榻登樓閱萬夫未能憂甕釋祇覺歲頻
徂天氣殊寒煖人音辨越吳紛紛誰自料一飯衆
羣趨

望惠泉山欣然有作

西北雲端黑遙遙數里間却看繞郭水飛動惠泉
山憶別經年夢相親此日顏扁舟搖又去未許我
登攀

雨中繫舟

繫舟楊柳岸三日雨中來嫩綠憐春色柴門對我
開好時良自負常客爲誰催莫訝今宵冷聲聲未
已雷

邗上喜晤儲大玉琴賦贈二首

久別頭俱白何人眼最青那知經過路開戶是君庭酌酒娛新意吟詩憶舊聽如何當努力未可更飄萍

又

下筆波瀾濶觀時歲月深世人爭得失吾意豈浮沈苦誼承家學空囊好客心生平重經濟汗漫至于今

司馬李嶧南先生留楊珠湖郡齋即景感懷

刺史賢留客高齋夜雨寒文游猶有跡懷舊豈無

端廿載前閣中林珠浦先生司牧此郡巢衆羣爭樹鴉鑾不避官當年偕宿處此夕夢難安時二弟蓮溪同客幕中

送黃約領兄弟服闋之官

愛君兄及弟握手廣陵城久別無多語雙官共一清桃花眞戀客明月與偕行我向眞州去輕帆不記程

辭家

旣去何須立庭前有杏花㓜兒方索抱嬌女解辭家遠樹連天碧春流與岸斜放船問風便舟子漫多誇

眞州贈俞大孚亭

揚州西去路我有意中人終歲常爲客千金不濟貧愛交能力盡出語最情眞曾約桃紅日扁舟一問津

出郊

一渠流水漫送我出城郊莫遣思腸攪何時客路抛暖雲低綠野風樹亂春巢數里村墟外他鄉界已交

舟過杭州數里有作

隔月前行路今朝我正歸人情新識好交誼故知稀一水開懷抱層雲隱翠微此鄉山戀客猶得見餘輝

將至吳門舟子取道至其村舍愛而賦此

舟子指家近深深綠水村凉陰潤晨氣新雨長波痕擕果遺兒女迎翁有笑言平疇秧正滿過客羡田園

藕怡詩鈔三卷

藕怡詩鈔四卷

興化顧仙根藕怡 一字金香

詠長生院古檜 檜係前明景泰時五道士手植

萬曲惟一枝生生自枯幹靈氣之所餘倔强存其半高盤僅出屋枯榮骨精悍婆娑歷空際指爪似飛翰植此數百年吾鄉人幾摸手摩心所欽破裂文理爛雨濕綠亦滋風動光不散道人固無形魂與茲形伴夜深月有影神龍躍星漢

夏日友人集瓢菴馬雲溪留飲

一水自西來脈脈遶城碧波細流不分斷岸如卦畫坏土大于瓢樹綠菴影隻入門即洞天境小僧所闢此僧去已久令我思疇昔 謂志一上人 隔河爭市聲呼渡來遊客馬子此誦讀吟弄娛朝夕開尊過新雨高談聚三益草深不見荷荷氣靜生席展眺暢懷抱秋湖在咫尺風帆去浩蕩天光向東白

題馬雲溪遊越詩冊

我回已一月不見越州山越山藏秀色夢裏猶爲顏空天走大雲盛夏方閉關峰巒時變滅可望不可攀君遊我所歷展誦神徃還

贈黃約領卽送入都

煙水瀦一池池畔樓影直樓西闢小窗窗迴天光得此中君所居朝朝弄翰墨翰墨有其原落紙生羽翼早晚赴京師逍遥服舊職偶及治民術談笑見胸臆馳驅數十載艱難具深識我亦久風塵不嫌運拙塞三月過京口我南君更北夢思亦已遥顏色忽我卽歸來君尚留遲遲戀鄉國一尊慰我歸轉問歸何亟愛我新詩卷贈我語眞特珍此平

生心去住兩惻惻攜手門外橋瞻望繫長憶

贈魏二雲坡時將赴錢塘

新雨濕芳尊春寒花未吐薄醉縱豪談深懷見情素君今方少年愛君多妙悟閉戶覽羣書出門達世務翰墨求古人古人有眞趣謂我得其天識我非章句二月湖光新君去湖上住湖山遠媚我但見雲飛渡曷哉望吾子淸心宰物具

十七夜與董滙川盂城西門外隄上步月

一水亘長隄歷盡往來路寒月圓已缺光輝向騰

注湖天共一氣瀰漫混煙霧不知千萬頃但覺茫茫素近岸見村墟茅屋亦可數危檣夜未停風細行疑住與子攜手好直逕有緩步緣河墳崎嶇雜亂郎長暮城闕在地底恃此尺土護吾鄉地更卑迥立東南西顧

題羅春圖柳陰垂釣圖

池定魚有影石平坐堪釣一竿方及水萬柳密相照陰深園盡綠靜覺物皆妙懷抱良已怡欲與誰同調嬉戲愛兒心牽衣顧我笑

同周大健農過家備堂兄客齋即至七壩隄翫月 時客下邳

河流本不深東西氣泱漭中天月已高輝散滅其朗不見雲龍山衆星耿有象披衣忽覺寒出戶一俯仰足下七壩隄洪流壓不長洪流自終古智力窮寸壤遥遥見帆影扁舟正前往壩下萬戶扃壩上風月廣人生倡側懷用此爲激盪

夏夜園中久坐

雨竟氣未清新月久乃出行雲互去來顯晦故不一行雲無定形明月有定質頓覺澄宇空消盡亦何疾今我對新月清輝過兩膝明明下鑒我繫此中天逸草木護一園蒙雜轉嫌密隙處露其光安得爲梳櫛生理及其時盛夏固無匹

園中閒詠

茄葉削如掌根株不盈尺夜露泣其上朝日光已射綠影圓蓋土映土土亦碧伴我有老叟植此頗愛惜愛惜共此土各自有肥瘠名花不可求眷我心以懌

冬夕與蕭李二子游雞鳴寺

晚食意不曠放步徑宏敞山色暮靄昏高高不可上二子興不淺勉我足力強窗開是後湖祇覺氣洸瀁蒼茫靜有聞默坐久堪想大山與衆壑包蘊有此象憑欄立不移遠火烱林莽以我所攀境俯視幾千丈莫以瞑不見茲游遂不暢下山亦何易忽已即平壤新月迎我歸山上八語響

酬陳二少鄉自山左寄書時客白下將歸

萬里有所贈昨歲風雪至自粤東寄端石二種今朝歲又暮

得此尺書寄以茲感故人如何離寤寐故人越山
海所歷半天地素質弱不強身勞心益智白下憶
攜手羣山鬱蒼翠羽翼異分飛歲月試輕騎夏北
冬復南我客何造次寒江買棹歸道路成底事君
歸鄉更遥夢兒方幼穉努力莫紛懷與君爲仲季

金陵客舍哭葉詠亭先生

寒雨上孤舟又指江南路城中有故人催我不能
住去去向瓜洲深夜方子遇（謂春臺）方子爲我言故
人即長暮念君非一懷傷君淚已注抱病幾經載

閉戶謝塵務腳疾時復愈扶杖聊展步昨歲秋兼
冬一年喜雨晤揚州得斯人有若披煙霧曲巷塡
車馬海內人爭赴百事聚一時片語無錯誤傾耳
時閉目對客情已悟才大運不終愛博累常附黃
金自揮去舊客時一顧識我非尋常悠悠不足數
即今二十載到處成羈寓磊落交難親高談俗易
妬時賢盡俯首（中語）君致書索我新詩句艱辛出語遲
今更爲誰賦幾夜夢魂遥江北江南樹歲暮廣陵
歸靈兮香一炷小室靜芬芳疇昔促膝處眞契通
冥寞我言寧不寤

夏日午窗偶成二首

屋角樹疏密静聞桐花香久雨見新日亭午日氣
揚窗開坐對此動蕩迎我房青天映其外白雲停
不翔相去若不遠隙處露其光好風時參差我心
爲洋洋誰云暑方盛已覺餘清凉

二

茗香茶一甌盈盈置我几色香味俱備澄澹有如
此以我無盡思目注一甌裏即此見淵洞渺若無

涯涘昔我遊西湖每愛清澈底雲物在其內萬象
涵杯水賞心安可知還以語諸子

田介人先生以母張太孺人節孝傳請題爲
賦是篇

我見田先生髮白意蒼厚七十猶嬰兒哀哀念寡
母寡母父兼師劬勞永不朽兄弟三四人失怙俱
黃口老姑及舅姑三世一身受仰事與俯育饔無
粟一斗默祝蒼蒼天我惟寸心有寸心亦何有心
盡家或守課子夜茫茫急難告親友賴此十指勤

未嘗絲毫負幸子漸長成覓食四方走得食寄寡
母猶自操井臼茹苦本如甘甘復苦仍嚮兒亦既
有子兒亦既有婦伯氏絕無孫子繼宗子後大義
素所明喪葬禮不苟隱痛親族艱棺槥厝已久以
我苦餘資次第營高阜人願天從之事事天所佑
氷霜數十年既殁聞
朝右
朝右
天子知心如皎日剖吁嗟田先生卽今成老叟報德

固罔極眞介誰與偶（先生號介人名與實稱故特及之）

題曾賓谷先生靑芝山下卜鄰圖

峰巒吐秀氣各自得其天寓目有深淺眞賞爲纏
綿尺素晴嵐開靑芝山在前先生此卜鄰展卷心
飄然山深徑愈曲良友來翩翩太湖千萬頃照耀
山之巔春時梅發花梅香花作田朝夕漾清輝天
際光迴旋默悟意有餘几上生雲煙

冬日同鄧槎士魏一亭登泰州泰山墩

數月不見山我身忽已高卽此一培塿亦足髣吾

豪青天垂四野飛鴻靜不號白雲去何極渺若江
天濤園綠無冬春所植非蓬蒿升堂拜遺像（寺供武穆）
王欲薦無芳醪志伸在千古寧用貶與褒吾儕貴
有爲嗟哉一綈袍

同人游光孝寺贈香雨上人

大樹森百尺巍然開廟宇我不見古人乃見此樹
古密葉直到頂亂下紛如雨映人黃有光白日正
亭午長廊入僧房細竹亦可取問師久不出作畫
手方住二十幾年别復於此相晤師鬢何翛然我

畏風塵苦靜躁雖殊途儒釋同一矩攜手久徘徊
看樹影飛舞古樹與高僧孰賓而孰主

海陵贈徐禮華先生

移家幾十載鄉里人爭思我今忽寓此數日一見
之靜室生古香萬卷書紛披過眼盡浮雲自蘊胸
中奇眞意與人深論事無多詞四海相問訊髮白
心神怡歡然喜我至愛我文與詩謂是見經濟如
何與世違立言亦不朽固非率爾爲安得持此言
用爲斯人規豈無譽我者譽我非我知歸來對虛

牖新月天半窺

湖上懷徐大秩南

徐子幼孤特負才人所忌舅氏爲父師謂子田舅先生叉御餘淚人物聚京師過眼不當意下筆輒驚人覩書闊宏議薄田不逢年生事頗艱頓及茲猶少壯未可多憂思我實愧風塵蒼茫立天地湖水千尺清湖山半天翠安得之子來評論詩與字

初秋白下趙筠齋邀同張詒豐李琴才游莫愁湖分韻得有字

層樓窗面北山翠一湖右平波靜有聲深碧濃於酒數里蕩雲光不見一帆走蘆葦自蕭蕭秋荷開亦久客喧我自寂得使香氣受薄飲不須多樂與素心友美人去千載物物無纖垢新月佇天中芳魂此其有

題顏魯公銅章名印

忠直有千古名與銅俱鑄銅亦有消毀名在神鬼護所謂眞其人邪姝邪能蠹嘗愛魯公書有若蛟龍怒用意更綿邈百鍊餘媚趣孰是含其天而不自流露紙上印兩字情性相與注朝夕之所親寧得曰非故罵賊乃吾兄怡然見公度

題楊忠愍公石印

金石固不朽眞性不可滅生平未了事見此猶凜烈形骸無百年不惜爲摧裂寸石留姓名完好無虧缺篆細有餘姿分明如玉切即此悟文理飄然含峻節猶憶滿城香冷石今亦爇用以辟邪惡庸懦當勇決尺素映丹砂志士眼中血

題顏季相先生祇房園詩集

文章由性情各自言其言濟物有眞懷安能棲山樊名園忘嘯傲王事勤駿奔薄俸雖未足臣職亦已敦學古不襲貌只覺元氣渾超然雲物秀巍然山岳尊語切無促響質厚如春溫是可即章句而直尋本根諳誦河間篇忠義乃其源先公守河間城破盡室自焚

廣陵春暮呈曾賓谷先生

歲月如不及美花相與爭我來花始發花開今幾榮花榮競新好各自含光英天地雖無言草木獻

其情此情實眷人何爲憂思縈艮時莫虛擲豈僅營我生營生尙無術悠悠將何成

二

作客每避客終日常閉戶未必寡所諾時恐多錯誤藐焉寂處身百慮無一補閒看雲在天靜愛物附土附土物滋長在天雲飛舞斗室自洋洋舉步只數武居然忘寵辱片時亦可取夫子吾知音有懷輒欲吐敢云千古事得失於茲剖

贈趙楚珩司馬

與君共眞言迄今幾廿載髮短黑未白清健神不改君居在鄉里我行涉江海江海誠茫茫知我一心在君適處温飽未嘗忘凍餒凍餒世有之此念不稍怠努力莫隨人百年無後悔

趙春波邀游湖上至尺五樓展眺

森森仰萬松高在山之岡登樓直平視一概青茫茫山寺忽不見積翠中所藏樹底人語喧雲際松聲蒼我輩踞其巔乃覺下界忙杳渺來歌音音與舟飄揚游情正未極林園隱夕陽安得久憑此晴陰恣徜徉

懷李司馬嶧南先生時奉使入蜀

瞻顔幾廿載高懷繫深眷雲霄謂接羽竟未乘風便所嗟奔走難固不在貧賤昨者月方賜蕪城一請見萬里忽賢勞春去夏已薦經時感夢思假道郎鄉縣鄉縣喜停驂江南實攀戀精心得治理所至俗能變有如藥去疾疾去全眞面人每失其方轉道俗不善眞懇由至性文采非雕絢中腴外自華避狂而守狷可愛莫如人一望霖雨徧

賓谷先生五日邀同人以第五泉試龍井茶賦詩用坡公端午小集石塔寺韻

午日試清茗一清百穢滅得味藏于胸豈僅在口舌盈盈光動前不祝我已噎泉與茗俱勝美並一無闕勺水探眞源澄濬中生爇乳化餅無形邪復知環玦石塔憶坡仙先生繼佳節茶固欲其白愛此白如雪色白味愈厚於以識高潔須知靈氣鍾舍此妙無訣我昔游其山夢寐戀凋絕持杯神已往萬綠山中啜

魏文帝賦詩臺懷古

君王多壯思立馬風雲開賦詩留遺跡乃在江之
隈江流日萬里遥映君王臺鎧厞晝横戈華鐙夜
御杯曩昔從遊士徐劉與徘徊割據勢已成東南
行當回一家具天賁實爲文藻才文藻今尚存霸
業安在哉

至郡城苦雨書懷

我身豈無爲常雜仕賈間仕乃分之宜賈亦寧所
難不仕復不賈驅我與往還人生誰百年安得竟

藕怡詩鈔　四卷　六六

日閒昨日今日雨深坐如閉關幸賴主人賢時時
有笑顔

贈儲大玉琴

去歲中夏別今歲首春晤別久晤亦速豁若開雲
霧見面慰所思不必懷盡吐賤貧戀友朋毛羽相
愛護肺肝苟不存語笑安足數愛我平生真贈我
新詩句文采孰如君誰復知其故朝隨揚州城暮
逐揚州路去者如過夢來者如晨露去來何紛紜
君但一心素

詩塚　并序

晴沙先生遥棃溪詩自漢迄今一千一百
餘人梓行于世賈君素齋以所剩稾葬之
錫山之下名曰詩塚索題是篇

我自西溪回錫山影遠媚舟行山在前宕漾知我
意（時方自錢塘回）歸來十餘日何嘗離夢寐及讀賈君文
下有埋詩地高冢樹青青千百吟魂閟吟骨化爲
水吟魂發清吹耳目有餘靈日月表新異念此一
邱土爲我千古淚立言苟不早人生一枯骴藏之

藕怡詩鈔　四卷　六七

得不朽還自辨真僞希叔乃吾宗桑梓情獨至嗟
君具苦懷經營善位置異世同其居今古心所寄
春秋一杯酒應與山俱醉

春雪和鐵中丞冶亭先生韻

春意入我懷但覺光風寒千樹萬樹玉如花明珠
玕上下共一色照耀錦繡肝艷陽寧過此愈識天
地寬浩蕩入蓬瀛何用起長歎

明府徐西河先生清明日邀諸同人宴集聽
香庵賦詩一篇次韻奉和

昨夕見新月行雲去幾般風雨久不晴晴亦天所慳陶令出佳句人與天舒顏招客集野寺徑小樹斕斑門前卽墦塚不聞涕淚潸紙鳶飛上天可望不可攀乘風得意時嬉笑童僕間望遠極微渺何處江南山衆喧僧自寂竟日開深關逶迤見曲岸舟繫綠水灣善飲不在多一酌忘我頑賓客各盡歡脫略繁文删真性見風雅此心嫻未嫻

珠湖早春何曉邨孫芝閣同步至小寺看梅

春日未開春雲覆朝霞滿樹紅出屋入寺看花花

幾株花心含笑風意蓄簷前往復奈花何花却無言情亦足我涉春波一棹來故人夜坐燒官燭晨炊未熟更攜手鳥飛不遠城繚曲試憑古蹟眺荒臺蹟名狀元墩同陟其巔雨濕煙寒畦菜綠淮海名游亦偶爾千秋萬歲留芳躅

圯上題吳秋塍所藏畫卷

秋雲不落光如銀秋湖門外波粼粼隔湖山色青無樹已覺清輝遠媚人故人家在武陵居武林湖上秋何如我曾放棹空中天至今夢裏猶嬋娟一卷攜來橫數尺層山遠近鋪几席我有阿弟號蓮溪弱冠弄翰古人齊卽今寂寞十餘載見畫含悽不忍題片帆歷歷來何處無數雲山籠煙樹知君夙昔愛樓棲笑指樓中是君住問君作客幾時歸且欲乘舟一款扉

曲阜顏忠烈公石印歌爲明府心齋先生賦

一方石光映人温逾美玉氣特真開匣出石几席新不語久視如飲醇篆刻細且妍有若天書飄渺生雲煙此石由來幾百載忠義不壞石常在獨不

聞邯鄲名不死於趙死於瀛天上七棺西北來果然一室成飛灰明末守河間城破盡室自焚天上七棺是其先夢也室成灰石不摧精英萬歲含其胎丈夫徒有文采非真才無益於世奚爲哉

齋中杏花初放柬友

花始今朝見空齋客未來早寒猶尚爾薄質豈難開淺白驕春色輕芳亦雋才轉愁將爛漫好雨不須催

倚楹

我來將及月，秖半已全輝。不語惟懸照，隨人得所歸。倚楹久盼望，昨夕尙庭闈。碧落雲何處，空明一鳥飛。

見白髮有作

髮白固其分，見之乃駭然。語君休自訝，清格亦增妍。所怪居人下，猶能夙志堅。青雲如可借，濟物本吾天。

贈黄小仲

愛君方幾面，贈我有新詩。弱歲依人遠，經心出語

遲。淵源承舊業，冰雪是清心。至性關風化，鐫雕徒爾爲。

下邳月夜

暗徑月俱白，清光人到希。大河流出沒，新露影霏微。獨坐久忘暑，家書望轉違。林間枝忽動，圉烏夜深歸。

得趙九金牧都中書賦寄

書去幾千里，君懷十六春。書中云懷別十六春矣 弟兄猶羽翼，世事共艱辛。白髮思游子，京華戀此人。一尊今夜遠，歸意莫逡巡。

白下贈韓大廉泉

京華勞遠夢，握手大江濱。未及言疎濶，相看問苦辛。蹉跎廿載事，傲岸一官貧。夙志何嘗減，俱爲頭白人。

江行早起

晨炊飯初熟，促我起披衾。一夢醒何速，長江望已收。乘風固如此，世事更無憂。雲裏峰峰見，光含浩氣浮。

歲暮辭白下返揚州舟中呈曾賓谷先生二首

棹發茫如霧，三山空自橫。江流逝者去，峰起白雲生。愛我曾夫子，人間奉主盟。文章與經濟，眞識本深情。

二

憶昨歸時見，清光倚戟門。新顔如舊識，一語勝千言。歲月流何速，高明心所尊。人生重知己，未敢漫懷恩。

重陽前六日學博史恒齋先生拱極臺招飲和韻二首

望眼遠能到，浮雲去已頻。一天淨風意，幾日得今晨。臺峙猶存勢，城荒賴有人。先生誠領袖，玉笏看嶙峋。

二

小池深是海（臺前池名海池），皎日照其中。岸柳垂垂綠，初霞隱隱紅。持螯先令節，把酒慰飄蓬。慨發見眞性，高言驚晚風。

題楊述堂獨立小照

吾儕貴自立，不獨爲身謀。會記揚州客，相攜上酒樓。豪情應無限，有願豈難酬。莫作消搖侶，翩然羽扇游。

寄張五伯山

俗好聞都絕，文章老更精。人生原不易，刻苦乃能成。容膝君居窒，縈懷我繫情。倘來重握手，山水看澄清。

荒塚（四詩和漕帥鐵冶亭先生作）

死尙爭坏土，墳荒土已平。賢愚誰辨骨，風雨暗含精。一飯人忘奠，三春草又生。莫言寥落甚，或者化爲英。

破寺

殿宇猶存勢，天光破處明。孤僧容少色，塵鼓擊無聲。徒有門空設，久疎客可迎。低眉惟古佛，靈豈在枯榮。

廢宅

華屋亦零落，及茲徒慨然。所珍皆瓦礫，不改只林

泉。興廢固如此，主人應更賢。烏衣是何代，王謝至今傳。

枯井

難言使我惻，井渫爾徒然。即已得修綆，幾時猶及泉。此中一自塞，何處問其淵。來往空惆悵，雙梧月影圓。

贈芝衫二弟

弟自才華好，兄還陋拙無。鄉人言二顧，羽翼比雙鳧。貧乃家傳久，高緣骨本疎。文章關性命，愼勿遂

時趨

鴻寄園訪渾然上人

隔岸似村落僧迎有笑顏門開帆自過樓小客常攀拘束參禪淺高閒得句艱貧猶能一飯終日水雲間

病中懷賓谷先生

快雨羣賢集京陰縧一園詩歌辭別久聚散此心存病使戀鄉里時如親笑言清輝照滿室冬月一何温

寄潘大沙隄

文章真不朽入世運同艱十幾年前別其時髩已斑論交惟子篤見面亦緣慳官冷路偏遠何時與任還時任和州廣文

藕怡詩鈔四卷終

彦湘詩鈔

〔清〕顧進撰

《彦湘詩鈔》九卷，清顧進撰，據上海圖書館藏稿本影印。

顧進，字彦湘，一字書升，號虚舟。清江蘇興化人。廪生。

本書扉頁題作『彦湘詩鈔手稿』，首卷殘，以下以編年分卷：丙午、丁未、戊申、己酉、庚戌、辛亥、丙辰、丁巳、戊午、己未、庚申、辛酉、壬戌、癸亥、甲子、乙丑、丙寅、丁卯。最後一卷爲補遺。顧進文有奇氣，性嗜詩，通曉詩歌源流正變。本書所載詩歌亦頗有可讀者，如《晚晴閒步》：『斜日射窗明，高天放晚晴。青帘猶點滴，黄葉已争鳴。饑鶻穿雲迴，鄰鐘出塢輕。扶笻問前路，稚子逐予行。』

（周　忠）

彥湘詩鈔手稾

魏儁署

排律：：

萬世游風雨滿天　歸裘杖

清河小寓夜雨

草閣眠難穩，笆籬響易驚。客愁連夜、

明夢短，家輕別友，新調許賡京口吳生同寓來朝寧

復待潮生

河口

望去平沙路始知河套長淤渟鼓
黃疲瘵沿流卧蛟龍帶雨翔清
蒼京

依戍壘多

小車謠、

車聲苦不怕山深來猛虎只怕草
衰不憂白日飛驚雷第憂夾道雜渠
露霑衣尸横亂高門卧穩夢方甲車聲咨

冷雨瀟瀟向客飛號有惡鴟

謁孟廟、

嶧山秀色世所希蜿蜒鬱伏忽欲飛造化得蓄數
千載亞聖應運天無違端水杞柳道術裂談天炙
轂聲勢巍口受我寡辯益力性善互拱天人徵王
佐之才惜不遇萬世師表欣有歸庭前松檜森百
丈餘攢六皆大十圍月夜曾經宿鸞鳳隨翳時復
騰蛟蝛褒崇祀典自世以漱溥詞翰何霏霏末學
瞻拜日已五更上馬魂猶依黃鐘瓦缶任錯置
聖鐸一振光重輝

平沙、

平沙萬頃近荒岡空曠幾疑古戰場匹馬西來衆
夜月莫教横笛奏伊涼

登莘縣浮圖

策馬平沙日已西欣從蕭寺接天梯茫茫鋪野連
青豫歷歷雄封辨魯齊下界晚鐘飛佈鴿出層清
梵駭醯雞興來不覺津梁疲共醉無人手自携

登冠縣城樓、

策杖登臨眺大荒晚風落日麦全黃人家樓閣炊
煙靜古寺浮圖倒影長垂柳千株侵遠道清溪一

曲艸漁梁老夫對此情無限忘却驅塵底事忙

早行寒甚

鯨鐘未北奇雞唱逼荒更寒樹風聲壯山溝夜氣清澈裘侵毒霧遠火亂長庚處處柴扉掩安居絶羨迎

渡漳水

紛紛人語雜車馬共爭舟風土更衰舊榮枯辨夏秋晨光晞露袂鞭影漾溪流沽酒家家市醉鄉何處求

虎邨

灰徑盤空入佛村曉增山色亂朝昏居人疊石當渠道買客揚聲出閉門小市蕭條艱得米空營粉澮恨留屯時平喜見戈鋋靜夜月雞辭酒盞溫

武安道中

晴光又上舊衣新山路行迴耐遠吟千里東花紫匹馬一灣乳水迓行人雲煙絡市家家境鳥語穿籬户户春見說武安多樂地他時卜築共誰鄰

十八盤

吾聞十八盤太行山之腹戟六九折坂於義亦相促叱馭走王陽視險如夷迷忠蓋激其肝膽以徇微祿我家湖海宿舟航性所熟一朝策駑駘兢兢猶集木翊此十八盤繚繞心目風從樹杪來雲向馬蹄逐前瞻獸若蹲側轉車掀軸安危判漸須往來雜歌哭更有斷碣橫剝蝕不容讀我志貪名山性命詎足錄登頓絶羈紲顛倒落空曲敢於析辟祥庶凜快意辱

陽洞

馬瘠僕亦疲險過魂猶悸前邨澗道住野店人情粹有酒不待沽有客先擁篲山色偪窗來轉覺山嫵媚紅楓映晚霞飛泉掛野寺旅宿敢求安得此竟忘睡

馬嶺

策馬上平陸攬勝忘局束山深時有人架木依岩曲數畝自足耕貪多恐貽辱轉境入崎嶇天風響空谷人穿藤陰行衣霑藤陰綠昔日宗藝祖倉皇馳駿足右緬太行巔遠絡潼關腹聚米亦徒然制勝由神速山嶺藉是名過者嗟碌碌按鞭發長謳猶適守粱牘

箕山口

馬鳴風蕭蕭逕轉箕山曲澗水激微波清音勝琴

筑亂流踏澗石水未及馬腹遠睇前山巔牛羊絲
相逐或驚或跳朵星星如鶯鵲自遠應傳呼牧人
馬卧足因之語造化動艱難尤辱許由爾何人但
向箕山宿此中藏太古浮雲日翻覆

過遼州

山風疎雨攪離愁獨客蒼茫不自由行到驛亭先
問訊罝身已在古涼州

橫泉嶺大雨

數日山行渴乞漿山家祈雨舞商羊橫泉嶺
畔注騾背吹來黍穗香

八賦嶺

晨起雨猶濆奇峰疊疊來撲雲尋古道𨶹石轉輕青蓮句
雷樹杪胡僧雜出山腰佛寺關碑文當職志太谷和界碑藏寺中
酒待濟時才

雲路。

雲路盤空上雷聲腳底回衆流歸大壑萬古納餘
杯把笋釣臨池去看松脱帽來惜無驚世句止益髩
毛催

曉入花郱抵陽邑

曉月如清晝蛙聲傍柳陰人煙遥識花古寺尚留

全地過峰巒合雲深麦隴侵揚鞭問前路雲又有
道音

彥湘詩鈔　丙午

興化顧進書丹著

新栽桂 山西無桂，鷺青自河南至

一枝仙桂半傳黃影射疏簾漫欲狂念汝遠來勤護植可容客土獲清香小山祇合淮南隱新月偏隨猶院長擬向天涯索知己秋風何處語行藏 時近鄉試

送水 土俗祈雨至鳳皇山泉借水得雨賽神為送水

送水名新拜賜嘉豐年樂趣笑無涯衣香髩影連三日西社東鄰共一家簫管入雲山色活茶瓜留客土風譁揚鞭莫遽催歸去十里喧闐油餅車

為楊簡齋題照

楊子餘杭英當代瑚璉器雖在束髮初已有食牛氣馳騁翰墨場儕偶鷙且避弱冠游京師才名動高位龍文鼎獨扛絳蹄蹴偶躓脫卻林宗巾暫從下式議十年驟一官前我還生喟昊天胡不弔雲椿遽見凋悴杜門請息游望雲空裂眥甲乙更冬春風雨千里至叩門者誰歟虎頭相共醉半面獲交新三語猶嫌贄攜手陟太行霜華適劍利詩情傍雲飛酒興對月肆縹緲五臺巔指畫了人事經營歲再新俯仰稀

天意遂使百里閒坐嘯成上治予於五月中得聞謦欬始邂逅斯人君豈久無媲秋風一葉飛松竹交加翠兩過泉流清處落道心粹一卷反覆思個中有佳味圖成走報予豪情頗爾異君看厥事人多為事所委強仕方有期功名倩誰記

為汪可愚題照

海鶴重羽儀游鱗惜文藻春花爛熳過長夏園林好修竹引清風高梧暢懷抱書卷靜自攜一甌事丞討茶煙颺髩絲空翠不容掃如君良足多從君慚予老

為瞿夢樓題照

桂樹叢生山之幽天香香香白人頭連呼大斗不稱意起看月下寒塘遊君家本是名公裔兩列便下齋齋有弟作宦走風塵更析暇日歌棠棣傳書叢裏擅能名春草池邊工麗製弟唱兄酬樂未央人間斗粟堪流涕即今六十成老翁萬事過眼空復空惟有壺中天現趣難狀枕檣耤趣光滴珍珠紅此時對花不復醉忍使秋月孱孱照吾影

松風瀑布圖為可愚題

松耶風耶聲滿空虬枝哭兀摩蒼穹泉源遠向天

外落白雲一片光熊〻側聞廬山瀑布誇第一濺
雪噴珠萬千日帝遣銀河屈曲隨洗盡塵氛空翠
出又聞黃山之松形若龍俯仰上下雲爲從不知
何人得此態留與萬古青千背汪君胸中有奇氣
長劍聊向崆峒倚燕南趙北走風塵老我才華不
嘗意朱衣猩笠穩稱身落〻天地就爲鄰潸向此
巖破寒穿忍使君寒村摧作薪中州徐君炳文興瀟洒
丹青獨出世蓋寫每逢人物寫其真況復奇才如
君者時乎時乎不宜貧之白玉黃金階而胡猶然
躑躅長松下

九月二日對菊呈墨莊兄

短〻黃花天五載爲憐傲骨拒霜開天隨牖譜重
箋出陶令攜兒策杖來更有何人堪對酒莫教九
日懶登臺雲山拱北誇三晉吟嘯還須濟世才

燈下對菊疊前韻呈在座諸友

山逕花農手自栽旋移鈴閣待秋開簾垂湘影蘭
風入屏倚銀燈索笑來棟髩無端換短髮行雲何
意近高臺明年歡會思今夕擊鉢誰稱絕妙才

谷中吟效香山體十首存六

大宅

宅第何堂皇連楹潤須長中有百尺樓東西夾甚
傍北戶宜夏日南簷納山光朱綠閒金碧簾幙繡
琳瑯四角如鳳翼臨風森欲翔工作動踰歲城堞
府相望借問主人誰頭銜萬里商去歲客塞北今
年下豫章舟航寄性命車馬迫奔忙可憐此大宅
宴坐嗇家娘

新粧

吾讀唐風詩吾慕唐風樸豈無酒與食不以展戲
謔豈無衣與裳不敢嫺熳著獨有新婦粧從此互
相角頭上何所有珠光拂纓絡足下何所有然領
映花萼衣衫串猩紅環珮紛繡錯在富日以新豈
貧亦不恧貂勒分外妍一名昭君套競市無前卻墓艸久
青〻千秋胡寄托

馬市

昔日黃金臺重致千里足千里那易致駿骨亦所
欲但存珍重心勿使奴隸辱朝策秦關道夕過漢
苑辱曲與人共一心功名擢竹帛今者戶口繁上
下共馳逐蹇驢駕羸轅疲騾任鉤輈有馬鳴蕭〻
見骨不見肉牽來市日中拳毛尾秃縮時無九方
甄驊騮空在目

鐵械

維天有五行偏勝害乃烈谷邑狎嚴疆土物饒生鐵採之為犁鋤三農事提挈範之為釜錡形模辨凹凸刀劍亦時須兢兢慎分別佩犢而帶牛龔遂無戒切鋤乃文教興而夏武事缺裘令奔煌煌肝膽有時熱無謂天網恢仇讎世相結寄語秘戈人出器非所悅

醉酒

南酒如韶士飄飄平骨仙北酒如劍客芒角森嚴鮮醉倒酒壚側不知誰為妍山右潞安釀佳名已有年其色濃於蜜其果小於拳連車載數百價值逾十千龍鳳僅莫僅滿腹汝陽空流涎西人猶古處肉食雜腥羶一斗復一石長歌柏馬驕區區奚為者戲侮壺公前

童婚

生女祝有家生男願有室天下父母心鮮不慎斯術谷邑雖嚴疆如續斷勿鄉所畀御輪兒其齡甫二七兩髦垂及肩四書授未畢有女屢同車羞赧未盡退還爾六禮成是遵何代秩吾聞河伯婦歲自民閒出茂宰謗安于荒涼計頓默流風豈使然

家食豈其吉

大觀樓

層樓突兀臨官道鐘聲灌耳雞聲早烽戟連雲千萬家青山西西爭迴抱有客提壺消旅愁晴嵐飛捲海東頭醉卧不知岡路夢騎黃鶴下揚州

石佛寺

與人作佛石不辭刻石未成佛何之出往無心我千載山寺空留石像在法鼓聲聞祇樹林適來布地盡黃金不衣不褐襤襤子長日洗缽白雲裏

王良道

家塞忽過王良道祇見斜陽動秋草車塵騎聲交衢馬通人語去如鳥得騎轄借問何如古人好吁嗟乎不見王良挾策飛工夫蓋共騁奚相待老

馬陵關

落葉紛飛石逕小行人遙指馬陵道荒蕎大字漫無遺秋月當空夜如曉天道山東多好還滅竈增兵空用巧從敬賢子幸成名衛足已斷孫智早

歲暮懷友十首

北郭詩人老備橋頭酒價高微吟謝俗客醒眼晶兒曹儉歲朋交略春盤飯飣勞登堂揖別路草色

上新池
脱畧劉公縣(西池)年來意若卒譚言黄白術獨見性
情真海嶽壺堪隱春蔚城柳漸新不知池上水活
浮幾負人
不覺七年別郎潜殊可憐(野子)放書劉子政咳唾李
青蓮門自張羅雀費空青賦錢春風多意緒吹夢
到君前
翰墨從君老(行實見軒)行藏即我謀計無三日別忍作
隔年遊門内埍虎窩山城鼓角愁挑燈湖(嘯)昔風雨
閲江樓
晩交徐孺子(李樓)清介近尤難家食湖田薄鄒魚從
彖鼻奇情翻古篆鍵户拒尊官循酒無他物蛸將
袖石看
城陽開別業老去即為家(酔雨)水笙涵生趣春雲龍
碧紗黄金屋作花白髪浩無涯回憶論交始雄談
鼓欲撾
憶昔追飛日惟君獨妙齡(玉亭)青袍猶落落白髪已
星星有酒邀同酌看花不暫停樓前玉樹放誰與
載仙醽
炎涼由世異君獨氣如春(青裕)好客尊常滿貽安業

不負所嗟千里足還作百年人(君第三子為予賓壻有清才不幸早逝)血
淚因君洒翻嫌老勝身
君卷西河慟(正)齋予慟李子遊相看髩種種此別悵
悠悠松栢氷霜屬開山歲序遒聲華崇晩節未敢
任沉浮
予已倦行役子今胡遠征(鶴沾)年荒田種水亡賊泣
春聲風雨何時共文章各自鳴登高望數子雲樹
捉含情
迎春曲(八首)
浩蕩郊原浩蕩春山光物態揔宜人捴知大造無
私育紅上梅梢分外新
簫鼓喧闐出郭門陽春有脚識
君恩試看旌蓋青雲外父老呼兒進酒尊
閲歲占年敢厭頻家家割炙賽芒神太平無象今
呈象祖賦金輸婚嫁新
春光依約草新抽簇簇爭看出土牛剪綵作鞭鞭
欲活妝兒橫笛過山頭
一簇祥雲映日開熙熙士女慶登臺漫誇百道魚
龍戲須識春從天際來
升底微陽回未回(東坡句)春工已染柳絲來誰家樓閣

臨官道擇樷無端户自開

擬買春衣作踏遊雪花霑袖也風流是日晴明飛微雪滿高

試探江梅信錫記并州是蔣州

霜雪年來兩鬢瞇錄何浪跡走天涯但教尺地如

春

釀管領雲山自作家

反纏頭尚 四首

自笑無根蔕相看逐水流一聲荻葉撊撩起滿堂

愁

究轉尊前舞青年十五餘容顏真個好惱我不如

渠

作聽魂先醉連歌月欲移銅甖高掩袖綠勝此君

誰

千金買一笑笑我千金少為此反纏頭歌殘夢未

曉

擬答 四首

入世歎無奇轉側邀君顧欲知意內言但會指夬

處

歎喉歌聲勞清響時一闋霜容滿華筵不知誰先

醉

人人喚阿媽情多弗若寡幾日過阿爹並兒嗣大

馬

一尺錦纏頭纏頭吾不愛風月自年年知音若鄭

賞

彦湘詩鈔 丁未

興化顧進書升著

人日可愚招飲因憶鄉社友

人日愛嘉招，天涯酒一瓢。燈明忘漏促，星聚惜鄉遥。賓雁橫南浦，江魚上晚潮。誰家開綺閣，依舊夜相邀。

山城清明小雨

跡跡小雨過清明，不見山城賣杏餳。春服未成猶擁絮，柳絲繞拂已藏鶯。誰家麦飯澆先塚，近郭禽田帶晚耕。回憶故鄉雲水外，一年容易客心驚。

柳塘 吴主人徐敬亭也

一池春水映雕闌，風蹙波環霧散攢。柳線搓來微帶綠，杏花吹落淺含丹。墻圍畫戟高齋靜，座繞清香白晝寒。縱目黃沙車馬道，何由仙境共盤桓。

對孟松作

春令已深氣猶蓄，嗟爾孟松特拳曲。虬枝只許老名山，誰令盤拏悦衆目。枉根徂徠世共知，歷戰冰霜天使獨。可笑橐駝不解事，擔向朱門一(僅)鬻。幾見凌霄百尺枝，低眉下首(苦)(敗)(建)荒山棄置應勿辭，巨室構才終見屏。大小局幹由天生，斗斧難

栖尺椽是

鳳山山長洪西堂招賞桃花

春風入座萼甲剖，桃萼盈枝出墻角。吹新納故宿霧披，弟子晨入退及西。先生本是騊父流，跌宕嘲諧若無偶。笑指簇桃為我言，花開肯來同醉否。風雨雨釀春寒，穿窠蕭齋鬱堆年，昨(寄)尊紀(挪)東。縱歷指其人得八九，亦知止酒(出)(無)(聊)奋君敦詩。意殊厚還偕(何)過山房，沈范孫尹閣韻久，就中汪倫尤可人，高樹瀾翻戲高吏。庄丹逸致趨尋常，灑掃雲濡齊集帚。少年秀出太郎翁，靜默無言(趨)驚鷹。如此良會豈易多，試移樽斝近花右。肩枝雜進百旦時，咄咄而辯寧惟止。黄昏日入禮告辭，銀燭旋輝客被酣。甕有名酒載餘杭，但少魴鱮貫之柳。不嫌地主供給疏，各盡一觴還一斗。(擘)取花枝射覆新(翻)手，(擲)蛟龍吼此膝。欲負多是云淺斟，逸罰敢無後。憶昔青年賭酒時，豪氣縱橫壓暴朽。而今兩鬢雪霜加，却懸自負忘年友。人生富貴信偶然，自顧此中亦何有。三千客路一身飄，難得酒膠長在手。他時結實獲宮墻，雲韻詩人開笑口。

同西堂游孟園及侯園看牡丹 四首

柳條跷地架飛絲攬轡尋春問豎遲鈴約名花圍
錦障虛無綠傍索新詩對山亭迴天疑近對山亭額王阮畱
坐樹風多午不知莫訝主人深避客孟園在郭外游園時主人不知
林從古主人誰
天子恢奇未易量攀林踏閣老猶強半池新水雲
銜影百尺晴霓石界開敢擬簪花成嘯傲聊因激
嵩吸清香鳴鞭何事匆匆去詩思催人別路長
山路迂迴東又東退思亭畔泉姑紅謂侯園到門題
鳳吾何敢卧轍看碑興未窮園內所藏古帖圖書皆佳白水自成
賓主意清詩畢就往來中於今誰守黃家法祇有
才人舊姓洪
嘉樹名軒証夙心更栽垂柳蘸陰深藏書自付兒
曹讀賸韻還須過客吟簾捲香清吹細細風和步
穩驟駸駸主人不厭疏狂甚芍藥花開許再尋

西堂賜和疊韻再呈、

攬鏡晨梳滿把絲功名未就恨遲遲一年不理江
頭棹敵豪空添山石詩側聽名園饒國色頻煩過
客少心知風流二老蕭疏甚果榼親攜藉有誰
覓雛鶴翼梳相翟弱羽何如老翮強自有閒情依
水竹不無奇趣在山巢春彩乍試猶兼架墨漬初
乾尚帶香一路好風吹小蹇連吟那覺去途長
鳳山劍翼古城東亭樹參差綠映紅應許尋春杜
牧晚敢嗟載酒子雲窮品題獨在驪黃外詩境都
歸冷淡中逍遙聲名非易及至今饒士說三洪
我輩論交重素心卑比坐擁望尤深看花畏見居
人面策馬何嫌放浪吟三月漸拋春寂寂百年大
半去駸駸人生得樂須行樂紅芍翻階不待尋

馮勉齋運餉甘肅詩以餞之、

微風吹葛衣夕陽上遊樹棚軒展賓筵飛觴傳從
吾丈夫志報國班爵不足數未秩六
天恩食祿敢忘補甘肅行有期壯遊獲未覩潼關
六扇開華岳三峰古西安舊帝都雁塔高可往從
此望酒泉到時及夏五飲馬城邊窟食魚河之滸
賀蘭排天半遠遠不在武此行以公至戒慎為之
主日歸林葉飛側聽東輪舞顏狀老風塵才名記
大府軟腳歡金尊一笑肝腸吐

遲荷為雨雹所折、

雨打池荷亦自奇亂風驚颭太離披夜來鷺宿空
潭冷移近蘆花有夢知

送任大曾咏入都兼寄子田省外 四首

客路三十外行年五十餘依人識短策知己幸相
於雲捲秋山霽寫合夜月虔平生仗忠信此日竟
何如
欲别難言别驅車上太行雲山皆北向塞雁半南
翔留滞徒爾相思恨夜長杯深君勿却猶是故
人將
少小盟肝胆蹉跎作老夫黃金幻欲語白髮眼尤
孤蘋雨分吳楚（儋禪仕金山衛 西江游漢口）新知慰有無都門歡聚
日曾占記萍
禮樂儒宗事（子田以禮部兼吏職）聲華海宇知脅飫堅骨性尤
不懈發詩奚味欲相與吹噓那有私金臺紛頤盼
望斷柳絲〻
洪西堂爲任大餞别在座高嶧川薛敦彝汪
東序及余歌以壯之
客中酌酒送遠客相顧鬚髮間黑白嘉杭高薛年
方壯小江渺〻一江隔我與任老偏淮東主人遠
傍吳淞空天風吹颺太行西圖成六逸驅馬策黃
土雲衣秋葉飛大雲西馳星霜易撤予黃金去不
來氣特恢奇恥鎖隙任君北行業有期來去離悲
轉增劉酒杯映燭琥珀濃胸中壘塊一齊攄箴規
切至語叮嚀徒以嘲詣盜精魄取散無端哥謳遂
幾人共此肝胆赤作主人置酒予作歌月光早射南
山脊步詹一笑牛斗橫門外車輪聲格磔
嶧川鄉友至酒後次前韻再呈、
高子開樽宴鄉客來從炎夏今露白一水同聽錢
塘潮兩界祇隔太行隔谷之中兮樂無央谷之與
惟子之宅軟衣駿馬快行歷晚却舟航事鞭策回
首湖邊（田昔）樽猶有相顧朱顔驚頓易自古傑士患才
多小兒苟求及徽隙西堂宿學困青濤鈞鰲公子
遠華劉長句空傳薛華歌跋汪賦抵金石擲天涯
浪跡亦何為特以崎嶇錄精魄酒杯到手莫暫停
回首高史背畫赤門外三臺齊若雲雖奔疾足排
其脊月光清迴燈影紅宿鳥翻飛聲磔〻
送可畏入都即以誌别
君家江以南予家江以北君如新發硎予如倦飛
翮未見參與商既見歡相得攜手眺荒岡舉觴招
暝色古稱太行險比取未遑息何意江鄉人於茲
共食檫慨發高吟各鴻接短黑君曰且停歌聽
予白胸臆弱冠游京師賦命諭轄混豪華蹈終南
扣閽潛記藏俯仰八年間文翰雜金革襆被充太

彦湘詩鈔 戊申 己酉

興化顧進書升著

將入京留別太谷諸友 四首

霜鬢蕭蕭一葉身為貪梳薄風塵鶴翎綴充猶淺溪龍德雖潛却異人靜對空杯消歲月倦移明鏡整冠巾山橋古寺留題遍未盡羈除是宿因

文章報國歎誰優說著功名即自羞十度滄江驚落葉六朝金粉弔荒邱著書未敢逍遥得賣賦徒然汗漫遊半百過頭不稱意又來西土詠登樓

雲斷山横白日斜朔風祇為一人加流連社友封嘉樹悵望江城隔暮霞酒似劍鋩腸欲割詩成夜漏手忘叉寒香習習侵帷入洋水仙開三兩花

客歲重新六自勞強簪春勝答春光品泉誰是陸鴻漸跳履曾聞張子房池上草痕吹又綠驛亭柳線影初黄離歌未穿鳴鞭去燕趙雲連入夢長

壽陽道中

夜宿壽陽驛不見壽陽城行行去以遠猶聽鼓角鳴山峰當半辟路險我意平風歸寒愈厲雪花密竿旌僕御仰面歎歔欷鞍馬勞此去三百里崎嶇晝溝此晴明尚却顧那容風雪横言罷日旋開天原夢魂殊惘惘旅鬢未經旬茂宰延迎厚以分司五臺後鐵面融雪汁敢云賢獨勞所幸無恙忒亦餘弄霏蒻轆轉不自充餬口寄他籬濕薪遭泉急往試百寮底猶勝計儒直翁雖髮如銀器量闊恢持白酒酌金樽前途誰敢測聆此意洋洋引領忘佃側閼闊九重深看君一朝陟所至宵上考奇珍不於折維予惜別離况當秋蕭瑟勁翮摩蒼穹豈以桔槔息

其眷儒生林間酒旗。出且與爾同傾

步上南天門

山行近午風微和，沙明水碧樹交柯。綫磴游行歡未畢，僕夫高揖南山阿。天門蕩蕩難以尋丈計，但見白雲出牖光嵯峨。驅車秣馬竭足力，攸此相望肩相摩。步行却曲如歐盤，蝸延蟻附紛同科。行未及半目花眩，煙嵐𣸣滅渺渙梭。人憐予老驚予健，意其餐霞得力多。豈知捫蘿穿木杪，脚跟溯熱蒸顏酡。清磬一聲塵夢醒，飄飄不覺天河呵。嗟冒身愈高當愈慎，失足千丈謂汝何。

憩松陰茶菴

松篁考出天門上，未到早聞鷲濤響。疑雨非雨午陰濃，補地田田何蕭爽。老僧對客事烹啜，白水松花當供養。燕南垂趙北際，中間不合幾尋丈。車馬絡繹氣特雄，雲鴻誰是堅牢象。交情得失反覆間，張耳陳餘千古樣。何似階前百尺松，歷盡冰霜戰象罔。杯茗匆匆俗緣看，出山定作歸山想。君今頭白更事多，茫茫去住將安放。

登南天閣

抠衣直上俯千峰，南北都歸莽蒼中。絶塞雲埋環似帶，浮沱波渺影猶虹。春阜雨長青青友，城旆晴連陣陣鴻。所惜鳴騶催又去，高閣難與老僧同。

同關

鮮色如積鐵，關門亘天裁。僅許高鳥翔，常遮半嶺月。我來春山半，關道餘雨雪。白晝長風號，所觸衣裘裂。古稱威遠城，石刻煌煌揭。誰知聖代興，中外遵一轍。化洽重譯遙，此關門屏列。老守寄峰巔，鳴笳弄金玦。日為無事飲，行人棄符節。

由固關步至核桃園

嚴古樹木稀，道險我心怵。前瞻運無窮，後顧形岩屜。怯石當路蹲，礪齒斜飛逸。時有負販人，吹簫市粟眾。佳趣偶一遭，長謠送落日。前村炊煙橫道，我石龕出。

晨上小鬼峽

我上鬼岩嘣，我行鬼似扶。陰風吹石壁，嘖嘖鬼揶揄。問我來何方，汝今何所圖。江海浩無涯，胡向此間驅。怪石疊疊起，塞沙渺渺俱。僕御慘相對，鬼其瘞我軀。鬼伯須謂我，汝何見事愚。不歷崎嶇盡，焉知坦道娛。前林日東上，使我顏色敷。

連雲峽

日出雲亦起雲起峽又來雲石本一物太古爲胚胎散爲霖雨去淋氣亥蒿萊鞭之不可動車輪損以推縣亘五十里破碎疑千堆安得平君砥使我策杖來

昌黎詩亭

淋漓大筆天所賦韓碑莊雅同韶頀河北強藩斷次歸一紙滕遣往來成當時爾誤爲何人平原輕擲嗟已誤及今著作首昌黎又以漫試藩臣拙太行之西涂水清猶記感慨行吟處亭前車馬去若雲郴彤個行人不首回步頻

過真定游大佛寺

驅車真定日初吐真定佛寺大佛古且往觀之有意守僕夫停驂爲予舞笑指東南樹接雲下即唐家布金處此去行折本無多盍從佛地見初祖入門跚踏不自安脫卻花衫拂塵土撞鐘伐鼓畢雲閣海會從來驚再覩祥光如月散爲室丈六金身現卓午經幢寶蓋妙無方聲聲醒喚悲鸚鵡九州昔衆本自殊甘露一滴崇朝溥佛云阿那鳩什智萬千至此揚息願以弟子歸心地煩冤今消涼那知疑疑毋工圭與組老僧拄杖出户迎兩廡夾侍

莊而矩自言楞伽久不看惟水一盂香一炷人生了都無家禪何難制得床頭布閒僧半偈許如槩登車趁有踏破靴

復堂先生臨高司寇小景石刻 小蛺蝶圖一 枯木竹石

江南五月綠漲肥如花蛺蝶牽人衣江南九月露華白竹堅石瘦木葉飛滕蝶妙備漆園趣蘇石哭瓦标老蘇司寇弄筆兩兼合更得復堂窮其微好事何人工摹勒遂與袖石同晶輝流傳高門忽零落至寶思使渝煙霏買夫一見驚奇絕典衣購買往寸歸懸之小閣栩欲活長箋大幅空塗揮在昔韓公有妙句得此已足飽我飢神物合離詎偶爾側身懷古心依依

朱野雲趙蘭庭合畫竹石

野雲畫石即是石歲月陰得長苔色蘭庭補竹碧摩天意態直奪蕭郎筆二妙風流不等閑合璧吮墨兩相得即今夏日烈如焚撲面塵埃汗難拭一入軒窗對此君清風蔌蔌翻石鮮渭川千畝雲時移墨池躍出蛟螭黑白笑白首客都門刻竹題詩難爲役

憫忠寺松歌

日下茂林不易得，懸忠寺松詩第一。關門訪禁物象教尊，游人引領慚無翼。却從側逕歷阻深，松陰靜對樓陰直。鐘魚梵唄聲入雲，在昔京觀猶雄特。征遼再駕運益興，魂歸青海天爲黑。豐碑百尺殿當中，異代摩挲情惘惘。我來春寒氣未舒，步武松根意蕭瑟。安得夏日返炎曦，坐蔭清光搜史迹。長空鐵幹風雨來，虎嘯龍吟舊吾輩。題詩且報老頭陀，寢兵即是無量德。

孫葭湖招遊慈仁寺爲雙松歌以贈之

近日逃暑苦無計，孫君招游慈仁寺。一逕蒼翠欲霑衣，不僅松風可人意。升堂坐階花事繁，夜合蒙茸曉猶睡。綠槐爭長倚欄生，風裏桃子等閒棄。獨有雙松氣特雄，踏踏東上更無倚。老孫指點爲我言，此是前賢游宴地。漁洋竹垞互主盟，蛟門愚山亦狎至。闌中夫子（許天玉）擅風流，雄談岸幘淩雲委篋。松古調迥君行（漁洋爲許作），碧色蒼煙蟠篋筍。走尋石刻嗟無遺，僧雛那記當年事。毘盧閣與雲霞通（殿後有毘盧閣，高百尺，憑視城外山林如畫，都中猶爲甲，亂後以地震傾圮），尾礎無何人驚避。由今溯昔數十秋，山門猶是舉已易。惟有雙松老益蒼，相對屹立長身寄不怨。終古飽風霜，要令千秋走魑魅哉。

遊惜晚，事莫詳，君目較親跡已異。兩兩相看感唱深，後之遊者誰其繼。

明潞軒疾

相見無多語，相違百慮煎。對人慚白髮，寄食祇青氈。羈旅天涯共，風霜旅館偏。韓康近入市（兩次再入都門），知已到門前。

贈榮山兄

官界道不屈，身退散如仙。梅福徒爲吏，耳易于今是。馬生兜能篤，學愛客昔無錢。語及蓬飛始，鴟原聲滿天。

京城鮮果五咏

曾聞仙杏倚雲栽，不意親嘗玉核來。香味襲衣能欲退，殺教奴隸白楊梅。（白杏）

桃實盈筐未足多，冰桃似斗舞仙娥。未須劈破撒瓊液，試問東方生幾過。（蜜桃）

淺碧輕紅體態盈，蘋婆風格自傾城。相思不必惟紅豆（俗書蘋婆爲蘋婆，華言相思），猶羨露棠陰（檳與沙果根近）緊容情。（蘋果）

不事胭脂點絳唇，微如蹲子白如銀。莫嫌種晚成奴婢，只恐夫人避一顰。（銀桃奴）

蒲萄滴乳欲成冰，纍纍清光翁思凝。風露滿天人

静後洲乘屋角影扇聲馬乳蒲萄

送劉二西池旋里

一笑三年别三年竟何成卿酌都門酒夕飲劉公榮酒味薄以易此心不可拔秋風上葛衣惆悵金臺别淮水碧悠悠望遠遠益愁楓葉隨征蓋蘆花拂去舟到家傍九日紫蟹紅菱滋高會酒頻沽幾人閒歸盡

再送

君與白雲似來去何無踪白雲向我笑影落銀河千秋風忽吹散天長夕漫漫我有一壺酒遠慰孤舟寒酒行不覺醉悲歌夜已闌明年树桃李君勿厭冷官酒錢可自給瘦膝腐儒餐

湯秋林閣後作墨蘭留别賦贈三首

蘭有同心思有神拈毫早到楚江濱夜来微雨敲窗語北地麈沙障美人

重陽節過菊花無酒興闌珊狂欲呼湘管瀟成驛客佩知君袖有洞庭湖

夜雨縣縣夢不成鐘來遠寺近殘更牀頭尺幅饒香韻畫意詩情兩地明

子田招遊慈仁寺瞻拜窯瓷觀音

道子墨跡世已稀惠之捏塑近亦朽範銅鑄金事莊嚴詎若窯瓷慈仁閲世久大士神遊遍八埏南海普陀亦其偶觀我觀人理惟一叩之若見從斷否區區變相意何為萬古千劫一瞬無中有沙石瓦礫塞道塗成毀祇在反覆手惟有空人外形骸徑寸靈臺千萬壽匣藏珍重不易窺由元迄今歎人口毘盧古閣任摧頹神光仍自依尸牖風吹木葉秋已深禮向瞿曇獨厚燭炬生蓮蓮同榮澗水求珠珠忽走須知心把即如來勿向虚空泥首

吴鐵儂師任平遥擢巽來京賦呈

師之可愛如冬日相見京邸歡膠漆鍋予白髮捋予鬚還索旅吟親點筆十年洞别夢魂通山右羈棲咫尺失此恨縣縣昵語誰燕臺忽覩喬松貲平遥婦孺卧轍留大同遮邀行盡腋（丁未冬承攝大同篆時）坐榻祇餘子敬氈行囊半雜平原帖吏治古推漢獨從吴君賓錄班生逸今向先向訪康能我師行復書第一大條闕鑑本至公褒語早自彤庭出他日聲譽軼龔黄好借春風暖詩律

贈韓大康泉

海陵韓子負奇氣，神交廿年謀面未。側身遥望黄
金臺，駿馬名姬挾策來。所恨一西復一東，雲龍上
下不相從。春風一夕過我室，說詩論畫愁難匹。功
名鐘鼎君自有，與君入市飲美酒。

代寄 胥夫家題寄杖圖，因勸其歸。

寄杖不見杖，母心隨兒往。兒去八載餘，母積八載
想。夢中喜兒歸，披衣還揭幌。親捫兒身塵，損忘飴
背癢。呼媳具羹湯，且停中夜紡。指杖笑謂兒，兩眷
衰年伏杖，在母得將兒歸，母得養兒，轉捫兒背夢
覺空兩掌。鄰雞雞下啼，霜鐘雲外響。拭淚淚成珠，
呼兒兒安仿。即今柳絲柔，從風任飄盪。走馬折作
鞭，游戲金臺上。可知倚門人，白髮三千丈。

四月三日錢秋浦招遊法源寺看海棠

夏日初長晝無事，滌硯閑臨禊帖字。門外翩翩故
人來，邀我看花法源寺。風塵以車輪飛，游踪錯
落先後至。鄭柳斜向短垣披，法鼓高從經堂罷。香
煙依棟淡無痕，梵唱入雲神先會。薊北高寒花事
稀，此間密密真得地。丁香無語玉鈹空，夭桃[illegible]
脂蓋臙金蓮彼帶雪綴紫嘖嘖。稱雄誇特異，一從

西第見仙姝，始歎前言許太易。枝條綽約丰格殊，
所惜紅顏君神悴。白頭似我最憐渠，過時不採
終棄捐。昔豪許定惠東大蘇，勸飲豪思婦然一
笑。竹籬空遂使江城護嘉植，其時還多好事人，稍
尋亭臺任游戲。拄杖敲門去無時，酣歌忘卻月如
寄。我今瑟縮的難工，況遇錢郎鷙欲避，見笑花枝
嗤我頑，脫衣貰酒從君醉。

龍尾硯歌，為陳子賦 硯三寸許，上鐫下洞，池柱如珠，刻東坡字，背刻軾字及坡印，後二短足如琴。

未央銅雀瓦已碎，邢許羽陽猶絶奇。世人耳食重
上古，遂使偽贋競刀錐。吾思古人創物意，命名揣
象制不移。硯自為硯瓦自瓦，瓴不瓴哉翁矣疑。後
世文繁智日鑿，端溪歙石互爭持。南歸北辟苦紛
雜，青花蕉葉雜贈遺。日久寧枯磨不出，歙硯新參
中書居。牛毛金星紋匪一，龍尾憍恍移於斯。東坡
學士銘鳳咮，繼以牛後肆詆謨。及見龍尾纖口語，
波瀾濤捲騰蛟螭。鐵綱沉江重大索，一笑遂結千
載知。陳子嗜古饒識力，何處覯得鱗之而。面刻東
井背鐫字，蹤從一勺還雄詞。其製形模難究詰，毋
乃好事之奸欺。此硯雖微靈氣結，何事吹毛故索
疵。譬如數傳及孫子，丰骨猶餘遠祖姿。文山玉帶

名硯世珍重米老硯屏今尚在十眉環列多棄置寸鐵磨穿良足悲搜奇攟摭逞想捧花盈髻星滿滿摩挲再三好將去玉堂揮翰為君題

同孫葭湖黄潞軒遊中頂四首、

雨餘沙軟碧堤長入夏清和遊興狂燕市狗屠今已沒天邊鷗鳥暫相將水田漠漠雲容靜山寺陰陰午吹涼試看小橋青旆外仙車接軫過銀塘

古崑金闕白雲封自昔禱靈首岱宗苔蝕穹碑迷古篆枝撐古殿走虬龍（寺有白皮松四株）仙鄉幾歷恒沙劫廟市還欣四月逢一盞冰茶成大藥輕身飛上丈人峰

歌吹叢中漫鄉盧綠陰深處競提壺幕天席地須臾會楚水燕山俯仰殊不盡風情池畔柳常依禁約帝城烏三年奔走繁霜積爛醉翻愁倚客扶

葭葵陰濃綠漲肥笑言啞啞潞忘歸蛙鳴古岸公私釋鷺掠沙灘來去飛隔水亭臺明夕照入雲鐘磬邈霏微庠言景似江南好忍教清光與我違

都中芍藥極佳友寓無不盈几滿甕所至盡酬詩以誌之務肯其人與地而止并邀潞軒同賦四首、

芍藥名花四月妍家家競捧鬬嬋娟冷官客署無人過缺口軍持靜自憐（予以破瓷茶壺插花）車似雞栖馬似狗品如寒玉句如仙對花何事同禪寂只恐詩成萬口傳

興公瀟灑世無倫（孫葭湖）坐對花枝劇飲醇大饕注看新汲水（近市得成窑青花大甕）玉盂占斷故鄉春（濃白一名玉盤盂較揚州種特大）大榛蘭湊酒風猶昨（當日同往豐台）種樹河陽望日新（新選期在即）翻恐將離先贈別舉杯重酹客遊人

借得僧寮自在居（錢秋浦移寓松筠菴）垂簾終日弄清虛海棠帶雨留留句（前同看海棠贈以長句）芍藥翻風又笑予香供不緣花事晚睡餘少覺旅情舒先生避矣詩腸涸（予到時方下午先生已醉臥在榻）猶憶廬山入社初

一榻琴書憶比鄰（潞軒）更饒花韻及芳辰殷紅應許霜鬢出積素差同老友真他日和羹君不免連朝酌句成婦隱醉書小簡襲僚辟（並絕歸從歐陽州弼和韻故准以句云明朝鄭伯聲許）（日昨係潞軒已驚）定要庭堅詠麗人

夏日過中州東館讀孫覺軒何小山兩孝廉聽竹桃倡和詩艷情太勝特効其體以反之、

非竹非桃物色新憑闌近接嶺南春此花產自粵早知
高格堪醫俗還恐穠花卻惹塵淇水隈邊紅雨過
元都觀裏翠幃陳閒情夙愛梅夫子筆老詩新舊
罕倫梅聖俞有竹桃詩
綠羽驚飛破早霞淺空片々欲生花迎春鮮珮無
多語近水疏籬共一家只道此君雲玉立何期前
路接仙葩尋思妙相憑誰語珍重新篇籠碧紗
祥雲冉々舞仙裳勁節森々倚洞房自是有節兼
有態豈其無語亦無香光騰錦鴆眉初展風裊霓
軒首一昂羞似宋鄰輕薄甚遽飛春色過東墻
前身千畝爛胸中幻入天台八逕通宜雨宜煙春
意鬧一嚬一笑俗緣空倒參玉版師何處醉灑濤
箋色鬬工旅閣高吟更漏促旋移絳蠟影叢々
竹外桃花浪得名此花旖旎不勝情亭々若向風
塵老簇々還先夜月橫何必倚山誇絕代翻憐逐
梗走神京狂言花面如人面開落空驚太瘦生

再疊前韻五首、

一田畛畔一回新暑雨秋風別有春脉々無言猶
艳節依々含笑早驚塵賣珠婢去陰常滿種樹人歸
錦乍陳秀色闌珊誰得似海棠初放尚堪倫

戲剪天邊一段霞揭竿高曳笑生花倫員欠下應
分影送妾江頭可憶家臥綠沉餘繡蹟波連春
漲接奇葩寄生莫認無情木玉骨冰肌裹絳紗
羞將艷質舞霓裳獨抱清輝冷翠房夢裏彩鸞曾
飼食眼前粉蝶尚依香真堂作記悲零落洞口尋
春枉激昂阡陌即今多互異此花仍舊傍鄰墻
風枝搖曳水雲中隔岸仙源一綫通慾姥偏憐寒
女瘦湘君笑逐小姑空徐熙粉繪嫌無骨沈鳳吴
吟惜未工且向酒家賒佛露醉看紅纈兩三叢
拄杖曾欽桃竹名山花歧出特多情淇園髩薜頭
看秃南國新娥波自橫躑躅花名色紅無須妒粵壤佛
桑不名紅花行且並燕京兩餘三逕天垂碧擊鉢連吟
快友生

松筠菴椒山先生故寓今改爲祠

正氣今猶昔登堂意肅然蚺蛇胆不敵粉骨義
同堅獄卒猶知母權奸竟敵天煌々遺疏在巨
筆仰如椽

一斗泉

欲知無底竇翻以斗名泉禪味應同此壺中可語
玄波從起處滅花向汲時圓兩江等一勺杯渡勿

殖傳

摘星陀

帝座青冥上星辰，繫君空壘陀，留萬古夜漏滴天
中來。谷曠難恃銅儀鑄，未工幾人凌絶頂，細摘瑚
洪濛

掛月峰

一覽群峰暗翠頭，月影無何人解繫，得不斷海風
吹古屋，懸棕石奇松，樵老羅（寺有古松，樵石有鳥不見之）笑節關前
路蒼蘚卧殘碑

舞劍臺 唐李靖遺址

臺自何年築，名高大將威。能令金柝靜，早罷雪山
圍。一劍身堪倚，長城寄敢違。寧惟北平守，邊塞有
光輝。

題王鑑溪山行旅圖

山水幽僻處，可居業可游。行路偶然見，頓忘飢渴
憂。聞歲湖往昔，悠然興目謀。騁轉畫不就，聊起風
中謳。陳子（大酉）眼古畫一軸，突見溪山千萬疊，舟
車雜馬牛。謂是武陵源，外物亦何求。謂是輞川莊，
紛還來無休。層樓隱木末，酒旆横橋頭。戶外場圃
接林間，果栗稠。畫手今難遇，知是王康州。愛而跋

者誰？未齋頤名老名派霜天趨曉事，市易果充晨羞
（跋後繼以詩，有云「最憐霜天趨曉市，不曾易李奉晨羞」）內眼苦未識，把此返林郊。俯仰
煙門戶手澤，章尚留標題。示孫子，語苦字跡，遒展
玩。猶恍失此非常畫，傳孝德貽世世。旅人覽益慙

題王濛山窓夜話圖

古畫近已稀，僞者日益出。此畫不容僞，知是王濛
筆。公昔精篆法，書畫歸一律。斂細鬚，叙痕松毛特
蕭瑟。徵君陳處士，瀹茗漁隱室（濛題：至正辛丑十月三日，與陳徵士同宿漁隱老師
丈室，明燭烹茶作此）。恨不住其閒，共契參同術。愛玩懸東齋，清
風散書帙。煩暑藉茲蠲，神遊不待古。

題看雲山人畫（六人張標贈未齋學士於白門，酒後作畫奉贈，并五律一章）

看雲山人家震澤，邱壑填胸弄朝夕。偶然潑墨寫
奇懷，萬疊峰巒聳入碧。早游京國苦風塵，笑指秦
淮憩江驛。玉堂舊侶青雲鴻，獨抱幽芳倒冠幘。未
齋鼓枻閒長干，十載相思一朝釋。臨岐把酒意趣
長，點染江山記游蹟。他時夜雨打孤篷，轉展燕磯
前與主客。

題張南華松亭遠岫小幅

松栽短短，不知數亭前，翠色朝復暮。遠岫微茫煙
水深，江山清空去無路。僧者誰？題者張守南華，力返大

雅獨成家爲憶玉堂郭熙畫秋遠汲橫雁鶩斜

題傅山畫册

山右畸人傅青主手骨稜〻婿而嫵抗疏首白使者冤披闢不畏繡衣怒三晉奇傑世驚傳一時推倒孰敢伍經術與宵字踰道脱盡窠臼闢門户閒以水墨寫閒情米家山色雲林樹片紙猶同尺璧珍烟此八幅神完古山水小技漫無靈其人千秋究不腐市精塵封閉者稀物愛蔭湖不惜獲羅古光怪夜〻牀頭生知有墨花向壁吐

題蔡靜畫册

老筆縱橫法子久樹蔭植牙山石醜近觀殊晦遠循真大行終南岩興友憶從江北抵燕韓踏遍峰峦忘迴首乃知界遠出心裁未許一概量高厚蔡子作畫兼留詩〻畫不明意不苟近人塗抹陳束西崑似此册傳不朽

客有以晚香居士所作西山除芝圖索題者而趙甫夫適游西山回因訪其勝概以合詠之

趙子揖我西山去歸來復述山如晤山形鑿就芽葫蘆洞口雲陡懸岩步仄逕仰穹曠望明奇峰矗矗環無數有名精舍七十二小菜依稀緑煙霧相逢五月笑披裘對語老僧枯似塑黄精作飯水泉清肉食那得知其故我語趙子勿嗟咨君游何若予游趣試看白髮西山圖日夕引我峰巔往憑君指點路盤陀閉眼神遊往無誤山中有人採芝歸曳杖相看若有素爲憶晚香（江南頑拙）非駒初尋秋髮向西山駐

雨中登黑窰廠破寺

崇臺侵古道破院見山門殿自何年建雲從缺處奔蔭深虛籟集雨急亂鴉翻不盡若蒼意呼倒酒尊

納涼陶然亭

四圍蔭芙碧一逕水雲深長夏全欺暑山城忽送陰登臨舒氣嘯歎興寄吳吟嬌〻西山翼青天萬里心

晚任子田

何意都門聚竟成永別時垂白憐知己倉黄失主持名山傳業永（所著五代史闕文列子闕文吳越備史歷代服制小學鈎沈等書）秋水去帆遲惆悵悲身世三吟殢露詩（予五見令祖大人因封翁出事）

高廟

彥湘詩鈔 庚戌 辛亥 丙辰

興化顧進書升著

壽名姬飲餞即備瓶花乞藥留贈

豐臺芍藥邛江種獨殿春芳又一年總說將離腸已斷那知望遠眼尤穿雲低小閣山嵐入浪壓征帆水鷁連兩地門風期兩大且全清白始能賢

渡古桑乾

雨過桑乾水帶渾蕭蕭蘆荻野雲昏耕衣莫作空歸歎此地銷沉萬古魂

宿長新店訪故人留別

衣露上兀雨月照故人扉憶得來時轍今從去夜歸酒香留過客食穩飽驂騑揮手自兹去燕雲故故違

雄縣

城闉帶一水地勢控三關有屋皆依樹無雲却抱山河魚晚上市躋女早妝鬟登眺尋遺跡蒼茫煙霧間

夜過趙北口大風

風急趙北口夜雨更堅麈聲聞行車鐸寒增故架花逸燈近村隱短旆帶星高徙御沿流閒飛花濺小葉高原上虹梁宜際連更無多點綴已覺飽風煙古道通車轄叢祠(佛)墓田客來添意緒安得酒如泉

游崇效寺

笈井之西叩聖安四井直南訪崇效山林曠望少人行舊是金元車馬迹乾道嘉隆以來城外隍都義名要齋拜耀山地灣環城一隅犀市星移瓜種劬開門卻掃老頭陀翻以地僻消孤傲寧一上人儒釋兼詩書趣合楞嚴妙六十而化歲維丙寅足一一道遺教几杖鉢盂淨無塵一木一石領其要介花隸白莊且嚴谷口八分尤雄屏羅漢二九韻眉生猛虎馴伏不罷暴丙仙雲會紛綸趨俯仰向背遇指造畫者為誰且園娟傳娃雯名畔子晚丈二巨幅信手運神妙未許古人到我客燕京閱二秋風雨淒清燕崔闕王郎邀我入深林半日元言鑿渾竅利鎖名繮人自纏在家出家同一照歸來清夜紀勝游綺語徒供真宰誚

亂濤

過任邱訪徐敏青不遇

來往任邱路，爭傳徐孺賢。交歡多國士，生計減當年。憶昔晉陽別，至今魂夢牽。天涯人遠近，高閣樹鳴蟬

潔河、

九河迷故道，簡潔尚留名。一片荒荒白，幾重塚塚行。水高橋尺許，土人扶車過河。波喧亂石響，風攬遠蛙鳴。擊楫宜存志，奔峰語照横

發下相

此去淮東路，一程鄉音漸近，約鷗盟。拂衣未脫塵氛習，入夢先來歌乃聲。名酒載歸鎮戶小，河魚入饌逐時更。行人倘問當年事，書劍無成悔近名

渡黃

河流一線自天來，澤潤生民亦壯哉。最愛清時宜聖出，每於曲處見山開。風和五月波聲隱，雨濕孤帆遠客回。從此地忘南北險，擬襟直上馬王臺

冒雨下淮關

歸期知不遠，冒雨下通津。已辦淮魚膾，思沽石凍春。往歌隅部榜，緣計及儒巾。草色迷波靜，洪澤湖水涸草滿之

安危仗大人

丙申別備堂

逐日數歸期，祇道歸時樂。今夕聚舟中，懷抱翻增惡。奉郵半日程，陽山猶前卻。未知後會年，且盡杯中酌。泛泛水中鳧，相親不待諾。別余一姓分，依依千里托。自都門至齊庭李子冒雨過船頭，魂銷綠楊郭

春陰

陰雲低戶暗，密雨灑窗頻。卷僻無來轍，村舂接比鄰。聲書減字課，買醉惜陽春。我日吁漁艇，沿流一問津

春寒、

春寒無賴甚，縮澀類枯禪。雨濕衣聲結，燈殘鄉夢牽。蝸年游朔漠，及老滯東偏。生計翻堪笑，詩栽梅樹邊

春晴

積雨連朝晦，今晨始放晴。日光新圃上，樹乾鵲聲喧。擢步愛春堤，軟書看老眼明。故人情懷懷，斗酒許同傾

春游

長堤舒野色，遲日聚游人。客裏青壇冷，交情白首

新過橋招外度投轄偎陳遵久住非耽飲清君度
月色真

簡許升三

老作天涯客同為寄食人無家竟忘別有室轉傷
神遣興惟詩卷難拋是暮春短章裁欲寄風急水
粼粼

與馮司業官圃先生

踏踏雲水澗忽忽去來頻宵有書千卷家無米一
囷囷之難作熱惜物尚如春祇昔韓司業逡逡可
託鄰

遣悶

驅愁不去故東游一任人呼馬與牛閉戶且為逃
暑計停杯聊當鼓盆謳商湘水調同風遠古寺鐘
聲出月流自笑此身無着處吟髭暗理早驚秋
兩過雲飛望眼孤逆空澹蕩見真吾纔來色相皆
成幻何事牢愁苦學愚蹤跡鳴蟬風俯仰園荷戲
鴨錦縈行欲窮物理忘言說自撲床頭酒一壺
風雨先秋若有思淒其獨客最難支摒除書卷兼
爭窟闢閉銀釭莫倒垂架上豆花稀昨日牆根螢
火過跡羅裁詩未就天低暮又是潮頭欲上時

寄懷備亭十首 邱以備序自壽江鄉舊游地花柳承情予為韻

門前一灣水其源自大江地僻鮮俗駕花明發碧
窗中有垂白叟哦詩背銀釭小舟收釣過人語雙
夜尨

客久忘遷次情親即故鄉人指通德里自署醉白
堂有子承經訓東西迴相望秋鷹方搏鷙何知天
路長

衣以飾吾躬人以祛吾陋衣新不思故人新不如
舊江江千頃波誰與出其右一日如三秋對景同
剪瘦

百里非遠別溫舟即勝游況近四十載兒童半白
頭興至策杖出酒樣迎道周人情重風雅天意濟
清幽

取足不願餘著書一席地猶思屋外弁細繹古人
意陋哉田舍翁顛倒為情累看畫魚與龍惶然走
欲避

老年譯細字有似霧中花棗棠不忍釋淚墨整復
斜臭老渴太劉青門近有瓜昨日東陵侯今日老
圃家

君家山谷云讀書如植柳倒豎亦可生乘時忌或

後近看合抱枝始齒不盈手何爲殷仲文對樹傷
老醜
不信詩窮人作老登仕籍首簡照闌干策裏羅講
席從曰腰腳輕無奈吏議迫長歌歸去來傭書計
仍亦
性不因人熟老豈異人憐花柳君有意送迎不計
年春回青嬢嬢秋淨碧娟娟吟成容無和蟬噪諳
窗前
居業豈必富適口豈必魚譬如飲半醉陶然歡有
餘惟我最知予惟君能規予相得不在貌俯仰天
地初

題把臂入林圖 先伯祖松巢公爲弟遷西公作

近世山水法子久雲林石田只聞有誰從荆關董
巨前遠追李唐金碧手吾家伯祖隱於畫聊借丹
青避寵辱十日五日一石成人間爭覩惟恐淡漁
洋山人歌句讀豈藉繪繪於不朽一朝變法激天
真淡墨疎林連棟牖把臂似入南山深聞鐘疑近
東林口一兄一弟方外游爲遠爲潛師兼友流傳
百年今及吾呵護不忘鬼神守此意吾宗同者誰
對畫高吟寒溪吼

海上逢雲山上人

上人生長山水窟少小辭家禮釋佛廿年高寄錫
葉樓萬頃雲濤肴出沒一朝清興托孤鴻泰華天
台任轉蓬茫茫去住不辭意一葉飄然海之東蓬
山如夢長爲客逆旅相逢話疇昔天蓋死棺中爲
田清涼饘粥空存冊朱門不見布金人破寺日來
催租役感衰反覆須史閑九有何寬一身窄我聞
僧語廣僧聞佛法宏慈那有分在山回清出亦濁
江南江北一帆雲朝朝洗鉢長流水可似吾儕賤
賣文乎

戲答友人爲米飯作

天生五穀活疲氓爲米不在五穀論時賢治生昧
其源猥云爲米仙人餌米性中和甘且旨爲爲坎
象柔而健人生二臂若多虧得此調劑功適蕩亦
思雲況秋老時游鱗嘈戲鳧鴨亂漁翁燗醉視若
無一任東西逐波穀好事矜奇集爲糧黑雲堆盈
光溢粲二紅三白不足珍胡麻桃鬍殊嫌浸淘浙
合用濟泉水炊爨必擇燕山炭一日三餐身頓輕
三年飽食容隨換客言豈必盡鑿空物理微茫須
靜按昔爲拔白豈誠然黃精已餓聊急難茯苓翻

劉龍蛇窟枸杞夜吠星辰爛區區草木猶爭鬪武
帝露盤折膏漢文成託食馬肝死五利不赦腰斧
斷何如餅抄雲子賦預使彥纔糟糠歎不問赤鯉
與黃羊鋪啜由我匪由勸足健不辭晝登山眼明
猶可夜工鞝若疑此法恐難憑年望古稀將不遠

長生院古檜和黃紓領作

仙人拾檜鶴藏植遂爲道院留物色閲世已過三
百年盤鬱根不高千尺羽封雪壓筋骨堅雨淋日
炙柽夏時一朝風伯獵城隅力與虬龍爭窟宅呼
呼助擊傍無人偃卧夘霄鳥精魄道士驚告失所
依神工鎮扶還舊碧樣柯鱗甲脱復生鶴語闌干
情惻惻卌年以前主者誰寅齋維齋腫樓息朝改
古吏磚影移夜誦黃庭山鬼遁肅交戴酒歎門過
筆花墨瀝紛綸黑黃荃寫生世所希齋諱後儀傑的
輝映辟寢予時篡踞出軒窗對影長吟歡主客自
謂逸興橫秋霄詎意風流成往昔年來漂泊苦西
東緬懷楅把手觴額鈞領一見詫絶奇畫松溪柏
態見偏解衣磅礴無言漫繞室廓尋先澤茫茫
韻事等雲煙咄咄形蜷蜻朐朓八尺橫城一株成
猙猙檜子空中擲啅君本是柱石姿忍使名材墮

荒寂畫罷高吟風趣生朝元斗室天光闢伊余一
老洗眼看撫今感舊情何極

名棣、

謝公堤下緑楊齊水面風來鶯亂啼畫船舫青樓
開處處酒旗搖漾日沉西

友人月下招飲醉歸時逢七夕口占、

小圃花濃夜欲闌客中清嘯倚欄干東君餘具煩
藜杖涼月新升照素紈天上別離鶯隔歲人間好
會勸加餐醉歸聽得穿針語想是鄰家索笑看

聞劉二兩池分授廬州廣文遥寄、

傳經劉向廬州去語天涯朧月來料得妻孥紛笑
語翻教老友影徘徊促裝且撥寒灰火獻歲難辭
祖道杯一路江梅迎畫鷁春風吟卷待親裁

得兩池廬州書

雲雨翻覆迅如掃獨有貧交使人好囊橐無餘肝
胆傾關山一照少年老累餘從游事固艱尺書遥
擲何其閒廣文官舍如水廬江小吏車班班

兩池卒於廬州官署無力扶櫬旋里、

一官猶是飢驅苦千里空成絶命吟有子有孫艱
作計以風以雨夢難尋春秋客路鶯花渡湖海孤

舟故舊心月黑魂歸迷定所我來何處問人琴

戲咏齋中雜植

盧閒三檻菊數逼縱教暫住亦堪娛園丁語我因材訣抱甕何如雨露濡 菊畦

摵ミ荒齋嘯晚風老人飽食有奇功春珠揉玉量論斛竊幸南征謗語空 苡仁

種豆人誇豆種殊龍宮摘得夜光珠莫嫌蕪穢同楊惲菜圃瓜疇道自腴 龍眼烏豆

盈階蒼耳雜茱萸却怪茱萸瘠似臞問字人來愁失道此間還有謫仙無 蒼耳子

白花綴實逼青蟲次第收從瓜瓠同憶得京師風景異家ミ齊挿歲朝中 芝麻

辛散雖禁是紫蘇玉缸春泛忽看無幸予所嗜同桑苧莫認高陽舊酒徒 紫蘇

裊ミ亭ミ豆架花清幽好似野人家秋風雨過簷鈴響天外晴烘半壁霞 扁豆

一株梔樹倚牆頭結實成陰歲已秋却喜隣家勝杜老免教低首懇誅求 碧梔

花開花謝笑春風此植還教四序同但得人心長似此太平有象帝無功 長春草

一種輕黃世所稀葉何踈瘦子何肥今朝憔悴西廊下送雨吟風待翼揮 雞脚葵

冒名萬壽亦悠哉曾共東籬一處栽常笑彭殤爲妄誕何如香泛菊花杯 萬壽菊

彥湘詩鈔 戊午 己未 庚申

興化顧進書升著

次新安汪大七十自壽韻 四首

日結松為伴，閒留鶴守門。軒轅臺自古，國老望常尊。族聚還耽隱，雲封獨瞎（?）邨。流霞看細細，丹訣夜深論。

閒年今七十，葉室作閒人。客到休題鳳，書來及上革。製衣仍大布，索帶即垂紳。天外蓮峰矗，逍遥任性真。

秋氣摧殘暑，涼風送遠蟬。八公環繞座，一碧瀉含烟。淮水通江水，新年入舊年。篇章畫珠玉，不讓鼎烹鮮。

荷香池滴雨，桂老院留陰。長日無他事，登山一縱吟。神泉隨地湧，馴鹿卧花深。好共容成子，殷齊酌且斟。

問益齋疾留飲即贈

力疾開尊聚客星，覺（?）斷情語抵參苓。飛揚尚憶分難大，矍鑠徒（?）然刷鶴翎。賭墅圍棋豪未減，望雲倚樹句難成。他時杜集編嚴什，不愧通家此寧馨。

為故人寅齋四郎題蘭卷

白髮歸來問道難，城東別業舊盤桓。十年浪跡同萍泛，小閣春燈背月看。上世風流餘水墨，一門孝友見衣冠。酒酣索我題箋句，蘭臭依稀露未乾。

次竹軒韻

簇簇瑯玕不許刪，支頤兀坐好開顏。詩情直拔青雲上，棋局虛霑綠影閒。月夜留賓殊不惡，墻頭過酒豈云慳。春來分得王猷興，水竹新居任我攀。

偕孝園竹岡至趣園觀牡丹兼索孝園畫折枝

數朝顏含笑好，園蹊（?）蝶連翩鳥語喧。吸露迎風辭（?）錦障，向背淺紅深紫寄春溫。客來賓館誇三老，酒戀名花倒一樽。任醉莫拋知己去，好留粉繪孟乾坤。

次隨遇菴韻 二首

潛身聊寄一枝巢，竿木逢場[illegible]勞。道雲龍齋上下，祇隨沙鳥狎波濤。閒邪應許香山老，對酒[illegible]斷精節。豪所喜安心消[illegible]畫，不將苦語學離騷。

屈曲江流日向東，此身何敢學捕風。歡同泥飲遭田父，懶說修書謁相公。霜髯漸稀莖舊白，銀缸入夜穗微紅。消磨不盡書千卷，鶴怨猿吟總是空。

馮生階平招予過丁渚 四首

亦知風信緊其奈傍人催拄杖攜拋去輕舟逆浪
來杏紅猶有待醅綠却初開一笑忘賓主歡瑒尚
許陪
曲曲穿墟巷依依憶故人花開迎宿客風妬惜殘
春流水仍環寺長堤更少鄰莫悲游興減魚鳥亦
相親
飯罷清談接茶甘逸趣生奚嫌俗生累又擬踏春
行古廟西郊峙長風獨樹鶯客游亦偶爾何事故
爭鳴
海錯知名久今廿四日新老人貪口腹地主盡前
陳運轉迴龍燭船開側角巾醉中忘漏永月色爛
如銀

將赴吳陵前一日遍觀蜀僧舍并載詩瓶花
舟中二首、

黃花入我夢所在若前緣竹帶修容瘦霜描古格
妍默門閒僧舍拄杖植籬邊不改南山色秋風又
一年
載詩樽橤去帆開十月天吳陵花事晚客路酒懷
牽髮少枝嫌重窗虛影愈偏移舟迎素月新詠上
雲箋

送孫僧院讀書、

佛經重明心妙悟不由句儒修兼內外亦以究靜
故了此不二門去住同一路黃生擅英姿皎皎如
玉樹負笈從我遊驊騮學驚步才多累機雲平步
輕管輅古來賢達人不受外物慕大器天將興遲
回兩審顧太阿暫出匣豈母多缺誤讀古企深沉
功名付知遇送子棲禪所鐘鼓啟夙悟

題募化心田圖、

參三才者心人苦為形役養子孫者田人知守先
澤力耕懼不逮而況草其宅心變荊棘塲可歎不
如石伊誰發深省百年互主客先覺幸惟君現身
奮奇策聲獻碧落圓夢醒東方白寸地福無涯募
請從今積

秦淮水閣

畫槳雙飛去復還笙歌叢裏盡朱顏老來看微魚
龍戲獨寄秦淮閣一間

途逢舊館人

相看但白髮欲語益淒迷往事鐘聲外行人石塔
西

萬佛樓、

佛性本清淨崇事自莊嚴登茲萬佛樓使我睹視瞻金碧耀白日香花滌舒詹瑞塔凴中湧飛雲傍棟露鏡空湛如水經卷翻以鐵不知萬佛中誰佛為最尊寶筵呈法相無乃福在謙亼愚人一心〻瑩萬佛兼若以萬為願萬佛即萬佛持此以問佛佛懼無所拈譬之象吹宮聘識中邊甜創者速勿悟用作里俗砭

三月望後客邗上旅舍欲溢一雨數日閉甚適友人過寓話休園之勝望日雨止偕筠栖樹之及家楓亭同游得詩四章以博一

和為樂

邗江風雨夕老友漫經過稅事重尋懶休園古意多一卯巖曲折岭陵三逕寄煙蘿不謂塵囂地偏教足嘯歌

無事輕舟繫何勞逶迤游欵門開修竹選勝集良儔水淨天光現雲低山色留啨〻飛鳥過花片打人頭

桃夭如處子松老見虬枝符檻微風冷垂竿細浪移何知泥汩〻却畏雨絲〻夜盡今猶昔題名皆鮮泥廳有山石亂圖之自始閣今四十五年已再易主矣

識得盈虛理人〻與化俱樓臺煩地主吟嘯任狂夫兜草游能徒節杖仗倚扶巻簾聞花雨煮酒夜來無庭有古二株卷簾花雨滴掃石竹陰移茗盃同雨後有次日辛兜書百迭〻約杖勿〻

喚渡軒小憩

塔影搖空碧江流此一灣往來爭渡口謦欬響幽山有閑臨沙嶼誰虛美鳥還勞〻殊可笑終古水雲閑

翠微亭

峯微高歷山山巔千里風帆頂刻前斜日遠牽秋色入老僧禱得石床眠龍驤舊臨成憶詣虎踞荒涼作墓田一度登臨勝一斷舊游更得幾人儔

掃葉樓

長空風起晚颼〻獨客閑過掃葉樓色相已空慚定力塵緣未盡皆勾留紗籠人何往適泉先生讀書于此白日清薰冷佃秋茶罷夕陽閑返照江天蘆笛響漁舟

雜體

數從任會猋惆繆始信公柴雅量優黃葉聲乾遮客路白頭人病寄僧樓田無一穫鞋窺硯命不三公恥作釣討較尚輸君半著醉鄉入夜看鳴騶

過何年遇雨別陳大 二首
天光雲影共清和借得漁舟一棹過雨忽來茫
已具佳人詩思看春多
來何奔々去何忙小閣盤餐話異鄉雨腳忽消紅
日出掛帆難別北關長

詠桂、
春花桂飛揚秋花親而莊就中桂樹□景良廣寒
倒插影陰々無冬無春萬古望吳剛何人肆斧戕
創痕旋合枝不傷淮南叢生石嶔岑桂歌招隱辭
悲涼志士失職孰不奮此中作合誰能詳用之則
行舍則藏與俗殊嗜辣同薑何如君家小叢十笏
方高下位置葉相當清陰布滿綠堆牀左掌右抑
一如竇氏郎愛花同兒非翁狂兒德如花世其昌
秋風歎々悲傳黃不使無言獨自芳折簡邀賓到
老蒼坐卧竟日歌思長主人置酒未及嘗笑指東
壁舊詠神洋々吁嗟人生歡會不可常隔年一上
君子堂但使此花閱世如扶桑何嫌年々爛醉捋
枯腸

八仙圖、
神仙之說何渺茫驂鸞駕鶴鞭鳳皇游戲四海休
路糧出入金闕昭回光欲求道之苦難詳八仙姓氏
特彰々鍾離一老精內藏參同不數古伯陽回道
人乃祖其方丹鼎往々開流羊花開頃刻見韓湘
騎驢渺々果老張國舅拍板聲慨慷鐵拐富貴
猶秕糠踏歌采和去就良何姑種桃海中央拐李
先生易道裝飛行直上八百強上界清閑未許嘗
燕昭漢武空徬徨稽康綠髓瞳子方何曾大笑億
千場餐芝茹柏徒自戕飲酒食肉壽而康神仙豈
在無何鄉得樂即樂抵羲黃誰其畫者朱步堂歲
以為祝壽母王

彥湘詩鈔 辛酉 壬戌 癸亥

興化顧進

為趙蘭譜題照（國取坡公五車書已留兒讀二句意）

遊道不必鳴八騶，隷出吏勿計多牛，但願牙籤插
架書萬軸，有子過目咸誦吾無憂。世間懸懸短智
計，錙積毫占營田疇，東書秘櫝魚穿六千金一椰
兒嬉遊。天水之裔古望族，太史世列公與侯，雲蒸
龍變不可測，畸人志士森千秋。注孟考歧逸蘭出
相宋清譜，畢論優維金維石，摭拾古一琴一鶴風
格遒。別支過江依楚澤，聲華艷羡人倚樓，才能沖
邁高六館，科第取翻甲數州。東谷惜虛玉堂望，行
庭尚見巾箱留，推君與吾稱世講，少標文譽今白
頭。婉孌三子見頭角，蔚龍謝鳳皆其儔，春風入戶
笑語接，張燈對畫樂意稠。屬我題詞茫無着，掛帆
行逐水邊鷗，人生勞逸同如此，誰實致之皆所尤。

倚楓亭閒步過舊主人宅觀鶯粟

五更飛雨過園王，欹於緑柔開，偶放步況接吾宗
賢，遙望紅雲幂，遊興野園連。略彴穿闌曲，爛熳堆
芳田，花農倚前橋，閑吞感推遲，轉嗟果入夢，欲令
雪盈顏，指舍呼兒婦，烹茶對紅鮮，自言風雨時，閣
井同晏眠，蒔花花有種，灌園園有泉，富貴非所望，
棲息可年忘年。閑言謝自失，蹤躅道逍遙。

贈熊大彭

久於屏障見蛇龍，驚醉素頭張仕所從，未盡鋒芒
攢鐵筆，看來古蘗走山農（元人吳叡自號雲濤石山農孫名自號石農），漫云小學
藏名易，自昔鴻都接跡墙，星斗文章市上見，定交
韓杜兩枝節。

觀李玉嶺

筆墨雖微根性情，性靈入神靈入聖，書畫代遞百
千家，奪胎滅影乃稱動。玉嶺未冠郎弄筆，頭白名
成瘦猶病，胸中自有千秋在，四壁蕭然意凡淨。生
平志節鐵醉骨，死去飢寒兒聽命，似此情性得畫
髓，所惜煙雲今空勝。世人論畫皮相耳，歌以弔君
君其聽。

索瓶兒菜

山人秘製別傳方，未及開窖遠襲香，一種情黃齏
略似酸，寒相對此為長。
裴安贈雲望我歸，歸來展家語依依，糊塗麦粥瓶
兒菜，風味從來識得希。

舟中呈竹岡

放船歸思滿浮伴話途長泥濘牛耕水飄蕭雨壓
霜新知殊肺腑落雨感滄桑七十人間客焉能抛
故鄉

秋社

社鼓聲聲急新醅户户香青山迎賽蓋紅燭舞神
巫鼓樂連宵雨錦帆八月霜輸將爭自奮嘖嘖牢
官良

閒酒

敢疑非罰飲閒處信有緣高空篠影靜淺笑尺書
傳入耳秋蟬過呼宵海鶴翩此時無一盞辜負晚
涼天

秋涼病退喜示鄉友

未栽尺素喜先狂白髮驚心道路長眠食有加清
意永風荷無恙水雲香終年作嫁曾何益臨老殺
閒亦借商負郭田成三兩頃輕裝誰得似長康

傳經行

丈夫不合據祿位只得尚友窮珍秘聖作明述代
有人一點靈臺高自置吾友許君太岳裔與仲共
負天廟器兩列饒丁妙一時詠意雲鴻半無翅湖
濱卜築狎鷗波淮右星霜寄經笥圖南鯤鵬祖生

鞭抱璞不洒和氏淚蘇李十上未足多陶令五男
非為異人傳一經見何慵誰道歸狂寸心果固知
白眉世所驚小郎名還齊驥騎自古一夫田百畝
上食九人下過四惟君硯田一寸餘析作膏肥萬
金議筆耕墨耘秀穎生左饘右粥滋味備閒口餘
涎流孫曾不比含飴弄珠界所得天上草新宮竟
名中男作仙吏弱媳令依二老前孝養能近二老
志疇云七十古來稀猶然鴻案相將誼夫也健飯
筋骨强夜課眼明蠅頭字婦也家世本禮宗淋慄
非惟誇鄰比春風裁日入新年座角梅花競明媚
星月交輝夜宴開篝裾紛綸高軒至兒孫跪進紫
霞觴笑語相看心已醉他時
誥綬知不免山日桑封誰與易敢將嵩謀責作長
歌猥以老驁追良驥

咏蘭 野航書齋宿蘭盈砌予請以新草奉為主人笑不納遂荷兩箭攜至海上被風蔫去而新花自茁書以報野航

幽人生長金谷園比肩立儔姿致存忽遭惡客强
攫去屈罥蝸廬心煩究片帆忽忽速雾浙海角愁
看爾與汝夜深燭滅湘魂驚默泉一聲銜汝去侵
晨甘歎尋復思一花消受難强為回頭新花晚栽
倒香味悦君君不知

原上鶴

表䰄翻飛急鳴聲下上和人聞容益浪原上少風波對此嫌予獨吟詩愧爾多乾餱雖薄物好與共婆娑

雨中過仙女廟

整接長江灣橋連巨賈多土風矜木客神廟賽仙娥客子揚船過鶯聲細雨和前程齊潵〻放溜下洪河

輓甥婦朱孺人、

鸞鳳飄白日寒氣落蹤標有客傳哀訃長謠姨母刲報夫堅茹櫱綴子力窮經所惜鴟程窅黃麻待勒銘

交歡連數世戚屬自先人似舅（處民係陶陸甥）恥吟興長貧困涸津蘢彝辭故里鶴化失前因不有九熊椽何知薑桂辛

課讀兼持户悲哉七十年日吟猶紡績力怯尚蒲編捆驥羈雞展駿鸞馭已仙異時對鐘鼎徒益注漣〻

避人儒海上歲〻訪柴荊莫喜茅容共詩漸道韞層霄天有皎潔羽蓀返蓬瀛一奠無他物哀辭抵

秦旌

觀瀑圖、

吾聞黃河之水天上來東流一曲一千里廬山瀑布亦從天上來千仞直下深無底一縱一橫〻橫兩相射直與閶闔為終始謫仙吟去蘓蘇繼傑句驚傑波雲委此後作者罕無聞付與青天瀑統待姜子生長水雲鄉汪〻千頃不足擬興來振衣廬山巔勺取瀑布供硯水墨花幻出北溟魚為雨為霖嘗燕喜去年織寄屬我題我老病盡茫無以令予留滯東海濟雨枯澤渴行塵起那無裨乳鬥新痕甚奈席跑空泥滓尋思匿底觀瀑圖一洗胸中斥鹵鄙與君未可御得失敢希老鳳矜爪嘴

為琴谿題麻姑渡海圖

此生漂忽如浮煙凌空出沒海中仙屈指萬古等一瞬滄桑幾次舉為田畫工不知奚所慕放眼六合觀九州奪得仙時白描手貌出麻姑天然態獨木為身竿為柁清風浩〻由天全花開那關春與夏甕滿自隨醒復眠腰間葫蘆三兩個收拾雲物歸大千桃源不知世代改對此直須混茫前主人祥華善古調況復哲嗣摹李連懷奇秘響不一戛

故使窮老肆其顛自笑側身汔無著浮槎斷梗誰為憐安得倩汝添入圖畫裏上下游戲一拍洪崖肩

放歌行、

乾為馬坤為牛子臣之分庭與儔予生於丑今白頭被繡為犧知已免長林豐艸困所求取學齋相默兩勿叩角謳長謳短謳何日足硯牛印牛殊自由西底泥硯從予久硯池卧牛御若鷗昂頭軟嚼尾右擺山負星彩室中浮獨怪左角半折去猶與千鈞之筆諧争適吏有印盒輕非紙棄置長安市上無人收細觀乃自成窟出牛毛如絲〻灘系奇峰矗〻逆短〻不知誰從函谷老子竊此青影留崇齋觀此二尤物不啻朋好日夜共唱酬詡余老懶鞭不動只合伴汝守林邱种放星比今不見戴嵩一紙重驊騮天獨界予以歸總啸傲吾家屏癡〻其過此不

題秋吟詩艸、

莫訝秋吟入楚詞多情宋玉是吾師九天九地無埋處一雨一風有夢知任道雕蟲雖語壯由來黄绢本居奇客窗未敢高聲讀恐惹霜毛直上時

客中七十生辰鍵户謝客生徒晚以酒壽予枕上得詩四首

茫〻去住一孤舟暑雨霜風不自由四色窮民多我二百年台鼎望終休但教旅夢安衾枕可謝譏彈到馬牛七十春光等瞬息聊述作與同遊不將佚老列耆英

特賜科名額外榮天以癡頑貽歲月人偏塗抹飾冕旌風流易僧琴書古旅閣高寒擔栢清呼備屏擔猶未盡友生依舊話長庚、

天涯宿草幾番青（謂傅亭子田游軒而巳）篋底南華一卷經世事飽諳都雪淡新知樂附泰霜研情春寄食梁高士賣卜焦香漢客星自笑不材同社櫟室來海上想寒汀

往歲重陽菊滿籬今冬尚有未開枝天留逸品供詩料座帶餘香吸酒卮冰炭久消胸浩〻鄉園入夢漏遲〻未年預結東鄰約離泰寒燈又一奇

彥湘詩鈔 甲子 乙丑 丙寅 丁卯

城南觀雪諸英賦詩書學博以白戰不許持寸鐵命題戲効其體。

去秋飛蝗何勇決所過陵陂麦旋滅掘種除殃人未能天遣龍公戰以雪青陽入律令方嚴風伯烈烈旌竿折一夜大地爛如銀不害繡花冷勝鐵鵝鸛橫陳搏擊新烏蛇出沒旗幟別火牛燧象凍欲僵孫吳廉白聲吞咽持來羽扇妙指諸葛君真天下傑敗北競嗤東郭履入蔡翻嗟踰城劣只道書生不解兵誰知毛錐寒光徹長空布陣紙上飛春蠶食葉徒餞舌汝南壇坫今再新爾我肝腸同此潔歸路還喜聽農歌遺蝻潛被六丁掣

戲詠洋菊、

菊植亦興凡卉儔彭澤寄興南山幽茂叔偶著愛蓮說排比目為隱者流辨味入藥不無助登盤佐食時見收後來好事立名字品格猶向中土求近今洋菊誇傑出頭大直欲無古秋世事趨新日未已草木奇若應含羞胡為面目條幻化一本動以數金酬當其分根寄籬下風雨摧折多煩憂保護嬰挾不及此只因來自萬里舟豈其扶桑慕聖化花亦有靈隨星郵貳勝銀盤雖為鑑鑒紅鞮珊瑚手親採高麗咸鳳映日舞羅浮仙蝶棄夜游自頒蕭齋寂何有紙屏瓦盎供嘲謳對此茫茫急喚酒牙籤風擺詩思抽他時重撫西域志方物不數博望侯

北來寺

出郭相將謁遠公齋鐘聲起水雲中香廚茗供當禪偈妙蹟紗籠寄梵宮歷亂牙帆爭渡口參天鐵幹老墻東到來釋得無家恨一畝閒田請種菘

友人招飲蕭夜雨不寐簡陳大、

我來君去苦忽忽今日逢君感慨同曆外陶甄天借與燈前倡和酒全功不堪夜雨侵虛幌恰訝清光戀斷蓬檢點生涯如社燕春秋輕擲道途中

夜寒不寐、

布被輕時睡正宜夜來風緊故相欺老人不作黃粱夢說與天工知不知

月夜納涼 二首

追涼殊懶出止酒復無聊座以高軒豁杯將素侶招晚風吹几杖清嘯落漁樵忽忽光騰工水輪駕海邊

此夕天涯聚同袍四五人推排半老輩流落共風
塵酒辣醲和樂詩狂味取真歡場隨分足薄醉散
綸巾

喜雨行為草堰鹽大使李公作

初伏不雨禾半焦中伏不雨官民心搖搖築壇遍
禱老巫舞借水龍宫里兒跳且號黑雲四垂赤烏
逃雷公奮擊旱魃驕杲杲日出星吐角疲農行愁
坐歎今朝已過期來朝衙齋長吏民爲命誓不得
雨官可抛却膳寬刑緩租賦齋心省咎清教條忽
忽甘霖肆滂霈官閤燈青香裊風蕭蕭側聽四野
歌聲作歌我長吏今寥寥蝻蝗收買麼千斛糶糴
清平水一勺龍神愧作鞭龍起一雨高下陰陽調
天乎人乎誰之德佇看我公姓字炳
丹霄

龍燈行

清風吹雲月舒波天人協應樂事多年豐租賦先
期畢怎教佳節等閑過今年正月晴且和上元是
處足笙歌珠絡輝煌喧廟廡蟲卉脫活舞嬌娥獨
有龍燈長數丈噴雲吐霧疾於梭常山之蛇首尾
應光恠有此鱗角那清道旗張太平字大距星搖
上下坡論百青錢嚼勿顧紅綃絳蠟駿馬馱青田
老儒不再出龍燈龍燈奈汝何

赤鯉行

滿池淺水鳴濺濺短鬣長鱣相沿緣日夕蛙聲鬧
不厭中有龍種赤鯉眠屈強泥沙不得志漁人網
罟橫相牽東于海若呼不應西游河伯竄或遷一
朝雷雨晝昏黑騰空飛上龍門巔鱗甲如火頭角
出漁人瞪目空留連似此變化那可料少年努力
無棄捐

次玉田七十自壽韻

不意相逢半古稀平生骨鯁怎教違磨穿鐵硯人
嗤拙決破虞羅我畏機三兩貧交殊切切團圞子
姓幸依依小陽梅嶺春常在佳句吟成香染衣
青年跂足望蓬萊跋浪鯨魚頷點回幾度白門琴
薦共一樽清釀草堂開買絲繡勝難爲術（趙葵莊）仙
李盤根着意栽（李念庭）獨坐追維成往昔朋交落落
有誰來
世路紛馳岐又岐不教寂坐鎖愁眉飛觴占角誇
人日擊鉢聯吟笑後時（中年正月同社輪飲賦詩此會玉田家事）屈指故人空
有夢（謂纘亭兩池寅存兄弟）重捜散篋僅餘詩君今老矣予慚

長杖屐晨昏貴自持
無端托業俑爲儒博得先生市販呼轉愧侏儒飽
欲死即逢樂歲苦紛逋守株詎爲罝中兔潔已虛
傳屋上烏都笑兩鰥相對老亭々不受點塵污
君憩城隅我水灣詩書舊業閉柴關鍾飛碧落驚
塵夢樹擁寒煙失斷山校讀補償童子債釣游竊
盼旅人還（竹岡客海上樹之客都城）扶節差幸無多路霜鬢蕭
蕭意自閑
人情闘捷薄如紗老眼猶青尚未花水毀木飢原
有數槎浮梗泛竟無家荒年酒貴尊罍棄壽客情
鍾麗製奢懸棆行藏當搬祝擬將安橐並匏瓜
丙寅夏西水崩決田廬蓺圃無一存者余寓
西方精舍菊植皆在水中秋後尚見殘花
因偕黃李二老友携酒過醫隱单宅宅觀
菊即贈
浪疊雲環水浸門墻根尚有菊枝存無多氣力開
生面不減青黃慍客魂好事人稀籬影寂百錢杖
掛酒杯溫此中高士應相許鶴髮蕭々對榻論
題初白菴稿後、
讀書萬卷半天下苦被飢驅老道逢不少知音嗟

落々徒賒酒債唱鳴々周甲幸叨
天子召病休合倩野人扶祇餘傾橐三千首賭取
光（並）燄乘珠
客中聞畫三訃音、
老年作客知已稀夢裡尋思殊歷々欲醒不醒鐘
殷林蕎憶故人淚暗滴江夏夫子氣慨慷道古論
今壯我色少小角藝晚相師自遠歸來忘畛域五
月天高二麦黃居人蹄食歸裝偪我方柢舍未及
炊君早過閭語唧々申言行李已戒途好待秋登
沽酒喫無何琴谿消息來昨日行人今病亟兩々
風々越數朝海角天涯慚比翼沉吟反覆山間傳
竹岡親臨丧者側眼中落々尚幾人老友漸凋嗟
何及城南任昉（弔）客悲（去年五月任鶴上殁）城北黃公酒罏寂
洪流汩沒飢饉臻生計蕭條憂思集君游冥漠知
不知詩成望雲空佇立
苦雨二首
苦雨連三日羈人思萬端水痕偏戀舊布被不禁
寒誰肯衝泥過徒然把卷看白頭時共歎寂寞
倚闌干
愁雲低薄暮急雨亂殘更詎必樽無綠具如天嫻

明木魚呼晚粥（寓居僧舍）紙閣起鄉情遠水孤篷小依依女送行、

晚晴閑步

斜日射窗明高天放晚晴青帘猶點滴黃葉已爭鳴飢鶴穿雲廻鄰鐘出塢輕扶笻問前路稚子逐予行

過玉真觀對銀杏樹有感

朔風來大地不為爾彫殘一夜飛黃葉驚心改舊觀寺門深寂寂（歲荒無僧居住）鐵榦韻珊珊生意堪千古無為泣歲寒

枕上吟、

三杯薄醉眼朦朧書興其如睡興濃夢短更長寒徹骨不堪嘹唳有征鴻

答贈、

不覺蹉跎越數年天涯與浮故人憐貧原本行分行吾素險歷奇荒歲尚延壽酒梅花開草閣春燈餅月舞神仙遥瞻海上祥雲集笑語應將姓氏聯

冬至小雨感懷、

冬至陽生小雨旬居然春意入蕭晨哀鴻掠食號何急小吏陳圖志苦莫申四野煙雲增慘淡一杯濁酒倒冠巾閒仙只恐前身是夢醒繩床歲又新

司馬劉遵一奉憲檄至與看海道口見訪不遇因寄、

自從京國追歡後竟作荒鄉寂寞人天上文星移政府東南水利籍臣鄰驚聞陋巷高軒過轉憶當年結（客補觀）契真村舍半空田盡蕪皇華何計活斯民

丁卯夏六月六日扶病過野航別業、

曲徑穿書屋鉤簾別一天參差蘭箭吐綽約綠荷鮮病骨香能沁團茶味自圓支頤北窗下短睡亦欣然

犖犖携笻至皤然又一翁（冠三）籍咸看把臂危酒坐花叢未見翻盆雨徒來解慍風（時縣主禱雨）臨觴不敢醉裁句問天工

竹杖銘

是竹皆直兮胡屈曲而上曳乎雲梢産吳陵之舊圃兮而忽於流寓之彦湘是遭天其假我以杖兮笑謝乎兒曹出入弗即於危兮庶幾君子之交

邑宰丁父母值疊荒後涖任斯土政簡刑清人號神明數十年来未之見也予在病中過者枚舉其事嘖嘖稱誦不已因歌之以

告采風者。
人言興吏猾公至吏無權令出挈如城衙開遠於
天人言興民譎公至民肅然五聽兼以情曲喻不
待鞭朴值災祲後猛則命少延假為寬大策蒼黎
孰專公至先強梗誅一以警千鋤禾必去莠清
心先遠羶吏以案牘積遷延動逾年大吏為震怒
前令但晝眠公至坐堂皇盛暑清風便不令一民
冤不受一文錢禱雨寢處易禮斗僧傚虔所惜霖
三寸不救十日煎螭蝗隨地湧東西哭聲連公聞
遂告廟願以身受愆隨為履畝計分別有無田民
方莊無措而公體恤先豈能免疾苦庶以與矜全
天道鮮及憶人事多推遷得公為補救天亦為公
憐大業不朽國史為之編

彥湘詩鈔補遺

興化顧進書升著

靈谷寺三絶碑

區區富貴一蟲過惟有絶藝轉消萬歲千秋名碑
石矗立纔數尺三賢姓氏皦皦如長康吉蘇不能
蝕兵燹不能傾畫手吴生窮佛相述者悲啼夢猶
醒太白短偈揮神鬼是楚是咄咳唾成魯公忠義
依天性筆之所至精靈呈片紙零縑猶是寶況此
石刻端且瑩君不見胃休羅漢一十六宣和舊譜
猶瓊瑛又不見岐陽石鼓歷秦漢昂藏再拜發謫
贊詎若此碑文工書畫絶古各有一合為并承以
青銅寶以塔傳之世世逾堅城山門玉帶留作鎮
視此何可同日鳴吾思雪谷韻事此為最愛玩不
釋尤在顏真卿

金陵閘

舊時佳麗地今作野人鄉舉網鰥鱗躍開歌覺笑
滑衡橋橫巨石老屋倒寒塘一帶迎晚畫圖來感
歎長
別有難忘處微風數浪時笙簧奏石罅絲數漾遠
游曲曲穿林洞深深浸柳絲居人動把蘸莫記鳳

皇池
慕别朝還集同人游，來塔鈴風自語，盂角曉生
哀。芳舍蔬叢出溪翁汲來，同何心城市裏，亦復近
蒿萊。
向夕東皋望，陰晴景不分，驚峰明夕照，城闕暗行
雲。鶴返前朝樹，僧移斷碣文，那知涼月夜，歌吹舊
紛紛。

阻風江上閘徒嗎附平出俯索檣齋盂、
兩山對峙天開，長風浩浩，何雄哉！高檣大艑西上
日千里，吾舟繫纜兀出江之隈。驚濤夜捲秋江雪
飄，折堤崩似刀截，罾魚沽酒傍山家，詎云不省因
人熱，任生妙波天胄張襟衣磅礴，神内藏但羅毀
蝸蛛業窟不然，岱有溢空勝啟，圖賭門下寄萬
里雲霄，觀勁翮，破浪乘風會有時，卻只一笑江山
碧。

華山道中
龍潭大道南，知是第山路，路踏不論錢，新栗狼藉
第主例慰桑榆，紫扉開互四山合，松來風聲在
高樹，微雨濕征衫，鳴騾驚野鷺，世事多風波，合向
此中駐，山回遊城開，僧在遊騎往，内息街，雲飛送

鍾陽嶺度，詎惟盧行者，默識前生故：
銅殿
十三郡銅鑄此屋，班班文字今可讀，大六金月降
自天
慈詔，勅田華輸山谷，周憶萬歷御極初，四門洞闢
虔枚下江陵，諤諤挑大體，六府協力維坤軸，朝倒
一時梟鸞分，帝治無為但穆穆，四海已頌德如虞
天子猶鸞五在蓮華福地，走江東銅殿冥兀盪
心目，青山背負高入雲，玉石之坡萬杵築，四簷四
柱周四隅，羅列屏風數各六，黑如抹漆緣如螺，赤
比丹砂黄勝蜀，不敲不側廓有餘，扣之聲清琴與
筑，屏開模範難具詳，撮舉猶令人捧腹，鳳儀高梧
鹿御芝，兔逐烏飛猿叫木，名花異卉競紛披，松檜
長青闌護護，傳言神工鼓鑄時，萬象羅光鬼夜哭。
閒日無語坐者誰，西方聖人來天竺，迄今流傳二
百載，風雨不蝕鳥避啄，老僧鍵戶出戶外，向客矜
誇天下獨，工窮巧極誠難踰，此舉皇王福漢
武金盤仙淚流，洛陽銅駝草間伏，黄鳳銜向鄴瓦
朔，秦狄早被楚人撲，高岸為谷谷為陵，龍去鍾山
帝業蹙，嗚呼養以天下，孝已隆，金塗宮門無乃瀆，
安得時有狄梁公，不教貢金疲九牧。

張王墓

聖神天子國有真張王亦是崛起人陳涉例先漢高紀隗囂善作先武臣渡江一尺不可得荒邱千古行人惜牧豎樵夫日往来秋風雨過芳花白

贈讀雨山房主人

誰家多竹門可款解讀雨山房碧陰满跌宕頗似米老顛欹側如見捲生懶踞風欲翔鳳翼齊鶱寵後醒還短：未見主人心已清況復交覿世尤罕竟日諧謔雜詩騷隨意山興興若旋猶憶三月卜築初經垣曠蕩水石散主人謂余天中歸不怕炎官張火傘但得秀句引清風日夕頻来非我館歲聿云莫詩不成金谷罰籌懼難緩行且冰雪留中簇：競出排新篁

豐城劍氣歌

斗牛之間白虹纏豐城之劍光萬千湛盧入水魚腸死芙蓉鏽澁巨闕稍千古神物至今在惟有太阿龍泉埋黃泉下如一綫若角吐鋩似太白攙搶連風師驅雲雨師避雷公鬬急騰身旋天門夜闢真人出倒騎雨龍謁金仙徜徉恣肆銀河畔空中墮落珊瑚歘紛綸不數日五色墨末忽似月上絃海市蜃奇不敢出江神夜照陰火然猶昔一擲吾鄭封楚王再拜還裹衪當時光怪同爾：何遽推折踰千年知非張雷目力到劍氣依然飄落如浮煙君不見吳鈎市王：不識二子應聲飛王前又不見卞和之璧泣以血再獻再刖誰為憐遇合自有數至寶不終湮豐城之歌胡為作喜為鐵兵一賦知己篇

再題讀雨山房

雨聲何處最奇快萬竿琳瑯聲一概有時不雨風驟来恍似寒泉落高派此君為使一日無俗塵三丈掃難除世人但知飫梁肉胸中那解工貯書吾子闢地結為屋空庭編插筍當竹青翠欲滴翦欲流朿書不讀意亦足況日研鉛恍心目窮經無輟雨興風檐兜元生堂之東耳中不絶潚：響璵庚渭川千畝盈予胸書聲竹聲雨聲：摩宮是耶非耶心自省天籟無待清露冷鳳皇夜叫竹花實銀河在天書味永闌干之外荇藻橫還寄作歌人蟠影

雨中題沈石田長橋風雨圖

山行疲馬畏落日況復長橋風雨疾子規叫嶺竹

雖啼山兕窮罷含笑五前無邦墅後無人欲行不
行神肱慄沈子何從貌山罔雨中張掛氣填臆江
湖浩蕩蛟龍游山谷崎嶇虎豹穴人生南北非所
遣對影無何共俉仄已知遠客行路難更歎良工
布置家不如卷圖還與君將使吾儕放顏色

登北極閣

遠近曲逕扣禪關北極層樓抱水灣柘子珍珍霜
後落寒花點點雨中班過高欲送千帆目與客欣
來半日閒層落短垣萬叉過齋鐘起處暮潮還

共李木子冬夜入邦

行舟晴落日遠水澹孤燈棹發中流逸情因酒證
增風騷窮泒別衰褐拒霜棱笑激空千古今還見

李膺

邦厄岸吠合寒夜客帆過何處酒家是門前明月
多鐘沉人果夢寺前水鳴波自笑謀生拙勞勞
歌嗜

清霜依岸草涼月隔疏陰茅店三升酒窮交此日
心諧談忘白首醉舞拓青襟試見來時路寒風戰
楓林

戲詠醉蟹

紫甲照坐饕欲活未及分嘗涎已泊麴生風味已
可人別遇將軍救痛渴以糟為枕麴為郎自謂無
腸得無憂亦知酒政歸令赫橫行並飲汝宜硃

贈李有江邦之行琴一雨中餞別歌以俏之

預起孤帆指羈思酒懷一夕瓢兩至樓頭急雨知
何為相勸持杯莫留滯割烹之鮮琴高遺黃雀之
腦餒人賜首蔽其芽把剪新福寶韭薑錯雜溫酒
酣再別主忽漠莫因非淨我思避色謹酒下亦弱
常人生對酒須快意予謂主人且少住聽我清歌
俏邦度夜雨淋淋春浪生明朝獨客江邦路江邦
路上梨花飛回望酒樓不知處

邦中過故人

醇意近醇酒年豐戶戶香故人斟酌滿春色雨中
嘗麥浪交新綠萩花迴遠黃相逢多好語昨暮速
輸將

乙未正月三日途中口占

清水看初綠城隅物候新曉風融雪濕微雨著來
勻聞訊黃江見還過徐學草相將肆林下一買洞
近春

月夜共鶴估論詩

老屋居相亞開扉月夜過如君近日少慰我清光
多水味煎斟別詩腸境共磨咀吟忘漏促敢歎歲
如何

吴陵曲、

南山寺後教坊西曲巷春風桃源齊恰恰黃鸝飛
上樹宜晴宜雨背人啼

積水空明月一輪天工寄與四時春花陰滿地金
錢穿卻此桃源少問津

豆棚花下影重重狂類微吟酒半鍾自笑詩人無
着處天涯容舍許從容

忽驚清露滴梧桐仰視銀河脉脉通牛女有情天
不老隔墻人唱玉玲瓏

楓落吴江冷次韻、

夜涼聽曲識吴江玉露侵衣未肯降一路看楓頻
倚棹無端落葉已搖窗洞庭波遠人千里欸乃聲
寒雁一雙佳句欲賡無覓處剔殘冷燄對銀釭

秋社

秋日清光工夢衣浸勞父列荊扉一杯淺碧分神
惠三世追陪似此稀老屋傾欹連豆架腐儒蹤跡
類蓬飛吴嫌寧割難同今且醫饑渴緩緩歸

巨甕行

魏然巨甕留湖沚古色離披蒼翠紫鬼神呵護蛟
螭蟠吾宗子姓胎于此憶昔元季兵入吳有元六二公
徒手室鶩呼游行江畔渡江北四顧扁舟一葉無
長嘯悲生氣填膺茫茫生死未敢忘舊時羽扇漫
無靈敵騎臨江悲倉卒巨甕飛來若有神潛身一
聽浮與沉波濤浸天白日速翻勞賊翦作榜人至
今前瘢留三五村人傳為余証前古宗桑生尹聃生
巢何必此甕非而祖一門忠孝先後生萬紀倫常
映日明豈惟泐源明德遠顧氏受姓自夏余侯此甕還與鼎同
庚余年四十未一覩夢魂時往水之滸去歲張帆
海鹽行暮莊逆棹祠堂處闊道湖水今愈清朝烟
暮靄向祠縈蘊涵所寄知何限數典還為巨甕行

題王鳴琦照　景爲秋高詰鹿人坐松下旁石疊石上携一老有童子侍立

世人朗朗玉山峰，超出風塵寄寓蹤。石文慣依居子樹，鶴聲常繞大夫松。一聲寥廓聞鳴鹿，百丈騰挐定化龍。爲許書童同靜領，讀書岩下翠陰濃。

研北花南吟草 詞鈔 合璧詞

（清）徐鳴珂 撰

《研北花南吟草》四卷《詞鈔》一卷《合璧詞》一卷，清徐鳴珂撰，據南京圖書館藏清道光十八年刻本影印。

徐鳴珂，字竹薌，號禮華，步雲子。清江蘇興化人。竹薌幼承家學，辭賦、詩文、楷法，皆有父風，填詞音律嚴密。乾隆二十七年召試舉人，授内閣中書。惜科舉不利，久困場屋，以太學生終。與顧仙根、高郵王敬之等友善。著有《東詠軒筆記》三卷、《研北花南吟草》四卷《詞鈔》一卷《合璧詞》一卷。

竹薌既殁，王敬之爲紀念好友，梓其詩詞，即爲此本。本書大致分爲三個部分，即：詩卷，詞卷，合璧詞。首有喬載繇序，略謂竹薌爲名父之子，天資穎異，好讀書，發爲詩詞，率胎息古人，根底深厚。此後便有吟草四卷，囊括五言、七言、古詩、絶句、律詩、歌行諸體，而七言絶句甚佳。佳句有云：『河山手筆早安排，也詡從龍出世才。可識佳城留篆石，漆燈已待沈彤來。北院妝成試乳茶，侯名馨烈賜官家。如何忽唱檀來也，移向洪州嗅萬華』。詞句雅潔，寓境幽微，風骨盎然，深合少陵遺意，戛然有唐音。其餘格律詩，則音律絶嚴，自成風骨。四卷詩之後爲吴錫麒、陳燮、喬載繇的題辭。其後爲詞卷，題材有閨怨、詠物、記事、記行、酬贈、抒懷等。小令有南唐後主遺風，慢詞則希聲兩宋，多纏綿悱惻，而亦有瀟灑豪邁，高曠深邃，清麗淡遠之作。詞卷之後也有吴錫麟的題辭。合璧詞融貫宋元，無綺靡之聲，鈎心鬥角，蔚爲佳作。

（畢研哲）

研北花南詩詞

敘

竹薌名父之子天姿穎異好讀書[illegible]人根柢深厚其緣情之作人多稱其[illegible]不知醞釀風骨自然俊逸故長篇短詠對客叩書少時即聲名藉甚方會賓谷先生都轉揚州時題襟館中名流翕集觴詠無虛日竹薌曳裾入座幾欲奪席十重而所作益工性本豪邁又擅臨池酒酣耳熱墨瀋淋漓皆其得意之作多不自收拾任人懷袖而去嘗謂叢殘數番紙何汲汲爲後世當有相知訂吾文者憶嘉慶戊午以後聯鑣金陵與顧君芝山王君寬甫輩徵逐三山二水間其意氣不可一世迨屢躓棘闈飢驅南北舊遊零落各守柴門而竹薌墓木拱矣每與交游回溯前事惜竹薌之才未嘗不悲其遇也寬甫與竹薌稱素交且聯姻好去年爲刊詞二卷今年吟草剞劂復告成竹薌自此傳矣昔日之言未始非卓見也若吾寬甫眞不負友哉

道光十八年歲次戊戌秋八月寶應愚弟喬載繇頓首拜書

研北花南吟草敘　一

研北花南吟草卷一

興化徐鳴珂竹薌

萍

何緣巧幻柳花身流水依然憶舊因輕薄已非前日夢飄零猶似未歸人雨餘幾點有情緣風約一池無主春浪跡浮蹤隨聚散送君南浦最傷神

秦淮春泛

蘭橈輕趁落花風丁字簾前西復東不識春光何處好亂鶯聲在綠楊中

歌樓十四杳難稽長板橋頭客思迷聞說小姑終未嫁芳魂千載傍青溪

東關北去聽雞鳴元武湖邊春草生六代雲山纔一瞥路人猶指舊臺城

幺絃聲裏鬧箏琶新月東升上碧紗說與燈船人記取水楊柳畔是兒家

雕梁紫燕雙棲處絕代佳人舊姓盧一自花開桃葉渡春風不到莫愁湖

上浮橋接下浮橋南望長干路轉遥暮暮朝朝空有信最無情是去來潮

游攝山

石磴盤屈曲蒼莣淩翠微層樓夾林表曦景明瓊屏昔年行蹕在草木含光煇山禽鳴我前天風吹我衣煙嵐各異態日夕氣候非逸懷康樂句逍遥澹忘歸

山雨驟然至樹杪飛流懸長風送清響吹作珍珠泉琤琮戛鳴玉奚必管與絃下臨桃花澗空明共澄鮮金陵茲福地來往棲眞仙洗耳塵不汙漱齒瑩且堅何當一掬飲笑指滄浪天

瓏瓏千佛巖窅窕通絕壑一氣爭變幻神工試雕鑿衆若恒河沙金光出林薄覆以六朝松重重散瓔珞閒雲

時歸來縹緲閒笙鶴結茆託崖阿考槃茲可樂

杖策尋招提小山容結搆幽居塵跡少名勝別新舊懸崖驚坼裂絕壁千仞透石氣鑱磅礴古木靜而壽晨露滴空翠霽色發華秀聞有買山人寫山消永晝（婁江張玉川工山水買幽居爲別業）

我登最高峯濟勝淩絕頂江流東如帶汲飲乏修綆之子悵暌隔歲月易馳騁絳都夢遊仙丹臺望延頸扶疏雙老桂金盤墜香影疑近廣寒居露浥衣裳冷閶闔呼可問長歗振鴻溟

入山苦未深出山惜已晚斗規銜落日餘霞映平阪臨

渚艤舟待倦鳥投林返時聞煙外鐘山寺忽已遠淸賞愜幽貞履道亦坦坦來朝征帆掛江天空一覽

禹廟（廟在郡治西前殿兩廡間繪禹治水及龍蛇百怪形狀）

異代王靈遠淸時廟貌新整衣瞻拜肅懷古性情眞飢溺誰扶救隨刊實苦辛揚州歌旣乂祀事遂相因忽睹丹靑蹟遐思聲教淳山川勞手奠樏檋本躬親河曲經蔥嶺江流下蜀岷胎簪同濫溢王屋想嶙峋四瀆功兼導三巴鑿告竣天連彭蠡闊地自具區湮河伯符曾授支祁猛費馴娶甯逾癸甲佐或仗庚辰頓遣龍蛇去欣看樹藝頻其

魚堙衆壑乃粒育蒸民土姓屏藩錫要荒貢賦均衡湘包橘柚岱畎入珠蠙昆侖從枚卜皋宮立大鈞充篚來幣帛垂範敘彝倫干舞和苗族昌言拜帝宸象賢天與子正朔斗當寅逖矣成三壤欽哉重四巡車書賅累譯山海匯通津遂有防風戮仍尸貳負臣龍威藏古穴岣嶁刻貞珉永奏平成績甯忘勤儉身馨香自穹昊祠禴尙城闉庭靜松杉覆筵虛玉筍陳蛟螭騰絕壁蝙蝠集承塵高閣雲窺牖空廊草藉茵象奸驚鑄鼎志怪補搜神峯影倨牙利星光怒目瞋駓駓咸入畫彿彿宛如人玃父疑回顧龍師善屈伸耳虵同妄誕胸貫笑思諄華雜封疆括樓臺畫粉皴探幽思緬井觀富竟忘貧至論推無閒餘威震有緡夭喬皆向化魑魅率歸仁泛覽移長晷登臨及暮春廣陵濤自遠終古詠淸淪

程漱泉（壽齡）以石篆二見寄

君才了十八能事不一足雕蟲亦小技甯甘讓人獨昔年程與童（程穆蕃童鹿遊）名士共追逐鐵筆久摧折高風誰繼躅此事亘不易皮相總麄俗能摹不能篆依然同刻鵠我學愧未精所患在欲速君誠探其原下筆全神屬趁勢一奏刀畫沙如錐鏃晨興折簡至遺我一雙玉雷文若古鼎圓珠類轉轂印以紫泥紅彌覺秀語綠嗟君兼

衆長頻歲仍鹿鹿憶昨過君齋蕭然兩椽屋巷僻少車馬簷低飛蝙蝠靑鐙日坐困垂翼歎雌伏何時印在肘濟彼蒼生欲遇合固有期好守和氏璞秋風定過我還共醉醽醁一杯姑寄興卜夜請以燭風雨細論文且補金石錄

宛轉歌

結君心相見奏瑤琴側指暉閒通暗語移宮絃外泛餘音歌宛轉宛轉思何如願爲機與杼同織繡羅襦離妾席相送慘行色春水江頭恨未平巫山天際高無極歌宛轉宛轉花前語願爲跗與萼同結相思子

懊儂歌

小膽不成寐銀釭向曉滅窗外風雨多鶯啼春欲歇
衆口能鑠金不語情脈脈積雪入井底中心那得白

飲酒三首

染絲莫染元養生莫求仙染元不復素求仙卽死緣秦皇與漢武采藥糜金錢徐福何時返青鳥憑誰傳不如飲美酒與我相周旋

刻桐爲新聲聲新色不古求明入闇室不若有相賛至味如飲醇無絃琴可撫遙遙千載心心心自相許荷鍤無乃狂獨醒亦何苦

天風吹明月照此杯中顔霜鬢時起舞姮娥笑我頑我醉復相嘲爾曷不長圓此理猶張弓亦復如循環飛觴且酹汝長嘯驚天闕

落葉四首用漁洋山人秋柳韻

楚些誰招逐客魂西風葉葉下柴門淸商蕭瑟傳霜信淡靄參差脫墨痕燕去巢空迷院宇烏啼月晴失山邨傷心樂府哀蟬曲寂寞昆靈孰共論

青林一抹點晨霜亂打銀濤墜碧塘團扇罷時歸別院舞衣散後疊空箱九秋望遠曾悲宋獨客登樓尙憶王怪底楊枝消息斷白家履道已無坊

砧聲萬戸擣秋衣一枕南柯好夢非極日關河千里別驚心風雨五更稀空山狼藉無人掃古渡荒寒有雁飛我欲題詩寄流水逝波不返悵睽違

一番相見一番憐搖落重扃帶晚煙紅燒只餘楓似火綠深無復柳飛綿柝枝金縷拋殘曲芳草王孫憶盛年莫問淮南舊心事西風斜照暮雲邊

書張船山問陶太史秦川雜感詩後

蜀道烽烟慘不開隴雲秦棧羽書催七千里外難爲策五百年來見此才痛哭長沙辭最切傷心錦里事堪哀銛鋒筆陣欃槍掃試酹青天一舉盃

胡香海森自京師瑠璨廠購得仇實父桓伊吹篴圖寄曾賓谷燠都轉屬題襟館同人賦之

平生不識桓野王舟中大呼毋乃狂王郎脫畧固如此忘形并欲忘汝爾青溪幾曲風日好橫吹入破江天曉策馬乘船忽已去不通一語眞絕倒中郎破敵曾鼓儳悲歌遽解東山讒會稽小兒何足數使君於此誠不凡笛步高風惟兩美十洲阿堵傳神技此日猶空冀北羣千金駿骨留燕市邗上鶯花二月春馳書特與報平津漫言繪事收荆壁要使淸流見晋人大觀樓外多風雨莫攜此卷臨江渚恐有穿雲裂石聲怒濤驚起潛蛟舞

三月三日賓谷先生招同吳蘭雪嵩梁萬廉山承紀樂蓮裳宮譜郭蘭池琦詹石琴肇堂張又錢彭年毛子喬松齡紅橋修禊次原韻

積雨快新霽漠漠餘寒破紅藥初含苞薾栗猶未大攤書倦午夢焚香輟清課滌水遶春城舟行類轉磨追陪登蜀岡濟勝敢云痺歐蘇名教地遺風在江左公今實繼之景仰見堙堁坐令泉石淸不受塵氛涴況復羅秀語遴才到寒餓題襟若海市琛貝燦百貨此邦習奢靡示儉去其萎拊循徧商竈轉輸濟埳坷雅歌有餘閒逸興詎無那剛及上巳逢是日己卯肯放佳日過西南師屢捷

研北花南吟草卷一　七

時川陝餘匪悉平杯酒競相賀卜勝樽俎閒拇戰敵鋒挫奇葩更射覆淸言紛擊唾廣大樹騷壇主客圖應作羽觴飛一一琠玕畫个个繁鐙川上動纖月花梢籖歸來聽官鼓瞢騰肯就臥翦燭淪新茗險韻慙屬和

陳所翁墨龍歌

虛堂烟霧半空下神物在壁共驚詫入視方知巨幛掛誰歟妙手所翁畫龍兮抱石欲何爲得珠而睡毋乃癡一聲霹靂好飛去次第雲開作霖雨

寄張旂山主簿

剡中山水天下無天台靈奧神仙區人閒風日不可到玉屏官窕開瓊疏誰歟飛舄共來往羨君屢打錢塘槳回首山陰道上行春雲處處連江城梅福一官毋草草彈琴對飲境亦好天涯伯仲漫相思蜀地燕臺人未老

題孫淵如星衍觀察萬卷歸裝圖

鄉心雨粟憶樓居先生有雨粟樓詩集擁得歸裝萬卷餘不負科名期有用欲遲林壑且姑徐校讐已了三千牘博雅曾傳第七車此是米家書畫舫滄江虹影貫蟾蜍

過康山草堂訪顧二芝山麟瑞因留飲

官齋五月尚被褐閉門不飲長鯨渴一朝出游鷹解縧快此登臨雙眼豁江北無山茲亦好載酒何妨淩一撮

研北花南吟草卷一　八

古洞旁穿漏烟靄懸崖直上捫蘿葛仙葩馣馧開優曇溪禽迴繞鳴鶬鴰南徐北固隱可辨江遠浮天天宇闊興酣空翠落杯底風前誰解鵾絃撥對山已死三百年我輩浮名須作達闌碁但苦心神疲挾妓秪愁風景殺狂歌痛飲雜讙呼樂往哀來那能遏君才足可了十八文奇字古性通脫坐中名士盡龍虎險韻頻拈爭擊鉢聞道主人樹一幟詩壘堅城不能拔康山主人江成叔鴻能詩時古歙方子雲正域吳門袁壽階廷檮皆來遊寓村草堂暇日重分主客鬪莫嫌肝膽同秦越會須造壁覘虛實倒戟先歸馬頻秣

擬劉隨州八首題襟館消夏第四集同萬廉山樂

蓮裳詹石琴萬愚溪棨賦

幽琴

小居屏塵慮感時芳草歇夜靜誰可語開軒佇華月月出閒雲遲林深清籟發古樂久不聞眞賞自怡悅

晚桃

我遊元都觀不見種桃客瑤池千歲花開落亦陳迹春寒猶多情護此好顏色莫怨東風遲早嫁良可惜

古鏡

鑄鏡名照膽立法亦倒置鹿馬紿對面焉能守神器歲久盤龍缺塵暗土花闕不及新磨銅妍媸可立試

疲馬

孫陽不復作誰識眞騏驎轅下困捶筴虺隤傷其神落日照曠野長鳴含悲辛惜哉五花身猶帶金瘡痕

舊井

轆轤墜銀絣石闌敧道側盛年歌舞地興哀閱今昔暗脈有淵源澄清養寒碧幽谷寄彼菴窺天無遠識

古劍

出匣露星采凜然秋水寒時作不平鳴壯士爲衝冠蒯緱會落魄彈鋏憐馮讙飄然歸延津望氣空長歎

白鷺

絲蘋迷遠港紅蓼垂釣磯空明水雲外時看漠漠飛臨淵那有羨得魚亦忘機笑爾簑笠翁風雨胡不歸

寒釭

霜氣逼戶牖歲月馳駸駸荒陬共遙夜闇室無欺心雪蛾不復擾飢鼠時窺尋願言持智珠廣照周遐陰

霜信

鯉魚風定後茆店月沈時木葉幾番脫布衾將曉知江湖驚歲晚鴻雁得書遲漠漠瓦溝影晨興感鬢絲

爲唐竹溪鈺戲題拈花微笑冊子

春卉已謝秋英開游興未倦斜陽催隙駒今古只瞬息一笑應自悲中來天花著處登伽走八還已徹復何有菩提結相卽優曇試問維摩應頫首

乙丑六月書事

五行迭相用偏勝則有害水以弱可玩其禍乃更倍江淮地卑下氣白縈如帶美哉神禹功萬禩期勿壞詎料巫支祈鎖逸屢爲怪去年秋風惡狂瀾肆澎湃遠郇見孤點中流渺一芥禾稼幸早穫場築差可曬穀貴未妨農猶得償逋債方冬不歸壑當春勢稍殺沮洳漸復舊播種敢云懈秧鍼露平疇微風交青靄潴菑既已盈奚俟桔槔溉淫雨忽匝月淮源溢而大江潮遏其南北則

大河掐如兩敵相持重圍不能潰沛然趨下游湯湯洗埃墻維揚成巨浸孰辨溝與澮綠雲沈萬井哭聲聞一派海若時正驕蜚廉揚其旆助虐天爲昏長飇捲高籟田廬半漂沒存者亦空膾葦濕炊不然缾罄米焉匄老稚委溝壑丁壯走狼狽萑苻乘閒作吏胥緣奸猾古稱十年計兹則一以憊甚矣臥治難盡思星月戴四境多瘡痍疾痛方求艾吁嗟此邦人習尚侈且汰一食動萬錢于意猶未快泉刀若糞土綺羅等菅蒯飲博雜聲伎流連忘歲邁鬼神誠忌盈煢獨非其類鞫凶先界之天道良可噫糠覈澀枯腸鳩鵠變形態哀此流民圖一一

難具繪得毋生齒繁塵劫歷將屆西川昨擾亂暴骨滿厓砦妖氛幸掃除横流復顛沛蛟龍垂飢涎膏血恣一啜天心未厭惡斯民疇莫乂昔聞僧伽塔高矗泗州界今已占滅頂豈但失尻背有時煙雨中往往聞梵唄危隄如建瓴釜底甯久耐猿鶴與沙蟲恐適逢其會而況沈災後疹氣餘疴瘵苟活即天幸那能色無菜國奢當示儉否至終思泰俯仰生理艱使我憂心痗

立秋前十日聞絡緯鳴

吾聞候蟲以秋唫胡乃未秋先悲鳴小園此時暑方熾蕭騷入耳難爲情高田苦旱低苦潦天意毋乃太顛倒黑風吹海怒濤飛斬夷民命如芟草東南桑貴蠶又飢纏絲不語哭娘悲吁嗟美錦製匪易孏婦心驚徒爾爲爲語促寒娘紡車聲暫歇沙沙終夜喧令我增煩熱目前枵腹斯民憂未暇卒歲謀衣褐

質牛謠

去年牛值三十緡今年賣牛纔五千肆肉一觔廿四錢刲腸割體真可憐牛兮爾勿怨水荒世罕見邨邨四面浪拍天爾即貪生少芻薦爾死活人功德善昨日府帖來牛廠揚州開日當千百頭紛紛爾牧勞安排太守仁聲動遠邇可惜前牛已多死死生有數竟如此牽牛出

門心轉悲恐有官芻難汝肥

病瘧四十日甫出游

久病一朝出徘徊天地寬關心秋色好撲面曉風寒客亦驚顦顇予原號懶殘飢黎傷面目慚愧說加餐

顧芝山自興化來訪

病起聞君至歡然倒屣迎感時逢歲歉小飲覺身輕霜老茱萸色風高鴻雁聲翦燈深夜坐長話已三更邨落流亡衆浮家萬葉舟死生憑石瓠聚散感沙鷗來歲防春癘長淮抱杞憂天涯兄弟慮不僅稻粱謀

秋日蚤起

春風醉我如中酒日高懶起問花柳悲秋頓苦睡蚫去壺箭三商辨子丑東方未明頻反側眼穿時復窺窗牖羽蟲知曙欣翩翻我亦披衣同抖擻開簾漸畏霜風厲落葉紛紛掃如帚生年四十百無用覽鏡華顛感衰醜蒯緱彈鋏徒自愧那稱纍纍印懸肘連朝病起神亦泰掃室焚香屏塵垢晨興一卷誦黃庭三彭便擬庚申守莫畏愁多偏夜長差喜秋高得晴久人生百歲定幾許且把茱萸開笑口

食蟹

文章愧長卿郵亭誰入夢浪跡寄淮海漁父時過從秋風吹鬢絲墮顛竟何用對菊亦無聊一杯邀月送賴有

霜蟹肥解甲脂盈凍吾聞閩海產骨且專車重尖團徧水滸介族日益衆誰謂汝無腸橫戈力能控偶然泥塗辱遽厄兒曹弄緯蕭斷其流郭索夜羣鬨佈坎落窖穽潛遁防霧淞可惜彭越才難免湯鑊痛後死得爲幸貪飲計復中醉鄉近黑甜請君更入甕嗟余逢歲歉山庖亦屢空困若敝貂季廉笑食蚓仲病起戒屠殺楞嚴日持誦滋味甘淡泊饔飧佐菰葑感惻介士死口腹孽毋種何當學坡老暫向江湖縱

九日登泰山墩

巀嶪雄窺百雉城登臨天爲放秋晴斷雲北郭迴帆影落日西風有雁聲紅粟均輸荒歲計（城西時設賑粥廠）黃花寂寞故園情試聽澤國呼庚癸棖觸難消酒一盛

將赴郡城

讀書不求仕爲貧時或宜豈不念顯揚鶖質安可期田園有眞樂庭闈常相依我生已四十歡笑如兒嬉今年苦大水負郭多瘡痍屢書乞米帖俯仰計日非頗欲出門去升斗謀所須遠游固當戒百里非久稽囊者行必告今胡拙言辭稍稍整行篋惆悵對斜暉老人知此意招我中庭隅一一問行踪黯然神含悽似痛兒生平未

嘗困飢驅又恐閱歷淺干謁與世違念此摧心肝涕出不敢垂今古傷哉貧賢愚同一悲去去且歸來承歡復何疑

過宜陵作

郵邑無大小所至皆營營勞者自不知旁觀殊分明無以鷽笑鳩我亦揚帆行歲月已偪仄風濤計路程居人應笑我曷不歸柴荊短篷矮如甕瓦缶還自傾飢驅亦偶然慎勿歎平生

斜日下寒嶼肅氣生遠甸風急歸雅喧林空落葉旋野塘淥可飲殘菊黃猶戀漠漠郵煙晚點點漁燈亂飽此

一帆疾瞬息去如箭我行頗慊意未免來者怨去來姑
勿爭䨓晦同泊岸

小舟中口占

小舟僅容我與僕晝不伸頭夜拳足旁有艀艋數十人視我舵樓高於屋勸君勿作巨細觀一身之外皆他屬我持此論心泰然敧枕推篷泛醽醁

聽洛下王友之述舊游黔粵諸勝境

君耽山水窮陬壤我讀虞衡憶石湖荒服可憐人罕到洞天聞說世間無峯當險絕煙嵐異花不冬彫氣候殊坡老漫誇行萬里葛仙今日有雙鳧

送李白樓方湛返海甯

江上北風起高樓生暮寒故人從此去相送不成歡歸計晨昏切交情緩急難倚門幸無恙蚤爲報平安

邗江寓樓聽雨簡萬大愚溪棨

誰挽狂瀾障百川飢驅與爾等無田丹鉛生計驚華髮風雪江樓逼暮年賓谷先生修鹽法志招同校對過眼鴻泥勞悵望闌心翰墨共因緣試聽窗外瀟瀟雨相對寒檠最黯然

贈海甯王坦齋遵路

中年方締交忘形到爾汝天涯文字緣各各道肺腑感君性情眞憐君遇獨苦婦死不得歸天涯成閒阻多病傷崔騶純孝誦華黍孤衷鬼神泣聽者慘無語熒熒一鐙寒紞紞沈譙鼓我醉不成眠拔劍爲君歌男兒可憐蟲造物當如何三十不自立流光下阪坡且勿悲履霜待彼春風和根本培始基一氣榮枝柯毋爲悵搖落青鬢先銷磨努力愛景光矢音如卷阿

白紵歌

曉起百舌呼春風高樓壓簷花枝紅美人意態清鏡中欲畫遠山愁更濃妝成試捲珠簾望寶馬香輪青雀舫一霎金波新月上大隄春晚添惆悵

菡萏花發搖清漪千紅萬綠明玻瓈女兒棹舉鴛鴦飛歸風送遠邀斜暉壘雪羅衣瑩無汗一枕西洲涼夢倦蓮子薦根尋不見沈吟秋信悲團扇

井梧一葉飄空庭轆轤綆汲雙銀缾化石山頭破鏡明藁砧不見難爲情妾夢生憎遼水惡寄書鴻雁南飛錯刀尺聲中霜月落新寒只恐羅衣薄

紅氍座暖文犀然姮娥二八冠貂蟬曼聲柔態麗且妍長宵苦促深杯憐繡被合歡銷麝炷月落烏啼不知曙簾前漠漠風吹絮梅花夢裏裁春句

擬何水部絕句

花朝日白樓坦齋招游紅橋

天放佳晴入畫船判花隨分作詩仙梅殘蜀阜香餘雪柳近清明綠有煙久客風懷頻歲減隔江萍彭一杯牽聽鶯載酒渾閒事劇孟相逢亦可憐

郡城東北看花因憶家中海棠盛開用東坡定惠院看海棠韻

高齋兀坐如槁木欲往看花常苦獨慳風嗇雨不見春鉛槧終朝難免俗忽逢道人殷七七擕得飛瓊出深谷就中一樹海橋紅歎息塵寰少金屋鼠姑太肥梅太瘦獨爾輕盈勻骨肉天心只恐紫雲飛故遣絲絲親繫足

囘憶故園兩株好已試新裝豔且淑蜀岡遠眺悵離別寄愁但覺輪轉腹桃李紛紛徒自炫打槳厭聞絲與竹田家紅線呈仙姿離合神光驚射目人生真賞不數覯得隴能無仍望蜀空吟西北有高樓誰遣東南問黃鵠幾人金縷惜春衣何日鵾絃奏新曲倦遊歸去爲神傷夢醒挑燈倍棖觸

高郵沈皋郎鈖江都許春卿之翰東臺袁嘯竹承福爲詩人朱老匏歸墓碣以冊徵詩爲賦二絕句

匏繫生涯等夢雲臥秋老匏詩集名遺唱不堪聞西湖一掬

朝朝對明鏡安花次第勻蛾眉不相妒只有鏡中人羅衣熏未著思君無路通游絲飛不到寄意與春風出入持紈扇相逢故障面不是羞郎看周防同伴見曉風吹落花宿霧斂斜月花落思故枝月斜悲夢別書去心亦去燕歸人未歸東風不相棄吹夢入羅幃篆煙裊易盡曉衾如此寒猶有淚痕濕歸來取次看

題李白樓華頂觀雲圖

君家青蓮有仙骨折取蓮華作不律東摩鴈宕若盤鶻呼吸雲煙供嘯咤君之奇氣亦不屈縱談王侯時捫蝨石梁之珍祕美質白樓小石梁研一方阮中丞芸臺爲之銘天台欲尋劉阮

窟四十流光過眼忽如牛轉磨困屢蹶何由長橋向空接飛入金天復踴出峯耶雲耶真恍惚倏往倏來互變滅須臾九點隱吳越今古山川渺一髮我昔夢遊蓬萊闕白玉高臺瑩如雪身踞其顛心怖慴海不揚波靜瀴瀛忽然當頭見赤日下視平等無一物夢醒蟲吟淒以切太息與君同拂鬱得亦何從休論失揭來旅邸學禪悅妙諦如聞廣長舌追憶紀游作詩說風雨鬼神纔一瞥足底芒鞵姑暫歇時復醉歌踏明月著處天花應悟徹乞君於潛之神朮報汝昆靈之芝實試參列子御風術攜手裵徊八紘闊

王孫淚曾向南枝弔鄂墳
龍華會記前因在瘞鶴銘從此日探畢竟詩人有生氣
百年遺碣重淮南

題海甯楊芸士文蓀修竹吾廬圖

綠竹懷世德白華含悲辛傷哉南山歌誰識楊王孫黃雀舊遊處一朝屬他人猗猗種千竿手澤嗟猶存每當風雨時淒切不堪聞寄言毋怨尤萬事如轉輪古今皆寓公山川亦微塵不見武肅王錦樹無蟠根鑑湖已非賀桃源焉知秦人生貴節操尉羅何足云渼陂兄弟好韋家花樹春虛心抱奇氣有日干青雲而況喬木在休

戚關世臣芸士爲宛東中丞猶子他日平津宅車廡重更新合浦天還珠買山我爲鄰披襟當清風穆然時含薰贈言將何如念此平生親

研北花南吟草卷二

興化徐鳴珂竹薌

梨花

曾踏春雲唱玉京洞仙何處覓飛瓊舊有洞仙歌集宋元人詞句客懷顯顯知多少青鳥歸時空月明
禁雨禁風禁曉寒一枝春色壓江干如今寂寞珠成淚獨下晶簾不忍看

顧芝山招遊康山草堂看牡丹同李白樓袁壽階延檮萬愚溪錢塘宋苡莊懿臣仍用定惠院看海棠韻

磔磔春禽呼灌木故人有約破幽獨揚州池館鬱相望只此草堂遠塵俗看花攜榼設行廚求友居然鶯出谷武功仙去三百年豈意此土仍夏屋我輩亦復少遠謀差覺飲醇勝食肉就中子絲量最豪三雅頻飛興未足宋玉好色本天性花亦闞臣儀度淑青蓮再謫削美祿涓滴不勝負口腹虎頭癡顧雲臺萬旗鼓相當勢破竹我慙褦襶百無能醉舞婆娑揩倦目諸君袞袞各自勉氣吐雄文喻巴蜀休買燕支乞畫工一任滑稽誇獻鵠吁嗟對山不復作要鼓何從聞法曲起酹花神發浩歌送春懷古情交觸

擬隋丁六娘十索詩同顧芝山方子雲江成叔張

老蕢鏐作

團欒天上月疏綺清煇映佳辰隔三五寂寞空房靜願不減容光從郎索明鏡

宿鬟雲尙彈守宮痕半銷掠起新蟬翼還梳墮馬嬌郎愛花枝颭從郎索步搖

寶釵綷艾虎薰風吹蘭池浴罷嬌無力含羞不自持欲綰同心結從郎索色絲

拂箋侍郎書下筆驚委宛寫韻伴芸帙春露薔薇盥妾願學簪花從郎索湘管

皓腕握羅扇紗幮拂蘄簟涼月枕郎眠雪藕參差見弱不任黃金從郎索玉釧

素帛行纏軟朵朵紅芙起可惜金縷樣宵征浣花雨願得夜光隨從郎索珠履

焚香理素琴求凰調玉音活火翻銀葉熏奩覆錦衾生憎麝煙濁從郎索水沈

移郎百寶燈照妾迷香寢流蘇漾波縠詎入深夜飲並蒂合昏花從郎索長枕

洗紅顏色故惆悵好花枝記得啼痕拭背燈偷見時只恐郎忘卻從郎索口脂

劃水水不開籠燈燈尙明纏綿膠與漆宛轉影隨形密意妨人見從郎索曲屏

戲反十索詩即簡諸子

相思夢不禁相見意難任羞郎默無語那知迴避深皎若天邊月從郎索妾心

碧城共惆悵青鳥時往還殷勤織錦字迴文在中閒付與纖纖記從郎索指環

千金感郎愛一身唯君與結髮許同心密意難悉數并翦約柔絲從郎索香縷

一樣弓月影雙飛鸞鳳儔試作掌中舞蓮花香印留燈

畔恣郎憐從郎索暖鈎

冰簟瑩若玉香風吹碧紗一雙交臂藕五色鎭心瓜莫道相如渴從郎索唾花

雛鬟十三四記拍妾親按慧性憐不殊聽鶯欣有伴那知新故嫌從郎索如願（青洪君婢名如願見干寶搜神記）

男兒喜任俠錢刀計亦拙妾有嫁時奩郎須重氣節何止拔金釵從郎索條脫

題詩貯錦囊春江歌玉樹聞道呼才子紙貴傳鈔處側理不勝書從郎索織素

郎擅寫生技儂今貌若何花時留小影他日記橫波笑

染春山淺從郎索黛螺
藏鈎勸郎飲與郎同歲除百年一樽酒卻病有屠蘇願得郎身健從郎索佩符

對庭中盆荷

我家水雲邊菡萏陂澤連紅妝照初日玉容凊且妍白波卷詞客香風泊妓船夕陽采蓮歸笑遮荷葉圓去年淮水漫今夏更爲患澤國無鴛鴦哀鳴有鴻雁荷塘三百丈奔流疾如箭蓮薏苦莫知藕根尋不見山居老瓦盆仍復敷榮繁花時聞野哭那忍開芳樽心痛難緩聲事迫難安言華容能幾日願樹忘憂萱

迎米船 述興化縣救荒也

迎米船臨高臺昭陽南望南風來連檣巨舶爭到岸邑人歡躍聲如雷孤城彈丸若釜底淮水湯湯勢未已城中僅支半月米萑苻披猖盜孔多米商不至當奈何邑侯愛吾民當食不忍飯下令簡丁壯告糴隨近遠與爾刻期約要使十日返從民所欲民爭先果能迎米五十船精誠所至事必濟爲父母者甯不然我遷吳陵三十載桑梓瞻依情未改懸磬時聞蔀屋嚌救荒賴有賢明宰此邦奸猾風難勝弭盜全憑都護能不思懲亂用重典蒲鞭示罰言哀矜吁嗟乎土偶莫恃爾爲土河大水深同溺汝

寄王坦齋

涼夜思如水美人天一方不才甘濩落久別感蒼茫地僻朐山路秋高板浦場只愁淸鏡裏青鬢點吳霜

觀鬭蟋蟀戲成四十韻

我聞天寶間始作鬭蛩戲葛嶺開別墅好事賈相繼嗟哉半閒堂無復中原志秋風牒民間追科同賦稅金盆嵌雕籠髤漆砑光細飲以碧玉池糝以香秔食畚陋爾雅名經誇秋壑製紅頭紫最驍白牙青更異蓑衣金甲裘錦帶飛鈴繫圓如蘋葉腰纖若梅花翅琵琶與蝴蝶

芳名競標賜玩物亦細故流傳迄近世紈袴狎所好吳下風益熾家無擔石儲狂擲效劉毅千金付一喙偶北仍再試我初嗤其愚近亦與頗寄況聞騷壇中吟詠殊不棄長歌有梅郎吳梅郎有宣宗戲金蟋蟀盆歌小賦憶菌次閒居二毛侵覽鏡感顛頷蒲柳先秋零銷憂假物類籬落呼燈火遂捉得英萃琴吟伴枕函宣和間琴曲有蟋蟀吟涼月照無寐晨興鬭之徧時復探以穗怒發鼓牙爪陰狠得商氣猝然遇大敵交綏肯迴避漢家羽林郎蟲達列侯位猛號飛將軍悍甚沙叱利兩雄方對持瞋目各攘臂先登每恃强少卻解用智剽突身偏輕堅拒死殊致甘爲知己

用捐軀誓無二遂破南塘寨竟拔趙壁幟黃鬚鮮卑兒竄伏敢肆恣長鳴窮追奔賈勇有餘勢功成不受賞依舊深籠閉霜夜語幽咽似訴老將至睹此三歎息王孫亦何意山河戀觸餘今古沙蟲例埃館煙雲荒瓦礫荆榛蔽莫登古戰場蒼涼起寒吹

古意

寒蛩階下泣霜氣深閨偪夜半縫君衣綿多針線澀君心如游絲不若妾鍼迹遲遲纖手倦滅燭聞太息斜月照羅幃夢想見顏色

冬日負曝

朔風如雄師掃寇窮追奔園林霜葉盡萬樹同時髡怒號益鼓欲天地爲慘昏深巷少行轍荒郊掩柴門惜無杖頭錢那得沽芳尊重衾冷於鐵夜半稍稍溫晨興弄柔翰冰花蘸墨痕手指僵欲折攤書不能翻瑟縮擁敝裘徙倚欣朝暾此時心屬厭妄念無一存簷雀亦起舞樂意羣呼喧和煦常不覺沍寒乃感恩因之悟治理重爲輕之根

牆角老松

雲蓋挺奇秀虯枝欲攫拏清音嘯鸞鳳怒勢走龍蛇古渡感行役荒齋深歲華閶風如可接我欲問星槎

此屋幾更姓歸然爾獨存風霜今古色雨露地天恩奇氣不可屈蒼顏時覺溫後凋原本性好爲護盤根戶牖驚風雨奔濤殷地來溜痕穿石髓多節長莓苔聞道東方嶽將升封禪臺荒陬誰汝獻惜此棟梁材

歸自郡城寄鄭舍人柿里　兆珏

綠楊城郭木蘭舟幾度花枝送酒籌小艇西風留不得輕帆細雨下灣頭

倚聲記拍憶舒王懷古金陵最擅場落拓青衫仍故我當筵怕聽桂枝香

同心臭味莫相猜蘭蕙東風一樣開聞道國香人服媚

夢遊春去約重來

綠綺琴拋奏暫停捲簾涼月上銀屏六如已逝風流盡流水高山不忍聽（唐竹虛於去冬下世）

書帶茸茸繞砌鋪不其山下喚提壺於今已是桐花落留得收香幺鳳無

茶煙午榻有餘清幾日身閒心太平天女如蓮休下試維摩示疾久忘情

金陵北郊曉發

蒼茫雲樹曉煙收迤邐筍輿愜勝遊元武湖光經宿雨翠微山色入新秋西風衰草眠翁仲落月荒祠拜蔣侯

莫問南朝歌舞地景陽宮井此蒿巳

雙琳曲

雙琳者秦淮曲中侯氏女也與同邑某生情好甚篤有終身約生後以貧不能往雙琳使婢招之來即得其故度勢不可終合遂密約同日飲鴆而死之日年甫十九邑人哀之爲徵歌焉

紅樓翠閣淩波起畫舫珠簾春十里六朝金粉又南朝餘香𣿬灩秦淮水秦淮有女字雙琳繡闥藏嬌深復深霏貌不須誇傅粉柔腸直可抵堅金十三學得批把語十四教成柘枝舞盈盈二八正當窻妒殺東鄰西院女

研北花南吟草卷二　八

楊柳絲絲踠赤闌曉鶯花外語閒關溶溶春水開妝鏡擾擾春雲綰膩鬟妝成慢理瑶徽曲博山清供神仙屬蹴踘彈棊藝亦能藏鈎射覆機偏速秋月春花到處迷驚鴻乍見暮雲低當筵空贈纏頭錦歸去誰將姓氏稽限前蜂蝶紛如許豆蔻香含春未吐脈脈傷心對夜釭瀏痕幾點梨花雨使君忽駐六萌車簫史風流衆不如樽底橫波心暗許玉釵恩重定情初樺燭光微私語久外家夫壻難終守舉杯酹地共君盟他日相憐如此酒邂逅從此泛仙津桃葉天天渡口春何日珍禽不比翼何時璧月不常新蜀錦吳綾花樣細名香更向揚州製百戲爭看買笑多千金散得空囊易無愁公子奈愁何陌上徒聞緩緩歌阿母肯抛錢樹子黃姑又遣渡銀河星河誰是乘槎客妄窺織女支機石折向侯門忤貴人亂紅不問春消息私裛濤箋方勝封殷勤密付許冬冬侍兒果作黃衫俠招得君虞一夕逢相逢驚愕悲難已蔦蘿練帬風雪裏錯恨郎成薄倖人原來范叔寒如此當年妾手製君衣啟笥愁看減帶圍上元燈火深盃夜容易良宵肯放歸忽忽蛾眉慘不樂沈吟往事思量著儂有金丹可證仙愛河永塞波濤惡燒燈節過約重來懷抱從郎恣意開百年盡此杯中物地下良緣締鴆媒

研北花南吟草卷二　九

彝華易落悲朝菌紛紛兩地傳凶殯姊妹驚呼雙淚垂可憐一霎灰紅粉巾幗偏能負烈腸名園金谷久淒涼甘爲知己從容死從此青樓有異香長干里外城南道墓頭應長紅心草曉風殘月度雙魂三生一笑歸瓊島看花人老秣陵遊淚指清波嗔莫愁聽罷新聲河滿子四絃哀迸萬山秋

三鳥篇

三鳥本殊方相逢集一林羽毛各自惜飲啄憐同心扶疎春夏交嚶鳴多好音涼飇振爽籟睽違異苔岑雙雙奮健翮直上摩千尋一鳥獨戢翼高騫力難任修柯眄

朝陽卑枝棲故陰昔爲鴛與鴦今爲商與參相思不相
見引吭徒悲吟雲路亦苦飢眷懷艮獨深何當共頡頏
鴿彼桑間椹星榆幸有託毋爲念蹄涔明月照南枝跂
望誰能禁

秋晚寄高郵王寬甫敬之

倦馬依故林新鴻振遠翮迢迢望星漢耿耿悵秋夕與
至時孤吟園荒鮮過客疎花放冷紅衰草含餘碧幽獨
愜古意視聽寡形役我憶王子猷素心渺睽隔三復廣
微詩循陔同此適

訪菊

林臯爽氣澄夕陽明遠隝倒影入池塘游魚淨可數招
攜過晷彴曲折入樊圃小春節已屆籬菊黃才吐枝葉
半離披采摘鮮遊侶老叟前致詞夏秋旱無雨往歲花
滿畦秋光澹容與今年種不蕃十僅得三五辛勤抱甕
溉人力亦何補我聞三歎息念彼田家苦頻年淮水溢
哀鴻多鎩羽冬春貸牛種麥收止二釄四月卽暵乾梅
風不潤土秧鍼渴欲死一息託殘縷雨少日益熾如以
沸湯煮聯翩銜尾雅曉夜敢停武原隰仍坼裂陂池無
蓄潊有禾不能插去之萩稷黍南薰稍長養薿薿快目
覩秋蝗競噬齧譬肉投餓虎哀此淮海氓冤爰雉罹罟
炊煙突不黔庖空塵生甑剝啄愁吏胥啼號痛兒女霜
風漸淒厲難言入室處那得一蔡花金錢供十戶富者
戒奢侈緩急貧者取此論各有當詩亦歌萇楚

放歌行

噫吁嘻男兒行年四十當封侯高牙大纛雄關秋帳下
健兒八千衆銃鋋環列貔與貅手拈金僕姑身著短後
裘雪花大于掌射虎南山頭羽毛歕飛血殷野狐嗥兔
竄窮追搜大漠烽煙靜不起拓土開疆一萬里功名上
擬霍驃姚人生快意須如此不爾躬耕負郭田荷鉏暇
日遊斜川稚子蓬頭曷足恥乘車戴笠殊夷然胡爲窮

年兀一編如蠶作繭身縛纏如傀儡絲隨人牽如牛轉
磨往復還周遭陳迹不得前昔之青鬢今墮顛出入俯
仰憂心煎蒯緱落魄誰爲憐古今衮衮皆名士翻新花
樣隨時製悔不當初誦太元艱深詰曲求奇字誰知大
道平如砥容易青雲纔尺咫獻賦何須羽獵篇賡詩已
入柏梁體噫吁嘻窮達誠有命蓬萊不可期顏駟執戟
甘白老甯戚叩角徒爾爲我且拂素琴和陶詩有花直
須折有酒斟酌之仰呼白玉盤滿引金屈卮醉鄉廣莫
何所礙夢魂飛上丹臺梯丹臺兮崔嵬軼蕩蕩兮天門
開左把浮邱右拍洪厓偶與東方歲星遇握手道故無

嫌猜曼倩編貝粲然笑爾今談何容易思仙才讀我客
難歸去來

送萬愚溪北上

才高恆見忌多口亦何傷行色憐怱遽驪歌忽慨慷同
心悵風雨握手賦河梁應與孫陽遇空羣到朔方
三月豐臺畔看花第一春青氈應念我白髮早催人雲
樹樽前思鴻泥雪後因平生重意氣不獨爲交親

吴埜人嘉紀遺像

昔讀陋軒詩寢食不輟詠上下千餘年排奡接詩聖松
栢抱奇氣歲寒愈蒼勁湛湛東淘水鬚眉見清淨景仰

研北花南吟草卷二　十一

不去懷夢想或可應忽然覩遺像狂喜亦起敬卓然程
江邨相依以爲命江邨歙人與埜人交最善埜人死江邨爲營兆域且繪像祀之並圖己像於後古今刎頸交轉瞬成笑柄對此發深愧布衣何足病
瓣香更尸祝表子亦至性像今藏歗竹處爲重葺池徵詠感喟夫何如
先生無遺行

白蓮

三十六陂遠伊人不可求忽逢親解佩使我澹忘憂清
夢月光墮冷香詩思秋酒醒還獨立惆悵問西州

盂蘭盆歌同皖城江素山詡江都江鄭堂藩張老
薑㢤芝山作

炎炎盆底開青蓮髮華香雨飛諸天中原作會亦何意
袒肩膜拜殊可憐西方異聞令人駭樂國何爲有苦海
無端幻設盂蘭盆齊梁迄今俗不改綵竿百尺穿雲房
寶幢瓔珞風影颺五果百味清且芳一花一葉如來光
填城闐郭競祈禱欲報深恩除熱惱到處嬉遊竟若狂
簪裾紛遝迷昏曉梵唄搖鈴震地哀九幽杵擊重重開
作此狡獪愚黔首劍樹刀山安在哉目連有母詎如此
釋氏當亦寓言耳凡有血氣罪其親一偏之害何所止
布施金錢糜鉅萬道場共了清涼願幾曾餓鬼得充腸
痛殺災黎無一飯大千塵劫循環生說法空存解脫名

研北花南吟草卷二　十二

不救生時諸苦厄涅槃誰復知其情世俗茫茫終不悟
孰爲指覺歸眞路好讀昌黎原道篇莫誇楊炯盂蘭賦
砥柱中流得幾人惜哉饒舌顏黄門諄諄家訓垂千古
亦復遺言供此盆

紅橋早秋泛舟

倒影天光水鏡開柳陰卓午正裵徊如雲荷葉香生處
忽有詩僧一舸來謂小石開士
古木蕭槮一徑涼更無炎暑到池塘畫船歌吹知多少
付與蟬聲噪夕陽
獨卬輕舵發浩歌哀鴻滿野近如何容心已逐西風遠

祇覺秋聲入耳多
點水涼螢不定飛隔林燈火尙依稀狂來笑指初生月
留照詩人緩緩歸

秦獻竹以顧松巢先生畫冊貽芝山芝山喜作歸
畫圖屬題

君家虎頭翁齊名江左陸匈羅萬丘壑皴染日不足尤
工棧道圖漁洋心折服（漁洋山人有顧瑟如棧道圖歌即先生也）平生甘布
衣恥食侯門肉逐令惲王輩聲價漫騰逐蘭以無人芳
眞賞自空谷憶昔遊京華巨幛偶然獲巑叢五丁開雲
氣十指觸寸馬與豆人摩挲揩倦目攜歸三千里卅載

研北花南吟草卷二　十四

常韞櫝君見必起敬眷眷意有屬我以邂逅緣珍若連
城玉在虞猶在晉非不從君欲竭來客邗江暇日醉醺
醺示我畫中畫當窗披尺幅爲言此友豪持贈意彌篤
合浦珠仍還世事同轉轂君今愜所願得隴毋望蜀賤
子贖前愆觀畫當詩讀聲畫無新辭聊成歸畫曲鄙吝
殊自愧我不如獻竹

送宮大樂亭之粵東

北風江上路握別一淒然鬢已驚華髮愁看迫暮年水
昏珠浦月山瘴蛋蠻天珍重南枝信春來驛使傳

寄德清許大敬姚元崇

西風攝山道停驂嗔歸渡虛煙澹秋夕落葉下古樹苔
溪與邗江掛席判征路明月千里懷可望不可遇邯鄲
夢乍醒紛華奚足慕泥塗非困辱多事笑往愬相勸惟
加餐隔歲待重晤旅館寒柝永時聞雁南渡挑燈不成
寐披衣寄尺素梅花詩思催古香願同賦

張老薑山居賣篆歌

揚州那得山可居山人屏迹城南康山隅結茆數椽無
俗派杜門卻掃日與古人對平生結交金石親摹斯仿
籀能逼眞鐵擿甘爲許氏役臥雪誰念袁君貧貧鬼戀
人可計逐貨殖居奇惟所欲胡爲賣篆作生涯我識山

研北花南吟草卷二　十五

人意有屬獻璞恐遭卞氏刑捶琴恥作王門伶不妨刓
石姑待賈奇氣鑱削秋山青雷文蝌扁世莫識懸之國
門一字一縑直市儈大笑君其愚此邦金玉之珍圖書
之富汗牛充棟如山積焉用區區片紙與片石日晡歸
去廚無煙臨池握槊猶復心夷然檐花細雨飛階前高
歌往往疑神仙天生傲骨耐寒餓好古豈必邀人憐我
亦賣文慨同病感君妙筆屢持贈或以勢力相迫促山
人掉頭終不應吁嗟山人日以窮乃能睥睨輕王公撐
腸拄腹究何補及今所尙燕支作畫投之俗好斯圓通
君不見水繪園荒巢民死誰爲童君修印史（雉城童鹿遊有史印）

冒辟疆爲之序山人摹古空自喜知君祇有方山子謂錢唐陳曼生鴻壽別駕

送王寬甫之山左時石臞先生作運河觀察寬甫往省

春風憐小別東郡喜趨庭實學悳根柢茲遊見性靈河
流奔岸疾嶽勢接天青定有南樓詠歸時洗耳聽

芍藥詞

留春只合住揚州芍圃年年作勝遊打槳人傳花有信
珠簾齊捲十三樓
幻出紅香錦繡邁翻階麗景鳳池波舊時不識黃金貴
那買春風笑語多

研北花南吟草卷二　　十六

絳都宮闕近蓬萊一片彤雲試翦裁我是司香人偶謫
荷衣曾伴埽花來
留黎映碧酒鱗紅絃管聲聲西復東到得彎環新月上
玉釵影聚萬花中
廿四橋邊薺麥荒金壺細葉感蒼涼道人側犯歌詞在
誰譜遺音入樂章
高樓西北月當窻想有清輝照玉釭賦罷將離倍惆悵
春歸人尙客韓江

顧蕅怡仙根先生齋中古松歌

黛色參天之而舞白日當空駭風雨其中高吟大有八
能以靜聽生妙語陋巷不陋樂所處歸然獨立爲儔侶
盤空排奡非求奇殫思渺慮涉其苦此境惟有高松知
一笑蚪蜿空楚楚憶昔打槳歸故園侍坐依然舊環堵
別來四載春風新奇意喬柯如目睹棟梁之材老可惜
歲寒之盟獨有取千載黃金鑄閬仙松濤閣下同懷古予家亦有古松一株因以松濤名閣

枕流亭納涼

淲淲轉清幽亭虛枕碧流蟬聲微歇處涼意忽如秋倚
樹風生腋調冰雪滿甌澹懷無所繫浩蕩一沙鷗

戈二桐齋中玩石

研北花南吟草卷二　　十七

洞天一品奇壺中九華供坡仙詠異石仇池羅亦衆我
朝諸詩人好事誰伯仲舊聞惕龕諸復有漫堂宋諸九鼎宋
商邱皆有紀怪石諸贊百年又逢君此癖雅能共攜來東海雲飛
出靈鷲洞石僅五寸許有三穴洞徹如月石質瑩潤其端有明狀元朱之蕃題靈鷲飛來四小隸書
君不輕示人我見彌鄭重案頭鬱峭崒斂手戒摩弄含
音銜月規呵氣凝霧凇文董鑴墨華星斗嵌石縫漫漶
幾莫辨拂拭猶可誦文徵仲董香光俱刻有題字香光定爲米顛袖中第三石奇質
歎天成瓌瓏非鑿空不負米顛拜敢效曼卿諷川岳毓
珍秀鉛松志禹貢出山應有時灌園休抱甕毋爲什襲
藏好作霖雨用二桐時候銓明府

秋花

一襟涼思曲闌前淺淡新妝分外妍金谷春風誇富貴
碧城清夜自神仙螙痕蝕葉何妨瘦蛺夢尋香未隔年
各有逢時分雨露肯教遲暮受人憐

食蟹同吳縣金手山學蓮 甘泉閔春樊志埕 江素
山張老薑許春卿顧芝山作

艮田秋稼刈霜螯飽餘穗豈亦畏追呼輸芑若輸稅我
家淮海濱頗狎緯蕭輩三伏舉宵火十萬縛游隊以詩
換尖團毋乃太詞費承僅論價賤登俎一品貴乞醯匪
用枉屑薑差可配新篘喜初熟橙香傳妙製好友適然

研北花南吟草卷二　十八

聚卽此抵兼味憶昨秋風號波漂逢歉歲澤國多哀鴻
持螯發長喟今茲吟興健對菊值高會枰飧亦偶然悲
忻乃殊致狂飲串後約餞秋頻買醉

新城王文簡公生辰同人復至桃花庵設供

白面王郎作司李綠楊城郭詞壇起平山堂下歌春風
風流遙與歐蘇同
國初詩人盡龍虎願執鞭弭屬盟主敦槃高會飲無算
畢竟新城稱大戶雅雨星使好事者詩酒淮東繼風雅
歌臺𦚼榭那足傳辨香尸祝惟三賢霜露幾更祠亦改
桃花潭水前因在舊時三賢祠在篠園旁祀歐蘇及文簡今移木主于桃花庵 我來

六月壽文忠芙蓉深處香如海只今風雨訪秋遲重爲
先生設酒巵江干秋柳無人賦不是明湖唱和時

九日天心墩登高

文選樓前霜葉赤蕪城一角寒煙碧登高能賦知幾人
黃花寂寞生秋塵天心墩接天門街何年羽客臨高臺
落日長空一雁叫滿天風雨催詩來物換星移餘故址
齊州九點青如此君不見邗江東去古今流水與秋心
無盡頭一杯在手終何處怪底愁人如許愁

炭墼效韓孟體

窮陰迫秋杪伐薪始爲炭濫觴源祝融改火付司爟貧

研北花南吟草卷二　十九

家辨此難寒號付長歎眉州作官墼事殊理則貫屑之
雜杳煤溲之詎汗漫說文待稽許合土儼畫墁模就郎
公精豪信季龍冠遇圓旋成規削平列扒段鐵椎甫脫
冶土德孰主爕獸形釋塼坯稼翳陋瓴罐衡端仰復平
畟餘聚而散瓦全質尚堅灰然勢復爛丹竈升地風氣
錟瓦霄漢炙手那不熱團鳳胡可玩且爇元亮酒頗習
稽康鍛溫麐夜未央煨芋日將旰田家足禦寒蓬樞樂
歲晏九九八十一所需可約算頭腦嗤冬烘手足釋龜
忠閭鑪笑冰山逐丸勝金彈請于霜雪晨暖研拂柔翰

研北花南吟草卷三

興化徐鳴珂竹蓀

王寬甫寄贈高麗紙十六幅因作梅花紙帳作長
歌以報之

天欲雪風怒號千樹萬樹生瓊瑤誰家富兒意氣盛狐
貉不御新衣貂策馬踏雪平山坳歸來娙娥相遮要洞
房錦帳斟羊羔我獨荒齋甘寂寥紙窗終日聞刁調薄
帷寒重愁深宵有客北方來遺我朝鮮紙換鵞乞米書
不盡思之忽爾發狂喜亟呼縫人製爲帳膩密祛寒勝
綾綺趙子最莽（興化人）筆有神醉後寫梅能逼眞不辭呵

研北花南吟草卷三　一

凍爲我畫疏疏密密染出羅浮春懸之一榻見者訝香
雪縹緲仙禽下寒釭對照慰離索如與故人共情話我
飲梅勸酬我歌梅擊節我舞梅影亦超越庭前月色白
如霜夢裡詩魂清徹骨九華帳誰爲名芙蓉帳空復情
不及漱玉李清照藤牀紙帳倚聲一曲心神清我今爲
之姑效顰書詞花隙九翻新（倚菩薩蠻八首于花之隙書之）王郎多情
惠我春風暖中宵挾纊念此平生親

打冰行

淮南大雪深三尺堅冰膠舟堅于漆舟人相戒呼打冰
刻木爲椎船頭立蚍蜉乃欲撼大樹邪許聲聲齊著力
那知澤腹堅且厚鑿之如以水投石坐使長途忍饑困
入夜惟聞愁歎息朝來長官羽書至漕艘南下催歸急
督郵挾箠驅敲冰手皸指裂誰爲恤排山衆勢各奮擊
沖沖有聲無停刻忽然震地走霹靂冰圍十丈齊迸坼
觸巨舶纜若斧劈下壓舴艋響格格摧枯拉朽同捲席
男號女啼救不得愁雲慘淡天爲黑冰乎肆虐乃如此
令我聞之生悽惻江淮頻年苦漲潦哀鴻今秋稍戢翼
胡爲長流幻生骨固陰沍寒復作慝安得東風迴暖律
笑指冰窖一時釋

讀元遺山論詩及自題中州集諸作偶識

研北花南吟草卷三　二

金鍼不度儘教看流水高山祇自彈卻把眞詮親道破
乾坤清氣得來難

少陵詩史中州繼卓犖居然著大家千古傷心同一語
折除時命是才華

悲懷四首

貧賤相依亦可憐南園春好乍隨肩笑除渴疾時烹露
冷到窮愁解拂箋補屋曾無珠可買看花難定月重圓
那知昔日癡情語爲爾悲啼在眼前

幾曾諫果味回甘辛苦飛蓬賦采藍廣莫風偏殃少女
忘憂草不種宜男元霜難覓千年藥遲日猶親八繭蠶

花落春空無色相悠然一笑悟優曇
才到邗江十日回支離玉骨訝枯荄空求雪薦絲千縷
强進桃花粥一盃瓊字似聞呼芍藥舊恩敢忘侍蓬萊
春暉未報重添恨曾說慈顔入夢來
桃符辟惡悵斜暉續命絲殘掩繡幃地下傷心鴉女伴
庭前哀語燕雛飛犀簾淚溼無人捲羅薦香消有夢歸
那得九華鐙畔見珊珊遙望是耶非

寄毛子喬

秋風亦作世情熱枯坐眞如醉兀兀揚州有菊惜塵囂
何日扁舟向吳越旂山在越君在吳搔首停雲共天末

故人念我苦寂寞雙鯉同時來筆札得書恍如親晤言
開尊復歎久離別君才九可萬人敵吳蒙辟易咸咋舌
劍池波湧氣如虹鄧尉香淸詩似雪嗟予襪線亦何補
東郭履穿徒計拙少不如人老可知古今憤語同悲咽
願予奮翮摩天闕柳色長隄待君折相思一夜梅花發
夢醒和衣偏仄吟紙窗冷浸霜天月

短歌行寄俞澂夫

春風别來如故人故人不見春風新君今幽憂胡爲哉
腰纏跨鶴揚州來十千沽得仇家酒勸飲摻摻煩素手
檀槽映面移鵾絃吹香曼聲殊可憐少年行樂苦不蚤
白髮尊前歎潦倒梅亦成陰子滿枝相看歲月愁中老

新安鄭元甫以自鍥汲古齋印譜屬題

讀書幾人能正字摭譚金石亦故智鄭子獨有嗜古癖
箝口畫肚無虐日行年三十滯一衿破琴不作王門客
黄山碑碣搜遺文長鑱白木時隨身鑄銅切玉祇餘技
摹許仿李能逼眞昔年相遇秣陵道示我一編爲傾倒
雪漁穆倩如可作直欲伏而臨其腦揭來邗江兩萍寄
對牀風雨結殊契我已雕蟲誤半生君猶搏象饒英氣
憐君别夢遶鄉園千里蕙幃倚倚門肯效封侯班定遠
姑爲乞米顔平原挑鐙情話忘宵促唾壺擊碎翻醽醁

醉後高歌動鬼神醒來天地仍蜷局吾觀鄭子骨相奇
鳶肩猨背兼豐頤此生那得久貧賤此技胡乃窮刀錐
盍買燕支畫沒骨投之俗眼生光輝君不聞君家廣文
三絕尚寒餓陽春曲高愈寡和千鏌寶劍久沈埋莫敎
鐵擿鋒鈍挫

送趙味辛之崇川主講

君才萬人敵豈獨十年長感君念荀陳孔道每過訪憶
昔初捧袂題襟挹秋爽手攜活民書軒冕莅青壤無端
廢蓼莪宦轍辭鞅掌一官那足念二頃託遐想饑驅仍
青疃江淮頻來往漢家衛霍勳校尉多上賞天心甯忌

才數奇獨李廣識字憂患始孰能破塵網霜鬢不再元
青城誰可上且復緩緩吟風月共偃仰滿酌君勿辭醉
眠聽打槳

苦熱

祝融峯頭烈焰鍛赤熛霍霍當空墮南天氣至三萬里
燔林灼石煽堀堁黃塵行客甚矣憊那得門前柳陰坐
潢汙一掬療渴疾快意如噉甘露果吁嗟酷吏愼避之
試覓壑谷袒而裸豈無南陽樊重宅層樓四合連青瑣
木蘭豎瓴梯難升布幕漫天檐捩柁似與炎歊竟爲敵
那知掩飾計終左垣高火纖豩欲透入之旣深出不可

頗思靜夜滅熱惱復愁皓月煬餘火蘄席黏汗眠不得
羅幬潛蝨逐無那起來搔首望天漢繁星嵌空搖礧砢
此時風伯九狻猊屏息土囊深處躲疑有白露微如絲
卻笑赤烏忙於我鐘鳴漏盡即奔至萬古跂跂足不跛
蘊隆連旬恆爞占熯懲終日憂心殫何來修篁引清吹
姑去紅橋泛輕舸波心鑄鏡水亦溫湯泉午浴蓮花朵
風裳水佩互攲側翠蓋紅妝盡慵嚲遙望田夫正耘耨
曝背膚焦同炙輠野犬亦如牛喘月口不能言但荷荷
叶安得泰山起膚寸雲幄濃陰四維裹阿香速前推雷
車遲干帝罰將汝鎖

江素山舊藏便面數十皆交游所贈因其人半爲
異物裒池以志不忘屬同賦

喻麋之精如碧血落紙驚心動魂魄勿以磨礲等陳迹
其壽頗能抵金石醴陵夢授生花筆別恨作賦愁思積
故人半入點鬼簿遺珍視若連城璧當時聯袂遊江城
渭北天南共此情春風小映青袍色玉樹新翻白雪名
輿來染翰各呈技報投永好誰能爭卅載光陰石中火
晨星落落飛燐墮斷縑零素亦淒然塵封那忍開緘裹
傷心誰讀少游句郴江竟下瀟湘去萬身何贖感蒼茫
今古詞人總斷腸好爲拂拭彙羣玉四海英靈同一族

不嫌生者與之俱生死不移交乃篤書耶畫耶其人耶
墨瀋鐙昏疑豆綠聽之紙上疑有聲夜雨啾啾聞鬼哭
吁嗟乎感舊莫過黃公壚天涯宿草迷荒蕪生者意氣
當何如

次華亭范芸卿棠詠車螯三十韻

廣陵紛海錯爾亦澤中豪外骨眞如芥更形且伐毛梁元
帝啟雀文始化燕羽猶存昌娥方語轉食客齒芬衰味擬江瑤並軀
同石蛣韜花斑隨點染錦貝束堅牢月夕乘潮至霜晨
掛席高書眉嗤混沌飛殼露雕尻車相宜供饌螯峯想
蘙膏尹銜兼柱國佛像具纖毫彩奪文蚶豔音無吠蛤

蠶酥煎成餺飥枚炙訮蟯螃注已頗搜雅名還未列騷
合漿凝斧械周廓象鈞陶筵忽燒紅蠟八應迓綠袍供
原殊海月饋足勝鍘毛刳矣充銀盌烹之假蔑敖湯羹
思菽乳珍膳佐淳熬賣處市聲近聽來午枕塵（山谷詩市聲塵午枕）蛤蜊春並美筐篚惠頻叨油漬聞詞客（陳迦陵有油車螯詞）鮮
嘗徧戶曹屑薑除痾冷膈酒責狂饕嫩絕勝羊胛長甯
似馬刀火呀誰執熱沙拾豈監淘水部司曾設廚娘七
不勞醫屑甘倍滑解甲厄偏遭好與藏深壑無煩網怒
濤雪膚憐斥鹵風味稱清糟飽食防求艾銜波莫泛舠
禪宗持素律魁屬任潛逃檢點加恩簿閒吟短鬢搔

過袁簡齋枚太史隨園故居

遺集徧塵寰不脛而能走瑕瑜雖互見亦已臻不朽百
年此華屋密邇清涼藪石峯履地直澗沼蒙泉受小倉
書萬卷光芒燭牛斗令威跨隺去倘憶山中否我來重
憮然臨風爲搔首

同光寺中明萬厤南京教坊司碑

十四樓空故址平斷垣衰柳不勝情青溪野寺殘碑在
猶見風流色長名（文後列有色長點燈長諸名目）
春風南內歌聲咽粉墜何年隸梵王誰與硬黃搨蟬翼
散花天女墨痕香

退谷別業十月十九夜對月

霜華凝夜半冰蟾湧海底嵌空寒無煙穿窗白於紙百
年三萬日清鏡圓能幾中秋與上元歲歲一彈指當頭
忽復近放眼從茲始酌酒姑冷吟醉舞頗自喜荒雞膈
膊和凍雀驚呼起柝永不成寐樓高成獨倚惜無藻荇
影思嚼梅花蕊朗詠少陵句可以薦明水

題淛中吳氏所藏左良玉覆孫督師揭帖後

羽書飛騎軍前進甯南昔日稱雄鎮壁畫機宜覆督師
煌煌平賊將軍印節制潛教發閩鄉上游扼要趨武昌
陪京賴爾長城護醜徒那敢輕披猖都護中原方殺賊

賊渠潛竄忘鋒鏑忽然帳前大星墜石破天驚鬼神泣
遂令大厦不可支賸水殘山少收拾百年此帖歸何處
讀之英風宛如故墨古紙闇發奇光可惜未能成露布
男兒報國在捐軀一錯何能六州鑄吁嗟督師死敵名
無虧左侯餘生祇足悲晚節跋扈尤意外欲窺南內將
何爲江流嗚咽鴻毛殞負此平生慷慨辭

讀京江錢鶴山之鼎詩爲題短歌

酌旨酒吟君篇空庭秋晚明星懸彩毫千載投江水誰
挽銀河落九天妙香忽現青色蓮照君白玉之管心花
然江山奇氣有神助游龍夭矯騰雲煙秋風一第猶青

氈男兒識字殊可憐停盃兮起舞拨綠綺兮爲君撫嗟曲高兮和寡獨抗袌兮千古試攜此卷向空語太白睒睒來攫取

集陶四首

衛生每苦拙臥起弄書琴虛室絕塵想神鸞調玉音淸風脫然至微雨洗高林寢迹衡門下邈邈沮溺心

南窻罕悴物臨水愧游魚遠與世相絕惜哉劍術疎榮公方有道仲蔚愛窮居靜念園林好時還讀我書

秋蘭氣當馥衆草沒其姿雲鶴有奇翼山川無改時中宵佇遙念閒暇輒相思卽理愧通識如何淹在玆

淸氣澄餘滓依依墟里煙隻雞招近局惟酒與長年素月出東嶺重觴忽忘天衰榮無定在百世當誰傳

海陵城內東南隅松林庵有古檜一株委地屈曲作蜿蜒勢蓋昔時盆植移此數百年矣津門鍾竹椽爾敬愛之自寫鄰松圖屬爲作歌

鍾子手持鄰松圖促我爲作鄰松歌玆松惜非棟梁選松身柏葉九傳譌荒莽積敗南關側與衆卉伍失其質昔人矯揉亦太惡不學直養使之屈可惜拔地參天無怒勢但見香葉虬枝盤一室輪囷幾類樗散材蒼古誰知宋元物舊時臺榭已榛莽惟有飛燐閃孤月游光夜靜發深喟老僧夢醒聞譆出此地距君齋相去倘逾里非鄰而曰鄰圖之應有以今古窮通豁一巨眼山願大難爲酬眞想在襟蝸可寄竹椽自署其居曰蝸寄天地何必非菟裘況爾墨妙能攝取筆底縱橫挾風雨海上成連去不回崇川劉仙培與竹椽交最善時聞其下世此心鬱鬱向誰語且與子期留片壤科頭箕踞共偃仰噫吁戲論交休向四海覓結茆與子同歲寒

聽法海寺餘上人琴

竹露滴空翠開軒佇華月四坐寂無語琅然琴韻發大絃春以溫小絃廉且折雲影起嵯峨濤聲聽汩沒眞想

超物外蒼茫煙水闊頴師移我情怳與九疑接

鄭潁園舍人自京邸寄書詢及舊遊以詩荅之

我生忽忽揚州老君今尙憶揚州好揚州煙雨春無涯小紅飛盡牆頭花玉簫金管淸響寂但聽曉烏啼月色海棠一樹春可憐誰與踏靑向城北北地燕支甲天下李娟張態騰聲價聽到歌鍾昔昔鹽有人惆悵江南夜江南渭北鎭相思枯坐焚香亂鬢絲瘞花已抱春歸恨飛絮重吟夢別辭寄語湖干水楊柳枝枝攀折復何有御史荷催細馬馱章臺人去寒蛩守君不見東風又逐新條生不及舊條長繫情

邗江秋興

綠楊城郭又西風，衰草斜陽一望中。曦馭陡旋仍向北，江流地盡只朝東。故園樽酒虛蓴菊，遠道音書聽暮鴻。王粲生平多感憤，登樓心事幾人同。

天風浩浩水浪浪，眞氣蟠空接混茫。偶蝕神仙非脉望，漫依木石號游光。生香活色孤根在，大澤深山百寶藏。說到寒冰渾未識，夏蟲聞語笑荒唐。

倚劍長空恨未平，中原烽堠羽書驚。（時長垣、金鄉、滑縣均有匪逆）壯心到此思投筆，奇策何人效請纓。迅速隙塵窻際度，蕭條霜鬢鏡中生。由來蒲柳零秋早，竹帛焉知身後名。

研北花南吟草卷三　十一

齊物蒙莊論亦眞，鶴長鳧短究何因。餇檳椰豈酬恩士，祠棗餻須及第神。白屋多情還戀我，青山招隱孰爲鄰。桑麻雞犬淳風古，好逐桃花問去津。

居無小園，庭隅多植花樹，閒以盆盎，南榮晝永，生意油然，偶憶東坡園中草木詩，率成

時雨沛然至，蒼松發華秀。亭亭蔭車蓋，得氣良獨厚。狂飈昔嘗顛，棟橈逢其候。（甲寅夏大風折頂榦數尺）居高敢忘危，大夫固無疚。蓬門廿養晦，千尋宛如舊。香葉與盤根，占彼天風姤。

雙梧聳修榦，植之甫十載。龍門百尺姿，直養能不改。中庭萃清影，日色漾碧彩。作花亦乘時，幺鳳翔可待。撫琴憶良材，九夏寄瀟灑。

小梅三四株，幽蘭八九叢。山中老瓦盆，生意皆天工。良以神逸品，肯與衆卉同。蕭齋未寂寞，歲歲來春風。愛養無悴物，灌溉爲從容。

海棠春阿娜，生小如嬋娟。容華不久駐，零落隨朝煙。盛夏草樹騈，蛛網紛相纏。但見今日媸，誰思昔日妍。愛憎移頃刻，全人脰肩肩。我與拂塵垢，重侯東風憐。

薔薇好顏色，柔條苦不支。搖曳春風中，芳心難自持。勿以弱可玩，采擷相淩期。芑刺天付與，亦得防非儀。晨露

研北花南吟草卷三　十二

盥奇香，藻錦容親披。

種杏已結實，忽爾罡風起。佳人從此逝，太息夫何已。安得如枯榴，移根續連理。（老榴一株已萎，嘗分其根旁枝植之，今復作花）西階桃方華，翩翩新燕子。對此益神傷，白髮徒自鄙。

朱藤市危石，開時若錦障。條密多攀緣，庭際失清曠。翦此離披繁，無使風雨蕩。冗材亦可用，道貴處之當。匪曰蔓難圖，斧柯有大匠。

無叚可采蓮，有盎姑種藕。葉始小如錢，花乃大于斗。賦性良獨潔，汙泥曷足醜。在沼與在盎，清芬不易守。風露晚娟娟，迎涼一樽酒。

洛陽女兒花虞兮美人草金鳳可憐紅長夏亦姣好秋
風老少年名士互傾倒造物非有私毓秀何其巧蒼葹
勿當階去之恐不早
我愛南天竹不畏朔風烈纍實朱離離火齊照積雪淨
几供水仙玉映共清絕道根惟養默心靜妙香發眞印
此楞伽奚俟廣長舌
書帶蔚新綠蘐草可忘憂菊苗與杞實餘糧時有秋達
人無機心廉士屏妄謀衣食得粗備歲晏何所求他年
闢老圃自號東陵侯
小苑亦有桂容我小山隱秋風吐奇馥三株共一畛匪

特華皎潔含輝比玉韞冬榮亦後彫春芽還脫穎金粟
禮如來天香紛貢賷
脩竹十餘竿依依北窗牖我居固卑隘隙地無半畝惜
此千霄質乃與凡卉偶虛中抱奇節上結高松友共此
歲寒心百年長相守
大椿垂廣蔭花樹紛其旁跗萼駢交枝化日南陔長右
軍東遊還書意可頷頷有子亦抱子佳果分甘棠家室
臻和平婦孺樂且康芣苢滿庭除載詠周南章

讀楊鐵崖樂府

歌金石動鬼神出入風雅何其淳前有虞范後楊李廉
夫下筆尤空羣生時惜未際唐宋不隨禹錫三閭石介
一頌賡拜稱詞臣瑤華仙島又傾覆燐火屍屍鬼夜哭
紫金山高天雨粟蒲輪就徵強奉詔日月麗天祀郊廟
聖徵啟臨濠武庫之窮嬉雙虎喤喤肆厥聲鐃歌鼓吹
新樂府十有三章甫告成白衣放歸憐餘生會稽山水
幽且清紅莭抑欲仍汙名吁嗟乎先生昔時之作久已
自焚棄試叩錦囊遺珍數卷皆瓊英

止酒歲餘近客棠邑同人勸飲率成解嘲

富不慕陶朱仙不學宏景牧豕詎封侯公羊徒賣餅窮
達唯所適得酒百憂屏過好反為災強戒頗自警文園

苦寂寞消渴祇杯茗似與故人別天末遙引領忽於夢
寐中話舊獲酩酊飢如鷹善攫快若馬絕騁夢覺乃大
笑眼花空落井朅來客棠邑友朋聚萍梗雞黍亦古懽
詎忍拂其請況復天欲雪故態那不逞三雅分曹揮一
散我獨整（詩公言錫爵注惠下不過一散酒器也予飲時以一巨觴爲度）陶然許就臥
不畏寒威猛紙帳暖如春枕畔梅花影

送鄭梓臺比部之皖城

棲雞喔喔闘三號遊子晨興呼朋曹城頭鼓角忽已動
坐待日出榑桑高曉燈寒暈照離席繁霜嚴威侵縕袍
我思歸騎囊米負君方脂輦車輪膏主賓相對各大笑

登場傀儡隨所遭故人臺省判車笠感君芥蔕忘纖毫
壯不如人始自悔老之將至奚能逃生乃與噲等爲伍
到處說項名虛哀龍池且得飽魚鱠（棠邑有龍池產鯽甚美大者尺餘然不易致）
海錯空復思車螯湯餅晨餐點蕒豉果腹載道須
狂饕會踏春陽返征轡梅庵石梁同遊遨（石梁溪在城東今名冶浦橋）
雜花列坐皆婢妾清泉可飲無波濤天南尺五望眼
勞皖公山月臨江皋

郵店

郵店四五里小聚即成驛征夫暫休止解鞍先據席轡
頭繫坐旁人馬成主客後至更營營蹇馱紛絡繹入門

無他辭惟言速具食人生口腹累萬事無此迫時平皆
樂土未覺憚行役緬彼哀鴻詩懷古長太息

謝文節公琴圖歌

新安吳素江購得古琴積土堅凝如石刮磨三
日龜文畢見琴背有東山之桐西山之梓合而
爲一垂千萬古字又上署號鐘下疊山凡二十
字皆分隸書知爲宋謝文節公物素江繪圖徵
詩

吳山一炬梧宮焚嶧陽之材死可惘西臺誰奏塞鴻曲
東向招魂誰痛哭故人碧血蘿荒煙餘生顛頓祇七年
玉帶生已久亾命號鐘爾亦淪重淵奇寃上訴眞宰泣
鬼神呵護爲珍惜昆明劫灰有時見土花漬闇何人識
吳君嗜古見奇友不妨人棄我獨取刮磨累日文始彰
邈隸星布騰光芒乃知正氣不可掩龍吟鳳嘯甯久藏
得之狂喜轉益悲不覺涕泗翻交垂卻聘終甘首陽餓
信國知音公一个當時匿跡唐石山橋亭賣卜逃塵寰
茲琴得無伴岑寂山月照人同愁顏又或相隨入燕地
風雨羇棲憫忠寺別鵠哀猨時一彈金石錚錚氣彌厲
西湖何日始歸來響宋音沈幾人世我惜見圖未見琴
相思千里雲山深對此已欲亟下拜何況他日聞清音

丞相遺琴圖亦在鞠通仙去五百載（海鹽陳又穆有信國遺琴圖詩序碑藏閣中何氏）乾坤留此兩完璧鼎彝槃敦無神采歌罷還將
匣琴撫輸君玩好得奇古打窗葉落山風寒曲終不見
空長歎

悼亾四首

同室三十載相依非不久行年逾五旬亦已及中壽兒
女半婚嫁內外諸孫有人生鮮百歲詎必長相守汝死
應無悲我生忍獨厚自非太上侶難作忘情叟蒙莊亦
有言嗒焉喪其偶魂兮何所之臨風爲搔首
憶昔初結褵韶華正靜婉汝雖出宦族鹿車能共挽中

曙色蓬窗上碧紗妝成已駐七香車從今飛鳥依人慣
一樣蛾眉不作去愁
生小豐臺碧玉儔漫隨煙櫂下揚州多情最是灣頭月
重擬丁娘十索吟
載得桃根畫舫深買春差與慰愁心屏除平子四愁詠
買春詞
吁嗟復何訴
安霜雪我膚俯百年矢同穴九原匪異路感悼方在今
以天夢寐渺若霧與子歲寒期丙舍計封樹窀穸爾先
如有失斜陽暗前渡我行臨江皋汝去竟何處幽明限

時猶相送茲別永不晤恐傷老父心忍涕不回顧惝怳
依人亦可憐歸來難久住行復與汝辭感恩出門去生
言殘更門獨掩
所睹房空餘枕簟鏁帷風淒淒銀屏燈閃閃揮淚黯無
逢歲厄三日遂大漸吉凶鳥倏見迎白鶴與俱奄我歸何
于非實恩道阻越匡牀汝病凡六載作輟亦往往詎料
往歲哭中婦衣衾為檢點今者汝示訣未得視含斂嗟
弗御故六親灌滌念此總神傷音塵終古遠
寄我晨夕強餐飯中饋無曠職春酒杯常滿綺羅屏
道亦艱辛負郭頻水旱飢軀別離歸席不暖時復

古治亂萌所爭詆勸懦者雖不仕取鑒亦清謀修齊
禮經如古樂聽之即思臥何如史論快長日誦一過千
響沙沙綠煙隔虛牖　煮茶
漸著為經玉川不去口我亦愛鐺具差與松陵偶竹裏
苦辛泌詩腸真乃肺腑友刻此夏日烈止渴羨于酒鴆
還自戒願如智燈然　焚香
利本金剛妙香徒自煎老至妄念滅與參歡喜禪藝此
沈檀亦朽質乃能為芳煙譬若舍利顆有時光燭天舍
求蘇蘇及時各滋長　灌花
卉詎可棄庭隅寄軒敞晨興勤灌溉露氣挹空爽好風

萬物遂其性至道在培養天一之所生潤下功最廣小
因作禳詠
己卯春歸自棠邑齋居多暇拂拭几研為消夏計
為人作嫁頻年慣一諾真輕季布名
黃葉打窗空有聲半醉向誰提殘夢續五更漸覺敝裘輕
趺坐監團笑夜行荒郊古寺未鐘鳴簷霜照月冷無色
十月既望復之金陵
猶效繁欽賦定情
樂府旗亭舊有名不須寶馬換傾城詞人老去張三影
紙閣湘簾小室家

理固同毋以小敗大 讀史

無絃非奇珍不鼓亦常語輿至一再彈天籟自領取古調久失傳紛紛後世譜我藝雖未精審音辨齊楚白石諸樂章庶幾不逾矩 理琴

無營早行役山水緣何慳每有西泠約未得踐斯言我思宗少文夢寐相周旋清簟傍南柯廣莫蘧蘧然覺來覓新句不作遊春篇 臥遊

瓠落竟何用半生歎匏繫昔賢學種瓜肥遯有深意讀書可鎮心摘蔓悲同氣火繖方卓午調冰嚼甘脆禮非我輩設何事上環祭 食瓜

科頭長松下猶復苦青蠅擾擾去復來驅之愁不勝豈無方麯障未若短柄能嗟彼王丞相九錫安足稱竹林霏清譚思我良友朋 揮麈

博貪奕好鬬章論均戒警無已此枯碁盈虛理可省落子聲遲遲碧梧漾清影我憶司空句誰同花院靜疎簾不礙風於焉消晝永 圍碁

較射力不足投壺巧有餘矢去趯趯然不越四五扶命中同乎射志正手乃苻古禮久散失得此存一隅風流羊叔子千載誰能如 投壺

倚樹聽鳴蟬持竿臨清流翛然濠濮思宛與莊惠遊我年已知非釣璜無遠謀餌芳魚不近但見絲緡浮紛紛得魚者甯非以蚓投 垂釣

聚飲情斯懽惟夏酌宜獨號呶增煩熱寡徒從吾欲開甕桑落香細蟻浮新綠三杯已陶然解衣試湯浴月出清風生池荷送微馥 晚酌

研北花南吟草卷四

興化徐鳴珂

耕餘堂劇飲東同席歸安王秋庭觀長[illegible]廣文翔鳳吳縣曹艮甫楙堅慈谿黃虛谷諸子

歡場情態不可測，五花爨弄成頃刻。消寒好事誰辨此，合錢醵飲古亦爾。錦瑜貼地芳筵排，屏徹不遺珠簾開。一聲羯鼓美人笑，滿坐羽觴幺鳳來。憶昔題襟詩酒讌，華燈映席飛觥徧。別緒空吟楊柳詞，歌鍾誰譜桃花扇。揭來舊雨復新知，檀板頻催金屈卮。轉從心地清涼後，觸起風懷愧曩時。

食瓢兒菜

世人食菜鮮知味，坡老獨能言其詳。元修之贈蜀中產，讀之齒頰餘甘芳。我生學圃愧已晚，園蔬終歲徒飽嘗。餞秋頗亦設紫蟹，異味那得逢黃齏。時復食肉無遠謀，空議踏破町畦莧。天生物品隨處足，遷地詎弗能爲艮。南有箭笴白雪白，北饒鎖甲黃芽黃。晚菘擢秀類名士，寒庖切玉煩廚娘。揭來一種儔與匹，豐蕤短榦經繁霜。瓢兒命名孰可據，雲子佐饌于以湘。茲產聞說秣陵好，攝山寺畔尤蕃昌。得無昔僧擅奇術，掛瓢卓錫臨江鄉。偶效蔓菁播絕徼，如攜苜蓿來西方。廚開香積點鹽豉，禪參玉版芼椒薑。吾儒固無餕餡氣，烝豚臑鴨庸何傷。有時簞食薄滋味，咄嗟菽乳充羹湯。飯罷從容得神思，頤性沃嘯懷嵇康。茶瓢酒瓢足清課，大瓢更作詩瓢裝。式食庶幾壽而臧，根分可齕慎勿忘。出山應帶花雨香。

毛子喬自郡城以沛酒見餉荅寄一章用東坡先生蜜酒歌韻

穆生在坐常設醴，我歌獨漉無愧泚。子喬頻年館鮑樹堂太常家，余向館鄭侍御退谷別業七年，復至棠邑五載，今歲始歸。青州忽漫來故人，彭澤何須種秫米。開樽如雪花起沫，珍珠細滴魚眼活。到臍眞令魄礧消，興酣時取鶤絃撥。醞釀所至非虛聲，撓之不濁澄益清。蒼莽如人見眞性，緩急與爾同平生。天寒地坼水生骨，闔鑪獨酌計亦得。眼前浮蟻空悠悠，權拜大戶勝封侯。

趙雪門刺史鉞以所藏忠毅公鐵如意圖屬題

生祠數十郡，僭號九千歲。逆閹古所無，讀史髮長豎。堂堂忠毅公，乾坤扶正氣。東方未明研濡墨，爲國計惜無尚方劍，乃作鐵如意。長可二尺餘，銘以廿六字。其端鉤無鑱，其柄廉不劌。以歌亦以舞，時復雨零涕。安得一指揮，茄華斷魑魅。烏虖熹宗愚，自詡作奇技。銀鈴宮嬪嬉，金印頑奸畀。六州全鑄錯，一代毀神器。曷不師蠢春爲公成巨製拜疏終不悟淸流禍踵繼皇天鑒孤忠特免赴西市代州去不還玆物亦遐棄鬼神永護持山川共珍閟守之二百年完璧返趙地宗風緬往哲繪圖展深企琴堂時高吟松風荅淸吹

宋大綠巢（厚盭）王二寬甫吳九小梅（兆楠）招飲連日雨中登文遊臺卽簡諸子

白面王郎今于思相逢爲我傾樽罍綠巢以次開綠醅何意復飲吳小梅舊雨新知聯翩來投壺對奕無嫌猜客中之樂何如哉狂歌既醉詩思催冒雨同登文遊臺古人不作淼予懷安能飲此今日杯西望鼉社瀰無涯

研北花南吟草卷四　三

天光水影劃不開東南卑下澤國災往往轉徙飛鴻哀安得巨靈驅奔雷倒搏此水歸蓬萊諸君歲歲長隈隈惡濕居下良可唉明朝我又挂帆去思君明月同裵徊

冬菊

三徑客已去柴桑時掩關香眞留晚節瘦不改秋顔地與繁霜隔天容傲骨閒持螯罷高會負曝對南山

走馬燈歌同高紫嵐俞澂夫作

魚龍百種入燈市走馬結陣誰爲此柄握高壇大纛縣帳前環列貔貅士初昏月上傳開營聯鑣逐隊長驅行銜枚羣識中軍炬疾走不聞人馬聲將軍衰鄂奮勇擊追奔縱轡有神力雪夜曾聞入蔡州上元果奪崑崙壁連宵轉戰無停時夜半還營不敢馳介胄依然憑控立寂無口號誰能知華筵燭灺送歸客二龍八駿皆陳迹赭白空留一賦名驪黃孰買千金骨君不見龍爭虎鬪成千古不及智燈破佛祖又不聞剪紙撒豆徒爲妖轉瞬燒燈有令將伊燒

十月九日同梁子遜曹艮甫周西笭過高紫嵐紅絲研館留食蕎麪限韓孟體四十韻

風詩詠如莜蔾花豔可掬（詩傳莜芘芣也爾雅莜蚍虾郭璞注今荊葵）蕎一名卭鉅藥苗味有毒（爾雅蕎卭鉅郭注今大戟）二者各異義究之均

研北花南吟草卷四　四

草屬後世字學殊借用謂從俗（字書以蕎爲俗莜字）蕎別以麥名嘉種列百穀原埜有莜實唐史可參讀（唐書高承簡傳野有莜實卽蕎麥注亦謂蕎爲莜俗字）苦異南方產（羣芳譜苦蕎三四月開花白如雪今滇南多產此味甚苦）釀入淸酒麴（蕎麥作酒極香冽）大火甫西流播植喜晴旭（陸放翁詩種蕎乘霽日）銀漢潛下降作亞旅主伯（叶）（七夕望時月明不見銀河揚郡土諺謂去種蕎麥）吐穎秋日烈敷英涼露沃梗紫類染茜花白儼織穀結子懸林林落角紛簇簇雨微望可收（放翁雨中作漸近收蕎下麥時）霜降計全熟村村響枷板戶戶量斗斛舂揉去殼膜篩羅霏屑玉用以佐饔飧于焉助粱粟燀湯糝肖魚（調麪糝沸湯中成小魚狀俗呼爲麪魚）爝火燔類肉兼食忌肥羜（本草忌與羊肉）

同食動氣發痼疾茹素配萊菔城市亦偶餐餅餌從所欲冬日作小餅酥煎極佳達夫方問居有客來不速豪譚忘短晷卜夜忽繼燭從容命具饌奔走忙廝僕須臾漏下再咄嗟篕用六解錯致魁蛤佳味羞野鶩繼乃出湯餅益勸進醽醁羹調任還絜醢醓互往復箸挑絲縷縷氣升苾馥馥美逾劉晏餅暖勝香山粥老饕朶我頤大嚼果乃腹停盃各散坐斜月猶在屋憶昔歲荐飢石米市不鬻購茲價稍廉罄矣補不足殺核復何有朝朝烹乳菽災黎食糠覈枯腸澀且縮得此已奇珍逸暇謀嘉蔌今夕良宴樂太康須惜福佶屈以詩償懲尤比鍰贖戒無所用心匪

云怵厥口聯句豈石鼎禦冬眞旨蓄蕎麪惟冬時食之一名居冬榖長吟酬大嚼歡譙乞再續

秋日述懷

北望鄉園霧氣濛居人昏墊可憐蟲褰裳合邑愁徒涉
淫雨兼旬助鞠凶舊社枌榆無鳥迹荒郁丘墓沒蛟宮
秋來一種傷心事豈獨家貧祭不豐

書隨園詩話後

遺山未肯金針度此老談詩卻苦辛可惜聰明都說盡
翻嫌醞釀少深醇
妙處眞能先我意博收祇覺爲人忙倘隨詩集同裁汰
庶入新城大雅堂

以藤花初開者摘送高紫嵐試茶系以長句

初白退直罷朝請小摘藤英當新茗見查初白槐簃集昔閱此語頗致疑謂是詩人狂態逞衰年春事苦寂寞雨窗偶憶擷紫穎試乘槐火瀹石泉色香居然比龍井梅瓣太苦荷亦爾甘菊延齡列上等吹花嚼蘂吾嘗徧頓覺飲此清味永飱甌滿貯贈達夫與解吟渴消畫景更以食單同致語糝麪和餳炙作餅晷似牛酥煎牡丹君姑試之我已領太常齋期鄰可乞鹿門詩中首爲肯皮襲美詩鄰家齋日乞藤花古人啖茹不余欺葷素枰餐隨意整貧家詎敢

效何求口腹之欲仍自警只除一語堪解嘲食不兼味各能省

瓶中梅花

偶折疎枝供膽缾寒釭相對影瓏玲一編石帚新詞譜
幾幅河陽晚景屏鬟短那堪驚早白目成畢竟爲誰青
穿窗忽見初生月笑指蛾眉鬬尹邢
烏皮淸供逸情聆試喚仙人萼綠華與我周旋迎早歲
共君酬酢泛流霞醉吟鄧尉春如海冷憶孤山鶴到家
有水無根休抱恨衆香一例是空花
生香活色是耶非擬倩楊王寫帶圍折柳莫隨羌笛怨

空山長慨足音稀天教冷豔荒齋共詩襟仙心遠夢飛
寄語故人憑驛使相逢斗室願甯違
羅浮攜得一枝枝春到江南夢醒時玉頰舊痕銷獺髓
雪窻小蕚破燕脂曾聞洛浦凌波詠不屑桃花頰面辭
多恐堅冰仍見虐下帷然燭照軍持

寒齋多暇偶摭十國春秋瑣言得七絕一百首

楊花作雪舞春風泗上羣英意氣雄天與黑雲都一部
廣陵開國有奇功
大索青蚨笑貫之射場隱語要人知如何只解穿錢眼
不斫團團玉李枝

研北花南吟草卷四　七

欲伐中原恨未能畫工密遣待時乘背弓撚箭饒神技
虎口餘生得綵繒
南國相誇避諱深嫌名字字費沈吟江淮荇作蔆溪讀
吳越劉伶亦姓金
十閤燭熒竟忘憂不語楊家也淚流虧得老臣兵諫在
勉教奕葉嗣揚州
白衣映柱上朝昕夢醒驚看五色雲卻笑君臣同一德
有時蒼鶻配參軍
柱郎眉綠列仙曹上將麻頮索潤毫一自九華文思富
墨池底穴起波濤
沈顏載筆有餘妍博載渾如下水船著得解聲十五卷
南朝小學藉君傳
談馬居然繼色絲延休一見已先知倘教生與楊修並
未識何人是伏雌
匡盧地僻少官緡貪墨偏能賦口塵但願渠伊歸去速
無因重斂捋髭錢
網骨雷塘改葬朱斷非病死讖偏符劇憐組練三千士
花骨猶稱雁子都
水中出火五行非楊子江頭雨露微東海鯉魚鱗甲長
看他燒尾上天飛

研北花南吟草卷四　八

白沙昔號迎鑾鎮駐馬丹陽淚萬行他日吳陵殘劫在
小兒城畔更淒涼
此生莫作有情物對佛焚香事可哀試問蠅聲螘點輩
幾曾如此婦人來
分明小字記彭奴一夕霜髯變老夫如此居心成篡竊
公然史筆說平吳
畫灰密議許參稽相業先聞引出妻盜得化書緣底事
枉將譚峭付清溪
河山手筆早安排也詡從龍出世才可識佳城留篆石
漆燈已待沈彬來

北院妝成試乳茶侯名馨烈賜官家如何忽唱檀來也
移向洪州喚薄華
龍舟迤邐一江風舉酒行廚寄短篷恰向南都望江北
青山不落此觴中
求賢試問落星灣星落何由得再還爲報貪狼猶值日
艫黎可日趁餘閒
鴛鴦寺主試風流踏月微吟學浪游自有娥皇邀醉舞
何須顧曲到青樓
麝囊花發最銷魂詔取廬山進本根一曲恨來遲奏罷
移風殿外又黃昏
研北花南吟草卷四　九
花深月暗霧絲絲衩襪階前去獨遲別樣風懷先領取
未勝禮服待年時
紅羅幕壁月當窗把子蓮銜金鳳缸更向羣花亭內飲
一時雨露羨無雙
花鳥丹青繪事餘錯刀顫筆撮襟書金陵王氣歸文藻
只合鍾峯號隱居
韓叴蒨格亦輕狂乞食歌姬小院旁想見閣中窺夜宴
此時燈燭好風光
雞籠山下鬼寥寥舂鍤無端掘六朝爾許貪惏宜降罰
漫言騎折老龍腰

鄂國時將斡墨攜夏清侯傳獨標題翹軒寶帝間書罷
引鞚還乘綠耳梯
休譏人日鳥偏譌從古文人亥豕多伏獵侍郎貽笑柄
建封幸不出詞科
契丹晝晦是何因文進叢談附會神聞說大徐知象膽
盍將笪日問斯人
司徒爵秩著清名解組歸來戚里榮不讓伯鸞偕德耀
鍾山老媼有山荊
蒯聱少節稱三害交義捫心託所安百里遙將龍尾贈
延陵掛劒許同看
研北花南吟草卷四　十
江南詞客各縱橫笑煞葫蘆計利贏試問同時劉夜坐
何如待賈夏江城
毛氏談經酒半升彭生說賦茶三斤可憐利用掉書袋
樸野何曾得一文
鶩生四足鼈加帬破律饕僧只茹葷更有華嚴誇富貴
一時衣鉢總新聞
黃花水減天心見把淺年年事已乖終古淚潮流不盡
替人嗚咽是秦淮
乘雞跨犬鐵銘參天水新教碧色含落盡櫻桃詞未竟
賣花聲裡望江南

鍾王墨蹟周徐畫萬卷珍藏付保儀一自鹿妖入語後
通靈飛去有誰司
流珠秋水已飛仙無復春深錦洞天只有捨經喬氏在
一花見佛語堪憐
清貧不愧荣羮張寒食猶來哭北邱試問牽機誰起釁
如瓶守口竟全忠
蠶叢割據不勤王節度何心忍負唐莫笑餅師家世賤
忽歌兔子上金牀
隱語中軍記最真飛郎肩二小逡巡功成龍躍池邊坐
鹽井還祠玉女神

研北花南吟草卷四　十一

華洪將畧預邊籌賜姓居然冠列侯何事長城先壞卻
只緣蜚語畫紅樓
叱撥烏騅逸足材龍鋒蛇榦大梁來陡教謝啟辭偏屈
忘卻君家有忽雷
秦皇漢武覓神洲兔死何殊豁一巨開遍峨眉山下雪
婆羅花樹獨含愁
灌口祆神似射蛟琱戈金甲氣咆哮如何解選煙花集
綺麗還將豔體教
絕塵愛御流星輦啖炙頻行當面廚只少潘妃來嫁汝
好將宮市作屠沽

當眉寫翠臉傳紅誰遣君王綺語通痛煞昔年韋記室
由來强奪是家風
醉妝鬟髻面朱添薄媚精神更帶忺自製甘州新唱罷
青城山下雨纖纖
曲江水漲成詩窟百萬珠璣字字排不及猫兒兼狗子
一生得力擢官階
一字難移十四州孤雲野隺任閒游閒攜餅盎來西蜀
得得詩僧憶貫休
太后遴才異數傳霞光五百賜名牋可知楓落吳江冷
不及牆頭細雨聯

研北花南吟草卷四　十二

孰能入室孰升堂蜀國丹青號孔黃聞說辦香親付與
千秋鼻祖是刁光
八座眞如襪綫材折時郉得寸長來舍人冗褋還同病
角觝文成費翦裁
十在文多作諂辭咎臣已見降肥遺外臣謠諫圖三閣
那怪嘉王不酒悲
掃除只寫水行仙褦襶狂僧似大顛藏得元機眞可怕
果然喋血在秦川
春風士女打毬回猛入聲傳盂入來不獨街頭湖子識
紅綃籠字畫堂開

十戈唐季少桑麻望杏敦耕幾萬家試讀元年勸農詔
西川氣象有光華
宣華苑裏牡丹藂倒暈鉔黃意態濃閙聽俳優康老子
好將得寶遞歌鍾
昔屏七十綰連鬟寢室軿宫在此間六隺殿開時便坐
凱歌預唱破柴還
錦窩雙穴號鴛衾花樣翻新巧織紝忻動成都閙婦女
朝天髻子畫眉深
功成競獻金花樹臘日羅紈費不支虎子何須褒七寶
惹教眞主怒狂癡

研北花南吟草卷四　圭

御花朶配麝香騟時傍華茵引繡褥只欠寫生黃待詔
鼠姑桃實合成圖
如實閒情製臥車琴尊茗盌伴生涯平章無語惟酣寢
何不投轄睡相家
文選何妨借一瓻偏逢吝友厄書癡讓他鏤板開雕印
棃棗應無禍已時
摩訶池上月華新水殿香風不動塵一曲清商亡國讖
淒涼自譜玉樓春
百首宫詞仿未難雪香扇影動霜紈劇憐國破山河改
宜子神留畫相看

分給花酥博雅名世修降表獻金城北朝亦有馮長樂
一對盟鷗好弟兄
天目山前兆已呈夜分甲馬里人驚不緣占得婆留井
那得重開衣錦營
壘雪層樓命射潮西陵波下怒潛銷於今捍海塘猶固
越水吳山放畫橈
英雄駟馬氣如何扶杖懽迎父老多三節還鄉齊獻壽
儼然漢帝大風歌
也愛重華表石封粉盤書事亦從容殿名握髮清晨御
近侍甯知不睡龍

研北花南吟草卷四　西

畫師幾輩駐松江彎手丹青校尉扛圖得銀光奇士貌
一時進見號無雙
靑史樓閒戲采娛漫將府署賭樗蒲渾花六赤鶯監國
眞似虬髯一局輸
沈香亭子錦爲函海舶初停估客帆何用山名誇旖旎
淸門處士好頭銜
一解不如言刺肯壺盧羹進頗相嘗詩成只作遐追語
金鳳羈棲事可傷
陌上花開憶舊時帳前銀鹿比螽斯南屏更建黃妃塔
累世宫闈有淑姿

決戰閒攜雪上瓜不將水陸鬬繁華忽雷酒半新聲奏
文采風流並一家
一首詩鐫使宅魚脩然更作兩同書腳閒夾筆緣何事
措大雖將習氣除
珠堂玉殿勢崔嵬佗後居然有霸才自製安豐平頂帽
披襟試上越王臺
薰南殿柱架香儲沈水論車藝不如同是豪華絫大物
隋家帝子御龐疎
何事南宮頌七奇天心嗜殺少仁慈生成地獄傳家法
蛟蜃垂涎慣朶頤

研北花南吟草卷四　十五

休將茉莉鬬芬芳畢竟花中自有王試看他年大北勝
應慚昔日小南强
肥婢波斯號媚豬采珠新署媚川都人生憎愛原無定
痂癖何妨嗜好殊
蕉扇標名扇子仙蟾妃韻語一時傳蠻風蜑雨棹船去
試向藥洲看白蓮
羊頭二四白天雨牛角鑽來鼠力微執梃願爲諸虜長
無愁阿斗共忘歸
唐鄧諸州五馬聯春梁正朔共荼緡八牀邸閣收三利
天策何曾費一錢

繼世文昭祇自愚八龍環柱燿金鋪東朝天子猶珠玉
南岳眞君邢得如
報慈長者通三昧與佛齊年對亦佳五百名姝相接引
升天遂爲爾安排
護井何勞拓銀葉西山枉自購菟裘咋人猘子行看大
侈汰偏將口實留
杜門御埽稱雙淸幕府書櫥舊有聲名是歸唐又歸宋
孟家堪笑訟詩生
嘉宴堂前蔓草荒會春園內亦淒涼只因打馬鞭梢疾
羅漢親來選佛場

研北花南吟草卷四　十六

白面三郎賜審知淸人樹發早春時新芽試設傾筐會
入貢還稱耐重兒
雨花天影散飛紅春靜韶光罨碧空朝罷傳排三昧宴
此身疑在梵王宮
牛飲朝朝興不醒醉如泥到手難停縱教未讀賓筵什
試誦劉郎百悔經
田鋪緹錦木施繒外戚豪華得未曾太息胭脂山下路
賦曹偏發李家陵
荊南所向總稱臣無賴何曾見此人卻爲生靈消殺劫
羞顏不獨保其身

佳果誰教嶺外通一枝遙賜海珠叢琅玕檻子親圍護
蘊藉唯聞倸侍中
自在將軍擁繡鞍赤眞人起應星官雍岐陝洛多貓語
試聽金稜暑綽盤
澆飯攤書近五句寒窗覽鏡鬢如銀剃髯不及郭忠恕
百首閒吟姑效顰

高郵王茂林刊

題辭

錢唐吳錫麒　穀人

如噴霜竹裂黃葉乍飛飛倏又春雲盪隨風落畫衣珠穿一絡索錦製九張機爲按吹簫譜明蟾正上扉

泰州陳　燮　理堂

金壺餘汁向長空灑去都成奇絕綺語消磨磨不盡夢裏頻書花葉煙月揚州文章江左兒女肝腸熱寒潮暮雨爲君多少嗚咽　最憶擊鼓狂生吹簫窮士心事千秋壘記拍紅紅仍爾我莫更詞場饒舌笑或如蠅眼眞似豆淚少英雄血才人本色半生惟賸華髮　百字令

寶應喬載繇　止巢

展卷清如玉是素交計君身後爲搜塵篋念及湖濱存舊雨寄我遠煩銀鹿向涼雨窗前細讀字字金荃仙杼織按紅牙況有傷心曲思往事忍三復　白門楊柳飄零速更何人開簾佇月停簫刻燭記得江樓題扇地殘夢去時猶熟并黃土靑山一哭卅載離羣雙鬢雪撫遺編愁對蒲尊綠五絲在命誰續時值午日　賀新涼

研北花南詞鈔

興化徐鳴珂竹薌

長相思

深畫眉淺畫眉明月光中減舊煇遠山横翠微　春又歸人未歸柳雨花風不耐吹春愁無盡時

菩薩蠻 用百末詞韻

瓊筵繡帙梁州舞燭龍餤餤懸釵股斜雁一行飛曲終扶醉歸　綺窗深曉閉遲日花猶睡香冷玉鑪煙春愁壓枕邊

水龍吟 白蓮

素雲飛出波心天教不近纖塵染銀瓶初浴晶奩倒影暗勻鉛臉試整冰綃還擎翠蓋舞餘嬌宛想鴛湖過雨鮫宮罷織明珠顆傾筐滿　羞與春華競艷甚秋來謾同紈扇玉容銷酒新涼拂暑流光驚損鷺冷鷗閒粉慵香褪棹歌聲遠但無情有憾風清月曉更何人見

南柯子 苔

貼地錢誰簇蓀梳髮未簪年年空翠入花陰最是梅風漬雨色深沉　軟襯磚痕膩香隨屧影侵鳳釵拋處記曾尋却又海棠開後到如今

江神子 游鷄鳴埭

西風怕上木蘭舟强句留秣陵游結綺臨春何處是瓊樓寂寞臺城城畔路衰草遍女牆頭　平康歌舞幾時休聽吳謳四絃秋只恐山雲飛去不勝愁惟有秦淮明月影空照得古今流

六幺令 涉趣園小集看牡丹

十分春事到九分消息年年牡丹時候爭把餘春勒憑仗東鄰畫檻高會延嘉客鞓紅嬌碧當筵起舞喚取天香入瑤席　舊憾新愁頓釋似錦屏會識生受玉腕珠鮮越樣心憐惜莫唱朝雲易散夢裏傳詞筆月光花色良宵有幾不醉如何送春得

翠樓吟 白秋海棠

潔到無香嬌如有淚秋光耐人憐惜層闌低亞處簇千點雲根敧側蕭齋空寂正月落墻腰風穿簾隙芳蹤悄玉塵羅襪亂愁堆積　怕憶西府前身又黛蛾慵掃素莊仙骨青鸞歸去後倩誰問珠宮消息啼痕凝碧況草没池南蛩吟窗北銀屏晚不堪持贈斷腸休摘

齊天樂 由雨花臺至莫愁湖

長干橋外城闉路蘭橈又催歸客畫檻飛雲珠簾捲雨一逕藤蘿煙密湖光瑩席對隔岸青山酒澆殘瀝莫景蒼涼雁聲初到正相憶　庾郎詩思未減悵淩波去後

臺榭陳跡疏柳殘荷西風夕照尙帶六朝秋色閒愁怎釋更多少新愁亂蛩催織付與清商倚樓吹玉篴

買陂塘 讀南唐後主紀

破天關潤州失據金陵王气全去龍蟠虎踞銷磨盡暫眼石城煙雨君看取看自昔江南畢竟非雄土興亡可數便異日官家錢塘九葉草草歎完聚　牽機藥提起還增酸楚誰堪憑弔今古鴛鴦寺主眞成讖空負流珠歌舞難忘處是夢裏秦淮落葉秋蟬語淚潮如許又春意闌珊櫻桃落盡譜入斷腸句

三姝媚 櫻桃花

春光濃也未漸梅梢香殘柳絲煙細霍玉庭前有四株繁映露華濃綴紫粉風流須不是夭桃穠李日影重簾疑帶餘酲暝紅微睡　閒與金衣呼起怕好夢飄愁艷容顰頷子滿枝深甚口脂嬌小憶他朱蕊摘向晶盤觸幾許天涯情味直恁相思圓珠持贈樽前袖底

瑞鶴仙

剌桐花幾樹鎖綠陰停晝輕煙垂乳園亭淨無暑乍吹來盈砌捲簾疏雨飛觴迅羽儘句留吟窗伴侶試憑他一枕游仙夢到碧城深處　知否拈花嚼蕊染月裁雲舊時情緒璚樓翠戸間冷落玉簫譜問年年芳訊誰傳幺鳳悔不雙棲并住又相看一葉驚秋斷腸爲汝

金縷曲 返興化過陳氏園

家近陳蕃里猶記得打球逐隊幼時嬉戲曲徑迴廊相繚繞西北高樓兀起涵倒影波心亭子修竹千竿都盡遍但醉春消夏游人紀離別倏廿年矣　半生彈指聲中耳唉今日蒯緱如故有慙桑梓畫棟珠簾閒換却那更風磨雨洗又滿目春歸無地閱盡興衰池畔柳尙危攔欲去還重倚誰會我浩歌意

霜葉飛 對菊

雁天霜曙關河迴伊人遥隔煙樹那堪時候過重陽尙

滿城風雨唉浪迹羇遲倦旅秋光容易成今古但自把黃花供養得香留晚節聊證歡素　猶記勝客分牋西園刻燭落英餐罷能賦數枝和月上簾櫳清夜敲奇語悵別後飄蓬斷縷何時攜酒澆愁去儘醉眠東籬側疎影蒼茫詠陶家句

虞美人 齋中小梅花

暗香欲度簾櫳月花與人清絕嫩寒初放兩三枝記得昔年逢閏獨開遲　者番迎歲春回蚤點額新粧好孤山鄧尉莫須游爲爾閉門索句強句留

曲游春 同曹丹崖顧芝山家孟庵蘭圃賦閏花朝

陌上新鶯囀又傳歌緩緩春半時節天放佳晴待花鈴再繫花旛重設綠意添階莢應數到十三桐葉糁綺羅剪刻成蘂問甚花枝先發　漫說莫雲重叠藹藹思年年香夢愁結今日歸來卻春風舊雨故園明月哄把觥籌折倚錦瑟羞看華髮座有雉城校書玉霞遮莫醉舞山谿恁教輕別謂次日將返吳陵

鷓鴣天　藍田叔山水小幀簡宮子政輔

漠漠春寒透綺疏飄零蝶叟老江湖當年人物何堪寫收拾溪山入畫圖自題崇禎甲戌春日蝶叟作　留妙蹟歎遺珠煙雲供養屬吾徒更添香火因緣思擬借蘭

研北花南詞鈔　五

亭向獨孤

南浦　題瀆川春泛圖

縠影鏡中移漾瀆川認取橫塘深處雨過黛痕微柳絲碧約畧曉粧眉嫵青芝山下吳娘船上看花去夾岸人家應羨煞瘦玉檣枝輕舉　酒瓢茶竈同攜問閒情賦罷豪情幾許我憶石湖仙詩龕小可許白雲留住靈巖夢遠甚時香雪招鷗侶嚼蕊吹花春又晚惆悵畫橈煙雨

渡江雲　同人城北訪菊過桃花庵小憩

武陵花滿樹一溪雨過流水下空山麴塵新漲暖細沫魚吹春影白鷗閒停橈喚渡繞飛紅更幾重灣剛入室青精炊熟雲子飯同餐　憑闌元都秀句淺醉閑吟倚參差釵燕猶記得星榆歷歷玉佩珊珊不應對菊成輕別渺西風天上人間珠戸揜何時重叩金鐶

醉太平　贈方梅卿校書

離時憾多芳時易過檀槽細撚輕搓唱羅敷豔歌　芙蓉臉波櫻桃頰渦嬌憢微醉顏酡又春歸奈何

賣花聲　贈吳娘錢夢蘭

夢倚小山屏蘭蕊香生綠煙是處有春鶯記拍紅紅須讓爾菊部知名　殘月下簾旌薄醉初醒無言休道不

研北花南詞鈔　六

關情已是六年相見也一樣飄零

掃花游　綠陰

瘦紅漸盡又嫩子新枝翠裁青剪徑煙蕩暖愛南榮首夏羃天如織雨霽登樓不畏朝光晃眼縠紋染映渺渺去程波遠帆遠　幺鳳桐井懶看倒影窗前暗迷蒼蘚午餘睡淺正酪奴瑩碧露芽輕泛草色裙腰更憶湖南路轉燕歸晚下湘簾客懷誰遣

長亭怨慢

笑搓玉團香情緒極目登臨幾番凝佇彩筆留題淒涼誰解斷腸句古今如此知那箇長相聚贏得許多愁似

渺渺大江東去　前度悔章臺柳色枉折露條煙縷了無罣礙最好是不相逢處算只爲一點靈犀幻空相非花非霧試聽取晨鐘夢醒催人何苦

絳都春 玫瑰花

千層密意簇錦段看取鍼神縫製袂影障紅香度琉璃屏風細紫雲蘸麝油檀膩似聞與徘徊瓊字伴他糚鏡調鉛染露畫眉暈髻　猶記梅黄豆綠又青籠上聲顆顆朱櫻圓綴綴日佐觴江北江南鶯花麗當歌偎得氤氳氣笑卸向釵梁偷遞可堪醉舞蘼芳惹伊纖刺

霓裳中序第一 李白樓藏寇白門小影屬題

淒涼問故國長板橋頭誰第一曾記濬心妙筆記匹馬乍歸柔腸俠骨舞衣舊疊蚤夢雲飛去無跡驚鴻杳雪泥小影約略見顏色　珍惜百年詞客有多少青衫揾濕商邱聞說近日扇底桃花飄隨非昔 李香君小影舊藏商邱陳中丞家今未知歸何處　畫圖閒省識聽細雨春寒惻惻同心處蘭芬清供旅邸話晨夕 時同寓修鹽法志公廨以素蘭作供

祝英臺近

擘箋餘教繡罷階下簸錢戲鬬葉輕蟬風約霧鬟細甚時天許無愁花能解語更歌得伊家新製　舊游地可憐蛛網塵封糚閣玉臺閑丹轉人天知否記前事玉簫約指痕留似曾相識但低首夙因全昧

醉春風 和彭羨門延露詞二首

玉燕新調語眼底春如許水晶簾畔每聞聲覷覷覷大好今番更無同伴逕前低訴　做意羞迴顧沒箇尋思處說他櫻顆竟遲辭數數待過明宵剛逢出月鵲橋徐度

香燼蘭膏露點屐聽弓步低聲指與桂堂東去去去莫打眠梟暗除了鳥夜深記取　花落春無主一霎風和雨嬌慵爲整翠鬟偏住住住才識新歡又添離憾夢回

何處

生查子

昨夜嫩寒多夢繞梨雲冷一晌不分明蛺蝶春風影　對鏡曉糚慵羞憶鸞釵整無語卜金錢心事眉峯省

木蘭花

點點落紅飄杏纈春入玉樓鶯語怯珠箔捲繡屏閒記取一痕窗外月　五角六張愁緘迭香篆肯教心字滅東風不是薄情天笑指絲楊重綰結

春曉曲

九華帳底濃香聚宛轉微聞新燕語曉風吹夢不分明

花犟夜來知有雨　遠山又解翻眉譜款款粧成心暗許離愁只在繡簾前說甚天涯芳草路

偷聲木蘭花

愁多未是愁時節眼底心頭空悵切爾許情癡怕說人生有別離　蘭釭散彩屠蘇飲深夜照將花睡穩春入瑣樓從此東風不做愁

清平樂

金荷初插暖爇熏香鴨鉀得翠翹鴉鬢貼春色橫波嬌曆　柔情不礙重幃聲聲軟語蟲飛剛是鐙花殺却一窗寒月潛窺

研北花南詞鈔　九

謁金門

不分將伊憐惜直恁嬌癡難出笑撚花枝輕一擲惱香夢寂春睡覺來無力愁雨愁雲情脈脈弄粧遲曉日人嗔不得

石州慢 梅卿校書置酒話舊出素紙索句

張好重逢紅粉可憐如此憔悴空教緣已成陰不及絮飛情思檀槽罷奏鎮日調冷楓香門前車馬何人至典盡繡羅衣更賒春無計　頻歲滯跡邗江聲澀幺絃斷腸誰慰比似卿愁舊夢飄花同墜深盃懶勸因恁不囀歌喉淒涼酸語聽先醉我亦慣傷心怎禁伊珠淚

買陂塘 攝山舟中與王寬甫夜話

甚浮名古今如此青山含笑無語與君十載金陵道取次聽風聽雨還起舞問昔日王郎斫地歌何苦流年迅度指大半斜陽渡頭衰柳星鬢悵遲莫　平生恨豈獨劉蕡不遇千秋心事誰訴買絲那得平原繡只合閬仙親鑄休再誤待築箇小園長傍西湖住君能共否占風月閒人煙波釣艇鷗訴最深處

喝火令

宿霧卷雲薄朝霞暈月生亂頭粗服也傾城隨意澹粧濃抹無樣不輕盈　繡幞金鈴護香塵寶馬停綠楊深處好藏鶯留取春風花信莫分明留取小紅枝上相見最關情

研北花南詞鈔　十

洞仙歌 鄭穎園舍人招游湖上

水楊柳外繫雙枝畫槳篆楠黏花罥蛛網轆轤深院悄金井蟲吟粉紅疎添却幾分秋爽　風斜兼雨細直恁飛來怪底貝冰送清響倚遍曲欄干弄影吹香大好是無言相向又忒煞周防避人憐只生小聰明爲伊惆悵

虞美人 過雙翠閣有感

晝橈指點東城路綺閣藏春處晚秋風雨閉輕紗可惜水楊柳樹只棲雅　護花那忍成攀折萍絮驚離別翠

蛾嬌小不勝愁知否恁般心事上眉頭

金縷曲 與陶香泉飲於方梅卿家賦此志別

送得春歸去又相逢城闉絲柳繫春小住是日吟香校書返吳婀娜餘情吹未斷惆悵晚風晴絮却眼底飄萍圓聚試望平蕪迷宿草更休題共聽巴山雨揾不盡淚如許席間香泉話及萬湘舲歿於武昌邸舍驪歌一曲當筵苦驀驚心催人兩地聲聲杜宇江北江南煙水夢從此平分吳楚況縈惹秋孃離緒細葉金壺開已謝賸劉郎寂寞修花譜憑說向舊鷗侶

一萼紅 疊金手山聽歌紀事詞

甚悲謳蕩天風海水搖落萬山秋如此才華折除時命傷心客裏登樓算只有淺斟低唱換浮名眼底未全休醉倚簾櫳閒書花葉夢繞瀛洲　問取廣寒此夜可長橋幻擲我欲從游仙樂纔聞將離又贈當歌同爲花愁況回首玉簫淒咽悵舊時月色鎖窗幽聽到彩雲飛去清淚難收

研北花南詞鈔終

題辭

錢唐吳錫麒穀人

桐枝百衲合成煙空際語香弦淺斟低唱幾家玉眉幾字金荃　小長蘆惜漁師去誰寫衍波箋荷花招手重攜蕃錦讀向湖船　秋波媚

研北花南合璧詞

興化徐鳴珂竹薌

虞美人 邗江春望

春歸何處尋春信 李浙 相問還添恨 毛文錫 丁甯鶯燕莫悤悤 劉續 無奈朝來寒雨晚來風 南唐後主 香車繫在誰家樹 馮延已 望盡天涯路 晏殊 寶簾閒掛小銀鈎 歐陽修 飛絮落花時候一登樓 秦觀

念奴嬌 海棠

愁春未醒 潘元質 正海棠睡足錦香衾軟 黃水邨 誰把鈿箏移玉柱 馮延已 試問畫樓西畔 呂本中 妙語如絃

呂渭老 柔情似水 秦觀 一弄淸商怨 蔡伸 翠嬌紅怯 辛棄疾 舞衣無力風斂 溫庭筠 昨夜詩有迴文 晏幾道 玉纖彈去 劉過 暗露雙金釧 歐陽修 約畧整鬟釵影動 賀鑄 誤到蓬萊仙館 鄭僅 只恐驚飛 張先 幾時見得 姜夔 離恨天涯遠 王詵 夢雲歸後 王安中 月痕依舊庭院 晏幾道

菩薩蠻 聽歌有贈

新煙初試花如夢 吳文英 一盃正要吳姬捧 高觀國 飛燕蹴紅英 秦觀 裳遮點屐聲 毛熙震 夜游頻秉燭 張炎 莫唱當時曲 周邦彥 幾度降神仙 毛文錫 相逢爾許難 顧夐

又

山屏霧帳玲瓏碧 毛滂 明朝便是關山隔 馮延已 低按小秦箏 秦觀 誰知離別情 林逋 幾時重見得 張輯 怎不教人憶 周紫芝 雁柱十三絃 張先 憑伊寄小蓮 晏幾道

卜算子 眞州道中

春路雨添花 秦觀 花底曾相遇 晏幾道 一樣東風兩樣吹 吳元可 還送春歸去 趙鼎 楊柳又如絲 溫庭筠 總是牽情處 洪瑹 人在珠簾第幾重 張孝祥 問解相思否 張先

浣溪沙 風漪書屋卽事

窗外梅花瘦影橫 李重元 庭軒寂寞近清明 張先 博山鑪暖澹煙輕 顧夐 濃睡覺來鶯亂語 馮延已 笙歌散後酒微醒 司馬光 倚闌閒喚小紅聲

滿庭芳 和金浣芳秣陵早秋有懷

雲澹星疎 詹正 人孤影隻 李天驥 簾風輕觸銀鈎 李鷹 偎花映燭 張翥 消遣酒醒愁 張楫 脈脈朱闌靜倚 周邦彥 萬千事欲說還休 馮艾子 江南遠 秦觀 知他別後 程垓 誰暖玉香篝 陳允平 歸期猶未穩 周密 離腸宛轉

元好問 瘦不關秋吳文英 淚無言偷滴晁補之 付與東
流查莖 惟有池塘自碧姜夔 應念我終日凝眸李清照
梧桐落馮延巳 新涼一枕毛滂 明月照高樓袁華

減字木蘭花 同丁小賃錄事登環翠樓

春歸何處黃庭堅 閒倚繡簾吹柳絮賀鑄 日下樓西王
英 剪剪輕寒不滿衣吳元可 纖雲弄巧秦觀 且向花
前留晚照宋祁 香閣深沉李之儀 幾曲闌干萬里心張
輯

眉峯碧 青溪東花園觀劇

水閣橋南路晁沖之 芳草溪邊渡周紫芝 歌盡桃花扇

研北花南合璧詞　三

底風晏殊 任撲面桃花雨周邦彥 惱破春情緒趙令
畤 莫訝周郎顧周必大 手捲真珠上玉鈎南唐中宗 穿
簾燕子雙飛去馮延巳

青門引 平山堂看梅有懷范藿田金畹芳唐竹嶼

月底香英坼晏幾道 花動一山春色秦觀 映花避月下
迴廊張先 吟香夜永周密 高會盡詞客聶冠卿 園林
漸覺清陰密辛棄疾 欲寄應難及仲并 今宵酒醒何處
柳永 西風吹夢來無跡毛滂

望梅花 落梅

空對一庭香雪張炎 可惜一溪明月蘇軾 吳酒一盃春
竹葉白居易 長記舊家時節周密 夢破五更心欲折蘇
軾 此恨有誰同說黃子行

戀情深 戲爲綠琴校書柬唐竹虛

綠酒初嘗人易醉晏殊 有盈盈淚章楶 涼波不動簟紋
平歐陽修 怨孤衾顧敻 曉糚初試鬢雲侵周邦彥 難
話此時心魏承班 多少舊歡新恨歐陽修 戀情深原句
煙月不知人事改鹿虔扆 約何時再賀鑄 相思空有夢
相尋毛文錫 到如今曾覿 重來言語縱堪憑黃機 緣
葉漸成陰王安石 枉了錦箋囑付趙以夫 戀情深

玉漏遲 水仙花

研北花南合璧詞　四

凍痕消夢草樓采 仙根借暖王惲 翠蘂深宵施岳 調雨
爲酥王觀 昨夜雪中開了李俊民 初試宮黃澹泊吳文
英 猶記得樊姬嬌小王沂孫 波渺渺寇準 風裳水佩趙
汝訥 天然窈窕舒亶 不是怨極愁濃程垓 是酒醒香
殘張翥 月寒霜曉劉過 無限思量秦觀 空趁斷煙飛繞
周密 塵襪淩波半涉吳文英 悵夢隔銀屏難到吳文英
人自老陳允平 年年漢宮春早周密

金浮圖 莫愁湖

天如水蘇過 煙鬟斂翠周紫芝 圓鏡高飛謝邁 危欄靜
倚張炎 問中流擊楫何人是文及翁 如此江山段宏章

幾度西風彈指陳允平　閒却滿奩秋意周密　征鴻過盡李清照　萬葉寒聲起王夢得　佳麗地周邦彥　紅箋小字晏殊　記約清吟高觀國　玉簪瓊佩聶冠卿　舞衣半惹涼雲碎周密　斗轉參橫韓元吉　聚散眞容易晏幾道　欲喚凌波仙子呂同老　莫愁何在高觀國　寄此情千里張先

燕歸梁

蜂惹香鬚蝶惹衣黃庭堅　花落子規啼溫庭筠　含情無語倚樓西張泌　風不定張先　柳依依寇準　瑶琴慵理危復之　金錢暗卜李天驥　凝恨對斜暉韋莊　黃昏微雨

畫簾垂張曙　春去也白居易　燕空歸歐陽修

清平樂

別離滋味張孝先　未飲先如醉柳永　瘦玉倚香愁黛翠李石　苟令如今憔悴李彭老　一聲歌囀春融楊纘　恨長莫盡啼紅趙與仁　欲共柳花低訴黃孝邁　柳花飛趁東風歐陽炯

水龍吟

春寒勒住花梢周紫芝　小闌干外東風軟秦觀　層層離恨蔣捷　懨懨睡起賀鑄　朱簾不捲李持正　燕子來遲吳元可　海棠零落歐陽炯　紫簫吟斷張輯　記南城錦徑蔡伸　芹泥雨潤史達祖　停寶馬無名氏　嬉游慣柳永　還是鳳樓人遠李甲　可憐宵畫堂春半賀鑄　豔粧初試晁沖之　銀屏夢覺陳允平　翠羞紅倦許棐　寶鴨煙消張孝祥　玉徽塵積張埜　這般庭院辛棄疾　向尊前酒底阮閱　傷心對景翁孟寅　病懷渾懶張翥

柳含煙

垂玉佩韋莊　泛紅螺李珣　記得年時相見謝逸　不須迴扇障清歌張先　見橫波賀鑄　無可奈何花落去晏殊　寂寞小樓煙雨陳允平　一場愁夢酒醒時晏幾道　是空枝皇甫松

烏夜啼對秋荷憶亡姬有感

綺窗愁對秋空馮延巳　泣殘紅李珣　水影浮花花影動簾櫳趙與仁　人不見毛文錫　紫簫遠吳文英　又西風晏殊　多少思量只在雨聲中蕭允之

杏花天見杏花作

江南二月春深淺吳元可　已瘦了梅花一半張炎　越羅小袖新香蒨毛熙震　天氣嫩寒輕暖張翥　畫樓影裏雙雙燕謝逸　問相見何如不見辛棄疾　重重說盡情和怨李邴　只恐離人腸斷洪瑹

人月圓環翠樓春望

高臺樹色陰陰見晏殊　綠遍去年痕洪咨夔　濟雲閣雨
陳亮　乾風收霧馮偉壽　煙靄紛紛秦觀　無情燕子李
邴　樓空人遠辛棄疾　不解傷春黄孝邁　紫簫吟斷張輯
翠尊易泣姜夔　又是黄昏石孝友

連理枝　探梅

人勝參差剪温庭筠　香粉開糚面李廷忠　可慣無情周
密　雨昏煙暝王沂孫　水遥山遠柳永　忽窗前一夜寄相
思林正大　放曉晴庭院李元膺　醉冷光零亂謝邁　側
臥珠簾捲寇準　只怕春深姜夔　飛瓊望杳吳文英　楚江
空晚張炎　對莫雲不見美人來劉克莊　負東風心眼晁
補之

洞仙歌　梨花

美人愁悶蘇軾　倚遍闌干月晏幾道　顏色如花命如葉
李獻能　問東風何似張先　小揭珠簾陳允平　傷心處却
憶當年輕別程垓　江南煙樹遠沈會宗　謾卜幽期周
密　縱使君來豈堪折柳氏　春又晚康與之　夢初醒曹良
史　覷玉羅慳劉過　連環解舊香頓歇周邦彥　忽一線鑪
香惹游絲蘇軾　但脈脈含顰黄機　暗銷肌雪張元幹

金縷曲　雨夜聽歌感懷舊游

寂寞狂蹤跡柳永　又怎禁夜深風雨張翥　倚樓橫遂陳
允平　風裏絲簧聲韻咽歐陽修　雨細欲收還滴周紫芝
春去也更無消息薩都剌　河畔青蕪隄上柳馮延巳　記
搖鞭跋馬銅駝陌方千里　芳豔冷王沂孫　夢難覓蔣捷
迴文未剪吳刀澀姚寬　一分秋一分憔悴張輯　舊時
月色姜夔　書得鳳箋無限事晏幾道　誰念文園病客張
埜　恨客裏光陰虛擲周邦彥　爲問新愁愁幾許吳潛　況
綺窗臨水新涼入毛滂　紅葉地范仲淹　楚天碧黄子行

壺中天　病起感懷

唾壺敲缺張炎　把生涯分付藥鑪經卷王特起　往事悠
悠空記省張先　合造一襟幽怨黄昇　薄雨催寒賀鑄　莫

雲低碧張翥　獨自疎簾捲翁孟寅　秋容江上李甲　如今
游興全懶張翥　迢遞望極關山周邦彥　書空無語馮
去非　恨與孤鴻遠楊无咎　送老齏鹽何處是陳克　青鬢
吳霜輕點袁易　賦雪詞工張樞　危絃調苦周密　更惜年
華擲周紫芝　樽前花月張元幹　醉魂愁夢相半賀鑄

倦尋芳　白丁香花

綠鬟墜膩曾允元　真色生香周密　獨抱孤潔張炎　酒暈
全消李居仁　一枕雲屏寒怯辛棄疾　離恨做成春夜雨
楊炎　紫簫吹破黄昏月李獻能　夢初驚韋莊　悵曲闌獨
倚趙以夫　舊游輕別尹煥　似笑我閑門愁寂周邦彥

花落花開 秦觀 前事休説 姜夔 天上人間 南唐後主 已分音塵都絶 賀鑄 飛燕又將歸信誤 趙令畤 梅風不解相思結 鄭僅 兩心知 歐陽炯 莫猜疑 向子諲 露條煙葉 高觀國

玉樓春

昨宵裏恁和衣睡 柳永 清夜背鐙嬌又醉 牛嶠 舊歡新夢覺來時 張曙 紅燭自憐無好計 晏幾道 江南渭北三千里 賀鑄 西去征鴻東去水 李石 一重簾外即天涯 許棐 明月樓高愁獨倚 范仲淹

萬里春 瓦梁道中見新柳作

澹雲閣雨 陳亮 半濕垂楊煙縷 張翥 想如今綠遍西湖 張炎 正潮平洲渚 謝懋 莫作花飛去 向子諲 幾時見倚簾吹絮 史達祖 記章臺曾綰青青 周密 再相逢何處 葉清臣

又 秣陵寓樓春望

莫寒岑寂 元好問 目斷江南江北 陳克 更消他幾度東風 王沂孫 上桃花顏色 汪莘 錦字無端的 晏幾道 爭解説短封傳憶 劉一止 問歸鴻何處飛來 王億之 把闌干暗拍 曹組

點絳脣 由浦口返瓦梁

離恨重重 宋徽宗 綠楊芳草長亭路 晏殊 小簾朱戶 周邦彥 睡起啼鶯語 葉夢得 做冷欺花 史達祖 十日九風雨 辛棄疾 人何處 秦觀 黯然情緒 柳永 題徧傷春句 高觀國

研北花南合璧詞終

魯山集

（清）鄭鑾 撰

《魯山集》不分卷，清鄭鑾撰，據國家圖書館藏清刻本影印。

鄭鑾有《水荒吟》，已著録。

鄭鑾道光十三年至十五年任河南魯山縣令，本書收録其時詩作，編年排列，共一百一十三首。鄭鑾工詩文，爲官頗有政聲，自序言作詩以道政事，集中詩歌所詠爲『長吏之性情、民間之疾苦、四境之雞犬桑麻』。《除夕自述》頗能反映其心聲：『兩載親民吏，蒼生奈我何。身勞知政拙，累重比詩多。詎敢矜風雅，惟期樂太和。試將一年事，心手自研磨。』

（周　忠）

魯山集

魯山〻縣也境似危源
夙稱易治余蒞事三
年每困於簿書日不
暇給豈民風不古若
歟亦鳴琴戴星吏才
不能强合歟故衛洛
黄紬被底使是詩龕
或隨所至而自遣自
謌而長吏之性情民
間之疾苦四境之雜

大桒麻丙之一徃而
深謂詩以言志也可
謂詩以道政事也亦
可遂以魯山名其篇
子研自題

魯山集目録

興化 鄭鑾子彦

癸巳 三十七首

甲午 三十二首

乙未 四十四首

魯山集目録

癸巳

登琴臺

入境一山眠登臺萬山起綠雲梳曉鬟美人粧鏡裏四圍復何有靜聽絲桐理彈琴者為誰云是千載士遺音滿閩郡娟娟清於水余欲和陽春高山徒仰止惜哉廣陵散疇復歌于蔿

雪後

昨夜窗開帝女花春風到處便為家平田早慰三農望我亦新煎雀舌茶

送周三疋歸武林

雲烟漠漠送征鴻嘹唳聲傳斷續中聞道西湖春水滿橋邊多少信天翁

和靖先生是我師山中放鶴與雲馳青天碧海無尋處問向梅花總不知

雨中贈車雙嵐

久聞車武子今遇魯陽城風雨愁前路丹鉛見古情書挑鐙宜剪韭倚枕不聞鶯尚有琴臺約能無趁曉晴 承贈書扇

題雙嵐詩集

一代詩人稱李杜青蓮村接浣花溪劍南遺集誰同調好與髯蘇共品題 雙嵐蜀人

無題

未涼天氣解金訶抱膝低鬟白玉搓不識此身能化石蕉心那比妾心多

春杪苦雨

衙齋一夜雨鈴鐸靜三更望歲春將暮夏時夢未成穿窗飛電影撼壁走雷聲聞道江淮溢東人淚倒傾

汝州道中

出郭鶯啼送晚春麥天晨氣露華新打頭紅樹牽行客迎面青山似主人疏圃棲雞容放浪石田叱犢太艱辛懸流百派奔如箭安得津梁濟此身

歸途

青疇綠沼傍城隈十里花香策馬來樹色迷離山色暗雨中望不見琴臺

與友人看芍藥

簿書堆裏一春忙偷得餘閒趁夕陽酒自有情花亦

醉客能無俗主先狂倚筵射覆沉新月繞砌懸鐙待
曉粧我欲不眠君等去夜深知否夢魂香

懷王文治

不見鄒枚久梁園今已蕪琴臺彈一曲落落孰爲徒
筆札傷詞客詼諧笑腐儒交驩文字外賞識到狂奴

喜雨四章

春雨苦多夏雨苦少魯陽蕞爾民其集蓼
天心至仁實鑒我心油油雲起厥沛甘霖
甘霖厥沛民乃有秋吒犢聲恬謳起田疇

一犁既足地無不溽膏之沃之風調雨燭

題壁

書塾多秋色有幽風埸圃之意故詠
風味近田家閒來學種瓜暑消中伏雨陰護滿園花
生意隨時足秋容到老加兒童須努力莫更誤春華

郏縣

郏有峨眉山蘇文忠官汝時欲卜居其間故
名後乃塟焉余夙聞而羡之及過則荒原蔓
草童山如塚天下事所見不逮所聞者大抵
如斯耶
舉頭不見小峨眉蔓草荒原過客悲勝地豈如名士
假吳江楓冷句偏奇
先生生有西湖福先向杭州後惠州千載何如李供
奉青山日日枕江流

喜子石至

別後容顏改蕭蕭兩鬢秋無爲嗟老大幸不減風流
剪燭繙詞稿看花換酒籌故人今幾輩天地等浮漚
就道携丈子持家仗老妻千山摹畫本雙衛送詩題

不憚舟車瘁爲知風雨凄相逢欣執手對語聽鶯啼

夜坐

貪看秋星忍夜凉茶甌酒盞傍繩床蟲聲唧唧向誰
語滿院風飄桂子香

途中遇雨

道出郏原趁晚天望晴三日雨連綿長官隨地能排
遣馬上看山亦洒然
中宵情話隔房櫳雞黍人家亦古風茅屋三間燈一
盞雨昏無處不秋蟲

喜晴

天地一開顔萬物俱色霽歡聲動四野光輝流草際鴉雀聲早喧簷端躍然喜況我忝司牧抃舞那能已前際夏五月雨似去年多亦越秋七月滔滔若江河遂使傳説霖盡成陽侯波天地慘無色民如昏墊何造化運神功及溺胥能淑忽驅黑蜧散媪母滋藩育昨日日東升欲晴尚未晴今日清風至百卉呈晶英蕎麥白如雪籽穀（魯人以粟之早者為籽穀）黃如雲婦女拾穗滿兒童餉黍勤飢烏啄一飽滌喙鳴秋墳峊峊安耕鑿為知邑宰樂邑宰頌　聖神曰乂時暘若

魯縣

山裏人家山外山男畊女織萬山間栽花亦祗農桑課怪道山中人不閒

和星船留别詩即贈

欲上蘇門嘯孫公不可尋百泉流已逝三徑草何深逆旅空天地高文自古今幾時來偃室重話十年心

西山道中

茅檐竹樹曉烟籠澗水分流曲處通扶杖老翁不識

魯山集　癸　五

吏人家多住萬山中

近山渾似遠山翠柿葉較於楓葉紅零碎稻田隨意獲江南風景幾分同

九日對菊

幾年不到傍花村夢到揚州欲斷魂隨處銷愁花作障（以菊數十本疊為屏）一官漫興酒盈尊借他風雨添吟詠孫我情懷遠弟昆聞道此花能益壽滿栽盆盎祝庭萱

朱少廬刺史招飲風穴寺

迤邐東門道千峯撲面來不知山有寺恰認嶺為梅（遠望山樹鬱鬱忽憶昔日南安道中）老栢蒼於客清泉酌此盃觀瀾憑石磴尋壑拂雲堆竹淨禪機寂花飛雪意纔得閒圖雅集仙吏況仙才

題朱養田小照

披圖意不適樂事倍傷神自有好兒女其如長病貧宦徽難抵債愛極轉生嗔别已兼旬久愁看畫裏身

答子石

食品無多意味長故鄉人聚在他鄉語言樸實何嫌

魯山集　癸　六

俚虀粥調和別有香白首相憐浮世感青燈漫說少
年場高臺徙倚身同客坐看孤雲下大荒

雪中行役

策馬羊腸道霏霏滿眼花混茫天一色躑躅路三叉
事至民為貴官勞隷可嗟前村無處覓百里似天涯

白菜

菹食此為美香流蔬笋厨奏刀寒似玉纏齒嫩於酥
淡泊容王佐酸鹹困腐儒最宜清白吏更不憶蒓鱸

鐵馬

一騎乘風至橫空作戰場廟堂專號令金鼓共飛揚
已醒深閨夢應悲壯士行檐前如對語幸不說郎當

敝裘

衣被及天下何爭煖一身不知裘已敝聊復意相親
與我周旋久經年典質頻一寒誰念舊雪後是陽春

甲午

赴汝州

曉發辭春色郊坰一望收雪消青麥隴風起白蘆洲
石路盤駝掌（徑甚崎嶇而為通商大道槖駝負貨而至者其行如蟻）山峯撲馬
頭淙淙清響細臨汝好觀流

至南窰

麥隴青青菜已黃天開錦繡大文章江鄉此日花成
市掃墓家家上野航

野眺

老我風塵十七年放衙行過菜花田分明一幅黄紬
被輸與牧牛人晝眠

玉蘭

氷雪團成樹此花殊爵然忘形交有月獨立護宜烟
媿我風塵客懷君翰墨緣相看兩不厭白首最相憐

感時用琴谿薛先生見贈韻

感時懷抱幾時開撫治勞形少吏才懼有寃民常伏
案喜無俗客共登臺詩因判牘經年廢酒為澆花得
月陪母老家貧穿望眼却慚陶令賦歸來

漫興

一官渾如不繫舟載妻孥兮放中流何時搆我數椽屋有花有草兼有竹酒一壺琴一曲擲去烏紗日閉門飲酒彈琴樂自足人生行樂須及時山林福分姑遲遲衙齋斗室花四圍花開面面香風吹了却官書此靜坐蝶舞蜂歌皆天隨身古佛心神仙安用吏為君子曰如此以為吏是亦不可為而可為

和丁星船賞芍藥即席韻

一笑相逢又隔年蕭蕭兩鬢感華顛欲圖富貴回頭晚且樂鶯花在眼前酒為將離頻勸進人因垂老轉生憐試吟小謝當階句莫說今朝是別筵

壽家兄六十

不見吾兄又七年老來依戀倍從前米鹽零碎關心計門戶支持賴子賢種竹栽花真福分粗衣淡食樂天全一尊先祝
慈親健此境人間豈偶然

署齋八詠

竹窗

不可居無竹窗凝綠一堆烟飄茶韻遠風送雨聲來入坐涼生袖開軒影動盃羲皇人正卧新籜出墻隈

花隖

豈是河陽縣花開香滿城粗官作供養陋室亦鮮明疊石披青嶂支竿覆錦棚春迷三徑路蝴蝶引人行

墨池

少有耽書癖臨池四十年濡來一斗墨費盡萬松烟汩沒鍾王性浮沉書畫船也應澆筆塚鐵硯已磨穿

茶竈

媚竈非吾意功名寄一瓢茶經尋得解月食此能消可喜鶴猶睡應防桐已焦四圍深竹裏烟細受風摇

琴韻

此調從何得愔愔生曲房高山與流水唱嘆引之長拂拭粉奩外（彈者為姬竹實）次低徊書几旁紫芝誰繼響林下韻俱香

書聲

十年辛苦事誰道此聲哀古廟荒祠後（余年十五出宿于外計所歷石康大小書院趙魏兩宗祠范公祠東寺祖師廟文昌閣皆余讀書處也）清風朗月來

焚蘭兒奮勉咏絮女清裁亦有絲歌意能無笑口開

棋枰

流水古松外縱横十九行奕秋通國善（謂張根仙）大暑午窗凉熨腹留賓久忘憂遣晝長門前松子落應共静琴張

酒盞

萬花叢裡坐把盞望琴臺欲共紫芝醉相邀明月陪銷愁千百種隨意兩三杯父老知吾好躋堂酌兕來

奉調入簾汝許道中賦此

一路桑陰裏村村穲稏連雞豚皆宿飽婦子不宵眠被隴黄雲地翻匙白雪天爾牛誰慰勞打穀又犁田

題朱少廬刺史棘闈重校圖

記得霓裳詠羣仙會外年一天好風景三載舊因緣此福人無幾（與刺史重校者惟史洵侯熊春甫兩進士）今宵月再圓吾儕資領袖應不愧盧前（房取簾則朱六鄭七掣房則朱七鄭八也）

登聚奎樓

登樓原不爲斜陽雲水光中皓魄光塵土廿年身已老詩書今日頓初償名爭蝸角三千卷（就一房三户場而言）

啟蜂窠十二房矮屋萬人何擾擾桂花香裡問吳剛

和唐海瓢一首

酒盞棋枰氣最親棘園握手亦前因狂生似我能容世大雅於今得替人不盡功名歸藥籠（海瓢浙諸生因知醫入闈）是真面目本儒巾落花流水三生夢莫向秋風感劫塵

和許詠亭侍御豫闈試竣四律

天下文章際
盛時量憑玉尺昇

彤墀胸羅舊業書千卷手把春風筆一支暫遠晨昏培世澤惟求俊乂荅
君知試吟明崴蟬聯句回首西江繫我思

拄杖登車出
鳳城（原詩有敢以微疴塵聖聽）九重恩重一身輕槐花桂子文星燦岳色河聲使節清驄馬傳來風采峻驪龍探得夜光明前茅後勁多名宿（魁選王瑜殿榜許夢蘭皆魯山人許尤知名）冀北羣空燕雀平

郤將明月證前身朗照中州閲五旬衣鉢盡成天下

士侍御門下已得狀榜探三人　經房誰是箇中人鷓鴣唱後容陪席丁夘橋頭欲問津二十甲科三典試江南年少更無倫

强項何曾似董宣梟飛山邑汴西偏栽花漫學琴臺操獻賦深慙雪苑賢簾内三條明丙夜座中一揖記丁年鑾於丁亥引見始識侍御於春明　霓裳詠罷渾無事此曲應随諫草傳

和馬小眉中秋後一日見懷并示亮山

文星持節

九門開天遣郎官列宿陪吏不成仙聊免俗聲如誦佛為求才亮山閱文必有聲各房皆寢而聲愈重鑾與聯房殊為所苦　辛勤午夜茶頻熟惱恨中秋月未來安得李常同絳帳一回剪燭一銜杯

下湯午浴

鑿石為池紙作屏一房泉孕萬山青暖如冬日凝脂滑清比臣心照影渟稧飲昔曾湔瘴海粵有熱水湯浴爲坐振衣亭較此尤勝　水符何必調中冷勞人到此尤酣暢好似春風湖上亭

有贈

眉嫵多情善主張誰教鄭忽棄齊姜才還無貌非吾耦事不隨心衹自傷尚憶寄環尋息壤何曾行雨夢襄王文君着意憐才子用原詩意　我愧相如嗇鸘鷫

消寒第一會分題嚥雪

吾豈熱中者刳腸覺未清雪花飛在手氊幕嚥同情

消寒二會分題眼鏡

化作臣心水澆森武庫兵氷銜喉舌領一路到蓬瀛心鏡自昭昭目力難久恃年衰愁執筆尺幅隔千里

年少倦抛書光短不逾咫賢者亦昏昏不瞽而瞽矣天地發晶英圓靈聚水鏡懸空雙日月取則與心暎鼻觀一力擔百體皆從令譬如察璇璣玉衡齊七政遂使子夏盲不殊離婁明安用雲水洗銀海花不生是真法眼藏為天下至精莫笑獨眼李重瞳妙無比莫誇大眼楊四目得益彰不知作者誰光遠其利普造化有時窮天鈌人能補

消寒第三會分題春聯

曾勞剪燕帖春元一道新紅隱舊痕塾士丹鉛輝白

屋山居籬落盡朱門延禧巳共桃符換辟鬼還留鬱
壘存從此掩扉飲椒酒墨光融凍蘸粄盆

又年糕

賣餳天未暖佳製出山妻秔稲成精糵筐籃任取携
黏應同角黍熟欲比蒸梨餞歲歡兒女迎神伴䴏雞
鄭箋珍粉餌金國寶饘餅松漠紀聞金國重陽有寶階糕詎是重陽
日劉郎不敢題

除夕自述

兩載親民吏蒼生奈我何身勞知政拙累重比詩多
詎敢矜風雅惟期樂太和試將一年事心手自研磨

乙未

行春與中作

昔日墻頭花今作路傍柳我欲折一枝尋春春在手
誰家好姊妹婉孌閨中友灼灼桃正華贈以迎春酒

消寒五會分題唱春

不道春來耳乍驚春來有脚踏歌行犢驅南畝初橫
笛人在東風正賣餳紅杏山村喧社鼓黃柑斗酒聽
鸝鳴長安桃李春官麗最喜臚傳第一聲即為邑中公車諸君贈行

六會分題綉鞋燈

有脚春來最可憐通明色界望中懸一鈎影射天邊
月雙瓣香開地上蓮但恐凌波羅濕水為工送暖玉
生烟纖纖豈是楊妃襪炙熱情魔苦自纏

贈菱江

傳刺報君來相逢笑口開且邀明日醉携酒上琴臺

仲春五日雪中拜元次山先生墓與丁星船梁
竹禪

一代猗玗子泉陂有故墳松楸榮令德管桂老奇勳

紙陌明於雪商餘荞入雲我來薦椒酒詞客最憐君

吾嘲者

今日花朝俱有詩江淹才盡我無辭但吟二句君須聽若箇似花年少時

聽雨

此聲如太古點點見天心（自去秋八月不雨至于是月）已解三農渴還經再宿陰小樓移此夜大地發元音是物懷生意民歌我亦吟

秃筆

文壇誰健者脫穎已多年莫謂柔難折須教老益堅銳令輸李弼正尚似公權髮短吾衰也謀歸倚硯田

郊行

雨後山光似水光郊原鴨綠與鵝黃菜花未老麥初秀又是江南人插秧

榆葉梅（非梅也葉似榆花繁艷後梅而開故名魯多此種江以南未之見也）

梅開更無葉榆老亦無花有花兼有葉併力鬪濃華榆闕梅頫遠相望萬里春風成一家不須摇落怨天涯

讀史

樊川才絶世潦倒漫言兵欲瀉英雄泪誰知浪蕩情青樓名亦重白首事何成興廢千年感無須哭賈生

七會分題泥孩

眼底侏儒喚不醒是何面首盡芳齡鑿開混沌難成器跳出胚胎亦肖形絶少心肝同傀儡將無塗炭到生靈一丸若共尚書塑老大何能作典型

八會詠懷古跡分題牛皋戰壘

望平沙兮日曛荞宿草兮慘陰雲横大河兮夾馬營

矗高山兮岳家孤軍荆湖節制貔貅滿大呼渡河聲侃侃武官不惜死健者牛總管手提一旅飈風疾拔城未盡粮三日襄陽六郡次第收轉戰淮西氣更勃可憐五千健兒薄廬州一鬨皐來皆股栗短兵接戰悲箄箄生縛孛堇走兀朮何物楊么匿洞庭攖身投水禽之出金人喪魄齊人愁汴許丹霞水不流迄今指點鄧橋戰枯骸荞骨高如邱嗚呼生不隨鄂王直抵黄龍府死乃同葬西子湖西湖非故鄉恐似孤山孤我欲招魂舊巖何創新祠宇光烟蘿蒸嘗罔替馨

香和與魯陽鬬而對峙兮英風烈烈如見返日而揮戈總管故鄉無祠余擬創建之而未得其地

旱久矣而風披猖益甚恐而為此

噫氣號空萬樹哀鳴條扳木似驚雷驕陽助虐呼天遠旱魃先聲掃地來高處有威能號名下方無物不摧頹阜財解慍宣勤久爲有南薰作廢材

抹麗

素馨名稱價應賒花似美人人似花香不如蘭殊有韻色堪比玉更無瑕雲鬟半掩春爭媚氷簟微熏月蔭華不是夜來誰與伴珊珊偏處是非耶

即事

早衙人散便乘凉雨後風清引興長竹裏烹茶烟帶濕花間對奕子生香兒童指樹譁桃熟賓從投錢慰僕忙月上聽謌三兩曲宦情已冷學疎狂

謝和即事詩仍用前韻

熱官何處得清凉了卻官書覺晝長坐擁萬山容吏隱睡餘一枕味心香民求判字何曾嬾客鬥詩牌亦自忙前會消寒近消夏諸君風調古之狂

謝緑峯採芝史和即事詩疊前韻

不須豪竹唱甘凉天外霓裳曲調長一片緑雲隨鶴隨四圍青嶂劚芝香官閑亦有烟霞癖吏俗無如日月忙何物羅浮承顧問夢中仙蝶引來狂

疊前韻酬丹邱閑客戲贈

白雲鄉裏最清凉誰解温柔得趣長體襲玉臺心似熱詩成錦瑟字俱香幾人富貴求仙誤且自風流避俗忙天地本來情世界藴爲忠孝豈徒狂

登琴臺憶金子石

紫芝騎鶴去千載傳瑶琴燕子如相識詞人不可尋井梧虛夜月堦草蔓秋霖君有難忘處蔨餘深復深

謝黄石怡贈詩即風之

翩翩公子不凡才萬事東流賸酒杯雙管逢時猶墨守一枰混俗趁花開槐黄門外誰瀟洒草緑堦前待剪裁好句似應仙作伴莫教褦襶客頻來

贈歌兒

瞳人如水剪秋河覗小書生一顧多巧似鶯兒輕似燕不愁妬殺緑鸚哥

秋霖

何日見朝暉林昏鳥不飛泥深旋馬竈屋壞壓牛衣大澤禾將腐空堦菌自肥炊烟遲出户雲霧鎖荆扉

破屋嘆

當門無地入屋有天誰穿我屋水與天連五月苦旱六月雨一雨兼旬商羊舞閏六月晴無幾時初一滂沱至十五既望月華清復清何期離畢躔在魯銀河倒瀉十七夜電掣金蛇雷嘯虎高樓百尺半角摧四辟承塵如敗鼓泥飛瓦走屋為舟箕若風飄帚若艤

老嫗蒙頭婢跣足倉皇安得牽蘿補嗟乎丈夫庇一世功德到處皆懡㦬一家一身不能庇即無暴雨有狂風桑土鮮綢繆官銜已如此念爾窮檐人及溺伊胡底

朱仙鎮題鄂王廟

不抵黃龍飲不醺背嵬八百指燕雲父兄北地猶行酒風月西湖自策勳力士漫傳朱亥里英雄終望岳家軍金牌一到誰收拾汴宋山河賸夕曛

閶中接郝衙橋司馬詩多商音何感之深也即

依北泉寺韻以答之

浩氣存吾黨洪流入大荒風狂吹浪疾樹老著花香痛哭空山寺多情選佛場（去年與衛橋及少盧判史皆任同考今少盧重校於內衛橋行役於外余入簾而為受卷官）與誰登錢墖搔首看斜陽

留別少盧

內簾風月自堪誇不住蓬萊欲到家只恐芙蓉開已了小妻有約共看花

出汴州

楓林紅葉未經霜一路村村打晚場自是豐穰好氣

象牧牛兒看馬蹄忙

憑欄

官熱心何冷憑欄憶太初月高驚宿鳥風定稳池魚動靜皆天籟升沉盡子虛吏才非所習期不愧詩書

芙蓉

不偕桃李鬥春華西子江頭自浣紗冷極承恩初日上愁能助媚夕陽加美人竟欲隨秋老騷客何思寄水涯色比海棠還命薄白頭吟轉羡蘆花

酬薛楓坪

欲飲故鄉酒思見故鄉人故鄉人有幾飲酒醉以醇
三盃固足貴素心尤可親譬如三代物以舊不以新
君家好門第少長偕恂恂出門海子池我歸頷結隣
為我語故鄉洽比皆婚姻無令賦黄鳥去去東海濱

琴臺秋興

琴臺如太古隨意課桑麻門白秋潭水砌紅野菊花
自憐無舊業欲借此浮家相遇灌園叟支頤看晚霞

聞蔣子瀟捷音

四十當頭遇順風榜開入彀有英雄縱横萬里江山

助慘淡三條錦綉工無敵昔稱杜武庫有名今識羅
江東喜心翻倒知何似不與尋常結納同
經濟文章有幾人賈生才調本無倫著書萬卷千秋
在得第中年百感新 老孺人撫孤守節三十年而不及見此 龍尾果然
推後勁 主司云列置榜末以振全軍 鰲頭應許問前因解名不落
孫山外廿載秋風亦愴神

題夏論園春明話别圖

同是江南人狂奴握手親相看猶卓犖不信老風塵
有恨誰持鑒無言但飲醇披圖三太息省識此迷津

不索長安米而為五斗謀十年前進士百里小諸侯
又渡桑乾水來聽蔀屋謳故人爲報慰為政亦風流

附姬人竹實應囑一首

儂家居近莫愁湖身是鴛鴦嫁鷓鴣平生不解離
别苦日日江頭看賣鱸吴淞鱸魚張翰思先生舍
此何為乎何為乎為題春明話别圖

宦況

到晚書聲兄與弟深宵琴韻婦和嫜最憐弱女燈前
戲問字頻頻惱阿娘

蓺菊有感

種花不是看花人擔水挑泥特苦辛為好根苗須作
養别人看去也精神

壽徐薌溪六十有一初度

兩世如兄弟交情足百年我官君作客客裏一家圓
莫漫青雲羨惟將白髮憐回頭數六十錢硯幾磨穿

讀史

巍巍鏡殿由尼孽袞袞金牌為虜封枉作男兒無血
性唐高宗與宋高宗

吳興書畫實堪誇咄咄王孫信國華況是一門風與雅只今恨出帝王家

贈陳玉階

初見纔過歲茲來及再春詩才真俶儻刻苦作詞人莫以歧途誤還將舊德循若翁嵇阮匹名不𨻶麒麟

擔菘

一聲遥唱市中來烟火家家户乍開纓齒有芬同剪韭卸肩無計待調梅雪霜壓後饒風味價值昂時惱秀才賣得青銅湏換酒滿筐明月又挑回

答許詠亭侍御

奇才不易得名世不虛生賈生最少年抗疏本至誠痛哭長太息不殊皐陶賡雖不盡其用遠謨非虛聲邈哉千百歲意氣誰縱横昨交蔣子瀟肝胆為倒傾處囊將脫穎所向無堅城衣鉢孰傳之汝南月旦評沆瀣乃一氣師徒皆人英結交数十年聊以慰生平

竹雪

疾風彰勁草直幹無柔枝玉龍何夭矯白戰聲澌澌請與此君戲不將寸鐵持即非蒲與柳離披皆下走此君殊不然但以虛心受意氣自干霄與誰同白首日出復青青是我歲寒友

古桐書屋六種

（清）劉熙載 撰

《古桐書屋六種》，清劉熙載撰，據南京圖書館藏清光緒刻本影印。

劉熙載（一八一三—一八八一），字伯簡，號融齋，晚年號寤崖子，清江蘇興化人。道光二十四年（一八四四）進士，改翰林院庶吉士，散館授編修。同治五年（一八六六），任廣東學政，任期未滿即歸里，從此未再出仕。同治六年（一八六七），應敏齋聘請，主講上海龍門書院。光緒六年（一八八〇）夏因疾返歸故里，次年卒於古桐書屋。劉熙載於經學、音韻學、算學均有研究，旁及文藝。《清史稿》卷四百八十有傳。

是集分《藝概》六卷、《持志塾言》二卷、《昨非集》四卷《曲》一卷、《四音定切》四卷首一卷、《説文雙聲》二卷、《説文疊韻》二卷首一卷末一卷，共十册，内容詳盡，體系清晰。尤以《藝概》成就最高。《藝概》分爲《文概》、《詩概》、《賦概》、《詞曲概》、《書概》、《經義概》六卷，分别論述文、詩、賦、詞、書法及八股文等的體制流變、性質特徵、表現技巧，並評論了重要作家作品。「概」即「舉少以概乎多」之意，得其大意，言其概要，以簡馭繁，使人明其指要。其論「藝」者，往往發微闡妙，精簡切實，見解獨到，品評公允。劉氏爲儒家思想的追崇者，於文論中亦强調「人格」，尤主張作家個人情感與處世態度對文學創作與實踐的重要性，提出「詩品出於人品」的論斷，爲文學批評打開新的思維。除此，《藝概》中收劉熙載之重要文學理念亦有其他，如「書當造乎自然」、「文之道，時爲大」等，實爲妙載。是集中《藝概》重「悟」，其他五種則重「學」。所謂「學」者，則以嚴謹治學之態度於韻、聲、切等概念加以詳述，羅列詳實，體系分明。

（朱穎倩）

古桐書屋六種

昨非集

跋

文以質有其內爲難此蓋存乎養之所至弗可强焉余與融齋劉子交逾四十年其人粹然儒者文亦如之是集所列各體雖言多博涉而借喻要其理之實以精氣之和以直非爲已愼獨者不能爲也世俗於文不務立乎其本徒以雕刻藻繪爲賢此卽與之讀劉子之書知無以窺乎其際況書之所不能盡者乎夫然故劉子益以遠矣光緒丙子仲春同里愚弟陳廣德拜跋

序

此集始名四旬集蓋集中所編入大率四十以前作也余之少也學不知道雖從事於六經然頗好周秦閒諸子又汎濫諸仙釋書幷騷人辭客之悲愁放曠惜哀暮感羇旅者亦未嘗不寓目焉故當時所作指趣多所出入且有傲然自得而不知其非者豈非沈溺之甚也哉四十後乃始悔之又後則欲勿存之矣旣而思之非與是不容偏掩者也是中有非非中亦豈必無是狂言聖擇理或同與且卽未必有是然存之以著其非庶鑒余非者得以及時趨是而不至若余之過時而悔與偶憶陶淵明辭有昨非二字因以名集昨之云者豈獨爲四十以前言之乎四十以後附入者自視實亦未見是也故並以昨非槩之光緒三年三月朔日興化劉熙載融齋自序

寤崖子自序

余作寤崖子或問所以名書之義余曰偶然耳過則忘之矣抑或寤者見之謂之寤崖者見之謂之崖矣乎猶憶滿洲文秀菴見此書云取類得於易博依得於詩敷暢似說苑新序非深悉事物之理其何能爲秀菴抱道隱於擊柝故不輕許人者然是言也余蓋未之信焉方思有所改且益以復質於秀菴今秀菴已逝余遂不忍復益亦無所改姑以其所及見者存之凡四十二篇

昨非集總目

寤崖子目錄

昨非集卷一

興化 劉熙載 融齋

寤崖子

株拘它

株拘它謂寤崖子曰觀物者必於其大何子之所徵者小也寤崖子曰乾爲馬坤爲牛安見小之異於大乎蓋圜象天軫方象地安見大之異於小乎曰吾猶恐子之以小而蔽大也是當與子詳辨之然今者天將雨矣願以異日曰將雨子何以知之曰礎潤而蟻出也曰雨之所係大矣乃徵之小而及於礎蟻子恐我以小而蔽大然則子知其將雨乎蔽其將雨乎

器水

器水有實今以多竅竅之器畜濁水於中其外流者求一竅竅之不濁不可得也欲清其流必盡清其器中之水吾於此而知善之源於性也貧窶者日事借貸其祖父所藏之窖金近在咫尺而不知也有長老示以其處發之可資一生之用則快然無復他求吾於此而知性之無不備也有二人執火夜行其火一則固明一吹嘘而後明要於明焉而已必赴之塗或步而至或輿而至要於至焉而已吾於此而知性教之所歸一也夫恆言不可以無徵況於性教乎

魚習

畜文魚僂者寤崖子之鄰也寤崖子向聞畜是魚者水宜井雨入焉則病試之果然間以語僂者僂者曰瞽哉子之畜魚也子信以爲魚之性病雨乎今夫民之生於北者不畏寒生於南者不畏暍非其性也其習也夫魚之生卵於水也草則承之必置水於他器移草於中燠諸日一日而苞再日而蘇三日而其中隱然如有物四日而化使其初不雨之避則苞焉者已與雨相習況繼此乎今育卵者始則取水於井而避雨如恐不及是旣習於井矣而雨何以入焉畜魚之久者孰與吾未或有病於雨者使之熟習焉而已豈別有所以易其性也哉寤崖子聞之怳然若有悟也欲進請其所學而弟子尋至曰夫子何與彼言今將有切問也曰何問曰將問乎性與習也曰性觀其習習乃成性請益不答頃之指僂者曰盍師此此至人也至人學於萬物性習之理吾與爾深求之而愈闇者此乃於畜魚得之也

解荀

凡謂之善者人所欲存也謂之惡者人所欲去也或曰性可去乎曰惡乎可然則荀子言人之性惡何也曰荀子欲去其累性之性也曰累性之性荀子雖謂之非性豈不可乎曰我不謂之性人謂之性矣我不謂之性則人必大惑而我終無以救其失故不若性之也荀子以爲吾不謂之性雖不謂性惡可也是固不能害吾性焉

爾吾既謂之性則不謂性惡不可也吾惟先不狃此性焉爾於是人以惡爲性荀子卽以其所謂性者爲惡以性爲惡而化之以禮義此化性起僞之說也曰然則荀子僞禮義乎曰正以塞夫僞之者也蓋以爲無禮義而惡者人或謂之眞我則惡眞焉禮義而善者人或謂之僞我則尙僞焉如是而人庶或無不善者乎曰荀子之言性異於孟子何也曰其所言之性固異也孟子自其無不善者而言恐人之自棄也荀子自其惡者而言欲人之自治也且性之善惡譬諸人與盜焉人能充乎不爲盜者也謂之善人可也盜曰吾人也不謂之惡人不可也

辨欲

欲善欲惡皆謂之欲第以欲而言則是欲者人之能也凡人之能必有所用故欲而用於善爲欲之善用於惡爲欲之惡如以飴養老可名飴善以飴黏牡可名飴惡也草木瓦礫不可引而之善以其無欲也人則異是子夏言賢賢易色知色斯能易也孟子言飽仁義不願膏粱之味知味斯能不願也蓋欲不皆善而可移之於善也惟禽獸之欲始不可移於善人既異於草木瓦礫更當別於禽獸然則能可昧所用哉

墨者

墨者請見寤崖子扶杖見之問之曰墨之貴老甚於少乎曰否墨之視尊卑親疏類皆同也何獨至於老少而別之曰同之爲道可推諸子之一身乎曰何不可寤崖子舉杖擬其首其人以手鄣之寤崖子曰無然也由同之道首非貴手非賤不宜有所厚薄也今乃若有別焉豈別者僞乎抑子之於墨淺乎不然則欲逃杖宜先逃墨矣

學墨

有學墨氏之道而歸者聒聒然稱道於父兄之前父兄皆不能難翼日問於里之長老曰吾學信無以尙與何父兄皆不能難也長老曰子聞齊之博者乎齊有善博者求與魯連先生博魯連先生曰爾負矣其人曰吾尙未博何言負乎曰博賤技也賤技以不能爲勝以能之爲負爾固猶幸未博也博而勝是愈負矣其人愧且悟而止今子於父兄謂可勝乎勝父兄悖德也是故小勝則小負大勝則大負子之道相率而入於負恐博者亦不善之矣

翼名

詩曰亦白其馬言白不僅馬也曰有馬白顯言馬不皆白也白不僅馬馬去白在馬不皆白白去馬在然馬之白與非白無足爲馬之輕重而白之馬與非馬足爲白之輕重故增一字損一字易一字其中必有大原委焉公孫龍白馬篇與詩義同龍名家者流也春秋之法名

不可以假人故或求名而不得或欲蓋而名章誠慎之也詩意蓋足以蔽之哉

魯叟

秦有士焉曰孔賢越有士焉曰孔智遇於旅館適魯叟亦至焉並坐於堂相問畢二士熟視魯叟曰子豈有道者邪叟曰吾多病方務治之他非所及也言已入室下帷焉頃之秦士論行道甚悉越士論知道甚悉叟皆若弗聞也者二士愠遂自帷外語之曰吾兩人之言欲得有道正之乃一無所可否乎叟出曰吾固言吾病人也孔賢之言吾欲可之然吾時方辨藥孔智之言吾欲可之然吾時方幸藥不誤而施火夫辨藥知也施火行也

吾欲吾病之遄已是故於二者並務也今孔賢外知孔智外行移此道以治吾病且將使之加劇矣吾其敢與乎哉

蜀莊

客問蜀莊曰不龜手之藥或以封或不免於洴澼絖斯言謂何曰此吾宗之寓言也子且謂何曰藥猶是也而用之大小存乎人此所以封與洴澼絖異也今吾以先生之貌覘先生之蘊是可封者也降身卜肆日得百錢是洴澼絖也竊爲先生惜之曰此豈吾宗之旨哉吾宗之喻用大純乎道者也子之取用大純乎利者也如以利子知洴澼絖之不如封亦知封者且有時求洴澼絖而不可得與必欲封者請視余夫封自安富尊榮以外無可欲也余以不危爲安不貪爲富不屈爲尊不辱爲榮封之實不既備乎故吾之無落吾事者非惡封也恐失封也使不爲此是舍封而就洴澼絖也此吾宗之旨也客不悟而去蜀莊歎曰言之能聽與不能聽也蓋有命哉是殆將終爲洴澼絖人矣

海鷗

鷗於海渚遇巷燕燕謂鷗曰我至子所而子不至我所何也曰吾性傲以野不樂依人焉故也曰我以依人而處故颷風得所障涷雨得所蔽熾日得所護以是觀之子其病矣曰吾病而有不病者存不若子之昧病於未

見也曰我之得以依人者以人不之憎且愛之也子之病我者恔其愛乎曰子謂人之於我愛乎憎乎曰皆無之曰吾以傲野自適人之憎愛非所論也即以人論吾以不見愛故不見憎然則見愛者其危哉燕不喻而去其後巷人方食燕泥污其羹因怒而逐燕燕於是始思鷗言

吸靈

耳目口鼻莫不有靈靈爲物吸道之大殘也故吸耳靈者聲吸目靈者色吸口鼻靈者臭味原其始則我必吸物物乃吸之吸物者靈之欲也吸於物亦足欲乎頓牟吸芥者也然烏知非芥之吸頓牟邪磁石吸鍼者也然

烏知非鍼之吸磁石邪屑頓牟磁石以合於鍼芥則鍼芥移而頓牟磁石從之然則吸之權果奚屬也故夫貪財者死於財干名者死於名務生生之厚者死於生皆智以吸物蔽者也蓋聞之人萬物之盜萬物人之盜聖人知盜物者之不能無盜於物也故戒其所以受之無受者無漏者也闕其所以入之無入者無出者也老子曰咎莫大於欲得又曰得與亡孰病而人於物方務於得而未已也宜不免吸靈者之日眈眈也

嘘吸

天吸輕地吸重故煙火騰天金石墜地人處天地間而生有涯者天吸其神地吸其質故神質終不為人所自

有雖然天地之吸與我之嘘相因而至者也夫神質宜相顧不宜相背質不顧神則神將往是我之嘘神於天也神不顧質則質將敝是我之嘘質於地也赤子精氣日旺一日嗜欲開則日虧而日憊謂之前不嘘而後嘘焉可也是故我嘘則天地吸之我不嘘則天地非惟不吸而且嘘之豈有爽哉然則天地之嘘若何曰凡所以佑其神養其質者皆是也

師曠

師曠夢與離婁讓席曠曰我乃安敢比子我能聽而不能視子則視至明而非偏絀於聽者我乃安敢比子婁曰余之聽猶衆人也衆人不稱余之善聽而子稱之豈欲以子之聰形且愧之邪然子不知聽非余倘者子未從事於養視故也方余之養視也衄焉若亡其身其在耳也雖有鍾鼓之音雷霆之聲皆若不聞而萃精於視物之不聞者善視余神而則之猶恐不及況敢耳目並竭乎余嘗逮事黃帝其時伶倫造律同列薦余贊之余恐視紛於聽固辭帝亦不強使也余雖能聽而黜聽以養視鄉使子本能視且得不黜視以養聽乎今如子言其為無養信矣於是曠易辭而請謂婁先進也宜上坐婁始從之寤崖子曰吾嘗以陽燧取火置艾一左一右欲火之齊生則不生也夫以日之精其用且有所不給況人乎觀此乃令吾思離婁之言并惜無如曠者之足

以為質矣

彭祖

彭祖將觀於井先繫其身於大木有童子見而問之曰不繫則必至於溺乎曰雖非必溺然充吾養生之道宜致慎也曰所貴乎養生者守其形乎抑全其神乎且境之溺人者多矣何必此乃進問曰爵祿名譽其榮足以溺人者也子能辭榮乎曰能聲色飲食其樂足以溺人者也子能忘樂乎曰能貪生畏死其惑足以溺人者也子能祛惑乎彭祖不應童子曰觀是則子自溺其心之甚也尚不如溺於水者可手援出矣

辨惑

或問寤崖子曰不惑於怪有道乎曰其崇德乎曰崇德深矣願聞辨惑曰辨惑之大要三而類可析爲六三者有有怪之怪有無怪之怪有息怪子何問也曰敢問有怪之怪曰吾必以怪爲無有人或不服則姑以有言之有之說遠近而已矣夫習見者不謂之怪怪遠人者也故夫境相隔絕無患無爭彼之情也其或近也則試我也今如一試不動至於再再試不動至於三至於屢試不動是終不動也終不動則我不勞而彼當倦而退也則所謂遠近者類如此矣曰敢問無怪之怪曰無之說疑僞而已矣人得狂疾則無見而有見無聞而有聞於形聲何與乎其或有見聞於物而不察其所以則如風

起而樹動雨急而瓦鳴其動鳴者亦大可異哉此疑之類也有弱者欲行竊懼見獲乃飾爲神以入人家見者果以爲神爭避之遂得所竊以去客欲假逆旅宿主人曰是閒有怪非可居也客陽諾而匿戸外窺之少焉則主人擁一女子戲客乃悟而笑曰謂之有怪洵然此僞之類也曰敢問息怪曰息之之說用剛用柔而已矣有叟夜坐二僮侍命一僮入廚作食未至而反曰廚中有嘆聲叟曰老人久飢宜其嘆也復命一僮往反曰廚中有笑聲叟曰嘆而無益必轉笑也汝二人偕往速作之則嘆笑止矣此用柔之類也有爲將者往赴軍中從者以驛館狹隘欲徙之遂迭以怪告告則輒之乃下令曰如復有告者必斬以徇自是告者遂絕此用剛之類也曰子之辨惑悉矣吾未知能承與否且亦未易名之也其比諸孔子所云作易者知盜可乎

辟怪

越人文身適宋見宋人冠章甫問之答曰此先王之法服也宋之尚此所謂信而好古也因問文身者曰越亦信而好古乎曰然曰子之爲此飾何也曰辟怪也越濱海海之怪物爲災此可辟也曰辟怪古乎曰使其非古越祖大禹鑄鼎何取乎民入川澤山林不逢不若也曰禹嘗使民爲此飾乎曰此則不可知也曰子知禹之時誠有不若乎抑造言者以神眩民如三苗復九黎之德

乎然必辯其無民難猝喻不如喻之以無能爲而已此禹之微權也曰子之論禹意之也若遂移以論越恐辟怪之道從此廢也曰子於越嘗見怪乎且知越既辟怪怪何往乎而惟恐廢辟是惟恐無怪也然則如子者謂之信而好怪則可耳信而好古云乎哉寤崖子曰仲雍文身此子貢對吳之權辭且以哂夫託之者也使其誠然是泰伯之端委治周禮者過矣夫禮常也禮以外皆怪也墮禮崇怪中人之所不爲豈賢如仲雍而爲之乎越吳同壤越人好機尤稱於世然以余所知無一好機者豈若適宋者之言乎惜乎不得使宋人聞之也

山海經

或問寤崖子曰山海經可廢乎寤崖子曰何以言之曰其志海外之人物也多怪昔者梯航未達有無不可徵今既得而徵其無焉故也曰子且謂居彼於怪者敬之乎遠之乎曰遠之曰今之不怪者其形乎其情乎曰其形曰形怪者甚乎情怪者甚乎曰情甚曰然則子何爭於其形爲曰彼猶我也今有以貫匈交脛奇肱聶耳誣我者我其受乎曰子何深與於彼也子知畫鬼乎或牛其身或虎其首鬼之形怪未必如所畫之甚也然輒畫之不疑者直以螭魅罔兩神姦難狀不得已而託之於形以當近似故怪雖百出見者不謂怪也彼其畫鬼不爲誣鬼則是書之志海外獨爲誣海外乎

儒問

有學慎到之道者有學惠施之道者二人與儒遇儒問學慎者曰慎何尚曰尚無知曰晉矣且慎安能無知世亦安得有慎道哉問學惠者曰惠何尚曰尚多知曰雜矣且惠安能多知世亦安得有惠道哉兩人皆怫然復問學慎者曰子之舍儒而慎也果知儒不如慎乎曰知之復問學惠者曰子之舍儒而惠也抑知惠不如儒乎曰不知曰儒道之懿難爲子二人言之第子二人一不知儒而知慎是所謂無知者妄矣一知惠而不知儒是所謂多知者妄矣吾故曰世無慎惠之道

陳仲子

齊聞陳仲子賢使狄輾髡聘以爲相仲子辭曰吾聞一廉不勝衆貪夫齊之習使者所知也今以不貲之身而與知國政衆將如見異物然是無益於齊而有浼於身不可爲也髡曰出處大事也先生自定之然僕願有質於先生也僕之來也道經淄水見溺者瀕死矣僕惻然適漁者二人操舟至急呼之曰盍救諸其一曰吾力能救之然須子我千金其一曰吾視千金如草芥今救之子且謂我志在得金吾何以辯竊以爲是二人者皆知有身而不知有溺者也今齊俗之溺待救者急矣先生其救之乎抑願以不志於金成名乎

封難

封與難皆齊士也寤崖子遇之而問以域中之賢者封曰吾知陳仲子夫三日不食其操不改如其賢難曰吾知晏子夫國之簡士多待之舉火者如其賢寤崖子謂封曰子將使己爲仲子乎人爲仲子乎且晏子之賢何如不應謂難曰子將使己爲晏子乎人爲晏子乎且仲子之賢何如不應又謂封曰子之賢仲子固以其能不受也然彼亦不遇晏子耳使遇晏子彼雖不受此猶欲施之謂難曰子之賢晏子固以其能施也然彼亦不遇仲子耳使遇仲子彼雖樂施此必不受之二子皆爽然自失寤崖子乃顧從者而言曰吾將假封之有餘以濟難之不足也二子以爲誚詈之急走去從者曰夫子何

以知彼之有餘不足也曰世俗之情富者常畏貧貪故賢貧之不受者已必富而吝者也貧者常畏富吝故賢富之樂施者已必貧而貪者也固知齊人之俗不可與處貧富也久矣

范蠡

范蠡師計然先生嘗問謀國先生曰此切問也必筮日乃可歸而筮日以告至期往先生方臥久而後起曰何其蚤也吾今不暇告爾非不欲告時未至也曰先生置是不答請問宅身可乎曰此亦必筮日乃可筮告如初至期往先生已俟於門外曰何其晚也吾今不及告爾非不欲告時已過也乃揮蠡去入而闔戶焉蠡行且深

念有頃乃悟曰吾聞天不言而四時行今謂吾師不言師不已顯責以時之蚤晚邪然則自今以往凡吾所爲亦惟因時而勿先後之已矣故蠡之仕越策吳至二十年乃乘吳敝而有吳功成則去越不俟終日皆本計然之敎也

饗蝗螂

蝗螂止平原君舍平原君待之以饗禮或請其故曰爲其氣勇而善擊今秦强趙弱欲勝秦非以是厲戰者之氣不可也公孫龍聞之駕而見曰君之禮蝗螂至矣然吾不與君之知蝗螂也夫天下有氣者不卻無聲者不泄故無聲者常得完氣氣不洩而聲囂此蟬之所以爲蝗螂制也趙括聲過其實非制勝才今趙命將以是子代廉將軍而君不言其不可用得毋所禮在蝗螂而所取在蟬乎秦將白起之用兵不勝則不發彼方養力伏機待閒而動君不急請罷括復廉將軍是使秦之獨有蝗螂也括不足惜柰趙國何平原君素知龍循名核實往往中要欲遂從之然卒不一言者猶冀括能爲蝗螂於一日也

荀卿

荀卿被讒於齊將之楚是時春申君相楚齊人聞其重士恐其薦荀卿以至大用爲齊不利或言於衆曰此何患焉試謂荀卿賢乎不賢乎使不賢則將變已以從楚

楚且若無荀卿矣賢則將信已以變楚楚且共駭荀卿矣且彼之所以不合於齊者卽其所以不合於楚者也衆曰唯唯荀卿既至楚就館春申君往見曰竊聞先生明王道述禮樂之日久矣禮樂王道一也敢問以王道治今日之楚楚遂王乎曰君不聞百里可王乎而況楚之大乎曰以王道治國而國不治者有諸曰有之是必絃於紛而舛之者也所謂一人牽羊一人荷箠隨之則不能前者是也於是春申君心憚荀卿以爲若獲大用且將制已也爲之嘿然久之乃曰吾知先生非可小試者然願且爲政於蘭陵吾將法虞邱之避位焉荀卿既爲蘭陵令治化之行能來遠人忌者見於春申君曰今

荀卿將自以百里王矣若何春申君惑謀使人往代之荀卿聞之亟謝去卒如齊所料也

曹參

曹參有舍人入見參問曰我之爲將何如辭讓若不敢言者再又問曰外人之稱我者何如曰功則多矣惜掩於韓將軍且君漢王之故人也韓將軍以後來而君爲其屬人多爲君恥之君不若自請於漢王勿與之俱則君之功足以暴於天下矣參笑而應之曰諾次日召舍人謂之曰參至不肖而吾子從之不去何也曰以君之高義善必錄而勞不蔽也此如蛩蛩駏虛之負蟨蟨必分甘草以食之未嘗枉其力也參曰吾聞世之爲大將

而私且忮者功則歸己過則歸下今吾以功見稱於人者惟韓將軍能與我共功而不相掩也向使所屬非韓將軍且得致此乎夫韓將軍亦吾之蟨也子願爲蛩蛩駏虛乃欲吾失吾蟨何邪

虛邑酒

虛邑之酒舍有富人過而索飲舍人視其顏酡知其已醉而來也乃取水數升而投酒以弱半進焉富人飲而美之多與之直其里之業酒者聞之曰今而知酒固以薄勝釀也爰師其法以期有遇然嘗其酒者輒吐而去卒無市者焉寤崖子曰甚哉幸心之不可有也里人以一生之業伺一時爽味之口彼蓋但見人之獲幸孰知至已則無幸哉是以君子貴遠謀而無誘於近利也

問射御

或問射御寤崖子稽諸禮以示之其人曰不已拙乎曰然則子之所謂巧者何也曰捷也夫射必以弓矢後世乃有非弓矢而捷於弓矢者御必以馬後世乃有非馬而捷於馬者是雖不名射御實則古之射御不能及也曰彼其捷焉者以禮乎以利乎爲養人乎爲勝人乎古聖人以禮養人故射御之教非徒然也賢賢長長之意寓焉保氏之教國子者無論矣雖用之田獵用之戰陳蓋猶兢兢不失此意是雖拙也其所全有多於巧者矣若以利則惟勝人是務卒之人不可勝而機械日出爲

法必且自僘是巧乃所以爲拙也不然古聖人豈不能先爲之哉

鄰醫

鄰俗信巫不信醫病者召醫必於巫決其可否寖而巫謂醫方不可用出已方以與之醫益困以故醫之無志行者多徙業爲巫有一醫衣敝履穿粗糲不飽堅不徙業其色若有自得者一日與巫遇於道巫心賤之呼之曰盍避道乎醫曰爾避可也巫怒曰爾貧將行乞避我宜也今言爾避有說乎曰爾鬼道也我人道也吾聞人觸鬼者不祥鬼觸人者碎故當爾避也巫愈怒曰病者之門吾能杜爾之入我願爲爾乎爾願爲我乎曰吾鄰

有狗善吠蹲於門客不敢入狗願爲客乎客願爲狗乎巫終不能屈醫而去無何西門豹爲鄴令大懲巫人始服醫之識力焉

市藥

晉人客粵而病醫言沈香可治且曰宜擇其最上者勿者直也遂如其言使僕市諸藥賈賈果以最上者與之及歸晉人視之疑其非上也命還藥取直市諸他賈且告以前賈之事賈知其眩而無鑒也飾栩以與之言價故昂於前直僕爭之久乃如前直而售晉人視之則稱善旣服疾轉劇旋復速醫至醫見藥滓訝曰子何至誤服栩邪語之故醫曰曩吾之藥以治證也今乃當以藥

治藥而後證可治也其難易遲速相遠矣晉人悄然醫曰子勿悲也藥之可悲乃甚於子也夫藥有上材猶馬有上駟也上駟抑爲中下其甚必屈於非馬御騏驥而不乘識者故不爲御之者惜而歎馬之不遇知己也晉多良馬豈子爲晉人而於此弗知乎哉

求忘

中山有人求忘常曰是非憂樂至無已也有之孰若無之憶之孰若忘之忘則與無等矣顧吾不能柰何或告之曰忘不可求也求忘則心愈擾而忘愈不可得也弗聽於是求忘不得則飲酒飲酒不醉則詣醫醫曰此未易爲之方也凡人之能憶由於精强今子精幸未衰而求忘可乎子姑去俟吾發書且熟思焉歸而其妻知所往患之恐其求忘而得且將至於忘己也因使人屬醫謬其方醫曰忘不忘不在藥也彼遇忘者則彼不忘矣其妻聞之悟翼日其人復詣醫求方予之旣服呼其妻語不應數呼之仍不應就而視之則走避若不相識者然其人大駭曰服藥者我也何吾妻亦有異也旋問於醫醫曰子妻之不應也子欲乎曰不欲曰彼猶子也子自求忘顧不許彼忘子乎且求忘者又可以呼人乎哉然則忘之無益於子子今知之矣此吾向者所以委蛇待之也

志臧

臧自許有志因號志臧志臧謂其里人曰子知吾之能化乎問奚化則貧化富賤化貴也里人曰吾聞善化者愚化智不肖化賢不然則不如其已也嘗有以螳視聞於子者乎一螳常自視曰吾必化鷃他螳過而叩之答曰吾曹雖有百爲莫非起於謀食今有吾所性嗜之食或庋於高懸於空隔於水則吾不能及之傳之以翼則可以恣吾嗜矣他螳曰吾固亦謀食者高論未敢持也然吾所以勝若者止於其分不妄思爾夫同是螳也而妄有專屬然則子以能化夸我適以明我爲不妄人也

无妄

趙有二客一口吃一否皆營商詣日者問利不利焉筮

皆得无妄日者曰妄者望也無過望利將自至既而吃者之韓不吃者之魏之韓者路遇盜客曰期期盜色變跽而請罪客不喻所以謾大言曰期期姑赦汝盜謝去盍盜名期期疑客呼其名以爲非神不能前知若此也之魏者聞之曰有是哉吾得之矣異日亦於路遇盜客曰期期盜怒曰吾豈畏期期者乎乃盡攫其資且重抶客然後去盍魏有善獲盜者名期期盜以爲援以恫喝之也其後趙人知二客事以語日者且曰此豈所謂無望之福無望之禍者乎日者曰此一然一不然夫占之道聲音可通於意理吃者之期期無所期者也不吃者之期期有所期者也有期非無望也是以禍福異也

鵲占

飈將往食牛角占於鵲鵲曰凶勿往飈不從已乃乘牛入之鼾寐得食之牛入寤而悔焉易牛而弃其角飈又將往復占於鵲鵲曰吉往哉飈從之已乃食之而死有問於鵲者曰子之占吉凶相反何也曰占之道助義不助邪彼之自問吾移之爲禦彼者問也其前之凶牛之凶也吾因取以遏飈也後之吉牛之吉也吾因取以誘飈也曰飈之於占何以不前從後違乎曰前占逆欲者也後占順欲者也前從後違非去欲者不能也若飈者其欲横矣前猶犯凶而必行後豈能聞吉而不往哉且吾之兩占於飈無弗驗者蓋後之吉賀其死也前之凶兆其後之死也

善戒

寤崖子曰善戒者無迹有迹則戒之轉以導之鄭有富叟戒其鄰之子勿爲竊鄰之子曰吾未知竊焉知戒遂往就竊者而學焉盡其術歸而竊諸富叟叟知之始悔前言之不慎也是故契劵所以防姦也而啟姦者有之桃棘所以驅鬼也而致鬼者有之聖人知其然故於怪力亂神但不語之而已而世或顯著之以示戒譬如縱風止燎豈惟無益而已哉

馮婦

馮婦語弟子以搏虎之要曰可畏勿畏可玩勿玩固吾

氣以待物雖蚤螾之過吾前吾必以虎視之也弟子自負曩日已盡婦技而疑婦無以進之乃退而嬉笑曰吾將以蚤螾爲猛於虎也而吾師一視之勇哉未幾鄰有噬犬屬爲執之應手而辦輒驚然自喜他日夜行於麓有虎卽之意以爲犬也搭之不勝比知其爲虎而身已踣不能爭矣寤崖子曰吾聞弈避不若已者否則易而無備積勝生驕後遇勍敵將致大敗此馮婦弟子之所由死於虎也且豈惟後之可患哉孟賁之疎女子勝之前之未傷於犬蓋猶其幸云

蔣氏狗

有蔣氏者得一狗善吠一日之中見客而吠者數數焉

蔣氏甚喜以爲能警盜也豢之以粱肉惟恐不饜一夕盜奓戶而入擔囊揭篋而出狗臥戶側寂無聲焉旦日蔣氏語鄰叟曰吾不恨喪資恨狗之不稱其吠也將餓斃之鄰叟曰子之咎狗似也然恐狗之不受也吾聞古有能知鳥獸之言者如夷隸貉隸是也子嘗學此乎曩子畜狗之始狗嘗言吠晝必吠夜吠客必吠盜乎曰不知也曰狗之智勝子乎子且謂子之逆料夫狗之必能者狗知之乎曰否曰是亦猶子之不知其言也顧子於己之不知則自恕焉於狗之不知則責之備焉是以爲己當愚狗當智也自非狗智素出己上詎宜以此施之哉

善射

章善射奮亦善射而弗及一日同操弓矢適野見鳥焉奮延章射章謝之固請章曰之鳥也觀其形狀是名鶻鵃人射之必銜矢射人故又名嚱羿蓋羿且爲之嚱也今不舍此或見傷奈何奮曰如未必傷何故不射吾猶未射何知見傷竟發一鏑得之歸而問章曰吾射何以免傷乎曰幸也曰頃子所言亦嘗身試乎曰否吾聞諸爾雅也奮笑曰如子者謂之爾雅之士則可謂之羿則豈直嚱而已哉

圃叟

東叟與西叟皆藝圃鄰竊其蔬一日鄰詣東叟具陳其實且言不安東叟曰何害吾已早備子所取之分數矣鄰詣西叟如見東叟之辭西叟怒而縶之鄰呼不應方自曝日而斃蝨也東叟聞之往解焉曰蝨之齧子也幾何曰微矣曰今有百年以上之人之蝨乎曰無有矣有千萬年以上之人之蝨乎曰愈不聞也何以不聞曰其人且死蝨於何有東叟乃前而爲西叟壽西叟憫然東叟曰惟子尚有此身故蝨得而齧之齧之微不足以損其得之多也使子非存此身以藝此圃鄰惡得而竊之吾是以爲子壽也或問寤崖子曰東叟視西叟愈乎曰似愈曰庶幾其君子乎曰未也夫君子於此乃當化其鄰而無身之見存也

秦醫

秦有二醫一曰醫任一曰醫讓各以其道自高且相謗也或舉兩家之道以質諸扁鵲扁鵲曰醫爲人者也彼皆便己者也道不同而失則同也抑謂之名有其實則可矣夫任之醫逞臆者也以爲人之生我生之也是任也惟其任也故其治疾也以輕爲重以易爲難欲居非常之功雖有足以致人之死者不恤也讓之醫附古者也以爲人之死古死之也是讓也惟其讓也故其治疾也論見置隱論同置別欲避過求之謗雖有可以致人之生者不用也夫任生讓死其爲己計誠便矣而豈知其弊之至斯極哉曰子之醫可得聞乎曰吾於彼似兩

取之而實異吾之所用兼意與法不似兩取之乎然惟因病之所宜絕不居功避謗以便一身之計故法高於意則用法意高於法則用意何嘗有一成之意法哉此實異也

觀物

觀物弗察者稱名不類如世以琴棋並稱是已弈秋之弈吾不得見矣然度不能過於今之善弈者且或不及之也伯牙之琴吾不得聞矣然知今之善琴者遠不能及也何者琴天機也弈人機也天機順乎自然人機鑿而愈入故於古今各有近爾然使有人於此挾天以勝人遂可謂之古人乎曰不可夫所貴乎天者忘乎天者也挾天以勝人是亦人也是非惟不能以琴化弈且將以弈之心而琴也故不可也

問和

或問和瘖崖子曰古之辨和者多矣子何問曰請視吾所不足者曰子知氣與風乎氣遇風則散天地之和氣爲沆瀣必無風之夜始有之風與氣子願孰爲乎氣在人爲呵風在人爲吹凡物呵之煗而吹之冷故人遇熱甕則吹之遇硯冰則呵之子又可知所自處矣曰氣無不善風無善乎曰子何以辭害志哉今亦姑以和者爲氣可也

善飲酒

瘖崖子自名善飲酒或問曰飲酒可學乎曰在志其人於是歸飲諸室而醉焉號呶僊舞甚則顛蹶又甚則視牆垣及地皆動久乃冥然而寐翼日晏起慰瘖崖子甚就而讓之瘖崖子曰子且不知酒安知飲乎我所謂酒者太和也非麴糱也太和不可以斯須去心故善飲酒者聖人爲上賢人次之下者不足比數堯舜千鍾孔子百觚豈誠有其酒乎亦太和而已矣曰麴糱之爲酒必非和乎曰人和則酒亦受其名酒之不得以和名如子者使之也曰吾欲屏酒何如曰屏之差善然世之不飲者豈皆和乎子亦陶陶焉養其太和可矣

文自序

文者學問中所有事是以好之者多然余之於文嘗自哂焉以爲不好乎則何以有所作也以爲好乎則何以溯自少年以來或數年不作或所作往往失去雖存者亦出於偶然非由審擇也余於是乃知所以處之矣失者不必憶也存者可無去也既不去焉則集而序之可也序之將自訾乎抑自譽乎皆過也蓋聞君子愼其實豈斤斤於文焉已哉

文目錄

文喻
切音四的序
說文雙聲序
與客論古韻叶韻
跋詞林韻釋
學贊
文章經濟贊
胸中贊
墨贊
自爲伯簡字贊
自爲熙哉字贊

自爲書贊
鐙銘
戲爲嬰兒頌
戲爲三生石偈
天元正負歌序
答人問徐子
題出山圖
題伯牙待成連圖
題乘槎圖
祭李梅生文
解憂賦

遣旅愁賦

昨非集卷二

文

興化　劉熙載　融齋

砭吾錄序

以石剌病曰砭病之在意向言動猶在飮食起居也不砭之曷有瘳乎古之君子先使其身爲無病之身然後治人之病若張子砭愚是也吾之愚極欲得賢者砭之並世之賢爲吾所承教者固亦嘗見吾病而力爲之救乃往往聚散靡定難以求治於目前則吾之自砭其可已乎此錄所列類屬古昔恆言然制過補不足頗於砭之意爲近焉夫欲治病者患無其方今既有其方矣苟猶不以之自治其亦思輯爲此錄者誰哉

讀楚辭

性爲陽陽主施主施者悲世者也情而不純乎性則爲陰陰主受主受者悲己者也夫古人有悲不遇者悲世所以願效於世者而後無惡於志不然而感感焉者必不能收吾道之用也不用吾道非世之幸也然必殫吾志牽於得失者也吾讀屈子之言曰余既不難夫離別兮傷靈脩之數化又曰雖萎絕其亦何傷兮哀衆芳之蕪穢反復玩之乃知屈之辭雖極之千百言之多其志亦猶是也若宋玉所作者其意可以兩言見之曰惆悵兮而私自憐曰私自憐兮何極宋固學於屈且欲推屈之意以爲言者而其言若此非其悲世與悲己異乎則所以致此者抑可思矣吾昔與學者論詩嘗以性情陰陽施受喻之病未能達也今乃由論屈宋而及之曰悲世者自屈以上見於三百篇者其至善也若悲己則宋玉以下至魏晉人爲甚矣

讀詩序

發乎情止乎禮義蓋詩之情正者卽禮義初非情縱之而禮義操之也今夫猨狙之野裹之以章服遂爲不野乎不正之情蓋之以禮義遂爲正乎故審其情者不可不豫也後世作者徒恃其所止則其發也無節於是不正之言恢之彌廣曰情在於斯爾讀者徒恃彼之所止則於彼所發者無擇於是取不正之言玩之不厭曰情在於斯爾然則若而人也其視情之爲情何如哉揚雄論相如賦如曲終奏雅固爲知言然雄於斯弊亦未盡免則甚矣詩教之難明也

南歸序上

余於乙巳季秋南歸人多以亟亟怪之嗚呼此豈可以人之怪而或止者乎宗生懷荃故學於余其父惺泉病篤以爲託余諾之而惺泉死噫使垂死之言而可負余豈有人心者哉始余之將北行也嘗以勤學爲懷荃勖旣而數以書來言不及學余心愍然若不可以終日於是欲歸而教之使有所就焉余生平聞有善教者必求

其方圓不自知其不逮也然而余之計幾窮矣余方逐身事於外今輟而家居必難期以數年之久又垂橐而歸不得不略爲謀生之計安得常常而教之昔賢有言余豈可保能承子託今余於惺泉其亦有此懼乎至終能惜時敬業思所以釋余之懼而慰惺泉之望者則在懷荃之自勵也已

南歸序下

余歸之次年懷荃就試泰州余與偕往懷荃方夜讀余坐假寐而惺泉見夢曰子欲懷荃入學乎吾竊笑子之過也三十歲方是渠入學之年耳然子惡知之哉覺而異之既而懷荃試果蹶益異之因復書此以觀他日之

驗噫思之而不通鬼神將通之斯言豈欺我哉抑惺泉眞實之地有過人者故能爲鬼乎不然則余之妄也惺泉名裕昆與余爲至交其爲人余獨深知之懷荃才稍弱然果奮發於學焉則夢之驗不驗又不足論矣

格物說

詩曰有物有則孟子引之而孟子亦曰明於庶物此指物之善也書曰玩物喪志此指物之惡也易曰辨物此兼指物之善惡也格字漢儒訓來言當辨也宋儒訓至言當明也宋以後或訓去言不可玩也韓子言性有三品物之品其亦有三乎然品之不同存乎物而解之不同存乎時蓋人各以其代所尚之學而爲言也漢訓來可見漢之學尚五行感應矣宋訓至可見宋之學尚理矣宋以後或訓去可見其學之尚心矣然使曾子復作不知竟謂之何也

儒論

儒之道得乎至中他學無可方者然往往爲他學之所共附蓋中者無定而易混者也是則儒之爲儒其如人之爲人乎人以無失其純氣而名然乖鰲者亦莫不附於純也甚則盜賊皆曰吾人也儒以無失其中道而名然偏陂者亦莫不附於中也甚則雜家小說皆曰吾儒也夫附儒者將以壞儒也然使之得以壞儒者由儒之自壞也人未能充其不爲盜賊之心安能禁盜賊之附

人乎儒未能充其不爲雜家小說之心安能禁雜家小說之附儒乎於此見學固貴於適道而適道者尤貴乎立也

持志塾言序

孟子始言持志志之賴於持也久矣持之義不一端大要維持之欲其正也操持之欲其久也持之之方亦不一端大要善其志之所以養也慎其志之所以發也每念古人之學無不以此爲兢兢而即可準此以見吾人之失故余之教於塾也嘗以持志二字額其齋焉塾中講貫自聖賢經義以及先儒格言固皆日有課程矣其有不及舉古人之辭但自言之以取易明者則隨時筆

而存之益以便學者之復習也原本卽名持志塾言惟不立門類不避重複未免雜而難約今姑删復分類以成二卷然亦但如原本之所有而未嘗增益實亦未嘗得整齊次第之宜焉夫持志之功深求之而未有盡者也學者誠由所至而進推焉則是編者或亦由淺之深之藉也與

箴言四首 并序

易損益二象示人以懲忿窒欲遷善改過指深切矣顔子好學見稱於聖人其不遷怒則懲忿而窒欲存焉其不貳過則改過而遷善存焉余校士粤東以爲士學聖賢當先於四者從事爰本是義爲箴言以贈之

懲忿

仁者愛人忿於何起順事恕施自勝以理意氣自任爭競乃生日用飲食訟象或成木火然物木先自燼忿加於人實惟身疢轉忿爲懲因病得方辨惑思難德義日强

窒欲

欲來有隙必乘怠昏曾是戒盜而啟之門君子察幾重防於豫萌芽滋長曷其弗懼萌欲而學何道之明萌欲而仕何義之行害道傷義罔非私利拔本塞源是在有志

遷善

聞義不徙義在千里允哉遷善急不可已善具性初中被物牽遷非他適還厥本然孳孳爲善僅免爲蹠矧復聽顧嚮往不力變動光明善乃日新道岸無盡誕登在人

改過

嘗聞護過與護疾同自謂無過卽過之叢過辨隱顯心身及口上過於先次謹於後昔疾今愈不名病人水涵生意堅冰曷存最可患惜戒而復弛常覺常警失庶鮮矣

答問海子池

興化故有海子池焉相傳其水雖大旱之歲不竭若海

然故以名也邑人問曰吾聞大川廣澤其扶輿清淑之氣蜿蜒蟠屈必有偉人生其地以應之吾邑北去河三百里南去江東去海率二百里勢皆紆而不能徑達若城之中混混有本者池而已矣而生才之盛非一州一郡之所易有豈地脈之靈異在斯邪余曰子之重有本似也然恃乎才之所以生洙泗未聞常有聖賢也務乎才之所以成凡地有聖賢之徒卽洙泗也夫成才之本在學君子誠務於學則其息愈深其出愈溥雖川之方至不足喻也不然挾微末以自足襲近似以爲能往者不慮其窮來者不思其繼非獨無以充之日盛且從而消耗閼塞之可不爲大懼乎是池果爲靈異與否當惟

付諸形家之言顧吾邑之偉人流聲餘思足以興起後來者自在願子姑置地脈而憑人事也

寓東原記

丙午四月余寓泰州之東原東原在城内東偏地廣以平去市遠人多業農圃風氣僻野於余性適宜今以覯友來因就寓焉其室之狹隘几榻外不能展足然室外顯敞無墻垣之蔽而比鄰皆桑戶繩樞亦無高屋大廈以妨眺望有者乃在數百步外中隔茂樹時見樹缺處或隱或現參差掩映如於窗隙而窺遠山也東越數十畝至城垣垣亙南北勢稍曲若大環而隱其強半時十六日之夕皓月自城外騰上棲鳥時有鳴者而林薄靜

寂如故余心樂之適與客飲酒罷出門散步至曲池邊俯仰皆見月興劇而歌歌數續遥見暮煙澹蕩徐有聲于隅自煙中來若與余歌相應答或曰此灌菜者也惟時若有清芬冉冉被人衿袂余愈樂之與客遊至夜半乃歸噫嘻古人有欲歸田而老而其志終以不遂者多矣今余之居此特寄耳然於寄者且如斯焉則余之性癖於農圃者尙可治也哉

釋師

或問劉子以昌黎師說劉子既爲釋之復問曰昌黎作師說當時雖爭與之辯而後世未嘗不以師道歸之今觀於子崇篤古義其勸人之善甚勤而規過甚力子之道未知於韓子何如蓋亦可師者與劉子曰甚矣子之言過也如子所言非獨不知余其不知師審矣余之崇篤古義也是余之戾於時也余之勸善勤而規過力也是余之不能藏其言於胸中也師此者必且致人非笑求止於無益而不得也然則誠有可師者於此人果能師之乎亦未見其然也何則人苟虛已以求夫道之所在雖匹夫一技之長有終身效之而如不可及者此亦孰不可師乎不然雖有孔孟在前亦且以等夷待之甚且有傲之以世俗之所尙而謂其莫已若者矣況其他乎顧人以不知所師而謂師易得於世也則大不可夫天生知道者既不數數而其人復歷諸艱難以成之其

守道必甚嚴而不肯自褻吾求之猶恐不應之取之猶恐不予之況乎不求不取也夫已未嘗師之則謂人無可師至遇可師之人而失之則斯道之傳也幾何矣憶余自始學以來知聖賢之道不易明欲從他道參驗之至如陰陽道釋之言苟有明之者必竭誠以問不憚再三焉今世之求師者惟恐誠之未竭也何道之難聞而余竟未之見也譬諸患病非醫之難遇乃以延醫爲多事也其不至於大病不已也夫師之得也以誠吾之誠既不足以得師則樂爲我師者必舍其道以徇我者也舍其道以徇我者則事我者也師然乎哉子以余爲可師者誠過顧人果能舍其不足師之人而師其可師之

人則師之實將不沒於天下而不足師者亦因而有所自效也與

書列子楊朱篇後

楊朱引鬻子曰去名者無憂吾謂此非鬻子之言也夫名與善相維者也去名是去善也君子爲善必有終身之憂無憂是無善也名不足以盡善而足以策善乃朱則欲以抑名者抑善也故篇中稱伯夷稱展季稱舜禹綜其意一似數聖人皆不能去名以免憂者不知聖人葢心知其不可非難之也試以傳之一事質之臧武仲如晉過御叔御叔將飲酒曰焉用聖人我將飲酒而已是御叔亦去名無憂者類也而謂鬻子取之乎鬻子爲

文王師其所言不應若此若此則亦御叔之流耳雖穆叔能辨其非況文王乎

書莊子山木篇後

莊子言猖狂妄行乃蹈乎大方夫大方道之至是者也猖狂則有非無是其何取焉意必取乎似猖狂者也彼葢有見於似是之非如孟子所言似忠信似廉潔者不可入道因以似非者矯之雖然何言之疵也葢道止於誠而僞則無一而可似是者僞也有眞是者出而僞難欺之矣似非者亦僞也有眞非者出而僞若助之矣周處亂世不敢附哲人之行而自比於狂以免禍君子悲之然魏晉以來假其流風者儼然自居於大方轉以不猖狂爲鄙吝周亦豫慮及此乎

日者傳辯

日者傳惟自古受命而王四十餘字讀之知爲史遷語若司馬季主之答宋忠賈誼者宜非遷之所取季主豈尋常之卜者乎何其夸已而不知人也方二子未之卜肆之前傳既言其究徧人情相視而歎且述誼言曰今吾已見三公九卿朝士大夫皆可知矣是葢憤時疾俗之意非自同於時俗也以誼狷介狹中鄙薄富貴太過是故與絳灌同朝多所不合若季主所云卑疵而前孅趨而言相引以勢相導以利者忠猶不至於此而況誼乎二子雖言尊官厚祿世之所高然非謂我高之也季

主言雖振振要不過於尊官厚祿姍笑詆毀乃至於行如劫盜之屬亦費辭焉此欲以順二子之意乎是舉其所無譏也欲以開二子之蔽乎是辨其所不疑也則謂之不知人焉夫何不可凡人之聽言也高則驚卑則厭夫季主之言何如其能使二子忽而自失芒乎無色邪是不將以二子爲遠乎人情邪

廣論衡訂鬼篇

鬼有他鬼有我鬼我鬼立而他鬼始至以夢徵之人不好色必不夢毛嬙西施也人不欲刺人必不夢要離聶政也此其最易知者也然此猶以爲實有他鬼也夫使要離聶政毛嬙西施信能爲鬼則必自嫌其於我無素

且彼亦各有事焉何暇見我於夢乎然則不必謂他鬼爲我鬼所召直謂他鬼爲我鬼所化可也人有信巫者有信方士者巫名能禱鬼方士名能役鬼巫及方士世或視之與鬼爲二而不知其卽鬼也雖知其卽鬼不知信之者之卽鬼也是故去鬼有道在不自爲鬼而已矣余觀仲任之論尚有所未明未盡也故云

答問意

或問意因問古之孤立行一意者何如答曰古人實無是也且子之所謂意者何哉獨成其是自遂其非皆意也曰然則非無孤立以行之者明甚試請言其是者曰如伯夷之惡惡人浼鄉人似孤矣然而後有孔子其知

已也屈原之疾黨人似孤矣然而前有彭咸申徒其同志也故曰無也請言其非者曰子之始而問也豈僞不知孤立一語本酷吏傳之稱趙禹乎傳中所列如張湯諸人觀其行事知其意之賊深皆與趙禹近者也使如是人者而孤焉則君子世道之憂不亟矣

解愠

或愠其友之言太直太古告諸劉子劉子曰子之友誠過矣此非獨子所不許陶淵明亦不許也其人喜曰願聞其說曰子之友以直與古不慊子意此與淵明之性剛才拙與物多忤非不似也然淵明曰自量爲已必貽俗患今子之友不量俗患其不如淵明一也淵明又曰僶俛辭世今子之友不以子爲不可交而辭之其不如淵明又一也其人大慚強顏曰吾獨不遇淵明耳如遇之雖受忤可也曰淵明生不與子並世子何願受其忤況所友乎且友言之古直敬子也何忤之有

陰符經序

聞之世儒曰陰符三百言類多深刻言道雜以法術必非黃帝作其說近是今吾讀是書歎其憂世至深衞世至切卽非大聖人所爲其道未或悖也陰符之旨蓋以謂爭天下之先始能除天下之害而使天下共安於無事故用兵制敵在握機以待之善醫者人不能中之以毒善巫者人不能惑之以鬼爲所習已先入也彼敵之

挾詐以伺我者奚啻毒與鬼而我不先事以豫其機難矣機之不豫乃徒儆儆焉決計於倉卒以激厲示強倒行而逆施雖拭目以求有濟已無及矣此經之所以言人心機也嗚呼使機而非人心所共有則已矣機爲人心所共有則失之於我必操之於敵今有兩人欲相搏其一人見道旁有利器而先取之則彼徒手者尚何爲乎惟設機以待敵使我密而敵疏我逸而敵勞故靜不可窺動不可禦此兵家所以貴夜行之道而經之所謂神機鬼藏也書曰若虞機張往省括於度則釋言機之在物與在人一也吾以爲陰符之義亦如之因節唐以後諸家注附以己意且爲之序如此以待夫爲道而兼

知法術者

藝槩序

藝者道之形也學者兼通六藝尙矣次則文章名類各舉一端莫不爲藝即莫不當根極於道顧或謂藝之條緒綦繁言藝者非至詳不足以備道雖然欲極其詳詳有極乎若舉此以槩乎彼舉少以槩乎多亦何必殫竭無餘始足以明指要乎是故余平昔言藝好言其槩今復於存者輯之以名其名也莊子取槩乎皆嘗有聞太史公嘆文辭不少槩見聞見皆以槩爲言非限於一曲也蓋得其大意則小缺爲無傷且觸類引伸安知顯缺者非即隱備者哉抑聞之大戴記曰通道必簡槩之云

者知爲簡而已矣至果爲通道與否則存乎人之所見余初不敢意必於其間焉

論文

文之道二曰循古曰自得循古者尙正而庸者託焉自得者尙眞而僻者託焉庸者害眞亦害正也僻者害正亦害眞也如是之文日出害且不獨在文也然則何以已之曰古人重好學深思庸由於思之不精也僻由於學之不粹也孔子曰學而不思則罔思而不學則殆此非爲文言之也然殆罔均免而文不正以眞者無之

又

爲文者將以益人益人者固欲使人知使人信也然非窮理以幾有得則我不自知而能使人知乎我不自信而能使人信乎凡人之以文自任者孰不以爲自知自信特恐飾知飾信而非眞耳夫農之言耕作工之言樸斲其事至淺近矣要其言之眞能自知自信與聖賢之言志行一也至商賈則飾矣至巫卜則飾之甚矣昔人稱爲文宜師聖賢吾謂若吾人者且師農工也可

文喻

嘗論書法譬之雲水樹石雲之委蛇也水之演漾也在書則篆近之樹之輪囷也石之磊砢也在書則八分近之以力而言雲水之爲力也隱樹石之爲力也顯書力亦有隱顯之分隱則腕力勝者多筋是已顯則指力勝

者多骨是已文章家之有練筋骨也練筋者綜諸脈理練骨者核於字句隱顯蓋亦猶是李習之孫可之兩家其大較也時有善書者以兩家爲問余告之如此知必如寶在懷中探而自得矣

切音四的序

余幼讀爾雅釋詁至卬吾台予四字忽有所悟以爲此四字能收一切之音後證之諸韻書皆合益自信乃易以欸意烏于四字蓋欸意烏于皆取聲音之名以爲名其於卬吾台予則欸代卬意代台烏代吾于代予也前數年客有問余以切字法者余先問之曰子知開口正音開口副音乎曰知之子知合口正音合口副音乎曰

知之開正一名開口開副一名齊齒合正一名合口合副一名撮口子知之乎曰知之曰吾有常言之四字欵意烏于是也子知之乎客曰將焉用此曰然則子之所謂知者豈誠知乎夫欵字收聲者名開口音意字收聲者名齊齒音以及收烏名合口收于名撮口自非先辨欵意烏于何以能定開齊合撮也不能定開齊合撮而欲切音更何以能定上一字母下一字韻也吾試問子關雎河洲四字於欵意烏于宜若何分屬客謝未能余曰子試於關字長其聲以讀之雎河洲三字皆長讀之客從余言余曰子覺關字下隱然有一彎字乎雎字下隱然有一于字乎河字下隱然有一阿字洲字下隱然有一優字乎曰然曰彎亦烏也阿亦欵也優亦意也于則無俟復言是則開齊合撮不既定矣乎推之一切韻之收聲可知矣客悅甚請余準佩文詩韻字數衍斯旨授之俾得如射者之志於正鵠今書已成因名切音四的且述向與客言者爲序葢亦以客爲助我者也

說文雙聲序

切音始於西域乎非也始於魏孫炎乎亦非也然則於何而起曰起於始制文字者也許氏說文於字下繫之以聲其有所受之矣夫六書中較難知者莫如諧聲疊韻雙聲皆諧聲也許氏論形聲及於江河二字方許氏時未有疊韻雙聲之名然河可爲疊韻江工爲雙聲是

其實也後世切音下一字爲韻取疊韻上一字爲母取雙聲非此何以開之哉余於是編獨詳雙聲者以韻有古今之别雙聲則今古一也徐鉉等註說文字音以孫愐唐韻音切爲定要之許氏之聲本可爲切由古人制字其中本具字母也是編韻借孫氏母郎用許氏之聲如江字許云工聲註古雙切今用許之本聲易古雙切爲工雙切不正切江字乎由江字推之如脂字許云旨聲模字許云莫聲孫氏業已取其聲以爲母矣至如虞佳殷蕭宵尤等字虞吳聲佳圭聲殷㐆聲蕭肅聲宵肖聲尤又聲苟以許聲加孫韻皆爲可切而一切雙聲之字不皆可知乎夫雙聲之大略不外乎清濁二聲之從類及開口齊齒合口撮口四呼之相通自有切音以來學者固皆知之惟其知之則與余之溯源於古人制字之本音必有合也學者誠因是編以契許氏之聲因許氏以契古人制字之音庶無負六書諧聲之本指也哉

與客論古韻叶韻

余嘗與二客同舟客皆自言善韻學問其所治則一古韻一叶韻也余曰何謂古韻曰古人之韻與後世别者也何謂叶韻曰後人於古人借用異韻之字叶而爲同韻也曰古人後人之涂徑吾未能徧識請姑以一二字爲問因問治古韻者曰公侯好仇仇字古作何讀曰渠之反曰匡衡可謂古人乎曰可曰衡引詩君子好仇仇

字何讀曰與逑同渠猶反曰此詩何獨不然曰此韻遂安得不作渠之反乎曰然則子之所謂古韻者卽叶韻也問治叶韻者曰實維我儀儀字宜作何讀曰叶河它牛何反樂且有儀儀字何讀曰叶莪阿五何反曰兩反可互用乎曰可曰古人叶韻固若是其不謀而合乎然則子之所謂叶韻者卽古韻也二客皆啞然自笑乃轉欲取衷於余余曰吾聞善古韻者不訾叶韻訾叶韻將幷其所謂古韻者訾之也善叶韻者不訾古韻訾古韻將幷其所謂叶韻者訾之也二子但循循從事於韻學而無所訾焉則其進不可量矣

跋詞林韻釋

詞韻通於曲韻則於南北音並宜此書每韻以上去聲分繫平聲後而以入聲分作平上去三聲復依類繫之蓋北音止有平上去而無入也近人詞中用字不知入聲之宜慎由未嘗通詞於曲耳若通詞於曲則其句中固不必以入作平者當平尤不可以入作平者當仄其韻脚非特入作平者不可當仄卽本作上去者亦須按之曲韻同隸一部乃可並押至古曲可通之韻如支思通齊微者亦僅節取用之不然雖南人譜諸北人能勿病諸或謂兩宋詞家於此不無出入後人所慎何必過於前人不知旣有曲韻則解曲者必以曲例核詞例以北音繩南音也余論詞每及於此信而從者頗衆則此書見重於世之日當不遠矣此書或傳爲宋菉斐軒刊本殆非確論以其詳宋人之所略與元周德清中原音韻同也

學贊

八儒以降學益多歧各是其是病不自知吹索爲能恐人無疵法如牛毛商鞅之遺欲去此弊宜師伏犧仰觀俯察默而成之

文章經濟贊

是眞文章貴不擇言自言己志其籟也天是眞經濟祇在目前致和育物物無閒然一涉有待空手窮年

胸中贊

胸中無事胸中有事孰是孰非驟難辨異最上當如壺公玉壺日月則有晦昧全無

墨贊

脩短不同同歸於盡惟託文章光氣不泯摩頂放踵實惟爾祖摩踵放頂爾亦繩武形雖幽黝性則淋漓欲方禹績導水三危

自爲伯簡字贊

笑余之字伯繫以簡桑扈臝行得無不遠伯子之簡伯簡不效庶幾書言簡而無傲

自爲熙哉字贊

哉載相通於古可稽熙載之字熙哉亦宜卽名爲字同

郭子儀哉之他解不須多辨惟百工熙以嘉寓勉勉旃勉旃美名斯踐

自爲書贊

古人書質余觀愈美後人書妍余乃不喜筆墨以外具辨神理余偶作書但率其眞文不勝質書之野人

鐙銘

火猶神也膏猶精也神之過用將至竭吾精也膏猶實也火猶名也實之不足奚獨徇吾名也故省之又省所以永也費之又費必難繼也

戲爲嬰兒頌

杜下有言曰能嬰兒余謂嬰兒能莫與齊遠遊輒至頃

復在茲惟此嬰兒純乎其純故我雖老而嬰兒常新我雖往而嬰兒常存我與嬰兒雖一生之相從今亦嬰兒爲主而我但爲賓

戲爲三生石偈

靜觀居士學道不悟妄執意見爲去來今正妄想時而有我佛爲之說法若無去來卽已非相若有去來卽已非性諸現在境亦復如是乃指一石言當自證三生密因非三實一身雖已改性本不壞汝今當念凡所執著皆是虛幻是眞實者內觀常在恒沙數佛所說不異惟時居士亦不見佛但見我心因復說偈以自印可偈曰片石具本性歷劫常不改欲了修證義觀此片石是世人重身相身相竟何有以概置空中空中本無概飛來在氣內亦非氣之故如風吹浮雲忽具衆山色中有諸樓閣以及諸鳥獸愚者信爲眞告諸相識者及至來觀時雲色已無有水已結爲冰光明遠近徹有人眩兩目謂是琉璃地斧鑿來取之其冰忽然陷空中本無色物理盡如是石最能久住諦思亦復幻形色各殊異觀之乃可得擊乃知其堅負乃知其重堅重與形色當知皆妄相四大非我有何事强相執冬日有冰蟲夏日出螢火人生具幻身類隔理則合有口悅甘美耳目愛聲色身病漸及心罣礙苦不去所以夢寐中顛倒如旦晝種種諸慾念能成諸惡道及至過去時此念結來世如是

歷三生苦海不可說欲去三生業不自三生得現在只一念如明珠內照昏昧自遺失萬劫難可遇有人求清泉誓願行百里家有石覆泉視之久未見或以衣障目煩惱不識戸豈知去其障卽時戸已現轉妄卽爲眞眞者本無缺所修旣已成不執亦不捨譬諸自山中取得一切石復碎爲微塵石性無生滅我觀如如理本是常圓者并此現在心亦無復可執乃知石本無亦無無有石

天元正負歌序

算有正負肇於方程而一切算術以之學算者不知正負則無以貫通一切之算正負之所係何如哉劉子天

元正負歌雖借名於天元其意實重明正負也正負古法也非創法也亦足以歌乎曰前此之言正負者皆不若劉子之歌之約而易操也歌何以作助友也劉子之友以天元教其弟至於累月正負尙多出入劉子閔焉乃撰爲加減乘除相消開方數歌因友示之一日開遂如迎刃而解劉子之喜可知也爰序其事幷附諸歌於左其或有疑歌中多重韻及參用中州韻以爲不似歌者則答曰荒年之穀必似玉乎

加法

同名加爲加正負仍如故異名減爲加正負從大數數若加空位還從原正負

減法

同名減爲減先定本減數減數減本數正負仍如故本數減減數須要變正負異名加爲減正負從本數若但有本數正負仍如故若但有減數須要變正負何以爲本數乃受減之數何以爲減數以此往減數

乘法除法

同名乘爲正異名乘爲負同名除爲正異名除爲負有時不便除卽寄法爲母

消法開方法

相消用減法任命本減數開方用加法遞乘遞加去

答人問徐子

徐子進之余友也屢種竹自號種竹道士又嘗有鶴止於旅次因兼字鶴來或問余曰吾觀徐子之才必且大顯於當世何愛竹與鶴之幽潔者爲甚矣其僻也余曰徐子之愛竹與鶴也吾不能盡知其故今如子之不知徐子則徐子非此且奚愛哉夫人當伸於知己則快然自足雖有天地之大萬物之多皆不以寄意惟所遇既窮而其胸中又落落不可一世然後歎世俗之無知結幽遐以自賞則雖遇草木禽鳥之微偶觸於不言之隱有不知其涕之何從者徐子於人每不屑屑於形跡性故癖山水嘗有顯者邀飲名園初不拒既就席頃有一乞人將過其前徐子起迎之曰此我之故人也且以齒

當上坐顯者不得已因遂禮之吾不知徐子果以此乞人爲竹與鶴之類邪抑以此傲睨夫顯者而本非素識也邪夫物無雅俗因人而殊其人而俗也雖日效古人至雅之事如陶淵明之愛菊王羲之之愛鵝適形其俗其人而雅也或反假世之所謂俗者以自晦而固不失其爲雅況竹與鶴之幽潔者乎徐子不能使天下皆爲竹與鶴又不能使不知竹鶴者無吾子其人徐子信窮矣其人又曰徐子愛竹吾嘗聞其善畫竹矣徐子愛鶴亦將畫之乎余曰子既不知徐子矣畫之事又柰何爲吾子道哉

題出山圖

余姻戚王叔謙以所繪出山圖屬題問其意曰吾聞古之君子非仕則隱仕之道吾未之知將求之若今之所謂隱者則其失易見故有鑒於彼之處而願於出也曰隱之失可以言乎曰夫人狃於里巷之樂入精酒食出美輿馬逐博戲選聲色猶且曰吾隱之逸豫者也此貪也谿刻以矯情峭急以非世抑或託二氏之言以棄絕人事猶且曰吾隱之高尚者也此忮也吾所見隱之失如此仕之道則吾不知也余曰然則仕之道子殆知之矣夫仕不尤戒貪忮乎從來好義者不貪好仁者不忮以仁義爲質斯出山非徒然也已叔謙曰諒哉子言以此題爲足矣余因次是日問答之顛末備書之

題伯牙待成連圖

教人之道審其離合而已矣成連以琴教伯牙三年當是時若惟知有琴也者然而伯牙之情未移是合而未免於離也及與之至海上忽焉別去當是時若不知有琴也者然而伯牙之情移是離而適得眞合也雖然以離得合必俟其候自非前此之教亦何以爲之地也畫紙頗古其自題曰伊人余一時未之能考觀其筆法葢亦離而得合之候與

題乘槎圖

成子清持乘槎圖屬題於劉子時座有二客劉子指圖問一客曰此何水乎客視而笑又問一客客曰此尋常之池沼耳劉子曰客之言不亦善乎其以海爲池沼者不震於大也抑必能視池沼爲海而不忽於小焉者也人莫蹶於山而蹶於垤非此意哉笑者曰不震固善然同一不震也而有豁然者焉有冥然者焉豁然者之不震與不忽爲一者也冥然者與忽爲一者也以客之智其必專取豁然也審矣劉子曰然子清因謂劉子曰余爲此圖意固有在然無以逾乎二客之言子盍即以此題焉劉子書其言畢四人復共讀之而樂以爲即此可當乘槎遊也

祭李梅生文

嗚呼逝者吾友梅生赴僕遠至如寒中人劉峻有友官

卒秣陵報書將惆壠劍喻情今子不幸才高壽促齎志長終有心同哭君始與余同舉進士往來闊疎應求有俟玉藏璞中有昭其質醆蔑之心吾其敢失每聞君語踔發不窮余意遠時惟君亦同余素爲文鹵莽荒唐君讀而好如嗜昌陽定文之託於子冀之美人既遠芳馨何貽嗚呼梅生與子別後稠人廣坐獨懷良友君之爲詩何李格調意言以外藹然忠孝君之讀書遺華取實旁及陰陽壬奇太乙君之秉志屏絕纖埃皓天晴日晦翳一開惟君之父石梧先生持節江南崇起政聲君隨署中希古守素朝夕留心當世之務如君異質假以長年古人應愧見此後賢何期奄溘悼矣幽泉天之生人

意不可說蕭艾常存芝蘭中折方春鳴鳥𪁜䳆其羣霜天鶴唳知所厭聞世尙波靡君惟抗志天助儕俗使君早逝鄭相有言無爲爲善君竟舍余曷資以勉聞君之逝湘江故里我處京師招魂屑涕昔君在幼姚氏云殂哀毁致疾終隕厥軀斯人雖逝我心曷已縱隔幽明豈妨知已嗚呼哀哉尙饗

解憂賦

觀達人之樂生兮日衎食以安居慨憂思之在余兮獨渺渺其焉如溯禹皐之奮庸兮奏盛績於唐虞雖巢許之好遯兮炳殊行於寰區眇予生之忽忽兮倏少壯之易徂任忼愒而無爲兮歲遒盡以須臾欲高飛而遠至

兮孰假豐羽於前途或保殘以待後兮慮鮮儔而寡徒懷百端以審擇兮曾莫定其所趨緊修能之其務兮隨所尙而不渝莊周比肩於樂寇兮墨翟並轡於楊朱孫足刖而論兵兮韓口吃而著書彼非尼父之遺則兮尙百家以馳驅胡余力之不贍兮負過隙於白駒苟美名之可成兮雖曲藝而何尤奇輪扁之斲輪兮神庖丁之解牛紀昌省其箭括兮任公引其鈞鉤業不擇乎貴賤兮地不分坦道與岑樓人固不能厭按而無所鳴兮取愧蟲鳥於春秋時煩鬱以熱中兮固勃沸其若湯苟定靜而不汩兮徹寤寐以爲常覽逝者其如斯兮勤志業以汲皇審中心之自得兮長寂嘿而何傷幽蘭亦云可貴兮惟空谷而自芳路逾遠而宵征兮在能繼夫糗糧伯玉知非於五十兮衛武學戒夫耄荒鑑不磨而光隱兮木待灌而鬱蒼誠余質之不任兮或幸免夫忽忘勉步趨於前哲兮孰云終古其茫茫

遣旅愁賦

劉子客次愁日來謁乃遣愁去曰爾宜悉昔往視阿爾遂慅余恨塞河於桓管對禹廟其嗟如及乎范陽結客追蹤古豪意氣甚盛謂不爾遭忽臨易水寒風蕭蕭是殆爾之所化使我感訣別於荊高維昔楚鄂騷人之地彼愁孰加爾當轉避我方暇日騁懷高樓臨睨爾乃又化爲江上之煙波使我悵鄉關之迢遞旣入晉陽外環

太行謂爾無奮飛之翼宜邅迴以徬徨爾又已逐雁行而徑度合悽帶怨橫汾水而來翔凡此之故爾胡爲然自今遠逝無或少延愁曰主人久歷於外以德爲怨是非何昧凡物之情附違辭窮余獨厚子貧病之中志士惜時余授以方夏夜不短冬日偏長況子著書頗似虞卿非從余乎轉徙豈志厲而言精余且將與子汗漫八荒邅廬六幕謂執持乎眷款常驂靳之是託緬聖者之栖栖悄憂心其奚若陋平子之四詩未足稱乎巨作而如子所云是不知勞以生者玉於成幾何不死於安樂劉子曰善感子之勤無忘羇旅古誼㕥敦棄違自我我則非人願終始乎與遊履艱蹇而彌親請結言以無慙

副白首之如新

寤崖子傳

寤崖子揚州興化人也姓劉氏生數歲父於與言時許其趣何曰是子可以入道殆少欲而能思者也寤崖子十歲而孤九歲猶未命名既而父名之曰熙載父葢隱君子鄉人稱鶴與先生時有人問之曰隱者以此名子稱乎答曰夫隱也者豈不婚不宦者乎且禹稷顏子易地皆然名何分乎仕隱哉寤崖子既長有妻有子且登仕籍惟仕皆師儒之位自其爲諸王師偕太學師與夫在鄉塾爲童子師客游爲遠方士子師出處不同而視之未嘗不一也寤崖子嘗戲言曰星命家好推官祿如

昨非集 卷二 文 二十七

遇我輩命當爲師者竊恐彼技窮矣寤崖子於古人志趣尤契陶淵明其爲學與教人以遷善改過爲歸而不斤斤爲先儒爭辨門戶嘗曰子貢方人聖人自言不暇豈吾人而轉暇乎哉寤崖子者葢其自謂或謦之曰寤悟也吾觀於子誠大悟者乎寤崖子懼然曰是何言與此吾以自警也吾之惽瞀若無日不在寐中名此者意欲庶幾一寤云爾且張乖崖之乖也非乖則寤崖豈即寤乎或謂寤崖子盍自按年爲譜曰此易耳論語吾十有五章章凡六節但於節中無不字者增一不字有不字者減一不字即合矣寤崖子生於嘉慶癸酉當光緒丙子年六十四猶自以爲未寤不知後竟何如

副白首之如新

昨非集 卷二 文 二十七

昨非集卷二終

詩自序

余亡友宗惺泉云人若眞是詩人便可不作詩余始嘗深服其言書曰詩言志詩序曰在心爲志發言爲詩在心矣不發於言亦可也且在心者無窮而發於言者終有限得毋志轉以詩而隘乎然余聞古者自賢士大夫以至田夫牧豎皆許爲詩然則可爲而故已者又豈各言其志之謂與余生平於詩爲與不爲無所意必今姑於其存者集而序之如此惜不得起惺泉而復質之耳

詩目錄

昨非集卷三

詩

興化　劉熙載　融齋

五古

明月吟

明月納入袖，不能照其身何如懸虛空輝光浩無垠知
周而道濟所宜師至人勿私咫尺義自美徒欣欣

雙鳥行

悽悽復悽悽雙鳥鳴何悲生雛在庭樹倏不知所之或
嬰樊籠厄局促無天機羽翼遭摧毀曷有騰凌期或儳
莽蒼野四顧忽已迷慘澹日將暮一枝何處棲稻粱遠

難啄力倦還忍飢眾鳥皆有子誰聞此哀啼雛在不知
惜雛去方見思思此豈憚勞所憚長別離寄語撫雛者
防患宜先時

己酉聞故鄉水災

有田頻失穫甚於無田悲淮水讐疲民生計何從爲余
以就俸錢幸備晨夕炊鄉人竟何賴顛踣孰能支同舟
遇風浪相救不可遲今我遺親近況問他人危旅廚會
進食坐起發長欷須復得鄉信水長逾昔時

讀東坡海外文

東坡海外篇跌宕彌自喜路絕風雲通仙源遡流水平
生學道心正爲茲境耳夷險無殊塗一理視生死習苦
苦亦甘味極天下美或稱書法進乃自儋州始何怪文
筆雄風濤瀉千里後人隘胸襟歛手歎絕技絕技夫何
奇此公中有恃

檢書

檢書得雜劇作者多元人聊試觀一二哈爾徒猥紛細
思若有見濁水藏奇珍世俗厭莊論借諷理亦存余寓
古禪院閉門無所欣詎或盛聲樂宴會相主賓未能嫺
拱揖言拙素罕倫應接懶成癖曷與蹌濟羣不若脫屣
去登高呼白雲清風颯然至幽鳥時一聞從茲息視聽
頓若遺其身向來耽悟境釋部緇常勤執境苦求悟孰
云諦已真翻因見此本遠思遊無垠

戒農篇

城市有爭訟相與羨爾農嗟嗟農復爾負此三時功是
豈爾本懷忿激非無從忿激既已過乃與未有同處世
不求勝勝之乃自窮人爭我惟讓爭者難爲雄況復在
鄰里和氣故沖融杯中酒未乾田間樂未終誼親言易
失情恕事可容求伸及纖芥豈曰非愚蒙願爾釋之去
一還熙皞風辰辰勸耕作餘事如盲聾是非何足辨眞
意能感通幾見懷葛民雀鼠穿屋墉蓬廬苟自貴訟庭
常見空不知官府名用以卜龐鴻

如皋盧孝子

慨余天所棄十歲爲孤兒數年復喪母煢煢靡所依入

知虧孝養祇益臯魚悲旣重當室任宦學邛園違展墓杳無日幾歷霜露時立身志非卓令名曷以貽況論及賢懿行方在茲成童知養志所怙忽見遺業醫因事母物功自問無纖微懷古重純孝相望不可追乃聞盧君積德延春暉母患盲且病祈禱非言辭病去目復明共云神祐垂感通本至性願無徒羨爲

與萬芸卿遊惠山

泊舟市橋畔簾卷當惠山山色及秋媚夕陽低半鬟移舟同往遊我友趣復歡飲泉意未足思欲窮巖巒中隔一溪水探奇能無難賴有水中石可以資躋攀瞑色翳古洞雲扉宵不闢峭壁潤疑裂窄徑行彌寬頭上石欲墮舉手聊叩彈乃知幽絕處造物不我慳須臾雷雨至童僕言當還一笑不復問浩歌神自閒我歌君更和山溜方潺潺

贈李海門

啟口說書劍非好書劍入好詩與好畫亦以名所存聞風慕高士所患非由眞多君聰慧質奇思通風雲圍棊雖小道斯世無比倫短褐入京華素襟孤絕塵來學頗拒見招致安肯臻眾因峻其品不復親其身邇來倍淪落旅況難可論對我三歎息世事多悲辛我謂君勿歎一得天所珍何不拂衣去故園常閉門自有一枰玩靜樂宵與晨樂此可忘飢竟死彌欣欣不然投世好技豈

須通神

題解康伯春風沂水圖

道在境皆樂此趣固難量春風與沂水誰謂點也狂君聊託圖畫古賢思可望憶君呼我去濯纓從滄浪萬物樂芳節和氣殊未央雖無童冠偕翫化堪徜徉倏經累年別昔意睽難償展圖若相見天機浩洋洋信知塵壒外自有眞行藏或言撰獨異同異君已忘

題楊一丈詩文集二首

男兒乏意氣語言參吐吞作詩不必多所貴肝膽眞緩急古賢有恨無奔赴人未許曲儒輩遂輕俠士倫此翁篤交誼艱難分日親詩中慷慨性薄俗難與論

道家鍊金石積久乃以成竹柏厲霜雪節幹彌堅貞文章與年進豈非閱歷增賈誼自英秀奮發見崢嶸未若趙充國平濟見緯經丈人晚年作氣沈理益明時務博以貫尺寸精權衡匪惟悉水利指畫堪施行

答韓叔起二首

韓子志希古結交非偶然不必與遊眾彌使集益全樹木鬱根柢茂蔭方參天功與言並立令德爲之先世俗易相許接跡皆豪賢譬若春華豔蕍落須臾間君亮善持堅定則何由遷雅效狄山子所惡兼曲圓寥寥相和者疏越清廟弦我貧嗟不逮追步猶恐顛感君誨我厚庶幾思寡愆

鳳凰雖在鷇自與雞鶩殊騏驥雖伏櫪不隨凡馬驅志士遇窮困好修常自娛悲愁能傷人有時宜愛軀天倫具全樂聖賢難盡如韶光足自惜養志由詩書豈惟忞游息亦以宏遠謨晚成爲大器早致非令譽此自君素抱贈遠聊區區

贈成子清回里

堅白造物忌瑋異恆流憎芳蘭挺中路過者言榛荆況君持門祚事變方沸騰曾可桑梓閒自鳴傚且錚處境意常適道在齊虧盈安貧無外慕飛遠謗與名堯夫諒豪傑坐吟風月清親戚共情話形跡忘淵明細推古賢意處處當平情

日暮叩門客

日暮叩門客面上寒色淒言因舊業盡遂使故鄉離五山覓親串暫得相因依親串如我貧我何更累之典衣聊易食免死邉問飢涼秋艱薄衾病恐尋羸肌海艘求附渡貽貴人共疑郎今來滬瀆似夢醒還迷我勸且信宿從容謀所宜江南食物貴未合貧者棲江北士風儉習苦差易支君昔善居積觀變知推移勤身事負販古賢曾不辭贈君禦寒具及君行囊資有贈不能多詎足裨生涯君勿惜小就屈伸會有時客聞意若悟買舟復言歸歸路慎風波身在事可爲

七古

與友人遊山寺

有約遊山阻朝雨秋滿庭軒共君語身雖未往神已馳可使烟霞竟無侶相與著屐聊行行葛衣微動秋風輕聯吟渾忘路遠近忽來山寺聞鐘聲此間静坐足長晝欲返視聽無將迎迴廊高下設破榻周圍碧樹相晦明不知何處鳴鎖鑰半林棲鳥因人驚須臾復定入寥寂炯日不動當空庭萬境遭値略如此人生逐物竟何已好借禪機悟常住窮不可憂達勿喜知君本無軒冕意我更生平絕希冀得閒惟願輒相呼飽看羣山結烟翠

遊山與友人論詩

與君把臂山之厓拄杖敲石書青苔我欲高歌興清越

君能和之眞吾儕歌中落落具音節如自郢中聞白雪琴曲堪調惠子梧笛聲欲破桓伊鐵又如雨過無遊氛朝曦欲出徵逡巡九天仙人動瑤佩鸞鶴數聲驚碧雲自昔伶倫始作律六琯陰陽辨徐疾乃是天籟應自鳴豈與人工同佶屈騷人詩客太古無但憑喉舌爲歌呼試聽山童與野叟歌聲動與天機俱我惜阮公學長嘯置酒高臺誇絕調得無擬效苦太工學成翻被蘇門笑詞場汨溺亦如斯古韻今聲眾說滋吳興沈約倍喜事漫施割截徒分歧牙曠知音能幾遇游魚秣馬空思慕忘機嗒喪寂無言翹首蒼茫日將暮是時天籟何處逢千巖萬壑來淸風別有所聞更幽絕泉聲迸入烟樓鐘

山巔靜坐月初上忽嘯猛虎吟蒼龍此與歌音盡相似還發高歌樂無已卻怪不類人間聲應有山靈來側耳

蟋蟀吟

蟋蟀鳴蟋蟀鳴雜入誰家砧杵聲征衣擣未就何日寄征人征衣未寄秋逾半閨中望遠空長歎志士赴事心亦然感時寂寞傷華年不見劉越石聞雞思著鞭千古有爲者一生驚逝川秋催人老不相待夜夜清霜林木改中庭遣步獨徬徨銀漢無聲秋漏長秋漏長秋月白望月頻年空作客壯懷已逐素光馳拂衣會復歸鄉國鄉國迢遙愁思中且聽蟋蟀吟秋風越北燕南音籟同能聽拂牀將臥去檐外鳥聲天欲曙

逃荒歎

逃荒人適無所中路悵難行暫坐聽鳥語豈是啼飢與啼別如何也作聲聲苦

夢受丹經

昔余學道倘年少數訪仙蹤問壺嶠愛山可以養吾生白雲盡日坐長嘯金丹大道付無心不執象言觀衆妙逍遙神廬偶出遊子晉王喬顧我笑如何混迹從世人方瞳之叟邈不親回思巖壑久寥泬花落花開秋復春坎離龍虎道雖在玉爐金鼎誰與論蘧然隱几忽遐想恍見仙人被鶴氅貽我經笈勸我去同結丹邱塵外賞感君贈我意無窮願君待我青山中吾將就爾騎長虹共吸飛霞飲沆瀣振袂翱翔超九鴻

題陳星燦與王西蓮先生合照

高誼昔有范巨卿交道一視死與生素車白馬送元伯士感知己心爲傾吾鄉誼士今還有陳君於人無面友曾言垂翼終免傷西蓮先生之德不可忘先生久病在僧舍朝夕奉藥親蓺牀身後百事願獨任謀畫周至貫久長寫眞與己合一軸貽令孫子酬馨香我思西蓮先生遇我厚誨言提挈良諄詳千里聞逝但感泣欲效陳君安敢望吁嗟乎世俗之交何處無朝結盟言暮已渝投桃報李胡爲乎陳君未聞多讀書吾人自此愧爲儒

飲崑源居歌

崑源居如畫圖何須李白樓豈待黃公壚悲歌慷慨少年事酣嬉淋漓老來娛杖頭百錢看已足不醉明月將何如

飲酒答人問仙

世人在俗慕得仙得仙還被俗慮牽胸中仙俗互來往如燕思越越思燕君亦莫食安期棗君亦莫乘太乙蓮泰宇了無一可欲乃與溟涬相周旋黃庭參同君讀久我但願君空所有倘云異道不相謀君自求仙我飲酒

僕病將還鄉

僕病將還鄉問僕亦何語曰願死且速化身爲杜宇飛來喚得主人歸再自回看墳上土

與客論詩戲作

詩求佳句挂人口徇物忘已眞可憐有志堪寫直須寫不爾莫使詩魔牽融齋先生浩歌乘興發洶涌那數百道泉歌罷回記無一字把酒自酌千思捐身爲外物況言語至人以此忘蹄筌何事苦吟計工拙消費日月窮雕鎸耳聾舌敝肩更聳如馬力竭猶加鞭勸人且休息人亦還我咍心所願苦苦卽樂蓼蟲啖荼艮甘哉苦吟況復得佳句鳥道行盡天須開謂我苦心作詩愚可哀君詩不苦何處來

五律

飲故人別業

幽棲閒過訪留醉水之涯舟遠但如葉荷香不在花坐中皆野逸戶外卽桑麻侑飲無他樂笙歌兩部蛙

車中曉望

曙色蒼茫裏征車正發時亂山連宿霧殘月澹寒漪樹遠疑人立風高聽馬嘶壯遊平日意振轡莫躕遲

孤驛

孤驛人家少風塵一騎過廟荒鐘覆地橋圮石沈河雁影邁天沒鴉聲古木多躊躇將日暮客思更如何

過東阿舊縣

路入東阿險山行備苦辛水枯沙見底車轢石生塵曲折藏村落平頹問土人道旁幾株柳翦伐不成春

交河遇風二首

風自滹沱至征途望不分沙封冰作磧烟匝地爲雲古驛迴鵰翮寒關斷雁羣半空聲吼處都似怒濤聞

行行已半日征旆正飄颻岸土浮城堞河舟隱石梁草枯千塚出樹禿一村荒欲遣蕭條意高歌入醉鄉

秋日旅次

作客逢秋杪疎籬菊向殘關山雙鬢短風雨一樽寒看劍雄心在貽書遠道難蘧廬空自好漫說一枝安

爲顧燕林題文峯塔圖二首

吾邑有是塔向傳以爲文運之應

每憶招遊日登臨興快哉雲開千樹曉風駛萬帆來烏

語諧檐鐸人蹤指砌苔數詩題壁上羨爾不凡才

眺賞頗年隔披圖發浩歌科名時彥重文行故鄉多愧我竽曾濫知君劍久摩會從眞實地累級致嵯峨

贈符南樵

自古詩人誤多由名早傳衆皆誇繡帨君合守冰絃杜老窮愁日陶公乞食年知希艮可貴肯被世情牽

旅病

衰暮催方急何堪病復侵故山猶未返靈藥竟難尋客謝青雲士歌疎白雪音閉門宜學道莊老識吾心

答陳茂亭二首

歌吟逢幾輩誰是古遺音所喜陽春曲能傾楚客心鶴

嗚聞碧漢猨嘯響空林贈我新詩好知君氣誼深
古人詩詠志後乃競瑰奇但識風騷義無非忠孝資商
歌齊相奮梁甫漢臣悲遺烈今猶仰空言爾肯為

鄂城留別

胡詠芝中丞延余主講江漢書院比至知諸生因避賊烽他徙余旋辭去作此留別又中丞前嘗以余名入奏故詩內及之

薦剡知名忝招延致禮頻傳經公許我問字地何人關
塞連烽火文章惱鬼神去留感知己不在聚宵晨

湖南舟中

綠水孤舟泝青山兩岸分人思薊門樹江盡楚天雲野
語呼童問漁歌隔艇聞騷經時一讀離緒集紛紛

七律

拱極臺謁三閭大夫像三首

屈子祠高夕照前孤忠千古動流連自知謇直匡時拙
豈謂靈修拒諫堅虛閣回風仍颯颯閒階芳草自年年
一生血淚離騷在不為詞章重昔賢

未回主志愧貞臣侘傺頻煩豈為身溘死渾疑成僻性
客遊焉可例宗親九年長棄皋蘭老千載還供露菊新
到此吟懷易惆悵更堪風雨問江濱

從來清濁兩流歧但立修名謗已隨賈傅異時猶弔古
上官同列故傾危然疑滿腹天難問姱嫮飈眉世詎宜
不識魂歸自何處暮烟幽樹總迷離

卽席贈喬二丈震遠

震遠寶應人隱於醫時寓沙河

承遣籃輿促到門楓林月上酒初溫鄰來入座儀都略
兒幼知書語有根鄭驛慣留千里駕越人久洞一方垣
紛紛冠蓋清淮路問訊應知處士尊

客中冬至

天涯又值一陽回身事仍羈百感來徑筍訝先新歲發
窗梅空似故園開微衰落拓吾何恥愁鬢蕭條老暗催
濁酒閉門將自勞為思親友且停杯

京寓秋日寄友

幽居門巷擬山阿一徑清風動薜蘿謝病且求逢客少
避名還恐著書多雲開薊北千峯曉夢隔淮南八月波
安得結鄰偕隱士菊籬攜酒近相過

得袁瞻卿明府書

君羈皖上感蹉跎手札言情代苦歌作宦史雲貧已甚
悼亡騎省恨如何邗江夜雨諸兄隔京洛秋風故友多
向憶樽前傾素志白頭終欲隱漁簑

旅病書懷

一病蕭條經幾時藥鑪詩卷强支持還丹晚歲吾無分
攲枕秋風人未知耕釣舊遊應好在蓴鱸歸思尚稽遲
庭株瘦直移孤影屬目斜陽有所思

詩訣

詩訣能知作轉慵肯將一得互心胸渾涵易礙抽新穎刻露還防失大宗花草風雲空派別老莊山水盡塵封眼前瓦礫何非寶强覓無緣一笑逢

贈張叔平

君在湖湘畫久傳歲來滬上寫長箋胸襟自是饒丘壑品格誰能愛菊蓮曹霸途窮此日少文琴定撫何年市樓沒骨圖多少購自嬴商幅萬錢

五絶

晚舟將泊

汀葭開見岸山樹遠疑村欲訪幽人去白雲何處門

古意

相思不相見跂望迴生愁是處饒芳草何須愛遠遊

月夕回大樹庵

今夕溪邊月清光送我遊歸來雙樹下更與照當頭

仲君貧甚爲作二絶一述其志一爲貽其所知

君平隱卜肆韓康甘賣藥王侯空自貴不若無求樂

獨富俠腸恥長貧曠士悲贈人云有待已失贈人時

偶吟二首

人能常貧賤更無失意時勁木久經雪反畏春風知

無用與有用世人辨名迹豈知無用時乃是天地核

李杜

太白豈狂客少陵非腐儒腐狂援自託論世爲長吁

狂者二首

狂者世所抑抑之乃愈狂何如兩不問魚伏鳥高翔

古來誰最狂狂者莫如佛一心憫衆生詎與計伸屈

牡丹死

花死事何異花開看已慵不信時世人富貴情能濃

題不衫不履圖

脱落復脱落逌然見天眞便著衫與履知非衫履人

僧屬作念佛懺悔偈應以兩絶

心外本無佛念佛即念心心如不念佛妄想去來今

近死還生訣都從懺悔來人能眞懺悔斗柄亦旋回

誡辭四首

心莫似頑石亦莫如懸旌愚狂眛反已觀物差易明

矜於人共知忽於人不見梅鵠能窺人何處飾顔面

江海下百谷謙道所以尊木火性然物物然木何存

人或告我過憚改而相拒鼻堊願自留匠石不復語

讀鹿忠節公家傳

成勞宣幕府死節效城墉講學僅餘暇旨開孫夏峯

鬢初白解嘲二首

我鬢居然白學仙宜召訕豈知鶴髮者不礙駐童顏

鬢白豈徒然造物或有說欲使歲寒心皜皜傲霜雪

山西五十初度三首

入晉逢初度問年頻有人若論加倍法百歲尚風塵
誰謂五十衰客遊興方好應勝絳縣翁故土坐空老
到此非服官何事堪自祝願得食與居伯夷樹且築

論文四首

天才從古少許者莫相誣但願平常語人間一字無
神氣至靈物變化難具陳偃師矜巧製畢竟非眞人
文逐他人好客塵滓太清放言吾豈敢所信是孤行
出語不能庸此是吾人病靈均好奇服奇或亦爲正

讀寒山詩二首

問讀寒山詩應具何威儀我方赤兩腳搖手道不知
寒山詩妙處其妙在不會有意作詩人此老喝門外

瓊州雜詩八首

男兒事遠遊幾人來海外耳食東坡文眼界詎云大
一歲禾數熟結穗常田田不見鴻雁跡況信冰雪天
夏榕數畝蔭冬草千山榮紙鳶秋御放蟋蟀春已鳴
曉行瘴蔽天夜渡海逆火解衣而槃礴歲暮或猶可
嗜鼠不取豚臛蛇誇勝鱔少見多所怪自笑我未免
橙熟蕉子黃御病可長食荔枝非不美啖莫日三百
我觀海南文雅馴亦可嘉不似物產怪石蟹與飛蛇

爲山僧作書

我書世所譏愛者頗寥歷祇合懸孤山秋風動虛壁

早起望山

積雨昨宵霽樹林何處聲遙山但有氣高接曙天青

滬上病劇旋愈

一病緣天意令余悟日新不妨年六十認作始生人

七絕

遊山

遊山勝境任無窮萬壑千巖賞憩同遙望白雲天際出
不知身在白雲中

嘐嘐吟

抗心希古絕逡巡吾黨嘐嘐亦有因狂便要能狂到底
不然翻愧不狂人

歌張志和詞爲絕句以當和

扁舟浪跡元眞子白鷺飛飛傍釣衣天地古今同宅舍
問何歸與不曾歸

喜晤馮務堂先生歸而誌之

先生名道立東臺時堰人歲貢生舉孝廉方正
以年老未與計偕其善行不可歷舉茲特誌其
梗槩爾

能教鄉里同爲善道續心齋若火薪循吏傳中堪位置
不須曾試一官人

入上書房

授徒里巷心猶愧況傅諸王愧更深昨見治工會有羨

士型能辨鑄良金

憶師訓

張秉衡師（佺）徐子霖師（澍）姚瑟餘師（繼聲）戎燭齋師（榮光）皆余幼所受業事戎師尤久西廬其講舍也

從得明師共四人西廬提命倍艱辛名儒海內諸詢徧何似當年一席親

憶解春卿先生贈句

先生諱如森氣誼甚高好獎勵後進余幼時承口占器難湮國士名未列庠生之句贈焉

問字師資欣早得拜牀晨夕許相過卻緣國士知難副

轉愧當年獎借多

秀菴詠

滿洲秀菴老人文毓仕於擊柝盞關尹之流也余曰以君之道而名不遠聞余將使君大傳於世何如秀菴笑而不答余因有悟而爲此詩

辨得身名是孰親傳君轉恐失君眞從知舉世知名外別有天公首肯人

薄仲默胡佛生朱臥雲論佛性令余下轉語

珠在衣中明的的水存缾裏白皚皚美人春夢由來醒不爲黃鶯喚起來

查芙波先生借梵書

先生道光辛巳順天解元榜名咸勤曾爲吾邑文正書院山長承示爲文之法甚悉北歸後余官京師仍得時往請益一日問余比來得何異書余以楞嚴圓覺淨名三經對索觀之輒悟了義嘗以爲相助有緣云

我知文訣由師授師謂禪機自我開何必更奇溈仰事如薪傳火去還來

題蟋蟀軒詩集二首

此集明禹城劉士驥允良撰余昔嘗聞焉而未之見丁巳館其邑得借讀之覺其出處懷抱皆先得我心題此以寄尚友之志

同姓同官志復同天留此卷慰來東君詩本是鏗金石我卻吟秋似草蟲

濟南詩傑數滄溟高氣如淩日觀青姑射神人誰復識獨深洗伐在無形

祝柯齋中

唇乾舌燥日論文翰墨何時足樹勳有志竟成推武略至今人說耿將軍

漫成

人生務外總荒唐外物終須有散場自立問宜何處所無棲無閣得天光

奴儒

頗怪山西傅青主動稱俗士是奴儒幾人得似狂奴態
懶作公卿作釣徒

過楊忠愍墓

墓在定興與元元勳張獻武宏範墓相對

椒山墓樹烈寒風獻武豐碑在眼中御聽行人辨功節
先生兩字獨稱公

聞景一之陞吾怡談道有悟

兩君皆滿洲高士

一之妙悟本超倫何佩吾怡說守神神可出時休便出
在山應看出山人

邯鄲題壁

萬境遷移一夢場由來出夢本無鄉神仙富貴皆爲夢
且喜神仙夢較長

辛酉雪後過大梁見居民避賊者蒼黃轉徙紛沓
於道爲兩絕以誌慨

汴河南望劇傷神多少拋家失路人便是梁園風景在
客行且莫賦陽春

壯者奔逃少者隨初傳賊警自蘭儀最憐道畔皤然老
留得殘年閱亂離

襄江夜雨

楚雨瀟瀟阻客程篷窗臥聽對孤檠鄉愁淮海遙難寄
散作襄江一夜聲

荊門舟中清明

漢水人家祭埽時繞隄楊柳綠參差正思壟樹邗江北
始信前賢羨馬醫

舟臥聞到天門

京華別後感難言楚水慵看春色繁午臥釣天方入夢
榜人何意說天門

行近黃鶴樓故址而回

烽烟滿目迴生愁城郭蕭條夕照幽借使仙人乘鶴返
也應怕問舊時樓

送丁果臣由湖北之長沙

丁儀共處久知賢相送南歸意惘然自昔騷人悲落木

於今看上洞庭船

盛夏過太行

遠上崔巍勢百盤未勝苦熱發長歎轉疑雪落風蕭瑟
不及斯時行路難

始至山西聞歌

入晉雲山色欲秋風塵衰鬢不勝愁歌烏聽似秦中俠
意氣還令憶壯遊

韓信嶺題壁

讀徧韓侯嶺上詩功臣千古淚同滋會爲范蠡湖中客
祠宇來過別有思

太谷把酒持螯

山鄰餉蟹盤纔滿價抵吾鄉五十斤未縮長房壺內地
已成畢卓甕頭醺

汾河柳
節近清明柳未新汾河寒色感羈人十年浪跡渾閒事
知負淮南幾樹春

贈文士
閉門兀坐綴文章百徧伊優較短長何似挾琴彈海上
數聲天水共溟茫

莊子逍遥
南華自道是荒唐我道南華語太莊應爲世間莊語少
狂人多謂不狂狂

讀莊子逍遥遊代述其意二首
樂在性中斯廣大遊於物外自逍遥莫言絕跡無行地
姑射山頭好見招
似水觀瀾知有本如時入夏號長嬴子佐任註南華就
只恐鯤鵬笑浪評

爲客題所畫醉菩提册
禪心悟徹醉中因妙覺如如本一真醉卻是醒醒是醉
試將醉眼看醒人

聞朱梅菴病而作
朱梅菴高郵人名栴進士官農部熟於水利比
年家居吳仲軒河督請護隄工殫竭心力久而
病作
已飢已溺古人思晝夜隄防病不知一片實心無假借
壩功絕勝霸功卑

太學誨諸生
天下人才盡在斯希賢希聖諒聞知所期倍勵精勤學
使我逡巡愧作師

登岳陽樓
高樓豁目洞庭開愧乏前賢記述才他日親朋相問處
但稱人自岳陽來

過洞庭
木蘭舟發浪花開雁逐孤帆幾陣來回首君山青不斷

朗吟正渡且徘徊

渡湘
子規聲裏欲黄昏波動微烟抹遠痕無限美人芳草意
沈吟不忍問騷魂

舟至南昌感滕王閣已毀而作
勝地娱遊舊夢中問人空指夕陽紅登高作賦知無分
卻怪江神助好風

彭蠡舟中望廬山
未須結舍羨前人指點湖天意已親識得廬山還自認
恐教面目獨山真

望鞋山戲答舟子

如鞋山勢認依稀難向仙人問是非不怪此鞋拋得下
御鳬隻履竟何歸

登小孤山力倦戲吟

藐爾峯尖似倒螺登臨倚杖半山阿問余何事疲難上
五嶽胸中自盪摩

過謝家山李白葬處

元暉遺跡想當年託體山阿又謫仙欲把兩公奇絕句
一齊搔首問青天

徐孟卿書來謂余世緣澹我相輕知未盡然賦此
自藥

澹得世緣須更澹輕來我相未爲輕尚愁文字妨眞隱

永使人歸作者名

早起看芙蓉

池上芙蓉發幾枝臨波照影帶朝曦欲收清豔歸詩句
謝客才華非昔時

余蔬食者有日矣館人偶備野鳬供饌食輒傷齒
爲兩絕一以自嘲一以自勵

齒牙搖動漸離根老食齏鹽有命存些小匹雛勝不得
喜非人乳混蒸豚

漱石從來志自矜縱緣剛折未須懲騰鳬楚些休重賦
知否昌黎快噉鵬

芒鞋

芒鞋到處是吾鄉平等相看莫較量一切人天堪憫念
只愁心未見眞常

斗室吟

室雖如斗此心寬總爲塵無一點干莫帶陳蕃少年意
埽除誤作等閒看

昨非集卷三終

詞自序

詞要有家數尤要得未經人道語前人論詞往往不出此意然語之曾經人道與否豈已之所能盡知亦各道已語可也余詞不工卻閒有自道語至家數自不患無之何也工是家數不工亦是家數也然則余當以不工者自爲家數又安能沾沾求工至轉失自道語哉且不必工者非獨詞也夫吾之自爲詞序亦若是則已矣

詞目錄

共三十首

昨非集卷四

詞　　　　興化　劉熙載　融齋

水調歌頭

漁父

潮落午風後打槳破秋烟但看素練千頃隨意下漁筌欲把鮮鱗換酒恰好水前山後村市一帘懸得酒灑然去歸路葦花邊　喚鄰翁忘主客儘流連醉餘揮手猶復對影自嗚舷身外有何事業只爲一江明月夜半不曾眠此趣渾難說歌向碧雲天

嚴子陵釣臺

堅臥自難起狂態乃中行若無耕釣舊友天子也非榮便欲乘時佐相卻看雲臺諸將不是少功名除了一竿在何事遂生平　迴遺風千載後釣臺經且休錯認有意世外表孤清幾輩從來未遇幾輩辭官歸去都覺愧先生但把桐江水當酒酹高情

憶秦娥

渡黃河

黃河激霜晨北渡情誰識情誰識祇應天際斷鴻知惜邗江故舊縈思憶津亭笛弄催行急催行急伊涼未似此音愁劇

點絳脣

送行

歸意如何但言欲泛秋江棹自今垂釣作箇漁翁好我送君歸我尚歸期杳君應笑異時同老白髮看誰早

送春

春爲誰來又因誰喚輕歸去怕看庭宇花落渾如許想爲繁華閱久終無據春應語欲歸難住只算來時誤

玉漏遲

與陳茂亭飲酒家

滿空橫雪意天應欲勸今宵沈醉況我疎狂恰稱醉歌燕市直其元龍去也且莫問高樓平地剛好是梅花香處玉醅清美　酒半抵掌論文似萬頃波瀾因風掀起老興淋漓未減平生豪氣隔座少年休笑便拚飲也非容易心未已杯乾更移江水

望江梅

席上二首

將進酒腸潤欲枯時自覺老來佳趣少屈將花月助新詞聊得付烏絲

詞已就有酒正盈鍾興淺未須愁庾亮還將嘯詠引諸公忘拙便爲工

采桑子

友人望鄉信不至

君言久客無鄉信只怪征鴻只怪征鴻不道秋來望眼

空　征鴻似怪君遊久不定西東不定西東欲寄書來何處逢

悟世

問春何在春應道也在桃花也在梨花誰是多些誰少些　桃梨漫自爭同異一似仙家一似禪家只怕東風笑兩差

浣溪沙

西山禪院訪徐進之

黃葉聲乾下半階白雲無語戀高齋不應先我有君來　孺子原非爭禮數伯倫早已外形骸渾教蓮社羨吾儕

久客

客裏光陰鬢已斑年來强自說平安怕人突問幾時還　不是買山須借債卻因多債未歸山山神那得怪儂頑

春遊漫興

問柳尋花不見春春風歲歲閱遊人成虧琴莫鼓昭文　無藥可須惟老健有錢難買是清貧樂猶多事況於嗔

如夢令

題再到桃源圖

流水一溪如故兩岸桃花無數莫要似漁郎忘卻舊時來路應悟應悟本是不曾歸去

臨江仙

夢宗惺泉談文

早歲心交三數子才如宗慤誰先故矜白戰逞空拳談天驚稷下說鬼笑坡仙　聞道達人生死外委形遺蛻同捐夢中情話底流連願空文字障直契淨名禪

水龍吟

僧堂讀畫

不知巒嶂重重幾時纔自虛空化幽人早起披圖乍見客中瀟灑鳥哢新晴清和天氣正逢初夏怎輕烟一抹疎林半幅卻都是秋山畫　萬丈紅泉倒瀉似長虹半

天高挂小溪曲抱霜華籬落月明亭榭芥子須彌此中消息與誰同話且蒲團坐對旃檀火細待飛香惹

西江月

太白酒樓

身外本無閒事醉中不辨何鄉莫看濟水去茫茫只似杯中蕩漾　所到便名勝地空勞幾輩評量不如還請讓君狂樓角白雲無恙

鷓鴣天

旅行

客子生涯信馬蹄無田歸計總成迷一瓢一笠前身慣方識行蹤遠近齊　纔楚北忽山西年來杜宇又空啼

旅愁若死多番死舊鍤如今不用攜

菩薩蠻

客夢

夢中歸路遙難覓歸心欲附征鴻翼無柰見征鴻倒飛偏惱儂 任逢人絆語不與談歸路怕說要還家又將愁路賒

自適

人生誰缺榮期樂樂中住久渾忘卻無事惹閒愁閒愁何日休 四時佳興足都是吾人福雪月更風花天公與已奢

減字木蘭花

里中懷古三首

宗子相先生

奇才休說要在文章根氣節哭酹楊公任彼分宜蟄似蜂 自來倔強心事報知劉一丈守分無差最是吾鄉重這些

韓樂吾先生

是真有志不待聞風先自起便侍東淘此道由來心不搖 釣遊所過鼛鳥也隨鳴鳳和處士勳名試問吾人幾箇能

陸方壺先生

那堪鞿靷元豹一生和霧隱萬卷遺書俗士紛紛辨道儒 異姿高格較算黃冠收攬得倘致金門絳闕蓬山解笑人

浪淘沙

聞雒縣人頌吾鄉鄭板橋先生遺政有感而作

孤抱出風塵兀傲嶙峋拈來俚語也精神書畫是雄還是逸只寫天真 北海吏稱循別有奇勳蹇驢破帽起人文聽說文翁親教授恐係前身

卜算子

滬上喜雨

地渴一春餘雨忽崇朝沛似我無田喜不支何況田家意 更願祝天公灑潤無邊際淮海流民返故鄉一樣

遂豐歲

虞美人

塡詞二首

塡詞有意誇工巧工處還非妙要全本色發天機試問桃花流水豈人爲 湘漁撥棹歌清調欸乃誰能肖愛渠從不解塡詞自後塡詞塡字可休提

好詞好在鬚眉氣怕殺香匳體便能綺怨似閨人可柰先抛抗髒自家身 剛腸似鐵經千鍊肯作遊絲罥仰天不惜效歌烏正要歌姝幾輩獻揶揄

一翦梅

醉中對月

陶寫閒情託玉壺遊夑黃壚夢夑華胥浮雲醉眼看來無風自輕疎月自清孤　倘昧今吾與故吾枉說眞儒妄說眞如悟來全不費工夫認得驪珠勝得離朱

唐多令

題齊翁玉谿歸不歸圖

壯志秉桑弧先生計不疎快敖遊不爲飢驅底事欲隨雲入岫尋舊隱賦歸與　天地是蘧廬田園未覺蕪且陶然客裏琴書飽看吳山情亦得便歸去待何如

賀新涼

改舊稿

覓句憐長爪算男兒知書識字患原非小況復千金珍敝帚幾夜挑燈削稿空坐損英雄懷抱雞肋區區眞少味氣矜隆肯作雕蟲老還整理信堪笑　思量正有其中奧喜春風萎花吹盡特開鮮好看取古賢勳業盛收在桑榆不少抵筆墨更番入妙卻顧所來蹊徑換似捨船漁子仙源到須識破這機竅

䀎非集卷四終

曲自序

或問曰曲殆不足爲詩餘乎余曰何也曰體卑於詞也曰是當論其實不當論其體且子之所謂詩者當必不遺三百篇也詩以三百篇爲至非以其實乎後世之作苟無其實雖詩亦不足謂之詩餘也苟有其實雖曲亦何不足以當之哉余向之語或者如此然余不欲多爲曲姑卽偶爲者存之以見志於實而未逮云

曲目錄

晔非集卷四附

曲　　　　　　興化　劉熙載　融齋

山坡羊 二闋

日有粗疎茶飯夜得朦朧合眼黃齏賽過賽過珍饈饌薄絮殘何曾覺被單此中況味況味經都慣供養形骸總沒干無難無難透這關從看從看眞箇安

也有十分通透也有終年僝僽兩般憂樂一任人消受不少留今朝便可休待將他日他日還嫌驟爭忍樽前不唱酬優游優游無盡頭營謀營謀何所求

對玉環帶清江引 二闋

對酒當歌光陰休放過睡魅愁魔工夫剩幾多任伱說蹉跎勝他聾與跛官似甘羅那宜衰朽做封似蕭何怕來賓客賀　有人問我何功課我也渾忘我樵憑爛斧柯釣豈須船舵大半逍遙因懶惰

歸去來兮問有誰阻伊復駕言兮又有誰勸伊便有上天梯不如平踹地楊柳横攲要探春信息籬菊開齊好譜秋意味　陶公傲許當年寄只不受官場氣烟霞療我飢車馬從人意彼此代謀無善計

右四曲廣客意也客有幽憂之疾余爲譜此飲以酒而授之客故善歌願遂按節歌已浮數自不知幽憂之何往矣

步步嬌一套

東坡作哨遍詞其自序謂陶淵明賦歸去來有其辭而無其聲乃取歸去來辭稍加檃栝使就聲律余讀所作葢直用陶辭者十之七八而略施增減於其閒者也嘗與客話及之客曰楚辭可檃栝乎曰可曰亦可檃栝爲南北九宮乎九宮今現有其聲誠得以今聲寫古意豈非樂家所尤尚邪余是其言因取屈原山鬼辭意以南曲譜之

徙倚山阿聲塵悄脈脈心孤照風期別様高有分能消雜佩皆芳草不信女妖韶深居便沒人知道

醉扶歸

是何方遣得先驅到量知音相探在這遭定紉蘭還采杜蘅香免彈琴空發幽篁嘯爲何疑近又疑遥只恐幽棲地僻經過少

皁羅袍

早歲聲華休道憂冬榮桂樹晚節尤高山淩絕頂莫辭勞留人處比中途好孤吟遠眺雲光下搖雨多晴少風聲正號同心畢竟何時到

好姐姐

雖無鳳鸞往邀備朝餐聊尋仙草彌山野葛還留路幾條稀音耗相思未得相逢巧兩地愁煩各自熬

香柳娘

儘深山晦韜儘深山晦韜德馨懷抱壺天日月長多少看閒中趣饒看閒中趣饒擲水勝瓊瑤蔭樹偕烟鳥細捫心想著細捫心想著還自怕牙琴失調致設鍾期不小

尾聲

坐聽雷雨難眠倒那更徹夜猨啼木葉飄始信懷人容易老

昨非集卷四附終

四音定切

四音定切敘

余幼讀爾雅釋詁至卬吾台予四字忽有所悟以爲此四字能收一切之音後證之諸韻書皆合益自信乃易以欸意烏于四字葢欸意烏于皆取聲音之名以爲名其於卬吾台予則欸代卬意代台烏代吾于代予也前數年客有問余以切字法者余先問之曰子知開口正音開口副音乎曰知之子知合口正音合口副音乎曰知之開正一名開口開副一名齊齒合正一名合口合副一名撮口子知之乎曰知之曰吾有常言之四字欸意烏于是也子知之乎客曰將

焉用此曰然則子之所謂知者豈誠知乎夫欸字收聲者名開口音意字收聲者名齊齒音以及收烏名合口收于名撮口自非先辨欸意烏于何以能定開齊合撮也不能定開齊合撮而欲切音更何以能定上一字母下一字韻也吾試問子關雎河洲四字於欸意烏于宜若何分屬客謝未能余曰子試於關字長其聲以讀之雎河洲三字皆長讀之客從余言今曰子覺關字下隱然有一彎字乎雎字下隱然有一于字乎河字下隱然有一阿字洲字下隱然有一優字乎曰然曰彎亦烏也阿亦欸也優亦意也于則無

俟復言是則開齊合撮不旣定矣乎推之一切韻之收聲可知矣客悅曰此恉吾未前聞然尤願論撰以貽後學俾得與能也余時頗心許之今余爲圖說旣成又因及門黃接三鑽研韻學與之準佩文詩韻字數輯爲韻釋四卷事固有難已者書名四音定切葢原其實且使余向者之所以自悟與所以告客者胥統焉

光緒四年九月興化劉熙載書

四音定切卷首

興化劉熙載融齋撰　男彝程參校

展程

尊程

圖說

四音標目

一欸音（藹平聲上聲同音）　二意音　三烏音　四于音

四音發明

欸意烏于四音能統一切字音。學切音者欲知字音開口（開口正音）齊齒（開口副音）合口（合口正音）撮口（合口副音）四呼之別。非以此四音試之則均不能定列下四圖每一圖中姑舉四韻每韻以二字見例。

欸音	意音	烏音	于音
鉤兜　謳	柳九　有	歸揮　威	屈欻　鬱
干看　安	巾親　因	昏髡　溫	熏麇　緼
葛渴　遏	歇羯　謁	瓜誇　窪	涓棬　淵
伉當　盎	吉悉　一	忽骨　沃	厥闕　越

第一圖中之字皆謂之欸音者以其與欸字異韻而同音也。如欸字叶今尤韻爲謳叶寒則爲安叶曷則爲遏叶漾則爲盎是謳安遏盎即欸矣鉤兜至伉當

亦俱謂之欸音者。蓋收聲於謳安遏盎，即是收聲於欸也。試將鉤字長其聲以讀之，及其末也，則但覺臙一謳字音，謳既是欸，則收聲於謳者，非欸音而何。兜于七字放此。意烏于三圖例與欸圖同。四音爲一切字之收聲，遇清聲之字則收清，遇濁聲之字則收濁，圖蓋第舉清聲以見例也。若韻不必類，平仄不必同，圖已顯然。凡字之收聲屬欸者，即可定爲開口音；屬意者，即可定爲齊齒音；屬烏者，即可定爲合口音；屬于者，即可定爲撮口音。能定四音，則於切音也何有？抑四音讀法，更有當知者，附見下圖。

四音平峭圖

欸 平音讀欸 峭音讀○	意 平音讀意 峭音讀耳
烏 平音讀烏 峭音讀務	于 平音讀于 峭音讀如

圖中耳務如三峭音，分屬徵日二母。諸峭母之收聲，以峭母原有可以平之。非敷奉三母係峭音，知徹澄三母、精照各五母，亦俱有峭音。音收聲者，然宜峭則必用峭，乃爲精確。

凡人語有助辭、唱歎有遺音，爾時思惟擬議俱無所用，所謂天籟也。欸意烏于四字，本皆聲音之名，無論何人何時何地，且無論其閒憺虛無以及喜怒哀樂，但信口發聲，或有音有字，或有音無字，均無不與此四音相貫，解人必能證驗得之。

切音綜貫

或問：學切音當從何始？曰：當從叶音始。叶音法，任舉一字以當字母，叶各韻讀之得音。如岡字，當字人知今屬陽韻，不知岡叶佳韻則爲街，叶寒則爲干，叶豪則爲高，叶歌則爲歌，叶庚則爲庚，是即岡佳、岡寒等切法，切出街干等字也。當叶寒韻爲丹，叶豪爲忉，叶歌爲多，是即當寒、當豪等切法，切出丹忉等字也。上言換韻不換母叶法也。又一法，岡叶佳韻爲街，或作干佳，以至庚佳，叶仍爲街；當叶寒韻爲丹，或作忉寒、多寒，叶仍爲丹。此則爲母韻俱不換，蓋岡與干高歌庚同母，是故切得之字同，當之於丹忉亦然。

叶音已透，切音消息，較而論之，則切音之法，視叶音爲密。或有能叶而不能切者，爲其於音之開口合口，與聲之清濁，不能盡無出入也。開合已見前四音發明，清濁以字母爲定，圖如左。

純清	見	端	知	幫	非	精		照		影		
次清	溪	透	徹	滂	敷	清	心	穿	審	曉		
純濁	郡	定	澄	並	奉	從	邪	牀	禪	匣		
次濁	疑	泥	孃	明	微					喻	來	日

按豎行讀，如首行純清，則爲見端知幫非精照影，二三四行放此。

右三十六字母分清濁聲圖也。圖中標清濁。本陳獻可轉音經緯圖。陳圖注清濁。自見至匣二十八母。俱同切韻指南。惟疑泥孃明微喻來日八母。指南作半清半濁。陳作次濁。陳雖原本指南。而稱名較爲易曉。後世知無以易之。獻可明嘉興人。名藎謨。黃公道周弟子。

陰聲陽聲之名。自元人定曲韻始有之。其實非有他也。彼所謂陰者類卽清。所謂陽者類卽濁而已。

每韻兼清濁二聲。如平韻一東內烘通等韻是清聲。紅同等韻是濁聲。上韻一董內琫董等清聲。攏動等

濁聲。去韻一送內貢棟等清。仲鳳等濁。入韻一屋內濮禿等清。斛讀等濁。能辨乎此。則一切字聲可推矣。

又凡遇字聲清濁難定者。但檢其字屬何母。對上清濁圖證之。卽明。假如於琫董二字。未能定爲清聲。檢得琫屬幫母。董屬端母。則知是清。攏動二字。未能定爲濁聲。檢得攏屬來母。動屬定母。則知是濁。四聲中惟上聲清濁較爲難辨。昔人謂濁上似去。固爲知言。然要必以檢對爲允。

切字法。上一字爲母。下一字爲韻。母辨清濁。韻辨開口合口。熟於清濁圖。及四音發明。則於切音也何有。

或問切音內間有合聲一法。合聲切音。二者其辨清濁開合異乎。曰異而未嘗不同也。合聲法。切開口字。用開口韻。幷用開口母。切合口字。用合口韻。幷用合口母。切清聲字。不惟母清。韻亦用清。切濁聲字。不惟母濁。韻亦用濁。且字母必取字頭。字頭亦名出口音。如蕭出於西。尤出於移之類。蕭必作西要切。尤必作移由切。取韻必直取收聲之字。如必以翁字爲韻切東字。以焉字爲韻切先字之類。東必作都翁切。先必作西焉切。此合聲法也。　切音法。切開口字。用開口韻。切合口字。用合口韻。未嘗不與合聲之取韻同。而母之開合則不拘也。切清聲字。

用清聲母。切濁聲字。用濁聲母。亦未嘗不與合聲之取母同。而韻之清濁則不拘也。然論開合則母須從韻之音。開合之音。論清濁則韻須從母之聲。清濁之聲。是亦實與合聲無異。惟母不必定用字頭。韻不必直用收聲之字耳。今於左爲合聲圖一。及切音與合聲同歸圖一。以證之。後繫四圖。則皆明切音也。

合聲圖　圖中並合字謂合聲也。

沈存中謂二聲合爲一字。鄭漁仲謂慢聲爲二。急聲爲一。皆合聲意也。至呂新吾交泰韻。沈君徵度曲須知。合聲之法益進。茲總其要指。以圖明之。

都翁 合東	得謳 合兜	西因 合新	渠勻 合羣

東清聲合口音。都母翁韻皆清聲合口音。故都翁合聲爲東也。兜清聲開口音。新清聲齊齒音。羣濁聲撮口音。母韻之聲音亦各如本字。又都爲東之字頭。得爲兜之字頭。西爲新之字頭。渠爲羣之字頭（如讀兜字則出口之音必先是得字。餘字頭放此。）設易以他母則聲不能合。如得謳易爲多謳。西因易爲蕭因。音卽雜而不純矣。都渠亦然。又翁謳因勻皆收聲之字也（亦稱字尾。如翁卽東字之尾聲也。餘收聲放此。）設易以他字爲韻。則聲不能合。如都翁易爲都烘都通之類。卽覺母韻分爲二字矣。

四音定切 卷首 圖說 六

謳因勻亦然。收聲一名住音。與過音不同。或問過音住音何以別。曰過音如鉤兜等字是也。試將鉤兜字長聲讀之。末必皆收到謳字。是鉤兜如渡河之筏。謳如既渡而住於所到之岸也。餘過音住音放此。

合聲切音同歸圖

古烘 切公	苦通 切倥	莫琅 切芒	特杭 切堂

烘通 翁	琅杭 昂

合聲法。公字必作古翁切。倥字必作苦翁切。芒字必作莫昂切。堂字必作特昂切。蓋翁昂皆住音之字。用之爲韻。始得聲合也。切音法。古烘亦切公字。苦通亦切倥字者。蓋過音住音原是一貫。烘通之住音亦卽翁也。琅杭之於昂亦然。至切音上一字。雖不定用字頭。然與字頭必同一母。是與合聲亦實無別也。

切音直韻直母圖（韻之清濁母之開合均不須轉也。仍用上圖四切。）

古烘 切公	苦通 切倥	莫琅 切芒	特杭 切堂

公倥皆合口音。古苦二母亦合口音。公倥皆清聲。烘通二韻亦清聲。母韻與本字音（開合）聲（清濁）並同。不須轉變。故謂之直。莫琅切芒。特杭切堂。母皆開口。韻皆濁聲。亦直切得本字。故亦謂之直也。

切音轉韻圖（轉韻之清濁以從母也）

四音定切 卷首 圖說 七

既祁 切基	戶公 切紅

基字是清聲。祁韻是濁聲。濁韻可切清聲之字者。因既母是清聲。祁韻從母轉清。是以切得基字。紅字是濁聲。公韻是清聲。清韻可切濁聲之字者。因戶母是濁聲。公韻從母轉濁。是以切得紅字。推之切一切之字。其韻皆隨母之清濁也。若韻與母清濁同（卽前所謂直韻）則不轉。

切音轉母圖（轉母之開合以從韻也）

徒了 切窕	鉤須 切駒

窕字是齊齒音。從字是合口音。合口母可切齊齒之字者。因了韻是齊齒音。母從韻轉爲齊齒。是以切得窕字。駒字

是撮口音，鉤母是開口音，開口母可切撮口之字者，因須韻是撮口音，鉤母從韻轉爲撮口，是以切得駒字。推之切一切之字，其母皆隨韻之開齊合撮也。若母與韻開合同，（卽前所謂直母）則不轉。

切韻指掌原序及直指玉鑰匙門法，皆論憑切憑韻。按憑切是憑母之開合，（開口母則切開口字，合口母則切合口字。）憑韻是憑韻之開合，（韻開則切開，韻合則切合。）然憑切特以濟憑韻之窮。（古人製切之法，有密有疏，開有以憑韻之法切之，而有音無字，或音非本字者，故用憑切，然音終不甚和。）殊非常法，故直指門法每言憑韻爲正，憑韻爲主也。

憑韻法卽右轉母圖，可以類推。

切音轉母轉韻圖（轉韻之清濁以從母，轉母之開合以從韻也。）

怡均（切匀）
安回（切隈）

問：怡均切是因字否？曰：濁聲之母，不切清聲之字。怡濁因清也。然則是寅字否？曰：撮口之韻，不切齊齒之字。均撮寅齊也。安回切是暟字否？曰：清聲之母，不切濁聲之字。安清暟濁也。然則是喉字否？曰：合口之韻，不切開口之字。回合喉開也。總之清濁憑母，開合憑韻，方爲合法。（直母直韻以下四式，切音之法，均不外此。）

或曰：吾於清濁略能知矣，惟開齊合撮究無以定之，若何？曰：子能舍權以定輕重，舍度以定長短乎？夫欽意烏于者，開齊合撮之權度也。今如亨歌等字，未見口之甚開也，然實開口音。香挑等字，未見齒之甚齊也，然實齊齒音。黃誇等字，未見口之甚合，羣鞾等字，未見口之甚撮，然爲合爲撮，有一定者也。曰：此何以定之？曰：收聲欽者，卽開口。收聲意者，卽齊齒。收聲烏者，卽合口。收聲于者，卽撮口。前固言之矣。

或又曰：以欽意烏于定開合，吾亦略知之矣，惟於開合須轉之音，尚未能轉，若何？曰：無已，則以欽意烏于四音通讀諸韻，使開齊合撮貫爲一句，庶易辨乎。請卽數韻約爲讀式如左。

欽音	意音	烏音	于音
該	基	孤	居
僧	辛	孫	筍
康	輕	誇	屈
憨	軒	歡	暄

欽音	意音	烏音	于音
開	欺	枯	祛
增	晶	尊	駿
岡	敬	瓜	絹
干	堅	關	涓

欽音	意音	烏音	于音
海	嬉	呼	吁
亨	欣	昏	熏
罄	香	荒	洫
看	牽	寬	棬

欽音	意音	烏音	于音
愛	衣	鄔	於
恩	因	溫	緼
坳	幽	汪	灪
安	淹	彎	淵

右式每句皆用欽意烏于四音定出開齊合撮四等，照豎行讀，但辨音之次第，勿執韻之同異，及聲之平仄也。讀熟後通諸全韻，則於一切字音之開合轉變，必能自得之矣。（式中皆清聲字，濁聲可以類推。）

有如海般二字爲切海欸音般意音辨得切音法開合憑韻不憑母則當轉欸音之海爲意音之嬉作嬉般切切得欣字。又如誇該二字爲切誇烏音該欸音準憑韻法轉烏音之誇爲欸音之康作康該切切得開字。又欸音之海字轉意音轉嬉字可也非嬉字亦可只要與海字同母之意音如休軒欣枵等字均可轉也烏音之誇字轉欸音轉康字可也非康字亦可只要與誇字同母之欸音如彄珂看鏗等字均可轉也餘轉四音法放此切音法至是已全遂作贊辭辭曰。

讀書先須識字。切音眞訣宜求。括出四音要妙。是爲活水源頭。

附餘論一則

隋書經籍志稱婆羅門書能以十四字貫一切音十四字今無可考惟涅槃經如來性品言有十四音名爲字義是十四音名曰字本審其字則噁阿億伊郁優嘡黟烏炮菴阿也又觀唐釋元應所撰一切經音義釋涅槃經字音十四字作裒阿壹伊塢烏理釐黳藹污奧菴惡與今本涅槃經不同蓋梵譯惟取同音是以字別且音分長短是以字可增減此固無足異也第元應於十四字上有婆羅賀磨天作悉曇章之說意婆羅門十四字卽此十四音耶或問此十四音卽字母乎曰子誤以收聲之音爲字母必且以字母爲收聲然則於本品中迦呿三十三字何以用之。

四音定切卷首終

凡例

一廣韻集韻爲切音之準是編切字定母類與二書所用字母同宫至字音開合四呼亦本切韻指掌五音集韻四聲等子諸書讀法

一是編以合聲統切音凡所用字母專取音和不參類隔由類隔非合聲所宜也

一四音字母編內原有一定其或別用一字亦如三十六母郡羣狀牀並用之例其音實無不同者

一各韻字數遵照佩文韻府惟
廟諱
御名敬避至相似之字亦間有未編入者以其爲場屋所罕用也

四音定切卷一

興化劉熙載融齋輯

受業上海黄晉接三參輯

韻釋提綱

統韻四音

欸（謂平聲上聲同音）　意　烏　于

四音能收一切字音（說見卷首）故釋韻分部以此。

四音字母總目（內有有音無字者記○以存其位）

欸音字母（切開口呼字）

格得吒百○則窄盎（純清）克吞撐拍○湊塞策森

黑（次清）○特擇帛○昨○棧○覈（純濁）額諾鐃漠

○○郎○（次濁）

意音字母（切齊齒呼字）

記柢智必○子支岬（純清）器梯絺披○次思蚩詩

希（次清）洪題馳皮○自詞乘時係（純濁）義念旋眉

○移梨認（次濁）

烏音字母（切合口呼字）

古覩錣布俯組葅沃（純清）苦吐惷鋪拂措蘇初疏

呼（次清）○徒濯步鳧坐○助○戸（純濁）吾努㚷模

武○盧○（次濁）

于音字母切撮口呼字

俱○駐○○醉諸淤純清呿○楮○○趣須處書

虛次清璩○除○○聚敘船殊熊純濁魚○女○

○歈閭如次濁

切音通法。四音字母。本可互用。玆釋諸韻之字。字母各從其類者。合聲之法固爾也。各從其類。此所謂直母也。直母轉母俱詳卷首。若四音字母互用。則欸音部中之母。可切意烏于音部中之字。意音部中之母。可切欸烏于音部中之字。烏部母可切欸意于音字。于部母可切欸意烏

音字。乃所謂轉母也。是編切法。雖用直母。然實包轉母法在內。附詳下字母清濁聲統釋後。

字母清濁聲統釋

純清　格記古俱見　得柢覩○端　吒智綴駐知　百必布○幫　○○俯○非　則子

組醉精　窄支蒩諸照　盎吚沃淤影

次清　克器苦呿溪　吞梯吐○透　撐絺惷楮徹　拍披鋪○滂　○○拂○敷　湊次

措趣清　塞思蘇須心　策嵒初處穿　森詩疏書審　黑希呼虛曉

純濁　○淇○璩郡　特題徒○定　擇馳濯除澄　帛皮步○並　○○皀○奉　昨自

坐聚從　○詞○敘邪　棧乘助船狀　○時○殊禪　瞉係戶熊匣

次濁　額義吾魚疑　諾念務○泥　鐃旋蚋女孃　漠眉模○明　○○武○微　○移

○歈喻　郎梨盧閭來　○認○如日

右每四母下。繫見溪三十六母中之一母。一母爲四母所屬。四母聲之清濁。與下繫一母同。前釋內格記古俱四字。分四呼法。開口。齊齒。合口。撮口。即欸意烏于四音也。今如用古字爲母。合翁字韻。切公字。辨得翁字是烏音。古字亦是烏音。母與韻同部。此爲直母不須轉者也。設遇格翁切。記翁切。俱翁切。亦皆是切得公字。便須知切音口法開合。即欸意烏于四音。憑韻不憑母。格欸音。記意音。俱于音。與翁之爲烏音。不同部。皆須順口轉至烏音之古

字。是雖名爲格翁等切。實則仍是歸到古翁切。切得公字也。何以謂之順口轉。曰但讀格記古俱四字句。至第三字。爲烏位。一欸。二意。三烏。四于。便知古字爲烏音也。一切轉母法放此。又格記古俱四字。不必定作本字讀。即讀爲干堅關涓。溝鳩骨橘之類皆可。因與格記古俱同屬一母也。餘讀一切字母法放此。下論切音合聲

切音合聲。兩法已詳卷首皆用兩字。皆係上母下韻。合聲取韻。必取收聲之字。其韻所謂住音也。切音則取韻之途較寬。凡同在一部之字。如同在欸音部中。即

名同部。餘部放此。皆可互相爲韻。其韻所謂過音也。實則過音之下。皆含住音。如用烘通等字爲韻。其住音皆是翁字。琅杭等字爲韻。其住音皆是昂字之類。式見卷首。故是編專標住音。已該切法。

韻部標註式

凡韻不必皆備欵意烏于四音之字。茲於韻首將有無某音。分別註明。

切音取韻。可用過音。不必定取住音。是編各部內所標收聲字。皆係住音。以合聲法。非用住音爲韻。不協也。　凡收聲平音多收影喻二母。間有可收疑母者。疑喻連屬。古有成言。然非影喻

四音定切　卷一　韻釋提綱　四

二母無字。則不用。

收聲字音。有用清濁互轉者。蓋韻隨母轉。本切音常法。母清則韻雖濁亦讀清。母濁則韻雖清亦讀濁也。　有一部中無收聲之字者。則以欵意烏于字。叶本部音作收。○以代之。平峭二音兼代

峭音前已有圖。務爲峭烏能收峭合口音。屬微母。微母係峭音。非敷奉三母。亦皆峭音。耳爲峭意。能收峭齊齒音如爲峭于。能收峭撮口音。皆屬日母。日母係峭音。知徹澄精清從心邪照穿牀審禪十三母。亦各有峭音。　部中遇微日二母無字。則借平音收聲之字讀峭音。或借○所代之平音讀峭音作收。

收聲之字平音不出影喻疑三母。峭音不出微日二母。凡峭音無收聲字。借平音作收者。須將影喻疑三母字。轉作微日二母音讀之。　或問延字於先韻中。宜轉何音。曰。此平意也。轉峭意則爲然。延喻母。然日母。峭音圖中有耳字。耳然同實也。轉峭烏峭于法準此。

切字之母。有與所切之字同者。仍標是母。如陌韻內用格字爲母。切格字。麌韻內用古字爲母。切古字之類是。收聲之韻。有與所

四音定切　卷一　韻釋提綱　五

切之字同者。仍用是韻。如東韻內用翁字爲韻。切翁字。冬韻內用雍字爲韻。切雍字之類是。此本前人已用之法。況是編取於合聲。非此則聲不合也。

字聲清濁。觀所屬字母。本可卽辨。茲更將純清次清純濁次濁。分註每節下。閱者當益了然。

字有一字重見本韻者。旣如其義。分隸各母。所有本韻不重見而應屬兩三母及兼兩呼之字。就其尤宜知者。列之部末。將各母標明。至母音清濁。具詳清濁統釋中。提綱止此。釋韻見下

韻釋

平聲一東 此韻但有烏于二音無欸聲係合聲法若切音凡同皆可爲韻下辨收

烏音 此部清聲字以翁字收聲濁聲字以翁字轉濁聲收聲中有非敷奉三母借用翁字收聲凡編內收聲字多與本部名之字同呼同母此部以翁字收聲翁烏同爲合口呼且同母也欸意于三部收聲字放此收聲字或有與部名之字不同母者清濁平峭雖有轉掉要其呼之音吻則無不同本部內公字上古翁二字用合聲切也古字於三十六母屬見母故標見字於左餘切放此

見 古翁 公功工攻釭玒玐 端 覩翁 東涷蝀 非 府翁 風楓 精 組翁 騣葼緵豵嵏鬉總蓯椶艐稯輚䎫㟅嵕䆳 影 沃翁 翁蓊 純清

溪 苦翁 空悾倥崆 透 吐翁 通恫 敷 拂翁 豐灃酆𧮰豊 清 措翁 蔥

聰驄悤璁蟌 次清

定 徒翁 同銅筒童僮曈筩峒䍣瞳鮦絧艟犝氃㠉衕獞㖫穜詷餇硐 並 步翁 蓬逢篷芃韸髼荃㷭 奉 鳧翁 馮渢汎 從 坐翁 叢藂䕺 狀 助翁 崇漴 匣 戶翁 洪鴻虹訌䜫谼洚泓 純濁

明 模翁 蒙濛矇幪夢饛雺瞢朦艨罞懵冡髳艨懜 來 盧翁 籠聾蘢瓏朧礱嚨巃䆍龐襱鑨 次濁

吐翁 收透定二 徒翁 桐侗 母義別 收透定二 呼翁 烘 收曉 戶翁 漟 母義同

古翁 紅 收見匣二 匣二母 戶翁 母義別 義同

以上桐侗諸字不止收於一母清濁未及備註閱清濁統釋自明凡遇編內字不止收一母者

檢閱清濁放此

于音 此部平音濁聲字以融字收聲清聲字以抹字轉清聲收聲峭音濁聲字以融字轉清聲收聲

見 俱融 弓躬宮 知 駐抹 中衷忠 照 諸抹 終螽鼨䝦 純清

溪 呿融 穹芎 徹 楮抹 忡 心 須融 嵩菘崧 穿 處抹 充忼珫 次清

郡 璩融 窮藭 澄 除抹 蟲沖𤜵爞种 匣 熊融 雄熊 純濁

喻 歈融 融彤瀜 來 閭融 隆癃窿䨴 日 如抹 戎狨茙駥㭜絨 次濁

楮抹 收徹澄二 除抹 母義同 坐翁 一收從母烏音 諸抹 一收照母于音 義同 淙

二冬 此韻但有烏于二音無欸意音

烏音 此部收聲以烏字叶冬韻合口音得聲以代之中有非敷奉三母借用此聲 收聲無字記○凡韻部內收聲例準此

覩 端○ 組 精 冬苳○ 府 非 宗○ 封葑犎 純清

拂 敷○ 蘇 心 峰蜂鋒烽丰桻○ 鬆 次清

徒 定○ 鳧 奉 彤○ 坐 從 逢縫○ 戶 匣 琮悰淙賨慒○ 碚颹 純濁

努 泥○ 膿儂膿癑 次濁

于音 此部平音清聲字以邕字收聲濁聲字以茸字收聲峭音濁聲字以茸字收聲 清聲字以茸字轉清聲收聲

見 俱邕 恭供共龔 精 醉茸 蹤縱 照 諸茸 鍾鐘松蚣樅 影 淤邕 雍

邕壅癰饔雝噰廱灉 純清

楮茸徹 蹖清 趣茸 鏦蹤穿 處茸 衝憧衝劊幢獞 書茸審 舂惷掅

踳騎騎曉 虛邕 胸凶匈兇洶訩𧊜恟 次清

璩容郚 蛩笻蛬邛舼蛩茾篕 除茸澄 重蝩 聚茸從 從 殊茸禪 慵

純濁

魚容疑 喁噧 女容孃 濃醲穠 欲容喻 容蓉庸墉鏞傭溶鎔鄘

瑢戭軨輍榕溶 閭容來 龍龍巃 如茸日 茸毧毦 次濁

須茸敘茸 松淞凇 收心邪二母義同 醉茸趣茸 樅 收精清二母義同 殘茸

歙容 鱅 收禪喻二母義同 呿邕虛邕 銎 收溪曉二母義同 俱邕茸須 諸茸 蜙

收見照心三母義俱別 諸茸楮茸 蹱 收照徹二母義同 女容如茸 穠 收孃日二

母義同

三江 此韻但有欽烏二音無意于音

欽音 此部濁聲字以峴字收聲清聲字以峴字轉清聲收聲

格峴見峴 江杠矼釭扛茳豇 百峴幫 邦梆梆 純清

克峴溪峴 腔跫悾 黑峴曉 腔椌 次清

帛峴並峴 龐逄䆅 㲉峴匣 舡降洚 純濁

額峴疑峴 峴 漠峴明 厖尨哤駹娏朧䮾蛖 次濁

烏音 此部收聲以烏字叶江韻合口音得聲

鐚知 ○ 椿 純清

舂惷 ○ 惷 措清 ○ 摐 初穿 ○ 窗摐鏦䆫 疏審 ○ 雙艭雙䨇雙䨇

次清

擢澄 ○ 撞幢橦 助牀 ○ 淙漎 純濁

盧來 ○ 瀧 次濁

四支 此韻四音兼備

欽音 此部收聲以欽字叶支韻開口音得聲

窄照 ○ 緇菑淄錙椔 純清

策穿 ○ 差嵯 森審 ○ 師獅篩簁纚䍘簏襹 次清

棧牀 ○ 漦 純濁

窄策 ○○ 輜 收照穿二母義同

意音 此部平音清聲字以伊字收聲濁聲字以怡字收聲峭音濁聲字以而字收聲

清聲字以而字轉清聲收聲

記伊見 基肌羈飢箕奇其朞羇居畸剞諆 智而知 知胝貿

必伊幫 陂碑悲卑羆椑裨庳錍箄䙓詖 子而精 姿滋兹貲

髭資訾咨粢齍孜齋耔仔鄑嵫鶿觜 支而照 支枝之芝

卮脂肢氏祇栀榰敊䌛 咿伊影 醫伊漪咿噫猗椅黟洢

禕 純清

器伊溪 欺僛魌踦崎娸欺䭲倚 絺而徹 癡螭笞絺魑摛絺

彭伊滂 披鈹駓紕丕伾秠旇狓豾伾㹆㓟 次而清 雌 思而心

絲司思斯私罳凘颸厮虒偲澌䲉鷥覗緦 蚩而穿 鴟

嗤媸蚩 詩而審 施詩尸蓍屍葹絁鍦邿鳲 希伊曉 嬉曦熙

犧巇羲娭僖嘻熹吚禧戲虛譆巇燨桸支清
淇治郡奇綦旗期騎歧岐祇綦祁騏萁其錡鰭淇鄿祺
琦琪耆鬐疷蚑麒蜞軝錤愭踑忯璣馳而澄馳池遲持
墀篪坻治蚳泜貾趍耛菭踟皮怡並皮疲脾魮邳陴貔
比禆魮埤鈚崥郫椑毗自而從慈茨疵瓷骴薺餈磁茈
茡藭玼玆詞而邪辭詞祠辝柌時而禪時匙提塒鯡鍉姼
栘題純濁
義怡疑宜儀疑涯嶷轙艤羛旋怡孃尼怩跜柅眉怡明眉麋
彌湄縻楣麋瀰嵋醿劘郿蘼糜麿蘪寀移怡喻移夷
遺彝頤姨怡匜飴酡迆蛇扅痍貽洟詑台椸栘褷謻

四音定切 卷一 支 十

貤簃寅桋蛦錗䩟恞陝峓徥移圯瓵宧梨怡來離貍離
驪璃醨漓蠡褵蜊麗麄纚離蔆鸝羅罹蘺犛樆孋犛
樆䴡䅲劙欐黎認而日兒而栭耏洏髵唲鮞胹陑鴯支濁

記伊怡移姬收見喻二母義同
記伊器伊敧收見溪二母義別
希伊梨移
收曉來二母義別
子而自而鷰收精從二母義同
絺而梨移离
收徹來二
詩而齝收審徹二母義同
崇而眵收照穿二母義同
支而馳而泜收照澄二母義同

烏音此部收聲以烏字叶支韻合口音得聲

初穿○衰疏審○衰㰆支清

于音此部清聲字以為字收聲中有字收聲濁聲字以母以䕀字收聲
俱透規𪗋嬀摫䚗𡙇追知駐透箠䈶精醉透劑崔厜諸透
見照錐騅鵻隹萑影於透萎委矮逶倭䅗純清
溪呿透虧窺心須透綏眭荾䧳穿處透吹炊推摧曉虛透麾
睢撝嗚鑴支清
郡璩為葵夔逵馗騤戣頯蘷郯除澄為椎鎚邪敘為隨隋
禪垂陲誰脽倕純濁
疑魚為危峗㕒喻欽為為帷維壝惟濰蠵潙來閭為纍羸欙
日如䕀蕤緌桵甤桵支濁
如䕀於為痿收影日二母義同

四音定切 卷一 支微 十一

五微此韻但有意烏于三音無欸音

意音此部清聲字以衣字收聲濁聲字以衣字轉濁聲收聲
記見衣機譏磯鐖璣饑錢幾磯影伊衣衣依譩純清
希曉衣稀希晞欷豨鵗睎支清
淇郡衣祈旂畿蘄頎碕圻純濁
義疑衣沂豈支濁
記衣淇衣幾刉收見郡二母義別

烏音此部濁聲字以微字收聲清聲字以微字轉清聲收聲
俯非微緋飛非扉誹餥騑純清
敷拂微霏菲妃騑䨽斐支清

鳧奉 微 肥腓淝痱厞 純濁
武微 微 微薇㵟 次濁
于音 此部清聲字以威字收聲濁聲字以韋字收聲
俱見 威 歸騩 影於 威 威蝛葳 純清
虛曉 威 暉煇褘揮翬禕徽楎 次清
魚疑 韋 巍𩀨 喻歈 韋 韋圍闈違 次濁
虛威 韋 韡 收曉喻二母義同
六魚 此韻但有烏于二音無欸意音
烏音 此部收聲以烏字叶魚韻合口音得聲
菹照 ○ 菹 純清

四音定切 卷一 微魚 十二

初穿 ○ 初 疏審 ○ 疏蔬梳練疋 次清
助狀 ○ 鋤耡 純濁
于音 此部清聲字以於字收聲濁聲字以餘字收聲中有一母以鴽字收聲
俱見 於 居琚車琚鶋椐据䅩 知駐 於 豬潴瀦 精醉 於 蛆且咀
諸照 於 諸儲蠩藷櫧 影於 於 於箊淤唹 純清
呿溪 於 墟祛袪胠胠嘘呿 徹楮 於 樗攄㯫𤩽㩉 清趣 於 狙疽
砠雎趄 心須 於 胥糈諝蝑湑 審書 於 書舒紓𤨏鴽 曉虛 於 虛
噓歔驉魖 次清
璩郡 餘 渠蕖蘧𨧹鸜璩磲醵籧 澄除 餘 儲滁篨除躇屠蒢
涂 邪敘 餘 徐 純濁

魚疑 餘 魚漁齬鋙衙 女孃 餘 挐拏 喻歈 餘 余予轝輿餘旟璵
與畬妤維餘懙 來閭 餘 閭廬驢櫚臚藘騳藺 日如 鴽 如
茹鴽袽洳 次濁
醉趣 於於 苴 收精清二母義別 殊歈 餘餘 蜍 收禪喻二母義別
收見郡二母義同 女 餘 帤 收孃日二母義同
別 醉於 趣 ○ 沮 收精清二母 照母烏音義俱別 于音收 如鴽 須於 歈餘 萸 收心喻二母義 俱於 璩餘 腒
七虞 此韻但有烏于二音無欸意音
烏音 此部清聲字以杇字收聲濁聲字以杇字轉濁聲收聲中有四峭母濁聲字以無字收聲清聲字以無字轉清聲收聲
古見 杇 孤辜姑觚菰酤鴣沽呱軱罛箛橭鍸柧 覩端 杇 都

四音定切 卷一 魚虞 十三

闍幫 布 杇 逋餔晡誧 非俯 無 夫膚柎趺鈇扶玞枹鴩稃 組 杇
精 租葅 影沃 杇 烏惡瑦杇於汙 純清 蛄 補見母遺字
苦溪 杇 枯刳恗鮬 吐透 杇 稌 鋪滂 杇 鋪䖰 拂敷 無 敷孚孚桴郛
俘痡稃孚麩艀憝孵 措清 杇 麤 蘇心 杇 蘇酥穌穌 初穿 杇
芻 疏審 杇 毹 呼曉 杇 呼幠 次清
徒定 杇 徒途塗荼圖屠莬駼瘏駼 步並 杇 蒲酺蒱 鳧奉 無
扶符鳧夫苻蚨芙泭鈇瓿颬 坐從 杇 徂 助狀 杇 雛𪃿媰 戶匣 杇
匣 胡湖瑚乎壺狐弧醐糊餬鶘箶瓠葫 純濁
吾疑 杇 吾梧吳鼯郚鋘䴘珸 努泥 杇 奴砮笯駑孥帑 模明 杇
模謨摹母膜嫫 武微 無 無蕪巫誣毋憮璑 盧來 杇 盧鑪鑪

蘆艫壚瀘櫨旅顱轤矑瓐𤬪纑驢籚 次濁
呼杇武無 膴 收曉微二母義同 呼杇戶杇 𧆺 收曉匣二母義別
于音 此部清聲字以紆字收聲濁聲字以俞字收聲中有一母以儒字收聲
俱紆見 俱駒拘跔郰捄痀 駐紆知 株誅蛛邾跦鴸禂 醉紆精
諏娵 諸紆照 朱珠咮侏 淤紆影 紆陓 純清
去紆溪 區驅軀嶇嘔 楮紆徹 貙 趨紆清 趨騶 須紆心 須鬚需嬃
處紆穿 樞姝趎 書紆審 輸隃 虛紆曉 吁盱訏旴昫欨忬 次清
璩俞群 臞衢瞿劬朐絇軥䠓句戳躣姁枸欋翑鸜 除俞澄
廚躕裯蹰 殊俞禪 殊銖殳洙杸瓶 純濁
魚俞疑 虞愚娛隅禺嵎鸆喁齵髃鰅蝺鍝澞麌 豫俞喻 于
四音定切 卷一 虞齊 十四
盂瑜榆諛愉腴竽俞逾窬覦揄萸臾歈渝玗杅邘釪
褕羭瘉蝓闟堬芋踰瑜牏渝蕍悇䱾艅楰 閭俞來 蔞鏤
婁僂膢漊氀 如儒日 儒濡襦嚅臑獳懦醹 次濁
虛紆豫俞 雩 收曉喻二母義別 須紆如儒 繻 收心日二母義別 麢 收心日二
母義同 淤紆豫俞 迂 收影喻二母義同 沃杇豫俞 汙 收影母烏音 收喻母于音
母義別、 拂無虛紆 夸 收敷母烏音 收曉母于音義同
八齊 此韻但有意于二音無欽烏音
意音 此部清聲字以緊字收聲濁聲字以緊字轉濁聲收聲
記緊見 雞稽笄枅卟 抵緊端 隄羝鞮低氐磾 必緊幫 箆鎞陛
子緊精 躋齏齎擠 卯緊影 鷖翳鷖黳繄 純清

器緊溪 谿 梯緊透 梯虒 披緊滂 批䤵錍 次清 緊 妻萋淒悽緀淒
西緊心 西栖犀澌嘶撕粞 希緊曉 醯醘虒 次清
題緊定 稊題提荑蹏嗁鍗鮷綈銻蝪綈瑅鮧禔鵜媞鶗
緹罤折桋睼禔 皮緊並 鼙椑膍甈笓 自緊從 齊蠐臍懠 係緊
匣 兮奚嵇蹊媄傒徯騱螇鼷 純濁
義緊疑 倪齯霓猊鯢輗兒棿蜺 念緊泥 泥㲻 眉緊明 迷麛 梨緊
來 黎犁藜梨蠡瓈黧棃驪鸝 次濁
抵緊題緊 詆騠 收端定二母義同
于音 此部清聲字以烓字收聲濁聲字以烓字轉濁聲收聲
俱烓見 圭閨袿邽 淤烓影 烓 純清
四音定切 卷一 齊佳 十五
咕烓溪 睽奎刲暌睽 次清
熊烓匣 攜畦觿蠵巂鑴酅鑴 純濁
俱烓熊烓 筀 收見匣二母義同
九佳 此韻但有欽烏二音無意于音
欽音 此部清聲字以揩字收聲濁聲字以揩字轉濁聲收聲
格揩見 佳街階皆偕荄喈䶒楷痎 窄揩照 齋 盎揩影 娃挨
哇 純清
克揩溪 揩緒稭 策揩穿 釵靫差 森揩審 簁 次清
帛揩並 牌排簰廲俳 棧揩牀 柴豺儕𪓐 𢿍揩匣 鞋諧骸膎鮭
純濁

額挨疑 厓涯啀 漠挨明 埋霾 次濁
格挨見 覈挨匣 湝 收見匣二母義別
烏音 此部清聲字以蛙字收聲濁聲字以蛙字轉濁聲收聲
古蛙見 乖媧蝸緺騧 沃蛙影 蛙 純清
苦蛙溪 咼 呼蛙曉 竵 次清
戶蛙匣 懷淮櫰槐褱 純濁
十灰 此韻但有欸烏二音無意于音
欸音 此部清聲字以埃字收聲濁聲字轉濁聲收聲
格埃見 該垓陔絯荄晐峐 則埃精 栽哉災 盎埃影 哀埃欸唉
烋 純清
四音定切《卷一 佳灰 十六
克埃溪 開 吞埃透 胎台駘部 湊埃清 猜 塞埃心 顋䚡毸䚡 黑埃曉 咍 次清
特埃定 臺苔駘炱儓薹擡 昨埃從 才材財裁纔 覈埃匣 孩頦 純濁
額埃疑 皚 郎埃來 來萊騋徠崍郲棶 次濁
格埃見 克埃溪 侅 收見溪二母義同 吞埃透 諾埃泥 能 收透泥二母義別
烏音 此部清聲字以隈字收聲濁聲字以隈字轉濁聲收聲
古隈見 傀 覩隈端 推鎚頧 布隈幫 杯 沃隈影 隈㟪椳偎煨 純清
苦隈溪 恢魁悝詼 吐隈透 推焞蓷 鋪隈滂 醅坏肧衃 措隈清 催
呼隈曉 灰㶇虺 次清

徒隈定 隤隤 步隈並 陪裴培 坐隈從 摧漼 戶隈匣 回徊槐洄茴 純濁
吾隈疑 嵬桅隗 努隈泥 挼 模隈明 枚梅媒煤䍙莓禖鋂脢座
盧隈來 雷罍 次濁
古隈見 戶隈匣 瑰 收見匣二母義別 措隈清 坐隈從 崔 收清從二母義別
十一眞 此韻但有欸意烏三音無于音
欸音 此部收聲以欸字叶眞韻開口音得聲
窄照 ○ 臻榛溱蓁 純清
森審 ○ 莘侁詵駪姺甡兟 次清
意音 此部清聲字以因字收聲濁聲字以寅字收聲中有八母濁聲字以人字收聲清聲字以人字轉清聲收聲
四音定切《卷一 灰眞 十七
記因見 巾 智人知 珍瑱 必因幫 賓濱彬豳儐斌 子因精 津璡 支人照 眞振甄侲帪賑鍼眕 伊因影 因茵姻闉禋堙駰甄湮
諄 純清
欺因溪 親 思因心 辛新莘 蚩人穿 瞋 詩人審 申伸紳身呻娠神 次清
渠寅郡 墐殣 馳人澄 陳塵 皮寅並 頻蘋蠙嚬貧嬪瀕蠙 自寅從 秦螓 乘人牀 神 時人禪 晨辰臣宸蜃 係寅匣 礥 純濁
義寅疑 銀垠齗嚚誾狺訢鄞 旋寅孃 紉 眉寅明 民珉緡岷罠 閩泯旼忞 移寅喻 寅夤螾 梨寅來 鄰鱗麟獜磷轔璘驎

燐潾嶙膦𤢐 日認寅 八仁 次濁
支人時人 榐 收照禪二母義同
于音 此部清聲字以旬字收聲濁聲字以匀字收聲
俱旬見 鈞均麇䵷 知駐旬 屯迍窀 精醉旬 遵僎 照諸旬 諄 影淤旬
旬 純清
去旬溪 囷䐃箘 徹楮旬 椿鶞橁 清趣旬 皴逡踆皴竣 心須旬 詢
恂峋洵荀郇珣眗 穿處旬 春 次清
聚匀從濁 鶞 邪敘匀 旬巡馴循 牀船匀 脣漘 禪殊匀 蒓純鶉錞 純
像匀喻 筠匀䊿 來間匀 綸輪倫淪輪掄蜦 次濁
四音定切 卷一 眞文 八
俱旬見 敘匀豫匀 昀䪜 收見心邪喻四母義俱同 船匀 敘匀 紃 收邪牀二母義同
十二文 此韻但有意烏于三音無欽音
意音 此部清聲字以殷字收聲濁聲字以殷字轉濁聲收聲
記見殷 斤筋 影𢦏殷 殷殷磤慇濦慇 純清
希曉殷 欣昕炘 次清
淇郡殷 勤芹殣懃慬廑瘽堇鄞 純濁
烏音 此部濁聲字以聞字收聲清聲字以聞字轉清聲收聲
義疑殷 垠齦狺鄞誾齗 次濁
府非聞 分饙 純清
拂敷聞 紛芬雰衯帉砏紛 次清

𤾀奉聞 氛焚墳棼汾濆枌𪊼幩蕡蕡豶羵鼖肦魵羒轒
𤾀 純濁
武微聞 文聞紋蚊閿雯䳘 次濁
于音 此部清聲字以氳字收聲濁聲字以云字收聲
俱氳見 君軍麇皸 影淤氳 氳緼熅蒀蝹 純清
虛氳曉 勳薰纁熏醺纁葷焄臐獯 次清
璩云郡 羣裙 純濁
歈云喻 雲耘云芸員沄紜鄖縜妘溳篔澐橒 次濁
十三元 此韻四音兼備
俱氳 璩云 宭 收見郡二母義同
四音定切 卷一 文元 九
欽音 此部清聲字以恩字收聲濁聲字以恩字轉濁聲收聲
格恩見 根跟 影烏恩 恩 純清
透恩吞 吞 次清
匣𩇕恩 痕鞎拫 純濁
疑額恩 垠 次濁
意音 此部濁聲字以言字收聲清聲字以言字轉清聲收聲
記言見 鞬楗健犍鞬 純清
器溪言 攑 曉希言 軒騫掀 次清
疑義言 言簹甗 次濁
器言 希言 蹇 收溪曉二母義同

烏音此部清聲字以温字收聲濁聲字以温字轉濁聲收聲中有敷奉二母收聲以烏字叶本韻中幡字得聲

古見温 褌昆琨鵾鯤崑 覩温端 敦墩惇驐蜳 布温幫 奔賁 組温

精 尊罇鷷嶟繜 沃温影 温緼薀瑥轀 純清

苦溪温 坤髡 吐温透 暾焞蜳 鋪温滂 噴 拂敷 ○ 幡翻繙轓反潘

措清温 村 蘇温心 孫蓀飧飱 呼温曉 昏婚閽惛惽棔 次清

徒定温 屯豚芚軘燉飩臀庉純 步温並 盆湓 鳧奉 ○ 煩繁樊

膰蹯燔蕃蘩袢礬墦璠鷭蟠笲 坐温從 存蹲 戶温匣 魂渾

緷鼲沄澐 純濁

努泥温 磨 模温明 門捫樠璊虋亹 盧温來 論崙掄綸 次濁

四音定切《卷一 元寒 二十

府鳧○○ 蕃收非奉二母義同 番收敷奉二母義別 藩收非奉二母義別 吐温徒温 啍收透定二母義別 拂鳧○○ 旛收敷奉二

于音此部清聲字以眢字收聲濁聲字以袁字收聲

淤影眢 眢鴛宛輐䆅帤鵷怨蜿 純清

虚曉眢 暄萱喧諼貆塤暖晅喧 次清

魚疑袁 元原源黿騵沅嫄蠠杬鼸芫蚖榞邧阮 歆袁喻 園

猨轅垣湲媛援爰檬袁洹 次濁

十四寒 此韻但有欸烏二音無意于音

欸音此部清聲字以安字收聲濁聲字以安字轉濁聲收聲

格見安 干肝竿乾玕奸忓 得安端 丹殫單鄲簞禪 盎安影 安

[illegible] 純清

克溪安 看刊 吞安透 灘歎攤嘽癉 湊安清 餐 塞安心 珊跚姍 次

特定安 壇檀彈撣驒 昨安從 殘 翾安匣 寒韓榦翰汗 純濁

頹疑安 豻 諾安泥 難 郎安來 闌欄瀾蘭攔㘓籣讕 次濁

得安特安 癉 收端定二母義別

烏音此部清聲字以眢字收聲濁聲字以眢字轉濁聲收聲

古見眢 官觀冠棺倌涫 覩眢端 端剬 組眢精 鑽 沃眢影 剜眢 純

苦溪眢 寬髖 吐眢透 湍貒 鋪眢滂 潘拌 蘇眢心 酸狻 呼眢曉 歡驩

四音定切《卷一 寒刪 三十

讙貛 次清

徒定眢 團摶漙慱敦 步眢並 盤蟠磐鞶瘢胖弁磻繁 坐眢從

欑欖穳 戶眢匣 丸桓紈完瓛萑雈汍芄綄峘洹 純濁

吾疑眢 刓豲岏 模眢明 漫鏝鬘謾瞞曼饅鰻樠蔓 盧眢來 鸞

鑾欒巒灤䜌 次濁

組眢坐眢 欑收精從二母義別 呼眢戶眢 貆收曉匣二母義同 布眢步眢 般收幫並二母義別 古眢戶眢 莞

十五刪 此韻但有欸烏二音無意于音

欸音此部清聲字以黫字收聲濁聲字以黫字轉濁聲收聲

格見黫 菅姦閒蕑艱靬 盎黫影 黫黫殷 純清

克硻谿 豣慳 森硻審 刪潸山狦訕 次清
棧硻狀 孱潺 𪑩硻匣 閑閒嫺鷴僩瞯 純濁
顏硻疑 顏顬 郎硻來 斕 次濁
烏音 此部清聲字以彎字收聲濁聲字以彎字轉濁聲收聲
古彎見 關瘝鰥綸擐喧 布彎幫 班斑頒般斒𩬱 菹彎照 跧 沃彎
影 彎灣 純清
鋪彎滂 攀眅 次清
戶彎匣 闤還環鐶鬟鍰寰圜澴轘瞏患 純濁
五彎疑 頑癏 模彎明 蠻鸞蔓獌 次濁
布彎 鋪彎 扳 收幫滂二母義同

四音定切 卷一 刪先 三三

一先 此韻四音兼備
欽音 此部收聲以欽字叶先韻開口音得聲
意音 此部清聲字以煙字收聲濁聲字以延字收聲中有八母濁聲字以然字收聲 清聲字以然字轉清聲收聲
棧狀 ○ 潺孱 純濁
記煙見 堅肩甄豣枅鳽 柢煙端 顛巔蹎驔滇瘨 智然知 鱣鸇
必煙幫 邊籩編鞭鯿徧 子煙精 箋韉煎濺戔湔諓牋鬋 支然
照 氈旃饘鸇 伊煙影 煙燕咽蔫嫣歅鄢 純清
器煙溪 牽愆騫汧褰搴岍 梯煙透 天 絺然徹 梴 披煙滂 篇偏翩
扁 次清 煙 千阡遷芊韆仟汘 思煙心 先仙鮮躚𨅾硟廯鱻

秈 蚩然穿 燀 詩然審 羶埏扇 希煙曉 嘕祆仚 次清
淇延郡 乾虔犍騝鍵 題延定 田塡鈿闐畋佃磌磾沺軥 馳然
澄 纏廛躔瀍 皮延並 便駢軿平胼蠙楩緶骿楄 自延從 前
錢媊 詞延邪 涎 時然禪 禪蟬鋋嬋儃單 係延匣 賢弦絃舷 純
濁
義延疑 姸研 念延泥 年 眉延明 眠緜櫋棉 移延喻 延筵綖蜒蜓
郔莚挻 梨延來 蓮憐連聯漣零 認然日 然 次濁
𢌳煙移延 焉 收影喻二母義別 詩然移延 埏 收審喻二母義別 智然馳然 邅
收知澄二母義同 記煙器煙 幵 收見溪二母義同 馳然時然 澶 收澄禪二母義同

四音定切 卷一 先 三三

烏音 此部收聲以烏字叶先韻合口音得聲
于音 此部清聲字以淵字收聲濁聲字以緣字收聲中有七母濁聲字以喫字收聲 清聲字以喫字轉清聲收聲
菹照 ○ 跧 純清
俱淵見 涓鋗鵑稍焆 醉淵精 鐫朘 諸喫照 專甎篿顓 淤淵影 淵
娟悁痟蜎蠉蜵潫 純清
呿淵溪 弮棬 樞喫徹 猭 趣淵清 銓筌詮痊佺悛荃駩竣絟 須淵
心 宣瑄揎 處喫穿 穿川 虛淵曉 儇翾嬛蠉懁駽譞鋗 次清
璩緣郡 權拳卷顴鬈蜷踡 除喫澄 椽傳 聚緣從 泉全牷䋛 敘緣
邪 旋還漩璿璇 船喫狀 船 殊喫禪 遄篅 熊緣匣 縣 純濁

歛緣喻夾濁 緣蔦鉛捐圓員沿蝝湲來閏緣 攣日如嚛 瑌㬋撋堧

二蕭 此韻但有意音無欸烏于三音

意音 此部清聲字以邀字收聲濁聲字以遙字收聲中有八母濁聲字以饒字收聲清聲字以饒字轉清聲收聲

記邀見 澆嬌儌橋驍憍 祇邀端 貂刁凋雕彫舠 智饒知 朝 必邀幫 飆標杓鑣幖熛麃儦臕瀌摽髟臕驃 子邀精 焦蕉椒

燋膲噍鐎鷦爑 支饒照 昭招釗鉊 吚邀影 幺要腰邀妖夭

葽嘤怮纱 純清

器邀溪 橇 梯邀透 挑祧恌斛 絺饒徹 超怊 披邀滂 漂彯翲傈 夾邀

四音定切 卷一 先蕭 廿四

清 鍪敹幧 思邀心 蕭簫宵消霄綃銷翛哨瀟痟硝蛸魈

蠨逍揱 蚩饒穿 弨 詩饒審 燒 希邀曉 嚻嘵譊枵熇獢膮歊 夾

清

淇遙郡 喬橋僑翹劭嶠轎荍 題遙定 迢條髫跳蜩苕調鰷

儵澂 馳饒 朝潮鼂 皮遙並 瓢薸剽 自遙從 樵譙憔 時饒禪 韶佋

純濁

義遙疑 堯嶢垚 綿遙明 苗描貓篻貓 移遙喻 遙傜姚搖謠瑤

飄颻愮陶繇窯珧銚鴿猺蘨褕䍃嗂 梨遙來 聊遼寥撩

僚寮膋鷯漻飂獠僇料橑簝敹鐐鏐嘹燎 認饒日 饒橈

蕘嬈 夾濁

記邀見 梟收見曉二母義同 希邀曉 移遙喻 母義別 器邀溪 驕收見溪二 母義同 時饒禪 韶

希邀曉 鴞收曉喻二母義同 移遙喻 披邀滂 飄收滂並二母義 皮遙並

別 梯邀透 佻收透定二母義別 題遙定 記邀見 義遙疑 僥收見疑二母義別 吚邀影 器邀溪

淇遙郡 趫收溪郡二母義同 記邀見 嶠收見郡二母義別 希邀曉 淇遙郡 繑 認饒日 嬈收影

日二母義同 淇遙郡 蕎收見郡二母義別 淇遙郡 嶠收曉郡二母義同

三肴 此韻但有欸音無意烏于三音

欸音 此部清聲字以坳字收聲濁聲字以坳字轉濁聲收聲

格坳見 交郊膠蛟鮫茭教佼鵁艽摎嘐轇 吒坳知 嘲啁鵃

百坳幫 包苞枹勹 窄坳照 巢蔈抓䲭 盎坳影 坳顱 純清

克坳溪 敲骹墝鄗 撐坳徹 颮 拍坳滂 抛脬砲 策坳穿 鈔謏蘸訬

四音定切 卷一 蕭肴 廿五

森坳審 梢髾筲捎蛸弰旓鞘箾莦嫂䈰娋 黑坳曉 哮虓烋

髇嗃涍飃涍 夾清

帛坳並 庖匏炮麃跑咆鉋掊爮颮捊袍 棧坳狀 巢漅轈橾

鄒䑽匣 殽坳 肴爻崤淆筊姣洨倄 純濁

額坳疑 敖聱䓊 饒坳孃 鐃呶譊怓硇 漠坳明 茅媌犛罞 耶坳來

窅顟僗 夾濁

百坳幫 拍坳滂 胞收幫滂二母義同 拍坳滂 帛坳並 泡收滂並二母義別 格坳見 盎坳影 咬

收見影二母義別 格坳見 黑坳曉 詨嘐收見曉二母義同 策坳穿 棧坳狀 勦收穿狀二

母義 別

四豪 此韻但有欸音無意烏于三音

欸音 此部清聲字以鏕字收聲濁聲字以鏕字轉濁聲收聲

格見 鏕 皋餻篙羔高膏鼛橰櫜咎 端得 鏕 刀魛舠裯忉 百 鏕

幫 褒 精則 鏕 糟遭 影 盎 鏕 鏕 純清

克溪 鏕 尻 透吞 鏕 絛滔韜洮叨綢慆饕梠弢挑謟舶 清 湊 鏕

操 心塞 鏕 搔艘騷繅慅颾臊糁溞 曉黑 鏕 撓蒿嫐 次清

特定 鏕 萄桃濤陶戩逃綯醄檮裪匋謟洮咷鞠騊騧 帛 鏕

並 袍 從 昨 鏕 漕曹嘈槽艚螬嘈 匣 斅 鏕 豪毫號濠嗥嚎 純

濁

頟疑 鏕 鼇翺鼈敖璈驁獒熬謷嚻嗸獓 泥 諾 鏕 猱臑猫 漠 鏕

明 髦旄毛髦髦芼橄軞 來 郎 鏕 牢醪勞簩澇蟧撈 次濁

四音定切 卷一 豪歌 卅六

呑鏕 特鏕 蜪 收透定二 母義同

五歌 此韻四音兼備

欸音 此部清聲字以阿字收聲濁聲字以阿字轉濁聲收聲

格見 阿 歌柯哥牁菏駉 端得 阿 多 影 盎 阿 阿痾䋂㚷 純清

克溪 阿 珂軻 透吞 阿 佗拕 清 湊 阿 瑳磋蹉搓 心 塞 阿 娑挱獻髿

曉黑 阿 訶呵 次清

特定 阿 陀駝佗沱鼉紽酡鮀迱跎詑馱驒牠 從 昨 阿 瘥㽨

醝嵯 匣 斅 阿 河荷何苛 純濁

頟疑 阿 娥蛾鵝峨莪俄哦睋硪 泥 諾 阿 那儺 來 郎 阿 羅蘿邏

籮囉鑼 次濁

湊阿 塞阿 傞 收清心二 母義同

意音 此部收聲以意字叶歌韻齊齒音得聲

記見 〇 迦 純清

淇郡 〇 伽枷 純濁

記〇 淇〇 茄 收見郡二 母義別

烏音 此部清聲字以窩字收聲濁聲字以窩字轉濁聲收聲

古見 窩 戈過濄緺輵鍋堝 幫 布 窩 波番碆嶓 影 沃 窩 窩渦踒

倭 純清

苦溪 窩 科窠薖蝌邁 滂 鋪 窩 坡頗 心 蘇 窩 莎蓑梭 次清

徒定 窩 堶 並 步 窩 婆 從 坐 窩 矬 匣 戶 窩 和禾踻 純濁

四音定切 卷一 歌麻 卅七

吾疑 窩 訛囮 泥 努 窩 捼 明 模 窩 磨摩魔麼麼劘 來 盧 窩 螺贏覼

次濁

布窩 步窩 皤 收幫並二 母義同

于音 此部收聲以于字叶歌韻撮口音得聲

虛曉 〇 韡 次清

六麻 此韻但有欸意烏三音無于音

欸音 此部清聲字以鴉字收聲濁聲字以鴉字轉濁聲收聲

格見 鴉 家嘉加笳豭茄枷珈麚駕鷨瘕跏珈傢猳迦 吒 鴉

知 咤奓 幫 百 鴉 巴芭豝羓笆 照 窄 鴉 樝溠齇皻齇粗沶 盎 鴉

影 鴉啞丫椏啞鵶錏 純清

克鴉溪 岈䶩䴏 撦鴉徹 哆 拍鴉滂 葩舥蚆 策鴉穿 叉差艖杈靫 次

清

鎈䐆 森鴉審 沙紗鯊䰾裟髿魦䰖 黑鴉曉 呀谺岈煆颬 次

擇鴉澄 樣塗秅瘵䅊鄘 帛鴉並 琶爬杷 棧鴉狀 楂苴䶥 覈鴉匣

霞瑕遐蝦騢赮遐碬鍜頣 純濁

額鴉疑 牙芽衙涯枒齖吾 鐃鴉孃 拏笯拏 漠鴉明 麻蟆麚摩

盛 次濁

格鴉 收見匣二 覈鴉 葭 母義別 窄鴉 棧鴉 齇 收照狀二 母義同 百鴉 拍鴉 鈀 收幫滂二 母義別

意音 此部平音濁聲字以耶字收聲清聲字以婼字收聲清聲字以婼字轉清聲收聲

四音定切 卷一 麻 美

柢耶端 爹 子耶精 嗟罝䁪差祖 支婼照 遮奢 純清

思耶心 些 蚩婼穿 車硨 詩婼審 奢賖畬 次清

詞耶邪 邪衺 時婼禪 蛇闍鉈佘 純濁

眉耶明 哶 移耶喻 耶爺釾椰䓉節斜荈琊揶 認婼日 婼 次濁

詞耶 移耶 斜 收邪喻二 母義別

烏音 此部清聲字以窪字收聲濁聲字以窪字轉濁聲收聲

古窪見 瓜㗊蝸騧緺 錣窪知 撾檛 㵶窪照 髽 沃窪影 蛙窊娃哇

窪洼汙㼘 純清

苦窪溪 誇夸姱㚿 呼窪曉 花譁 次清

戶窪匣 華驊鋘樺划鷨 純濁

七陽 此韻四音兼備

欸音 此部濁聲字以昂字收聲清聲字以昂字轉清聲收聲

格昂見 岡剛綱亢鋼堈 得昂端 當簹簹璫鐺艡 則昂精 臧贓

牂牂 窄昂照 妝莊裝 純清

克昂溪 康穅漮歋 吞昂透 湯鏜 拍昂滂 滂霶雱磅 湊昂清 倉蒼

滄滄 塞昂心 桑喪 策昂穿 創 森昂審 霜鷞驦孀 黑昂曉 牤 次清

特昂定 堂塘唐棠餹溏碭螗螳搪磄榶傏瑭 帛昂並 傍彷

螃螃 昨昂從 藏 棧昂狀 牀 覈昂匣 行航吭桁杭 純濁

額昂疑 昂枊駠 諾昂泥 囊 漠昂明 忙芒茫邙宋蘉茫矸 郞昂來

四音定切 卷一 麻陽 完

狼郞榔廊浪琅硠根篔稂莨鋃 次濁

格昂 覈昂 頏 收見匣二 母義別 芄 收見匣二 母義同 百昂 帛昂 彭 收幫並二 母義別

意音 此部清聲字以央字收聲濁聲字以揚字收聲中有八母濁聲字以穰字收聲清聲字以穰字轉清聲收聲

記央見 姜僵薑繮橿疆礓韁 智穰知 張 子央精 漿將蟞蔣 支穰照 章樟彰漳麞璋鄣障嫜慞 咿央影 央泱鴦秧殃鞅 純

清

器央溪 羌慶蜣 絺穰徹 倀 次央清 槍鏘將蹌搶瑲蹡牂將 思央心 襄驤相湘緗箱纕瓖 蚩穰穿 昌倡猖菖閶鯧 詩穰審 鴅

殤傷商湯曉希央香鄉薌膷次清
淇郡揚彊馳澄穰長場腸萇自從揚嬙檣牆戕薔詞邪揚翔祥
詳庠時禪穰常嘗償鱨裳純濁
旎孃揚孃移喻揚陽楊揚颺暘徉佯羊瘍煬錫瑒敭眻鴹
梨來揚涼梁良糧粱量醇綡認日穰穰釀攘瀼勷鬤次濁
詞揚移揚洋收邪喻二母義別 郎昂犁揚蜋收來母欽音收來母意音義同 跟
收來來母欽音收來母意音義別 湊昂次央鶬收清母欽音收清母意音義同 旋揚認穰
瓜收孃母義同日二 思央認穰鑲收心母義同日二
烏音此部平音清聲字以汪字轉濁聲收聲峭音濁聲字以忘
字收聲清聲字以忘字轉清聲收聲

四音定切 卷一 陽 丰

古見忘光僙胱𫐉俯非忘方肪枋汸邡鈁蚄沃影汪汪尫純清
拂敷忘芳妨呼曉汪巟肓㠵硫次清
鳧奉忘房魴防戶匣忘黃皇煌遑艎篁隍凰徨蝗惶璜潢
簧湟喤趪餭鱑純濁
武微忘忘望鋩亡𦮙次濁
俯忘鳧忘坊收非奉二母義別 古汪沃汪洸收見影二母義同
于音此部濁聲字以王字轉清聲收聲濁聲字以王字收聲清
呿溪王匡筐眶洭劻恇次清
璩郡王狂純濁

欲喻王王次濁
八庚此韻四音兼備
欽音此部清聲字以甖字收聲濁聲字以甖字轉濁聲收聲
格見甖庚更羹秔耕鶊賡吒知甖丁趟百幫甖祊繃絣榜
照甖爭箏盎影甖甖罃鶯櫻嚶鸚純清
克溪甖阬鏗硜牼撐徹甖撐瞠拍滂甖烹砰怦伻𠴊抨策穿甖
鎗槍錚琤森審甖生甥笙牲猩鼪黑曉甖亨次清
擇澄甖橙棖瞪振帛並甖彭棚輣搒彭棧狀甖傖峥鬇覈匣甖
行衡莖珩蘅桁純濁
額疑甖娙漢明甖盲盟萌甿甍甝䖟媖次濁

四音定切 卷一 陽庚 圭

意音此部清聲字以甖字收聲中有知徹澄照審禪六母清聲以盈
字借用甖字收聲濁聲字借用盈字收聲
記見甖荊驚麖京鶁智知甖貞楨必幫甖兵幷栟子精甖精晴
菁晶旌蜻鶄支照甖征正鉦鯖𢘫影甖英瑛嬰纓䔔霙甖
甖純清
器溪甖卿輕𨍉絺徹甖赬檉蟶偵次清甖清詩審甖聲次清
淇郡盈檠擎鯨黥勍馳澄盈呈程酲珵裎皮並盈平評枰苹
坪泙自從盈情晴詞邪盈餳時禪盈成盛城誠郕純濁
義疑盈迎眉明盈明鳴名洺䳟移喻盈盈楹瀛嬴嬴籯梨來盈
令次濁

烏音此部收聲字與應避之字相似茲以烏字叶庚韻合口音收聲
古見○觥純清
呼曉○轟訇鍧次清
戶匣○橫紘宏閎黌鍠喤翃嶸鐄颹浤吰嚝純濁
于音此部清聲字以縈字收聲濁聲字以縈字轉濁聲收聲
淤影縈縈純清
呋溪縈傾頃須心縈騂觪虛曉縈兄次清
郡璩縈瓊惸嬛藑純濁
喻歈縈縈瑩營塋蠑嵤瀯禜次濁
九青此韻但有意于二音無欽烏音
四音定切 卷一 庚青 三三
意音此部收聲以意字叶青韻齊齒音得聲
記見○經涇牴端○丁釘玎仃純清
梯透○聽廳汀町桯鞓綎披滂○俜娉次清○青思心○星腥
鯹醒惺箵希曉○馨次清
題定○亭庭廷霆莛蜓渟楟停葶鼮綎娗筳皮並○瓶屏
耕萍係匣○形刑邢硎鉶型陘侀鉼純濁
眉明○冥溟蓂螟銘瞑瞑嫇梨來○靈櫺蠕醽齡鈴苓伶
泠零玲舲翎鴒軨囹聆軨鄙靈次濁
係○義○婭收匣疑二母義同
于音此部收聲以于字叶青韻撮口音得聲

俱見○扃坰駉絅純清
熊匣○熒螢滎濙滎純濁
十蒸此韻但有欽意烏三音無于音
欽音此部收聲以欽字叶蒸韻開口音得聲
格見○緪揯得端○登簦登燈璒百幫○崩則精○增曾憎罾
繒噌鬙純清
吞透○鼟拍滂○溯塞心○僧鬙次清
特定○騰滕藤縢螣幐䲢帛並○朋鵬堋鬅昨從○曾
棱狀○磳翾匣○恆純濁
諾泥○能漠明○瞢蕄郎來○棱輘次濁
四音定切 卷一 青蒸 三四
則○昨○層收精從二母義同
意音此部平音清聲字以膺字收聲濁聲字以仍字收聲
清聲字以仍字轉清聲收聲
記見膺○兢矜智知仍○徵癥必幫膺○掤支照仍○蒸烝脀篜吚影膺○膺
膺應譍蠅純清
絺徹仍○僜庱披滂膺○砯蚩穿仍○稱偁詩審仍○昇升勝希曉膺○興次清
淇郡蠅○殑馳澄仍○懲澂憕皮並蠅○憑凭馮自從仍○繒橧嶒鄫
驓竲乘狀仍○繩澠乘塍憴鱦譝騬時禪仍○承丞純濁
義疑蠅○凝移喻蠅○蠅梨來蠅○陵凌綾蔆倰鯪崚稜淩夌認日蠅

仍艿礽扔陾 次濁
必膺 義蠅 冰 母義同 收幫 疑二
烏音 此部收聲以烏字叶 蒸韻合口音得聲
古見 ○ 肱 純清
呼曉 ○ 薨顭薨 次清
戶匣 ○ 竑 純濁
十一尤 此韻但有欽意烏三音無于音
欽音 此部清聲字以謳字收聲 濁聲字以謳字轉濁聲收聲
格見 謳 鉤溝軥句篝篝緱 得端 謳 兜吺篼 則精 謳 陬諏掫棷
窄照 謳 騶鄒菆 盎影 謳 謳漚鷗甌歐嘔區 純清

四音定切 卷一 蒸尤 三十四

克溪 謳 彄摳 吞透 謳 偷媮鍮 塞心 謳 涑 策穿 謳 搊篘 森審 謳 捘蒐
黑曉 謳 齁 次清
特定 謳 頭投牏骰 帛並 謳 裒抔 棱狀 謳 愁 蕠匣 謳 侯猴喉篌餱
漠明 謳 謀牟眸侔矛蝥蟊鬏䰈 郎來 謳 樓婁膢慺摟寠
鏃䏔鄇 純濁
髏嘍僂膢篗䁖貗蔞 次濁
格謳 克謳 𩏂 收見溪二 母義同 盎謳 克謳 剾曉 收影溪二 母義同 則謳 昨謳
鯫 收精從二 母義同 窄謳 策謳 謅 收照穿二 母義同
意音 此部清聲字以優字收聲 濁聲字以由字收聲 中有八母濁聲字以柔字收聲
清聲字以柔字轉清聲收聲

記優 見 鳩鬮樛䡂 智柔 知 輈啁調鵃侜 必優 幫 彪髟 子優 精 啾
支柔 照 周州洲舟賙 妼優 影 優憂幽櫌麀嚘呦䬀怮
摯噍 純清
器優 溪 丘嵐 絺柔 徹 抽瘳妯惆 次優 清 秋楸湫鞦鶖揫 思優 心
蚩柔 穿 犨 詩柔 審 收 希優 曉 休貅髹庥咻鵂鵃
脩修羞樎餱 次清
淇由 郡 求裘毬仇厹捄逑絿銶鯄俅賕馗頄艽 馳柔 澄 儔
皮由 並 瀌 自由 從 酋䔩 詞由 邪 囚泅 時柔 禪
疇籌裯綢禂幬䲦鯈 純濁
酬讐售䰡
眉由 明 繆 移由 喻 尤郵斿由油游猷悠攸疣訧蝣
義由 疑 牛

四音定切 卷一 尤 三十五

梨由 來 流旒留榴
櫰猶蕕輶滺繇卣扰蘨冘蚰卣庮鮋
騮劉飀鏐遛飂瀏鷚瘤畱膠㺢璆劉 認柔 日 柔蹂揉鶔鍒
鞣蹂脙 次濁
子優 自由 遒 收精從二 母義同 記優 淇由 虯球璆 收見郡二 母義同
自由 鰌 收清從二 母義同 絺柔 馳柔 紬 收徹澄二 母義別 希優 淇由 脙 收曉郡二
淇由 郡 來 𧍙 收郡來二 母義同 子優 自由 湫 收精從二 母義同
梨由
烏音 此部收聲以烏字讀峭 音叶尤韻合口音得聲
府非 ○ 不鴀紑 純清
阜奉 ○ 浮蜉桴罦罘枹琈烰粰芣 純濁
十二侵 此韻但有欽意二音無烏于音

欽音此部收聲以欽字叶侵韻開口音得聲

窨照 ○簪純清

策穿 ○參審森○森參參槮次清

棱狀 ◡岑涔純濁

意音此部清聲字以音字收聲濁聲字以霪字收聲中有七母濁聲字以任字收聲清聲字以任字轉清聲收聲

記見 音 今襟金禁給 知智任 碪椹 精子音 祲 照支任 鍼箴斟 音卅

影 音陰愔喑瘖霒純濁

器溪 音 欽衾嶔 徹絺任 琛郴綝 清次音 侵駸 心思音 心 審詩任 深

希曉 音 歆次清

四音定切 卷一 侵覃 三

淇郡 霪 琴禽擒黔芩檎 澄馳任 沈霃湛 邪詞霪 尋潯鬵灊燖

時禪 任 諶忱純濁

義疑 霪 吟崟 喻移霪 淫霪蟫 來梨霪 林霖臨琳淋 日認任 壬任

紝鵀妊次濁

詞霪移霪 鐔鱏 收邪喻二母義同 子音 綅 收精清二次音母義同

十三覃 此部但有欽音無意烏于三音

欽音此部清聲字以諳字收聲濁聲字以諳字轉濁聲收聲

格見 諳 弇甘柑泔淦苷 端得諳 耽湛聃擔妉儋甔酖 精則諳

簪錯 影盦諳 諳庵䤈盦韽鶕湆闇菴唵媕純清

克溪 諳 龕堪戡坩 透吞諳 探貪䑙窞 清湊諳 參驂傪趁 心塞諳

三毿毵慘 曉黑諳 唅谽蚶憨㰹甝唅酣次清

特定 諳 覃潭譚驔曇談惔錟郯錞鄲痰藫倓澹壜餤橝純濁

蟫從 趝醰 昨諳 蠶慙 匣䍐諳 含涵函酣邯虷頷䥷䈄

諾泥 諳 南柟男諵 來郎諳 嵐籃藍䰐婪襤次濁

格諳 䛤諳 蜬 收見匣二母義同 克諳 顉諳 嵁 收溪疑二母義同 得諳 特諳 耽

收端定二母義同

十四鹽 此韻但有意音無欽烏于三音

意音此部清聲字以淹字收聲濁聲字以鹽字收聲中有七母濁聲字以髯字收聲清聲字以髯字轉清聲收聲

記見 淹 兼縑蒹鶼鰜 端柢淹 佔詀 知智髯 霑 幫必淹 砭 精子淹 尖

四音定切 卷一 覃鹽 三

漸斬 雯熸瀸 照支髯 占瞻詹噡 影妳淹 淹懕猒崦閹醃純清

器溪 淹 謙 透梯淹 添䑙 徹絺髯 覘 清次淹 籤僉憸 心思淹 纖銛暹

綅穿 䜟 祐 穿蚩髯 襜襝韂 審詩髯 痁苫 曉希淹 忺杴次清

淇郡 鹽 箝黚鈐鍼 定題鹽 甜 從自鹽 潛灊鬵 邪詞鹽 棪 禪時髯 撏

係匣 鹽 嫌純濁

義疑 鹽 嚴巖噞 泥念鹽 拈鮎鲇 孃旋鹽 黏 喻移鹽 鹽檐炎閻阽

梨來 鹽 廉簾匳鐮磏帘㶠蠊薕鬑 日認鹽 髯蚺枏次濁

支髯 時髯 蟾 收照禪二母義別 子淹 思淹 殲 收精心二母義同 智髯 梯淹 沾

收知透二母義別

十五咸此韻但有欽意烏三音無于音

欽音此部濁聲字以㽎字收聲清聲字以㽎字轉清聲收聲

格㽎見 緘監瑊黬知 喊吒㽎 詀純清

克㽎溪 嵌鵮審 森㽎 衫杉芟摻髟縿曉 黑㽎 㖿次清

棧㽎狀 讒饞鑱巉劖儳欃毚衜匣 敳㽎 咸鹹函銜誠椷純濁

頷㽎疑 㽎巖碞麙巖 喊㽎 喃次濁

策㽎 棧㽎 攙母收穿牀二義同

意音此部收聲以意字叶咸韻齊齒音得聲

希○曉 杴次清 兼義○ 嚴巖次濁

四音定切 卷一 咸 三六

烏音此部收聲以烏字讀嵴音叶咸韻合口音得聲

凫○奉 帆凡颿純濁

四音定切卷一終

四音定切卷二

興化劉熙載融齋輯

受業上海黃晉接三參輯

韻釋

上聲 一董 此韻但有烏音無欽意于三音

烏音此部清聲字以翁字收聲濁聲字以翁字轉濁聲收聲

觀翁端 董懂幫 布翁 琫菶菶精 組翁 總揔傯總鬆憁嵸䗥從 沃翁

影 翁蓊塕純清

苦翁溪 孔空透 吐翁 侗曉 呼翁 嗊次清

徒翁定 動洞峒硐並 步翁 唪𤰒匣 戶翁 澒汞純濁

四音定切 卷二 董腫 一

模翁明 蠓懵矇幪來 盧翁 籠攏次濁

吐翁 徒翁 桶母收透定二義同 布翁 步翁 菶母收幫並二義同

二腫 此韻但有烏于二音無欽意音

烏音此部平音端一母以烏字叶腫韻合口音收聲餘皆嵴音借用此聲收聲

觀○端 湩非 府○ 覂純清

拂○敷 捧次清

凫○奉 奉純濁

于音此部清聲字以擁字收聲濁聲字以冗字轉清聲收聲中有七母蜀聲字以冗字收聲

倶擁見 拱珙栱蛬鞏拲㤨觟輁知 駐

諸冗照 腫種踵擁

影 擁壅 純清
呿溪 擁 恐 徹 楮宂 寵 心 須宂 竦悚聳駷 曉 虛擁 洶詾恟 次清
除澄 宂 重 禪 殊宂 尰 純濁
歙喻 涌 勇涌踊甬俑慂蛹溶 來 閭涌 隴壟 日 如宂 宂茸氄𩫧
軵 次濁

三講 此韻但有欽音無意烏于三音

欽音 此部收聲以欽字叶 講韻開口音得聲
格見 ○ 講港耩 純清
帛並 ○ 棒蚌玤䂫忭 匣 澒 ○ 項缿 純濁
格 ○ 黑 ○ 傋 收見曉二母義同

四音定切 卷二 腫講紙 二

四紙 此韻四音兼備

欽音 此部收聲以欽字叶 紙韻開口音得聲
窄照 ○ 滓笫胏 純清
森審 ○ 屣徙史使駛躧纚縰 次清
棱牀 ○ 士仕柹俟涘戺 純濁

意音 此部平音清聲字以倚字收聲濁聲字以已字收聲啃音濁聲字以耳字收聲 清聲字以耳字轉清聲收聲
記見 倚 掎几己紀麂机剞踦 知 智耳 徵 幫 必倚 彼否匕比妣
俾 鄙 鞞秕 精 子耳 紫呰姊子梓呰秄秭 照 支耳 紙只咫軹
砥抵旨指止沚趾茝坻阯底址 影 伊倚 倚 純清
器溪 倚 綺企起芑杞屺跂 徹 絺耳 恥祉 滂 披倚 嚭庀秠 次清
此泚玼佌 心 思耳 死壐枲徙 穿 蚩耳 侈齒哆姼 審 詩耳 始弛
豕矢菌 曉 希倚 喜 次清
淇郡 已 技妓 澄 馳耳 豸雉峙痔廌庤 並 皮已 婢庳否圮痞被
詞邪 耳 兕似耜汜姒巳祀 狀 乘耳 䂻 禪 時耳 諟是氏視市恃
純濁
義疑 已 螘擬薿艤儗轙 孃 旎已 旎 明 眉已 靡弭瀰美敉芈 移已
喻 逃酏以已苡矣匜簁 來 梨已 履里理裏李俚鯉邐悝
婐日 認耳 爾邇耳珥駬緝 次濁
記倚 枳 收見照二母義同 絺耳 褫 收徹澄二母義同 必倚 皮已 髀
支耳 時耳 時 收照禪二母義同 淇已 義已 錡 收郡疑二母義同
收幫並二母義同 時耳 馳耳 提 收澄禪二母義同 詩耳 馳耳 阤 收審澄二母義別

四音定切 卷二 紙 三

烏音 此部收聲以烏字叶 紙韻合口音得聲
初 ○ 揣 次清
穿

于音 此部清聲字以委字收聲濁聲字以唯字收聲中有一母以蘂字收聲
傎見 委 詭佹軌簋晷匭宄癸垝氿庋佹 精 醉委 觜嶉 照 諸委
社 箠 影 淤委 委 骫 純清
呿溪 委 跬頍巋 心 須委 髓瀡嶲 審 書委 水 曉 虛委 毀燬 次清
郡 唯 揆 純濁
歙喻 唯 唯洧鮪蔿薳蘤壝痏 來 閭唯 絫藟壘誄 嵔欙讄 如蘂

日藥蘂 次濁
吱委璩唯 跪 收溪郡二母義同　俱委璩唯 郈 收見郡二母義同
五尾 此韻但有意烏于三音無欸音
意音 此部清聲字以扆字收聲濁聲字以扆字轉濁聲收聲
記扆見 幾蟣 影𠂆扆 扆偯 純清
器扆溪 豈豈 曉希扆 豨豷唏 次清
義扆疑 螘顗 次濁
烏音 此部濁聲字以尾字收聲清聲字以尾字轉清聲收聲
府尾非 篚棐榧匪蜚蜸 純清
拂尾敷 朏斐誹菲悱 次清

武尾微 尾亹梶 次濁
于音 此部濁聲字以偉字收聲清聲字以偉字轉清聲收聲
俱偉見 鬼 純清
虛偉曉 卉虺蘬 次清
歆偉喻 韙偉韙煒韡暐瑋颹 次濁
六語 此韻但有烏于二音無欸意音
烏音 此部收聲以烏字叶語韻合口音得聲
菹照 ○ 阻俎 純清
初穿 ○ 楚礎濋齼 疏審 ○ 所䟽 次清
于音 此部濁聲字以與字收聲中有一母以汝字收聲清聲字以與字轉清聲收聲

俱與見 舉莒筥榉柜篆 駐與知 著 醉與精 苴 諸與照 渚煮 純清
吱與溪 去 楮與徹 楮 須與心 醑糈諝湑稰 處與穿 處杵 書與審 暑
鼠黍蠩癙 虛與曉 許 次清
璩與郡 巨距炬怚虡鉅秬苣拒駏岠詎鐻 聚與從 沮咀跙
敘與邪 敘序緒鱮嶼漵 船與狀 紓 殊與禪 墅 純濁
魚與疑 語圉圄禦齬敔籞衙峿 女與孃 女籹 歆與喻 與予懙
閭與來 呂侶旅膂穭祣篆梠儢 如與日 汝 汝茹 次濁
敘與船與 抒 收邪狀二母義別 除與船與 杼 收澄狀二母義別 駐與楮與 褚
收知徹二母義別 敘與歆與 藇 收邪喻二母義別
七麌 此韻但有烏于二音無欸意音

烏音 此部清聲字以鄔字收聲濁聲字以鄔字轉濁聲收聲中有四母濁聲字以舞字收聲清聲字以舞字轉清聲收聲
古鄔見 鼓鼓古股羖賈蠱罟估詁鹽牯瞽 覩鄔端 睹覩堵
賭 布鄔幫 譜圃補 府舞非 府斧脯父甫黼莆腑俯簠 組鄔精
珇祖組 沃鄔影 鄔隖 純清
苦鄔溪 苦 吐鄔透 吐 鋪鄔滂 普浦溥 拂舞敷 弣拊撫剖 措鄔清 蔖
疏鄔審 數籔 呼鄔曉 虎琥滸 次清
徒鄔定 杜稌 步鄔並 簿部 鳧舞奉 父輔腐黼滏 戶鄔匣 戶怙扈
祜扈雇酤楛岵 純濁
吾鄔疑 旿仵五午伍 努鄔泥 努弩怒砮 模鄔明 鏻姥莽 武舞微 舞

舞嫵膴侮廡武甒憮膴鵡盧鄔滷虜魯櫓艣鹵次濁
吐鄔土收透定二徒鄔母義別 覩鄔肚收端定二徒鄔母義同
于音此部清聲字以傴字收聲濁聲字以于字收聲中有一母以醹字收聲
俱見傴蒟枸矩知傴駐拄照諸傴麈主炷影於傴傴純清
呿溪傴齲清趣傴取曉虛傴煦咻呴詡喣栩次清
璩郡雨窶澄除雨柱從聚雨聚禪殊雨樹豎純濁
魚疑雨麌噳俁喻歈雨雨羽禹宇庾貐楰斞郚愈瑀窳瘉
來閭雨嶁簍謱縷僂蔞日如醹醹乳次濁
俱傴呿傴踽收見溪二母義同
八薺此韻但有意音無欸烏于三音

四音定切〈卷二〉麌薺蟹　六

意音此部收聲以意字叶薺韻齊齒音得聲
柢端○邸底詆抵牴柢坻精子○濟純清
器溪○啟綮諬棨棨透梯○體涕醍緹清次○泚心思○洗次
題定○弟悌娣遞媞並皮○陛從自○薺鮆𪆐匣係○徯純濁
念泥○禰泥瀰明眉○米眯來梨○禮醴蠡澧欐鱧次濁
必○皮○㪲收幫並二㪲母義同
九蟹此韻但有欸烏二音無意于音
欸音此部清聲字以矮字收聲濁聲字以𤸷字轉濁聲收聲
格矮見解幫百矮擺影盎矮矮純清

克溪矮楷鍇森審矮灑躧次清
擇澄矮廌並帛矮罷匣𠪚矮蟹解駭獬澥駴純濁
額疑矮騃孃嬈矮嬭明漠矮買蕒次濁
烏音此部收聲以烏字叶蟹韻合口音得聲
古見○柺純清
戶匣○夥純濁
十賄此韻但有欸烏二音無意于音
欸音此部清聲字以欸字收聲濁聲字以欸字轉濁聲收聲
格見欸改精則欸宰載影盎欸欸純清
克溪欸鎧愷塏清湊欸采彩綵寀棌穿策欸茝曉黑欸海醢次清

四音定切〈卷二〉蟹賄　七

特定欸待怠殆紿詒怠駘並帛欸倍蓓從昨欸在匣𠪚欸亥純濁
諾泥欸鼐乃次濁
格欸頦收見匣二𠪚欸母義同
烏音此部清聲字以猥字收聲濁聲字以猥字轉濁聲收聲
沃影猥猥純清
吐透猥骰措猥㵪漼璀曉呼猥賄悔次清
徒定猥錞並步猥琲從坐猥辠罪匣戶猥瘣匯瘣純濁
吾疑猥隗嵬頠磈泥努猥餧餒明模猥浼每來盧猥磥蕾瘤儡

碖槶 次濁
吐猥 努猥 腇 收透泥二母義別
苦猥 吾猥 磈 收溪疑二母義同
十一軫 此韻但有意于二音無欽烏音
意音 此部平音濁聲字以引字收聲倩聲字以引字轉清聲收聲峭音濁聲字以忍字收聲清聲字以忍字轉清聲收聲
記見 引 緊 支照 忍 軫診胗畛㐱袗賑縝袗稹 純清
絺徹 忍 䀼 詩審 忍 哂 次清
馳澄 忍 眹朕 皮並 引 臏牝 時禪 忍 腎脤蜃 純濁
眉明 引 敏閔憫泯愍黽 喻移 引 引蚓靷 來梨 引 嶙 日認 忍 忍 次濁

四音定切 卷二 軫吻 八

子引 自引 盡 收精從二母義別 記引 支忍 胗 收見照二母義同 馳忍 移引 紖 收澄喻二母義同
于音 此部濁聲字以允字收聲清聲字以允字轉清聲收聲
諸照 允 準純 純清
呿溪 允 稛 心須 允 隼筍箕 處穿 允 蠢惷踳偆 次清
㯺郡 允 菌箘窘困 狀船 允 盾楯吮 純濁
歙喻 允 允尹隕殞狁賓 次濁
十二吻 此韻四音兼備
欽音 此部收聲以欽字叶吻韻開口音得聲
策穿 ○ 齔 次清

意音 此部清聲字以隱字收聲濁聲字以隱字轉濁聲收聲
記見 隱 謹槿堇巹 影㖼 隱 隱 純清
希曉 隱 蠔 次清
洪郡 隱 近 純濁
義疑 隱 听 次濁
烏音 此部濁聲字以吻字收聲清聲字以吻字轉清聲收聲
府非 吻 粉 純清
拂敷 吻 忿 次清
鳧奉 吻 憤坋弅墳 純濁
武微 吻 吻刎抆 次濁

四音定切 卷二 吻阮 九

于音 此部以蘊字收聲
於影 蘊 蘊惲 純清
十三阮 此韻四音兼備
欽音 此部收聲以欽字叶本韻中懇字得聲
克溪 ○ 懇墾 次清
覈匣 ○ 很 純濁
意音 此部清聲字以偃字收聲濁聲字以偃字轉濁聲收聲
記見 偃 蹇攓揵 影㖼 偃 偃堰郾鶠鰋蝘扻 純清
希曉 偃 㦽 次清
義疑 偃 巘 次濁

烏音此部清聲字以穩字收聲濁聲字以穩字轉濁聲收聲中有三母濁聲字以晚字收聲清聲字以晚字轉清聲收聲
古穩見 袞鯀輥緄 布穩幫 本畚 府晚非 返反阪 組穩精 尊撙噂
沃穩影 穩 純清
苦穩溪 閫梱壼悃捆 措穩清 刌 蘇穩心 損 次清
徒穩定 盾遯沌庉 晃晚奉 飯 坐穩從 鱒 戶穩匣 混焜 純濁
于音此部清聲字以宛字收聲濁聲字以遠字收聲
於宛影 苑婉菀蜿踠睕宛晼琬 純清
吐宛溪 綣 虛宛曉 烜咺 次清
璩遠郡 圈 純濁

四音定切〈卷二 阮旱 十

魚遠疑 阮 歈遠喻 遠 次濁 武晚微 晚娩 次濁補烏音遺字
十四旱 此韻但有欸烏二音無意于音
欸音此部收聲以欸字叶旱韻開口音得聲
格見○ 笴稈 得端○ 癉亶 純清
克溪○ 侃衎 吞透○ 坦 塞心○ 繖散饊 黑曉○ 罕暵 次清
特定○ 誕蜑但袓 昨從○ 瓚 蕿匣○ 旱悍 純濁
郎來○ 嬾 次濁
烏音此部清聲字以盌字收聲濁聲字以盌字轉濁聲收聲
古盌見 管琯館盥脘痯悹 覩盌端 短 布盌幫 粄 組盌精 纘鄼篹
纂 沃盌影 盌 純清

苦盌溪 款窾 吐盌透 畽 蘇盌心 算篹 次清
皂盌並 伴 戶盌匣 緩澣 純濁
努盌泥 煖 模盌明 滿懣 盧盌來 卵 次濁
覩盌徒 斷 收端定二母義同
十五潸 此韻但有欸烏二音無意于音
欸音此部濁聲字以眼字收聲清聲字以眼字轉清聲收聲
格眼見 簡柬揀 窄眼照 琖醆 純清
策眼穿 剗羼弗 森眼審 潸產滻嵼 次清
棧眼牀 棧僝輚巉 蕿眼匣 限僩憪 純濁
額眼疑 眼 鐃眼孃 赧戁 次濁

四音定切〈卷二 旱潸銑 十一

烏音此部清聲字以綰字收聲濁聲字以綰字轉濁聲收聲
布綰幫 版蝂鈑 菹綰照 殘 沃綰影 綰 純清
鋪綰滂 販 次清
助綰牀 撰 戶綰匣 睅晥莞 純濁
模綰明 矕 次濁
十六銑 此韻四音兼備
欸音此部收聲以欸字叶銑韻開口音得聲
棧牀○ 棧 純濁
意音此部清聲字以宴字收聲濁聲字以衍字收聲中有知徹穿禪四母清聲字借用宴字收聲濁聲字借用衍字收聲

記宴見 繭蹇謇覽趼襺搴俔 祇宴端 典筭 智宴知 展輾 必宴幫
褊惼匾碥 子宴精 翦戩鬋錢揃謭 支宴照 艸宴影 宴 純清
器宴溪 遣繾 梯宴透 腆覥䩄倎 絺宴徹 蒧 次宴清 淺 思宴心 銑辥
跣鮮獮洗㧥筅癬毨姺 蚩宴穿 闡燀嘽 希宴曉 顯韅 次清
眞衍郡 件鍵犍 題衍定 蜓殄 皮衍並 辯辨辧 緶諞 自衍從 餞踐
諓俴 時衍禪 善墠鱓墡單僤 係衍匣 峴蜆晛睍 純濁
義衍疑 巘讞 甗巚 念衍泥 撚涊 旋衍邪 輾趁 眉衍明 冕免勉
眴俛緬沔湎黽動偭 移衍喻 衍演戭 梨衍來 輦 次濁
必宴 皮衍 扁 收幫並二 母義別
烏音 此部收聲以烏字叶銑韻合口音得聲
四音定切 卷二 銑篠 十二
狀助○撰譔 純濁
于音 此部濁聲字以兗字收聲清聲字以兗字轉清聲收聲中有六母濁聲字以耎字收聲清聲字以耎字轉清聲收聲
俱兗見 卷䳜䋯狷 知耎 駐耎 轉 諸耎照 剸 純清
吠兗溪 犬 須兗心 選 處耎穿 喘舛荈 次清
俟兗郡 蜎 除耎澄 篆瑑掾 聚兗從 吮雋 殊耎禪 鄟 敵熊兗匣 鉉泫
贙琄 純濁
欽兗喻 兗 閭兗來 臠孌 如耎日 輭愞蝡碝耎 次濁
十七篠 此部但有意音無欽烏于三音
意音 此部清聲字以窈字收聲濁聲字以鷿字收聲中有六母濁聲字以遶字收聲

清聲字以遶字轉清聲收聲
記窈見 矯皦皎蟜撟嬌譑鱎蹻 必窈幫 表褾標嘌 子窈精 湫
支遶照 沼昭 艸窈影 杳窅窈夭 純清
梯窈透 朓窱 披窈滂 縹醥篻 次清 思窈心 悄愀釥 篠小 蚩遶穿
詩遶審 少 希窈曉 曉 次清
題鷿定 窕掉挑 馳遶澄 肇旐鞉駣鮡趙兆 皮鷿並 慓摽殍 時遶禪
紹佋袑 係鷿匣 皛㵿 純濁
念鷿泥 嫋㠡裊嬲裊 眉鷿明 杪秒眇淼緲訬藐淼 移鷿喻 漾
梨鷿來 了蓼瞭釕繚僚燎 認遶日 繞遶擾 次濁
念鷿泥 認遶日 嬈 收泥日二母義別 柢窈端 念鷿泥 鳥 收端泥二母義同 披窈滂 皮鷿並 麃 收滂並二母義同
四音定切 卷二 篠巧晧 十三
梯窈 題鷿 佻 收透定二母義同
十八巧 此韻但有欽音無意烏于三音
欽音 此部清聲字以拗字收聲濁聲字以拗字轉濁聲收聲
格見拗 狡攪絞佼姣鉸筊 知吒拗 貓 幫百拗 飽 照窄拗 爪瑵 盎拗
影拗 拗狕 純清
克溪拗 巧 穿策拗 炒 次清
皁並拗 鮑 純濁
額疑拗 鼓嬈鐃 明漢拗 撓 卯昴茆泖媌 次濁
十九晧 此韻但有欽音無意烏于三音
欽音 此部清聲字以襖字收聲以襖字轉濁聲收聲濁

格見襖 稾杲槀縞菒 端得襖 島倒禱擣 幫百襖 寶保葆堡褓
鴇 精則襖 藻早棗繰璪繅蚤澡璅 影盎襖 襖媼㜵蝹夭芺
燠 純清
克溪襖 考槁薧栲 透吞襖 討套 清湊襖 草懆 心塞襖 燥埽嫂蔟
曉黑襖 好 次清
定特襖 道稻駣蕖 並帛襖 抱 從昨襖 造皁艁 匣覈襖 晧皡昊浩
顥鎬鄗滈灝 純濁
泥諾襖 腦惱碯 明漠襖 務娼 來郎襖 老潦貑蓩橑轑恅栳澇
次濁
格襖 介 收見匣二 覈襖 母義同

四音定切 卷二 晧哿 十四

二十哿 此部但有欸烏二音無意于音
欸音 此部濁聲字以硪字收聲清聲字以硪字轉清聲收聲
格見硪 哿笴舸笴 端得硪 彈哆㿐 精則硪 左㤨 純清
克溪硪 可坷軻閜 清湊硪 瑳 心塞硪 娑 曉黑硪 吙 次清
定特硪 柁拕沱爹陊 匣覈硪 荷 純濁
疑額硪 我硪騀䄉 泥諾硪 娜儺那 來郎硪 砢㑩 次濁
烏音 此部清聲字以娿字收聲濁聲字以娿字轉濁聲收聲
古見娿 果裹惈輠蜾惈 端覩娿 朶䇋埵揣 幫布娿 跛簸 影沃娿
娿 純清
苦溪娿 顆堁 透吐娿 妥媠㯐 滂鋪娿 頗叵 清措娿 脞 心蘇娿 鎖瑣

呼曉娿 火 次清
徒定娿 垛惰嫷𡑟 從坐娿 坐 匣戶娿 禍夥 純濁
吾疑娿 婐 明模娿 麽 來盧娿 裸贏蓏卵 次濁
吐娿 徒娿 墮 收透定二 母義別
二十一馬 此韻但有欸意烏三音無于音
欸音 此部清聲字以啞字收聲濁聲字以啞字轉濁聲收聲
格見啞 賈假斝㱌檟瘕 幫百啞 把 照窄啞 鮓痄 影盎啞 啞 純清
克溪啞 跒 徹㨻啞 姹 審森啞 灑 曉黑啞 閜喝 次清
覈匣啞 下夏廈 純濁
疑額啞 雅疋庌厊 明漠啞 馬 次濁

四音定切 卷二 哿馬 十五

意音 此部平音濁聲字以野字收聲清聲字以野字轉清聲收聲嵴音濁聲字以惹
字收聲清聲字以惹字轉清聲收聲
子精野 姐 照支惹 者赭 純清
清次野 且 心思野 寫瀉 穿嵳惹 哆撦䰩 審詩惹 捨 次清
詞邪野 灺 禪時惹 社檛 純濁
移喻野 野冶也 日認惹 惹若 次濁
烏音 此部濁聲字以瓦字收聲清聲字以瓦字轉清聲收聲
古見瓦 寡冎 純清
苦溪瓦 銙髁 審疏瓦 謏 次清
戶匣瓦 踝輠 純濁

吾疑 瓦瓦 次濁

二十二養 此韻四音兼備

欸音 此部清聲字以泱字收聲轉濁聲收聲濁

得端 泱 讜黨欓 幫百 泱 榜𦪼 精則 泱 駔髒 影盎 泱 泱盎坱 純清

克溪 泱 慷 透吞 泱 帑儻曭灙 清湊 泱 蒼 心塞 泱 顙磉 穿策 泱 磢剩

搶 森審 泱 爽縔 次清

特定 泱 崵盪簜蕩璗 從昨 泱 奘 匣戲 泱 沆吭蚢 純濁

泥諾 泱 曩灢 明漠 泱 莽漭蟒𦪇 來郎 泱 朗㮾 次濁

意音 此部清聲字以鞅字收聲濁聲字以養字收聲

清聲字以瓖字轉清聲收聲

四音定切 卷二 馬養 十六

記見 鞅 繈襁 知智 瓖 長 精子 鞅 奬槳蔣 照支 瓖 掌 影咿 鞅 鞅怏駚

純清

絺徹 瓖 昶 心思 鞅 想鯗 穿蚩 瓖 敞氅廠 審詩 瓖 賞 曉希 鞅 蠁響

享饗 次清

淇郡 養 彊勥 澄馳 瓖 杖丈仗 邪詞 養 像象橡 禪時 瓖 上 純濁

義疑 養 仰 喻移 養 養痒瀁蛘 來梨 養 兩緉蜽 日認 瓖 穰攘壤 次濁

特泱 詞養 潒 邪收 母意音義別 定母欸音收

烏音 此部平音收聲以烏字叶養韻合口音得聲峭音濁聲字以輞字收聲清聲字

以輞字轉清聲收聲

古見 ○廣 非府 輞 昉放倣瓬 純清

拂敷 輞 仿紡 曉呼 ○ 慌謊慌 次清

戶匣 ○ 幌晃皝滉榥 純濁

武微 輞 惘網罔輞魍 次濁

于音 此部清聲字以枉字收聲濁聲字以往字收聲

俱見 枉 迋獷 影淤 枉 枉 純清

虛曉 枉 怳 次清

歈喻 往 往 次濁

二十三梗 此韻四音兼備

欸音 此部收聲以欸字叶梗韻開口音得聲

四音定切 卷二 養梗 七

格見 ○ 梗鯁耿哽綆骾 端得 ○ 打 純清

森審 ○ 省眚瘄 次清

戲匣 ○ 幸杏荇 純濁

漠明 ○ 猛艋蜢黽 來郎 ○ 冷 次濁

意音 此部清聲字以影字收聲濁聲字以郢字收聲清聲字借用影

字收聲濁聲字借用郢字收聲

記見 影 景境警頸璥 幫必 影 屏餅邴炳丙秉併怲蛃窉 子影

精 井 照支 影 整 影咿 影 影癭 純清

絺徹 影 騁逞悜程 清次 影 請 心思 影 省箵 次清

從自 郢 靜靚靖 純濁

眉明 郢 皿 移喻 郢 郢 梨來 郢 嶺領 次濁
烏音 此部收聲以烏字叶梗韻合口音得聲
古見 ○ 獷礦𤅎 純清
于音 此部濁聲字以永字收聲清聲字以永字轉清聲收聲
俱見 永 璟憬冏㷡 純清
呿溪 永 頃 次清
歙喻 永 永潁穎 次濁
俱見 永 淤影 永 奣 收見影二母義同
二十四迥 此韻但有欽意于三音無烏音 拯 㢠姺洗本拯韻字等肯本等韻字
欽音 此部收聲以欽字叶本韻開口音得聲

四音定切 卷二 梗迥 十八

得端 ○ 等 純清
克溪 ○ 肯 森審 ○ 殑先 次清
意音 此部收聲以意字叶迥韻齊齒音得聲中有照徹二母借用此聲收聲
記見 ○ 到 柢端 ○ 酊奵鼎頂 支照 ○ 拯 純清
器溪 ○ 謦 梯透 ○ 頲脡珽侹 絺徹 ○ 㢠 思心 ○ 醒 次清
題定 ○ 挺梃艇鋌町娗莛 皮並 ○ 竝 係匣 ○ 婞脛涬 純濁
眉明 ○ 茗嫇酩 次濁
咿 ○ 眉 ○ 溟 收影明二母義同
于音 此部收聲以于字叶迥韻撮口音得聲
俱見 ○ 餇熲 純清

呿溪 ○ 褧 虛曉 ○ 詗 次清
熊匣 ○ 迥泂 純濁
俱熊 ○○ 炯 收見匣二母義同
二十五有 此韻但有欽意烏三音無于音
欽音 此部清聲字以歐字收聲濁聲字以歐字轉濁聲收聲
格見 歐 狗垢笱耇苟枸岣玽 得端 歐 斗蚪陡枓 百幫 歐 掊 則精 歐
走 窄照 歐 掫 益影 歐 歐毆 純清
克溪 歐 口扣釦 吞透 歐 妵黈 拍滂 歐 剖 湊清 歐 取趣 塞心 歐 叟藪
嗾瞍籔擻 森審 歐 溲 黑曉 歐 吼 次清
帛並 歐 瓿培 昨從 歐 鯫 瀫匣 歐 後厚后郈 純濁

四音定切 卷二 迥有 十九

額疑 歐 偶耦藕 諾泥 歐 穀 漠明 歐 母畝牡某拇鴟 郎來 歐 塿甊
嶁䉤漊簍 次濁
拍歐 帛歐 部 收滂並二母義別 益歐 黑歐 克 犼 收影溪曉三母義俱別
意音 此部平音以有字收聲清聲字以勠字收聲濁聲字峭音濁聲字以蹂字收聲清聲字以蹂字轉清聲收聲
記見 勠 久九韭玖糾赳 智知 蹂 肘 子精 勠 酒 支照 蹂 帚 咿影 勠 勠
呦 純清
器溪 勠 糗 絺徹 蹂 丑 思心 勠 滫 蚩穿 蹂 醜 詩審 蹂 首手守 希曉 勠
朽 次清
淇郡 有 咎舅臼 馳澄 蹂 紂 時禪 蹂 綬受壽 純濁

旋孃有紐鈕狃杻忸莥移喻有有友右牖誘酉莠卣槱酒
鴘羑琇來梨有柳罶瀏懰茆綹駠䎘日認蹂蹂楺次濁
旋有收孃日二認蹂风母義同　洪有收郡來二梨有蟉母義同
烏音此部收聲以烏字讀峭音叶有韻合口音得聲
府○否缶純清
非皂奉○婦負阜萯純濁
二十六寑此韻但有欽意二音無烏于音
欽音此部收聲以欽字叶寑韻開口音得聲
森審○痒次清
意音此部平音清聲字以飲字收聲濁聲字以飲字轉濁聲收聲峭音濁聲字以衽字
四音定切　卷二　有寑感　千
記見飲錦幫必飲稟照支衽枕煩影衿飲飲純清　字收聲清聲字以衽字轉清聲收聲
緢徹衽踸滂披飲品清次飲寑寝錽穿齒衽瀋審詩衽審沈諗淰
曋嬸次清
淇郡飲噤禁唫黅澄馳衽朕狀乘衽葚禪時衽甚訦純濁
梨來飲廩稟懍日認衽衽飪稔腍荏恁次濁
二十七感此韻但有欽音無意烏于三音
欽音此部清聲字以揜字收聲濁聲字以揜字轉濁聲收聲
格見揜感敢䃭澉橄贑端得揜膽黕礑耽䏙紞精則揜寁昝
盎影揜闇䜗揜純清

克溪揜坎轁轗否透揜毯菼膽噞䆨清湊揜慘憯黲心塞揜糂
參曉黑揜喊䫡次清
特定揜澹憺啖禫窞黮萏䏙糧醰髡從昨揜歜鏨嵌槧叢揜
匣頷撼菡萏頷欲純濁
領疑揜領郎來揜覽擥欖轒罱次濁　湊揜額收清心二塞揜母義同
二十八儉此韻但有意音無欽烏于三音
意音此部清聲字以奄字收聲濁聲字以欲字收聲中有四母濁聲字以染字收聲　清聲字以染字轉清聲收聲
記見奄檢瞼端抵奄點玷幫必奄貶照支染颭影衿奄掩奄崦黶
四音定切　卷二　感儉豏　壬
黶魇䄉純清
器溪奄嗛歉慊透梯奄忝徹絺染諂審詩染陝閃渊曉希奄險次清
淇郡儉儉芡定題儉簟居從自儉漸純濁
義疑奄隒广儼喻移奄琰來梨奄斂澰溓日認染染冉苒次濁　時染收禪喻二移奄剡母義別　希奄收曉來二梨奄獫母義別
二十九豏此韻但有欽烏二音無意于音
欽音此部清聲字以黯字收聲濁聲字以黯字轉濁聲收聲
格見黯䶬照窄黯斬盎影黯黯黤純清
克溪黯歉㰹審森黯摻㨻曉黑黯闞次清

撑黠 澄 湛嵁狀棧黠 讒巉匣𩐓黠 蹦檻艦獫轞濫純濁
饒黠 嬢 淰闟次濁
格黠 䁖黠 減收見匣二母義別 黑黠 䁖黠 减收曉匣二母義同
烏音 此部純濁次濁聲字皆以鋑字收聲
皃 奉 鋑 範犯范軓笵𧑓純濁
武 微 鋑 鋑次濁

四音定切 卷二 謙 三三

四音定切卷二終

四音定切卷三

興化劉熙載融齋輯

受業上海黃晉蔆三參輯

韻釋

去聲 一送 此韻但有烏于二音無欽意音

烏音 此部清聲字以𩐓字收聲濁聲字以𩐓字轉濁聲收聲中有非敷奉三母借用𩐓字收聲

古 見 𩐓 貢贛㺬湏㔁㹈 端 覩𩐓 凍棟湩涷 非 俯𩐓 諷 精 組𩐓 糉

偬緵㚇 影 沃𩐓 𩐓純清

苦 溪 𩐓 鞚空控 透 叶𩐓 𤺥 敷 拂𩐓 賵 心 蘇𩐓 送訟次清

四音定切 卷三 送宋 一

徒 定 𩐓 洞慟恫詷㖯 奉 皃𩐓 鳳 匣 戶𩐓 閧哄蕻純濁

模 明 𩐓 夢幪霿曹 來 盧𩐓 弄哢𪆟次濁

于音 此部收聲以于字讀哨音叶送韻撮口音得聲

駐 知 ○ 中衷 照 諸○ 衆純清

除 澄 ○ 仲純濁

二宋 此韻但有烏于二音無欽意音

烏音 此部收聲以烏字叶送韻合口音得聲中有非奉二母借用此聲收聲

俯 非 ○ 葑封 精 組○ 綜純清

吐 透 ○ 統 心 蘇○ 宋次清

皃 奉 ○ 俸縫純濁

模明○雺次濁
于音此部清聲字以擁字收聲濁聲字以用字收聲中有照徹澄三母清聲字借用擁字收聲濁聲字借用用字收聲
俱見擁供精醉擁縱瘲照諸擁種影澇擁擁雍純清
呿溪擁恐徹楮擁惷次清
璩郡用共澄除用重從聚用從邪敘用頌誦訟純濁
歈喻用用次濁
三絳此韻但有欸烏二音無意于音
欸音此部收聲以欸字叶絳韻開口音得聲
格見○絳降虹洚純清

四音定切　卷三　宋絳寘　二

拍滂○胖次清
匭匣○巷閧純濁
烏音此部收聲以烏字叶絳韻合口音得聲
惷徹○惷簪覩穿初○糉審疏○淙戇次清
濯澄○撞幢憧橦艟狀助○漴純濁
四寘此韻四音兼備
欸音此部收聲以欸字叶寘韻開口音得聲
窄照○胾純清
㨖穿○廁審森○使躧屣駛瑟次清
窄○棧○事母收照狀二義別

意音此部平音清聲字以懿字收聲濁聲字以咡字收聲清聲字以咡字轉清聲收聲
記見懿記寄驥覬冀懻穊幾近其知智咡置智致躓輊鷙
懫幫德必懿轡臂比庇畀痹詖毖閟泌祕賁鄭柲邲䏢
鞁陂踝精子咡恣積照支咡寘志至識痣誌織忮鷙贄摯
翳影卿懿意懿縊純清
器溪懿器棄企跂蚑掎欬徹絺咡眙杘滂披懿帔譬清次咡次
刺鶿蚝佽心思咡思賜肆笥四駟柶泗伺傑澌肂司嵳咡
穿熾埴饎哆審詩咡試翅啻施鍦始曉希懿戲屓巇憙憘
咥次清

四音定切　卷三　寘　三

郡其異騎忌芰暨惎洎旣誋輢臮塈定題異地澄馳咡治植
稺遲緻値謘並皮異備鼻避被㠷贔糒犕構髮毖坒庳
從自咡字牸漬自眥骴髊孶邪詞咡寺飼飼牀乘咡謚示時咡
禪侍豉嗜純濁
義疑異義議誼儗劓孃旎異膩明眉異媚寐魅喻移異異易肆
勩潩詒貤廙异施來梨異吏利詈莅痢莉裏日認咡餌貳
二珥䋈咡刵眊樲次濁
支咡嵳咡詩咡幟收照穿審三母義俱同子咡自咡柴收精從二母義同記懿
詩咡翨收見審二母義同詞咡移異食收邪喻二母義別
烏音此部收聲以烏字叶寘韻合口音得聲

疏審○帥 次清

于音 此部清聲字以萎字收聲濁聲字以位字收聲

見俱萎 季媿垝敀 精醉萎 醉 照諸萎 惴 影淤萎 恚餧婑萎 純清

溪呿萎 樻襀𨿽 清趣萎 翠 心須萎 粹邃睟祟瀢誶 穿處萎 吹出

曉虛萎 睢侐 次清

郡璩位 悸匱鐀饋簣蕢 澄除位 墜懟膇槌硾腄縋鎚甀 聚位

從萃 顇 邪敘位 穗遂燧隧檖檖璲襚䥙彗篲旞術 禪殊位

瑞 睡 純濁

疑魚位 僞 孃女位 諉 喻歈位 位爲遺鑴蜼 來閭位 淚絫類纍 次濁

四音定切 卷三 寘未 四

五未 此韻但有意烏于三音無欸音

意音 此部清聲字以衣字收聲濁聲字以衣字轉濁聲收聲

見記衣 溉既欯旡旣 影𠀤衣 衣 純清

溪器衣 氣气 曉希衣 餼𩱦熂𪊆𢙷𧉈氣欷塈摡 次清

郡淇衣 禨塈 純濁

疑義衣 毅藙 次濁

烏音 此部濁聲字以未字收聲清聲字以未字轉清聲收聲 見曉二器衣希衣塈收母義同

非俯未 沸誹芾髴疿 純清

敷拂未 費𧸘 次清

奉㐆未 昢䨿屝痱跸蜚翡廢 純濁

微武未 未味 次濁

于音 此部清聲字以尉字收聲濁聲字以緯字收聲

見俱尉 貴 影淤尉 尉畏慰蔚罻 純清

溪虛尉 諱卉汻 次清

疑魚緯 魏 喻歈緯 緯胃渭彙謂慣緭 次濁

六御 此韻但有烏于二音無欸意音

烏音 此部收聲以烏字叶御韻合口音得聲

照菹○ 詛 純清

穿初○ 楚 審疏○ 疏 次清

四音定切 卷三 未御 五

狀助○ 助麆 純濁

于音 此部清聲字以飫字收聲濁聲字以豫字收聲中有一母以茹字收聲

見俱飫 據倨踞鋸鐻椐 知駐飫 著 精醉飫 沮怚 照諸飫 翥 影淤飫

飫 淤瘀棜 純清

溪呿飫 去胠呿㰦 徹楮飫 㾡 清趣飫 狙覷 穿處飫 處 審書飫 恕庶

曉虛飫 嘘 次清

郡璩豫 遽勮醵詎 澄除豫 箸除 禪殊豫 署曙 純濁

疑魚豫 御馭語 孃女豫 女 喻歈豫 譽豫與預澦蕷悆礜鷽䁐

敷屖 悍 來閭豫 慮鑢 日如茹 茹洳如 次濁

楮飫須 絮 收徹心孃三母義俱別 敘豫歟豫 藇 收邪喻二母義別 攄 歔

歙豫 悇 收徹喻二母義同

七遇 此韻但有烏于二音無欸意音

烏音 此部清聲字以汙字收聲濁聲字以汙字轉濁聲收聲中有四母濁聲字以務字收聲清聲字以務字轉清聲收聲

古見 汙 固痼錮故顧雇酤涸 覩端 汙 蠹妒秅姹 布幫 汙 布圃

拊鋪 府非 務 賦傅付 組精 汙 作 沃影 汙 汙惡 純清

苦溪 汙 庫綺胯苦 吐透 汙 兔吐菟 鋪滂 汙 怖鋪 拂敷 務 仆赴訃

措清 汙 厝措錯醋 蘇心 汙 素訴泝嗉塑傃 疏審 汙 數 呼曉 汙 謼

屌 次清

徒定 汙 度渡鍍 步並 汙 步捕哺餔捕 梟奉 務 附鮒祔賻跗坿

四音定切 卷三 御遇 六

駙蚹 坐從 汙 胙祚作 戶匣 汙 護頀濩互冱瓠楛嫭穫擭 純濁

吾疑 汙 誤悟寤晤忤捂 努泥 汙 怒 模明 汙 墓暮慕募 武微 務 務

霧鶩騖 婺 盧來 汙 路潞輅賂璐露鷺簬 次濁

覷汙 徒汙 數 收端定二母義別

于音 此部清聲字以傴字收聲濁聲字以裕字收聲中有一母以孺字收聲

俱見 傴 句屨瞿蒟 駐知 傴 駐鉒咮 醉精 傴 足 諸照 傴 注炷鑄馵

屬霔鞋 淤影 傴 嫗傴 純清

呿溪 傴 驅 趣清 傴 趣娶 書審 傴 戍輸 虛曉 傴 煦呴姁酗 次清

郡璩 裕 具懼 除澄 裕 住 殊禪 裕 樹 純濁

魚疑 裕 遇寓 俞喻 裕 裕諭芋籲雨 閭來 裕 屢 如日 孺 孺 次濁

駐傴 諸傴 註 收知照二母義別 殊裕 澍 收照禪二母義同

八霽 此韻但有意于二音無欸烏音

意音 此部清聲字以翳字收聲中有照穿審三母借翳字收聲濁聲字以曳字收聲

計見 翳 計髻繼𦆚薊猘㓹 柢端 翳 帝諦柢𨗊蔕嚏螮 必幫 翳

閉 蔽鷩嬖箅 子精 翳 霽濟際祭穄穧擠 支照 翳 制製淛晢

瞖 伊影 翳 翳瘞殪瘱瞖曀殪壇嫕医 純清

器溪 翳 契憩揳偈揭 梯透 翳 涕替达薙屜 絺徹 翳 傺揥 拔翳

滂 潎睥濞渒 次清 翳 砌妻緀切 思心 翳 細壻 崽穿 翳 掣瀻瘛

詩審 翳 勢世貰 次清

四音定切 卷三 遇霽 七

淇郡 曳 偈 題定 曳 第睇逮禘弟遞蹛鈦題遞遰棣娣髢軑杕

締緹醍 馳澄 曳 滯蹛㢋 皮並 曳 幣弊斃敝薜 匣 自 曳 劑眥齊

噬 時禪 曳 逝誓筮噬遾澨 恀 係匣 曳 系褉 純濁

藝疑 曳 藝詣睨堄槸寱囈羿瓡穖剶 念泥 曳 泥 眉明 曳 袂謎

移喻 曳 裔曳枻呭泄袣䄿滯 梨來 曳 麗厲戾隸例礪勵沴

砅蠣颲禲蠫糲癘離茘儷唳捩蠣蜧欐莨綟悷涖 次濁

禰䄻 曳字收聲澄禪二母係借用

記翳 係曳 繫 收見匣二母義別

于音 此部濁聲字以衛字收聲中有一母以芮字收聲清聲字以衛字轉清聲收聲

俱見 衛 桂筀鱖蹶劌鴂 駐知 衛 綴醊畷 諸照 衛 贅 純清

趣衞 脃毳竁𣪷 心衞 須歲 書衞 稅說蛻 曉虛衞 䥕𣜶 次清
邪敘衞 彗 匣熊衞 惠慧蕙憓蟪 純濁
喻鏡衞 衞篘銳叡㔕 日如芮 芮枘汭蜹 次清
敘衞 彗轊槥 收邪喻二母義同 馳曳 䧅 收澄喻二母意音收于音義同
趣衞 書衞 蛻 收清審二母義同

九泰 此韻但有欽烏二音無意于音

欽音 此部清聲字以靄字收聲濁

格靄 蓋匄 端得靄 帶 幫百靄 貝狽茷 影盎靄 靄藹譪壒 純清
見靄 克溪靄 磕愒 透吞靄 泰太汰 滂拍靄 霈 清湊靄 蔡 次清
特靄 大汏釱軑 並帛靄 旆 匣叓靄 害 純濁

四音定切 卷三 靄泰卦 八

額靄 艾 泥諾靄 柰奈 明漠靄 眛 來郎靄 瀨賴籟癩糲藾 次濁

烏音 此部清聲字以薈字收聲濁

百靄 拍靄 沛 收幫滂二母義別 吞靄 特靄 快 收透定二母義同
古薈 見 檜膾襘獪會儈禬旝鄶澮 端覩薈 [illegible] 精細薈 祋 沃薈 最
影薈 懀 純清
吐薈 蛻娧 曉呼薈 翽噦 次清
徒薈 兌蛻 匣戶薈 會繪 純濁
吾薈 外 來盧薈 酹 次清
沃薈 呼薈 濊 收影曉二母義別

十卦 此韻但有欽烏二音無意于音

欽音 此部清聲字以餲字收聲濁

格餲 懈廨誡戒界介芥㞏疥玠解犗𩋪魪髤价 照窄餲
債瘵祭 影烏餲 隘噫喝餲欸 純清
撐餲 蠆瘥 穿策餲 瘥 審森餲 曬 次清
棧餲 眦砦寨 匣叓餲 械薤瀣齘 純濁
漠餲 賣 次濁

烏音 此部濁聲字以瞶字收聲清

古瞶 卦挂怪夬獪 幫布瞶 拜 純清 一等清聲收聲
苦瞶 快噲蒯蕢喟簣 滂鋪瞶 派湃 穿初瞶 嘬 審疏瞶 鎩殺 次清

四音定切 卷三 卦隊 九

步瞶 粺憊韛䩦唄 匣戶瞶 畫話絓繣 純濁
吾瞶 聵 明模瞶 邁勱 次濁
古瞶 戶瞶 瓌 收見匣二母義別 布瞶 步瞶 敗 收幫並二母義別 古瞶 戶瞶 註 收見匣二母義同

十一隊 此韻但有欽烏于三音無意音

欽音 此部清聲字以愛字收聲濁

格愛 槩漑 端得愛 戴襶 精則愛 再綷 影盎愛 愛曖薆靉 純清
克愛 慨愾嘅鎧欬 透吞愛 態貸睵 清湊愛 菜采棌 心塞愛 塞
賽簺 次清
特愛 代黛逮迨靆埭隸瑇 從昨愛 在裁栽 匣叓愛 瀣劾 純

濁
疑額愛　礙　泥諾愛　耐鼐　來郎愛　賚睞徠　次濁
則愛　眦愛　載　收精從二母義別　黑愛　額愛　儗　收曉疑二母義同
烏音　此部濁聲字以礙字收聲清聲字以礙字轉清聲收聲中有非敷奉三母借用礙字收聲
古礙　見　純清　憒　端覩礙　對碓敦　幫布礙　輩背　非府礙　廢䕯癈　精組礙　晬
溪苦礙　塊　透吐礙　退　滂鋪礙　配　脯　敷拂礙　肺柿　清措礙　倅淬焠　心蘇礙
心碎誶　曉呼礙　誨晦靧悔　次清
定徒礙　隊　霸憝鐓薱　並步礙　佩背悖焙孛郜輩北菝　奉鳧礙
四音定切　卷三　隊震　十
吠茷　匣戶礙　潰繢闠回　純濁
疑吾礙　礙　泥努礙　內　明模礙　昧妹瑁痗脢眛　來盧礙　耒類礌酹
擂　次濁
布礙　步礙　誖　收幫並二母義同
于音　此部清聲字以穢字收聲濁聲字以穢字轉濁聲收聲
淤穢　穢薉　純清
影穢　虛穢　喙顪豙　次清　曉穢
魚穢　乂忩刈　次濁
疑
十二震　此韻但有意于二音無欸烏音
意音　此部清聲字以印字收聲濁聲字以印字收聲中有七母濁聲字以仞字收聲引

濁聲字以仞字轉清聲收聲
智知仞　鎮填瑱　幫必印　鬢殯儐擯　精子印　進晉瑨璡縉搢　支仞
照　震振眣侲娠袗　影咿印　印　純清
溪器印　鼓　徹絺仞　趁疢　清次印　親　心思印　信訊汛　穿蚩仞　櫬儭襯
曉希印　釁　次清
湛引　瑾僅覲僅瑾墐　澄馳仞　陣診　邪詞引　燼藎賮　禪時仞　愼
郡　純濁　蜃
義引　愸　喻移引　酳輔靷引濱　來梨引　吝恡藺遴轔磷躪粦
疑
日認仞　驎膦磨　刃仞軔牣認韌訒　次濁
于音　此部收聲以于字叶震韻撮口音得聲中有一母以潤字收聲
四音定切　卷三　震問　十一
精醉　○　駿儁畯餕餕䝭　照諸　○　諄　純清
心須　○　濬峻浚　審書　○　舜瞬蕣橓　次清
邪敘　○　徇殉　船狀　○　順揗　純濁
日如　潤閏　肥　次濁
須思印　○　迅　收心母意音收
醉　○　○　晙　收精心二母義同
須　○
十三問　此韻但有意烏于三音無欸音
意音　此部清聲字以隱字收聲濁聲字以隱字轉濁聲收聲
記見隱　靳斤　影咿隱　隱僾　純清
希曉隱　焮　次清
淇隱　郡　近　純濁

烏音此部濁聲字以問字收聲清聲字以問字轉清聲收聲

府問 奮糞僨拚 純清

非拂問 忿 次清

敷奐問 分坋 純濁

奉武微問 問聞紊汶抆絻璺 次濁

于音此部清聲字以醞字收聲濁聲字以運字收聲

倶醞 蘊 影於醞 醞愠縕藴 純清

見醞 訓 虛醞 次清

曉璩 郡運 郡 純濁

歛喻運 運暈韻鄆餫員緷 次濁

四音定切 卷三 問願 十二

十四願 此韻四音兼備

欸音此部收聲以欸字叶本韻中艮字得聲

格○艮 純清

見覈匣○恨 純濁

意音此部清聲字以郾字收聲濁聲字以郾字轉濁聲收聲

記郾 建 影郾 郾堰 純清

見希郾 獻憲 次清

曉淇郡郾 健 純濁

烏音此部收聲以烏字叶本韻中頓字得聲清聲字中有非奉微三母濁聲字以萬字收聲轉清聲收聲

覩端○頓敦 非府萬 販 純清

苦溪○困 透吐○褪 滂鋪○噴 清措○寸 心蘇○遜巽潠 次清

徒定○遯鈍 並步○坌 奉奐萬 飯 匣戶○溷恩 純濁

努泥○嫩 明模○悶 微武萬 萬蔓曼 來盧○論 次濁

于音此部清聲字以晼字收聲濁聲字以遠字收聲

淤影晼 晼怨 純清

咗溪晼 勸券綣 曉虛晼 楦 次清

璩郡遠 圈 純濁

魚疑遠 願愿 喻歛晼 遠 次濁

十五翰 此韻但有欸烏二音無意于音

四音定切 卷三 願翰 十三

欸音此部清聲字以案字收聲濁聲字以案字轉濁聲收聲

格見案 幹旰骭澗榦旰矸 端得案 旦鳴 精則案 贊讚酇 影盎案

案按晏 純清

克溪案 看衎侃 透吞案 歎炭 清湊案 粲燦璨 心塞案 散 曉黑案 漢 暵罕 次清

特定案 彈憚 匣覈案 翰汗悍扞閈瀚釬䮧垾 純濁

額疑案 岸㟋 泥諾案 難攤灘 來郎案 爛讕瀾 次濁

覈額案 犴 收匣疑二母義同

烏音此部清聲字以腕字收聲濁聲字以腕字轉濁聲收聲

古見腕 觀貫冠灌矔鑵爟瓘祼癯悹館盥 端覩腕 斷鍛碫

幫布腕 半絆 精絹腕 鑽 影沃腕 腕惋 純清
透吐腕 彖掾 滂鋪腕 判牉泮泮 清揣腕 爨竄攛 心蘇腕 筭蒜 曉呼腕
煥喚渙奐 次清
定徒腕 斷段緞 並步腕 畔叛 匣戶腕 換逭漶 純濁
疑吾腕 玩 泥努腕 偄 明模腕 漫幔縵墁謾 來盧腕 亂 次濁

十六諫 此韻但有欸烏二音無意于音

欸音 此部清聲字以晏字收聲濁聲字以晏字轉濁聲收聲
見格晏 諫澗閒覸襇 幫百晏 扮 影盎晏 晏鴳晏 純清
滂拍晏 盼 穿策晏 鏟 審森晏 訕汕疝柵 次清
澄擇晏 綻 並帛晏 辦瓣 狀棧晏 棧輚戲蝬 匣覈晏 莧骭梘 純濁

四音定切 卷三 翰諫霰 十四

疑額晏 雁贗 次濁

烏音 此部清聲字以綰字收聲濁聲字以綰字轉濁聲收聲
格晏額晏 犴 收見疑二母義同
見古綰 慣串丱 影沃綰 綰 純清
滂鋪綰 襻 穿初綰 篹 審疏綰 孿 次清
匣戶綰 患宦豢轘幻擐槵漶 純濁
疑吾綰 薍 明模綰 慢縵嫚謾 次濁

十七霰 此韻但有意烏于三音無欸音

意音 此部清聲字以燕字收聲濁聲字以莚字收聲中有照審澄禪四母清聲字借用燕字收聲濁聲字借用莚字收聲

見記燕 見 端柢燕 殿 幫必燕 徧變 精子燕 箭薦煎濺鬋 照支燕 榗
戰顫 影咿燕 醼燕宴堰嚥嬿 純清
溪器燕 譴牽繾遣汧畎蜆俔涀 透梯燕 瑱 滂披燕 片 清次燕 蒨
倩茜 精心思燕 霰線先㒱 審詩燕 扇煽 曉希燕 韅 次清
定題莚 殿電甸奠佃鈿淀澱塡 澄馳莚 纏 並皮莚 便卞汴弁
從自莚 拚忭昪 賤荐洊栫諓餞 禪時莚 膳禪擅繕鄯善 邪係莚
匣 見 純濁
疑義莚 硯彥諺唁甗研趼 泥念莚 晛 娘旋莚 輾 明眉莚 面麪瞑
洒晒俩 喻移莚 涎莚衍 來梨莚 練鍊楝揀健 次濁
詞莚移莚 羨 母收邪喻二義別

四音定切 卷三 霰嘯 十五

烏音 此部收聲以烏字叶霰韻合口音得聲

狀助○ 饕諓 純濁

于音 此部濁聲字以院字收聲清聲字以院字轉清聲收聲中有知照徹澄四母借用院字收聲
見俱院 卷絹眷狷罥睊鄄 知駐院 傳轉囀 照諸院 剸 純清
徹楮院 猭 清趨院 縓 心須院 選 穿處院 釧穿竃 曉虛院 絢 次清
郡璩院 倦 澄除院 傳 邪敍院 旋淀 匣熊院 縣眩衒袨炫眴贙 純濁
喻飲院 院掾緣援媛瑗 來閭院 戀孌 次濁

十八嘯 此韻但有意音無欸烏于三音

意音此部清聲字以要字收聲濁聲字以曜字收聲中有六母濁聲字以繞字收聲轉清聲字以繞字轉清聲收聲
記見要叫嘂徼噭獥敫訆端抵要釣弔幫必要裱俵精子要僬
器溪要竅擊透梯要眺糶覜篠趒徹絺繞朓滂披要剽漂慓摽
釂醮嶠照支繞照詔影咿要要窔葽約純清
僄勡清次要陗哨心思要嘯笑肖誚審詩繞少燒曉希曜嬈
次清
淏曜嶠轎定題曜調掉藋銚燿澄馳繞召並皮曜驃從自曜誚
郘時繞劭邵純濁
噍禪
義曜疑戲顥泥念曜尿明眉曜廟妙篎喻移曜曜燿燿鷂趭搖
四音定切〈卷三　嘯效　十六
䑔來梨曜燎料療鷯嘹獠日認繞繞次濁
念抵要曜蔦收端母泥義二同
十九效此韻但有欽音無意烏于三音
欽音此部清聲字以拗字收聲濁聲字以拗字轉濁聲收聲
格見拗教校窖酵較覺珓膠知吒拗罩幫百拗豹齙爆瀑窄拗
照笊影盎拗拗窈勒純清
克溪拗敲礉徹撐拗踔趠滂拍拗礟炮窌穿策拗鈔審森拗稍黑拗
曉孝嗃次清
擇澄拗櫂匣覈拗效校傚恔斆純濁
額疑拗樂嬈鐃拗橈閙淖明漠拗貌次濁

二十號此韻但有欽音無意烏于三音
欽音此部清聲字以奧字收聲濁聲字以奧字轉濁聲收聲
格見奧告誥縞膏部幫得奧到倒禱幫百奧報精則奧竈躁趮
盎影奧奧奧懊澳隩燠純清
克溪奧犒靠清透奧操造慥糙心塞奧譟噪毦埽曉黑奧好耗
次清
特定奧導盜蹈悼纛翿並帛奧暴菢虣瀑從昨奧漕鑿奧
匣號純濁
額疑奧傲鰲奡明漠奧帽眊耄冒瑁媢芼旄椙來郎奧勞澇
嫪次濁
四音定切〈卷三　號箇　十七
二十一箇此韻但有欽烏二音無意于音
欽音此部濁聲字以餓字收聲清聲字以餓字轉清聲收聲
格見餓箇个端得餓癉精則餓佐作左純清
克溪餓坷軻清湊餓蹉心塞餓些次清
特定餓馱大匣覈餓賀純濁
額疑餓餓泥諾餓奈那來郎餓邏囉次濁
烏音此部清聲字以涴字收聲濁聲字以涴字轉濁聲收聲
古見涴過幫布涴播簸譒精組涴挫剉影沃涴涴純清
克溪涴課滂吐涴唾滂鋪涴破清措涴剉莝銼曉呼涴貨次清
徒定涴惰從坐涴座坐匣戶涴和純濁

吾涴疑 臥 努涴泥 悞稞 模涴明 磨 次濁

二十二禡 此韻但有欸意烏三音無于音

欸音 此部清聲字以亞字收聲濁聲字以亞字轉濁聲收聲

格亞見 駕嫁假價稼架 知吒亞 咤奼 幫百亞 霸灞欛弝靶垻

窄亞照 醡詐 影盎亞 亞婭椏 純清

撐亞徹 詫 滂拍亞 怕帊 審森亞 嗄 曉黑亞 罅 次清

帛亞並 罷杷杷 牀棧亞 蜡乍 匣覈亞 下夏暇 純濁

額亞疑 訝迓砑 明漠亞 禡罵 次濁

意音 此部濁聲字以夜字收聲清聲字以夜字轉清聲收聲中有照審牀三母借用夜字收聲

四音定切 卷三 箇禡漾 十八

子夜精 借 照支夜 炙蔗柘 純清

思夜心 卸瀉 審詩夜 赦舍 次清

自夜從 藉 邪詞夜 謝榭 牀乘夜 射麝貰 純濁

移夜喻 夜射 次濁

烏音 此部收聲以烏字叶禡韻合口音得聲

苦○溪 跨胯 曉呼○ 化 次清

戶○匣 華樺 純濁

二十三漾 此韻四音兼備

欸音 此部清聲字以醠字收聲濁聲字轉濁聲收聲

得醠端 當擋 幫百醠 謗搒 精則醠 葬 照窄醠 壯 影盎醠 純清

克醠溪 抗亢伉炕閌頏 透吞醠 湯蕩盪儻 心塞醠 喪 穿策醠 愴

刱創 次清

特醠定 宕碭踼 並帛醠 傍徬 從昨醠 藏臟 牀棧醠 狀 匣盟醠 吭行

桁 純濁

郎醠來 浪閬 次濁

意音 此部平音清聲字以快字收聲濁聲字以漾字收聲峭音濁聲字以讓字收聲清聲字以讓字轉清聲收聲

智讓知 帳漲張脹 精子快 將醬 照支讓 障嶂瘴 影𡚱快 快 純清

絺讓徹 暢悵悵韔 心思快 相 穿蚩讓 唱 審詩讓 向餉饟 曉希快 向 次清

四音定切 卷三 漾 十九

馳讓澄 仗長 從自漾 匠 禪時讓 上尙償 純濁

義漾疑 仰孃 牀旎漾 釀 喻移漾 漾樣養恙煬颺羕瀁 來梨漾 量諒

亮兩悢緉掠 日認讓 讓 次濁

詩讓審 希快曉 鄉珦 收審曉二母義同

烏音 此部平音收聲以烏字叶漾韻合口音得聲峭音濁聲字以望字收聲清聲字以望字轉清聲收聲

古○見 廣 非府望 放 純清

苦○溪 曠纊壙 敷拂望 訪妨 次清

奉皂望 防 匣戶○ 潢 純濁

微武望 望妄忘 次濁

百醲 府望 舫 收幫母欽音收 非母烏音義別
于音 此部濁聲字以旺字收聲清聲字以旺字轉清聲收聲
俱見 旺 誑 純清
虛曉 旺 眖況 次清
歙喻 旺 王旺迋 次濁
二十四敬 此韻四音兼備
欽音 此部濁聲字以硬字收聲清聲字以硬字轉清聲收聲
格見 硬 更 百幫 硬 迸榜 照窄 硬 諍 純清
覈匣 硬 行 純濁
額疑 硬 硬 明漠 硬 孟 次濁
四音定切 卷三 漾敬 廿
意音 此部清聲字以映字收聲濁聲字以映字轉濁聲收聲中有照徹審澄禪五母借用映字收聲
記見 映 敬鏡勁竟獍 必幫 映 柄怲併邴抨 支照 映 正政証 伊影 映 映 純清
器溪 映 慶輕 絺徹 映 湞 披滂 映 聘娉 次清 映 倩凊 思心 映 性姓 詩審 映 聖 次清
淇郡 映 競檠 馳澄 映 鄭 皮澄 映 病 自從 映 淨穽請靚 時禪 映 盛晟 純濁
義疑 映 迎 眉明 映 命 梨來 映 令 次濁
漠硬 眉映 盟 收明母欽音收明母意音義別 智硬 絺映 偵 收知母欽音收徹母意音義別

烏音 此部收聲以烏字叶敬韻合口音得聲
戶匣 ○ 橫 純濁
于音 此部濁聲字以詠字收聲清聲字以詠字轉清聲收聲
虛曉 詠 夐詗 純濁
歙喻 詠 詠泳禜 次濁
虛曉 詠 歙喻 詠 營 收曉喻二母義同
二十五徑 此韻但有欽意于三音無烏音 嶝韻併入字皆欽音 證韻併入皆意音
欽音 此部收聲以欽字叶本韻開口音得聲
格見 ○ 亙 得端 ○ 嶝鐙隥橙磴墱凳 百幫 ○ 堋 純清
特定 ○ 鄧蹬 昨從 ○ 贈 純濁
四音定切 卷三 敬徑 廿一
漠明 ○ 懵 次濁
意音 此部證韻併入徑韻之字清聲字以應字收聲濁聲字以滕字收聲中有精照穿審狀五母清聲字借用應字收聲濁聲字借用滕字收聲所有本徑韻之字以意字叶 徑韻齊齒音收聲
記見 ○ 徑經 柢端 ○ 顛矴飣釘 子精 應 甑 支照 應 證烝 伊影 應 應 純清
器溪 ○ 罄磬 梯透 ○ 聽庭 次清 ○ 艷 思心 ○ 醒 蚩穿 應 稱 詩審 應 勝
希曉 應 興 次清
定題 ○ 定廷錠 皮並 滕 凭 狀 乘 滕 乘剩 係匣 ○ 脛 純濁
義疑 滕 凝 念泥 ○ 佞 眉明 ○ 暝 移喻 滕 滕孕賸 次濁

于音此部以瑩字收聲

泓影 瑩 瑩瀅 純清

二十六宥 此韻但有欽意烏三音無于音

欽音 此部清聲字以漚字收聲濁聲字以漚字轉濁聲收聲

格見漚 構遘媾覯冓購雊彀句姤彀瞉 端得漚 鬭鬦 精則漚

奏走 照窄漚 皺甃縐 影盎漚 漚 純清

克溪漚 寇扣簆 透呑漚 透 清湊漚 湊腠蔟輳 心塞漚 瘷嗾謏 穿策漚

簉 審森漚 瘦 曉黑漚 蔻吼 次清

特定漚 豆脰竇逗餖酘讀 狀棱漚 驟僽 匣覈漚 候堠鱟逅後

后厚鍭睺 純濁

四音定切 卷三 徑宥 三二

諾泥漚 槈譳擩 明漠漚 茂楙貿戊袤瞀姆雺愗鄮楙菽 郞漚

來 漏陋鏤瘻僂 次濁

克溪 郞漚 詬 收溪來二母義別 湊漚 擇漚 棱 收清從二母義別

意音 此部清聲字以幼字收聲濁聲字以宥字收聲中有七母濁聲字以蘇字收聲 清聲字以蘇字轉清聲收聲

記見幼 救廄究疚灸訹 知智蘇 晝 精子幼 僦 照支蘇 呪椆 影咿幼

幼 純清

絺徹蘇 畜 心思幼 秀繡宿琇 審詩蘇 獸守狩首收 曉希幼 齅 次清

淇群宥 舊柩 澄馳蘇 胄冑宙酎籀繇伷儔 從自宥 就鷲 邪詞宥

袖岫 禪時蘇 授售壽綬 純濁

孃旎宥 糅狃 明眉宥 謬繆 喻移宥 宥褎柚佑祐右侑囿狖鼬

來梨宥 溜霤瘤廇留窌廖餾鷚塯飂

日認蘇 蹂糅鞣 次濁

蚩蘇 希幼 臭 收穿曉二母義別 塞漚 詩蘇 瘷 收心審二母意音義同 得漚

智蘇 知 咮 收端知二母欽音意音義同 記幼 移宥 猶 收見喻二母義同

烏音 此部收聲以烏字讀峭音叶宥韻合口音得聲

府非○ 富鍑富輻 純清

拂敷○ 副逼 次清

奉梟○ 復伏 純濁

四音定切 卷三 宥沁 三三

二十七沁 此韻但有欽意二音無烏于音

拂○ 梟○ 覆 收敷奉二母義別 拍漚 拂○ 仆 收滂敷二母意音義同

欽音 此部收聲以欽字叶沁韻開口音得聲

窄照○ 譖 純清

蚩穿○ 識 審森○ 滲槑 次清

意音 此部清聲字以蔭字收聲濁聲字以類字收聲中有七母濁聲字以任字收聲 清聲字以任字轉清聲收聲

記見蔭 禁傑 知智任 揕 精子蔭 浸祲 照支任 枕 影咿蔭 蔭喑窨飲

純清

絺徹任 闖 清次蔭 沁 審詩任 深庥 次清

淇類噤紟矜澄馳任鴆沈禪時任甚佇純濁
郡義類吟旋類賃移類類來梨類臨日認任任衽紝鵀妊次
疑濁吟嬢喻

二十八勘 此韻但有欽音無意烏于三音

音 此部清聲字以暗字收聲濁聲字以暗字轉濁聲收聲

格見暗紺 淦端得暗 揞髖精則暗 揞影盎暗 暗純清

克溪暗勘 闞磡瞰清 溙暗 參心塞暗 三次清

特定暗啗 憺澹淡從撑暗 暫鏨匣覈暗 撼琀菡憨純濁

郎來暗濫 纜惓爁次濁

二十九鑑 此韻但有意烏二音無欽于音

四音定切 卷三 沁勘豔 二十四

意音 此部清聲字以厭字收聲濁聲字以爓字收聲中有照徹穿審禪五母清聲字借用厭字收聲濁聲字借用爓字收聲

記見厭劍 兼趝鮎端柢厭 店墊坫痁沾唸𥨍埝耇幫必厭窆

砭精子厭僭 孅照支厭 占影咿厭 黶饜奄俺壓愴純清

器溪厭欠 砛鈙透梯厭 譫㛪忝㮇徹稀厭 貼清次厭 塹槧𩀌𧊒厭

穿貪譫 闞躔壖審詩厭 苫䢷掞曉希厭 脅㚌次清

題定爓 萒從自爓 瞻潛禪時爓 贍純濁

義疑爓 驗䤷唸䶢㦓泥念爓 念鯰喻移爓 豔灧爓鹽撿來梨爓

歛㶑獫殮瞼穲爁霯次濁

烏音 此部以𧀼字收聲

四音定切卷三終

武微𧀼𧀼次濁

三十陷 此韻但有欽意烏三音無于音

欽音 此部清聲字以䤠字收聲濁聲字以䤠字轉濁聲收聲

格見䤠鑑 監照窄䤠 蘸影盎䤠 䤠純清

策穿䤠 懺曉黑䤠 闞次清

穿 撑䤠 賺狀梭䤠 讒鑱匣覈䤠 陷豏純濁

澄 策䤠 儳母收穿狀二 棧䤠 義別

意音 此部以淹字收聲

記見淹劍影伊淹 淹純清

器溪淹欠次清

四音定切 卷三 豔陷 二十五

烏音 此部收聲以烏字讀𡸴音叶陷韻合口音得聲

拂敷 ○ 汎梵帆次清

四音定切卷四

興化劉熙載融齋輯

受業上海黃晉按三參輯

韻釋

入聲 一屋 此部但有烏于二音無欸意音

烏音 此部清聲字以屋字收聲濁聲字以屋字轉濁聲收聲中有非敷奉三母借用屋字收聲

古屋見穀轂谿 覩屋端豖 布屋幫卜濮襆 俯屋非福腹蝠輻複

蝠楅葍復偪 組屋精鏃 沃屋影屋剭 純清

苦屋溪哭 吐屋透禿読鵚 鋪屋滂朴醭 拂屋敷覆蝮輹副 措屋清

簇蔟瘯 蘇屋心速蔌樕餗觫楝涑 初屋穿蹴 疏屋審縮謖蹜

摵莤翻 呼屋曉熇 次清

徒屋定讀犢瀆牘櫝黷讟獨韣殰碡髑 步屋並僕瀑暴 皃屋

奉服伏復馥洑鵩箙菔匐澓茯虙栿 坐屋從族 戶屋匣斛

縠槲觳 純濁

模屋明木目牧沐穆鶩睦繆霂罞粲苜 盧屋來祿鹿麓漉

簏碌娽琭盝轆艬蠦麗睩摝 次濁

古屋盧屋谷收見來二母義別 布屋步屋樸收幫並二母義別

于音 此部平音清聲字以燠字收聲濁聲字以育字收聲峭音濁聲字以肉字收聲清聲字以肉字轉清聲收聲

俱燠見菊掬踘鵴鞠匊 駐肉知竹築竺 醉肉精蹙踧顣䠞槭

諸肉照粥祝 於燠影燠澳郁彧薁腴 純清

呿燠溪麴 須肉心宿肅蓿夙鱐鷫 處肉穿俶 書肉審叔菽倏儵

虛燠曉蓄慉 次清

璩育郡毱 除肉澄軸逐舳柚蓫 殊肉禪熟淑塾孰 純濁

女育孃恧朒 歙育喻育鬻煜毓昱淯囿 閭育來陸六戮稑僇

蓼勠 如肉日肉 次濁

楮肉虛燠畜收徹曉二母義別 女育如肉衄收孃日二母義同 駐肉除肉筑收知澄二母義別

俱燠呿燠璩育鞠收見溪郡三母義俱別 初屋楮肉矗收穿母烏音收徹母于音義同

醉肉趣肉蹴收精清二母義同 諸肉處肉柷收照穿二母義同

二沃 此韻但有烏于二音無欸意音

烏音 此部清聲字以沃字收聲濁聲字以沃字轉濁聲收聲中有奉一母借用沃字收聲

古沃見梏牿告 覩沃端督篤 布沃幫襮 鳴沃影沃鋈 純清

苦沃溪酷嚳 呼沃曉熇 次清

徒沃定毒纛 步沃並僕 皃沃奉幞 戶沃匣鵠 純濁

覩沃蘇沃裻收端心二母義同

于音 此部平音濁聲字以浴字收聲清聲字以浴字轉清聲收聲峭音濁聲字以蓐字收聲清聲字以蓐字轉清聲收聲

俱浴見 掬蘜 駐蓐知 斸瘃 醉蓐精 足 諸蓐照 燭矚 純清
呿浴溪 曲笛 趨蓐清 促 須蓐心 粟 處蓐穿 觸歜 書蓐審 束 虛浴曉 旭
項朂 次清
璩浴郡 局跼 除蓐澄 躅 敘蓐邪 俗續 船蓐狀 贖 殊蓐禪 蜀 純濁
魚浴疑 玉獄 歈浴喻 欲浴慾鵒狢 閭浴來 錄籙綠醁淥逯騄
如蓐日 辱縟蓐溽鄏 次濁
諸蓐 殊蓐 屬 收照禪二母義別
除蓐 殊蓐 蠋 收照澄禪三母義俱別
努沃 如蓐 褥 收泥母烏音收日母于音義別 諸蓐
三覺 此韻但有欽烏二音無意于音
欽音 此部清聲字以喔字收聲濁聲字以喔字轉濁聲收聲

四音定切 卷四 沃覺 三

格喔見 覺角桷捔珏較榷 百喔幫 剝趵爆駁駮 盎喔影 幄䵶
喔偓楃葯握渥 純清
克喔溪 㱿確慤埆觳殼硞 拍喔滂 璞樸撲颮 黑喔曉 豞 次清
帛喔並 雹撲礐爆鰒瓟駒䶈瀑觳 覈喔匣 鷽學鸒 純濁
額喔疑 嶽樂鸑 漠喔明 邈藐皃眊 次濁
格喔 克喔 搉 收見溪二母義別
克喔 覈喔 礐 收溪匣二母義同
烏音 此部收聲以烏字叶 覺韻合口音得聲
鐲知 ○ 斲卓諑涿啄倬琢椓 菹照 ○ 捉穱穛斮 純清
惷徹 ○ 踔戳踔逴 初穿 ○ 娖擉齱 疏審 ○ 朔數矟箾欶 次清
濯澄 ○ 濁擢鷟鐲櫂鸐濯 助狀 ○ 浞㵵汋鷟鋜 純濁

紨孃 ○ 搦 盧來 ○ 犖 次濁
四質 此韻四音兼備
欽音 此部收聲以欽字叶 質韻開口音得聲
窄照 ○ 櫛楖 純清
策穿 ○ 謖 森審 ○ 瑟蝨璱 次清
意音 此部清聲字以乙字收聲濁聲字以逸字收聲中有八母濁聲字以日字收聲
清聲字以日字轉清聲收聲
記乙見 吉拮 智日知 窒庢銍挃秷 必乙幫 筆畢蹕必篳珌韠
畢熚樺鉍䨆饆滭 子乙精 唧堲 支日照 質騭鑕礩郅桎眰
櫍 聊乙影 一乙壹鳦 純清

四音定切 卷四 覺質 四

器乙溪 詰蛣 絺日徹 抶咥 披乙滂 匹 次乙清 桼漆七 思乙心 膝悉
豈日穿 叱 詩日審 室失鞋 希乙曉 肸 次清
淇逸郡 佶姞 馳日澄 帙秩姪紩柣 皮逸並 弼泌苾佖駜飶 自逸從
疾嫉蒺 乘日狀 實 純濁
義逸疑 耴 旎逸孃 暱尼 眉逸明 密蜜謐沕蔤 移逸喻 逸佚溢軼
鎰佾颶泆汩抶 列逸來 栗慄篥鷅𪌛溧颲㗚 認日日 馹 次濁
智日 支日 蛭 收知照二母義別
旎逸 認日 衵 收孃日二母義同
烏音 此部收聲以烏字叶 質韻合口音得聲
疏審 ○ 率蟀帥 次清

于音 此部濁聲字以適字收聲清聲字以適字轉清聲收聲
俱適見 橘 駐適知 茁 醉適精 卒 純清
楮適徹 黜 怵 須適心 恤 卹 戌 處適穿 出 虛適曉 獝 次清
除適澄 术 聚適從 崒 踤 船適狀 術 述 秫 純濁
歙適喻 遹 鷸 潏 聿 霱 鴥 閭適來 律 繂 次濁
俱適歙適 繘 收見喻二母義同 船適歙適 驈 收狀喻二母義同
五物 此韻但有意烏于三音無欸音
意音 此部濁聲字以屹字收聲清聲字以屹字轉清聲收聲
記屹見 訖 吃 純清
器屹溪 乞 希屹曉 迄 汔 肸 次清

四音定切 卷四 質物 五

義屹疑 屹 次濁
希屹義屹 仡 釳 收曉疑二母義同
烏音 此部濁聲字以物字收聲清聲字以物字轉清聲收聲
俯物非 紱 黻 韍 綍 弗 不 汷 純清
拂物敷 拂 茀 祓 艴 刜 次清
鳧物奉 佛 怫 岪 咈 坲 純濁
武物微 物 勿 沕 芴 岉 次濁
俯物拂物 髴 收非敷二母義別
于音 此部清聲字以苑字收聲濁聲字以苑字轉濁聲收聲
俱苑見 厥 劂 淤苑影 欝 熨 䵳 菀 尉 蔚 純清

呿苑溪 詘 虛苑曉 欻 歘 次清
璩苑郡 掘 堀 倔 純濁
俱苑呿苑 屈 收見溪二母義別 璩苑魚苑 崛 收郡疑二母義同
六月 此韻四音兼備
欸音 此部收聲以欸字叶月韻開口音得聲
覈○匣 齕 紇 麧 核 純濁
意音 此部清聲字以謁字收聲濁聲字以謁字轉濁聲收聲
記謁見 羯 訐 艸謁影 謁 暍 閼 純清
希謁曉 歇 蠍 猲 次清
淇謁郡 竭 碣 楬 堨 純濁

四音定切 卷四 物月 六

義謁疑 钀 次濁
器謁淇謁記謁 撅 收溪郡二母義同收見母義別
烏音 此部清聲字以惚字收聲濁聲字以惚字轉濁聲收聲中有三母濁聲字以䪅字收聲清聲字以䪅字轉清聲收聲
古惚見 骨 汩 榾 愲 覩惚端 咄 柮 䠛 俯䪅非 髮 發 組惚精 卒 稡 扶惚
影 惚 嗢 純清
苦惚溪 窟 矻 泏 堀 朏 崫 吐惚透 梲 措惚清 卒 猝 蘇惚心 窣 呼惚曉
笏 忽 惚 次清
徒惚定 突 凸 腯 揬 步惚並 勃 悖 渤 孛 浡 餑 誖 焞 敦 詩 艴 鳧䪅奉
伐 罰 筏 閥 垡 瞂 師 坐惚從 捽 崒 椊 戶惚匣 搰 扢 扣 純濁

吾惚疑 兀扤杌扤矹屼 努惚泥 訥 摸惚明 沒歿 武韈微 韤 虛惚來
硉 次濁
古惚 鶻 收見匣二 滑 收見匣二 䨟○ 收匣
戶惚 母義同 母義別 古惚 淈 母欸
音收見母 烏音義同
于音 此部濁聲字以越字收聲清聲字以越字轉清聲收聲
俱越見 厥蕨劂蟨撅鱖 純清
去越溪 闕 虛越曉 㵐狘 次濁
𧻓越郡 掘橛蹷 純濁
魚越疑 月抈刖軏 鉞越喻 越鉞粵樾蚏蛂曰 次濁
俱越見 𧻓越郡 蹶 收見郡二 母義同
四音定切 卷四 月曷 七
七曷 此韻但有欸烏二音無意于音
欸音 此部清聲字以遏字收聲濁聲字以遏字轉濁聲收聲
格遏見 割葛輵藹 得遏端 怛笪呾 則遏精 𢫬 益遏影 遏閼頞堨
純清
克遏溪 渴 吞遏透 達闥撻獺澾牽汏 湊遏清 㩉 塞遏心 薩躄撥
黑遏曉 喝鶡猲 次清
特遏定 達 昨遏從 囋 聚遏匣 曷褐鞨鶡毼 純濁
額遏疑 枿辥𨇩𪊺 郎遏來 剌𢷡𣛖 次濁
盎遏 聚遏 餲 收影匣二 母義別
烏音 此部清聲字以斡字收聲濁聲字以斡字轉濁聲收聲

古斡見 活括聒栝筈鴰适佸䒷 覩斡端 掇剟𪃿咄 布斡幫 鉢
撥鱍襏 盎斡影 斡 純清
苦斡溪 闊 鋪斡滂 潑 呼斡曉 豁濊泧㬮 次清
徒斡定 奪 步斡並 拔跋魃鈸軷茇㳮犮妭 戶斡匣 活越 純濁
模斡明 末沫抹秣袜 盧斡來 埒 次濁
吐斡 徒斡 脫莌 收透定二 母義同 組斡 措斡 撮 收精清二 母義別
八黠 此韻但有欸烏二音無意于音
欸音 此部清聲字以扎字收聲濁聲字以扎字轉濁聲收聲
格扎見 戛秸嘎扴稭圿砎鶷擖頡 吒扎知 哳 窄扎照 札蚻 盎扎
影 軋扎揠猰圔鶍 純清
四音定切 卷四 曷黠屑 八
克扎溪 㧜劼刮髻楬 吞扎透 獺 策扎穿 察剎𪇭蔡 森扎審 殺榝
黑扎曉 𥀀鎩 瞎 次清
聚扎匣 黠䵘 純濁
額扎疑 齾 鐃扎孃 痆 漠扎明 帕帓 次濁
烏音 此部清聲字以唶字收聲濁聲字以唶字轉濁聲收聲
古唶見 鴰刮 綴唶知 窡錣鵽 布唶幫 八 莊唶照 茁 沃唶影 唶 純清
鋪唶滂 汃 疏唶審 刷 呼唶曉 僁 次清
步唶並 拔菝 戶唶匣 猾鶻䱻螖滑 純濁
吾唶疑 刖𪀓 䘒唶孃 豽肭妠 摸唶明 眡 次濁
九屑 此韻但有意烏于三音無欸音

意音 此部清聲字以咽字收聲濁聲字以咽字轉濁聲收聲中有九母濁聲字以熱字收聲清聲字以熱字轉清聲收聲
記見精 咽 結潔訐孑拮絜 知智熱 哲晢 必咽 別鼈鷩閉莂 子咽
節癤桼 照支熱 折浙 影帅咽 咽噎 純清
器溪 咽 挈蛣 透梯咽 鐵餮 徹綈熱 徹 滂披咽 瞥擊潎 清次咽 切竊
心思清 咽 屑泄媟楔褻契躠㔎薛紲渫 穿蚩熱 掣 審詩熱 設 次
淇郡 咽 傑碣竭偈楬桀 定題咽 昳耊瓞絰跌凸軼迭姪垤
馳澄 熱 轍撤澈 並皮咽 別蹩批 從自咽 截巀 牀乘熱 舌揲虵 時熱
禪 折 匣係咽 纈襭齛頡擷 純濁
四音定切 卷四 屑 九
疑義 咽 齧囓臬闑鯢嚙嵲隉讞孼櫱蘖蜺辥 泥念咽 捏篞
涅 明眉咽 滅蠛蠓蔑篾瀎 來梨咽 列烈裂茢蛚洌捩冽
日認熱 熱 次濁
記咽 器咽 收曉匣 母義同 鍥 收見溪二母義別 子咽 自咽 吕 收精從二母義別 希咽 係咽 擷
咽 記咽 洪 揭 收溪郡二母義別 題咽 蛭 收端定二母義同 咥 收端定二母義別
烏音 此部收聲以烏字叶 眉韻合口音得聲
照苴 ○ 茁 純清
審疏 ○ 刷 次清
于音 此部濁聲字以悅字收聲清聲字以熱字轉清聲收聲中有五母濁聲字以悅

字收聲清聲字以熱字轉清聲收聲
俱見 悅 訣譎玦鴂觖鐍趹觼 知駐熱 綴啜輟惙掇畷剟 醉悅
精 蕝橇 照諸熱 拙準梲 純清
溪呿 悅 缺闋 心須悅 雪 穿處熱 歠 審書熱 說 曉虛悅 血窬烕瞲泬
央 次清
聚從 悅 絕 匣能悅 穴 純濁
孃女 悅 吶 喻欲悅 悅閱 來閭悅 劣埒鋝 日如熱 爇 次濁
淤 俱悅 抉 收見影二母義別 俱悅 決 收見曉二母義別 駐熱 虛悅 處熱 啜
母收義知別穿二
十藥 此韻四音兼備
四音定切 卷四 屑藥 十
欽音 此部清聲字以至字收聲濁聲字以至字轉濁聲收聲
格見 至 閣格各 百幫至 博搏髆襮鎛䌟構 精則至 作鑿糳迮
窄照 至 䓿 影盎至 惡堊 純清
克溪 至 恪 透吞至 託橐簙飥拓柝蘀沰魠 滂拍至 鎛粕膊 湊至
清 錯厝 心塞至 索 曉黑至 壑郝鄗謞嗃熇矐臛 次清
特定 至 鐸度澤踱劇睪 並帛至 薄泊亳箔礴鑮 從昨至 鑿笮
昨酢作筰岝 匣覈至 鶴涸貉 純濁
額疑 至 咢崿鍔諤鄂鶚遌鰐愕堮噩咢嗙 泥諾至 諾 明漠至
幕漠莫膜鏌摸寞瘼瞙 來郎至 樂落洛絡酪駱濼躒珞
烙硌爍駱 次濁

則亞昨亞 柞 收精從二母義同 呑亞拍亞 魄 收透滂二母義同

意音 此部清聲字以約字收聲濁聲字以藥字收聲中有八母濁聲字以若字收聲

清聲字以若字 轉清聲收聲

記約見 腳 屩 智若知 著 子約精 爵 雀 燋 支若照 酌 灼 繳 彴 妁 斫

焯 禚 聊約影 約 葯 純清

絺若徹 躇 婼 逴 㚟 次清 約 鵲 捉 碏 皵 猎 踖 錯 思約心 削 蚩若穿

詩若審 爍 鑠 希約曉 謔 次清

淇藥郡 醵 臄 噱 馳若澄 著 自藥從 嚼 皭 時若禪 杓 汋 純濁

義藥疑 虐 瘧 移藥喻 藥 躍 鑰 籥 鸑 爚 龠 礿 瀹 蝓 敫 鷂 梨藥來

略 掠 䂮 蛒 認若日 弱 若 箬 蒻 嫋 鄀 次濁

四音定切 卷四 藥 十一

記約器約 卻 收見溪二母義別 收曉母欽音收別 日母意音義別 收照清禪三 母義俱別

支若時若 勺 收照禪二母義別

子約自約 爝 收精從二母義同

記約淇約 蹻 收見郡二母義別

黑亞認若 蠚 支若次 約時若 芍

烏音 此部清聲字以蠖字收聲濁聲字以蠖字轉濁聲收聲中有奉一母借用蠖字 收聲

古蠖見 郭 沃蠖影 蠖 臒 純清

苦蠖溪 廓 鞹 鞟 呼蠖曉 藿 霍 霩 攉 靃 彍 次清

烏蠖奉 縛 戶蠖匣 穫 鑊 純濁

于音 此部清聲字以蠖字收聲濁聲字以籰字收聲

俱籰見 攫 钁 玃 矍 淤籰影 蠖 嬳 純清

怯籰溪 躩 虛籰曉 戄 次清

欲籰喻 籰 次濁

俱籰璩籰 玃 收見郡二母義同

十一 陌 此韻四音兼備

欸音 此部清聲字以軶字收聲濁聲字以軶字轉濁聲收聲

格軶見 格 革 隔 鬲 骼 骼 膈 吒軶知 磔 摘 百軶幫 伯 柏 百 迫 擘

[illegible] 窄軶照 幘 窄 責 簀 柞 唶 盎軶影 軶 尼 搤 啞 阸 純清

克軶溪 客 撐軶徹 坼 拍軶滂 魄 拍 珀 霸 策軶穿 策 冊 柵 森軶審 索

愬 黑軶曉 赫 嚇 啢 次清

擇軶澄 澤 宅 擇 翟 帛軶並 白 帛 舶 棧軶狀 賾 齰 咋 覈軶匣 翮 核

四音定切 卷四 藥陌 十二

覈 純濁

額軶疑 額 漠軶明 陌 麥 脈 貘 貊 霡 百 莫 驀 覛 次濁

吒軶擇軶 謫 收知澄二母義同 窄軶棧軶 嘖 收照狀二母義同

意音 此部清聲字以益字收聲濁聲字以液字收聲中有照穿審澄禪五母清聲字借用益字收聲濁聲字借用液字收聲

記益見 戟 撠 必益幫 碧 壁 辟 䴙 子益精 迹 積 脊 鯽 借 踖 支益照

炙 隻 蹠 摭 伊益影 益 嗌 齸 純清

器益溪 隙 綌 郤 披益滂 僻 癖 霹 次清 益 磧 刺 思益心 舄 惜 昔 腊

碣 潟 蚩益穿 尺 赤 斥 詩益審 適 釋 奭 螫 襫 次清

淇液郡 屐 劇 馳液澄 擲 躑 擿 皮益並 闢 辟 擗 自益從 籍 藉 瘠 耤

脣詞益 席夕麥蓆汐禪時液 石碩祏鼫 純濁
疑義液 逆喻移液 驛液易掖腋懌弈奕譯亦埸蜴嶧斁醳
襗 次濁
乘液 射 收狀喻二 子益 踖 收精從二 瘠 收精從二
移液 母義別 自益 母義別
同 母義 詩益 繹 收審喻二 必益 躄 收幫並二
移液 母義別 皮益 母義別
烏音 此部收聲以烏字叶
陌韻合口音得聲
古見○ 虢 幗摑馘蟈 純清
疏審○ 摵 呼曉○ 砉 剨湱 次清
匣戶○ 畫 獲嫿嚍 純濁
于音 此部收聲以于字叶
陌韻撮口音得聲
十三
四音定切 卷四 陌錫
熊匣○ 役疫 純濁
十二錫 此韻但有意于二音無欸烏音
意音 此部濁聲字以鴿字收聲清
聲字以鴿字轉清聲收聲
記見 鴿 擊激 端廽鴿 滴鏑的菂適嫡啇靮蹢弔馰樀 幫必鴿 壁 精子鴿 績勣 純清
器溪 鴿 喫毄 透梯鴿 逖摘惕踢剔趯倜 滂披鴿 霹辟 清次鴿 戚
鍼 心思鴿 錫析皙裼緆菥淅蜥 曉希鴿 鬩 次清
定題鴿 笛敵翟覿糴狄荻滌迪踧頔籊靈 並皮鴿 甓 從自鴿
寂 匣係鴿 檄覡敫 純濁
疑義鴿 鶂霓鷁鷊艗 泥念鴿 溺惄 明眉鴿 覓冪汨塓 來梨鴿 歷

櫪瀝靂歷藶癧躒礫櫟轢皪鬲鄽 次濁
係記鴿 獥 收見匣二
母義同
于音 此部收聲以于字叶
錫韻撮口音得聲
見俱○ 鶪 純清
溪睳○ 闃 虛曉○ 砉 狊殈 次清
俱虛○○ 狊 收見曉二
母義同
十三職 此韻四音兼備
欸音 此部清聲字以餧字收聲濁
聲字以餧字轉濁聲收聲
見格 餧 祴 端得餧 德得 幫百餧 北 精則餧 則 照窄餧 側昃仄汄稄
影盎 餧 餧 純清
四音定切 卷四 錫職 十四
溪克 餧 刻克剋 透吞餧 慝忒 清湊餧 墄 心塞餧 塞 穿策餧 測惻 審森餧
審 色穡嗇轄 曉黑餧 黑 次清
定特 餧 特螣 並帛餧 踣蔔匐 從昨餧 賊鰂蠈 牀棧餧 崱 匣覈餧 劾
純濁
明漠 餧 墨默冒纆蟔 來郎餧 勒扐泐肋阞功 次濁
明 窄餧 收照牀二
棱 餧 崱 母義同
意音 此部清聲字以億字收聲濁聲字以弋
聲字借用億字收聲中有知徵澄照牀審禪七母清
聲字借用弋字收聲濁
見記億 棘亟殛蕀極 知智億 陟 幫必億 逼湢楅幅 精子億 稷喞
卽鯽稷 照支億 職織樴 影伊億 億臆憶抑繶檍醷薏 純清

絺億徹 勑飭鷘栻 披億滂 愊副䮐 思億心 息熄 詩億審 飾式軾
希億曉 識拭 赩奭䜃 次清
淇弋郡 極 馳弋澄 犆直膱 皮弋並 愊愎 乘弋牀 食蝕 時弋禪 殖植
湜寔埴 純濁
義弋疑 嶷 旋弋孃 匿惄暱 移弋喻 翼弋翊妐芅䧰默瀷杙翌
梨弋來 力扐 次濁
篋弋子 畟 收穿母欽音收精母意音義同 皂篋皮弋 㚕 收並母欽音收並母意音義同
篋弋郎 梨弋 仂 收來母欽音收來母意音義別 子億自弋 堲 收精從二母義別
烏音 此部收聲以烏字叶職韻合口音得聲
古○見 國 純清

四音定切 卷四 職緝 廿五

戶○匣 惑或 純濁
于音 此部濁聲字以域字收聲清聲字以域字轉清聲收聲
虛域曉 洫侐 次清
歙域喻 域棫罭䳼琙 次濁
戶○歙域 蜮 收匣母烏音收喻母于音義同 魊 收匣母烏音收喻母于音義別
虛域歙域 緎閾 收曉喻二母義同 淢 收曉喻二母義別
十四緝 此韻但有欽意二音無烏于音
欽音 此部收聲以欽字叶緝韻開口音得聲
窄○照 戢濈䱹蕺霵 純清
森○審 澀鈒 次清

意音 此部清聲字以邑字收聲濁聲字以熠字收聲中有六母濁聲字以入字收聲清聲字以入字轉清聲收聲
記邑見 急給級汲伋 智入知 縶馽 子邑精 潗揖 支入照 汁執 卯邑
影 邑揖唈裛浥悒挹 純清
器邑溪 泣 次清 思邑心 緝 詩入審 霫 希邑曉 潝 吸翕歙熻 次清
淇熠郡 及笈 馳入澄 蟄㙷 自熠從 輯集 詞熠邪 習襲隰褶槢 時入禪
十拾什 純濁
義熠疑 岌 旋熠孃 [illegible] 移熠喻 熠[illegible] 梨熠來 立粒笠苙 認入日 入廿 次濁
淇熠郡梨熠來 芨 收郡來二母義同 子邑次邑 葺 收精清二母義同

四音定切 卷四 緝合 廿六

十五合 此韻但有欽音無意烏于三音
欽音 此部清聲字以姶字收聲濁聲字以姶字轉濁聲收聲
格姶見 純清 合閤蛤鴿韐 得姶端 答荅嗒 則姶精 帀噆 盇姶影 唈姶
克姶溪 榼溘磕 吞姶透 塔榻漯䶀鞳蹋䵬 塞姶心 颯䬃鈒馺
趿𨚗 黑姶曉 欱 次清
特姶定 沓遝闒誻踏蹹涾 昨姶從 雜 㪉姶匣 合闔盍 純濁
諾姶泥 納衲軜 郎姶來 臘蠟拉 次濁
得姶端 搨搭 收端透二母義別 格姶見 㪉姶匣 盍嗑 收見匣二母義別 吞姶
特姶定 吞姶透 踏 收透定二母義同

十六葉 此韻但有欽意二音無烏于音

欽音 此部收聲以欽字叶葉韻開口音得聲

森審 ○ 蓮霎 次清

意音 此部清聲字以厭字收聲濁聲字以葉字收聲中有七母濁聲字以攝字收清聲字以攝字轉清聲收聲

記見 厭 頰莢鋏梜蛺 知智攝 輒 精子厭 接楫睫浹椄萎 照支攝

懾讋摺霅𥍊 影𥍊厭 厭靨裛靨壓𦁜 純清

器溪 厭 篋愜 透梯厭 帖貼怗 清次厭 妾䇣鯜 心思厭 屧燮躞 審蚩攝

穿詔 審詩攝 攝韘葉歙欇灄 次清

淇郡 葉 笈極 定題葉 牒蝶疊諜堞氎蹀褶䙝艓惵鰈 澄馳攝

牒 自葉 壜 從 捷踕倢 禪時攝 涉 匣係葉 協勰挾俠 純濁

念泥 葉 捻苶鍂 孃旎葉 躡鑷聶敮籋鍱 喻移葉 葉楪饁鍱 來梨葉

獵鬣躐擸獦 日認攝 讘 次濁

㮇厭 梯厭 收精從二母義同 跕 收端透二母義別 森 ○ 箑 收審從二母義別 自葉 收清從二母義同 緁 次厭 自葉 收從母欽音意音義同 子厭 自葉 婕 收照支攝 題葉 慴 收定二母義同 椄厭 題葉 喋 收端定二母義別

十七洽 此韻但有欽意烏三音無于音

欽音 此部清聲字以壓字收聲濁聲字以壓字轉濁聲收聲

格見 壓 甲夾筴胛郟鴨鉀韐 知吒壓 劄 照窄壓 眨 影盎壓 壓鴨

圔 純清

克溪 壓 帢掐恰 穿策壓 插鍤扱唽 審森壓 歃翣疌萐箑霎 照壓

曉 呷䶎欱 次清

擇澄 壓 喋𢭏渫 匣蠠壓 洽狹峽硤匣狎祫柙押 純濁

盎壓 插 收影狀二母義別 擇壓 蠠壓 霅 收澄匣二母義別 格壓 盎壓 押 收見影二母義別

意音 此部清聲字以鮀字收聲濁聲字以鮀字轉濁聲收聲

記見 鮀 刧蜐 影吚鮀 鮀 純清

器溪 鮀 怯 曉希鮀 脅熁嚐歙 次清

義疑 鮀 業鄴業 次濁

格壓 記鮀 袷 收見母欽音意音義別 格壓 記鮀 跲 收見二母欽音 洪鮀 跲 收見郟二母

意音義俱同

烏音 此部收聲以烏字讀峪音叶洽韻合口音得聲

府 ○ 法 純清

非 奉 𠃉 ○ 乏 純濁

四音定切卷四終

說文雙聲

說文雙聲敘

切音始於西域乎非也始於魏孫炎乎亦非也然則於何而起曰起於始制文字者也許氏說文於字下繫之以聲其有所受之矣夫六書中較難知者莫如諧聲疊韵雙聲皆諧聲也許氏論形聲及於江河二字方許氏時未有疊韵雙聲之名然河可爲疊韵江工爲雙聲是其實也後世切音下一字爲韵取疊韵上一字爲母取雙聲非此何以開之哉是編獨詳雙聲者以韵有古今之別雙聲則今古一也徐鉉等註說文字音以孫愐唐韵音切爲定要之許氏之聲本可爲切由古人制字其中本具字母也是編韵借孫

說文雙聲 敘 一

氏母即用許氏之聲如江字許云工聲註古雙切今用許之本聲易古雙切爲工雙切不正切江字乎由江字推之如脂字許云旨聲模字許云莫聲孫氏業已取其聲以爲母矣至於虞佳殷蕭宵尤等字虞吳聲佳圭聲殷㐆聲蕭肅聲宵肖聲尤又聲苟以許聲加孫韵皆可爲切而一切雙聲之字不皆可知乎夫雙聲之大略不外乎清濁二聲之從類及開口齊齒合口撮口四呼之相通自有切音以來學者固皆知之惟其知之則與余之溯源於古人制字之本音必

有合也余纂說文雙聲僅舉崖略及門陳仲英以爲禆於小學孜矻助余成之學者誠因是編以契許氏之聲因許氏以契古人制字之音庶無負諧聲之本指也哉

光緒四年十月興化劉熙載書

說文雙聲卷上

興化劉熙載融齋

受業婁縣陳宗彝仲英　同輯

釋例

切法之有音和舊矣第以前人之著爲口訣者言之如反紐圖之眞征甄之四聲等子之金堅人然指掌圖檢例之必班當的皆音和雙聲也然舊調之字外今卽得之字中似較自然

古無類隔後人見爲類隔者自古人讀之皆當屬音和如貞鼎省聲以舌上音讀鼎卽成貞童重省聲以舌頭音讀重卽成童祇是自然聲轉自後人以知端定澄各分二母則貞鼎童重自成類隔

切韵指南玉鑰匙十三門法中專指端透定泥四母與知徹澄孃四母相通清與清通濁與濁通爲類隔同是舌音爲類分舌頭舌上爲隔餘若幫滂並明四母與非敷奉微四母相通謂之輕重交互精清從心邪五母與照穿牀審禪五母相通謂之精照互用命名雖殊其實皆屬隔母同用故指掌圖檢例統謂之類隔

指南篇首交互音歌云知照知讀正齒音卽互照照讀舌上音卽互知非敷遞互通泥孃穿徹用時同澄牀疑喻相下母放此

連屬六母交參一處窮此中泥孃類隔已見前說
餘又見知逼照非逼敷徹逼穿澄逼牀疑逼喻也
又指掌圖檢例辨日母切字歌云日下三爲韵音
和故莫疑二來孃處取一四定歸泥此謂日逼泥
孃也以二歌按之說文繫聲皆非無徵緣屬隔母
爲切亦攝入類隔

後人字母有類隔而說文則類隔中復輾轉相逼
類隔如端知透徹定澄幫非滂敷之相逼及知照
徹穿澄牀非敷之相逼固有例矣說文輾轉相逼
則端之於照透之於穿定之於牀幫之於敷滂之
於非比比而然故是編有端照等類隔

編內十三母類隔（端知透徹定澄泥孃幫非滂敷並奉明微精照淸穿從牀心審邪禪）及日下類隔（泥孃日）以及互逼六母（知照徹穿澄牀泥孃非敷疑喻）並輾轉相逼五母類隔（端照透穿定牀幫敷滂非）切之右下
所注字母均係音和所以釋字之本音切之左下
所注字母係類隔爲許聲所屬之母

諸類隔門中所引徐切有音和有類隔欲知其
爲和爲隔可以切下右注字母徵之母同爲和
別爲隔

字多形聲相兼間有有形無聲者形聲兼者用其

聲而無聲者亦可補其聲蓋六書理本互資許氏
所繫專舉其重其實祇有形者未嘗不隱寓乎聲
是編主於言聲故就形補之

大徐校定說文音切本以孫愐唐韵爲定今因孫
切寄於說文故編內通稱徐切

切音兩字上母下韵是編韵借徐氏母用許聲仍
將徐切之母標右以便證明

切法之分音和類隔祇在上一字同母遞用爲音
和隔母旁求爲類隔是編以許聲爲母故許聲於
本字屬音和雖徐切用類隔亦入音和許屬類隔
雖徐用音和亦入類隔

說文字有大徐校定無聲而小徐繫傳有聲者各
以其類附音和類隔之後今所補聲又各以類附
後

編內字以類從（如音和類隔分門）其前後仍各依說文次
第

編內以轉聲切字非轉聲則其字不收如青惟以
之切猜切倩而不以之切清請靑古惟以之切叙
切居而不以之切鹽固姑至如安切頞一切冥則
仍取之以四聲惟入爲轉也

聲與字音全同者不收而四呼有別則仍收如荄
不以之切陵仍以切棱倉不以之切蒼仍以切蹌
惟取有別而已
許聲應讀何母何韵惟從説文大徐音切並見卷
末標母
説文有一字附兩切者如且字子余切精母魚韵
又千也切清母馬韵是編如祖則古切易以且古
切則字精母且當讀爲魚韵精母之且趄七余切
易以且余切七字清母且當讀爲馬韵清母之且
餘有兩讀者放此

音和

祕 必聲 必兵媚切 兵媚是徐氏原切必媚是以許氏之聲爲母仍借原切之韵下放此

祖 且聲 且則古切　祼 果聲 果古玩切

禖 某聲 某莫桮切　祆 芺聲 芺於喬切

玦 夬聲 夬古穴切　珇 且聲 且則古切

玼 此聲 此千礼切　璊 㒼聲 㒼莫奔切

玩 元聲 元五換切　瑲 倉聲 倉七羊切

玪 今聲 今古函切　⿱臤玉 臤聲 臤烏貫切

瑤 䍃聲 䍃余招切　玭 比聲 比步因切

琅 良聲 良魯當切　⿰王胥 胥聲 胥稣計切

毐 毋聲 毋武罪切 徐氏武母係類隔以許聲母字爲母係音和隔和通用例放此

蓼 翏聲 翏盧鳥切　藼 憲聲 憲況袁切

芞 气聲 气去訖切　苺 母聲 母武辠切

茖 各聲 各古額切　葪 𠛱聲 𠛱古詣切

藋 翟聲 翟徒弔切　茅 矛聲 矛莫交切

菅 官聲 官古顏切　蓲 區聲 區去鳩切

芺 夭聲 夭烏晧切　葍 富聲 富方布切

薁 奥聲 奥於六切　蔞 婁聲 婁力朱切

藐 貇聲 貇莫覺切　艾 乂聲 乂五蓋切

苄 下聲 下侯古切　蕅 禺聲 禺五厚切

菣 臤聲 臤去刃切　蕭 肅聲 肅蘇彫切

莔 朙省聲 朙武庚切　蓂 冥聲 冥莫歷切

苽 瓜聲 瓜古胡切　⿱艹罷 罷聲 罷符羈切

莨 良聲 良魯當切　萌 明聲 明武庚切

芛 尹聲 尹羊捶切　蘳 黊聲 黊乎瓦切

英 央聲 央於京切　蔕 帶聲 帶都計切

芃 凡聲 凡房戎切　薀 溫聲 溫於粉切

荐 存聲 存在甸切　蒩 租聲 租子余切

蘱 頪聲 頪魚既切　蕇 單聲 單多殄切

⿱艹津 津聲 津子僊切　以上説文弟一

𠔁八亦聲八兵列切　犡厲聲厲洛帶切
犖勞省聲勞呂角切　⿰牛守守聲守力輟切
牿告聲告古屋切　⿱臤牛臤亦聲臤喫善切
吻勿聲勿武粉切　吞天聲天土根切
咽因聲因烏前切　呱瓜聲瓜古乎切
⿰口疑疑聲疑魚力切　噫意聲意於介切
啞亞聲亞於革切　噱豦聲豦其虐切
嘯肅聲肅穌弔切　嗂䍃聲䍃余招切
噎壹聲壹烏結切　嗢昷聲昷烏沒切
吒乇聲乇陟駕切　⿰口嚴嚴聲嚴五銜切

說文雙聲　卷上　音和　六

叫丩聲丩古弔切　哀衣聲衣烏開切
𠯑氒省聲氒古活切　喔屋聲屋於角切
喁禺聲禺魚容切　嚴厰聲厰語杴切
咢屰聲屰五各切　喌州聲州之六切
⿺走臤臤聲臤奔忽切　⿺走薊薊聲薊古屑切
趄且聲且七余切　⿺走庶庶省聲庶車者切
歲戌聲戌相銳切　達羍聲羍胡蓋切
邎䌛聲䌛以周切　適啻聲啻施隻切
迎卬聲卬語京切　選巽亦聲巽思沇切
迆也聲也移尒切　⿺辶侃侃聲侃去虔切

⿺辶聿聿聲聿子僊切　⿺辶弔弔聲弔都歷切
⿰彳戔戔聲戔慈衍切　延丿聲丿以然切
街圭聲圭古膎切　⿴行戔戔聲戔才綫切
衙吾聲吾魚舉切　齵禺聲禺五婁切
⿰齒剌剌聲剌盧達切　齬吾聲吾魚舉切
蹌倉聲倉七羊切　踐戔聲戔慈衍切
踔卓聲卓知教切　蹩敝聲敝蒲結切
⿰足䍃䍃聲䍃余招切　踒委聲委烏過切
⿰足困困聲困苦本切　以上說文弟二
⿱吅丩丩聲丩古弔切　句丩聲丩古矦切

說文雙聲　卷上　音和　七

扐力聲力盧則切　語吾聲吾魚舉切
諸者聲者章魚切　試式聲式式吏切　徐切已用許聲
爲母故一韵上但標一字餘標一字者放此　諓戔聲戔慈衍切
講冓聲冓古項切　譺疑聲疑五介切
詿圭聲圭古賣切　訆丩聲丩古弔切
謈㬥省聲㬥蒲角切　⿰言亞亞聲亞宛古切
訐干聲干居謁切　讂夐聲夐火縣切
䜣斯省聲斯先稽切　諳音聲音烏含切
誄耒聲耒力軌切　⿱八夫八亦聲八布還切
革古文革臼聲臼古覈切　謑奚聲奚戶佳切

鞞卑聲卑并頂切　鞥弇聲弇烏合切
⿰革蚩蚩聲蚩丑郢切　⿰革奄奄聲奄烏合切
勒力聲力盧則切　韄蒦聲蒦乙白切
⿰鬲見見聲見己彳切　⿱⿲弓蔑弓鬲𧄼聲𧄼莫結切
⿱⿲弓芻弓鬲芻聲芻尺沼切　⿱⿲弓者弓鬲者聲者章與切
⿰章丮章聲章殊六切　⿵鬥龜龜聲龜古矦切
⿰青殳青聲青苦角切　殿屍聲屍堂練切
弒式聲式吏切　敏每聲每眉殞切
敓兌聲兌徒活切　敜念聲念奴叶切
敔吾聲吾魚舉切　卦圭聲圭古壞切

以上說文弟三　睅旱聲旱戶版切
睴軍聲軍古鈍切　⿰目必必聲必兵媚切
眢夗聲夗一丸切　瞑冥亦聲冥武延切
⿰目夬夬聲夬古穴切　⿰目元元聲元五換切
⿱者目者聲者章庶切　⿱大目大聲大他末切
⿰目⿱厽灬㕡聲㕡力爲切　⿰目垔垔聲垔烏閑切
鳳凡聲凡馮貢切　鸑獄聲獄五角切
𪇟司馬相如說鷫从叜聲叜息逐切
鴂夬聲夬古穴切　⿰祟鳥祟聲祟辛聿切
鶤軍聲軍古渾切　鸔暴聲暴蒲木切

鶴隺聲隺下各切　鵽叕聲叕丁刮切
鷧壹聲壹乙冀切　鷂䍃聲䍃弋笑切
鴡且聲且七余切　鷙執聲執脂利切
鷕唯聲唯以沼切　鷇㱿聲㱿口豆切
𠭥古聲古覽切　殟𥁑聲𥁑烏沒切
殪壹聲壹於計切　髃禺聲禺午口切
髍麻聲麻莫鄱切　骼各聲各古覈切
腜某聲某莫桮切　臚盧聲盧力居切
肊乙聲乙於力切　背北聲北補妹切
脟寽聲寽力輟切　肋力聲力盧則切

胠去聲去去劫切　臂辟聲辟卑義切
胯夸聲夸苦故切　脫兌聲兌徒活切
臘巤聲巤盧盍切　膢婁聲婁力俱切
膋膫或从勞省聲勞洛蕭切　膎奚聲奚戶皆切
腝耎聲耎人移切　腌奄聲奄於業切
膬毳聲毳七絕切　胆且聲且七余切
削肖聲肖息約切　切七聲七千結切
剫度聲度徒洛切　刳夸聲夸苦孤切
⿰桼刂桼聲桼親結切　刓元聲元五丸切
⿰臬刂臬聲臬魚器切　⿱㓞大丯聲丯古黠切

挌各聲古各百切
耦禺聲五禺口切
䚡思聲穌思來切
⿰角公公聲古公雙切
觡各聲古各百切
觚瓜聲古瓜乎切
⿰角發發聲方發肺切
以上說文弟四
節卽聲子卽結切
笄幵聲古幵兮切
簟覃聲徒覃念切
⿱竹奧奧聲於奧六切
⿱竹稍稍聲山稍樞切
筤良聲盧良黨切
籫贊聲作贊管切
箇固聲古固賀切
笪旦聲當旦割切
⿱竹殿殿聲徒殿魂切
簫肅聲穌肅彫切
篍秋聲七秋肖切

說文雙聲 卷上 音和 十

愷豈亦聲苦豈亥切
⿱死皿死聲一死九切
䖒虍聲許虍羈切
虞吳聲五吳俱切
虨彬聲布彬還切
⿰毄虎毄聲古毄覈切
盌夗聲烏夗管切
盎央聲烏央浪切
雘蒦聲烏蒦郭切
卽卪聲子卪力切
⿰食㥯㥯聲烏㥯困切
⿰食芺芺聲依芺據切
餞戔聲才戔線切
饐壹聲乙壹冀切
餟叕聲陟叕衛切
㱿㱿聲苦㱿候切
饔雝聲烏雝貢切
罅虖聲呼虖迓切
缿后聲胡后講切
㲄㱿聲空㱿谷切

⿱穴夂穴聲戶穴八切
韎末聲莫末佩切
以上說文弟五
柍央聲於央京切
檍意聲於意力切
梓宰省聲卽宰里切
⿰木䊷䊷聲所䊷銜切
桔吉聲古吉屑切
榗晉聲子晉賤切
⿰木寽寽聲力寽輟切
檗辟聲博辟戹切
棣隶聲特隶計切
樠㒼聲莫㒼奔切
櫾䌛聲以䌛周切
桹良聲魯良當切
榣䍃聲余䍃昭切
杕大聲特大計切
格各聲古各百切
朸力聲盧力則切
⿰木吝吝聲子吝結切

說文雙聲 卷上 音和 十一

欂薄省聲弼薄戟切
枅幵聲古幵兮切
橑尞聲盧尞浩切
槍倉聲七倉羊切
楃屋聲於屋角切
杠工聲古工雙切
櫡箸聲張箸略切
槩既聲工既代切
⿱毄木毄聲古毄詣切
椱复聲扶复富切
槶國聲古國悔切
棖長聲宅長耕切
椯耑聲兜耑果切
柲必聲兵必媚切
椌空聲苦空江切
极及聲其及輒切
椶㚇聲穌㚇遭切
橫黃聲戶黃肓切
柧瓜聲古瓜胡切
棱夌聲魯夌登切

粒 立聲 立盧合切　梡 完聲 完胡本切
桎 至聲 至之日切　梏 告聲 告古沃切
⿰木斯 斯聲 斯先稽切　圄 吾聲 吾魚舉切
員 口聲 口王權切　貨 化聲 化呼臥切
貤 也聲 也以豉切　賴 剌聲 剌洛帶切
賤 戔聲 戔才線切　邶 北聲 北補妹切
郅 至聲 至之日切　郻 婁聲 婁力朱切
鄑 晉聲 晉卽移切　郎 良聲 良魯當切
鄝 翏聲 翏盧鳥切　酈 麗聲 麗郎擊切
以上說文弟六　晻 奄聲 奄烏感切

說文雙聲 卷上 音和 十二

暗 音聲 音烏紺切　⿱能日 能聲 能奴代切
曀 壹聲 壹於計切　⿸麃日 古文㬥 麃聲 麃薄報切
冥 冖聲 冖莫經切　霸 䨣聲 䨣普伯切
朖 良聲 良盧黨切　夜 亦省聲 亦羊謝切
⿱莫夕 莫聲 莫莫白切　⿱癶圣 圣聲 圣苦回切
秔 亢聲 亢古行切　穬 廣聲 廣古猛切
⿰禾耑 耑聲 耑丁果切　稛 困聲 困苦本切
稭 皆聲 皆古黠切　䅭 旁聲 旁蒲庚切
租 且聲 且則吾切　穈 麻聲 麻靡爲切
粊 北聲 北兵媚切　糪 辟聲 辟博戹切

糜 麻聲 麻靡爲切　⿰米蔑 蔑聲 蔑莫撥切
⿰米悉 悉聲 悉私列切　⿰米靡 靡聲 靡摸臥切
⿱朿韭 朿聲 朿祖雞切　寔 是聲 是常隻切
宴 晏聲 晏於甸切　宄 九聲 九居洧切
竇 瀆省聲 瀆徒奏切　穵 乙聲 乙烏黠切
窡 叕聲 叕丁滑切　窈 幼聲 幼烏皎切
⿸疒臬 臬聲 臬牛例切　⿸疒丩 丩聲 丩古巧切
癈 發聲 發方肺切　⿸疒斯 斯聲 斯先稽切
疽 且聲 且七余切　痏 有聲 有榮美切
⿸疒殹 殹聲 殹於賣切　痥 兌聲 兌徒活切

說文雙聲 卷上 音和 十三

罨 奄聲 奄於業切　⿱罒巽 巽聲 巽思沇切
罩 卓聲 卓都教切　罛 瓜聲 瓜古胡切
罝 且聲 且子邪切　罯 音聲 音烏感切
⿰巾軍 軍聲 軍古渾切　幎 冥聲 冥莫狄切
⿰巾夒 夒聲 夒乃昆切　以上說文弟七
倩 青聲 青倉見切　佳 圭聲 圭古膎切
儺 難聲 難諾何切　俁 吳聲 吳魚禹切
俺 奄聲 奄於業切　⿰亻悉 悉聲 悉私列切
偓 屋聲 屋於角切　儹 贊聲 贊作管切
侐 血聲 血況逼切　俴 戔聲 戔慈衍切

佡 囟聲 囟斯氏切　侊 光聲 光古横切
佁 台聲 台夷在切　例 列聲 列力制切
僂 婁聲 婁力主切　值 直聲 直吏切
偶 禺聲 禺五口切　毖 必聲 必兵媚切
虘 虍聲 虍朽居切　衮 公聲 公古本切
襮 㬥聲 㬥蒲沃切　褸 婁聲 婁力主切
褎 采聲 采似又切　雜 集聲 集徂合切
袺 吉聲 吉格八切　襔 㒼聲 㒼莫奔切
臀 屍或从殿聲 殿徒魂切　屖 辛聲 辛先稽切
允 㠯聲 㠯樂準切　𧆑 丰聲 丰居陵切

說文雙聲　卷上　音和　十四

覶 𠨍聲 𠨍洛戈切　覦 龠聲 龠弋笑切
𣤃 鮌聲 鮌古渾切　欶 束聲 束所角切
欭 因聲 因乙冀切　欥 曰聲 曰余律切
以上說文弟八　顏 彥聲 彥五姦切
頞 安聲 安烏割切　頜 合聲 合胡感切
䪳 員聲 員于閔切　頑 元聲 元五還切
顚 困聲 困苦昆切　頟 气聲 气苦骨切
顲 僉聲 僉盧感切　顡 豙聲 豙五怪切
籲 籥聲 籥羊戍切　辬 辡聲 辡布還切
鬕 莫聲 莫莫駕切　𩬈 竝聲 竝蒲浪切

𠨘 比聲 比毗必切　邲 必聲 必兵媚切
復 復聲 復扶富切　𪆵 難省聲 難諾何切
嶽 獄聲 獄五角切　島 鳥聲 鳥都皓切
巀 截聲 截才葛切　岨 且聲 且七余切
崒 卒聲 卒醉綏切　巖 嚴聲 嚴五緘切
廬 盧聲 盧力居切　廙 異聲 異與職切
廢 發聲 發方肺切　㡳 立聲 立盧荅切
厵 員聲 員于敏切　𠪚 良聲 良魯當切
硈 吉聲 吉格八切　礹 嚴聲 嚴五銜切
礙 疑聲 疑五溉切　䃺 靡聲 靡模臥切

說文雙聲　卷上　音和　十五

𥗼 著聲 著張略切　貘 莫聲 莫莫白切
以上說文弟九　驔 覃聲 覃徒玷切
駫 光聲 光古熒切　騯 旁聲 旁薄庚切
驀 莫聲 莫莫白切　駒 句聲 句古達切
𩣑 列聲 列力制切　駔 且聲 且子朗切
𩤇 隺聲 隺下各切　駃 夬聲 夬古穴切
驢 盧聲 盧力居切　麠 畺聲 畺舉卿切
𤝕 夬聲 夬古穴切　獶 農聲 農奴刀切
猎 音聲 音乙咸切　㺑 參聲 參山檻切
獷 廣聲 廣古猛切　猜 青聲 青倉才切

犾去聲去劫切　狙且聲且親去切
狠艮聲艮魯當切　獮璽聲璽息淺切
齸益聲益於革切　熊炎省聲炎羽弓切
焌夋聲夋倉聿切　熮翏聲翏洛蕭切
衮衣聲衣烏痕切　爆暴聲暴蒲木切
煙垔聲垔烏前切　焆肙聲肙因悅切
熅昷聲昷於云切　爝爵聲爵子肖切
黯音聲音乙減切　黵旦聲旦當割切
黤奄聲奄於檻切　黅金聲金古咸切
黦冤聲冤於月切　黭弇聲弇烏感切

說文雙聲　卷上　音和　十六

奊吉聲吉古屑切　奔賁省聲賁博昆切
鹻兼聲兼古咸切　嚲單聲單丁可切
𠦪卉聲卉呼骨切　耎而聲而而沇切
恖囟聲囟息茲切　𩕬須聲須莫角切
恩因聲因烏痕切　憀翏聲翏洛蕭切
愙客聲客苦各切　慒曹聲曹藏宗切
悛夋聲夋此緣切　𢟀毳聲毳千短切
懝疑亦聲疑五溉切　忨元聲元五換切
惏林聲林盧含切　懜夢聲夢武亙切
慍昷聲昷於問切　惡亞聲亞烏各切

憊葡聲葡蒲拜切　憐粦聲粦落賢切
㥾弭聲弭彌兗切　憬景聲景俱永切
以上說文弟十　汃八聲八府巾切
江工聲工古雙切　灊鬵聲鬵昨鹽切
浪良聲良來宕切　潩異聲異与職切
沇允聲允以轉切　洓朿聲朿子礼切
汨冥省聲冥莫狄切　澺意聲意於力切
洒囟聲囟穌計切　洧有聲有榮美切
溉既聲既古代切　渚者聲者章与切
沛巿聲巿普蓋切　泒瓜聲瓜古胡切

說文雙聲　卷上　音和　十七

演寅聲寅以淺切　泌必聲必兵媚切
漻翏聲翏洛蕭切　泚此聲此千礼切
況兄聲兄許訪切　湜是聲是常職切
淈屈聲屈古忽切　𤃛[illegible]聲竹隻切
氿九聲九居洧切　洫血聲血況逼切
澳奧聲奧於六切　渓芺聲芺烏鵠切
淦金聲金古暗切　潦寮聲寮盧皓切
漊婁聲婁力主切　渥屋聲屋於角切
濊薉聲薉莫達切　液夜聲夜羊益切
滌條聲條徒歷切　漱欶聲欶所右切

繆 翏聲翏洛蕭切　治 台聲台羊者切
泠 令聲令魯打切　賔 員聲員于敏切
霰 散聲散穌甸切　鱻 鮮聲鮮息移切
霿 瞀聲瞀莫弄切　鮪 有聲有榮美切
鰋 旻聲旻於幰切　鱖 厥聲厥居衛切
鰅 禺聲禺魚容切　[illegible] 卓聲卓都教切
[illegible] 異聲異与職切　靡 麻聲麻文彼切
以上說文弟十一　扇 [illegible]聲[illegible]式戰切
尼 乙聲乙於革切　閬 良聲良來宕切
闓 豈聲豈苦亥切　閟 必聲必兵媚切

說文雙聲 卷上 音和 十八

閼 於聲於烏割切　闇 音聲音烏紺切
[illegible] 緜聲緜洛干切　[illegible] 麻聲麻亡彼切
擊 毄聲毄烏貫切　摳 區聲區口侯切
撎 壹聲壹於計切　拉 立聲立盧合切
挈 㓞聲㓞苦結切　攫 瞿聲瞿居玉切
握 屋聲屋於角切　捋 寽聲寽郎括切
搤 益聲益於革切　摕 帶聲帶都計切
扴 介聲介古黠切　搳 害聲害胡秸切
搖 䍃聲䍃余招切　掀 欣聲欣虛言切
扛 工聲工古雙切　拔 犮聲犮蒲八切

揠 匽聲匽烏黠切　摩 麻聲麻莫婆切
攪 覺聲覺古巧切　擘 辟聲辟博尼切
扐 力聲力盧則切　[illegible] 圂聲圂戶骨切
拮 吉聲吉古屑切　摡 既聲既古代切
撲 菐聲菐蒲角切　[illegible] 保聲保方苟切
捭 卑聲卑北買切　挂 圭聲圭古賣切
挌 各聲各古覈切　掖 夜聲夜羊益切
媒 某聲某莫梧切　媪 昷聲昷烏皓切
姐 且聲且茲也切　嫂 叜聲叜穌老切
娒 每聲每莫后切　嬛 瞏聲瞏委員切

說文雙聲 卷上 音和 十九

[illegible] 𠬪聲𠬪力流切　媱 䍃聲䍃余招切
[illegible] 簋聲簋居夭切　嬥 翟聲翟徒了切
娛 吳聲吳噳俱切　[illegible] 埶聲埶脂利切
嬖 辟聲辟博計切　[illegible] 芺聲芺於喬切
嫪 翏聲翏郎到切　娋 肖聲肖息約切
娺 叕聲叕丁滑切　姎 央聲央烏浪切
婪 林聲林盧含切　嬾 賴聲賴洛旱切
戮 翏聲翏力六切　戩 晉聲晉卽淺切
匜 也聲也移尒切　[illegible] 異聲異與職切
匯 淮聲淮胡罪切　甍 夢省聲夢莫耕切

瓨工聲工古雙切　𤭁夗聲夗烏管切
甈臬聲臬魚例切　彏雚聲雚九院切
彄區聲區恪侯切　以上說文弟十二
納內聲內奴荅切　纘贊聲贊作管切
細囟聲囟穌計切　結吉聲吉古屑切
纝羸聲羸力臥切　繡肅聲肅息救切
綪青聲青倉絢切　組且聲且則古切
絝夸聲夸苦故切　縜員聲員爲贇切
縷婁聲婁力主切　縿參聲參所銜切
縻麻聲麻靡爲切　絠有聲有弋宰切
說文雙聲　卷上　音和　廿
縶辟聲辟博厄切　縕昷聲昷於云切
絣并聲并北萌切　縊益聲益於賜切
[奴糸]奴聲奴居玉切　[非糸]非聲非古還切
蜓延聲延徒典切　蛭至聲至之日切
蠖蒦聲蒦烏郭切　蜋良聲良魯當切
蟰肅聲肅穌彫切　蛶寽聲寽力輟切
蚩屮聲屮丑善切　螫赦聲赦施隻切
蝁亞聲亞烏各切　螟冥聲冥莫逕切
[虫屰]屰聲屰吾各切　閩門聲門武巾切
螮帶聲帶都計切　蟊矛聲矛莫交切

[鬲鼏]鼏聲鼏彌必切　[風胃]胃聲胃王勿切
[風利]利聲利力質切　墺奧聲奧於六切
坶母聲母莫六切　埒寽聲寽力輟切
堊亞聲亞烏各切　壞褱聲褱況袁切
坎欠聲欠苦感切　塏豈聲豈苦亥切
壓厭聲厭烏狎切　[土虖]虖聲虖呼訝切
塺麻聲麻亡果切　垽沂聲沂魚僅切
[土壹]壹聲壹於計切　坥且聲且七余切
艱艮聲艮古閑切　野予聲予羊者切
畮每聲每莫厚切　勠翏聲翏力竹切
說文雙聲　卷上　音和　廿一
以上說文弟十三　[金贏]贏聲贏魯戈切
鏖鹿聲鹿於刀切　鎩殺聲殺所拜切
錢戔聲戔昨先切　鍥契聲契苦結切
釱大聲大特計切　鑽贊聲贊借官切
鋝寽聲寽力輟切　鎧豈聲豈苦亥切
釭工聲工古雙切　銀艮聲艮魯當切
鏉敕聲敕所右切　[斤良]良聲良來可切
斠冓聲冓古岳切　[斤艮]艮聲艮魯當切
轑寮聲寮盧皓切　軑大聲大特計切
軏元聲元魚厥切　軜內聲內奴荅切

轄 害聲 害胡八切　軌 九聲 九居洧切
聲 殸聲 殸口莖切　輐 宛聲 宛於云切
防 力聲 力盧則切　隕 員聲 員于敏切
陾 而聲 而如乘切　陵 夌聲 夌慈衍切
鬭 莽聲 莽烏㑹切　孟 皿聲 皿莫更切
孤 瓜聲 瓜古乎切　存 才聲 才徂尊切
盬 盈聲 盈於問切　醪 翏聲 翏魯刀切
醵 豦聲 豦其虐切　酏 也聲 也移尔切
酹 寽聲 寽郎外切　以上說文弟十四

小徐繫傳有聲字附 音切仍从大徐校本

說文雙聲 卷上 音和 三十二

薾 爾亦聲 爾莫故切　以上說文弟一
謥 思聲 思胥里切　訥 內聲 內內骨切
弇 奐省聲 奐呼貫切　飤 㕚聲 㕚古南切
以上說文弟三　夐 旻聲 旻況晚切
眔 隶省聲 隶徒合切　嬴 羸聲 羸郎果切
以上說文弟四　巴 古文舞亾聲 亡文撫切
以上說文弟五　穋 稑或从翏聲 翏力竹切
冒 目聲 目莫報切　以上說文弟七
仁 二聲 二如鄰切　覓 冂聲 冂莫紅切
以上說文弟八　契 㓞聲 㓞苦計切

規 見聲 見居隨切　意 音聲 音於記切
懣 滿聲 滿莫困切　以上說文弟十
沙 少聲 少所加切　泧 决聲 决古穴切
以上說文弟十一　摯 執聲 執脂利切
也 乁聲 乁羊者切　戟 㦸聲 㦸紀逆切
以上說文弟十二　壓 厭聲 厭蒲猛切
賽 㠭聲 㠭先代切　以上說文弟十三
綴 叕亦聲 叕陟衛切　以上說文弟十四

補聲附

天 从一大 大他前切　以大為母，郎所補天字之聲，以下放此

說文雙聲 卷上 音和 三十三

瓚 琨或从貫 貫古渾切　黊 从中黑 黑許云切
秝 蕎或从休 休呼毛切　以上說文弟一
尒 从入丨八 八兒氏切　悉 从心釆 心息七切
半 从八牛 八博慢切　咎 古文象君坐形 收舉云切
启 从戶口 口康禮切　昏 舌古文从甘 甘古活切
虎 从口虎 虎呼訝切　凵 張口也象形 口口犯切
正 从止一 以止 止之盛切　辵 从彳止 彳丑略切
达 達或从大 大徒葛切　亍 从反彳 彳丑玉切
衙 从行言 行黃絢切　跀 跀或从兀 兀魚厥切
以上說文弟二　器 象器之口犬所以守之

犬去冀切 羊入二爲羊二如審切
腺谷或从肉豦豦其虐切 誳古文訥从卤卤思晉切
訫古文信心息晉切 譮籒文話从會會胡快切
謑謑或从奊奊胡禮切 音从言含一一於今切
戒从廾持戈戈居拜切 鞼鞼或从革贊贊借官切
鬻从鬲羔羔古行切 粖鬻或省从末末莫結切
爪从反爪爪諸兩切 𠬜从反丮丮居玉切
尹从又丿握事者丿余準切 㕞从又持巾在尸下尸所劣
切 篲古文彗从竹習習祥歲切
習古文友羽云久切 𢗷古文肅从心𠬞心息逐切
說文雙聲卷上 音和 舌
徹古文徹彳丑列切 攺从攴己己古亥切
以上說文弟三 敻从旻从人在穴上旻朽正
切 睊从目肙肙於悅切
𥄎从䀠户䀠居倦切 眉从目象眉之形上象額
理目武悲切 省古文从少冏少所景切
皕二百也百彼力切 隻从又持隹隹之石切
乖从丫而仌丫古懷切 芇丫母官切
矍隹欲逸走从又持之瞿九縛切
雧从雥木雥秦入切 雓鵒或从隹臾臾余蜀切
𩁹籒文鸓鸓力軌切 幼从幺力幺伊謬切

兹从二幺幺於虯切 爰从𠬪于于羽元切
骨从冎有肉冎古忽切 臆肊或从意意於力切
肰从犬肉肉如延切 𠞁剝或从卜卜北角切
栔从㓞木㓞苦計切 解从刀判牛角角佳買切
觥俗觵从光光古橫切 以上說文弟四
匭古文簋从匚飢飢居洧切 朹古文簋九居洧切
𠥏古文箕𠀠居之切 兮从丂象聲上越揚之形
丂戶吳切 粤从亏宷亏王伐切
盥从臼水臨皿臼古玩切 𪗋齎或从齊齊疾資切
佮古文會合黃外切 高象臺觀高之形从冂口
說文雙聲卷上 音和 圭
與倉舍同意冂古牢切 京从高省丨象高形高舉卿
切 夌从夊𡰪𡰪力膺切
夓从夊頁臼頁胡雅切 畟从田人夊夊初力切
舛从夊中相背夊昌兖切 蹐楊雄說舛从足春春昌兖
切 以上說文弟五
楳梅或从某某莫桮切 𣠠蘽籒文櫑力軌切
杻古文杶丑敕倫切 末从木一在其上木莫撥切
甡从二生生所臻切 貨从小貝小稣果切
𡵨古文扈从山弓弓胡古切 以上說文弟六
昵暱或从尼尼質切 弜从二弓弓胡先切

㭪 匹朩卦切
宂 从宀人在屋下而儿隴切
冢 从冃豕莫冃紅切
冃 从冖二其飾也莫冖報切
[illegible] 罶或从婁力婁九切
巾 从冂丨象糸也居丨銀切
以上說文弟七
仰 从人卬魚卬兩切
俒 从人完胡完困切
𠦒 从匕十博匕抱切
北 从二人相背博匕墨切
壬 一曰象物出地挺生他土鼎切
殷 从㐆殳於㐆身切
居 从尸古者居从古九古魚切
兒 从儿象小兒頭囟未合汝儿移切
舠 从舟刖省五刖忽切
欠 象气从人上出之形去气劒切

說文雙聲 卷上 音和 卅六

噈 俗歗从口就才就六切
以上說文弟八
脜 从百肉耳肉由切
縣 从系持県胡系涓切
[illegible] 冄也則冄候切
𠨧 从反印於印棘切
𩇨 色古文所矣力切
敬 从攴苟居苟慶切
屾 二山也所山臻切
以上說文弟九
[illegible] 籀文鵅古各訝切
[illegible] 籀文騧古騧華切
[illegible] 驘或从贏洛贏戈切
犮 从犬而丿之蒲丿撥切
獱 猵或从賓布賓懸切
㺇 从㹜言魚言欲切
炟 當旦割切
灰 从火又呼火恢切
烟 煙或从因烏因前切

烕 从火戌許火劣切
燮 从又持炎辛蘇辛俠切
[illegible] 从允贏郎贏果切
夲 从大十土大刀切
諐 愆籀文去侃虔切
以上說文弟十
漣 瀾或从連洛連干切
汵 淦或从今古今暗切
巜 古巜外切
邕 从川邑於邑容切
凝 俗冰从疑魚疑陵切
以上說文弟十一
不 鳥飛上翔不下來也从一一猶天也象形方飛久切
𡟰 籀文姻从𣶒於𣶒眞切
[illegible] 籀文媧从咼古咼蛙切
嬰 从女賏於賏盈切
奻 从二女女還切
弋 从厂與厂職切
戛 从戈百古戈黠切

說文雙聲 卷上 音和 卅七

或 从口从戈以守一一地也于口逼切
以上說文弟十二
蜧 蝓或从戾力戾屯切
颮 飆或从包甫包遙切
亟 从人口又二二天地也去口吏切
墬 籀文地从隊徒隊四切
堯 从垚在兀上吾兀聊切
以上說文弟十三
鋙 鉏或从吾魚吾舉切
[illegible] 籀文銳从厂剡以剡芮切
銜 从金行戶行監切
凥 从尸得几而止九几魚切
隘 籀文𨼹从𨸏益烏益懈切
禼 从厹象形私禼列切
[illegible] 古文禼私禼列切
巹 从己丞居己隱切
[illegible] 古干行切
辠 从辛自徂自賄切

丣象開門之形莫飽切　酟醵或从巨巨其虐切

醉从酉卒卒將遂切　僐任而剡切

以上說文弟十四

說文雙聲卷上終

說文雙聲卷下

興化劉熙載融齋

受業婁縣陳宗彝仲英　同輯

類隔

丕不聲不敷悲切非滂　丕字屬滂母徐氏敷悲切係正類隔今以許聲為母作不悲切不字屬非母係輕轉類隔非敷互通故非滂有類隔也同此例者後不復注

福畐聲畐方六切滂非　福字屬非母徐氏方母係音和許聲畐字屬滂母係輕轉類隔和隔通用例放此

祇氏聲氏旨移切端照

禂周聲周都皓切照端　瑙夒聲夒耳由切泥日

瑳差聲差七何切穿清　琱周聲周都寮切照端

玤丰聲丰補蠓切敷幫　玓勺聲勺都歷切照端

玟文聲文莫桮切微明　萐疌聲疌士洽切從牀

菔服聲服蒲北切奉並　蓌夎聲夎莫侯切微明

蓩務聲務亡攷切微明　蓩字屬明母徐氏亡攷切係微明類隔今用務攷切務字屬微母仍係微明類隔類隔相同例放此

葍畐聲畐方六切滂非

茦束聲束楚革切清穿　䕼難聲難如延切泥日

菭治聲治徒哀切澄定　䒃造聲造初救切清穿

莦肖聲肖所交切心審　芮內聲內而銳切泥日

茬在聲在仕甾切從牀　䓮敄聲敄莫侯切微明

藪數聲數蘇后切審心　藩潘聲潘甫煩切滂非

莘 宰聲 宰阻史切 精照　莎 沙聲 沙蘇禾切 審心
艿 乃聲 乃如乘切 泥日　以上說文弟一
㺑 參聲 參穌含切 審心　獿 夒聲 夒而沼切 泥日
咷 兆聲 兆徒刀切 澄定　⿰口尃 尃聲 尃補各切 敷幫
嚏 疐聲 疐都計切 知端　問 門聲 門亡運切 微明
啁 周聲 周陟交切 照知　呶 奴聲 奴女交切 泥孃
趨 芻聲 芻七逾切 穿清　⿺走亶 亶聲 亶張連切 端知
⿺走曼 曼聲 曼莫還切 微明　⿺走眞 眞聲 眞都年切 照端
迮 作省聲 作阻革切 精照　逃 兆聲 兆徒刀切 澄定
追 自聲 自陟佳切 端知　⿰彳歰 歰聲 歰穌合切 審心

說文雙聲 卷下 類隔 二

齛 世聲 世私列切 審心　⿰齒至 至聲 至陟栗切 照知
⿰⻊卜 卜聲 卜芳遇切 幫敷　⿰⻊屠 屠聲 屠直魚切 定澄
躓 質聲 質陟利切 照知　蹎 眞聲 眞都年切 照端
以上說文弟二　世 从卅而曳長之亦取其聲 卅舒制切 心審
諾 若聲 若奴各切 日泥　⿰言乃 乃聲 乃如乘切 泥日
謄 朕聲 朕徒登切 澄定　謾 曼聲 曼母官切 微明
詛 且聲 且莊助切 精照　䛐 兒聲 兒女家切 日孃
⿰言萬 萬聲 萬莫話切 微明　譌 爲聲 爲五禾切 疑喻
童 重省聲 重徒紅切 澄定　靼 旦聲 旦旨熱切 端照

韶 召聲 召徒刀切 澄定　鞪 敄聲 敄莫卜切 微明
⿰革尃 尃聲 尃補各切 敷幫　鬭 斲聲 斲都豆切 知端
⿵門爾 爾聲 爾奴礼切 日泥　曼 冒聲 冒無販切 明微
敄 矛聲 矛亡遇切 明微　攽 分聲 分布還切 非幫
敕 束聲 束楚革切 清穿　貞 一曰鼎省聲 鼎陟盈切 端知
以上說文弟三　闅 門聲 門無分切 明微
盼 分聲 分匹莧切 非滂　眅 反聲 反普班切 非滂
瞴 無聲 無莫浮切 微明　⿰目亶 亶聲 亶旨善切 端照
⿰目勿 勿聲 勿莫佩切 微明　睹 者聲 者當古切 照端
瞀 敄聲 敄莫候切 微明　眛 未聲 未莫佩切 微明

說文雙聲 卷下 類隔 三

盲 亡聲 亡武庚切 微明　⿱弗目 弗聲 弗普未切 非敷
⿰犮攴 犮聲 犮扶發切 並奉　雕 周聲 周都僚切 照端
雓 奴聲 奴人諸切 泥日　⿱執隹 執聲 執郎刃切 照精
⿰責鳥 責聲 責子賜切 照精　鷟 族聲 族士角切 從牀
鶨 彖聲 彖丑絹切 透徹　鶩 敄聲 敄莫卜切 微明
鴔 乏聲 乏平立切 奉並　鳶 屰聲 屰與專切 疑喻
鸇 亶聲 亶諸延切 端照　⿰母鳥 母聲 母文甫切 明微
畢 或曰甶聲 甶卑吉切 敷幫　歾 勿聲 勿莫勃切 微明
髆 尃聲 尃補各切 敷幫　肧 不聲 不匹桮切 非滂
肺 朩聲 朩芳吠切 滂敷　膽 詹聲 詹都敢切 照端

脬 孚聲 匹孚交切 滂敷　胝 氏聲 竹氏尼切 知端
胙 作聲 昨作誤切 從牀　膊 專聲 匹專各切 滂敷
胥 疋聲 相疋居切 心審　䐹 肅聲 所肅鳩切 審心
胜 生聲 桑生經切 心審　胾 戋聲 側戋吏切 照精
剬 耑聲 旨耑兗切 照端　觶 單聲 之單義切 照端
以上說文弟四　籓 潘聲 甫潘煩切 非滂
籔 數聲 蘇數后切 心審　箸 者聲 陟者慮切 知照
籋 爾聲 尼爾輒切 孃日　策 朿聲 楚朿革切 穿清
⿱竹朵 朵聲 陟朵瓜切 知端　箾 削聲 所削角切 審心
畀 由聲 必由至切 幫敷　嚭 否聲 匹否鄙切 滂非

說文雙聲卷下 類隔　四

⿰缶不 不聲 芳不梧切 滂非　食 亼聲 乘亼力切 牀從
饘 亶聲 諸亶延切 照端　飵 乍聲 在乍各切 從牀
管 竹聲 冬竹毒切 端知　韈 蔑聲 望蔑發切 微明
⿰韋専 専聲 匹専各切 滂敷　⿰韋穛 穛聲 即穛由切 精照
以上說文弟五　桃 兆聲 徒兆刀切 定澄
楘 敄聲 莫敄候切 明微　樿 單聲 旨單善切 照端
樕 欶聲 桑欶谷切 心審　柞 乍聲 在乍各切 從牀
扔 乃聲 如乃乘切 日泥　梢 肖聲 所肖交切 審心
槙 眞聲 都眞年切 端照　橚 肅聲 山肅巧切 審心
⿱皀木 皀聲 他皀各切 透徹　⿰木㫄 㫄聲 他㫄各切 透穿

榱 衰聲 所衰追切 審心　槾 曼聲 母曼官切 明微
柤 且聲 側且加切 照精　橦 童聲 宅童江切 澄定
槈 辱聲 奴辱豆切 泥日　桮 否聲 布否回切 幫非
檷 爾聲 奴爾礼切 泥日　棚 朋聲 薄朋衡切 並奉
枹 包聲 甫包無切 非幫　楘 敄聲 莫敄卜切 明微
槡 桑聲 山桑樞切 審心　杮 朮聲 芳朮吠切 敷滂
南 羊聲 那羊含切 泥日　邦 丰聲 博丰江切 幫敷
都 者聲 當者孤切 端照　䣁 肖聲 所肖教切 審心
邠 分聲 補分巾切 幫非　鄭 奠聲 直奠正切 澄定
⿰祭阝 祭聲 側祭介切 照精　那 冄聲 諾冄何切 泥日

說文雙聲卷下 類隔　五

鄱 番聲 薄番波切 並奉　以上說文弟六
眛 未聲 莫未佩切 明微　暏 者聲 當者古切 端照
旳 勺聲 都勺歷切 端照　昨 乍聲 在乍各切 從牀
昄 反聲 補反綰切 幫非　朝 舟聲 陟舟遙切 知照
旃 丹聲 諸丹延切 照端　曐 生聲 桑生經切 心審
肭 内聲 女内六切 孃泥　版 反聲 布反綰切 幫非
稬 耎聲 奴耎亂切 泥日　⿰禾勺 勺聲 都勺了切 端照
秨 乍聲 在乍各切 從牀　積 責聲 則責歷切 精照
稔 念聲 而念甚切 日泥　稍 肖聲 所肖教切 審心
穛 焦聲 側焦角切 照精　富 畐聲 方畐副切 非滂

索 索聲索所責切心審 𥨊 執聲執都念切照端
窻 悤聲悤楚江切清穿 窒 至聲至陟栗切照知
寐 未聲未蜜二切微明 瘵 祭聲祭側介切精照
瘨 眞聲眞都年切照端 痋 蟲省聲蟲徒冬切澄定
幅 畐聲畐方六切滂非 幔 曼聲曼莫半切微明
賸 朕聲朕徒登切澄定 務 敄聲敄莫卜切微明
皤 番聲番薄波切奉並 以上說文弟七
份 分聲分府巾切非幫 儋 詹聲詹都甘切照端
儕 齊聲齊仕皆切從牀 仍 乃聲乃如乘切泥日
侁 先聲先所臻切心審 侮 每聲每文甫切明微

仆 卜聲卜芳遇切幫敷 裯 周聲周都牢切照端
⿱奴衣 奴聲奴女加切泥孃 氈 亶聲亶諸延切端照
𣤹 䊪聲䊪子肖切照精 以上說文弟八
顛 眞聲眞都年切照端 頒 分聲分布還切非幫
顓 耑聲耑職緣切端照 頓 屯聲屯都困切知端
顫 亶聲亶之繕切端照 ⿰否頁 否聲否敷悲切非滂
彫 周聲周都僚切照端 ⿱髟爾 爾聲爾奴礼切日泥
⿱髟敄 敄聲敄亡牢切微明 ⿸厂耑 耑聲耑旨沇切端照
厄 厂聲厂五果切喻疑 魅 鬽或从未聲未密祕切微明
⿱彔彡 鬽古文尾省聲尾密祕切微明

⿰犭狃 狃聲狃奴刀切泥孃 崔 隹聲隹都回切照端
⿸广肥 肥聲肥符鄙切奉並 厔 至聲至陟栗切照知
⿸广隹 隹聲隹都回切照端 厎 氏聲氏職雉切端照
⿸厂而 而聲而奴禾切日泥 碓 隹聲隹都隊切照端
豬 者聲者陟魚切照知 以上說文弟九
騭 陟聲陟之日切知照 篤 竹聲竹冬毒切知端
騃 矣聲矣五駭切喻疑 驟 聚聲聚鉏又切從牀
驙 亶聲亶張連切端知 驇 執聲執陟利切照知
騰 朕聲朕徒登切澄定 駪 先聲先所臻切心審
⿸鹿耎 耎聲耎奴亂切日泥 ⿰耳冬 冬聲冬職戎切端照

炥 弗聲弗普活切非滂 焯 卓聲卓之若切知照
煗 耎聲耎乃管切日泥 黵 詹聲詹當敢切照端
徽 微省聲微武悲切微明 ⿰月朕 朕聲朕徒耐切澄定
悤 囪亦聲囪倉紅切穿清 赨 蟲省聲蟲徒冬切澄定
赧 反聲反女版切日孃 戜 𢦏聲𢦏直質切定澄
性 生聲生息正切審心 戁 難聲難女版切泥孃
愯 雙省聲雙息拱切審心 ⿰忄某 某聲某亡甫切明微
忞 文聲文武巾切微明 慢 曼聲曼謀晏切微明
怓 奴聲奴女交切泥孃 悲 非聲非府眉切非幫
惴 耑聲耑之瑞切端照 愵 弱聲弱奴歷切日泥

恧 而聲 女六切 孃 而 日
以上說文弟十
滇 眞聲 都年切 端 眞 照
泥 尼聲 奴低切 泥 尼 孃
⿰氵刃 刃聲 乃見切 泥 刃 日
⿰氵乳 乳聲 乃后切 泥 乳 日
汭 內亦聲 而銳切 日 內 泥
滕 朕聲 徒登切 定 朕 澄
濔 爾聲 奴礼切 泥 爾 日
涅 日聲 奴結切 泥 日 日
⿰氵昔 昔聲 所責切 審 昔 心
淜 朋聲 皮冰切 並 朋 奉
⿰氵拏 拏聲 人庶切 日 拏 孃
渜 耎聲 乃管切 泥 耎 日
滓 宰聲 阻史切 照 宰 精
⿰氵算 算聲 衫治切 審 算 心
濯 翟聲 直角切 澄 翟 定
涑 束聲 速侯切 心 束 審
淍 周聲 都僚切 端 周 照
霅 譶省聲 丈甲切 澄 譶 定

說文雙聲卷下 類隔 八

⿱雨眞 眞聲 卽夷切 精 眞 照
霜 相聲 所莊切 審 相 心
⿰魚執 執聲 都念切 端 執 照
鱣 亶聲 張連切 知 亶 端
鰻 曼聲 母官切 明 曼 微
鰒 复聲 蒲角切 並 复 奉
鮏 生聲 桑經切 心 生 審
鯛 周聲 都僚切 端 周 照
以上說文弟十一
闍 者聲 當孤切 端 者 照
閔 文聲 眉殞切 明 文 微
⿵門詹 詹聲 都甘切 端 詹 照
聞 門聲 無分切 微 門 明
攕 韱聲 所咸切 審 韱 心
揱 削聲 所角切 審 削 心
搏 尃聲 補各切 幫 尃 敷
拏 奴聲 女加切 孃 奴 泥
捉 足聲 側角切 照 足 精
擾 夒聲 而沼切 日 夒 泥
捎 肖聲 所交切 審 肖 心

撥 發聲 北末切 幫 發 非
抯 且聲 側加切 照 且 精
掇 叕聲 都括切 端 叕 知
擢 翟聲 直角切 澄 翟 定
搦 弱聲 尼革切 孃 弱 日
撞 童聲 宅江切 澄 童 定
扔 乃聲 如乘切 日 乃 泥
挃 至聲 陟栗切 知 至 照
扚 勺聲 都了切 端 勺 照
挐 如聲 女加切 孃 如 日
姓 生亦聲 息正切 心 生 審
姺 先聲 所臻切 審 先 心
妹 未聲 莫佩切 明 未 微
娑 沙聲 素何切 心 沙 審
嫚 曼聲 謀患切 明 曼 微
⿰女酉 酉聲 丑聶切 徹 酉 穿
娝 否聲 匹才切 滂 否 非
氓 亡聲 武庚切 明 亡 微
戰 單聲 之扇切 照 單 端
戜 呈聲 徒結切 定 呈 澄

說文雙聲卷下 類隔 九

匿 若聲 女力切 孃 若 日
眅 反聲 布綰切 幫 反 非
弸 朋聲 父耕切 奉 朋 並
發 癹聲 方伐切 非 癹 滂
以上說文弟十二
終 冬聲 職戎切 照 冬 端
縵 曼聲 莫半切 明 曼 微
縢 朕聲 徒登切 定 朕 澄
絥 伏聲 平祕切 並 伏 奉
紲 世聲 私列切 心 世 審
⿱奴糸 奴聲 女余切 孃 奴 泥
績 責聲 則歷切 精 責 照
⿰糸封 封聲 博蠓切 幫 封 非
螣 朕聲 徒登切 定 朕 澄
⿱𣪊虫 𣪊聲 祖外切 精 𣪊 照
蝥 敄聲 莫交切 明 敄 微
蠗 翟聲 直角切 澄 翟 定
蝠 畐聲 方六切 非 畐 滂
蝨 卂聲 所櫛切 審 卂 心
蟁 民聲 無分切 微 民 明

䖶亡聲 亡武庚切 微明　蠹槖聲 槖符牟切 並奉
笁竹聲 竹冬毒切 知端　賸朕聲 朕食陵切 澄牀
堵者聲 者當古切 照端　埶執聲 執都念切 照端
坏不聲 不芳梧切 非滂　眊亡聲 亡武庚切 微明
勱萬聲 萬莫話切 微明　動重聲 重徒總切 澄定
以上說文弟十三　嫠敄聲 敄莫浮切 微明
鏺發聲 發普活切 非滂　鉵蟲省聲 蟲徒冬切 澄定
銍至聲 至陟栗切 知照　鏝曼聲 曼母官切 微明
鎛尃聲 尃補各切 幫敷　鎗倉聲 倉楚庚切 清穿
鈞勻聲 勻多鏞切 端照　鐘亶聲 亶旨善切 端照

說文雙聲 卷下 類隔　十

輣朋聲 朋薄庚切 並奉　輓曼聲 曼莫半切 微明
轛對聲 對追萃切 知端　軕川聲 川敕倫切 徹穿
輻畐聲 畐方六切 滂非　輩非聲 非補妹切 非幫
阻且聲 且側呂切 精照　陮隹聲 隹都辠切 照端
陼者聲 者當古切 照端　阼乍聲 乍昨誤切 牀從
瞀敄聲 敄莫候切 微明　以上說文弟十四

小徐繫傳有聲字附

齔七聲 七初堇切 清穿　以上說文弟二
肭内聲 内女滑切 泥孃　博尃亦聲 尃補各切 幫敷
鞉鞀或从兆聲 兆徒刀切 澄定　𤓾古文孚从禾亦聲 禾芳無切 敷幫
以上說文弟三
餜古文飽从采聲 采博巧切 敷幫　料斗聲 斗之庾切 端照
以上說文弟五　保采省聲 采博褒切 敷幫
以上說文弟六
侍待聲 待直里切 定澄　以上說文弟八
鬖差聲 差千可切 穿清　以上說文弟九
彤而亦聲 而奴代切 日泥　獿夒聲 夒奴交切 泥孃
竦東亦聲 東息拱切 審心　以上說文弟十
嫋弱聲 弱奴鳥切 日泥　以上說文弟十二

補聲附

說文雙聲 卷下 類隔　十一

齋籀文齋从齎省 齎側皆切 照端
𥚎古文祡从隋省 隋仕皆切 定牀
祊鬃或从方 方補盲切 非幫　禱籀文禱 禱都浩切 照端
甾菑或省艸 甾側詞切 精照　芻象包束艸之形 艸叉愚切 清穿
以上說文弟一
分从八刀 八甫文切 幫非　番从釆田象其掌 釆附袁切 並奉
走从夭止 止予苟切 照精
定古文正从一足 足之盛切 精照
尟从是少 少酥典切 審心　蹟迹或从足責 責資昔切 照精
遬速籀文从欶 欶桑谷切 審心　逐从辵豚省 豚直六切 定澄

復从彳日夊夊他內切穿透　馭古文御从又馬又牛據切疑喻
足从止口止即玉切照精
以上說文弟二　䚻从言肉言余招切疑喻
𧦝訴或从言朔朔桑故切審心　𧩥古文䚻从亶亶旨熱切端照
支从又屮屮土刀切徹透　支从手持半竹竹章移切知照
以上說文弟三　雀从小隹隹即略切照精
鵜古文雉从弟弟直几切定澄　䍜从网隹隹都校切照知
糞从廾推華棄釆也華方問切幫非
疐从叀引而止之叀陟利切照知
鸏膜或从難難人移切泥日　以上說文弟四

說文雙聲卷下　類隔　十二

甛从甘舌舌徒兼切牀定　豒从豊弟弟直質切定澄
𧇡从虤曰曰語巾切喻疑　丹丶象丹形都寒切知端
饙餴或从賁賁府文切幫非　餴饙或从奔奔府文切幫非
內从冂自外而入入奴對切日泥
以上說文弟五　𠥴籀文桮不布回切非幫
巿从反㞢而巿也之子荅切照精
圝囮或从繇繇五禾切喻疑　以上說文弟六
擅旃或从亶亶諸延切端照　㓞㓞或从刃刃尼質切日孃
糝古文糂从參參桑感切審心　网从冂下象网交文文方紡
切明微　以上說文弟七

佩从人凡巾凡蒲妹切奉並　𠈉籀文仿从丙丙妃罔切幫敷
侮古文从母母文甫切明微　尾从到毛在尸後毛無斐切
明微　兓从二先先子林切照精
兟从二先先所臻切心審　以上說文弟八
須从頁彡彡相俞切心審　卮象人卩在其下卩章移切
照精　以上說文弟九
兔象踞後其尾形兔頭與㲋頭同㲋湯故切徹透
𧱓豩或从豕示豕息遂切審心　赤从大火大昌石切穿透
烾赤古文从炎土土昌石切穿透
浾赬或从水赤赤敕貞切徹穿　羍从大羊羊尼輒切日孃

說文雙聲卷下　類隔　十三

以上說文弟十　𦨰古文津从舟淮舟將鄰切
精照　遡𣴑或从朔朔桑故切審心
休从水人人奴歷切日泥　冬从仌夂夂都宗切照端
以上說文弟十一　聶从三耳耳尼輒切日孃
伩古文奴从人女女乃都切孃泥　義从我羊羊宜寄切喻疑
以上說文弟十二　䋣緐或从卑卑附袁切並奉
以上說文弟十三　俎从半肉在且上且側呂切
照精　辤从辛受受似茲切禪邪
未象木重枝葉木無沸切明微　以上說文弟十四
許聲標母字補聲附音切並从大徐如果字徐古火切今省切字餘放此

【見】古火果 古賣夬 居音今 古洛各 古肩劊 古丸官 古華瓜 古奧告 居糾丩
居月耳 古詣薊 古畦圭 古侯冓 古寒干 居玉曰 古甸見 居追龜 舉云軍
公戶古 古紅公 古賢幵 古慕固 古懸㲉 居質吉 古紅工 居末既 古惑國
古郎亢 古晃廣 古諧皆 舉有九 古皇光 古拜丯 古頑鰥 古代勾 居艮畺
居音金 古甜兼 居影景 九勿屈 俱月厥 九遇瞿 古拜介 古岳覺 居洧簋
工奐雚 居竦収 古猛北 古恨艮 古案𠬪 【補】古玩貫 古三甘 古禾戈
古牢羔 几劇巩 居擬已 九遇朋 工瓦丫 古瓦冎 古岳角 居夷飢 古熒门
古牢高 古本丨 己力苟 古禾哥 姑泫く 居履几
【溪】去既气 豈俱區 苦閑臤 空旱侃 去倫囷 苦江青 苦角散 邱撲去 苦瓜夸
墟喜豈 苦紅空 苦骨圣 苦格客 恪八㓞 去劍欠 苦計契 苦定殸 【補】

說文雙聲 卷下 標母 十四

苦后口 苦泫犬
【羣】強魚豦 巨立及 【補】其呂巨
【疑】愚袁元 魚廢乂 牛具禺 五怪𩑋 語其疑 語杴嚴 魚音厥 魚蔑屰 伍岡卬
五乎吾 魚欲獄 五結臬 五乎吳 魚變彥 魚既𧰼 魚衣沂 五忽兀 【補】
魚厥刖 語軒言
【端】當蓋帶 都寒單 多嘯弔 得案旦 多官耑 都了鳥 丁禮氐 多旱亶 都回𠂤
都挺鼎 丁果朵 都寒丹 都宗冬 都隊對 當口斗 【補】都浩𩏂
【透】他前天 他達大 通貫彖 【補】它魯土
【定】徒歷翟 徒魂屍 大外兌 徒故度 徒含覃 堂練殿 徒耐隶 徒蓋大 徒谷瀆
徒遼條 特丁廷 同都屠 徒紅童 堂練奠 徒結戜 徒合譶 徒在待 【補】

徒玩隊 徒果隋 徒魂豚 特計弟
【泥】奴店念 奴登能 奴刀夒 那干難 奴冬農 奴對內 奴亥乃 乃都奴
【知】陟格乇 竹角卓 陟劣叕 陟慮箸 知義智 陟利疐 竹角斲 陟玉竹 陟倫屯
竹力陟 【補】知庾丶
【徹】丑善蚩 丑列屮 丑略㲋 【補】丑亦彳 敕九丑
【澄】直真長 除力直 直之治 治小兆 直禁朕 柱用重 直少召 直弓蟲 直貞呈
【孃】女久狃 女夷尼 女加拏 【補】尼呂女
【幫】卑吉必 博拔八 補移卑 博墨北 必益辟 府巾彬 方免辡 博褭 彼義賁
博褒保 府盈幷 博木卜 布交包 【補】兵永丙 博陌百 卑履匕 必鄰賓
北潘𠦒 博昆奔

說文雙聲 卷下 標母 十五

【滂】匹各霍 普活𣎳 芳逼畐 普官潘 普活癹 【補】匹刃𣎳
【並】毗至比 薄蟹罷 毗祭敝 薄報暴 薄報㬥 旁各薄 薄交麃 步光旁 蒲迥竝
平祕葡 蒲撥犮 蒲沃菐 便俾庳 符宵䨥 【補】房密丿 蒲莧釆 皮變覍
【明】莫厚某 母官㒼 莫后母 莫浮矛 莫教顡 武兵明 莫經冥 莫撥穠 武罪每
莫遐麻 莫撥末 莫狄冖 莫故莫 莫結蔑 文彼靡 莫忠夢 綿婢弭 莫侯瞀
莫奔門 莫狄覓 武永皿 模朗𦬕 莫六目 莫保冃 莫旱滿 莫報冒 彌鄰民
【補】莫卜木 莫袍毛
【非】方副富 方伐發 方久不 甫文分 府遠反 分勿弗 方久否 甫微非 府容封
【補】甫微飛 府良方
【敷】敷容丰 芳無尃 敷勿甶 芳無孚 芳無采

【奉】浮芝凡　房六𡕥　房六復　房六服　房法乏　馮貢朋　附袁番　符非肥　房六伏
【微】文弗勿　武方亾　無分文　亡遇婺　亡遇務　亡遇敄　無販曼　無販萬　文甫無
無沸未　無斐尾　無非微
【精】子余且　則吾租　將鄰津　將鄰聿　子力即　則旰贊　子結卪　作亥宰　即刃晉
即夷㴨　即里朿　臧沒卒　即略爵　則洛作　祖才𢦏　子例祭　即消焦　即玉足
【補】祖才𠈌
【清】雌氏此　七岡倉　千也且　此芮毳　親吉七　親吉桼　七由秋　倉經青　七倫夋
七賜朿　七到造　倉紅悤　【補】倉老艸
【從】徂尊存　昨干戔　秦入集　昨結截　昨牢曹　才林鬵　昨哉才　疾葉疌　昨代在
昨木族　秦入亼　徂兮齊　才句聚　【補】徂合雥　疾僦就　疾二自

說文雙聲　卷下　標母　十六

【心】相居胥　息逐肅　辛聿戌　蘇困巽　息移斯　穌后叜　雖遂祟　私妙肖　息茲思
息七悉　息進囟　息鄰辛　穌旰散　相然鮮　穌則塞　蘇沓卅　穌前先　息約削
穌禾衰　穌到喿　蘇各索　思積昔　蘇管算　息良相　息廉韱　息晉卂　斯氏璽
【補】先稽卥　私兆小　先稽卤　息進𡿺　息林心
【邪】徐醉𥝌　【補】似入習
【照】職流州　之也者　之入執　脂利至　職留周　之若勺　側鄰眞　之日質　側革責
職廉詹　側角糕　職留舟　職追隹　之芮𣪌　【補】諸市止　側狡爪　止而之
側岑兂　職戎宍
【穿】昌石㡿　叉愚芻　初牙差　楚江囱　楚洽臿　昌緣川　【補】楚危夊　昌純春
昌石赤

【牀】鉏駕乍　【補】食列舌
【審】施智啻　賞職式　所教稍　舒贍煔　書玉束　所今參　所角欶　施智豛　始夜赦
所入殺　書沼少　所矩數　所加沙　色立歰　舒制世　所菹疋　所庚生　所江雙
【補】式脂尸　式視矢　所閒山　所角朔　所銜彡　式視豕
【禪】常倫𦎫　承旨是　【補】殖酉受
【影】烏皓芺　烏括𠬪　於兆夭　烏到奥　於良央　烏魂𥁕　於眞因　於記意　衣駕亞
於悉壹　烏渾𥁕　於稀衣　烏谷屋　於詭委　於今音　一檢弇　依檢奄　乙虢蒦
於阮夗　於眞垔　於筆乙　於斤㥯　於容雝　烏諫晏　伊謬幼　於計殹　烏寒安
伊昔益　烏懸肙　於袁冤　哀都於　於蹇匽　乙獻㬵　於輒厭　於虯麀　於阮宛
伊昔茾　【補】於悉一　烏皎窅　於堯幺　於機㕧　於刃印　於汲邑　烏懸𣶒
烏莖賏

說文雙聲　卷下　標母　十七

【曉】許建憲　朽正夐　荒烏虍　荒烏虖　呼跨化　呼決血　許偉卉　許榮兄　許斤欣
許云熏　火劣旻　【補】呼北黑　許尤休　呼古虎　呼果火　許諒向
【喻】以周䍃　余準尹　余招繇　羊者也　余制厂　以水唯　羽非囗　羊益亦　云九有
与之台　羊止㠯　以灼龠　王伐曰　王權員　以灼籥　羊吏異　于廉炎　樂準允
弋眞寅　羊謝夜　云貴胃　余呂予　弋支乁　遠支爲　于己矣　【補】王矩羽
羊朱臾　羽俱亏　以冉剡　于救又　與章羊
【匣】胡雅下　戶圭巂　胡狊𦍐　胡雞奚　乎旰旱　胡沃隺　胡口后　胡決穴　乎光黃
胡官完　侯閤合　胡蓋害　胡困圂　戶乖淮　【補】黃外會　胡結奊　胡雞兮
胡結頁　乎感马　胡計系　戶庚行

【來】呂張良力救翏洛侯婁力制厲魯刀勞呂戌守良薛劉林直力盧對耒
郎果羸洛乎盧良涉鼠力照賚力膺夌力入立盧達剌郎計麗郎段爾
力莊謚力孕林良刃粦力正令呂員䜌洛帶賴力爲羸力至利【補】
魯回靁力竹尖力延連郎計戾
【日】而沇耎如之而而至二而灼若汝移兒兒氏爾而濁辱而剡冄人善㕥
而振刃而主乳人質日而勺弱人諸如【補】人汁入如六肉如鄰儿
如林任如審羊如鄰人而止耳

說文疊韻　卷六　標母

說文疊韻

說文疊韵序

書以說文疊韵名疊韵也者疊古韵也古韵有與今同有與今異與今同者卽爲今韵何以不疊今韵今韵不勝疊也夫古韵可據者有若詩三百篇焉有若屈宋之辭焉推之凡古有韵之文無不可見何必許氏一人之書顧許氏於字下繫聲所以著韵卽出於其字雖雙聲亦在其內要不及疊韵之多卽但以疊古韵而言其字亦豈少哉論者於河可共知爲疊今韵於江工或但以雙聲目之其實雖取雙聲亦取疊古韵也然則欲明古韵舍說文其可乎閒嘗以此語及門袁竹一竹一所見輒符余因與之輯疊韵上下卷以明說文合體之字與獨體之聲體旣相因韵自相合卽有不合亦由後人之失讀類非古韵之本然是編於許聲雖若有信之過者然過信猶愈於過疑況信固未必過也同校者爲及門黃淵甫蓋亦以其明於許書而屬之至古韵大恉爲余舊著今列爲首卷雖所言不專在說文要與說文相發云

光緒五年二月興化劉熙載書

說文疊韵卷首

興化劉熙載融齋撰

古韵大恉

明古韵自鄭氏

鄭漁仲通志七音略。雖明今韵，而前列之圖，實隱括古韵在內，幾使後來言古韵者，莫之能外，學者不察，遺美多矣。

明陳第季立之韵學，實接漁仲一脈，其稱述元周德清中原音韵，由胸中先具此鑒也。中原音韵，借樂府以詳北音，未見有關於古韵，而季立毛詩古音攷䫂於古韵已思過半矣。

酌取焉，葢但就其音之合於經者存之，不合者正之，陳季立古韵之門徑，至顧氏炎武而大，考古與審音皆治古韵者之要務，顧氏考古精確，所不待言，卽以審音論之，大段要爲通正。

講古韵者，患失之疏，然亦患求密太過，太過則其所謂密者，豈誠密乎，抑未免於鉤鈲析亂乎。

古通韵轉韵協韵

宋鄭庠古音辨論韵之通轉，分爲六部。一部協陽音。一部協支音。一部協先音。一部協虞音。一部協尤音。

一部協覃音部分固爲太少且其所謂通轉之韵本可互協即如第一部東冬鍾江陽唐庚耕清青蒸登皆協陽陽果足爲東冬諸韵統哉況韵可通轉與否存乎字形之先定豈人之所能使然哉

通韵出於字形全字與字中之聲其韵相兼說文中如調周聲朝舟聲姣交聲猫狃聲𤕤壽聲條攸聲虒九聲莜收聲又如陬取聲耦禺聲騶芻聲藪數聲以兩字言之調周聲則周聲兼調矣陬取聲則取聲兼陬矣餘準是

陸德明謂古人韵緩不煩改字此爲燕燕之詩侵覃

說文疊韵　卷首　古韵大恉　二

通韵言也以此推之一字於兩讀可通正見古韵之緩如勤字堇聲鷜字亦堇聲是堇之韵兼文寒矣使執一聲一必且以寒韵讀勤以文韵讀鷜其音詎不可怪矣乎

韵有正通因有轉通如二人爲友友之友亦吾友也古人制字諧聲兼於轉通有取但不若正通之廣耳全字與字中之聲韵相通轉者其常也所有不相通轉者或以爲係古方音亦無以見其必然不若借名協用較爲合類

𣏌沂皆斤聲古歸文韵而今韵收微收微者在今爲正音以古視之特方音耳然此等古人亦嘗用之如會言近止近字上韵偕下韵邇讀渠紀反是也近亦斤聲爲文韵之字與祈沂同而借讀止韵亦通於微不可知古有協韵乎惟協徵於古則部分有常不容意爲去取是亦古轉之次矣

金仁山謂古字四聲隨方言而讀或去或入此見入可通去也顧氏炎武於入兼轉平上去比之金氏專言去入意非有加蓋去與平上本如一聲耳

推闡七音略圖

鄭漁仲諧聲制字六圖有大功於古韵者三一聲之

說文疊韵　卷首　古韵大恉　三

諧不諧以字形之相消息與否爲定也一圖中作紐之入聲今韵取雙聲古韵取疊韵也一明入聲祇有三類也三者所蘊至博而以約圖之尤使人覽之易得

古韵辨字形消息葢本說文或問何謂消息曰姑舉七音略圖中削小肖削四字爲例削消削削消肖肖消小小息肖肖息削削息削此字形之消息通也爰即圖中之字別爲通不通二式於下

饐壹　異翼　壽𤕤　是寔　簫肅　削小肖削

祝昵　消息相通

應億　孕翼　尵𦼮　剩定　紉暱 消息不通

豳風東山垤室窒韵至垤室窒與至相消息此陳氏第讀詩拙言所謂說文之中多與毛詩合也陳氏辨爲字引說文譌從言爲聲謂加言讀譌去言亦讀譌亦卽此意

以後世韵部言古韵借也古人初不知此也韵家不明古人制字消息及其用韵之所以異同離合而徒譊譊於韵部所謂辯者不善也

七音略圖中作紐入聲以必字作紐者卑必爲疊韵不止雙聲賓必爲雙聲不兼疊韵推之日字紐者而

日疊韵仍日雙聲尺字紐者蚩尺疊韵稱尺雙聲以及壹紐之伊因質紐之之眞億紐之噫膺翼紐之飴盈寔紐之時繩𦼮紐之酬慵莫非此例

七音略圖賓牝擯三字之於必字以今韵言之故謂之聲音俱諧若以古韵律之則可謂之音諧聲不諧膺鄧應三字之於億字以古韵律之故謂之音諧聲不諧若以今韵言之則可謂之聲音俱諧蓋古韵入聲必兼疊韵今韵入聲祇取雙聲也

平及上去諸部可與入聲韵者是爲有入不可與入聲韵者是爲無入凡今韵平聲之有入者古無今韵平聲之無入者古有又何疑焉

漁仲於各圖中古韵之字嘗大書以自釋其音卑俾臂必之必讀如閟而珥餌日之日讀如珥蚩齒熾尺之尺讀如齝伊以饐壹之壹讀如懿之止志質之質讀如懫且復音以至字其韵類與周德清中原音韵相合可謂宋之鄭本於元之周乎蓋以經典之韵例之本如是也

眞軫震質之止至質就圖眞之論之是同母非同韵也專就作紐之入聲論之震質之質音郅其讀由平上去曲下於所承之平上去爲雙聲今韵也至質之

質音至其讀由平上去直下於所承之平上去爲疊韵古韵也俗於古入聲不知疊韵則質音至之謂何

億字古讀噫入聲不讀膺入聲試觀楚茨首章億韵棘稷翼食祀侑福四章億韵祀食福式稷敕極伐檀二章億韵輻側直特食諸韵曾有類膺者乎餘辨一切入聲準此

神珙九弄反紐圖眞整正隻隻依今韵讀之旨志職職依古韵讀職與之爲韵隻不與眞爲韵也七音略圖震質至質質字分注郅至兩音可以互證

七音略古韵入聲統於三類約舉於下

必之平卑　日之平而　壹之平伊　質之平之
億之平噫　翼之平飴　寔之平時　昵之平
尼　以上支類
獄之平衙　獄之平魚　砡之平梧　鏃之平且
族之平徂　足之平疽　以上虞類
削之平箾　肅之平簫　卓之平切　藥之平遙
以上蕭類　璹之平酬　附蕭類

入聲不外支虞蕭三類。脂之微齊佳灰咍統於支，魚模統於虞，宵爻豪統於蕭，而歌戈麻尤侯幽亦於此三類分寄。此固治古韻者所共喻也。必欲舉證，則前

說文疊韵　卷首　古韵大指　六

人之考古悉矣。然一無所舉，奚以實之？無已，於經舉詩，於經以下舉楚辭、餘經及他古書，即以是貫之，亦無不可。

入聲與平上去爲韵

支類

詩漢廣首章息韵思野有死麕三章脫韵帨吠匏有苦葉首章葉涉韵厲揭泉水三章舝韵邁衛害君子偕老二章翟晳韵玼髢揥帝載馳四章麥極韵尤思之芃蘭二章葉韘甲韵遂悸園有桃二章棘食國極韵哉其之思小戎二章合軜邑韵期之七月首章發栗褐韵火衣歲耜趾子畝喜鴟鴞首章室韵子東山三章垤室窒韵至采薇五章翼服棘韵騤依腓戒棘杜四章恤韵來疚至偕近邇六月首章飭服急國韵棲騤織二章則服韵驪里子采芑首章率翼奭服革

韵芑畝涖試騏我行其野三章葍特韵富異斯干四章翼棘革韵飛躋節南山五章闋韵惠戾屆夷違正月八章結滅威韵厲十章輻韵載意雨無正二章滅韵戾勩四章荅韵退遂瘁訊五章出韵瘁小宛二章克韵富又何人斯六章入韵易知來祇蓼莪三章恤韵恥久特至五章烈發韵害大東三章息韵載四章服韵來裘試四月三章烈發韵害楚茨首章棘稷翼億食福韵茨祀侑四章食福式稷敕極億韵祀大田二章螣賊韵穉火四章黑稷福韵止子畝喜祀鴛鴦三章秣韵艾車舝首章舝渴括韵逝友喜賓筵首章設逸韵旨偕緜蠻三章側極韵食誨載文王在上四章億服韵止子六章德福韵師帝易大明四章集合韵載涘止子緜五章直翼韵載八章拔韵兌駾喙旱麓四章福韵載備祀皇矣三章拔韵兌對季友八章茀佐忽拂韵肆靈臺首章亟韵來二章伏韵囿生民二章月達副韵害四章匐嶷食韵旆穟七章軷烈韵惟脂歲行葦四章翼福韵背祺假樂首章德韵子板二章輯洽韵蹶泄六章益辟韵篪圭攜易蕩首章辟

說文疊韵　卷首　古韵大指　七

韵帝二章克服德力韵佞五章式韵止晦八章揭撥韵害世抑首章疾韵戾六章舌韵逝八章賊則韵李子十二章國式德棘韵子止謀悔桑柔十五章極克適力韵背利崧高二章式韵事韓奕首章易辟韵懈位江漢三章棘極韵里海六章德國韵子已常武首章國韵戒三章業韵子六章塞韵來瞻卬四章式極慝識織韵背倍事五章狄韵刺富忌瘁召廟諱三章業韵誠潛章福韵鮪鯉祀載芟章饁韵以婦士耜畝良耜章活韵耜畝閟宮首章恤稷福麥國穡韵枚同依害遲三章式稷韵子祀耳懈帝長發六章鉞烈曷蘖達截伐桀韵旆七章葉業韵子士殷武三章辟績適韵解楚辭離騷恐皇輿之敗績績與臨韵恐嫉妒而折之折與蔽韵天問瓚臺十成讙所極焉極與意韵何條放致罰而黎服大說說與摯韵師望在肆昌何識識與喜韵九章思美人差芳華自中出出與族韵惜往日使讒訣而日得得與戒韵惜靡君之不識識與再韵買諏弔屈原方正側植植與志韵服賦舉首奮翼周無休息翼息與意韵獨與道息息與意韵東

方朔七諫[怨世]偏與乎[㒁諱]英異色色與久韻固非衆人之所識識與志韻劉向九歎[怨思]周容容而無識識與思韻埃拂拂兮拂與悴韻[遠逝]妒被離而折之折與蔽韻[惜賢]心哀哀而怫鬱鬱與悴韻荆和氏之泣血血與廢韻[思古]目眇眇而遺泣泣與戾韻傾容幸而侍側側與意韻

虞類

詩行露二章角屋獄足韻家小戎首章續轂玉屋曲韻驅異東山首章蠋韻野下采薇首章作韻莫家故居斯干三章閣橐韻除去芋雨無正二章夕惡韻夜小宛五章獄粟卜穀韻扈寡楚茨三章踖碩炙莫客錯獲格酢韻度庶六章祿韻奏車舝二章射韻譽角弓六章木屬韻附行葦二章席酢炙臄咢韻御斝抑七章格度射韻漏覯桑柔十二章谷穀韻垢烝民二章若韻賦噫嘻章穀韻夫振鷺章斁韻惡夜譽載芟章伯韻旅駉三章駱雒繹斁作韻馬野者楚辭離騷憑不厭乎求索索與妒韻後飛廉使奔屬屬與具韻好蔽美而稱惡惡與固韻孰云察予之善惡惡與宇韻九歌禮魂春蘭兮秋鞠鞠與鼓舞與古韻天問九天之際安放安屬屬與數韻九州何錯錯與汵故韻招魂鄭綿絡些絡與呼居韻華鐙錯些錯與夜假賦故居韻東方朔七諫[謬諫]孰江河之可涸涸與固韻

蕭類 尤類附 尤類有併入支虞部者俱與此異

詩關雎三章樂韻芼谷風五章慉鞠覆育毒韻讎售中谷有蓷二章淑韻脩歗兔爰二章覺韻罦造憂清人三章軸韻陶抽好揚之水二章鵠韻皓繡憂椒聊二章匊篤韻聊條七月六章薁菽韻棗稻酒壽南有嘉魚首章樂韻罩正月十一章樂虐韻沼炤慘小明三章慼宿戚宿覆韻與靈臺三章濯翯躍韻沼板四章虐謔蹻熇藥韻耄蕩三章祝韻究抑十二章樂虐韻昭懆藐教耄崧高四章蹻濯韻藐韓奕五章樂韻到維天之命章篤韻收楚辭九章惜往日因縞素而哭之哭與憂求游韻遠遊聊媮娛以淫樂樂與撟韻九辯滅規榘而改鑿鑿與教韻非余心之

所樂樂與高韻忱惛惛而愁約約與效韻大招曲屋步壛宜擾畜只畜與秀霤韻東方朔七諫[哀命]雖滅沒之自樂樂與到韻

今韻入聲，但取與所承之平上去爲雙聲，故經籍中不與其平上去通韻。古韻入聲與所承之平上去，取雙聲實取疊韻，故經籍中恆與其平上去通韻。古韻去入是一韻，如惡惡度度之類是也。其別在去長入短，故古人讀入如去，與眞去有別。

或問七音略第一圖有可言乎？曰：此不待言也。必欲言之，則倥控字從空得聲，銅洞字從同得聲，妖笑字從夭得聲，騅惟字從隹得聲，自倥控至騅惟佳皆爲疊今韻，夫誰不知之哉。

協音得失

言古韻者好非叶韻，然使不知叶韻，則無以得古韻聲讀，恐至今猶無古韻之說。陳季立謂今所稱叶韻皆即古人之本音，斯爲篤論。

自北周沈重毛詩音用協音，後顏師古注漢書，李善注文選並用之。協音之未可沒者，以其有益古韻也。如柏舟之詩儀字讀我，此古韻也。然其始人不知其讀我也，蓋惟識得今韻五支中儀字，以儀字爲字母，與上下阿佗字協，始知古韻讀我。設并識得今韻儀字則但知當屬歌部，安能定其確音乎。第古韻必博稽以徵信，故不名協爾。若論消息，儀義聲，義从我。

朱子論吳才老韻補，引沙隨程氏之言曰：吳說雖多，其例不過四聲互用、切響同用二條。案四聲互用，古韻類然。所謂切響，蓋即協音之法。協音與切音機括略同。協音之例，稍寬於切音，惟取韻不拘開合口而已。後世治古韻者，亦恆以此爲識字之資焉。

習說文者當先明於求古韻之法。其法以本字讀今韻爲母，合體之字。以聲之古韻爲韻，獨體之聲。母韻相加成切。其所切之音，平上去入及聲之清濁，皆以母爲比例。

如母係平聲，則雖遇上去入韻，亦切平。母係上去入聲，則雖遇平韻，亦切上去入。母係清聲，則韻雖濁聲亦切清。母係濁聲，則韻雖清聲亦切濁。斯古韻必可得矣。

大徐之切，本於孫愐，允矣。以徐切之字母加許聲，亦可定字音清濁。然不若徑以本字爲母者，蓋非本字不能定平上去入也。案古韻可兼四聲，然四聲中必有一聲爲主，故當於平仄辨之。或謂本字爲母固是，設遇本字不識，如何？曰：視徐切。古韻之於今韻，字同者類屬雙聲，故可由協音而得；其不雙聲者，必由古人曾與別一字通用，又或別有直音，然此類什伯不一也。

叶韻法，如東山垤室窒至四字，準之說文，垤室窒字也，至聲也。垤至切，即垤字古韻；室至切，窒至切，即室窒字古韻。至如揚之水，徐邈讀沃，鬱縛反，以韻樂字。叶古就今，未可爲法。

叶今爲古，與叶古爲今，此叶韻之大較也。夫讀古書須依古韻，宜古而今，與宜今而古，其失何以異哉。

協叶二字，沈重毛詩音所云協句，本作協。朱子詩集傳及楚辭集注作叶，叶古協字，故兩字通用。

方音得失

宋陳振孫論韻，謂古今世殊，南北俗異，其言若不專爲古韻而發。然欲知古，必驗之今，非兼南北之音，奚以驗之？此特可爲達者道耳。

右北音者，以北音爲古聖之遺，至重以堯舜禹在河東，湯居亳，文武周公在關中之說，是不知北音有雅亦有俗也。然好駁北音者，尤爲不求端末，誠以古音爲證，則北多雅音自見矣。

南音有入聲，北音亦有入聲，南音之入，位居第四；北音之入，位亦居第四。故南謂北音無入聲，北方之學者常以不聽諵之雖中原音韻有入作平入作上入作去之目其實以入聲問之北士具能答也惟北入由去而直下南入由去而曲下即妒穀凍穀之不同可見穀聲似妒不似凍似者爲直不似者爲曲是以南備四聲之韻如東冬北謂之三無入南止三聲之韻如支微北謂之四有入要之北入爲近古也

北音入與去雖辨而可辨嘗以三燭燭字問北方之士應用何切曰之欲切問直音何字曰音近注而短於注問五質質字應用何切曰之日切問直音何字曰音近致而短於致則其讀入與去別明矣

北音入聲有讀似平聲者其意中仍是入聲與其讀入似上去意中仍是入聲同或以爲讀作眞平此聽之未審於讀者無與焉

南音入聲之非古在所屬之平聲不類如質字屬支則古屬眞則非古古無眞質通韻者也若能辨所當屬雖於本入聲字自讀方音亦可不案是非之實矣

方音雅俗辨於其韻雅者合於古韻俗者亦從古韻流變而成其字母仍與古韻無異欲訂俗音但就不分古俗之字母導以當從之韻部斯得之

觀左氏公羊載方言則知古人之音亦不能有雅無俗惟不以俗者入於詩歌故國風十五水土雖異而韵皆雅也論韵必以雅爲歸極苟不折中於雅徒各執一是互相听笑正所謂楚則失矣齊亦未爲得也

抽論韵部

歌麻本一韵觀東門之詩可以漚麻可與晤歌見矣是以歌所通之韵麻亦通焉

古韵歌入通於支麻入統於模此就其別而言之也然則中未嘗無同觀等韵鐸爲歌入錯爲麻入雖名借入實與古合說文鐸睪聲睪集韵一作都故切是歌入同麻矣釋文鍇亦作轄說文轄害聲害隸泰部

泰之平聲爲佳佳支古通韵是麻入同歌矣

歌戈麻尤侯幽本有入聲而似乎無入者非以其入之少正以其入之多也入多者由其音可弇可侈初無定衡是以寄入於他部也

歌戈麻入聲寄於支虞佳尤侯幽入聲寄於支虞蕭凡寄入聲必由其平上去之古韵與所寄之部聲讀略同

歌戈麻尤侯幽入聲寄於他部或問東冬鍾江之入亦寄他部乎曰歌類尤類有入者也在本部與在他部相若故言寄也東類則本無入者也他部之入不

可謂東類所寄也。

侵覃談鹽添咸銜嚴凡九韻，古無入聲，緝合盍葉怗洽狎業乏之九韻之字，類與支脂之微齊佳皆灰咍諸部入聲爲通韻，凡緝合九韻中字形有與侵覃諸部中相似，及與侵覃諸韻上去聲相似者，宜併歸侵類平上去三聲韻部。

侵覃九韻皆無入聲，前代精於樂府者曰：十七侵尋閉口眞文，十八監咸閉口寒山，十九廉纖閉口先天，斯言雖俚，有益韻學。古韻眞文之類皆無入聲，則此九韻可知也。吳才老韻補謂覃咸銜古通刪，鹽嚴古

通先，其徑以爲通也誠過，然韻之不相通而可以相例者固多矣。

緝合九韻，吳才老韻補謂緝通質，葉怗業乏通月，觀此則合盍洽狎所通槩可見矣。然惜乎言質月而不溯其平聲也。蓋古韻之質，其平是支而非眞，古韻之月，其平是佳而非元，且古讀入如去，支入近寘，佳入近泰也。此之不辨，將使古無入聲之眞元成爲有入，失之遠矣。顧氏炎武古韻表自緝合數韻外，凡平聲在今韻有入聲者，表中皆無入聲，證之於經，實爲脗合，獨以緝合諸韻爲侵覃諸韻之入，未免自亂其例，殆無異以質爲眞入，月爲元入也已。

緝合九韻之字，中原音韻大率以齊微一部及家麻車遮兩部收之。收齊微者雅音也，收家麻車遮二部者俗音也。若併入齊微以通於皆來，則茂弗雅矣。且其家麻車遮部中既以此九韻之字與質物月曷黠屑諸韻之字並列，則雅音當併入齊微，明甚。蓋質物諸韻古原以齊微一類爲平聲也。又合字中原韻隸歌戈部，論雅音亦宜與齊微併者。

緝合九韻與支佳諸部，譬之派有親疏，本是一族，是以古人每次第用之，若緝與侵並用及與侵之上去

並用，則古所未有也。餘八韻準此。

或問緝合九韻近世韻家謂古不與他部相通，然嘗考之，如礚字，合韻也，宋玉高唐賦礚震天之礚礚，與厲濿霈邁喙竄摯韻；揚雄甘泉賦登長平兮雷鼓礚，礚與厲韻。又如急澀入集泣粒邑七字，緝韻也，呂氏春秋上農篇緩者欲急，燥者欲溼，急溼韻力息棘。路温舒尚德緩刑書引古語畫地爲獄，議不入，入韻對。劉向九歎雲霏霏而隕集，集韻日；目眇眇而遺泣，泣韻戾。列女傳頌士卒莝粒，粒韻泰。班固漢書敘傳山陵不邑，邑韻克直服德。西都賦充奉陵邑，邑韻殖

國東都賦、修洛邑。邑韵翼極。然則古讀緝合諸韵不與支微齊佳灰諸韵通乎。曰前此有徵乎。曰請以三百篇徵之。於是歷舉其篇。思齊（不諫亦入。入與式韵）何人斯（爾還而入，還而不入。入與易知來祇韵）板（辭之輯矣，民之洽矣。輯洽與蹶泄韵）六月（我是用急。急與國韵）無羊（何蓑何笠。笠與物韵）大明（有命既集，天作之合。集合與載涘子韵）小戎（龍盾之合，鋈以觼軜，溫其在邑。合軜邑與期之韵）雨無正（聽言則答。答與退遂瘁訊退韵）載芟（有嗿其饁。饁與以婦士耜畝韵）匏有苦葉（匏有苦葉，濟有深涉。葉涉與厲揭韵）芄蘭（芄蘭之葉，童子佩韘，能不我甲。葉韘甲與遂悸韵）長發（昔在中葉，有震且業。葉業與子士韵）常武（赫赫業業。業與子遊韵）召［廟諱］（兢兢業業。業與訛韵）且曰此類不謂之通，恐有不通。安見商周之韵狹於秦楚漢也。必謂之通

吾與者也。曰予第存其通之說，古人其與予矣。經籍即古人韵書，以經考之，凡今韵有入聲者，古韵皆無入聲，如東不韵屋、陽不韵藥是也；今韵無入聲者，古韵皆有入聲，如屋藥俱爲虞蕭之入聲是也。侵覃鹽咸無入，歌戈麻尤侯幽有入，亦如之。

釋均

韵本作均。均有數字相均，有一字自均。其用各從其類。合體之字，讀類獨體之聲，此自均也；數合體之字，讀類一合體之字，此相均也。以今口讀古韵，若有均有不均者，自古人視之，實皆均也。是故相均之義起，而詩作；自均之義得，而說文成。

說文疊韵卷上

興化劉熙載融齋

受業寶山袁　康竹一　同輯

受業青浦黃恩煦淵甫　參校

釋例

是編本言古韵然字與聲須先明今韵音讀編內切音從大徐韵部之名從廣韵

廣韵稱今韵對古韵言也是編於說文字與聲之不列廣韵者亦從今韵部名蓋準以徐切之韵腳則知於今韵當隸何部

切字韵腳有廣韵與徐氏不同者以通韵論之則實無不同蓋取韵之法有狹有濶用通韵者從濶例也

徐氏字下用一切間有兩切者是編槩引一切蓋借以明今韵之別於古韵無事多列也

古無平上去入之名一字兼四聲或三聲故平仄每相為韵由於可互讀也以平聲論則上去統於平聲入亦統於平聲求諸字形之消息自得所隸平聲之部故是編於上去入三聲祇標平聲

說文聲與字編內皆讀古韵其或有以今韵讀字以古韵讀聲者當轉字以從聲（如蔗庶聲蔗讀準庶）以今韵讀聲以古韵讀字者當轉聲以從字（如諸者聲者讀準諸）若讀字與聲皆未合古則當並轉之（如格各聲格各皆韵魚虞）

廣韵載唐人用韵有數部同用之例是編所標韵部之名或舉一二以槩其餘意蓋本之

是編標名之例有四遇字與聲古屬通韵者則曰通遇古屬一部者則曰並歸某韵其非徑通而由他韵可通者則曰轉通（如支蕭轉通魚蕭轉通支魚轉通皆因尤而通也餘準此）若不在此數例而許氏取以為聲則曰協用協用之字亦有一定韵部非各部俱可協也故協用一類於各篇後附之

古韵相通宋鄭庠約為六部未免過少後人好為分析往往

又失之多惟顧亭林十部較善是編雖不盡從顧氏而大段準之詳見末卷

韵部全通者編內稱通其不全通及數字通亦稱通者據本字而言也

說文疊韵之字與雙聲或兼或別編內於雙聲而非疊韵者不收雙聲兼疊韵者仍收

字有許作某聲而徐輒云非聲者徐但以今韵論聲故也編內槩明古韵故遇徐云非聲而許聲實合古韵者仍收之

說文有大徐本無聲而小徐有聲者有二徐本皆無聲而其字亦可諧聲者茲並蒐輯為續編附後不可通者闕之

說文解字第一

一部

丕敷悲不方久聲不丕今韵有脂別古通

示部

福方六畐芳逼聲畐福今韵職屋別古並歸支　祕兵媚必卑吉聲必祕今韵質至別古並歸支

齋側皆齊徂兮省聲齊齋今韵齊皆別古通　祡仕皆此雌氏聲此祡今韵紙皆別古通

祓敷勿犮蒲撥聲犮祓今韵末物別古並歸微　禍胡果咼苦媧聲咼禍今韵佳果別古轉通

祈渠稀斤舉欣聲斤祈今韵欣微別古並歸欣　禱都浩壽殖酉聲壽禱今韵有晧別古通

禖莫桮某莫厚聲某禖今韵厚灰別古支灰通　禂都晧周職留聲周禂今韵尤晧別古通

王部

說文疊韵　卷上　正編　三

瓇耳由夒奴刀聲夒瓇今韵豪尤別古通　環戶關睘渠營聲睘環今韵潸刪別古並歸元

璬古了敫以灼聲敫璬今韵藥篠別古並歸蕭　玦古穴夬古賣聲夬玦今韵夬屑別古並歸咍

瑱他甸眞側鄰聲眞瑱今韵眞霰別古通　瑳七何差初牙聲差瑳今韵麻歌別古並歸歌

璊莫奔㒼母官聲㒼璊今韵桓魂別古通　琢竹角豖丑六聲豖琢今韵屋角別古並歸虞

琱都寮周職留聲周琱今韵尤蕭別古通　玪古函今居音聲今玪今韵侵咸別古通

瑨側岑朁七感聲朁瑨今韵感侵別古通　碧兵尺白旁陌聲白碧今韵陌昔別古模支轉通

瑤余招䍃以周聲䍃瑤今韵尤宵別古通　玓都歷勺之若聲勺玓今韵藥錫別古並歸蕭

瓅郎擊樂五角聲樂瓅今韵覺錫別古並歸肴　珕郎計劦胡頰聲劦珕今韵怗霽別古並歸齊

瑰公回鬼居偉聲鬼瑰今韵尾灰別古通

屮部

每武罪母莫后聲母每今韵厚賄別古支灰通

艸部

萐士洽疌疾葉聲疌萐今韵葉洽別古並歸支　蓼盧鳥翏力救聲翏蓼今韵宥篠別古通

菔蒲北服房六聲服菔今韵屋德別古並歸脂　茝昌改𦣞與之聲𦣞茝今韵之海別古通

芞去訖气去既聲气芞今韵未迄別古並歸微　苺武罪母莫后聲母苺今韵厚賄別古支灰通

茖古額各古洛聲各茖今韵鐸陌別古並歸模　薊古詣魝古屑聲魝薊今韵屑霽別古並歸齊

藋徒弔翟徒歷聲翟藋今韵錫嘯別古並歸蕭　[illegible]莫候婺亡遇聲婺[illegible]今韵遇候別古通

蓩亡攷務亡遇聲務蓩今韵遇晧別古轉通　荍渠遙收式州聲收荍今韵尤宵別古通

菩步乃咅天口聲咅菩今韵厚海別古轉通　茅莫交矛莫浮聲矛茅今韵尤肴別古通

蕁徒含尋徐林聲尋蕁今韵侵覃別古通　蓲去鳩區豈俱聲區蓲今韵虞尤別古通

說文疊韵　卷上　正編　四

蔗之夜庶商署聲庶蔗今韵御禡別古並歸魚　[illegible]方布富方副聲富[illegible]今韵宥暮別古通

葍方六畐芳逼聲畐葍今韵職屋別古並歸支　蓨徒聊脩息流聲脩蓨今韵尤蕭別古通

苖徒歷由以周聲由苖今韵尤錫別古並歸尤　薁於六奥烏到聲奥薁今韵号屋別古並歸豪

葴職深咸胡監聲咸葴今韵咸侵別古通　蔞力朱婁洛侯聲婁蔞今韵侯虞別古通

藐莫覺貌莫教聲貌藐今韵效覺別古並歸豪　茜倉見西先稽聲西茜今韵齊霰別古並歸先

薜蒲計辟必益聲辟薜今韵昔霽別古並歸齊　茦七賜朿楚革聲朿茦今韵寘麥別古並歸支

苄侯古下胡雅聲下苄今韵馬姥別古並歸模　蕅五厚禺牛具聲禺蕅今韵遇厚別古通

菣去刃臤苦閑聲臤菣今韵山震別古通　蕭穌彫肅息逐聲肅蕭今韵屋蕭別古並歸蕭

芍胡了勺之若聲勺芍今韵藥篠別古並歸蕭　苵徒結失式質聲失苵今韵質屑別古並歸支

苽古胡瓜古華聲瓜苽今韵麻模別古並歸模　藣符羈罷薄蟹聲罷藣今韵蟹支別古通

尃 慈荏 尃 徒合 聲 尃尃今韵覃寑 別古通
治 徒哀 治 直之 聲 治治今韵之咍 別古通
鞋 乎瓦 鞋 戶圭 聲 鞋鞋今韵齊馬 別古齊佳通
夾 古叶 夾 古狎 聲 夾夾今韵洽怗 別古並歸齊
凡 房戎 凡 浮芝 聲 凡凡今韵凡東 別古並歸凡
徹 徒歷 㣪 昌六 聲 㣪徹今韵屋錫 別古並歸蕭
茌 仕留 扗 昨代 聲 扗茌今韵代之 別古通
卒 秦醉 卒 臧沒 聲 卒卒今韵沒至 別古並歸脂
擇 他各 擇 丈伯 聲 擇擇今韵陌鐸 別古並歸虞
薄 旁各 薄 洂古 聲 薄薄今韵姥鐸 別古並歸虞

茉 子寮 朮 式竹 聲 朮茉今韵屋宥 別古並歸蕭
茁 鄒滑 出 尺律 聲 出茁今韵術黠 別古並歸脂
英 於京 央 於良 聲 央英今韵陽庚 別古並歸陽
蔕 都計 帶 當蓋 聲 帶蔕今韵泰霽 別古通
造 初救 造 七到 聲 造造今韵号宥 別古通
芮 而銳 內 奴對 聲 內汭今韵隊祭 別古通
敄 莫候 敄 亡遇 聲 敄敄今韵遇候 別古通
薉 於廢 歲 相銳 聲 歲薉今韵祭廢 別古通
蔡 蒼大 祭 子例 聲 祭蔡今韵祭泰 別古通
藪 蘇后 數 所矩 聲 數藪今韵麌厚 別古通

說文臺韵 卷上 正編 五

荐 在甸 荐 徂尊 聲 荐荐今韵魂霰 別古通
蕮 於益 舄 若葛 聲 舄蕮今韵曷泰 別古並歸佳
莘 阻史 䇂 作亥 聲 䇂莘今韵海止 別古通
萆 扶歷 卑 補移 聲 卑萆今韵支錫 別古並歸支
蓡 失廉 侵 七林 聲 侵蓡今韵侵鹽 別古通
莎 蘇禾 沙 所加 聲 沙莎今韵麻戈 別古並歸戈
⿱艹津 子僊 津 將鄰 聲 津⿱艹津今韵眞仙 別古通

盇 古太 盍 胡臘 聲 盍盇今韵盍泰 別古並歸佳
蘱 魚既 頛 五怪 聲 頛蘱今韵怪未 別古通
蓴 常倫 專 職緣 聲 專蓴今韵仙諄 別古通
薶 莫皆 貍 里之 聲 貍薶今韵之皆 別古通
萑 余六 萑 胡沃 聲 萑萑今韵沃屋 別古並歸豪
荔 郎計 劦 胡頰 聲 劦荔今韵怗霽 別古並歸齊
菆 側鳩 取 七庾 聲 取菆今韵麌尤 別古通

協附

夋 息遺 夋 子峻 聲 俊夋今韵稕 文別古協
賁 浮分 賁 彼義 聲 賁賁今韵寘 文別古協

說文解字弟二

小部

𠔁 子結 八 分勿 聲 八𠔁今韵物屑 別古並歸微

八部

𠔀 兵列 八 博拔 聲 八𠔀今韵黠薛 別古並歸佳
必 卑吉 弋 與職 聲 弋必今韵職質 別古並歸支
余 以諸 舍 始夜 省聲 舍余今韵禡魚 別古並歸魚

釆部

釋 賞職 睪 羊益 聲 睪釋今韵昔職 別古並歸模

牛部

牡 莫厚 土 宅魯 聲 土牡今韵姥厚 別古通
牝 毗忍 匕 卑履 聲 匕牝今韵旨軫 別古並歸脂
犙 蘇含 參 所今 聲 參犙今韵侵覃 別古通

特 徒得 寺 祥吏 聲 寺特今韵志德 別古並歸之
⿰牛朮 博蓋 朮 普活 聲 朮⿰牛朮今韵末泰 別古並歸佳
⿰牛京 呂張 京 舉卿 聲 京⿰牛京今韵庚陽 別古並歸陽

說文臺韵 卷上 正編 六

犡 洛帶 厲 力制 聲 厲犡今韵祭泰 別古通
⿰牛寽 力輟 寽 呂戌 聲 寽⿰牛寽今韵術薛 別古並歸脂
牿 古屋 告 古奧 聲 告牿今韵号沃 別古並歸豪

犖 呂角 勞 魯刀 省聲 勞犖今韵豪覺 別古並歸豪
⿰牛隺 五角 隺 胡沃 聲 隺⿰牛隺今韵沃覺 別古並歸豪

告部

嚳 苦沃 學 胡覺 省聲 學嚳今韵覺沃 別古並歸肴

口部

噭 古弔 敫 以灼 聲 敫噭今韵藥嘯 別古並歸蕭
吞 土根 天 他前 聲 天吞今韵先痕 別古通
呱 古乎 瓜 古華 聲 瓜呱今韵麻模 別古並歸模
吮 徂沇 允 樂準 聲 允吮今韵準獮 別古通

噣 陟救 蜀 市玉 聲 蜀噣今韵燭宥 別古虞尤通
咽 烏前 因 於眞 聲 因咽今韵眞先 別古通
⿰口疑 魚力 疑 語其 聲 疑⿰口疑今韵之職 別古並歸之
啐 所劣 率 所律 聲 率啐今韵質薛 別古並歸支

啁補各尃芳無聲尃啁今韻虞鐸別古並歸虞
嚛火沃樂五角聲樂嚛今韻覺沃別古並歸肴
噬湯臥坐是爲聲坐噬今韻支過別古並歸戈
噱其虐豦強魚聲豦噱今韻魚藥別古並歸魚
唉烏開矣于己聲矣唉今韻止咍別古通
嘯穌弔肅息逐聲肅嘯今韻屋嘯別古並歸蕭
唐徒郎庚古行聲庚唐今韻庚唐別古並歸唐
噦於月歲相銳聲歲噦今韻祭月別古並歸齊
嘐古肴翏力救聲翏嘐今韻宥肴別古通
哇於佳圭古畦聲圭哇今韻齊佳別古通

含胡男今居音聲今含今韻侵覃別古通
噫於介意於記聲意噫今韻志怪別古通
啞於革亞衣駕聲亞啞今韻禡麥別古並歸模
咄當沒出尺律聲出咄今韻術沒別古並歸脂
嗔待年真側鄰聲真嗔今韻眞先別古通
嗂余招䍃以周聲䍃嗂今韻尤宵別古通
噎烏結壹於悉聲壹噎今韻質屑別古並歸支
吃居乙气去既聲气吃今韻未迄別古並歸微
啁陟交周職留聲周啁今韻尤肴別古通
嗻之夜庶商署聲庶嗻今韻御禡別古並歸魚

說文疊韻　卷上　正編　七

唊古叶夾古狎聲夾唊今韻洽怗別古並歸齊
呶女交奴乃都聲奴呶今韻模肴別古轉通
啐七外卒臧沒聲卒啐今韻沒隊別古並歸灰
嘅苦蓋既居未聲既嘅今韻未代別古通
吪五禾化呼跨聲化吪今韻禡戈別古並歸戈
咼苦媧冎古瓦聲冎咼今韻馬佳別古戈佳轉通
昏古活氒居月省聲氒昏今韻月末別古並歸佳
喔於角屋烏谷聲屋喔今韻屋覺別古並歸虞
唬呼訝虎呼古聲虎唬今韻姥禡別古並歸模
吅部

嗙補旨旁步光聲旁嗙今韻唐庚別古並歸唐
吒陟駕乇陟格聲乇吒今韻陌禡別古並歸模
叫古弔丩居虯聲丩叫今韻幽嘯別古通
喝於介曷胡葛聲曷喝今韻曷夬別古並歸佳
哀烏開衣於稀聲衣哀今韻微咍別古通
啾前歷叔式竹聲叔啾今韻屋錫別古並歸蕭
嗾穌奏族昨木聲族嗾今韻屋候別古並歸侯
啄竹角豖丑六聲豖啄今韻屋覺別古並歸模

嚴語杴厰魚音聲厰嚴今韻侵嚴別古通
喌之六州職流聲州喌今韻尤屋別古並歸尤
哭部
趯以灼翟徒歷聲翟趯今韻錫藥別古並歸蕭
⿺走臤苦閑臤棄刃聲臤⿺走臤今韻山震別古通
赹渠營勻羊倫聲勻赹今韻諄清別古並歸諄
⿺走曷居謁曷胡葛聲曷⿺走曷今韻曷月別古並歸佳
⿺走乞魚訖乞去既聲乞⿺走乞今韻未迄別古並歸微
趍直离多得何聲多趍今韻歌支別古並歸歌
趢力玉彔盧谷聲彔趢今韻屋燭別古並歸魚

咢五各屰魚戟聲屰咢今韻陌鐸別古並歸模
趞七雀昔思積聲昔趞今韻昔藥別古並歸模
⿺走薊古屑薊古詣聲薊⿺走薊今韻霽屑別古並歸齊
⿺走里戶來里良止聲里⿺走里今韻止咍別古通
⿺走瞏況袁瞏渠營聲瞏⿺走瞏今韻清元別古並歸元
⿺走異丑亦異羊吏聲異⿺走異今韻志昔別古並歸之
趉瞿勿出尺律聲出趉今韻術物別古並歸脂
趚資昔朿七賜聲朿趚今韻寘昔別古並歸支

說文疊韻　卷上　正編　八

⿺走咅朋北咅天口聲咅⿺走咅今韻厚德別古侯支轉通
⿺走樂郎擊樂五角聲樂⿺走樂今韻覺錫別古並歸肴
止部
⿱尚止丑庚尚時亮聲尚⿱尚止今韻漾庚別古並歸陽
⿱入止尼輒入人汁聲入⿱入止今韻緝葉別古並歸支
步部
歲相銳戌辛聿聲戌歲今韻術祭別古並歸齊
辵部
⿺辶舝胡葢舝胡戛聲舝⿺辶舝今韻鎋泰別古並歸佳
邎以周繇余招聲繇邎今韻宵尤別古通

赿車者厈昌石省聲厈赿今韻昔馬別古並歸虞
⿺走眞都年眞側鄰聲眞⿺走眞今韻眞先別古通
⿺走屮疾葉屮丑列聲屮⿺走屮今韻薛葉別古並歸支
巡詳遵川昌緣聲川巡今韻仙諄別古通
逝時制折食列聲折逝今韻薛祭別古並歸齊

適施隻 啻施智聲 啻適今韵寘昔 別古並歸支
過古禾 咼苦媧聲 咼過今韵佳戈 別古轉通
迮阻革 作則洛省聲 作迮今韵鐸麥 別古並歸模
迎語京 卬伍岡聲 卬迎今韵唐庚 別古並歸唐
迪徒歷 由以周聲 由迪今韵尤錫 別古並歸尤
迻弋支 多得何聲 多迻今韵歌支 別古並歸歌
還戶關 瞏渠營聲 瞏還今韵清刪 別古並歸元
選思沇 巽蘇困聲 巽選今韵慁獮 別古通
遰特計 帶當蓋聲 帶遰今韵泰霽 別古通
迟綺戟 只諸氏聲 只迟今韵紙陌 別古並歸支
迆移尒 也羊者聲 也迆今韵馬紙 別古並歸歌
避毗義 辟必益聲 辟避今韵昔寘 別古並歸支
迭徒結 失式質聲 失迭今韵質屑 別古並歸支
追陟隹 自都回聲 自追今韵灰脂 別古通
遮止車 庶商署聲 庶遮今韵御麻 別古並歸魚
[illegible]子僊 𦘒將鄰聲 𦘒[illegible]今韵眞先 別古通
逓都歷 弔多嘯聲 弔逓今韵嘯錫 別古並歸蕭

彳部

說文疊韵 卷上 正編 九

徼古堯 敫以灼聲 敫徼今韵藥蕭 別古並歸蕭
待徒在 寺祥吏聲 寺待今韵志海 別古通
㣙徒歷 由以周聲 由㣙今韵尤錫 別古並歸尤

行部

街古膎 圭古畦聲 圭街今韵齊佳 別古通

齒部

齺側鳩 芻叉愚聲 芻齺今韵虞尤 別古通
齵五婁 禺牛具聲 禺齵今韵遇侯 別古通
齇側加 虘昨何聲 虘齇今韵歌麻 別古並歸魚
齱側鳩 取七庾聲 取齱今韵麌尤 別古通
齹楚宜 差初牙聲 差齹今韵麻支 別古並歸歌
[illegible]盧達 列良薛聲 列[illegible]今韵薛曷 別古並歸齊
[illegible]赫鎋 吉居質聲 吉[illegible]今韵質鎋 別古並歸支
[illegible]五來 豈墟喜聲 豈[illegible]今韵尾咍 別古通
齕戶骨 气去既聲 气齕今韵未沒 別古並歸微
齧五結 㓞恪八聲 㓞齧今韵黠屑 別古並歸齊

齛私列 世舒制聲 世齛今韵祭薛 別古並歸齊
[illegible]陟栗 至脂利聲 至[illegible]今韵至質 別古並歸脂
[illegible]戶八 骨古忽聲 骨[illegible]今韵沒黠 別古並歸灰

足部

踝胡瓦 果古火聲 果踝今韵果馬 別古並歸歌
[illegible]芳遇 卜博木聲 卜[illegible]今韵屋遇 別古並歸虞
蹻居勺 喬巨嬌聲 喬蹻今韵宵藥 別古並歸宵
[illegible]式竹 攸以周聲 攸[illegible]今韵尤屋 別古並歸尤
躍以灼 翟徒歷聲 翟躍今韵錫藥 別古並歸蕭
蹴七宿 就疾僦聲 就蹴今韵宥屋 別古並歸尤
踔知教 卓竹角聲 卓踔今韵覺效 別古並歸肴
蹩蒲結 敝毗祭聲 敝蹩今韵祭屑 別古並歸齊
[illegible]徒叶 執之入聲 執[illegible]今韵緝怗 別古並歸支
蹠之石 庶商署聲 庶蹠今韵御昔 別古並歸魚
[illegible]余招 [illegible]以周聲 [illegible]今韵尤宵 別古通
趿穌合 及巨立聲 及趿今韵緝合 別古並歸支
躓陟利 質之日聲 質躓今韵質至 別古並歸支
跲居怯 合候閤聲 合跲今韵合業 別古並歸佳

說文疊韵 卷上 正編 十

蹎都年 眞側鄰聲 眞蹎今韵眞先 別古通
跌徒結 失式質聲 失跌今韵質屑 別古並歸支
踣蒲北 咅天口聲 咅踣今韵厚德 別古侯支轉通
跛布火 皮符羈聲 皮跛今韵支果 別古並歸戈
踒烏過 委於詭聲 委踒今韵紙過 別古並歸戈
趽薄庚 方府良聲 方趽今韵陽庚 別古並歸陽

協用附

曾昨棱 囪楚江聲 囪曾今韵江 登別古協
噴普魂 賁彼義聲 賁噴今韵寘 魂別古協
[illegible]香仲 臭尺救聲 臭[illegible]今韵宥 宋別古協
[illegible]居聿 夐朽正聲 夐[illegible]今韵勁術 別古清脂協
延以然 𠂆余制聲 𠂆延今韵祭 仙別古協
齞研繭 只諸氏聲 只齞今韵紙 銑別古協
齾五鎋 獻許建聲 獻齾今韵願鎋 別古元佳協

說文解字弟三

㗊部

嘂古弔丩居虯聲丩嘂今韻幽嘯別古通

舌部

舓神旨易羊益聲易舓今韻昔紙別古並歸支

𣎵部

世舒制𣎵蘇沓聲𣎵世今韻合祭別古並歸齊

言部

諒力讓京舉卿聲京諒今韻庚漾別古並歸陽　詵所臻先穌前聲先詵今韻先臻別古通

謁於歇曷胡葛聲曷謁今韻曷月別古並歸佳　諾奴各若而灼聲若諾今韻藥鐸別古並歸魚

諸章魚者之也聲者諸今韻馬魚別古並歸魚　讖楚蔭韱息廉聲韱讖今韻鹽沁別古通

訓許運川昌緣聲川訓今韻仙問別古通　譔此緣巺穌困聲巺譔今韻慁仙別古通

說文疊韻　卷上　正編　十一

譬匹至辟必益聲辟譬今韻昔寘別古並歸支　詻五陌各古洛聲各詻今韻鐸陌別古並歸模

誓時制折食列聲折誓今韻薛祭別古並歸齊　譪於害葛古達聲葛譪今韻曷泰別古並歸佳

諫桑谷束書玉聲束諫今韻燭屋別古並歸虞　諗式荏念奴店聲念諗今韻㮇寑別古通

試式吏式賞職聲式試今韻職志別古並歸之　調徒遼周職畱聲周調今韻尤蕭別古通

話胡快𠯑古活聲𠯑話今韻末夬別古並歸灰　護胡故蒦乙虢聲蒦護今韻陌暮別古並歸模

託他各乇陟格聲乇託今韻陌鐸別古並歸模　譒補過番附袁聲番譒今韻元過別古並歸元

謳烏侯區豈俱聲區謳今韻虞侯別古通　訖居迄气去既聲气訖今韻未迄別古並歸微

謯側加虘昨何聲虘謯今韻歌麻別古並歸魚　譥古弔敫以灼聲敫譥今韻藥嘯別古並歸蕭

諎壯革昔思積聲昔諎今韻昔麥別古並歸模　詐鉏駕乍則洛聲乍詐今韻鐸禡別古並歸模

謺之涉執之入聲執謺今韻緝葉別古並歸支　謲倉南參所今聲參謲今韻侵覃別古通

譺五介疑語其聲疑譺今韻之怪別古通　誃尺氏多得何聲多誃今韻歌紙別古並歸歌

誖蒲沒孛蒲妹聲孛誖今韻隊沒別古並歸灰　詿古賣圭古畦聲圭詿今韻齊卦別古通

詯荒內自疾二聲自詯今韻至隊別古通　讗呼麥巂戶圭聲巂讗今韻齊麥別古並歸齊

訇虎橫匀羊倫省聲匀訇今韻諄庚別古並歸諄　誽女家兒汝移聲兒誽今韻支麻別古並歸支

詄徒結失式質聲失詄今韻質屑別古並歸支　讉胡對貴居胃聲貴讉今韻未隊別古通

䜊呼會歲相銳聲歲䜊今韻祭泰別古通　訆古弔丩居虯聲丩訆今韻幽嘯別古通

譌五禾爲薳支聲爲譌今韻支戈別古並歸戈　謈蒲角㬥蒲報省聲㬥謈今韻号覺別古並歸豪

譎古穴矞余律聲矞譎今韻術屑別古並歸脂　讋之涉龖徒合省聲龖讋今韻合葉別古並歸支

⿰言亞苑古亞衣駕聲亞⿰言亞今韻禡姥別古並歸模　譖莊蔭朁七感聲朁譖今韻感沁別古通

謫陟革啇施智聲啇謫今韻寘麥別古並歸支　誶雖遂卒臧沒聲卒誶今韻沒至別古並歸脂

說文疊韻　卷上　正編　十二

詘區勿出尺律聲出詘今韻術物別古並歸脂　諳烏含音於今聲音諳今韻侵覃別古通

諜徒叶枼與涉聲枼諜今韻葉怗別古並歸齊

廾部

异渠記甶敷勿聲甶异今韻物志別古並歸之

舁部

䙴七然囟息進聲囟䙴今韻震仙別古通

革部

鞄蒲角包布交聲包鞄今韻肴覺別古並歸肴　靸穌合及巨立聲及靸今韻緝合別古並歸支

鞵戶佳奚胡雞聲奚鞵今韻齊佳別古通　鞪莫卜敄亡遇聲敄鞪今韻遇屋別古並歸虞

⿰革尃補各尃芳無聲尃⿰革尃今韻虞鐸別古並歸虞　鞈古洽合候閤聲合鞈今韻合洽別古並歸佳

鬲部
𠦝古禾干苦瓦聲干𠦝今韵馬戈別古並歸戈
弜部
鬻莫結㮚莫撥聲㮚鬻今韵末屑別古並歸齊
鬻以灼翟徒歷聲翟鬻今韵錫藥別古並歸蕭
鬻蒲沒孛蒲妹聲孛鬻今韵隊沒別古並歸灰
鬻尺沼芻叉愚聲芻鬻今韵虞小別古轉通
鬻章與者之也聲者鬻今韵馬語別古並歸魚
冂部
鬩下降共渠用聲共鬩今韵用絳別古通
鬩撫文𡙇蘇典聲𡙇鬩今韵銑文別古通
鬮古侯龜居追聲龜鬮今韵脂侯別古轉通
又部
𠭥側加虘昨何聲虘𠭥今韵歌麻別古並歸魚
ナ部
卑補移甲古狎聲甲卑今韵洽支別古並歸支
聿部
𦘔商魚者之也聲者𦘔今韵馬魚別古並歸魚
隶部
隷徒耐枲胥里聲枲隷今韵止代別古通
隸郎計柰奴帶聲柰隸今韵泰霽別古通
臤部
臤苦閑臣植鄰聲臣臤今韵真山別古通
豎臣庾豆徒候聲豆豎今韵候麌別古通
殳部

祋丁外示神至聲示祋今韵至泰別古通
𣪊冬毒豖丑六聲豖𣪊今韵屋沃別古並歸模
毆烏后區豈俱聲區毆今韵虞厚別古通
敲口卓高古牢聲高敲今韵豪覺別古並歸豪
殿堂練屍徒魂聲屍殿今韵魂霰別古通
殺部
弒式吏式賞職聲式弒今韵職志別古並歸之
寸部
𢒼徐林彡所銜聲彡𢒼今韵銜侵別古通
支部
敄亾遇矛莫浮聲矛敄今韵尤遇別古通
⿰也支式支也羊者聲也⿰也支今韵馬支別古並歸歌
數所矩婁洛侯聲婁數今韵侯麌別古通
攽布還分甫文聲分攽今韵文刪別古通

敳五來豈墟喜聲豈敳今韵尾咍別古通
敕恥力束書玉聲束敕今韵燭職別古虞支轉通
敵徒歷啻施智聲啻敵今韵寘錫別古並歸支
敓徒活兌大外聲兌敓今韵泰末別古並歸佳
赦始夜赤昌石聲赤赦今韵昔禡別古並歸模
敡以豉易羊益聲易敡今韵昔寘別古並歸支
⿰豖攴竹角豖丑六聲豖⿰豖攴今韵屋覺別古並歸模
斀竹角蜀市玉聲蜀斀今韵燭覺別古並歸虞
攺古亥巳詳里聲巳攺今韵止海別古通
敇楚革朿七賜聲朿敇今韵寘麥別古並歸支
教部
斆胡覺𦥑居玉聲𦥑斆今韵燭覺別古魚蕭轉通
卜部
卦古壞圭古畦聲圭卦今韵齊卦別古通

協用附

舌食列干古寒聲干舌今韻寒薛別古寒齊協　譪莫話萬無販聲萬譪今韻願夬別古協

⿰言臣職雉臣植鄰聲臣⿰言臣今韻眞旨別古協　讂火縣敻朽正聲敻讂今韻勁霰別古協

農奴冬囟息晉聲囟農今韻震冬別古協

說文解字弟四

目部

眼五限皀古恨聲皀眼今韻恨産別古通　⿰目睘邦免瞏渠營聲瞏⿰目睘今韻清獮別古並歸元

䀹子葉夾古狎聲夾䀹今韻洽葉別古並歸齊　盼匹莧分甫文聲分盼今韻文襉別古通

䀣兵媚必卑吉聲必䀣今韻質至別古並歸脂　瞴莫浮無文甫聲無瞴今韻虞尤別古通

⿰目戉呼哲戉王伐聲戉⿰目戉今韻月薛別古並歸佳　眈丁含冘余箴聲冘眈今韻侵覃別古通

瞏渠營袁羽元聲袁瞏今韻元清別古並歸元　⿰目勿莫佩勿文弗聲勿⿰目勿今韻物隊別古並歸灰

說文疊韻　卷上　正編　十五

睹當古者之也聲者睹今韻馬姥別古並歸模　眽莫獲𠂢匹卦聲𠂢眽今韻卦麥別古並歸皆

⿰目脩他歷脩息流聲脩⿰目脩今韻尤錫別古並歸尤　旬黃絢勻羊倫省聲勻旬今韻眞霰別古通

矆許縛蒦乙號聲蒦矆今韻陌藥別古並歸模　瞀莫候敄亡遇聲敄瞀今韻遇候別古通

督冬毒叔式竹聲叔督今韻屋沃別古並歸蕭　瞫式荏覃徒含聲覃瞫今韻覃寑別古通

瞥普滅敝毗祭聲敝瞥今韻祭薛別古並歸齊　眵叱支多得何聲多眵今韻歌支別古並歸歌

䀏古穴夬古賣聲夬䀏今韻夬屑別古並歸齊　眛莫佩未無沸聲未眛今韻未隊別古通

盲武庚亾武方聲亾盲今韻陽庚別古並歸陽　䀛普未弗分勿聲弗䀛今韻物未別古並歸微

眉部

⿸眉犮扶發犮蒲撥聲犮⿸眉犮今韻末月別古並歸佳

𦣹部

魯郎古鮺側下省聲鮺魯今韻馬姥別古並歸模　者之也𣅀力舉聲𣅀者今韻語馬別古並歸魚

皕部

奭詩亦皕彼力聲皕奭今韻職昔別古並歸支

羽部

翠七醉卒臧沒聲卒翠今韻沒至別古並歸脂　翮下革鬲郎激聲鬲翮今韻錫麥別古並歸佳

翥章庶者之也聲者翥今韻馬御別古並歸魚　翕許及合候閤聲合翕今韻合緝別古並歸佳

翾許緣睘渠營聲睘翾今韻清仙別古元仙通　翬許歸軍舉云聲軍翬今韻文微別古並歸文

翊與職立力入聲立翊今韻緝職別古並歸支　翽呼會歲相銳聲歲翽今韻祭泰別古通

翯胡角高古牢聲高翯今韻豪覺別古並歸豪　翇分勿犮蒲撥聲犮翇今韻末物別古並歸佳

翿徒到𣪘市流聲𣪘翿今韻尤號別古通　翣山洽妾七接聲妾翣今韻葉洽別古並歸支

說文疊韻　卷上　正編　十六

隹部

雟戶圭㕯女滑聲㕯雟今韻黠齊別古並歸齊　雕都僚周職留聲周雕今韻尤蕭別古通

雂巨淹今居音聲今雂今韻侵鹽別古通　雄羽弓厷古薨聲厷雄今韻登東別古並歸登

羊部

羍他末大徒蓋聲大羍今韻泰曷別古並歸佳　羯居謁曷胡葛聲曷羯今韻曷月別古並歸佳

羸力爲𣎆郎果聲𣎆羸今韻果支別古並歸戈　䍤子賜責側革聲責䍤今韻麥寘別古並歸支

⿰羊垔烏閑垔於眞聲垔⿰羊垔今韻眞山別古通

鳥部

鳳馮貢凡浮芝聲凡鳳今韻凡送別古並歸凡　鸑五角獄魚欲聲獄鸑今韻燭覺別古並歸魚

鷟士角族昨木聲族鷟今韻屋覺別古並歸侯　⿰叜鳥息逐叜穌后聲叜⿰叜鳥今韻厚屋別古蕭侯並通

䳉古穴支古賣聲支䳉今韻夬屑別古並歸齊　鷘辛聿祟雖遂聲祟鷘今韻至術別古並歸脂

鴩徒結失式質聲失鴩今韻質屑別古並歸支　鷬那干堇巨斤聲堇鷬今韻欣寒別古通

鴸天口主知庾聲主鴸今韻麌厚別古通　鸔蒲木暴薄報聲暴鸔今韻号屋別古並歸豪

鶴下各隺胡沃聲隺鶴今韻沃鐸別古並歸豪　鵠胡沃告古奧聲告鵠今韻号沃別古並歸豪

鴻戶工江古雙聲江鴻今韻江東別古通　鶖七由尗式竹聲尗鶖今韻屋尤別古蕭尤通

鵽丁刮叕陟劣聲叕鵽今韻薛鎋別古並歸齊　鶩莫卜敄亡遇聲敄鶩今韻遇屋別古並歸虞

鶪古節契苦計聲契鶪今韻霽屑別古並歸齊　鷿普擊辟必益聲辟鷿今韻昔錫別古並歸支

鷧乙冀壹於悉聲壹鷧今韻質至別古並歸支　鷗烏侯區豈俱聲區鷗今韻虞侯別古通

鴔蒲達犮蒲撥聲犮鴔今韻末曷別古並歸佳　鶂五歷兒汝移聲兒鶂今韻支錫別古並歸支

鷻度官敦都昆聲敦鷻今韻魂桓別古通　鷙脂利執之入聲執鷙今韻緝至別古並歸脂

說文疊韻　卷上　正編　七

鴥余律穴胡決聲穴鴥今韻屑術別古並歸齊　鵒余蜀谷古祿聲谷鵒今韻屋燭別古並歸虞

鷩并列敝毗祭聲敝鷩今韻祭屑別古並歸齊　鷉都歷適施隻省聲適鷉今韻昔錫別古並歸支

鷇口豆㱿苦角聲㱿鷇今韻覺候別古模侯通

𠦒部

畢卑吉甶敷勿聲甶畢今韻物質別古並歸支

歺部

歾莫勃勿文弗聲勿歾今韻物沒別古並歸微　𣨛子聿卒臧沒聲卒𣨛今韻沒術別古並歸脂

殪於計壹於悉聲壹殪今韻質霽別古並歸支　殔羊至隶徒耐聲隶殔今韻代至別古通

㱙許久丂苦浩聲丂㱙今韻晧有別古通　殨胡對貴居胃聲貴殨今韻未隊別古通

殆徒亥台與之聲台殆今韻之海別古通　殄徒典㐱之忍聲㐱殄今韻軫銑別古通

殬當故睪羊益聲睪殬今韻昔暮別古並歸模　𣨙五來豈墟喜聲豈𣨙今韻尾咍別古通

死部

薨呼肱瞢木空省聲瞢薨今韻東登別古並歸登

骨部

髑徒谷蜀市玉聲蜀髑今韻燭屋別古並歸虞　髆補各尃芳無聲尃髆今韻虞鐸別古並歸虞

髃午口禺牛具聲禺髃今韻遇厚別古通　䯜他歷易羊益聲易䯜今韻昔錫別古並歸支

髍莫鄱麻莫遐聲麻髍今韻麻戈別古並歸戈　骼古覈各古洛聲各骼今韻鐸陌別古並歸模

肉部

腜莫桮某莫厚聲某腜今韻厚灰別古支灰通　肧匹桮不方久聲不肧今韻有灰別古轉通

胎土來台與之聲台胎今韻之咍別古通　腎時忍臤苦閑聲臤腎今韻山軫別古通

說文疊韻　卷上　正編　六

肺芳吠巿普活聲巿肺今韻末廢別古並歸咍　脬匹交孚芳無聲孚脬今韻虞肴別古轉通

肊於力乙於筆聲乙肊今韻質職別古並歸支　背補妹北博墨聲北背今韻德隊別古並歸咍

脅虛業劦胡頰聲劦脅今韻怗業別古並歸齊　脟力輟寽呂戌聲寽脟今韻術薛別古並歸脂

臂卑義辟必益聲辟臂今韻昔寘別古並歸支　臑那到需相俞聲需臑今韻虞号別古轉通

胯苦故夸苦瓜聲夸胯今韻麻暮別古並歸模　肸許訖八博拔聲八肸今韻黠迄別古並歸咍

脫徒活兌大外聲兌脫今韻泰末別古並歸佳　膌資昔朿七賜聲朿膌今韻寘昔別古並歸支

胅徒結失式質聲失胅今韻質屑別古並歸支　臘盧盍巤良涉聲巤臘今韻葉盍別古並歸佳

膢力俱婁洛侯聲婁膢今韻侯虞別古通　胙昨誤乍鉏駕聲乍胙今韻禡暮別古並歸模

䏟蒲結必卑吉聲必䏟今韻質屑別古並歸支　膎戶佳奚胡雞聲奚膎今韻齊佳別古通

膊匹各尃芳無聲尃膊今韻虞鐸別古並歸虞　䐹所鳩肅息逐聲肅䐹今韻屋尤別古蕭尤通

腪 穌本 員 王權 聲 員腪今韵仙混 別古通　脽 呼各 隺 胡沃 聲 隺脽今韵沃鐸 別古並歸豪
胾 側吏 𢦏 祖才 聲 𢦏胾今韵咍志 別古通　膬 七絕 毳 此芮 聲 毳膬今韵祭薛 別古並歸齊
䏙 他感 冘 余箴 聲 冘䏙今韵侵感 別古通　膠 古肴 翏 力救 聲 翏膠今韵宵肴 別古通
筋部
䈇 北角 勺 之若 聲 勺䈇今韵藥覺 別古並歸蕭
刀部
削 息約 肖 私妙 聲 肖削今韵笑藥 別古並歸宵　剴 五來 豈 墟喜 聲 豈剴今韵尾咍 別古通
切 千結 七 親吉 聲 七切今韵質屑 別古並歸支　刏 古外 气 去既 聲 气刏今韵未泰 別古通
刻 苦得 亥 胡改 聲 亥刻今韵海德 別古並歸咍　剫 徒洛 度 徒故 聲 度剫今韵暮鐸 別古並歸模
刳 苦狐 夸 苦瓜 聲 夸刳今韵麻模 別古並歸模　劈 普擊 辟 必益 聲 辟劈今韵昔錫 別古並歸支

剝 北角 彔 盧谷 聲 彔剝今韵屋覺 別古並歸虞　割 古達 害 胡蓋 聲 害割今韵泰曷 別古並歸佳
劀 古鎋 矞 余律 聲 矞劀今韵術鎋 別古並歸脂　刮 古八 𠯑 古活 聲 𠯑刮今韵末鎋 別古並歸灰
劓 魚器 臬 五結 聲 臬劓今韵屑至 別古並歸脂　㓤 親結 桼 親吉 聲 桼㓤今韵質屑 別古並歸支
剔 他歷 易 羊益 聲 易剔今韵昔錫 別古並歸支
㓞部
㓸 古點 丯 古賣 聲 丯㓸今韵夬點 別古並歸齊
丯部
𢍰 古百 各 古洛 聲 各𢍰今韵鐸陌 別古並歸模
耒部
耦 五口 禺 牛具 聲 禺耦今韵遇厚 別古通　䢵 羽文 員 王權 聲 員䢵今韵仙文 別古通

角部
觻 盧谷 樂 五角 聲 樂觻今韵覺屋 別古並歸肴　䚡 穌來 恖 息茲 聲 恖䚡今韵之咍 別古通
觢 尺制 㓞 恪八 聲 㓞觢今韵黠祭 別古並歸齊　䚈 烏賄 畏 於胃 聲 畏䚈今韵未賄 別古通
𧢼 古雙 公 古紅 聲 公𧢼今韵東江 別古通　觟 下瓦 圭 古畦 聲 圭觟今韵齊馬 別古齊佳通
觡 古百 各 古洛 聲 各觡今韵鐸陌 別古並歸模　觵 古橫 黃 乎光 聲 黃觵今韵唐庚 別古並歸唐
觚 古乎 瓜 古華 聲 瓜觚今韵麻模 別古並歸模　觷 胡狄 敫 以灼 聲 敫觷今韵藥錫 別古並歸蕭
𧤗 於角 弱 而勺 省聲 弱𧤗今韵藥覺 別古並歸蕭　𧥂 方肺 發 方伐 聲 發𧥂今韵月廢 別古並歸咍
觳 胡谷 㱿 苦角 聲 㱿觳今韵覺屋 別古並歸模　觱 卑吉 𤼽 蒲沒 聲 𤼽觱今韵沒質 別古並歸支
協用附
䀍 苦兮 幵 古賢 聲 幵䀍今韵先齊 別古協　羿 五計 幵 古賢 聲 幵羿今韵先霽 別古協

猚 五佳 犬 苦泫 聲 犬猚今韵銑佳 別古協　䧿 思允 隹 職追 聲 隹䧿今韵脂準 別古協
腁 部田 幷 府盈 聲 幷腁今韵清先 別古協　腯 他骨 盾 食閏 聲 盾腯今韵準沒 別古文咍協
膹 房吻 賁 彼義 聲 賁膹今韵寘吻 別古協　肙 烏懸 口 羽非 聲 口肙今韵微先 別古協
刑 戶經 幵 古賢 聲 幵刑今韵先青 別古協　觶 之義 單 都寒 聲 單觶今韵寒寘 別古協
𥈒 古穴 夐 朽正 聲 夐𥈒今韵勁屑 別古清齊協

說文解字弟五

竹部
筱 先杳 攸 以周 聲 攸筱今韵尤筱 別古通　節 子結 即 子力 聲 即節今韵職屑 別古並歸齊
籆 王縛 蒦 乙虢 聲 蒦籆今韵陌藥 別古並歸模　笮 阻厄 乍 鉏駕 聲 乍笮今韵禡陌 別古並歸模
籅 於六 奧 烏到 聲 奧籅今韵号屋 別古並歸豪　籔 穌后 數 所矩 聲 數籔今韵麌厚 別古通

箱山樞稍所教聲稍箱今韻效虞別古轉通　箸陟慮者之也聲者箸今韻馬御別古並歸魚
筌古送夅下江聲夅筌今韻江送別古通　籭竹角靃呼郭聲靃籭今韻鐸覺別古並歸模
箇古賀固古慕聲固箇今韻碁箇別古並歸模　篷山洽疌疾葉聲疌篷今韻葉洽別古並歸支
筩尼輒爾兒氏聲爾筩今韻紙葉別古並歸支　策楚革朿七賜聲朿策今韻寘麥別古並歸支
築陟瓜朵丁果聲朵築今韻果麻別古並歸戈　笍陟衛內奴對聲內笍今韻隊祭別古通
篋徒魂殿堂練聲殿篋今韻霰魂別古通　箴職深咸胡監聲咸箴今韻咸侵別古通
簫穌彫肅息逐聲肅簫今韻屋蕭別古並歸蕭　箹於角約於略聲約箹今韻藥覺別古並歸蕭
笛徒歷由以州聲由笛今韻尤錫別古並歸尤　篍七肖秋七由聲秋篍今韻尤笑別古通
箕部
簸布火皮符羈聲皮簸今韻支果別古並歸戈

說文疊韻　卷上　正編　卅二

丌部
畀必至甶敷勿聲甶畀今韻物至別古並歸脂　㢭穌困弜士戀聲弜㢭今韻線慁別古通
甴部
甴王伐乙於筆聲乙甴今韻質月別古並歸支　曷胡葛匃古代聲匃曷今韻泰曷別古並歸佳
朁七感兟子林聲兟朁今韻侵感別古通
乃部
卤以周卣徒遼聲卣卤今韻蕭尤別古通
可部
哥古我加古牙聲加哥今韻麻哥別古並歸歌
亏部

虧去為雐荒烏聲雐虧今韻模支別古轉通
喜部
嚭匹鄙否方久聲否嚭今韻有旨別古通
壴部
鼜倉歷蚤子皓聲蚤鼜今韻皓錫別古並歸豪
鼓部
鼛古勞咎其久聲咎鼛今韻有豪別古通　鼟他叶咠七入聲咠鼟今韻緝怗別古並歸支
鼕土盍缶方久聲缶鼕今韻有盍別古尤支通
豈部
愷苦亥豈墟喜聲豈愷今韻尾海別古通

說文疊韻　卷上　正編　卅二

虍部
虙房六必卑吉聲必虙今韻質屋別古並歸支　虔渠焉文無分聲文虔今韻文仙別古通
虘非何且千也聲且虘今韻馬歌別古並歸魚　虨布還彬府巾聲彬虨今韻眞山別古通
虎部
虩古𧆸毄古歷聲毄虩今韻錫麥別古並歸齊　䖅魚迄气去旣聲气䖅今韻未迄別古並歸微
虓許交九舉有聲九虓今韻有肴別古通　虢古伯寽呂戌聲寽虢今韻術陌別古並歸脂
夻部
碣邪曷曷胡葛聲曷碣今韻曷薛別古並歸佳
皿部
盃芳栝不方久聲不盃今韻有灰別古轉通　盄女六丑敕九聲丑盄今韻有屋別古並歸尤

䎬辛聿卪子結聲卪䎬今韵屑術別古並歸齊

丹部

臒烏郭蒦乙虢聲蒦臒今韵陌鐸別古並歸模

皀部

即子力卪子結聲卪即今韵屑職別古並歸齊　冟施隻冖莫狄聲冖冟今韵錫昔別古並歸支

食部

食乘力亼秦入聲亼食今韵緝職別古並歸支　饁筠輒盇胡臘聲盇饁今韵盇葉別古並歸佳

飵在各乍鉏駕聲乍飵今韵禡鐸別古並歸模　餀依據芺烏皓聲芺餀今韵晧御別古轉通

饖於廢歲相銳聲歲饖今韵祭廢別古通　饐乙冀壹於悉聲壹饐今韵質至別古並歸支

餲烏介曷胡葛聲曷餲今韵曷夬別古並歸佳　餧奴罪委於詭聲委餧今韵紙賄別古通

說文疊韵　卷上　正編　三十三

餟陟衛叕陟劣聲叕餟今韵薛祭別古並歸齊　䬽輸芮兌大外聲兌䬽今韵泰祭別古通

缶部

㲉苦候㱿苦角聲㱿㲉今韵覺候別古模侯通　缸下江工古紅聲工缸今韵東江別古通

䍃以周肉如六聲肉䍃今韵屋尤別古並歸尤　罅呼迓虖荒烏聲虖罅今韵模禡別古並歸模

罊苦計毄古歷聲毄罊今韵錫霽別古並歸齊

高部

亳旁各乇陟格聲乇亳今韵陌鐸別古並歸模

㐭部

䈞冬毒竹陟玉聲竹䈞今韵燭屋別古蕭尤並通

麥部

麧乎沒气去既聲气麧今韵未沒別古並歸微　䴬昨何𢀩初牙聲𢀩䴬今韵麻歌別古並歸歌

𪍿直隻啻施智聲啻𪍿今韵寘昔別古並歸支　𪍠空谷㱿苦角聲㱿𪍠今韵覺屋別古並歸模

䴯戸八穴胡決聲穴䴯今韵屑黠別古並歸齊

夊部

夏房六畐芳逼省聲畐夏今韵職屋別古支尤通

舛部

舝胡戛𥃩私列省聲𥃩舝今韵薛鎋別古並歸佳

舜部

舜舒閏舛昌兖聲舛舜今韵獮稕別古通

韋部

說文疊韵　卷上　正編　三十四

韎莫佩末莫撥聲末韎今韵末隊別古並歸咍　韈望發蔑莫結聲蔑韈今韵屑月別古並歸齊

䪙匹各尃芳無聲尃䪙今韵虞鐸別古並歸虞　䪨即由焦側角聲焦䪨今韵覺尤別古蕭尤通

協用附

𩏂符分賁彼義聲賁𩏂今韵寘文別古協　𩎖府文率呼骨聲率𩎖今韵沒文別古咍文協

𩎝五困豈墟喜聲豈𩎝今韵尾慁別古協

說文解字弟六

木部

橙丈庚登都滕聲登橙今韵登耕別古並歸登　樝側加虘昨何聲虘樝今韵歌麻別古並歸魚

柰奴帶示神至聲示柰今韵至泰別古通　楙莫候敄亡遇聲敄楙今韵遇候別古通

柍於京央於良聲央柍今韵陽庚別古並歸陽　𣐋古老咎其久聲咎𣐋今韵有晧別古通

樕 桑谷 欶 所角 聲 欶樕今韵覺屋 別古並歸虞
檍 於力 意 於記 聲 意檍今韵志職 別古並歸之
梓 即里 宰 作亥 省聲 宰梓今韵海止 別古通
柞 在各 乍 鉏駕 聲 乍柞今韵禡鐸 別古並歸模
[木寽] 力輟 寽 呂戌 聲 寽[木寽]今韵術薛 別古並歸脂
樗 乎化 雩 羽俱 聲 雩樗今韵虞禡 別古並歸虞
槭 子六 戚 倉歷 聲 戚槭今韵錫屋 別古並歸蕭
棣 特計 隶 徒耐 聲 隶棣今韵代霽 別古通
榖 古祿 㱿 苦角 聲 㱿榖今韵覺屋 別古並歸模
櫟 郎擊 樂 五角 聲 樂櫟今韵覺錫 別古並歸肴

椋 呂張 京 舉卿 聲 京椋今韵庚陽 別古並歸陽
檟 古雅 賈 公戶 聲 賈檟今韵姥馬 別古並歸模
桔 古屑 吉 居質 聲 吉桔今韵質屑 別古並歸支
榗 子賤 晉 即刃 聲 晉榗今韵震線 別古通
樜 之夜 庶 商署 聲 庶樜今韵御禡 別古並歸魚
檗 博厄 辟 必益 聲 辟檗今韵昔麥 別古並歸支
栘 弋支 多 得何 聲 多栘今韵歌支 別古並歸歌
槐 戶恢 鬼 居偉 聲 鬼槐今韵尾灰 別古通
楮 丑呂 者 之也 聲 者楮今韵馬語 別古並歸魚
柘 之夜 石 常隻 聲 石柘今韵昔禡 別古並歸虞

說文疊韵 卷上 正編 卅五

樠 莫奔 㒼 母官 聲 㒼樠今韵桓魂 別古通
朴 匹角 卜 博木 聲 卜朴今韵屋覺 別古並歸虞
槙 都年 眞 側鄰 聲 眞槙今韵眞先 別古通
橚 山巧 肅 息逐 聲 肅橚今韵屋巧 別古並歸蕭
[㲋木] 他各 㲋 丑略 聲 㲋[㲋木]今韵藥鐸 別古並歸模
樸 匹角 菐 蒲沃 聲 菐樸今韵沃覺 別古並歸虞
柴 士佳 此 雌氏 聲 此柴今韵紙佳 別古通
樘 丑庚 堂 徒郎 聲 堂樘今韵唐庚 別古並歸唐
欂 弼戟 薄 旁各 省聲 薄欂今韵鐸陌 別古並歸虞
樀 都歷 啻 施智 聲 啻樀今韵寘錫 別古並歸支

櫾 以周 繇 余招 聲 繇櫾今韵宵尤 別古通
條 徒遼 攸 以周 聲 攸條今韵尤蕭 別古通
榣 余招 䍃 以周 聲 䍃榣今韵尤宵 別古通
杕 特計 大 徒蓋 聲 大杕今韵泰霽 別古通
格 古百 各 古洛 聲 各格今韵鐸陌 別古並歸模
[木㡿] 他各 㡿 昌石 聲 㡿[木㡿]今韵昔鐸 別古並歸虞
桴 附柔 孚 芳無 聲 孚桴今韵虞尤 別古通
[木咨] 子結 咨 即夷 聲 咨[木咨]今韵脂屑 別古並歸脂
榱 所追 衰 穌禾 聲 衰榱今韵戈脂 別古並歸戈
椳 烏恢 畏 於胃 聲 畏椳今韵未灰 別古通

楔 先結 契 苦計 聲 契楔今韵霽屑 別古並歸齊
楃 於角 屋 烏谷 聲 屋楃今韵屋覺 別古並歸虞
杠 古雙 工 古紅 聲 工杠今韵東江 別古通
[木合] 胡甲 合 候閤 聲 合[木合]今韵合狎 別古並歸佳
櫡 張略 箸 陟慮 聲 箸櫡今韵御藥 別古並歸魚
杚 古沒 气 去旣 聲 气杚今韵未沒 別古並歸微
檈 似沿 瞏 渠營 聲 瞏檈今韵淸仙 別古並歸元
椇 俱燭 具 其遇 聲 具椇今韵遇燭 別古並歸虞
椱 扶富 复 房六 聲 复椱今韵屋宥 別古並歸尤
棖 宅耕 長 直良 聲 長棖今韵陽庚 別古並歸陽

杝 池爾 也 羊者 聲 也杝今韵馬紙 別古並歸歌
橦 宅江 童 徒紅 聲 童橦今韵東江 別古通
櫛 阻瑟 節 子結 聲 節櫛今韵屑櫛 別古並歸之
槈 奴豆 辱 而蜀 聲 辱槈今韵燭矦 別古並歸矦
槩 工代 旣 居未 聲 旣槩今韵未代 別古通
桮 布回 否 方久 聲 否桮今韵有灰 別古轉通
[木寺] 陟革 特 徒得 省聲 特[木寺]今韵德麥 別古並歸之
[毄木] 古詣 毄 古歷 聲 毄[毄木]今韵錫霽 別古並歸齊
槶 古悔 國 古或 聲 國槶今韵德隊 別古並歸灰
梲 他活 兌 大外 聲 兌梲今韵泰末 別古並歸佳

說文疊韵 卷上 正編 卅六

柲 兵媚 必 卑吉 聲 必柲今韵質至 別古並歸脂
枹 甫無 包 布交 聲 包枹今韵肴虞 別古轉通
札 側八 乙 於筆 聲 乙札今韵質黠 別古並歸支
楘 莫卜 敄 亡遇 聲 敄楘今韵遇屋 別古並歸虞
槅 古覈 鬲 郎激 聲 鬲槅今韵錫麥 別古並歸佳
楇 乎臥 咼 苦媧 聲 咼楇今韵佳過 別古轉通
[木叜] 穌遭 叜 穌后 聲 叜[木叜]今韵厚豪 別古通
杮 芳吠 𣎵 普活 聲 𣎵杮今韵末廢 別古並歸佳
椓 竹角 豖 丑六 聲 豖椓今韵屋覺 別古並歸模
櫱 五葛 辥 私列 聲 辥櫱今韵薛曷 別古並歸支

榜 補盲 旁 步光 聲 旁榜今韵唐庚 別古並歸唐
椌 苦江 空 苦紅 聲 空椌今韵東江 別古通
檄 胡狄 敫 以灼 聲 敫檄今韵藥錫 別古並歸蕭
极 其輒 及 巨立 聲 及极今韵緝葉 別古並歸支
橾 山樞 喿 穌到 聲 喿橾今韵号虞 別古轉通
榷 江岳 隺 胡沃 聲 隺榷今韵沃覺 別古並歸豪
楫 子葉 咠 七入 聲 咠楫今韵緝葉 別古並歸支
横 戶盲 黃 乎光 聲 黃横今韵唐庚 別古並歸唐
柧 古胡 瓜 古華 聲 瓜柧今韵麻模 別古並歸模
柆 盧合 立 力入 聲 立柆今韵緝合 別古並歸支

柮女滑　出尺律聲　出柮今韻術黠　別古並歸脂　　椒側鳩　取七庾聲　取椒今韻虞尤　別古通
梡胡本　完胡官聲　完梡今韻桓混　別古通　　枼與涉　世舒制聲　世枼今韻祭葉　別古並歸齊
桎之日　至脂利聲　至桎今韻至質　別古並歸脂　　梏古沃　告古奧聲　告梏今韻号沃　別古並歸豪
楬其謁　曷胡葛聲　曷楬今韻曷月　別古並歸佳

朩部

朩普活　八博拔聲　八朩今韻黠末　別古並歸佳　　南那含　羊如審聲　羊南今韻侵覃　別古通

生部

隆力中　降古巷聲　降隆今韻絳東　別古通

稽部

稽古老　咎其久聲　咎稽今韻有皓　別古通

說文疊韻　卷上　正編　毛

桼部

髟許由　彡必凋聲　彡髟今韻宵尤　別古通

橐部

橐他各　石常隻聲　石橐今韻昔鐸　別古並歸虞　　櫜古勞　咎其久聲　咎櫜今韻有豪　別古通

囗部

圜王權　瞏渠營聲　瞏圜今韻清仙　別古並歸元　　圓王問　員王權聲　員圓今韻仙問　別古通

員部

賄呼罪　有云九聲　有賄今韻有賄　別古脂灰通　　貨呼臥　化呼跨聲　化貨今韻禡過　別古並歸戈
賀胡箇　加古牙聲　加賀今韻麻箇　別古並歸歌　　賂洛故　各古洛聲　各賂今韻鐸暮　別古並歸模
賜斯義　易羊益聲　易賜今韻昔寘　別古並歸支　　貤以豉　也羊者聲　也貤今韻馬寘　別古並歸歌

賴洛帶　剌盧達聲　剌賴今韻曷泰　別古並歸佳　　賓必鄰　丏莫甸聲　丏賓今韻霰真　別古通
賒式車　余以諸聲　余賒今韻魚麻　別古並歸魚　　貰神夜　世舒制聲　世貰今韻祭禡　別古並歸齊
貿莫候　丣莫飽聲　丣貿今韻巧候　別古通　　費房未　弗分勿聲　弗費今韻物未　別古並歸微
責側革　朿七賜聲　朿責今韻寘麥　別古並歸支　　賈公戶　襾呼訝聲　襾賈今韻禡姥　別古並歸模
貪他含　今居音聲　今貪今韻侵覃　別古通

邑部

邦博江　丰敷容聲　丰邦今韻鍾江　別古通　　都當孤　者之也聲　者都今韻馬模　別古並歸模
邰土來　台與之聲　台邰今韻之咍　別古通　　郁於六　有云九聲　有郁今韻有屋　別古並歸脂
鄘薄回　崩北滕聲　崩鄘今韻登灰　別古並歸登　　郝呼各　赤昌石聲　赤郝今韻昔鐸　別古並歸虞
鄜甫無　麃薄交聲　麃鄜今韻肴虞　別古轉通　　邮徒歷　由以周聲　由邮今韻尤錫　別古並歸尤

說文疊韻　卷上　正編　夭

郲側介　祭子例聲　祭郲今韻祭怪　別古通　　邶補妹　北博墨聲　北邶今韻德隊　別古並歸灰
郤綺戟　谷其虐聲　谷郤今韻藥陌　別古並歸虞　　⿱非邑薄回　非甫微聲　非⿱非邑今韻微灰　別古通
邯胡安　甘古三聲　甘邯今韻談寒　別古並歸談　　鄗呼各　高古牢聲　高鄗今韻豪鐸　別古並歸豪
郅之日　至脂利聲　至郅今韻至質　別古並歸脂　　⿰婁阝力朱　婁洛侯聲　婁⿰婁阝今韻侯虞　別古通
鄖羽文　員王權聲　員鄖今韻仙文　別古通　　鄱薄波　番附袁聲　番鄱今韻元戈　別古並歸元
⿰朩阝博蓋　朩普活聲　朩⿰朩阝今韻末泰　別古並歸佳　　鄄吉掾　垔於眞聲　垔鄄今韻真線　別古通
鄒側鳩　芻叉愚聲　芻鄒今韻虞尤　別古通　　郰側鳩　取七庾聲　取郰今韻虞尤　別古通
郣蒲沒　孛蒲妹聲　孛郣今韻隊沒　別古並歸灰　　鄝盧鳥　翏力救聲　翏鄝今韻宥篠　別古通

協用附

[illegible]所臻　[illegible]甫虬聲　[illegible]今韻幽臻　別古協　　棓步項　音天口聲　音棓今韻厚講　別古協

[illegible] 遵為 雋 徂沇 聲 雋[illegible]今韵獮 支別古協
邢 戶經 幵 古賢 聲 幵邢今韵先 青別古協

說文解字弟七

日部
昒 呼骨 勿 文弗 聲 勿昒今韵物没 別古並歸微
睹 當古 者 之也 聲 者睹今韵馬姥 別古並歸模
旭 許玉 九 舉有 聲 九旭今韵有燭 別古並歸尤
晷 居洧 咎 其久 聲 咎晷今韵有旨 別古通
[illegible] 奴代 能 奴登 聲 能[illegible]今韵登代 別古並歸咍
昨 在各 乍 鉏駕 聲 乍昨今韵禡鐸 別古並歸模

欁 五葛 獻 許建 聲 獻欁今韵願曷 別古寒佳協
昧 莫佩 未 無沸 聲 未昧今韵未隊 別古通
的 都歷 勺 之若 聲 勺的今韵藥錫 別古並歸蕭
暉 許歸 軍 舉云 聲 軍暉今韵文微 別古並歸文
暗 烏紺 音 於今 聲 音暗今韵侵勘 別古通
曀 於計 壹 於悉 聲 壹曀今韵質霽 別古並歸支
昱 余六 立 力入 聲 立昱今韵緝屋 別古並歸支

說文學韵 卷上 正編 兲

暍 於歇 曷 胡葛 聲 曷暍今韵曷月 別古並歸佳
暵 呼旰 𦰩 巨斤 聲 𦰩暵今韵欣翰 別古通
暬 私列 執 之入 聲 執暬今韵緝薛 別古並歸支

倝部
朝 陟遙 舟 職流 聲 舟朝今韵尤宵 別古通

㫃部
旆 蒲蓋 犮 普活 聲 犮旆今韵末泰 別古並歸佳
施 式支 也 羊者 聲 也施今韵馬支 別古並歸歌

月部
朔 所角 屰 魚戟 聲 屰朔今韵陌覺 別古並歸虞

暑 舒呂 者 之也 聲 者暑今韵馬語 別古並歸魚
暱 尼質 匿 女力 聲 匿暱今韵職質 別古並歸支
[illegible] 美畢 否 方久 省聲 否[illegible]今韵有質 別古尤支並通
旂 渠希 斤 舉欣 聲 斤旂今韵欣微 別古並歸欣
霸 普伯 䨣 匹各 聲 䨣霸今韵鐸陌 別古並歸模

有部
戫 於六 𢧢 子逼 聲 𢧢戫今韵職屋 別古並歸支

夕部
夜 羊謝 亦 羊益 省聲 亦夜今韵昔禡 別古並歸魚

多部
[illegible] 苦回 圣 苦骨 聲 圣[illegible]今韵沒灰 別古並歸灰

片部
牒 徒叶 枼 與涉 聲 枼牒今韵葉怗 別古並歸齊

鼎部
鼒 子之 才 昨哉 聲 才鼒今韵咍之 別古通

募 莫白 莫 莫故 聲 莫募今韵暮陌 別古並歸模
牏 度侯 俞 羊朱 聲 俞牏今韵虞侯 別古通

說文學韵 卷上 正編 丯

禾部
秔 古行 亢 古郎 聲 亢秔今韵唐庚 別古並歸唐
稗 旁卦 卑 補移 聲 卑稗今韵支卦 別古通
[illegible] 都了 勺 之若 聲 勺[illegible]今韵藥篠 別古並歸蕭
秨 在各 乍 鉏駕 聲 乍秨今韵禡鐸 別古並歸模
積 則歷 責 側革 聲 責積今韵麥錫 別古並歸支
穅 苦岡 庚 古行 聲 庚穅今韵庚唐 別古並歸唐
稭 古黠 皆 古諧 聲 皆稭今韵皆黠 別古並歸皆
穀 古祿 㱿 苦角 聲 㱿穀今韵覺屋 別古並歸模
稅 輸芮 兌 大外 聲 兌稅今韵泰祭 別古通

穬 古猛 廣 古晃 聲 廣穬今韵蕩梗 別古並歸唐
移 弋支 多 得何 聲 多移今韵歌支 別古並歸歌
[illegible] 居謁 曷 胡葛 聲 曷[illegible]今韵曷月 別古並歸佳
穫 胡郭 蒦 乙虢 聲 蒦穫今韵陌鐸 別古並歸模
稞 胡瓦 果 古火 聲 果稞今韵果馬 別古並歸支
[illegible] 之若 芺 古牢 聲 芺[illegible]今韵豪藥 別古並歸豪
[illegible] 蒲庚 旁 步光 聲 旁[illegible]今韵唐庚 別古並歸唐
稔 而甚 念 奴店 聲 念稔今韵㮇寑 別古通
秌 七由 𤒅 即消 省聲 𤒅秌今韵宵尤 別古通

秅宅加乇陟格聲乇秅今韵陌麻別古並歸模
黍部
縻靡爲麻莫遐聲麻縻今韵麻支別古並歸歌
米部
糢側角隻郎消聲隻糢今韵宵覺別古並歸宵　粺旁卦卑補移聲卑粺今韵支卦別古通
棐兵媚北博墨聲北棐今韵德至別古並歸脂　糂桑感甚常枕聲甚糂今韵寑感別古通
䊳靡爲麻莫遐聲麻䊳今韵麻支別古並歸歌　糶他弔翟徒歷聲翟糶今韵錫嘯別古並歸蕭
𥻦莫撥蔑莫結聲蔑𥻦今韵屑末別古並歸齊　粹雖遂卒臧沒聲卒粹今韵沒至別古並歸脂
䉾私列悉息七聲悉䉾今韵質薛別古並歸支　𥽌桑割殺所八聲殺𥽌今韵黠曷別古並歸佳
䊫摸臥靡文彼聲靡䊫今韵紙過別古並歸歌　竊千結廿秦悉聲廿竊今韵質屑別古並歸齊

說文疊韵　卷上　正編　圭

毇部
糳則各丵士角聲丵糳今韵覺鐸別古虞豪轉通
臼部
舀匹各屰魚戟聲屰舀今韵陌鐸別古並歸虞
麻部
䊵空谷後胡口聲後䊵今韵厚屋別古並歸侯　𪎭側鳩取七庾聲取𪎭今韵虞尤別古通
𪎮度侯俞羊朱聲俞𪎮今韵虞侯別古通
瓜部
瓝蒲角交古爻聲交瓝今韵肴覺別古並歸肴　瓞徒結失式質聲失瓞今韵質屑別古並歸支
瓠部

瓠胡誤夸苦瓜聲夸瓠今韵麻暮別古並歸模
宀部
宏戶萌厷古薨聲厷宏今韵登耕別古並歸登　寔常隻是承旨聲是寔今韵紙昔別古並歸脂
宋前歷尗式竹聲尗宋今韵屋錫別古並歸蕭　富方副畐芳逼聲畐富今韵職宥別古並歸支
寶博皓缶方九聲缶寶今韵有晧別古通　宜魚羈多得何省聲多宜今韵歌支別古並歸歌
寫悉也舄七雀聲舄寫今韵藥馬別古並歸虞　客苦格各古洛聲各客今韵鐸陌別古並歸模
窶其榘婁洛侯聲婁窶今韵侯麌別古通　索所責索穌各聲索索今韵鐸麥別古並歸虞
宄居洧九舉有聲九宄今韵有旨別古並歸尤
穴部
窵則到䆗七宿省聲䆗窵今韵屋号別古尤豪通　窐烏瓜圭古畦聲圭窐今韵齊麻別古齊佳通

說文疊韵　卷上　正編　圭

竇徒奏瀆徒谷省聲瀆竇今韵屋候別古並歸侯　窬呼決矞余律聲矞窬今韵術屑別古並歸脂
窻楚江悤倉紅聲悤窻今韵東江別古通　𥦗索料敫以灼聲敫𥦗今韵藥嘯別古並歸蕭
穵烏黠乙於筆聲乙穵今韵質黠別古並歸支　窡丁滑叕陟劣聲叕窡今韵薛黠別古並歸齊
窋丁滑出尺律聲出窋今韵術黠別古並歸脂　窴待年眞側鄰聲眞窴今韵眞先別古通
窒陟栗至脂利聲至窒今韵至質別古並歸脂　窈烏皎幼伊謬聲幼窈今韵幼篠別古通
㝱部
寱牛例臬五結聲臬寱今韵屑祭別古並歸齊
疒部
疾秦悉矢式視聲矢疾今韵旨質別古並歸脂　瘣胡罪鬼居偉聲鬼瘣今韵尾賄別古通
瘵側介祭子例聲祭瘵今韵祭怪別古通　瘨都年眞側鄰聲眞瘨今韵眞先別古通

𤵸 古巧 丩 居虯 聲 丩𤵸今韵幽巧 別古通
𤸎 王問 員 王權 聲 員𤸎今韵仙問 別古通
𤵜 五忽 出 尺律 聲 出𤵜今韵術沒 別古並歸脂
癈 方肺 發 方伐 聲 發癈今韵月廢 別古並歸咍
瘏 同都 者 之也 聲 者瘏今韵馬模 別古並歸模
痱 蒲罪 非 甫微 聲 非痱今韵微賄 別古通
𤺊 毗至 畢 卑吉 聲 畢𤺊今韵質至 別古並歸支
瘃 陟玉 豖 丑六 聲 豖瘃今韵屋燭 別古並歸模
痏 榮美 有 云九 聲 有痏今韵有旨 別古並歸脂
㾜 苦叶 夾 古狎 聲 夾㾜今韵洽怗 別古並歸齊
痞 符鄙 否 方久 聲 否痞今韵有旨 別古通
𤵺 呼合 及 巨立 聲 及𤵺今韵緝合 別古並歸支
瘱 於賣 殹 於計 聲 殹瘱今韵齊卦 別古通
痥 徒活 兌 大外 聲 兌痥今韵泰末 別古並歸佳
𤻲 力照 樂 五角 聲 樂𤻲今韵覺笑 別古並歸肴
𤹇 楚追 衰 蘇禾 聲 衰𤹇今韵戈脂 別古並歸戈

冖部

託 當故 託 他各 聲 託託今韵鐸暮 別古並歸模

网部

𦋺 思流 𡿬 穌困 聲 𡿬𦋺今韵慁獮 別古通
罩 都教 卓 竹角 聲 卓罩今韵覺效 別古並歸肴
罛 古胡 瓜 古華 聲 瓜罛今韵麻模 別古並歸模
罞 縛牟 包 布交 聲 包罞今韵肴尤 別古通
署 常恕 者 之也 聲 者署今韵馬御 別古並歸魚
罯 烏感 音 於今 聲 音罯今韵侵感 別古通

襾部

覈 下革 敫 以灼 聲 敫覈今韵藥麥 別古並歸蕭
覆 敷救 復 房六 聲 復覆今韵屋宥 別古並歸尤

巾部

幅 方六 畐 芳逼 聲 畐幅今韵職屋 別古並歸支
飾 賞隻 食 乘力 聲 食飾今韵職昔 別古並歸支
帢 古沓 及 巨立 聲 及帢今韵緝合 別古並歸支
帑 莫卜 敄 亡遇 聲 敄帑今韵遇屋 別古並歸虞
帟 莫狄 辟 必益 聲 辟帟今韵昔錫 別古並歸支

巿部

韐 古洽 合 侯閤 聲 合韐今韵合洽 別古並歸佳

白部

皤 薄波 番 附袁 聲 番皤今韵元戈 別古並歸元
皚 五來 豈 墟喜 聲 豈皚今韵尾咍 別古通
皦 古了 敫 以灼 聲 敫皦今韵蕭篠 別古並歸蕭

黹部

黼 創舉 虘 昨何 聲 虘黼今韵歌語 別古並歸魚
黻 分勿 犮 蒲撥 聲 犮黻今韵末物 別古並歸微

協用附

[illegible] 扶沸 糞 方問 聲 糞[illegible]今韵問未 別古協
糲 洛帶 萬 無販 聲 萬糲今韵願泰 別古協
[illegible] 所八 戔 昨干 聲 戔[illegible]今韵寒黠 別古寒佳協
[illegible] 符分 賁 彼義 聲 賁[illegible]今韵真文 別古協

說文疊韻卷下

興化劉熙載融齋　同輯

受業寶山袁　康竹一

受業青浦黃恩煦淵甫　參校

說文解字弟八

八部

僎士勉巽蘇困聲巽僎今韻慁獮別古通　偰私列契苦計聲契偰今韻霽薛別古並歸齊

儇許緣睘渠營聲睘儇今韻清仙別古並歸元　佳古膎圭古畦聲圭佳今韻齊佳別古通

傀公回鬼居偉聲鬼傀今韻尾灰別古通　彬府巾樊附袁省聲樊彬今韻元眞別古通

儹吐猥貴居胃聲貴儹今韻未賄別古通　仡魚訖气去既聲气仡今韻未迄別古並歸微

傪倉含參所今聲參傪今韻侵覃別古通　偲倉才思息茲聲思偲今韻之咍別古通

僁私列悉息七聲悉僁今韻質屑別古並歸支　偓於角屋烏谷聲屋偓今韻屋覺別古並歸虞

仢徒歷勺之若聲勺仢今韻藥錫別古並歸蕭　儕仕皆齊徂兮聲齊儕今韻齊皆別古通

侐況逼血呼決聲血侐今韻屑職別古並歸齊　俠胡頰夾古狎聲夾俠今韻洽怗別古並歸齊

侁所臻先蘇前聲先侁今韻先臻別古通　侸常句豆徒候聲豆侸今韻候遇別古通

儽落猥纍力追聲纍儽今韻脂賄別古通　代徒耐弋與職聲弋代今韻職代別古並歸咍

俗似足谷古祿聲谷俗今韻屋燭別古並歸虞　倍薄亥咅天口聲咅倍今韻厚海別古轉通

侊古橫光古皇聲光侊今韻唐庚別古並歸唐　僻普擊辟必益聲辟僻今韻昔錫別古並歸支

侈尺氏多得何聲多侈今韻歌紙別古並歸歌　佁夷在台與之聲台佁今韻之海別古通

俳步皆非甫微聲非俳今韻微皆別古通　傞素何差初牙聲差傞今韻麻歌別古並歸歌

傷以豉易羊益聲易傷今韻昔寘別古並歸支　仆芳遇卜博木聲卜仆今韻屋遇別古並歸虞

例力制列良辥聲列例今韻薛祭別古並歸齊　僂力主婁洛侯聲婁僂今韻侯麌別古通

值直吏直除力聲直值今韻職志別古並歸之　侂他各乇陟伯聲乇侂今韻陌鐸別古並歸模

偶五口禺牛具聲禺偶今韻遇厚別古通

比部

毖兵媚必卑吉聲必毖今韻質至別古並歸支

衣部

襮蒲沃暴薄報聲暴襮今韻号沃別古並歸豪　褸力主婁洛侯聲婁褸今韻侯麌別古通

⿰衤疌七入疌疾葉聲疌⿰衤疌今韻葉緝別古並歸支　襲似入龖徒合省聲龖襲今韻合緝別古並歸支

褋徒叶枼與涉聲枼褋今韻葉怗別古並歸齊　裯都牢周職留聲周裯今韻尤豪別古通

褎似又采徐醉聲采褎今韻至有別古通　袂彌弊夬古賣聲夬袂今韻夬祭別古通

褢戶乖鬼居偉聲鬼褢今韻尾皆別古通　褱戶乖眔徒合聲眔褱今韻合皆別古並歸皆

袥他各石常隻聲石袥今韻昔鐸別古並歸虞　襗徒各睪羊益聲睪襗今韻昔鐸別古並歸模

襑他感尋徐林聲尋襑今韻侵感別古通　裻冬毒叔式竹聲叔裻今韻屋沃別古並歸蕭

袳尺氏多得何聲多袳今韻歌紙別古並歸歌　裔余制㕯女滑聲㕯裔今韻黠祭別古並歸齊

褺徒叶執之入聲執褺今韻緝怗別古並歸支　裵薄回非甫微聲非裵今韻微灰別古通

袷古洽合侯閤聲合袷今韻合洽別古並歸佳　襄息良𤕦女庚聲𤕦襄今韻庚陽別古並歸陽

褻私列埶魚祭聲埶褻今韻祭薛別古並歸齊　雜徂合集秦入聲集雜今韻緝合別古並歸支

裕羊孺谷古祿聲谷裕今韻屋遇別古並歸虞　⿱奴衣女加奴乃都聲奴⿱奴衣今韻模麻別古並歸模

裼先擊易羊益聲易裼今韻昔錫別古並歸支　袺格八吉居質聲吉袺今韻質黠別古並歸支

褱於業邑於汲聲別古並歸支 褱邑今韵緝業
裋常句豆徒候聲別古通 豆裋今韵候遇
褚丑呂者之也聲別古並歸虞 者褚今韵馬語
稅輸芮兌大外聲別古通 兌稅今韵泰祭

衰部

醆莊革鬲郎激聲別古並歸佳 鬲醆今韵錫麥

毛部

毻莫奔㒼母官聲別古通 㒼毻今韵桓魂

尸部

屑私列𣴣許訖聲別古並歸齊 𣴣屑今韵迄屑
屍苦刀九舉有聲別古通 九屍今韵有豪
臀徒魂殿堂練聲別古通 殿臀今韵霰魂
屠同都者之也聲別古並歸虞 者屠今韵馬模
屟蘇叶枼與涉聲別古並歸齊 枼屟今韵葉怗

說文疊韵 卷下 正編 三

尾部

屈九勿出尺律聲別古並歸脂 出屈今韵術物

履部

屨九遇婁洛侯聲別古通 婁屨今韵侯遇
屩居勺喬巨嬌聲別古並歸宵 喬屩今韵宵藥
屐奇逆支章移聲別古並歸支 支屐今韵支陌

舟部

彤丑林彡所銜聲別古通 彡彤今韵銜侵
舳魚六由以州聲別古並歸尤 由舳今韵尤屋

禿部

穨杜回貴居胃聲別古通 貴穨今韵未灰

見部

覼王問員王權聲別古通 員覼今韵仙問
覷七句虘昨何聲別古並歸魚 虘覷今韵歌遇
覘丁含甚常枕聲別古通 甚覘今韵寑覃
𧢸丑龍舂書容聲別古通 舂𧢸今韵鍾江
覦弋笑龠以灼聲別古並歸宵 龠覦今韵藥笑
[illegible]才的[illegible]知義省聲別古並歸支 今韵寘錫
覕莫結必卑吉聲別古並歸支 必覕今韵質屑
[illegible]式支它託何聲別古並歸歌 今韵歌支

欠部

䰥於六或于逼聲別古並歸支 或䰥今韵職屋
歇許謁曷胡葛聲別古並歸佳 曷歇今韵曷月
欲余蜀谷古祿聲別古並歸虞 谷欲今韵屋燭
欽去音今居吟聲別古通 今欽今韵侵嚴
[illegible]余招䍃以周聲別古通 今韵尤宵
歗蘇弔肅息逐聲別古並歸蕭 肅歗今韵屋嘯
欸烏開矣于己聲別古通 矣欸今韵止咍
歐烏后區豈俱聲別古通 區歐今韵虞厚
[illegible]子肖焦側角聲別古並歸宵 今韵覺笑
[illegible]古渾鰥古頑聲別古通 今韵山魂

說文疊韵 卷下 正編 四

欶所角束書玉聲別古並歸虞 束欶今韵燭覺
歁苦感甚常枕聲別古通 甚歁今韵寑感
㱇烏八骨古忽聲別古並歸佳 骨㱇今韵沒黠
[illegible]許歷㲄古歷聲別古並歸齊 今韵錫昔
欥余律曰王伐聲別古並歸佳 曰欥今韵月術

旡部

禍乎果咼苦媧聲別古轉通 咼禍今韵佳果
[illegible]力讓京舉卿聲別古並歸陽 今韵庚漾

協用附

儨匹問賁彼義聲別古協 賁儨今韵寘問
幷府盈幵古賢聲別古協 幵幷今韵先清
身失人ノ余制聲別古協 ノ身今韵祭真
充昌終育余六省聲別古協 育充今韵屋東
兌大外㕣以轉聲別古協 㕣兌今韵獮泰
歕普魂賁彼義聲別古協 賁歕今韵寘魂

說文解字弟九

頁部
頊徒谷 乇陟格 聲 乇頊今韻陌屋 別古並歸模　顛都年 眞側鄰 聲 眞顛今韻眞先 別古通
頟五陌 各古洛 聲 各頟今韻鐸陌 別古並歸模　頰古叶 夾古狎 聲 夾頰今韻洽怗 別古並歸齊
項胡講 工古紅 聲 工項今韻東講 別古通　碩薄回 不方久 聲 不碩今韻有灰 別古轉通
頵于閔 員王權 聲 員頵今韻仙軫 別古通　頒布還 分甫文 聲 分頒今韻文刪 別古通
顯莫佩 㬎于筆 聲 㬎顯今韻質隊 別古並歸支　顡五怪 豙徐醉 聲 豙顡今韻至怪 別古通
頷五感 金居音 聲 金頷今韻侵感 別古通　頡胡結 吉居質 聲 吉頡今韻質屑 別古並歸支
頎苦骨 气去既 聲 气頎今韻未沒 別古並歸微　頾口猥 鬼居偉 聲 鬼頾今韻尾賄 別古通
頗湯禾 皮符羈 聲 皮頗今韻支戈 別古並歸戈　顩盧感 僉力茬 聲 僉顩今韻寢感 別古通
顡五怪 彖魚旣 聲 彖顡今韻未怪 別古通　顇秦醉 卒臧沒 聲 卒顇今韻沒至 別古並歸脂

說文疊韻 卷下 正編 五

顲成羊 籥以灼 聲 籥顲今韻藥感 別古麤虞轉通
須部
頿數悲 否方久 聲 否頿今韻有脂 別古通
彡部
彫都僚 周職留 聲 周彫今韻尤蕭 別古通　㣎莫卜 㚖起戟 省聲 㚖㣎今韻陌屋 別古模宥轉通
髟部
髮方伐 犮蒲撥 聲 犮髮今韻末月 別古並歸佳　鬏亡牢 敄亡遇 聲 敄鬏今韻遇豪 別古轉通
鬄大計 也羊者 聲 也鬄今韻馬霽 別古歌齊轉通　鬕莫駕 莫莫故 聲 莫鬕今韻禡暮 別古並歸模
鬄他歷 易羊益 聲 易鬄今韻昔錫 別古並歸支　䯳蒲浪 立蒲迥 聲 立䯳今韻迥宕 別古並歸唐
髽莊華 坐徂臥 聲 坐髽今韻過麻 別古並歸戈

卪部
𠨘毗必 比毗至 聲 比𠨘今韻至質 別古並歸脂　㔀充豉 多得何 聲 多㔀今韻歌寘 別古並歸歌
𠨍兵媚 必卑吉 聲 必𠨍今韻質至 別古並歸支　卮五果 厂余制 聲 厂卮今韻祭果 別古轉通
色部
艴蒲沒 弗分勿 聲 弗艴今韻物沒 別古並歸微
卯部
卿去京 皀○○ 聲 皀卿今韻陽庚 別古並歸陽 按皀徐本皮及切 許讀若香 應作許良切
勹部
𠣞扶富 復房六 聲 復𠣞今韻屋宥 別古並歸尤
包部

說文疊韻 卷下 正編 六

匏薄交 夸苦瓜 聲 夸匏今韻麻肴 別古模肴轉通
鬼部
魅丑利 失式質 聲 失魅今韻質志 別古並歸支　魗奴豆 需相俞 聲 需魗今韻虞候 別古通
魋杜回 隹職追 聲 隹魋今韻脂灰 別古通
嵬部
嵬五灰 鬼居偉 聲 鬼嵬今韻尾灰 別古通
山部
嶽五角 獄魚欲 聲 獄嶽今韻燭覺 別古並歸魚　峱奴刀 狃女久 聲 狃峱今韻有豪 別古通
巀才結 𢧵昨葛 聲 𢧵巀今韻屑曷 別古並歸齊　嶭五葛 辥私列 聲 辥嶭今韻薛曷 別古並歸齊
崒醉綏 卒臧沒 聲 卒崒今韻沒脂 別古並歸脂　巁力制 蠆丑芥 聲 蠆巁今韻怪祭 別古通

𥻷落猥絫力軌聲絫𥻷今韵旨賄別古通　陊徒果隓許規聲隓陊今韵支果別古並歸戈
嵳昨何𢀩初牙聲𢀩嵳今韵麻歌別古並歸歌

屵部

崖五佳圭古畦聲圭崖今韵齊佳別古通　崔都回隹職追聲隹崔今韵脂灰別古通
嶏蒲沒配滂佩聲配嶏今韵隊沒別古並歸灰

广部

廦北激辟必益聲辟廦今韵昔錫別古並歸支　廁初吏則子德聲則廁今韵德志別古並歸之
龐薄江龍力鍾聲龍龐今韵鍾江別古通　庢陟栗至脂利聲至庢今韵至質別古並歸脂
廙與職異羊吏聲異廙今韵志職別古並歸之　⿸广隹都回隹職追聲隹⿸广隹今韵脂灰別古通
廢方肺發方伐聲發廢今韵月廢別古並歸佳　⿸广曷於歇曷胡葛聲曷⿸广曷今韵曷月別古並歸佳

說文疊韵　卷下　正編　七

㡿昌石屰魚戟聲屰㡿今韵陌昔別古並歸虞

厂部

厓五佳圭古畦聲圭厓今韵齊佳別古通　厰魚音敢古覽聲敢厰今韵敢侵別古通
厲力制蠆丑芥省聲蠆厲今韵怪祭別古通　⿸厂立盧荅立力入聲立⿸厂立今韵緝合別古並歸支
⿸厂兒五歷兒汝移聲兒⿸厂兒今韵支錫別古並歸支　厝倉各昔思積聲昔厝今韵昔鐸別古並歸模
⿸厂夾胡甲夾古狎聲夾⿸厂夾今韵洽狎別古並歸齊　⿸厂辟普擊辟必益聲辟⿸厂辟今韵昔錫別古並歸支

丸部

⿰丸咼於跪咼苦媧聲咼⿰丸咼今韵佳紙別古通　⿰丸而奴禾而如之聲而⿰丸而今韵之戈別古並歸之

石部

磺古猛黃乎光聲黃磺今韵唐梗別古並歸唐　碣渠列曷胡葛聲曷碣今韵曷薛別古並歸佳

礫郎擊樂五角聲樂礫今韵覺錫別古並歸肴　磧七迹責側革聲責磧今韵麥昔別古並歸支
⿰石豙徒對豙徐醉聲豙⿰石豙今韵至隊別古通　磒于敏員王權聲員磒今韵仙軫別古通
硞苦角告古奧聲告硞今韵号覺別古並歸豪　硈格八吉居質聲吉硈今韵質黠別古並歸支
⿱毄石楷革毄古歷聲毄⿱毄石今韵錫麥別古並歸齊　礙五溉疑語其聲疑礙今韵之代別古通
碎蘇對卒臧沒聲卒碎今韵沒隊別古並歸脂　破普過皮符羈聲皮破今韵支過別古並歸戈
䃺模臥靡文彼聲靡䃺今韵紙過別古並歸戈　磑五對豈墟喜聲豈磑今韵止隊別古通
碓都隊隹職追聲隹碓今韵脂隊別古通　⿰石箸張略箸陟慮聲箸⿰石箸今韵御藥別古並歸魚
⿰石鬲下革鬲郎激聲鬲⿰石鬲今韵錫麥別古並歸佳

長部

肆息利隶徒耐聲隶肆今韵代至別古通　镻徒結失式質聲失镻今韵質屑別古並歸支

說文疊韵　卷下　正編　八

豕部

豬陟魚者之也聲者豬今韵馬魚別古並歸虞　⿰豕隋以水陏徒果聲陏⿰豕隋今韵果旨別古並歸歌
豷許利壹於悉聲壹豷今韵質至別古並歸支

豸部

豹北教勺之若聲勺豹今韵藥效別古並歸肴　貘莫白莫莫故聲莫貘今韵暮陌別古並歸模
貀女滑出尺律聲出貀今韵術黠別古並歸脂　貈下各舟職流聲舟貈今韵尤鐸別古尤虞通
貉莫白各古洛聲各貉今韵鐸陌別古並歸模　貁余救穴胡決聲穴貁今韵屑宥別古並歸支

協用附

形戶經幵古賢聲幵形今韵先青別古協　屵五葛厂呼旱聲厂屵今韵旱曷別古寒佳協
豶符分賁彼義聲賁豶今韵文寘別古協

說文解字弟十

馬部

騭之日陟竹力聲別古陟騭今韻職質並歸支　騧古華咼苦媧聲別古咼騧今韻佳麻並歸佳

驖他結戴直質聲別古戴驖今韻質屑並歸支　駁北角爻胡茅聲別古爻駁今韻肴覺並歸肴

駫古熒光古皇聲別古光駫今韻唐青並歸唐　騯薄庚旁步光聲別古旁騯今韻唐庚並歸唐

驀莫白莫莫故聲別古莫驀今韻暮陌並歸模　驂倉含參所今聲別古參驂今韻侵覃

駊普火皮符羈聲別古皮駊今韻支果並歸戈　篤冬毒竹陟玉聲別古竹篤今韻屋沃並尤通

馮房戎仌筆陵聲別古仌馮今韻蒸東並歸蒸　騃五駭矣于已聲別古矣騃今韻止駭通

騶鉏又芻才聚聲別古芻騶今韻遇宥　駒古達句古代聲別古句駒今韻代曷並歸佳

颿符嚴風方戎聲別古風颿今韻東凡並歸凡　馳直離也羊者聲別古也馳今韻馬支並歸歌

說文疊韻　卷下　正編　九

[illegible]力制劉良薛聲別古劉[illegible]今韻薛祭並歸齊　駃大結失式質聲別古失駃今韻質屑並歸支

馴詳遵川昌緣聲別古川馴今韻仙諄　騺陟利執之入聲別古執騺今韻緝至並歸脂

駘徒哀台與之聲別古台駘今韻之咍　騶側鳩芻叉愚聲別古芻騶今韻虞尤

[illegible]下各隺胡沃聲別古隺[illegible]今韻沃鐸並歸豪　駪所臻先蘇前聲別古先駪今韻先臻

駮北角交古爻聲別古交駮今韻肴覺並歸肴　駃古穴夬古賣聲別古夬駃今韻夬屑並歸咍

驒代何單都寒聲別古單驒今韻寒歌並歸寒

鹿部

麠舉卿畺居良聲別古畺麠今韻陽庚並歸陽

㲋部

[illegible]司夜吾五乎聲別古吾[illegible]今韻模禡並歸模　[illegible]古穴夬古賣聲別古夬[illegible]今韻夬屑並歸咍

犬部

猲許謁曷胡葛聲別古曷猲今韻曷月並歸佳　猈薄蟹卑補移聲別古卑猈今韻支蟹

[illegible]乙咸音於今聲別古音[illegible]今韻侵咸　猥烏賄畏於胃聲別古畏猥今韻未賄

[illegible]火包翏力救聲別古翏[illegible]今韻宥肴　[illegible]山檻參所今聲別古參[illegible]今韻侵檻

狟五還亘古恨聲別古亘狟今韻恨刪　獷古猛廣古晃聲別古廣獷今韻蕩梗並歸唐

獳奴豆需相俞聲別古需獳今韻虞宥　獧古縣睘渠營聲別古睘獧今韻清霰並歸元

倏式竹攸以周聲別古攸倏今韻尤屋並歸尤　犻蒲沒犮普活聲別古犮犻今韻末沒並歸咍

[illegible]羊益易羊益聲別古易[illegible]今韻昔麥並歸支　獨徒谷蜀市玉聲別古蜀獨今韻燭屋並歸虞

[illegible]余蜀谷古祿聲別古谷[illegible]今韻屋燭並歸虞　狾征例折食列聲別古折狾今韻薛祭並歸齊

類力遂頪盧對聲別古頪類今韻隊至　狄徒歷亦羊益省聲別古亦狄今韻昔錫魚支轉通

說文疊韻　卷下　正編　十

狻素官夋七倫聲別古夋狻今韻諄桓　[illegible]火屋殼苦角聲別古殼[illegible]今韻覺屋並歸模

狛匹各白旁陌聲別古白狛今韻陌鐸並歸模　狐戶吳瓜古華聲別古瓜狐今韻麻模並歸模

獺他達賴洛帶聲別古賴獺今韻泰曷並歸佳

鼠部

[illegible]胡男今居音聲別古今[illegible]今韻侵覃

能部

能奴登㠯羊止聲別古㠯能今韻之咍止登通

熊部

羆彼為罷薄蟹省聲別古罷羆今韻蟹支並歸歌

火部

炪職悅出尺律聲出炪今韵術薛別古並歸脂　[illegible]敷勿癹蒲沒聲癹[illegible]今韵沒物別古並歸皆

烰縛牟孚芳無聲孚烰今韵虞尤別古通　炥普活弗分勿聲弗炥今韵物沒別古並歸微

熮洛蕭翏力救聲翏熮今韵宥蕭別古通　熇火屋高古牢聲高熇今韵豪屋別古並歸豪

[illegible]是宜差初牙省聲差[illegible]今韵麻支別古並歸歌　炱徒哀台與之聲台炱今韵之咍別古通

煨烏灰畏於胃聲畏煨今韵未灰別古通　烓口迥圭古畦聲圭烓今韵齊迥別古並歸齊

爆蒲木㬥薄報聲㬥爆今韵号屋別古並歸豪　焠七內卒臧沒聲卒焠今韵沒隊別古並歸灰

𤓽即消雥徂合聲雥𤓽今韵合宵別古支宵轉通　煙烏前垔於真聲垔煙今韵真先別古通

[illegible]彼歷皀皮及聲皀[illegible]今韵緝錫別古並歸齊　焯之若卓竹角聲卓焯今韵覺藥別古並歸豪

燿弋笑翟徒歷聲翟燿今韵錫笑別古並歸蕭　煇況韋軍舉云聲軍煇今韵文微別古並歸文

爇如列埶魚祭聲埶爇今韵祭薛別古並歸齊　熾昌志戠之弋聲戠熾今韵職志別古並歸之

說文疊韻　卷下　正編　十七

焅苦沃告古奧聲告焅今韵号沃別古並歸豪　燾徒到壽殖酉聲壽燾今韵有号別古通

爝子肖爵即略聲爵爝今韵藥笑別古並歸宵

黑部

黯乙減音於今聲音黯今韵侵豏別古通　黬古咸箴職深聲箴黬今韵侵咸別古通

黲七感參所今聲參黲今韵侵感別古通　[illegible]古咸金居音聲金[illegible]今韵侵咸別古通

黠胡八吉居質聲吉黠今韵質黠別古並歸支　黔巨淹今居音聲今黔今韵侵鹽別古通

黕都感冘余箴聲冘黕今韵侵感別古通　儵式竹攸以周聲攸儵今韵尤屋別古並歸尤

黮他感甚常枕聲甚黮今韵寑感別古通　黟烏雞多得何聲多黟今韵歌齊別古並歸歌

囪部

悤倉紅囪楚江聲囪悤今韵江東別古通

大部

夸苦瓜亏羽俱聲亏夸今韵虞麻別古並歸虞　奯呼括歲相銳聲歲奯今韵祭末別古並歸齊

戴直質戜徒結聲戜戴今韵屑質別古並歸支　[illegible]火戒此雌氏聲此[illegible]今韵紙怪別古通

[illegible]房密弗分勿聲弗[illegible]今韵物質別古並歸微

夨部

[illegible]古屑吉居質聲吉[illegible]今韵質屑別古並歸支　奊胡結圭古畦聲圭奊今韵齊屑別古並歸齊

尣部

[illegible]布火皮符羈聲皮[illegible]今韵支果別古並歸戈　尥力弔勺之若聲勺尥今韵藥嘯別古並歸蕭

㚔部

執之入㚔尼輒聲㚔執今韵葉緝別古並歸支

說文疊韻　卷下　正編　十三

本部

[illegible]呼骨芔許偉聲芔[illegible]今韵尾沒別古並歸微

立部

竵火鼃咼古禾聲咼竵今韵戈佳別古轉通　竭渠列曷胡葛聲曷竭今韵曷薛別古並歸佳

䇎七雀昔思積聲昔䇎今韵昔藥別古並歸模　[illegible]傍下卑補移聲卑[illegible]今韵支馬別古並歸支

竲七耕曾昨棱聲曾竲今韵登耕別古並歸登

心部

息相即自疾二聲自息今韵至職別古並歸脂　[illegible]莫角頪莫教聲頪[illegible]今韵效覺別古並歸豪

念奴店今居音聲今念今韵侵㮇別古通　慨古溉既居未聲既慨今韵未代別古通

瘱於計㾢苦叶聲㾢瘱今韵怗霽別古並歸齊　慸特計帶當蓋聲帶慸今韵泰霽別古通

寨先則塞先代省聲寨寨今韵代德別古並歸咍　憀洛蕭翏力救聲翏憀今韵宥蕭別古通
窓苦各客苦格聲客窓今韵陌鐸別古並歸模　㥰息拱雙所江省聲雙㥰今韵江腫別古通
悉烏代先居未聲先悉今韵未代別古通　悛此緣夋七倫聲夋悛今韵眞仙別古通
悚他骨隶徒耐聲隶悚今韵代沒別古並歸咍　恤辛聿血呼決聲血恤今韵屑術別古並歸齊
惄奴歷叔式竹聲叔惄今韵屋錫別古並歸蕭　愒去例曷胡葛聲曷愒今韵曷祭別古並歸佳
懁古縣睘渠營聲睘懁今韵清霰別古並歸元　忕他得代徒耐聲代忕今韵代德別古並歸咍
戇陟絳贛古送聲贛戇今韵送絳別古通　惷丑江舂書容聲舂惷今韵鍾江別古通
儗五溉疑語其聲疑儗今韵之代別古通　怪古壞圣苦骨聲圣怪今韵沒怪別古並歸灰
怠徒亥台與之聲台怠今韵之海別古通　忽呼骨勿文弗聲勿忽今韵物沒別古並歸微
悝苦回里良止聲里悝今韵止灰別古通　憰古穴矞余律聲矞憰今韵術屑別古並歸脂

憿古堯敫以灼聲敫憿今韵藥蕭別古並歸蕭　惏盧含林力尋聲林惏今韵侵覃別古通
懜武亙夢莫忠聲夢懜今韵東嶝別古並歸登　怓女交奴乃都聲奴怓今韵模肴別古轉通
憒胡對貴居胃聲貴憒今韵未隊別古通　惡烏各亞衣駕聲亞惡今韵禡鐸別古並歸模
⿰忄巿蒲昧巿普活聲巿⿰忄巿今韵末隊別古並歸佳　⿱刀心魚旣刀都牢聲刀⿱刀心今韵豪未別古轉通
懟丈淚對都隊聲對懟今韵隊至別古通　⿰忄壴充世壴中句聲壴⿰忄壴今韵遇祭別古轉通
慘七感參所今聲參慘今韵侵感別古通　愪王分員王權聲員愪今韵仙文別古通
愵奴歷弱而勺聲弱愵今韵藥錫別古並歸蕭　悴秦醉卒臧沒聲卒悴今韵沒至別古並歸脂
悏苦叶夾古狎聲夾悏今韵洽怗別古並歸齊　悼徒到卓竹角聲卓悼今韵覺号別古並歸豪
慴之涉習似入聲習慴今韵緝葉別古並歸支　惕他歷易羊益聲易惕今韵昔錫別古並歸支
⿱毄心苦計毄古歷聲毄⿱毄心今韵錫霽別古並歸齊　⿰忄葡蒲拜葡平祕聲葡⿰忄葡今韵至怪別古通

恧女六而如之聲而恧今韵之屋別古並歸之　憐落賢粦良刃聲粦憐今韵震先別古通

惢部

繠如壘糸莫狄聲糸繠今韵錫旨別古並歸脂

協用附

駢部田并府盈聲并駢今韵先清別古協　猌魚僅來洛哀聲來猌今韵咍震別古協
⿱算心初刮算蘇管聲算⿱算心今韵緩鎋別古皆桓協　⿺辶𦎧丁罪𦎧常倫聲𦎧⿺辶𦎧今韵諄賄別古協
憲許建害胡蓋省聲害憲今韵泰願別古協　憤房吻賁彼義聲賁憤今韵寘吻別古協

說文解字弟十一

水部

江古雙工古紅聲工江今韵東江別古通　灊昨鹽鬵才林聲鬵灊今韵侵鹽別古通

滇都年眞側鄰聲眞滇今韵眞先別古通　潩與職異羊吏聲異潩今韵志職別古並歸脂
沇以轉允樂準聲允沇今韵準獮別古通　⿰氵箄匹卦箄并弭聲箄⿰氵箄今韵紙卦別古通
淮戶乖隹職追聲隹淮今韵脂皆別古通　溳王分員王權聲員溳今韵仙文別古通
澺於力意於記聲意澺今韵志職別古並歸脂　洧榮美有云九聲有洧今韵有旨別古並歸脂
濼盧谷樂五角聲樂濼今韵覺屋別古並歸肴　沂魚衣斤舉欣聲斤沂今韵欣微別古並歸欣
濁直角蜀市玉聲蜀濁今韵燭覺別古並歸虞　溉古代旣居未聲旣溉今韵未代別古通
渚章與者之也聲者渚今韵馬語別古並歸虞　沛普蓋巿普活聲巿沛今韵末泰別古並歸佳
溠側加虘昨何聲虘溠今韵歌麻別古並歸魚　泒古胡瓜古華聲瓜泒今韵麻模別古並歸模
涶土禾垂是爲聲垂涶今韵支戈別古並歸戈　⿰氵刃乃見刃而振聲刃⿰氵刃今韵震霰別古通
⿰氵乳乃后乳而主聲乳⿰氵乳今韵麌厚別古通　汭而銳內奴對聲內汭今韵隊祭別古通

演以淺 寅弋眞聲 寅演今韵眞獮 別古通
泌兵媚 必卑吉聲 必泌今韵質至 別古並歸支

濊呼括 歲於廢聲 歲濊今韵廢末 別古並歸齊
漻洛蕭 翏力救聲 翏漻今韵宥蕭 別古通

況許訪 兄許榮聲 兄況今韵庚漾 別古並歸陽
[illegible]士角 [illegible]郎略聲 [illegible][illegible]今韵藥覺 別古並歸宵

潏古穴 矞余律聲 矞潏今韵術屑 別古並歸脂
波博禾 皮符羈聲 皮波今韵支戈 別古並歸戈

浮縛牟 孚芳無聲 孚浮今韵虞尤 別古通
激古歷 敫以灼聲 敫激今韵藥錫 別古並歸蕭

湜常職 是承旨聲 是湜今韵紙職 別古並歸脂
淈古忽 屈九勿聲 屈淈今韵物沒 別古並歸微

潪竹隻 智知義聲 智潪今韵寘昔 別古並歸脂
滑戶八 骨古忽聲 骨滑今韵沒黠 別古並歸灰

濇色立 嗇所力聲 嗇濇今韵職緝 別古並歸支
澤丈伯 睪羊益聲 睪澤今韵昔陌 別古並歸模

潰胡對 貴居胃聲 貴潰今韵未隊 別古通
淖奴教 卓竹角聲 卓淖今韵覺效 別古並歸豪

涅奴結 日人質聲 日涅今韵質屑 別古並歸支
氿居洧 九舉有聲 九氿今韵有旨 別古並歸尤

說文疊韵 卷下 正編 十五

洼一佳 圭古畦聲 圭洼今韵齊佳 別古通
洫況逼 血呼決聲 血洫今韵屑職 別古並歸齊

澳於六 奥烏到聲 奥澳今韵号屋 別古並歸豪
滴都歷 啻施智聲 啻滴今韵寘錫 別古並歸支

[illegible]烏鵠 芺烏浩聲 芺[illegible]今韵晧沃 別古並歸豪
泝桑故 㡿昌石聲 㡿泝今韵昔暮 別古並歸模

淦古暗 金居音聲 金淦今韵侵勘 別古通
湛宅減 甚常枕聲 甚湛今韵寑豏 別古通

渨烏恢 畏於胃聲 畏渨今韵未灰 別古通
洓所責 朿七賜聲 朿洓今韵寘麥 別古並歸支

濩胡郭 蒦乙虢聲 蒦濩今韵陌鐸 別古並歸模
涿竹角 豖丑六聲 豖涿今韵屋覺 別古並歸模

漊力主 婁洛侯聲 婁漊今韵侯麌 別古通
洳人庶 挐女加聲 挐洳今韵麻御 別古並歸魚

漬前智 責側革聲 責漬今韵麥寘 別古並歸支
漚烏侯 區豈俱聲 區漚今韵虞侯 別古通

浞士角 足卽玉聲 足浞今韵燭覺 別古並歸魚
渥於角 屋烏谷聲 屋渥今韵屋覺 別古並歸虞

洽侯夾 合侯閤聲 合洽今韵合洽 別古並歸佳
滯直例 帶當蓋聲 帶滯今韵泰祭 別古通

汽許訖 气去既聲 气汽今韵未迄 別古並歸微
涸下各 固古慕聲 固涸今韵暮鐸 別古並歸模

洿哀都 夸苦瓜聲 夸洿今韵麻模 別古並歸模
瀎莫達 蔑莫結聲 蔑瀎今韵屑曷 別古並歸齊

泧火活 戉王伐聲 戉泧今韵月末 別古並歸佳
涚輸芮 兌大外聲 兌涚今韵泰祭 別古通

滰其兩 竟居慶聲 竟滰今韵映養 別古並歸陽
滓阻史 宰作亥聲 宰滓今韵海止 別古通

涼呂張 京舉卿聲 京涼今韵庚陽 別古並歸陽
液羊益 夜羊謝聲 夜液今韵禡昔 別古並歸魚

溢夷質 益伊昔聲 益溢今韵昔質 別古並歸支
滌徒歷 條徒遼聲 條滌今韵蕭錫 別古並歸蕭

漱所右 欶所角聲 欶漱今韵覺宥 別古虞尤通
淬七內 卒臧沒聲 卒淬今韵沒隊 別古並歸灰

沬荒內 未無沸聲 未沬今韵未隊 別古通
渫私列 枼與涉聲 枼渫今韵葉薛 別古並歸齊

濯直角 翟徒歷聲 翟濯今韵錫覺 別古並歸蕭
涑速侯 束書玉聲 束涑今韵燭侯 別古虞侯通

澒呼孔 項胡講聲 項澒今韵講董 別古通
濊呼會 歲相銳聲 歲濊今韵祭泰 別古通

說文疊韵 卷下 正編 十六

汩于筆 曰王伐聲 曰汩今韵月質 別古並歸佳

川部

𡿧于筆 曰王伐聲 曰𡿧今韵月質 別古並歸佳

谷部

𧮫呼括 害胡蓋聲 害𧮫今韵泰末 別古並歸佳
䜎洛蕭 翏力救聲 翏䜎今韵宥蕭 別古通

谹戶萌 厷古薨聲 厷谹今韵登耕 別古並歸登

仌部

凋都僚 周職留聲 周凋今韵尤蕭 別古通
冶羊者 台與之聲 台冶今韵之馬 別古並歸之

冹分勿 犮蒲撥聲 犮冹今韵末物 別古並歸微

雨部

說文解字弟十二

鯀古本系胡計聲系鯀今韵霽混別古協　鰥古頑眔徒合聲眔鰥今韵合山別古佳山協

鹵部

鹺昨何差初牙省聲差鹺今韵麻歌別古並歸歌

戶部

戹於革乙於筆聲乙戹今韵質麥別古並歸支

門部

閎戶萌厷古薨聲厷閎今韵登耕別古並歸登　闠胡對貴居胃聲貴闠今韵未隊別古通

闍當孤者之也聲者闍今韵馬模別古並歸虞　闓苦亥豈墟喜聲豈闓今韵尾海別古通

閜火下可肯我聲可閜今韵哿馬別古並歸歌　閟兵媚必卑吉聲必閟今韵質至別古並歸支

說文彙韵　卷下　正編　六

闒乙鎋曷胡葛聲曷闒今韵曷鎋別古並歸佳　闇烏紺音於今聲音闇今韵侵勘別古通

闐待年眞側鄰聲眞闐今韵眞先別古通　闋傾雪癸居誄聲癸闋今韵旨屑別古並歸脂

耳部

耽丁含冘余箴聲冘耽今韵侵覃別古通　聵五怪貴居胃聲貴聵今韵未怪別古通

聉五滑出尺律聲出聉今韵術黠別古並歸脂　⿰耳闋五滑闋傾雪聲闋⿰耳闋今韵屑黠別古並歸齊

聝古獲或于逼聲或聝今韵德麥別古並歸支　⿸麻耳亡彼麻莫遐聲麻⿸麻耳今韵麻紙別古並歸歌

手部

摳口侯區豈俱聲區摳今韵虞侯別古通　撎於計壹於悉聲壹撎今韵質霽別古並歸齊

推他回隹職追聲隹推今韵脂灰別古通　排步皆非甫微聲非排今韵微皆別古通

拉盧合立力入聲立拉今韵緝合別古並歸支　挈苦結㓞恪八聲㓞挈今韵黠屑別古並歸齊

霣于敏員王權聲員霣今韵仙軫別古通　䨮相絕彗祥歲聲彗䨮今韵祭薛別古並歸齊

雹蒲角包布交聲包雹今韵肴覺別古並歸肴　霾莫皆貍里之聲貍霾今韵之皆別古通

需相俞而如之聲而需今韵之虞別古轉通

魚部

鮪榮美有云九聲有鮪今韵有旨別古並歸脂　鯍武登巟呼光聲巟鯍今韵唐登別古並歸唐

鱯胡化蒦乙虢聲蒦鱯今韵陌禡別古並歸模　⿰魚果胡瓦果古火聲果⿰魚果今韵果馬別古並歸戈

鱏余箴覃徒含聲覃鱏今韵覃侵別古通　魠他各乇陟格聲乇魠今韵陌鐸別古並歸模

⿰魚朁鉏箴朁七感聲朁⿰魚朁今韵感侵別古通　鱖居衛厥居月聲厥鱖今韵月祭別古並歸齊

鯫士垢取七庾聲取鯫今韵麌厚別古通　⿰魚朩博蓋朩普活聲朩⿰魚朩今韵末泰別古並歸佳

鱳盧谷樂五角聲樂鱳今韵覺屋別古並歸肴　鮐徒哀台與之聲台鮐今韵之咍別古通

說文彙韵　卷下　正編　七

鰒蒲角复房六聲复鰒今韵屋覺別古並歸尤　䲔渠京畺居良聲畺䲔今韵陽庚別古並歸陽

魿祖慘今居音聲今魿今韵侵感別古通　鯛都僚周職留聲周鯛今韵尤蕭別古通

⿰魚卓都教卓竹角聲卓⿰魚卓今韵覺效別古並歸豪

飛部

⿱異飛與職異羊吏聲異⿱異飛今韵志職別古並歸之

非部

靡文彼麻莫遐聲麻靡今韵麻紙別古並歸歌

協用附

潧側詵曾昨稜聲曾潧今韵登臻別古協　沴郎計㐱之忍聲㐱沴今韵軫霽別古協

濆符分賁彼義聲賁濆今韵寘文別古協　顰符眞卑補移聲卑顰今韵支眞別古協

揲食折枼與涉聲枼揲今韻葉薛別古並歸齊
攫居玉矍九遇聲矍攫今韻遇燭別古並歸虞
搏補各尃芳無聲尃搏今韻虞鐸別古並歸虞
挾胡頰夾古狎聲夾挾今韻洽怗別古並歸齊
握於角屋烏谷聲屋握今韻屋覺別古並歸虞
搹於革鬲郎激聲鬲搹今韻錫麥別古並歸佳
拏女加奴乃都聲奴拏今韻模麻別古並歸模
⿰扌耴丁愜耴陟葉聲耴⿰扌耴今韻葉怗別古並歸支
捋郎括寽呂戌聲寽捋今韻術末別古並歸脂
措倉故昔思積聲昔措今韻昔暮別古並歸模
擇丈伯睪羊益聲睪擇今韻昔陌別古並歸模
捉側角足即玉聲足捉今韻燭覺別古並歸魚
搤於革益伊昔聲益搤今韻昔麥別古並歸支
撮倉括最祖外聲最撮今韻泰末別古並歸佳
揣都計帶當蓋聲帶揣今韻泰霽別古通
捊步侯孚芳無聲孚捊今韻虞侯別古通
扴古黠介古拜聲介扴今韻怪黠別古並歸佳
抉於說夬古賣聲夬抉今韻夬屑別古並歸齊
擖口八葛古達聲葛擖今韻曷黠別古並歸佳
摘他歷啻施智聲啻摘今韻寘錫別古並歸支

說文疊韻　卷下　正編　九

搳胡秸害胡蓋聲害搳今韻泰黠別古並歸佳
拹虛業劦胡頰聲劦拹今韻怗業別古並歸齊
摺之涉習似入聲習摺今韻緝葉別古並歸支
掉徒弔卓竹角聲卓掉今韻覺嘯別古並歸蕭
搖余招䍃以周聲䍃搖今韻尤宵別古通
掀虛言欣許斤聲欣掀今韻欣元別古通
揭基竭曷胡葛聲曷揭今韻曷月別古並歸佳
扛古雙工古紅聲工扛今韻東江別古通
損蘇本員王權聲員損今韻仙混別古通
挩他括兌大外聲兌挩今韻泰末別古並歸佳
撥北末發方伐聲發撥今韻月末別古並歸佳
拾是執合侯閤聲合拾今韻合緝別古並歸佳
掇都括叕陟劣聲叕掇今韻薛末別古並歸齊
擐胡慣睘渠營聲睘擐今韻清諫別古並歸元
擢直角翟徒歷聲翟擢今韻錫覺別古並歸蕭
拔蒲八犮蒲撥聲犮拔今韻末黠別古並歸佳
探他含罙式鍼聲罙探今韻侵覃別古通
捼奴禾委於詭聲委捼今韻紙戈別古並歸戈
撆芳滅敝毗祭聲敝撆今韻祭屑別古並歸齊
搦尼革弱而勺聲弱搦今韻藥麥別古並歸蕭

揮許歸軍舉云聲軍揮今韻文微別古並歸文
摩莫婆麻莫遐聲麻摩今韻麻戈別古並歸戈
攪古巧覺古岳聲覺攪今韻覺巧別古並歸肴
撞宅江童徒紅聲童撞今韻東江別古通
擘博厄辟必益聲辟擘今韻昔麥別古並歸支
捇呼麥赤昌石聲赤捇今韻昔麥別古並歸模
扐盧則力林直聲力扐今韻德職別古並歸齊
拙職說出尺律聲出拙今韻術薛別古並歸脂
捄舉朱求巨鳩聲求捄今韻尤虞別古並歸尤
拮古屑吉居質聲吉拮今韻質屑別古並歸支
摡古代既居未聲既摡今韻未代別古通
播補過番附袁聲番播今韻元過別古並歸元
挃陟栗至脂利聲至挃今韻至質別古並歸脂
扱楚洽及巨立聲及扱今韻緝洽別古並歸齊
挨於駭矣于已聲矣挨今韻止駭別古通
撲蒲角菐蒲沃聲菐撲今韻沃覺別古並歸虞
撽苦弔敫以灼聲敫撽今韻藥嘯別古並歸蕭
扚都了勺之若聲勺扚今韻藥篠別古並歸蕭
⿰扌保方苟保博裒聲保⿰扌保今韻晧厚別古通
捭北買卑補移聲卑捭今韻支蟹別古通

說文疊韻　卷下　正編　廿

搉苦角隺胡沃聲隺搉今韻沃覺別古並歸豪
挂古賣圭古畦聲圭挂今韻齊卦別古通
挐女加如人諸聲如挐今韻魚麻別古並歸魚
搒北孟旁步光聲旁搒今韻唐映別古並歸唐
挌古覈各古洛聲各挌今韻鐸麥別古並歸模
掫子侯取七庾聲取掫今韻麌侯別古通
掖羊益夜羊謝聲夜掖今韻禡昔別古並歸魚

女部

姺所臻先穌前聲先姺今韻先臻別古通
妞呼到丑敕九聲丑妞今韻有号別古通
奼坼下乇陟格聲乇奼今韻陌禡別古並歸模
媒莫桮某莫厚聲某媒今韻厚灰別古支灰通
媰側鳩芻叉愚聲芻媰今韻虞尤別古通
妹莫佩未無沸聲未妹今韻未隊別古通
嫂穌老叜穌后聲叜嫂今韻厚晧別古通
姪徒結至脂利聲至姪今韻至屑別古並歸脂
妿烏何加古牙聲加妿今韻麻歌別古並歸歌
娒莫后每武罪聲每娒今韻賄侯別古通

㚠尺氏多得何聲多㚠今韵歌紙別古並歸歌　娃天口主之庾聲主娃今韵麌厚別古通
媱余招䍃以周聲䍃媱今韵尤宵別古通　嬛許緣瞏渠營聲瞏嬛今韵清仙別古並歸元
妗火占今居音聲今妗今韵侵鹽別古通　嬥徒了翟徒歷聲翟嬥今韵錫篠別古並歸蕭
娭過在矣于己聲矣娭今韵止海別古通　媅丁含甚常枕聲甚媅今韵寑覃別古通
嫡都歷啻施智聲啻嫡今韵寘錫別古並歸支　娕測角束書玉聲束娕今韵燭覺別古並歸虞
⿱執女脂利執之入聲執⿱執女今韵緝至別古並歸脂　⿱般女薄波般北潘聲般⿱般女今韵桓戈別古並歸桓
娑素何沙所加聲沙娑今韵麻歌別古並歸歌　媟私列枼與涉聲枼媟今韵葉薛別古並歸齊
嬖博計辟必益聲辟嬖今韵昔霽別古並歸齊　⿱毄女苦賣毄古歷聲毄⿱毄女今韵錫卦別古並歸齊
嫪郎到翏力救聲翏嫪今韵宥号別古通　⿰女虘將預虘昨何聲虘⿰女虘今韵歌御別古並歸魚
媮託侯俞羊朱聲俞媮今韵虞侯別古通　娋息約肖私妙聲肖娋今韵笑藥別古並歸宵

說文疊韻　卷下　正編　主

妯徒歷由以州聲由妯今韵尤錫別古並歸尤　嫳匹滅敝毗祭聲敝嫳今韵祭屑別古並歸齊
娺丁滑叕陟劣聲叕娺今韵薛黠別古並歸齊　娃於佳圭古畦聲圭娃今韵齊佳別古通
⿰女臿丑聶臿楚洽聲臿⿰女臿今韵洽葉別古並歸齊　婄匹才咅方久聲咅婄今韵有咍別古轉通
⿰女參七感參所今聲參⿰女參今韵侵感別古通　婪盧含林力尋聲林婪今韵侵覃別古通
⿰女夾呼帖夾古狎聲夾⿰女夾今韵洽帖別古並歸齊　媨七宿酋字秋聲酋媨今韵尤屋別古並歸尤
婥奴教卓竹角聲卓婥今韵覺效別古並歸豪

民部

氓武庚亾武方聲亾氓今韵陽耕別古並歸陽

氏部

⿰氏失徒結失式質聲失⿰氏失今韵質屑別古並歸支

戈部

截昨結雀即略聲雀截今韵藥屑別古蕭支轉通　⿹戈今口含今居音聲今⿹戈今今韵侵覃別古通
戮力六翏力救聲翏戮今韵宥屋別古尤蕭並通　戩即淺晉即刃聲晉戩今韵震獮別古通

戉部

戚倉歷尗式竹聲尗戚今韵屋錫別古並歸蕭

匸部

匿女力若而灼聲若匿今韵藥職別古魚支轉通　匹普吉八博拔聲八匹今韵黠質別古並歸支

匚部

匧苦叶夾古狎聲夾匧今韵洽怗別古並歸齊　匜移尔也羊者聲也匜今韵馬紙別古並歸歌
⿷匚攸徒聊攸以周聲攸⿷匚攸今韵尤蕭別古通　⿷匚異與職異羊吏聲異⿷匚異今韵志職別古並歸之

說文疊韻　卷下　正編　圭

匬度侯俞羊朱聲俞匬今韵虞侯別古通

甾部

⿰甾疌楚洽疌疾葉聲疌⿰甾疌今韵葉洽別古並歸支　畚布忖弁皮變聲弁畚今韵綫混別古通

瓦部

甄居延垔於眞聲垔甄今韵眞仙別古通　甍莫耕夢莫忠省聲夢甍今韵東耕別古並歸蒸
甌烏侯區豈俱聲區甌今韵虞侯別古通　瓨古雙工古紅聲工瓨今韵東江別古通
甓扶歷辟必益聲辟甓今韵昔錫別古並歸支　⿰今瓦胡男今居音聲今⿰今瓦今韵侵覃別古通
⿰卒瓦穌對卒臧沒聲卒⿰卒瓦今韵沒隊別古並歸灰

弓部

弧戶吳瓜古華聲瓜弧今韵麻模別古並歸模　彄恪侯區豈俱聲區彄今韵虞侯別古通

㲉 古候 㱿 苦角 聲 㱿㲉今韻覺候 別古模疾通

發 方伐 癹 普活 聲 癹發今韻末月 別古並歸佳

弜部

弼 房密 㐁 口口 聲 㐁弼今韻祭質別古並歸齊 案㐁徐本 他念切許一曰讀若誓則此當作時制切

弦部

𢐅 於罽 曷 胡葛 聲 曷𢐅今韻曷祭 別古並歸佳

協用附

䦚 旨沇 䌛 余招 聲 䌛䦚今韻宵 獮別古協

捾 烏括 官 古丸 聲 官捾今韻桓末 別古桓佳協

揣 初委 耑 多官 聲 耑揣今韻桓 紙別古協

掔 口莖 臤 古賢 聲 臤掔今韻先 青別古協

𡝩 奴皓 囟 息進 聲 囟𡝩今韻震 皓別古協

㼭 零帖 耎 而沇 聲 耎㼭今韻銑怗 別古支先協

𢏳 五計 幵 古賢 聲 幵𢏳今韻先 霽別古協

說文疊韻 卷下 正編 三十三

說文解字弟十三

糸部

緒 徐呂 者 之也 聲 者緒今韻馬語 別古並歸魚

紇 下沒 气 去既 聲 气紇今韻未沒 別古並歸微

絓 胡卦 圭 古畦 聲 圭絓今韻齊卦 別古通

纅 以灼 樂 五角 聲 樂纅今韻覺藥 別古並歸肴

繢 胡對 貴 居胃 聲 貴繢今韻未隊 別古通

紿 徒亥 台 與之 聲 台紿今韻之海 別古通

納 奴荅 內 奴對 聲 內納今韻隊合 別古並歸哈

縒 楚宜 差 初牙 聲 差縒今韻麻支 別古並歸歌

䋑 居玉 具 其遇 聲 具䋑今韻遇燭 別古並歸虞

繯 胡畎 睘 渠營 聲 睘繯今韻清銑 別古並歸元

結 古屑 吉 居質 聲 吉結今韻質屑 別古並歸支

縛 符钁 尃 芳無 聲 尃縛今韻虞藥 別古並歸虞

綳 補肯 崩 北滕 聲 崩綳今韻登庚 別古並歸登

纝 力臥 羸 力爲 聲 羸纝今韻支過 別古並歸支

給 居立 合 候閤 聲 合給今韻合緝 別古並歸佳

縠 胡谷 㱿 苦角 聲 㱿縠今韻覺屋 別古並歸模

繡 息救 肅 息逐 聲 肅繡今韻屋宥 別古蕭尤通

絢 許掾 旬 詳遵 聲 旬絢今韻諄霰 別古通

紘 戶萌 厷 古薨 聲 厷紘今韻登耕 別古並歸登

紞 都感 冘 余箴 聲 冘紞今韻侵感 別古通

綸 古還 侖 力屯 聲 侖綸今韻真山 別古通

纍 補各 㬥 薄報 省聲 㬥纍今韻号鐸 別古並歸豪

絝 苦故 夸 苦瓜 聲 夸絝今韻麻暮 別古並歸模

紴 博木 皮 符羈 聲 皮紴今韻支戈 別古並歸戈

絛 土刀 攸 以周 聲 攸絛今韻尤豪 別古通

紃 詳遵 川 昌緣 聲 川紃今韻仙諄 別古通

縜 爲贇 員 王權 聲 員縜今韻仙真 別古通

縷 力主 婁 洛侯 聲 婁縷今韻侯麌 別古通

縿 所銜 參 所今 聲 參縿今韻侵銜 別古通

絥 平祕 伏 房六 聲 伏絥今韻屋至 別古並歸脂

綊 胡頰 夾 古狎 聲 夾綊今韻洽怗 別古並歸齊

縻 靡爲 麻 莫遐 聲 麻縻今韻麻支 別古並歸歌

紲 私列 世 舒制 聲 世紲今韻祭薛 別古並歸齊

絠 弋宰 有 云九 聲 有絠今韻有海 別古並歸脂

䋨 芳武 咅 天口 聲 咅䋨今韻厚麌 別古通

繫 古詣 毄 古歷 聲 毄繫今韻錫霽 別古並歸齊

說文疊韻 卷下 正編 三十四

績 則歷 責 側革 聲 責績今韻麥錫 別古並歸支

綌 綺戟 谷 其虐 聲 谷綌今韻藥陌 別古並歸魚

縐 側救 芻 叉愚 聲 芻縐今韻虞宥 別古通

緆 先擊 易 羊益 聲 易緆今韻錫昔 別古並歸支

緰 度侯 俞 羊朱 聲 俞緰今韻虞侯 別古通

縗 倉回 衰 穌禾 聲 衰縗今韻戈灰 別古並歸戈

絰 徒結 至 脂利 聲 至絰今韻至屑 別古並歸脂

𡳐 以百 戶 侯古 聲 戶𡳐今韻姥陌 別古並歸模

絜 古屑 㓞 恪八 聲 㓞絜今韻黠屑 別古並歸齊

縊 於賜 益 伊昔 聲 益縊今韻昔寘 別古並歸支

素部

繛 昌約 卓 竹角 聲 卓繛今韻覺藥 別古並歸豪

虫部

𧒾 祖外 㕡 之芮 聲 㕡𧒾今韻祭泰 別古通

螝 胡罪 鬼 居偉 聲 鬼螝今韻尾賄 別古通

蛕 戶恢 有 云九 聲 有蛕今韻有灰 別古並歸脂

虺 許偉 兀 五忽 聲 兀虺今韻沒尾 別古並歸微

蟘徒得貸他代聲貸蟘今韻代德別古並歸咍
蛭之日至脂利聲至蛭今韻至質別古並歸脂
䖓區勿出尺律聲出䖓今韻術物別古並歸脂
蟫余箴覃徒含聲覃蟫今韻覃侵別古通
蛓千志𢦏祖才聲𢦏蛓今韻咍志別古通
蛙烏媧圭古畦聲圭蛙今韻齊佳別古通
蚚巨衣斤舉欣聲斤蚚今韻欣微別古並歸欣
蠲古懸益伊昔聲益蠲今韻昔先別古並歸齊
蠖烏郭蒦乙虢聲蒦蠖今韻陌鐸別古並歸模
蛺兼叶夾古狎聲夾蛺今韻洽怗別古並歸齊
蜨徒叶疌疾葉聲疌蜨今韻葉怗別古並歸支
蝥莫交敄亡遇聲敄蝥今韻遇肴別古轉通
蟅之夜庶商署聲庶蟅今韻御禡別古並歸魚
蜩徒聊周職留聲周蜩今韻尤蕭別古通
蚗於悅夬古賣聲夬蚗今韻夬薛別古並歸咍
⿰虫𡭴離灼𡭴起戟聲𡭴⿰虫𡭴今韻陌藥別古並歸虞
蟰穌彫肅息逐聲肅蟰今韻屋蕭別古並歸蕭
蛶力輟寽呂戌聲寽蛶今韻術薛別古並歸脂
蜡鉏駕昔思積聲昔蜡今韻昔禡別古並歸模
蠉香沇瞏渠營聲瞏蠉今韻清獮別古並歸元
蠚呼各若而灼省聲若蠚今韻藥鐸別古並歸魚
螫施隻赦始夜聲赦螫今韻禡昔別古並歸虞
蝁烏各亞衣駕聲亞蝁今韻禡鐸別古並歸模
蝸古華咼苦媧聲咼蝸今韻佳麻別古佳戈轉通麻
蚌步項丰敷容聲丰蚌今韻鍾講別古通
蟆莫遐莫莫故聲莫蟆今韻暮麻別古並歸模
⿰虫屰五各屰魚戟聲屰⿰虫屰今韻陌鐸別古並歸虞
蠗直角翟徒歷聲翟蠗今韻錫覺別古並歸蕭
蝠方六畐芳逼聲畐蝠今韻職屋別古並歸支
螮都計帶當蓋聲帶螮今韻泰霽別古通

䖵部

蠿側八𢇍情雪聲𢇍蠿今韻薛黠別古並歸齊
蟊莫交矛莫浮聲矛蟊今韻尤肴別古通
⿱害䖵胡葛害胡蓋聲害⿱害䖵今韻鎋曷別古並歸佳
⿱卑䖵匹標卑補移聲卑⿱卑䖵今韻支宵別古轉通
蠠彌必鼏莫狄聲鼏蠠今韻錫質別古並歸支
蝱武庚亡武方聲亡蝱今韻陽庚別古並歸陽
蠹當故槖他各聲槖蠹今韻鐸暮別古並歸模
⿱𣝣䖵縛牟𣝣符宵聲𣝣⿱𣝣䖵今韻宵尤別古通

風部

風方戎凡浮芝聲凡風今韻凡東別古並歸凡
颯穌合立力入聲立颯今韻緝合別古並歸支
⿵風胃王勿胃云貴聲胃⿵風胃今韻未物別古並歸微
颲力質利力至聲利颲今韻至質別古並歸脂

黽部

鼈并列敝毗祭聲敝鼈今韻祭薛別古並歸齊
鼃烏媧圭古畦聲圭鼃今韻齊佳別古通
鼉徒何單都寒聲單鼉今韻寒歌別古並歸寒

土部

地徒四也羊者聲也地今韻馬至別古並歸歌
墺於六奧烏到聲奧墺今韻号屋別古並歸豪
坡滂禾皮符羈聲皮坡今韻支戈別古並歸戈
塙苦角高古牢聲高塙今韻豪覺別古並歸豪
墽口交敫以灼聲敫墽今韻藥肴別古並歸肴
墣匹角菐蒲沃聲菐墣今韻沃覺別古並歸模
圪魚迄气去既聲气圪今韻未迄別古並歸微
堵當古者之也聲者堵今韻馬姥別古並歸模
壁北激辟必益聲辟壁今韻昔錫別古並歸支
堨魚列曷胡葛聲曷堨今韻曷薛別古並歸佳
埒力輟寽呂戌聲寽埒今韻術薛別古並歸脂
堪口含甚常枕聲甚堪今韻寑覃別古通
堀苦骨屈九勿省聲屈堀今韻物沒別古並歸微
垄力踵尨莫江聲尨垄今韻江腫別古通
堊烏各亞衣駕聲亞堊今韻禡鐸別古並歸模
⿱弁土方問弁皮變聲弁⿱弁土今韻線問別古通
壎況袁熏許云聲熏壎今韻文元別古通
堞徒協枼與涉聲枼堞今韻葉怗別古並歸齊
⿰土㬎救立㬎五合聲㬎⿰土㬎今韻合緝別古並歸支
垎胡格各古洛聲各垎今韻鐸陌別古並歸模
埵丁果垂是為聲垂埵今韻支果別古並歸戈
培薄回咅天口聲咅培今韻厚灰別古轉通
垑尺氏多得何聲多垑今韻歌紙別古並歸歌
⿰酉非符鄙配滂佩省聲配⿰酉非今韻隊旨別古通
垔於眞西先稽聲西垔今韻齊眞別古先眞通
塏苦亥豈墟喜聲豈塏今韻尾海別古通

墲呼訏 虖荒烏 聲 虖墲今韻模禡 別古並歸模　墒丑格 庿昌石 聲 庿墒今韻昔陌 別古並歸虞
塺亡果 麻莫遐 聲 麻塺今韻麻果 別古並歸歌　埃烏開 矣于已 聲 矣埃今韻止咍 別古通
垽魚僅 沂魚衣 聲 沂垽今韻微震 別古並歸欣　壹於計 壹於悉 聲 壹壹今韻質霽 別古並歸支
坏芳桮 不方久 聲 不坏今韻有灰 別古轉通　垤徒結 至脂利 聲 至垤今韻至屑 別古並歸脂
壑胡八 叡古代 聲 叡壑今韻代鎋 別古並歸咍　瘞於罽 㾜苦叶 聲 㾜瘞今韻怗祭 別古並歸齊
堀苦骨 屈九勿 聲 屈堀今韻物沒 別古並歸微

堇部

艱古閑 艮古恨 聲 艮艱今韻恨山 別古通

里部

野羊者 予余呂 聲 予野今韻語馬 別古並歸魚

說文疊韻 卷下 正編 三十七

田部

⿰田差昨何 差初牙 聲 差⿰田差今韻麻歌 別古並歸歌　畮莫厚 每武罪 聲 每畮今韻賄厚 別古轉通
略烏約 各古洛 聲 各略今韻鐸藥 別古並歸模　甿武庚 亡武方 聲 亡甿今韻陽耕 別古並歸陽

黃部

䵋呼罪 有云九 聲 有䵋今韻有賄 別古支灰通

力部

勖許玉 冒莫報 聲 冒勖今韻号燭 別古並歸豪　勠力竹 翏力救 聲 翏勠今韻宥屋 別古尤蕭並通
勩余制 貰神夜 聲 貰勩今韻禡祭 別古並歸齊　勃蒲沒 孛蒲昧 聲 孛勃今韻隊沒 別古並歸咍

協用附

緐附袁 每武罪 聲 每緐今韻賄元 別古協　蠇力制 萬無販 聲 萬蠇今韻願祭 別古協
墳符分 賁彼義 聲 賁墳今韻寘文 別古協　疃土短 童徒紅 聲 童疃今韻東緩 別古協
勱莫話 萬無販 聲 萬勱今韻願夬 別古協

說文解字弟十四

金部

錫先擊 易羊益 聲 易錫今韻昔錫 別古並歸支　鐵天結 𢧜直質 聲 𢧜鐵今韻質屑 別古並歸支
鑄之戍 壽殖酉 聲 壽鑄今韻有遇 別古通　鑠書藥 樂五角 聲 樂鑠今韻覺藥 別古並歸肴
鋏古叶 夾古狎 聲 夾鋏今韻洽怗 別古並歸齊　鉹尺氏 多得何 聲 多鉹今韻歌紙 別古並歸歌
鐆徐醉 㒸徒對 聲 㒸鐆今韻隊至 別古通　鑊胡郭 蒦乙虢 聲 蒦鑊今韻陌鐸 別古並歸模
鍑方副 复房六 聲 复鍑今韻屋宥 別古並歸尤　鍪莫浮 敄亡遇 聲 敄鍪今韻遇尤 別古通
⿰金羸魯戈 羸力為 聲 羸⿰金羸今韻支戈 別古並歸戈　鏖於刀 麀於虯 聲 麀鏖今韻尤肴 別古通

說文疊韻 卷下 正編 三十八

鋊余足 谷古祿 聲 谷鋊今韻屋燭 別古並歸虞　錯倉各 昔思積 聲 昔錯今韻昔鐸 別古並歸模
鍼職深 咸胡監 聲 咸鍼今韻咸侵 別古通　鎩所拜 殺所八 聲 殺鎩今韻黠怪 別古並歸佳
鐅芳滅 敝毗祭 聲 敝鐅今韻祭屑 別古並歸齊　鈐巨淹 今居音 聲 今鈐今韻侵鹽 別古通
鏺普活 發方伐 聲 發鏺今韻月末 別古並歸佳　⿰金罷彼為 罷薄蟹 聲 罷⿰金罷今韻蟹支 別古通
鍥苦結 契苦計 聲 契鍥今韻霽屑 別古並歸齊　銍陟栗 至脂利 聲 至銍今韻至質 別古並歸脂
鈦特計 大徒蓋 聲 大鈦今韻泰霽 別古通　銳以芮 兌大外 聲 兌銳今韻泰祭 別古通
鋝力輟 寽呂戌 聲 寽鋝今韻術薛 別古並歸脂　鐲直角 蜀市玉 聲 蜀鐲今韻燭覺 別古並歸虞
鐸徒洛 睪羊益 聲 睪鐸今韻昔鐸 別古並歸模　鑮補各 尃芳無 聲 尃鑮今韻虞鐸 別古並歸虞
鎗楚庚 倉七岡 聲 倉鎗今韻唐庚 別古並歸唐　鐔徐林 覃徒含 聲 覃鐔今韻覃侵 別古通
鈒穌合 及巨立 聲 及鈒今韻緝合 別古並歸支　鉈食遮 它託何 聲 它鉈今韻歌麻 別古並歸歌

鏑 都歷 啻 施智 聲 啻鏑今韻寘錫 別古並歸支　鎧 苦亥 豈 墟喜 聲 豈鎧今韻尾海 別古通
釭 古雙 工 古紅 聲 工釭今韻東江 別古通　銴 時制 折 食列 聲 折銴今韻薛祭 別古並歸齊
釳 許訖 气 去既 聲 气釳今韻未迄 別古並歸微　鉞 呼會 戉 王伐 聲 戉鉞今韻月泰 別古並歸佳
釣 多嘯 勺 之若 聲 勺釣今韻藥嘯 別古並歸蕭　鍡 烏賄 畏 於胃 聲 畏鍡今韻未賄 別古通
鑸 落猥 壘 力委 聲 壘鑸今韻旨賄 別古通　鐉 此緣 巽 穌困 聲 巽鐉今韻慁仙 別古通
鈌 於決 叏 古賣 聲 叏鈌今韻夬屑 別古並歸哈　鏉 所右 欶 所角 聲 欶鏉今韻覺宥 別古虞尤通
鈋 五禾 化 呼跨 聲 化鈋今韻禡戈 別古並歸戈　錭 徒刀 周 職畱 聲 周錭今韻尤豪 別古通

斤部

斫 之若 石 常隻 聲 石斫今韻昔藥 別古並歸魚　斮 側略 昔 思積 聲 昔斮今韻昔藥 別古並歸模

斗部

說文疊韻　卷下　正編　卅九

斛 胡谷 角 古岳 聲 角斛今韻覺屋 別古並歸模　魁 苦回 鬼 居偉 聲 鬼魁今韻尾灰 別古通
斠 古岳 冓 古侯 聲 冓斠今韻候覺 別古侯肴通　斜 似嗟 余 以諸 聲 余斜今韻魚麻 別古並歸魚
斣 昌六 蜀 市玉 聲 蜀斣今韻燭屋 別古並歸虞

矛部

矠 士革 昔 思積 聲 昔矠今韻昔麥 別古並歸模

車部

輬 呂張 京 舉卿 聲 京輬今韻庚陽 別古並歸陽　輅 洛故 各 古洛 聲 各輅今韻鐸暮 別古並歸模
較 古岳 爻 胡茅 聲 爻較今韻肴覺 別古並歸肴　轛 追萃 對 都隊 聲 對轛今韻隊至 別古通
𨊴 敕倫 川 昌緣 聲 川𨊴今韻仙諄 別古通　轐 博木 菐 蒲沃 聲 菐轐今韻沃屋 別古並歸模
軸 直六 由 以周 聲 由軸今韻尤屋 別古並歸尤　轂 古祿 殸 苦角 聲 殸轂今韻覺屋 別古並歸模

輻 方六 畐 芳逼 聲 畐輻今韻職屋 別古並歸支　軑 特計 大 徒蓋 聲 大軑今韻泰霽 別古通
輂 居玉 具 其遇 聲 具輂今韻遇燭 別古並歸虞　軜 奴答 內 奴對 聲 內軜今韻隊合 別古並歸哈
轄 胡八 害 胡蓋 聲 害轄今韻泰轄 別古並歸佳　輩 補妹 非 甫微 聲 非輩今韻微隊 別古通
軋 烏轄 乙 於筆 聲 乙軋今韻質鎋 別古並歸支　轢 歷各 樂 五角 聲 樂轢今韻覺鐸 別古並歸[illegible]
軌 居洧 九 舉有 聲 九軌今韻有旨 別古並歸尤　[illegible] 昔閑 眞 側鄰 聲 眞[illegible]今韻眞山 別古通
䡋 康禮 多 得何 聲 多䡋今韻歌薺 別古並歸歌　輐 於云 宛 於阮 聲 宛輐今韻阮文 別古通
轘 胡慣 睘 渠營 聲 睘轘今韻清諫 別古並歸元

𠂤部

陬 子侯 取 七庾 聲 取陬今韻麌侯 別古通　限 乎簡 艮 古恨 聲 艮限今韻恨產 別古通
陮 都罪 隹 職追 聲 隹陮今韻脂賄 別古通　隗 五罪 鬼 居偉 聲 鬼隗今韻尾賄 別古通

說文疊韻　卷下　正編　卌

[illegible] 落猥 絫 是爲 聲 絫[illegible]今韻支賄 別古通　隰 似入 㬎 五合 聲 㬎隰今韻合緝 別古並歸支
隤 杜回 貴 居胃 聲 貴隤今韻未灰 別古通　隊 徒對 㒸 徐醉 聲 㒸隊今韻至隊 別古通
隕 于敏 員 王權 聲 員隕今韻仙軫 別古通　阤 丈尒 也 羊者 聲 也阤今韻馬紙 別古並歸歌
阬 客庚 亢 古郎 聲 亢阬今韻唐庚 別古並歸唐　附 符又 付 方遇 聲 付附今韻遇宥 別古通
隔 古覈 鬲 郎激 聲 鬲隔今韻錫麥 別古並歸佳　隈 烏恢 畏 於胃 聲 畏隈今韻未灰 別古通
[illegible] 苦沃 告 古奧 聲 告[illegible]今韻号沃 別古並歸豪　陼 當古 者 之也 聲 者陼今韻馬姥 別古並歸模
阼 昨誤 乍 鉏駕 聲 乍阼今韻禡暮 別古並歸模　陪 薄回 咅 天口 聲 咅陪今韻厚灰 別古轉通

𨺅部

[illegible] 烏懈 益 伊昔 聲 益[illegible]今韻昔卦 別古並歸支

子部

轂古候殸苦角聲殸轂今韵覺侯別古模侯通　孤古乎瓜古華聲瓜孤今韵麻模別古並歸模

申部

軸羊晉東古限聲東軸今韵產震別古通

酉部

醪魯刀翏力救聲翏醪今韵宥豪別古通　酷苦沃告古奧聲告酷今韵号沃別古並歸豪

配滂佩已居擬聲已配今韵止隊別古通　醦子朕朁七感聲朁醦今韵感侵別古通

醋在各昔思積聲昔醋今韵昔鐸別古並歸模　醮子肖[illegible]才爵省聲[illegible]醮今韵藥笑別古並歸宵

酖丁含冘余箴聲冘酖今韵侵覃別古通　醵其虐豦强魚聲豦醵今韵魚藥別古並歸魚

醅匹回咅天口聲咅醅今韵厚灰別古轉通　酸素官夋七倫聲夋酸今韵諄桓別古通

酢倉故乍鉏駕聲乍酢今韵禡暮別古並歸模　酏移尔也羊者聲也酏今韵馬紙別古並歸歌

說文疊韵　卷下　正編　卅三

醫莫候敄亡遇聲敄醫今韵遇侯別古通　[illegible]田候俞羊朱聲俞[illegible]今韵虞侯別古通

[illegible]郎外哥呂戌聲哥[illegible]今韵術泰別古並歸脂　醳蒲計畢卑吉聲畢醳今韵質齊別古並歸齊

䣼力讓京舉卿聲京䣼今韵庚漾別古並歸陽

協用附

鑽火運貢彼義聲貢鑽今韵寘問別古協　鈃戶經幵古賢聲幵鈃今韵先青別古協

鐔徒對臺常倫聲臺鐔今韵諄隊別古協　斡烏括軌古案聲軌斡今韵翰末別古寒往協

轒符分賁彼義聲賁轒今韵寘文別古協

說文疊韵卷下終

說文疊韵卷末

興化劉熙載融齋　受業寶山袁康竹一　同輯

受業青浦黃恩煦淵甫　參校

補小徐繫傳有聲字　切音仍從大徐本

祫侯夾合侯閤聲合祫今韵合洽別古並歸佳　社常者土它魯聲土社今韵姥馬別古並歸模

祟雖遂出尺律聲出祟今韵術至別古並歸脂　毒徒沃毐遏在聲毐毒今韵海沃別古哈尤轉通

蓏郎果胍以主聲胍蓏今韵麌果別古並歸虞　嵐盧含風方戎聲風嵐今韵東覃別古並歸凡

路洛故各古洛聲各路今韵鐸暮別古並歸模　㕯女滑內奴對聲內㕯今韵隊黠別古並歸灰

矞余律㕯女滑聲㕯矞今韵黠術別古佳支通　千此先人如鄰聲人千今韵眞先別古通

說文疊韵　卷末　續編　一

肸羲乙佾許訖聲佾肸今韵迄質別古並歸支　博補各尃芳無聲尃博今韵虞鐸別古並歸虞

說失爇兌大外聲兌說今韵泰薛別古並歸佳　訥內骨內奴對聲內訥今韵隊沒別古並歸灰

采芳無禾博裒聲禾采今韵皓虞別古轉通　徹丑列育余六聲育徹今韵屋薛別古尤支通

改古亥已居疑聲已改今韵止海別古通　眔徒合隶徒耐省聲隶眔今韵代合別古並歸咍

取烏括叉側狡聲叉取今韵巧末別古肴支轉通　習似入白疾二聲白習今韵至緝別古並歸脂

曷土盍曰莫報聲曰曷今韵号盍別古豪支轉通　寽力輟乙於筆聲乙寽今韵質薛別古並歸支

蠃郎果羸力爲聲羸蠃今韵支果別古並歸戈　脃此芮絕情雪省聲絕脃今韵祭薛別古並歸齊

肥符非卪子結聲卪肥今韵屑微別古並歸微　盇胡臘大徒蓋聲大盇今韵泰盍別古並歸佳

倮博巧采芳無聲采倮今韵虞巧別古轉通　枓之庾斗當口聲斗枓今韵有麌別古通

杓甫搖勺之若聲勺杓今韵藥宵別古並歸宵　索蘇各糸莫狄聲糸索今韵錫鐸別古之虞轉通

圖同都啚方美聲啚圖今韵旨模別古轉通　囮五禾化呼跨聲化囮今韵禡戈別古並歸戈
朏普乃出尺律聲出朏今韵術海別古並歸脂　牖與久甫方矩聲甫牖今韵麌有別古通
采徐醉爪側狡聲爪采今韵巧至別古有脂轉通　卣以沼臼其久聲臼卣今韵有小別古通
室式質至脂利聲至室今韵至質別古並歸脂　察初八祭子例聲祭察今韵祭黠別古齊佳通
冒莫報目莫六聲目冒今韵屋号別古尤豪通　置陟吏直除力聲直置今韵職志別古並歸之
帥所律𠂤都回聲𠂤帥今韵灰質別古灰支通　𢃇輸芮執之入聲執𢃇今韵緝祭別古支齊通
席祥易庶商署省聲庶席今韵御昔別古並歸魚　保博裒采芳無省聲采保今韵虞皓別古轉通
偫直里待徒在聲待偫今韵海止別古通　作則洛乍鉏駕聲乍作今韵禡鐸別古並歸模
咎其久各古洛聲各咎今韵鐸有別古模尤通　褭奴鳥馬莫下聲馬褭今韵馬篠別古模蕭轉通
垤徒結至脂利聲至垤今韵至屑別古並歸脂　屆許介自疾二聲自屆今韵至怪別古通

說文疊韵　卷末　續編　二

覓亡狄冃莫報聲冃覓今韵号沃別古並歸豪　順食閏川昌緣聲川順今韵仙稕別古通
嵒五咸品丕飲聲品嵒今韵寑咸別古通　屵以灼㞢止而省聲㞢屵今韵之藥別古之蕭轉通
喦五銜品丕飲聲品喦今韵寑銜別古通　耏奴代而如之聲而耏今韵之代別古通
狊古闃目莫六聲目狊今韵屋錫別古尤支通　侈昌氏多得何聲多侈今韵歌紙別古並歸歌
粦良刃舛昌兗聲舛粦今韵獮震別古通　契苦計㓞恪八聲㓞契今韵黠霽別古並歸齊
隸力至隶徒耐聲隶隸今韵代至別古通　椂房六彔密祕聲彔椂今韵至屋別古並歸脂
決古穴夬古賣聲夬決今韵夬屑別古並歸齊　電堂練申失人聲申電今韵真霰別古通
䨣匹各革古覈聲革䨣今韵麥鐸別古支模轉通　臺徒哀㞢止而聲㞢臺今韵之咍別古通
𢷏博怪𠦪呼骨聲𠦪𢷏今韵沒怪別古並歸佳　摯脂利執之入聲執摯今韵緝至別古並歸脂
投度侯殳市朱聲殳投今韵虞侯別古通　妻七稽屮丑列聲屮妻今韵薛齊別古並歸齊

威於非戌辛聿聲戌威今韵術微別古並歸微　奴乃都又于救聲又奴今韵宥模別古支模轉通
嫋奴鳥弱而勺聲弱嫋今韵藥篠別古並歸蕭　委於詭禾戶戈聲禾委今韵戈紙別古並歸戈
也羊者乁弋支聲乁也今韵支馬別古支歌通　弛施氏也羊者聲也弛今韵馬紙別古並歸歌
埽蘇老帚支手聲帚埽今韵有晧別古通　塞先代𡫳蘇則聲𡫳塞今韵德代別古並歸之
協胡頰十是執聲十協今韵緝怗別古並歸支　斲竹角𠱠大口聲𠱠斲今韵有覺別古並歸尤
綴陟衛叕陟劣聲叕綴今韵薛祭別古並歸齊　𨳡呂支屮丑列聲屮𨳡今韵薛支別古並歸支

協用附

瑞是僞耑多官聲耑瑞今韵桓寘別古協　芟所銜殳市朱聲殳芟今韵虞銜別古協
奐呼貫夐朽正省聲夐奐今韵勁換別古協　弇古南廾居竦聲廾弇今韵腫覃別古協
盾食閏厂余制聲厂盾今韵祭稕別古協　𣦼昨干歺五曷聲歺𣦼今韵曷寒別古佳寒協

說文疊韵　卷末　續編　三

質之日斦語斤聲斦質今韵欣質別古支支協　晉即刃臸人質聲臸晉今韵質震別古支真協
昆古渾比毗至聲比昆今韵至魂別古協　貫古玩貝博蓋聲貝貫今韵泰換別古協
仁如鄰二而至聲二仁今韵至真別古協　伊於脂尹余準聲尹伊今韵準脂別古協
開苦哀幵古賢聲幵開今韵先咍別古協　戟紀逆倝古案聲倝戟今韵翰陌別古翰支協
甸堂練包布交省聲包甸今韵肴霰別古協

附韵會舉要引小徐本有聲字

尒兒氏入人汁聲入尒今韵緝紙別古並歸支　叜蘇后灾祖才聲灾叜今韵厚咍別古轉通
栔苦計㓞恪八聲㓞栔今韵黠霽別古並歸齊　𡖅初牙𠂹是爲聲𠂹𡖅今韵支麻別古並歸歌
臬五結自疾二聲自臬今韵至屑別古並歸脂　頫方矩兆治小聲兆頫今韵小麌別古轉通
𢝊於求頁胡結聲頁𢝊今韵屑尤別古支尤通　卸司夜午疑古聲午卸今韵姥禡別古並歸模

𦤙魚王紀凷伐聲凷𦤙今韵月止別古佳支通

補聲

𥛱柴古文從脊省脊徒果𥛱仕皆今韵果佳別古轉通

祊鬃或從方方府良祊補盲今韵陽庚別古並歸陽

瓘琨或從貫貫古玩瓘古渾今韵換魂別古通

蒐从艸從鬼鬼居偉蒐所鳩今韵尾尤別古通

墍㙏或從墍墍古賢墍去刃今韵先震別古通

茠薅或從休休許尤茠呼毛今韵尤豪別古通

介從八從人八博拔介古拜今韵黠怪別古並歸佳

聑從口耳耳而止聑七入今韵止緝別古並歸之

說文疊韵 卷末 續編 四

吉從士口士鉏里吉居質今韵止質別古並歸之

唬從口從虎虎呼古唬呼訝今韵姥禡別古並歸模

速遬籀文從束束七賜速資昔今韵寘昔別古並歸支

遣退籀文從虘虘昨何遣徒全今韵歌模別古並歸魚

遬速籀文從敕敕所角遬桑谷今韵覺屋別古並歸虞

拪遷古文從手西西先稽拪七然今韵齊仙別古並歸先

逷逖古文易易羊益逷他歷今韵昔錫別古並歸支

达達或從大大徒蓋达徒葛今韵泰曷別古並歸佳

道从辵從首首書九道徒晧今韵有晧別古通

䟘迒或從足從亢亢古行䟘胡郎今韵庚唐別古並歸唐

莋䔧或從乍乍鉏駕莋側革今韵禡麥別古並歸模

𧻓𧻓或從也也羊者𧻓神旨今韵馬紙別古並歸歌

𦞃谷或从肉從康康強魚𦞃其虐今韵魚藥別古並歸魚

𠧩訊古文從卤卤先稽𠧩息晉今韵齊震別古先眞通

䛦從言肉肉如六䛦余招今韵屋宵別古尤宵通

計從言從十十是執計古詣今韵緝霽別古並歸齊

𧫷訴或從言朔朔所角𧫷桑故今韵覺暮別古並歸模

舁從臼從廾臼居玉舁以諸今韵燭魚別古並歸魚

𥝋𧌒或省從末末莫撥𥝋莫結今韵末屑別古並歸齊

𢦔從丮從戈戈古禾𢦔胡瓦今韵戈馬別古並歸戈

說文疊韵 卷末 續編 五

鬩從鬥從兒兒汝移鬩許激今韵支錫別古並歸支

支從又半半楚危支古賣今韵支夬別古通

𠬛從又在回下回戶恢𠬛莫勃今韵灰沒別古並歸灰

篲彗古文从竹從習習似入篲詳歲今韵緝祭別古並歸齊

毄從殳從軎軎于歲毄古歷今韵泰錫別古並歸齊

𢖮徹古文鬲鬲郎激𢖮丑列今韵錫辥別古並歸佳

𢼸赦或從亦亦羊益𢼸始夜今韵昔禡別古並歸模

葡從用苟省苟已力葡平祕今韵職至別古並歸脂

眴旬或從旬旬詳遵眴黃絢今韵諄霰別古通

皆從比從白白疾二皆古諧今韵至皆別古通

雀從小隹小私兆雀即略今韻小藥別古並歸宵
乖從丫八八兵列乖古懷今韻薛皆別古並歸皆
[赤鳥]鶂司馬相如說從赤赤昌石[赤鳥]五歷今韻昔錫別古模支轉通
[臾隹][臾鳥]或從隹從臾臾羊朱[臾隹]余蜀今韻虞燭別古並歸虞
[昔隹]舄篆文從隹昔昔思積[昔隹]七雀今韻昔藥別古並歸模
𢍰从廾推華從夵夵他忽𢍰詰利今韻沒至別古並歸脂
叡從𣦼從谷谷古祿叡呼各今韻屋鐸別古並歸虞
剮從冎從刀冎古瓦剮憑列今韻馬薛別古並歸佳
臆肊或從意意於記臆於力今韻志職別古並歸之
隋从肉從隓省隓許規隋徒果今韻支果別古並歸歌
說文疊韻 卷末 續編 六
熼臇或從火巽巽蘇困熼子沇今韻慁獮別古通
[卜刂]剝或從卜卜博木[卜刂]北角今韻屋覺別古並歸虞
罰從刀從詈詈力智罰房越今韻寘月別古支佳通
觥觵俗從光光古皇觥古橫今韻唐庚別古並歸唐
鐍觼或從金矞矞余律鐍古穴今韻術屑別古並歸脂
等從竹從寺寺祥吏等多肯今韻志等別古並歸之
簋從竹從皿從皀皀皮及簋居洧今韻緝旨別古並歸脂
朹簋古文九九舉有朹居洧今韻有旨別古並歸尤
篓箑或從妾妾七接箑山洽今韻葉洽別古並歸齊
[丌頭]從丌頭頭士戀[丌頭]蘇困今韻線慁別古逗

差從左從𠂹𠂹是爲差初牙今韻支麻別古並歸歌
甚從甘从匹甘古三甚常枕今韻談寑別古通
沓從水從曰水式軌沓徒合今韻旨合別古並歸支
兮從丂八八博拔兮胡雞今韻黠齊別古佳齊通
[豈弟]從豈從弟弟特計[豈弟]直質今韻霽質別古並歸齊
饌籑或從巽巽蘇困饌士戀今韻慁線別古通
佮會古文合合候閤佮黃外今韻合泰別古並歸佳
內從冂自外而入入人汁內奴對今韻緝隊別古之灰通
糴從入從糶糶他弔糴徒歷今韻嘯錫別古並歸蕭
嗇從來從㐭來洛哀嗇所力今韻咍職別古咍之通
說文疊韻 卷末 續編 七
麥從來從夂來洛哀麥莫獲今韻咍麥別古並歸咍
踳舛揚雄說從足春春昌純踳昌兖今韻諄獮別古通
䙳[要鬼]或從要要於宵䙳即由今韻宵尤別古通
楳梅或從某某莫厚楳莫杯今韻厚灰別古並歸支
檴樗或從蒦蒦乙號檴乎化今韻陌禡別古並歸模
[木置]植或從置置陟吏[木置]常職今韻志職別古並歸之
釪芋或從金從于于羽俱釪瓜互今韻虞麻別古並歸虞
師從帀從𠂤𠂤都回師疏夷今韻灰脂別古通
荂𠌶或從艸從夸夸苦瓜荂況于今韻麻虞別古並歸虞
華從艸從𠌶𠌶況于華戶瓜今韻虞麻別古並歸虞

贊從貝㹛㹛所臻贊則旰今韵臻翰別古通
鄧從邑垩垩足爲鄧羽求今韵支尤別古並歸支
𨞊從𨛜從共共渠用𨞊胡絳今韵用絳別古通
昵暱或從尼尼女夷昵尼質今韵脂質別古並歸脂
肣函俗從肉今今居音肣胡男今韵侵覃別古通
棘從並朿朿七賜棘己力今韵寘職別古並歸支
穋稑或從翏翏力救穋力竹今韵宥屋別古並歸尤
糝糂古文從參參所今糝桑感今韵侵感別古通
麻從广從𣏟𣏟匹卦麻莫遐今韵卦麻別古佳歌轉通
䟣跌或從弗弗分勿䟣從結今韵物屑別古並歸支

說文疊韵 卷末 續編 八

宧從宀從臣臣植鄰宧胡慣今韵真諫別古通
罪從网非非甫微罪徂賄今韵微賄別古通
罦罟或從孚孚芳無罦縛牟今韵虞尤別古通
𦋺罝籀文從虘虘昨何𦋺子邪今韵歌麻別古並歸魚
罷從网能能奴登罷薄蟹今韵登蟹別古並歸咍
韍市或從韋從犮犮蒲撥韍分勿今韵末物別古並歸微
忎仁古文從千心千此先忎如鄰今韵先真別古通
㑂仿籀文從丙丙兵永㑂妃罔今韵梗養別古並歸陽
位從人立立力入位于備今韵緝至別古並歸脂
俒從人從完完胡官俒胡困今韵桓慁別古通

卓早匕爲卓早子浩卓竹角今韵晧覺別古並歸豪
俞從亼從舟從巜舟職留俞羊朱今韵尤虞別古通
簮兂或從竹從朁朁七感簮側岑今韵感侵別古通
噈歒或從口從就就疾僦噈才六今韵宥屋別古並歸尤
咉歍或從口從央央古賁咉昌說今韵央薛別古並歸佳
脜從百從肉肉如六脜耳由今韵屋尤別古並歸尤
卮象人卩在其下卩子結卮章移今韵屑支別古並歸支
髡髡或從元元愚袁髡苦昆今韵元魂別古通
騧騧籀文𩦺古禾騧古華今韵戈麻別古戈佳轉通
𩣪駕籀文各各古洛𩣪古訝今韵鐸禡別古並歸模

說文疊韵 卷末 續編 九

馺從馬從及及巨立馺蘇答今韵緝合別古並歸支
驘贏或從羸羸力爲驘洛戈今韵支戈別古並歸戈
灋從水廌從去廌宅買灋方乏今韵蟹乏別古並歸佳
犮從犬而丿之丿余制犮蒲撥今韵祭末別古並歸齊
獱猵或從賓賓必鄰獱布懸今韵真先別古通
灰從火從又又于救灰呼恢今韵宥灰別古之灰轉通
烟煙或從因因於真烟烏前今韵真先別古通
威從火戌戌辛聿威許劣今韵術𨀵別古並歸齊
𡰕從尣從羸羸力爲𡰕郎果今韵支果別古並歸歌
奓奢籀文多多得何奓式車今韵歌麻別古並歸歌

普普或從白白王伐普他計今韵月霽別古佳齊通
㤅㤅古文旡旡居未㤅烏代今韵未代別古通
態從心從能能奴登態他代今韵登代別古並歸咍
𣶒洬或從辵朔朔所角𣶒桑故今韵覺暮別古並歸模
汵淦或從今今居音汵古暗今韵侵勘別古通
湏沬古文從頁頁胡結湏荒內今韵屑隊別古並歸灰
侃從㐺從川㐺息晉侃空旱今韵震旱別古通
厵從灥出厂下灥詳遵厵愚袁今韵諄元別古通
衇從𠂢從血血呼決衇莫獲今韵屑麥別古齊咍通
臸從二至至脂利臸人質今韵至質別古並歸脂

說文疊韵　卷末　續編　十

聅從耳從矢矢式視聅恥列今韵旨薛別古歸脂
聑從二耳耳而止聑丁帖今韵止怗別古並歸之
聶從三耳耳而止聶尼輒今韵止葉別古並歸之
抱捊或從包包布交抱步皁今韵肴皁別古通
摭拓或從庶庶商署摭之石今韵御昔別古並歸魚
脊從𠂹從肉𠂹古懷脊資昔今韵皆昔別古佳支通
𡡿妘籀文從員員王權𡡿王分今韵仙文別古通
婣姻籀文從𣶒𣶒烏懸婣於真今韵先真別古通
𡠆媧籀文從𠯑𠯑古末𡠆古蛙今韵戈佳別古轉通
毐從士從毋士鉏里毐遏在今韵止海別古通

弗從丿從乀從韋省韋宇非弗分勿今韵微物別古並歸微
義從我從羊我五可義宜寄今韵哿寘別古並歸歌
𧕫䖍或從埶埶魚祭𧕫魚列今韵祭薛別古並歸齊
𦁗緁或從習習似入𦁗七接今韵緝葉別古並歸齊
䌕縻或從多多得何䌕靡為今韵歌支別古並歸歌
緤絏或從枼枼與涉緤私列今韵葉屑別古並歸齊
螙蠹或從木木莫卜螙當故今韵屋暮別古並歸模
蜉𧔡或從虫從孚孚芳無蜉縛牟今韵虞尤別古通
蝥蟊或從敄敄亡遇蝥莫浮今韵遇尤別古通
𪓰鼀或從酋酋字秋𪓰七宿今韵尤屋別古並歸尤

說文疊韵　卷末　續編　十一

圤墣或從卜卜博木圤匹角今韵屋覺別古並歸虞
塊凷或從鬼鬼居偉塊苦對今韵尾隊別古通
堲垐古文從土即即子力堲疾資今韵職脂別古並歸脂
勛勳古文從員員王權勛許云今韵仙文別古通
勰從劦從思思息茲勰胡頰今韵之怗別古並歸之
銕鐵古文從夷夷以脂銕天結今韵脂屑別古並歸脂
隉從𠂤從毀省毀許委隉五結今韵紙屑別古並歸支
隘𨽝籀文從𠂤益益伊昔隘烏懈今韵昔卦別古支佳通
馗從九從首首書九馗渠追今韵有脂別古並歸尤
逵馗或從坴坴力竹逵渠追今韵屋脂別古並歸尤

酟醵或從巨巨其呂酟其虞今韵語藥別古並歸魚

醉從酉從卒卒臧沒醉將遂今韵沒至別古並歸脂

韵部通釋

古韵平聲統上去

東冬鍾江 上董腫講 去送宋用絳

支脂之微齊佳皆灰咍 上紙旨止尾薺蟹駭賄海 去寘至志未霽祭泰卦怪夬隊代廢

案此部字有移入歌戈部者

魚虞模 上語麌姥 去御遇暮

眞諄臻文欣元魂痕寒桓删山先仙 上軫準吻隱阮混很旱緩潸産銑獮 去震稕問焮願慁恨翰換諫襇霰線

蕭宵肴豪 上篠小巧晧 去嘯笑效號

歌戈麻 上哿果馬 去箇過禡

案麻韵爲後世俗音麻部字歸入歌戈魚佳諸部

陽唐 上養蕩 去漾宕

庚耕清青 上梗耿靜迥 去映諍敬徑

案此部字有移入陽唐部者

蒸登 上拯等 去證嶝

尤侯幽 上有厚黝 去宥候幼

案此部字有移入支部者有通虞蕭者

侵覃談鹽添咸銜嚴凡 上寑感敢琰忝豏檻范 去沁勘闞豔㮇釅陷鑑梵

入聲分隸平聲

屋 支脂之微齊佳皆灰咍 魚虞模 蕭宵肴豪 尤侯幽

沃 蕭宵肴豪 尤侯幽

燭 魚虞模 尤侯幽

覺藥 魚虞模 蕭宵肴豪 尤侯幽

質術櫛物迄月沒曷末黠鎋屑薛職德緝合盍葉怗洽狎業

乏 支脂之微齊佳皆灰咍

鐸 魚虞模 蕭宵肴豪

陌 魚虞模

麥 支脂之微齊佳皆灰咍 魚虞模 蕭宵肴豪

昔 支脂之微齊佳皆灰咍 魚虞模

錫 支脂之微齊佳皆灰咍 蕭宵肴豪

案古韵相通宋鄭氏庠約爲六部東冬鍾江陽庚耕清青蒸登入聲屋沃燭覺藥鐸陌麥昔錫職德爲一部支脂之微齊佳皆灰咍爲一部魚虞模歌戈麻爲一部眞諄臻文殷元魂痕寒桓删山先仙入聲質術櫛物迄物月沒曷末黠鎋屑薛爲一部蕭宵肴豪尤侯幽爲一部侵覃談鹽添咸銜嚴凡入聲緝合盍葉怗洽狎業之爲一部國朝顧氏炎武因而別之爲十部東冬鍾江爲一部支脂之微齊佳皆灰咍入聲質術櫛物迄月沒曷末黠鎋屑薛麥昔錫職德爲一部魚虞模侯入聲藥鐸陌爲一部眞諄臻文殷元魂痕寒桓删山先仙爲一部歌戈麻爲一部陽唐爲一部庚耕清青爲一部蒸登爲一部蕭宵肴豪尤幽入聲屋沃燭覺爲一部侵覃談鹽添咸銜嚴凡入聲緝合盍葉怗洽狎業之爲一部是編于顧氏多因而少別因者觀顧表自知其別者如尤侯幽三韵

顧氏移矦入魚模移幽　豪移尤之半入蕭豪半入支
脂兹于三韵偏旁之在　者仍歸支類其出入魚蕭類
者名通韵非特存其本音亦以息爭辨也至以入聲論之
鄭之入聲俱係今韵顧之入聲以緝合九韵作侵覃九韵
之入聲亦未免以今爲古是以刖而隸焉

持志塾言

敘

孟子始言持志志之賴於持也久矣持之義不一端大要維持之欲其正也操持之欲其久也持之之方亦不一端大要善其志之所以養也慎其志之所以發也每念古人之學無不以此爲兢兢而卽可準此以見吾人之失故余之教於塾也嘗以持志二字顏其齋焉塾中講貫自聖賢經義以及先儒格言固皆日有課程矣其有不及舉古人之辭但自言之以取易明者則隨時筆而存之蓋以便學者之復習也原本卽名持志塾言惟不立門類不避重複未免雜而難約今姑删復分類以成二卷然亦但如原本之所有而未嘗增益實亦未嘗得整齊次第之宜焉夫持志之功深求之而未有盡者也學者誠由所至而進推焉則是編者或亦由淺之深之藉也與

同治丁卯仲秋興化劉熙載自敘

持志塾言目録

禮樂

持志塾言卷上

興化　劉熙載　融齋

立志

志乃人之大主意一生之學術事業無不本此以貫之故不可容其少有差失

立志須是正而實

立志只是立其爲善不爲惡從正不從邪之志

王沂公平生之志不在溫飽范文正公做秀才時便以天下爲已任明道程子自十五六時聞周子論道遂厭科舉之業慨然有求道之志此皆可爲立志之法

志於道則藝亦道也志於藝則道亦藝也故君子必先

辨志

孔子言君子求諸已孟子言行有不得者皆反求諸已程子言學者爲氣所勝習所奪只可責志責志卽是求已功夫

自問其志與聖賢之志同否同則固而存之不同則務絕去而求同者存之

知性善則知立志孟子言尙志歸於居仁由義仁義性所固有也

惡有剛柔志於仁則可俱無之未有仁而犯上作亂巧言令色者

氣主於志志則須主於義孟子動心章義字最重

具聖人之才者千萬人中不能有一人若聖人之志是人人能存底不存之是自棄也

人能大其道道不能大其人學不責志惡乎可

立志可以爲學而學亦卽學爲立志也儼然學焉而志實不立雖誦讀多考索悉終不免爲小人之歸矣

玩物足以喪志玩空亦足以喪志其爲忘乎善則一也

利名之見皆私也欲化其私盍觀季路顏淵之言志

志於隱志於仕皆不可謂之立志蓋此乃志於境非志於道也君子之志惟欲隨在盡所當盡而已

志一也而以事副志者無盡如志於明善便有學問思辨許多工夫志於誠身便有戒懼愼獨許多工夫若

事不足以副志還是志上未能確實

學在志上律進退則志能轉事在事上較難易則事能轉志志爲事轉便是無志

志常立斯能隨時隨地不忘吾所有事

易曰內難而能正其志正志二字所包甚廣富貴貧賤死生俱離不得

人若半塗能立志直如起死回生半塗自隳其志者反是

假如狂幾作聖還防復入於狂立志者當無時不戒退轉

爲學

學也者學其性之所固有也聖人之教無非要人用力於仁義禮智仁義禮智非性所固有者而何

益其事之所不能正是復其性之所固有故欲盡性則學無已時

學求盡人道而已踐形復性那有不從人身上責成之事

內無關於盡性至命外無益於開物成務雖有所謂學焉者亦管開事務虛名而已矣

聖道不息恃乎民之秉彝人心不死恃乎聖有謨訓人外無道道外無人故也

學之條目大學備矣欲益之非但是沒要緊底必且害道也至損之不可固不待言

伊川程子釋中庸博學之五句曰五者廢其一非學也後人由此識得學字全身爲益不小

辨志愼術學之先務此處不差則工夫皆有歸著

學要得頭腦清莫先於辨義利之界要得腳根實莫切於嚴誠僞之關

知行俱要正而實

窮理莫先於去其昏迷居敬莫先於治其散亂

讀書所以喚醒此心起發證驗皆然

讀書之法當發其饑而食之發其渴而飲之發其病而

藥之

善讀書者不以書累己故擇書不以己累書故責己書猶藥之可以愈病也有身病有世病必自診診人得其病源然後能以應用之藥施之

讀書非獨廣才實可養德魏主珪問博士李先曰天下何物可以益人神智此所謂神智大抵指才而言耳先但對以莫若書籍而不復有以進之淺矣

此書未嘗讀透便又要讀他書實則此書於他書其理未嘗不貫抛燈覓火非惑耶

學不厭智也是智生學好學近乎智是學生智智生學不必聖人而始然學生智雖聖人亦然

人不好學每因天事不美蓋昏弱者欲進不能又以無所得故止也然果硬地學向前去久久便能學出天事來所謂中道若性是矣

能學則古人之有皆其有能問則今人之有皆其有然要惟先不自矜其有乃能學問也

公其心以取善斯學聖賢在其中不棄愚者之一得亦在其中

但論是非不論人我古君子取人爲善多識畜德只是於此看得徹

論學當先在大同處著眼如辨義利之界嚴誠僞之關先儒之指無不同者後人失大同而爭小異非爲己

取善之道矣

器雖至大亦有滿時若人心則至虛至靈本無際量可言豈可因有得而遂自足

以虛受人寬以居之學如此庶幾可大可久

喚寐者而使之覺扶臥者而使之起詩書師友之益蓋如是若呼而不覺扶而不起是自棄也

孟子戒弗思又戒鑿窮理者當以之非獨戒忘與助長爲居敬之道也

去蔽莫如思即火壯烟微可喻也因其本明者充之至極乃五事所謂作聖者矣

作無益固害有益思無益亦害有益思所以貴於慎也

思要無邪無邪正以思見苟不思則將於天理人情之不可已者而已之是即邪矣

辨固辨其是與非而是之中輕重緩急類亦有別類既明則吾所從事者秩然有序矣

辨疑似謹細微這裏若無工夫終不可語精義之學然過於操切亦反以失之

存養在一本省察在萬殊譬之身養其全體者養也每一體有痛癢隨時即覺者察也

持志養氣之功俱統於敬不能敬者非志滿氣矜即志衰氣歉矣

書曰敬德學記曰敬業不始終持之以敬而能德崇業

廣者無之
見聞得體認不得體認得保守不得只是不誠不敬
致知先戒勿求於心誠身先戒義襲而取
誠故可久進鋭助長皆不誠也
學以體公存誠爲要存誠本易體公本伊川公而以人
體之故爲仁
一念一事之善人皆有之然往往移時輒復蔽塞由不
能充之以學故難與致道者同歸耳
講習討論固須循序漸進若省察克治則知其非義斯
速已矣
學者須先能度得已之所偏在溺於卑陋抑在馳於高

遠知所偏則不得不自爲激厲裁抑以求合於中矣
習染之久便成氣質所謂習與性成也變化氣質當兼
習染變之
以惡習變壞氣質者多矣然則善其所習者能將氣質
變好何疑
日新有二曰義理日明私欲日損而已
路未擇定莫要走既已識得路頭不差便須一意走去
不可爲他歧所惑卽此可識明誠之學
學者於理日有所知而存心行事依然故我玩矣病玩
藥則不可治玩理者亦如之
後世爲學之失類多似乎入室而實未能升堂與其口
說精微不如脚下先於大處立得定
尊其所聞行其所知是古人喫緊勉人爲學語人既從
事於學孰無已聞已知而不尊之行之雖曰求諸未
聞未知何益焉
隨時約禮方能切於合下之用若一味只管汎濫去何
濟
有先事之學有卽事之學事已至前學似無及然能察
之明處之當便是工夫
集義強恕是在每事上做工夫畏難憚煩安能之
工夫只在合下放過合下別議工夫皆是虛妄之見
小學事事皆愛親敬長之意卽灑掃射御等可見

能事人而後能使人知親上敬上推之卽知慈下禮下
矣故小學之教自事人始
小學只是因其所固有而導之蒙以養正若本無此正
養箇甚
蒙養以德行爲先觀蒙之大象可見矣周官三物之教
亦欲於此先立乎其大
解蒙卦者既須以蒙屬己一邊又須辨得蒙無盡境九
分是蒙一分亦是蒙也知此則求所以發蒙者自無
時可已
求益與欲速成有爲已爲人王道霸道之別
觀樹之根幹枝葉次第而生則學當循序漸進可知不

然如揠苗助長何益
學問之事只患止不患遲惟務實故遲遲故所得愈實
謂道可一超直入者不過是知見臆度意與期許到得
要他苦身持力始知向來未嘗過關
學者一有欺心勝心必至不揣其本而齊其末故循序
漸進惟自克者能之
學有九分爲巳參以一分爲人則此一分便能移掇九
分一同向外最可怕
循序中有多少求詳求實意所以既異苟且嘗試亦非
畫地自限者比
水萬折而必東當其折處形曲而性直君子之求至於

道亦如是
道與時偕行者也工夫有待有間便不是
常人之學至老時便不能憤惟其無憤是以無樂於此
見聖人不息之誠
先儒謂不學便老而衰非獨爲未學者言也雖巳嘗學
者亦然如明者愚強者柔皆衰之驗也
人有謂年暮不及學者是猶謂日暮不及食也非大惑
而何
孝弟忠信之行日用飲食之質學未有切於此者此之
不盡而他求與欲爲奇技以惑人何異
不患妨功惟患奪志辭章記誦皆然

汲要緊底骨董知之無所加不知無所損者偏以不知
爲耻至內有益於身心外有益於世道者不知則安
焉於此見俗學之蔽甚矣
學以化其驕吝而不善學者轉以長之蜀許慈胡潛並
爲博士至矜巳妬彼更相克伐由所學者特口耳記
誦之末耳
所學者既是須澹泊無外慕乃能持久不然鮮有不轉
爲俗學移者
異學離語言文字俗學泥語言文字必則古昔稱先王
斯非異學不以文害辭不以辭害志斯非俗學
禪學遺棄事物霸學遺棄心性雖一近體一近用要非

眞體實用也
禪理欲並遣霸理欲並存儒存理去欲故禪狂霸雜而
儒取乎純
荀卿儘是窺著聖道而平生雜見解雜議論卻不肯埋
汲受病殊非小小故知學貴能舍但務多知適以自
蔽也文中子自謂不雜學故明殆爲近之
學者徒慕聖人之名必至侈著述而略躬行如揚子雲
太元法言何關巳分上事
人不學聖人不是不能只是不肯試觀鄉黨篇中聖人
所行何嘗非學者能行之事
韓退之謂非聖人之志不敢存亦當云非聖人之學不

敢爲

明道程子願學聖人而未至不欲以一善成名夫以一善成名且非學聖者之志況欲以一藝成名乎

窮理

窮理須貴本而親用盡性至命開物成務合之兩是離則兩傷矣

致用出於精義精非偏尚乎深微隱奧只是要到恰好處耳

力行而不致知縱有行得是處只是偶合他日復遇事情相類者便不能與前之所行無悖矣況事情有異者乎

程子謂養知莫過於寡欲大凡人之識見差誤有至是非邪正之易位大小輕重之失倫者皆其欲爲之害耳

是非可否其界甚微易言并以辨義辨有一剖兩開無少混淆之意

人莫不有所是非但憑理而是非之與憑欲而是非之所宜急辨不辨且將認欲爲理矣

是之一字是口頭常言語不知所謂是者畢竟是箇甚殆非天理之極不足以當所指

卽物窮理一卽字是恰好分際執物與離物俱不是

博物者知一物只是一物窮理乃能以其類通之

君子於物雖無所不格而必以大而要者爲先不然百工衆技各有所精之事可謂格物乎

喜怒哀樂視聽言動子臣弟友此卽物窮理者最切之

務
知本知類知變非窮理何以至之
形上之道與形下之器本非二物自不能窮理者歧而視之天下斯有異端曲學矣
窮理在中庸爲擇善異學要將善與不善一齊打卻所以諱言理字
遺物言理必至遺理言空大學之教始於格物其憂世也深矣
窮理理字先要認準理也者高不入於空卑不溺於器者也
凡事當求於心言可知矣告子不得於言勿求於心則

凡事亦可知矣
事不靠實耐煩悉心理會無論自用其愚自恃其智均之蔽也
理蔽於私旁觀之鑒明於當局清夜之思澄於旦晝由私之未起也
有自用之心者不能見理見理者大抵皆能虛心平心降心者耳
一事有一理萬物共一理專尙通與專尙別者皆蔽
問讀書法曰讀義理書要推出事實來讀事實書要推出義理來
凡有見於一事之理俱打入公中看古聖人通德類情率用此道
證父非直從井非仁仲子惡能廉匡章非不孝以此類推可識聖賢精義之學
尙史學者胷中樣子太多往往不論所遇何事俱付之習見不怪自非本經義爲從違之準能保手腳不易滑乎
數卷而一日成誦易一言而終身究心難學者雖共知理所當窮到要他守約致精便耐不得究何益於實用耶
下學以外無上達故離卻窮理不可爲盡性至命細微曲折不能理會漫欲尋向總統處去抑何謬耶

窮得實理方能做得實事學者視理自理而事自事宜不以窮理爲切務矣
格物以爲巳之心格之乃得有真體實用不然只是自欺合到身心措注上都不得力
愚者亦必有所巳明但能因其明以通其蔽則淺者日以深隘者日以廣所知便不可量若不能通恐本明者亦幾乎息矣
作者之謂聖述者之謂明所謂明者必由格致之功到得能見作者大意始可當之
因時制宜因地制宜因人制宜窮理須是將理窮得活了方有用

守典尙矣窮理視守典乃更精焉然要未嘗不守典也

窮理在於能推推如順推倒推旁推反推皆是

窮理到眞知是理則若性而有之故久而愈覺此中之不可以已

窮理須有日新之功大公之量謂今日所窮之理後此無可進一已所窮之理他人無可正者皆非也

存省

心常存事不苟六字備存省之要

至善無惡之本體人人有之存養是於這本來共有底保得定

易於仁言體於誠言存示人以涵養之功切矣

淡然無欲粹然至善存養者養此而已

天下原無善而變爲惡之人其變者必其善非從源頭上流出此君子所以務養其源

存養者存養其善非養空也養空二字見賈誼服賦

專言之靜不與動對故靜字上可加一主字蓋動而不失其是即靜也

主敬主字居敬居字要認得定主則非客也居則無去也此當合動靜語默而一之

主敬者一事不把作一事看小事不把作小事看益不使易慢之心由斯須之不敬入也程子曰飲食言語去就死生小大之勢一也於此可識涵養之道

奉盈執玉心少不在而覆墜因之欲存理者豈可斯須離敬

謝上蔡謂生意爲仁常惺惺爲敬常惺惺正所以不失此生意也

正心固由誠意然既言欲修其身者先正其心可見正心亦自有工夫大抵祇是存養而已

坤文言敬以直內根直其正也說下可見聖人每言敬其中必含得正字意在

誠者先天之理敬者後天之學乾言存誠坤言敬以直內敬乃誠之所以存也

此事已至彼事猶未來此事若苟便爲彼事留下根子君子過衆人所謂無關緊要之事亦不敢苟卽此便是養

讀書以義理浸灌此心則於理日熟久則有若性成涵養工夫此亦一端

不違仁必以造次顛沛言者不如此便當面錯過何從覓得閒時光閒境界放你不違仁乎

和平正直養心之要

志爲氣動徵之怒時疾時最爲易見苟非未怒未疾之時常使志能帥氣此時安能立得定

存養是養性然性上難著工夫惟常正其志則所以存天所賦之正理者在此矣

萬事皆出於幾幾之妄發必由於昏而不及檢肆而不及持君子常求不失乎明愼而已

學之所以貴辨志察幾者爲其能正志謹幾也特辨察不先則正謹無其端矣

惟萬物統體一太極故須存養惟物物一太極故須省察

邵子皇極經世云用以體爲基體以用爲本可見動靜宜交相養

省察不是知善知惡便了須省其誠能好善惡惡爲善去惡與否工夫方有著落

不達天不可謂聖學不愼獨不可以達天

他人底事已不能知雖知亦不能代之做主若獨則已能知之愼獨則已能做主不愼奚待

通乎晝夜之道而知質諸鬼神而無疑愼獨而已矣

愼獨獨字有理有欲愼則所以存理去欲也大之爲忠小之爲念無非獨卽無弗當愼者

思善者爲君子思惡者爲小人誠之於思者誠於善而

已

先時知防後時知悔當幾正宜用力卻放過則并其防悔者亦非實矣

察幾工夫凡日用飲食之間欣喜畏惡之事皆不得少有所間有間則差失處不能自覺必且涓涓爲江河矣

養善於方始防欲於未萌復姤之旨也

所謂有時而昏者非特無工夫者爲然但檢察少間便不能免

易之吉凶書之治忽詩之所美刺春秋之所褒貶倒追上去只起於理欲二字君子所以畏微愼始而日兢

兢也
大固起於小顯固起於微然小自當謹微自當慎君子
隨時檢察正不必爲大與顯之所起而始然
朱子奏疏有云一念之萌則必謹而察之此爲天理耶
爲人欲耶果天理也則敬以擴之而不使其少有壅
閼果人欲也則敬以克之而不使其少有凝滯此可
見省察必兼擴充克治

擴充
復一陽生於下可以至乾此推廣之象也然始則在能
識其端故曰復小而辨於物
水未論其流之達不達當先辨其源之眞不眞故張子
言擴充必以明善固執先之
擴充有在橫裏説有在豎裏説橫如充之而愈盛愈大
是也豎如充之而愈實愈熟是也
擴充不必挹彼注兹但隨在盡其所當盡便是
擴充之功須密而無間不然則動靜語默常變難易時
境參差鮮不當面錯過矣
乾土之下有伏泉死灰之中有宿火幾希可以擴充如

是
甕中有火以物覆其口則火滅人有義理之心而遏塞
之其不息者幾何
幾死之人有一分元氣未盡充之便可得生無欲害人
之心無穿窬之心何人不有此元氣耶
善端之發見百姓與能推致之功雖至聖人地位亦不
敢自謂已無弗盡
擴充之所以可信其必能且不窮者只爲萬物皆備於
我
物類所稟往往亦有一偏之善所以推擴不得者限於
天也人性萬物皆備而可自限乎

人有善端而不能充者欲累之也擴充須離克治不得
善推者由本及末孟子於齊王卻因其不忍一牛引之
於愛民是由末亦可反本意蓋欲其識得理一而分
殊非謂愛民止當如愛牛而已
知皆擴而充之苟能充之可見擴充之道非兼明誠不
能盡

克治

克治之要在明與强氣質物欲習染種種爲患皆由自
蔽自累而已

不遷怒懲忿也而窒欲在其中不貳過改過也而遷善
在其中損益二卦之義已備矣

害仁莫如忿害義莫如欲懲之窒之乃所謂損以遠害
也

忿亦從欲上起見如好利好名好勝欲也能充其不欲
之心則貧而樂人不知而不愠犯而不校安有足動
吾忿者乎故學莫先於寡欲

輕喜易怒多至以小害大回想時始知一毫值不得何

不移事後之覺悟爲當幾之凝定耶

恕可治怒怒由於心不平於當平者不能平多由不能
將一身打入公中看

私忿之當無不待言矣公憤溢出當然分數究且流入
於私忿而不自覺此賢者所宜慎也

氣用事理便汩没動氣之宜切戒甚明

要成己又要忘己己有公私大小故也

克己乃得爲仁由己之己無我乃得萬物皆備之我

克己己字甚細如希聖希賢原學者本分内事但有些
目聖自賢之意便是己也

名上有萬般功美不救實上一分過惡是以君子必慎

其實
醫書無病者爲平人以此思身心疵累去之務盡亦只是求爲平人而已
知惡而處中人之所不爲惟不甚要緊之端似乎未足爲惡而實與惡同歸者非慎微者不能務絶
時時洗除舊習方是日新能洗除之本全在不吝吝則如認垢作身幾時去得
氣質但就一人而言亦有好處有不好處苟辨之不明涵養變化之功於何下手
變化氣質先要將那不好底意向變了
變化氣質之難多由不能舍己不能舍己多由看得這

箇己本是好底故欲變化者必先有自知之明乃能力於自克也
臨時能去病先在平時能培養如懲忿窒欲去病也以仁存心以禮存心培養也
涵養德性變化氣質原不論上根下根之别衆人非無善端之發君子亦有偏見之萌可以自棄自恃乎
改過自新者可分故我今我作兩人看目前現有當爲之事空悔既往無益古人所以不回顧破甑也
問昔者有過今日無過可謂之過乎曰昔者疾今日愈可謂之疾乎只怕自謂已愈之時仍是病人耳
去私之道只是一有便覺一覺便除然此事似易而甚難亦責之己而已
聞過則喜聞善言則拜舍己從人此聖賢之勇於從義也常人未及乎此由意氣用事不能自勝耳
一息尚存尚可改過亦尚可得過念此能無喜懼交至

力行

伊川程子曰舜孳孳爲善若未接物如何爲善只是主於敬便是爲善也可知行必兼乎顯微動靜矣

人無時無地不在行之中喜怒哀樂視聽言動子臣弟友富貴貧賤造次顚沛皆當自爲勘驗而責勉之

中庸言或勉强而行之孟子言强恕而行董子言勉强行道設誠於內而致行之大凡人要望好處行如逆水行舟不極力撑之那能向前

行當勉其難而不可忽其易徐行後長之不爲忽於易也

小學工夫從行上起觀弟子入則孝章可見

大德不踰閑小德不出入惟無間於敬者能之

行原不是別人差遣力行者要於自家心上戒欺求慊處領取

劉器之從學於司馬溫公咨盡心行已之要公教以誠且令自不妄語始力行一年而後成可見力行不惟其多貴在專一而切已

孟子曰行堯之行是堯而已矣行桀之行是桀而已矣三國志陳容曰夫仁義豈有常蹈之則君子背之則小人可見離卻當下行事更無人品可言

行不能不資乎氣行之本須是志足以帥氣

夜行者以火照路照路只爲行路起見學或務知不務行與照路而不行何異

讀聖人之書便當志聖人之志行聖人之行不然皆爲侮聖言

讀書但解文義此等人便到老也沒長進要得眞有長進須是能直下承當

人外無道道要在人上盡事外無理理要在事上盡君子存之在能盡其實事不是心上記憶得便了

學不以躬行爲主意則所學者必至於文滅質博溺心到要用時俱不濟事

知而不行知便糜爛了然亦多由於知不切若知得切便自强健有力雖欲不行而不可已

電者雷之光雷者電之力雷電合而章一語可喻知行之道

不言而四時行者天也天以行代言人以言代行可乎

知人論世原學者之事然非已爲天下之善士能免知未眞而論未當乎少年思此宜以勉已爲先而以議古爲後焉

人以古聖賢之言責諸已亦可以已之言責諸已責已周則行必力矣

善易者不言易於此可思躬行之實

誰不要行之乎仁義之途然與仁義爲難者甚多須先克去利害毀譽等見使不爲蔽累方有分

透得生死關方彀謹守範圍

願外者只爲不知有本分事本分事終日終歲終身做不了那有工夫願外

力行在奮勵處見亦在遏制處見遏制如不當思者能不思不當言者能不言不當爲者能不爲皆是

不能忘苦必不能力行不能有眞樂必不能忘苦然非理足以勝欲則亦不能有眞樂也

持志塾言卷上終

持志塾言卷下

興化　劉熙載　融齋

盡倫

知之者之所知行之者之所行謂達道也若離了達道則所謂知行者何事

人倫乃天理所充貫親義信序别本乎天賦五常之德皋陶謨所謂天敘有典也

理以倫爲著落倫以理爲主持故性分職分一以貫之父慈子孝兄良弟弟夫義婦聽長惠幼順君仁臣忠在禮運謂之人義一義字理一分殊並該於内

倫欲其明者如事君須明不以趨走承順爲恭而以責難陳善爲敬方能愛君以德而盡臣道之大也

小學全是養其知愛知敬之良幼時未必人人不缺小學工夫然愛敬之實具於天性在隨時自盡而已

責己者盡倫之本舜之負罪引慝孔子之所求未能只是常見己之不是耳

文中子御家四教曰勤儉恭恕恕字之義可即引中說以釋之曰爲人子者以其父之心爲心爲人弟者以其兄之心爲心

立身行道之外别無顯親揚名之事不然雖貴其身實辱其親也

孝者衆善之統而必合衆善以成之萬行之中有一未

善則孝虧矣

知子所以敬身之道則知所以事其親知天所以作君之意則知所以事其君

孝有大孝中孝小孝之別大者雖盡而小不可遺事君事兄交友亦莫不然

取友不外尊賢友賢則身益修然苟非先能自修則賢棄之矣

宇宙間當然之責總不出乎推恩引義而無不統攝於人倫者

立教

教學之道一也學以復性爲歸教人者亦使之去其性所本無求其性所固有而已矣

師者所以傳道道字極宜守定若除了道則所謂授業解惑者第在文藝之末古固不言修藝之謂教也

虞書言敬修其可願敬敷五教在寬可見成已成物俱離不得箇敬字

學者義理在心若火之在薪泉之在山教者只是吹之使然導之使達非別有以予之

學只是應病服藥教只是應病予藥

教人者使先認得所性之本然乃可望其自爲正而終不走作不然如暫一日離相依舊有顛危之患

學記曰教也者長善而救其失者也學者之質地不同則各有當長之善當救之失教者豈得執一例以施之

教是欲人同歸於善故因材因時教雖多術而主意則始終一也

教人莫先於教以虛公二字以爲受教之本

小學只從威儀言動倫常日用上教不急詔之以所以然詳慎之意可思

與童子言義理或難遽悟可因其好名象之心而引之於義理此亦猶大學教詩禮資博依雜服入也

教人者宜禮樂之意兼施禮故不至立脚不住樂故易入而可久

教人者其旨已明須闕一時方可復言不然或反以求詳之過致紛其旨

蓄所疑以爲學傳所疑以爲教闕疑之義不明於世所害非小

文中子論理論事多舉現成境地從不及其下手得力處病坐天資太高而以已量人故難爲立教者法耳

求仁主敬學之大要教不本此意而爲言未有是處

學者患陷於氣質之偏然必教者先自立於不偏乃能化人之偏故發蒙之本在以亨行時中也

《持志塾言》卷下　四

人品

觀品者觀其志與行志行俱離正實二字不得

循理者爲君子徇欲者爲小人存誠者爲君子作僞者爲小人論語喻義章大學誠意章言之盡矣

立品要不自菲薄又要不自滿假菲薄則不知聖賢人人可學滿假則不知才傑往往無成

上等人品原不皆生質過人只是硬地行向好路上去故高視岑樓皆憚於躡梯者之見也

喜怒語默行止去就利害毀譽皆可徵心以定品

高存乎操守大存乎器量厚存乎根柢深與遠存乎識慮

有志立品者未至純粹且須坦白使表裏如一便可實實用功以去非求是不然挾助長之心强附純粹必反落入著善揜不善界裏斷送一生矣聖人取狂狷而惡鄉愿以此

鄉愿亦以狂狷爲失中然彼能託爲中不能託爲正故欲無邪慝在於經正

居之似忠信如孔光行之似廉潔如公孫宏均之起於保祿固位之見耳大抵狂狷異於鄉愿惟能不爲利害壓住

狂狷可爲社稷之臣直諒之友鄉愿則容悅而已矣善柔而已矣餘事以是推之

《持志塾言》卷下　五

鄉愿僞德利口僞才聖人只是箇至誠所以惡之大者不立故廉爲小廉謹爲曲謹不然君子之一介不取細行必矜又何嘗有一時不以廉謹自律哉

屈身者必不能伸道蓋身外無道身既屈所伸又何道也律以女子之守身則是非定矣

有眞品者檢身常若不及又何暇矯矯示異於衆若臨深以爲高加少以爲多其人可知

有意立異無論其異非當異亦且有難勉難繼之時眞品只是箇常記所謂貫四時而不改柯易葉也

立品有終在於愼獨曾子當病革易簀求得正而斃具見平日得力於求慊戒欺者久

才器

有益生人之用方可爲才觀高辛才子高陽才子可以定才之實矣

有氣質之才如凡智識力量之過人者是也有德性之才如誠者之明仁者之勇是也

才不出乎智勇以見得透爲智尤以不參偏見爲智以做得到爲勇尤以不涉浪做爲勇

開事有才正事則無才務名有才務實則無才不正不實才之賊也

才用之於大則所就大用之於小則所就小故擇術不可不愼

有識量斯可有才才貴能渾之不露發之不誤非識量何以主之

才非器則無以忍屈伸超榮辱公恩怨而薄物細故得以動之始雖或幸有所立非所以適於久大矣

器小由於有我克己庶可擴而大之

能用才而不爲才所用方是量餘才外若有一分技癢之意淺矣

仰視見上不見下俯視見下不見上平視略偏於仰見遠不見近略偏於俯見近不見遠可見知能之囿於一曲亦人自使然

才者能也才而不能斂不能忘不能求益是無能矣尙

何才之足云

才有大有小有正有偏有精有粗有堅有脆若已爲小才則不能知人之大才餘準是

才各有長劉劭人物志探本陰陽五行以立言取人者欲識因才之用亦可由此得其大較

瞽者善聽聾者善視用人者豈可以不能棄其所能才各有所能施器各有所能受然無以達之於所不能者未通乎道也

諸葛武侯曰非學無以廣才邵康節詩曰此器養來年歲久可知才出於學器出於養

持志塾言卷下　八

致用

體不立則用不行而非用要無以見體觀於天以時行物生爲道則知人有開物成務之責矣

致用之道在於根極義理體貼物情能如此庶有遠大之規而無闊疎之弊

凡致用志要正而有常智要不鑿勇要不輕因革損益要因乎人情物理之自然

體上粗疎一分則用上窒礙一分故非精義入神無以致用

人必自憂其心之不治身之不修而後能憂國憂民故不知憂之人識者患之

持志塾言卷下　九

聖學王道其精微廣大之實在欲盡理純而已

仁術二字要善認蓋從仁生術術卽仁也若以術字當先術且爲仁之賊矣

惟能以公心實心爲學方能以公心實心任事觀人者可以覘事於學

成見偏見皆起於任我不任理任理斯能大公而順應待其人而後行苟不至德至道不凝可見道之行處卽是凝處非有二也

旣內自盡又外求助此二語通乎學問事業之本

王道才是透得根源霸者面子上補苴得儘好那根源受病處正如瘧母不除合下雖未見卽發發時必更

横決也
明德新民理原無二如誠意之如惡惡臭如好好色達之卽平天下之好民所好惡民所惡也
有萬世無弊之道中是也有隨時救弊之用忠質文是也然忠質文用之各有所當是卽所以爲中矣
聖人用禮樂政刑時只是完得箇喜怒哀樂未發時氣象
治道以體元保極爲存養以度務揆幾爲省察存察之理至該備矣
事無不以勤成以怠壞以靜成以躁壞戒忘戒助爲學與爲治一也

德外無功德外無言功不本於德功卽罪也言可知矣
權者經中恰好之用也若謂經外有權便是踰閑無忌憚之言
菽粟非所以治病蔘黄非所以養生經世之道貴各得其宜於此可想
見其大自然能立能權
陳司敗問昭公知禮而答以知禮孺悲欲見而辭以疾蓋聖人之權實卽是經所謂曲而有直體者也
對避世者言則曰吾非斯人之徒與而誰與對干時者言則曰枉己者未有能直人仁以安人義以正我可以觀其合矣

智勇之衰多由嗜好蔽累之絕利一源用師十倍古語卻非無見
智於私者愚於公勇於私者怯於公故智勇離仁字不得
鏡能照外而不能照內能照有形而不能照無形能照目前現在而不能照萬里之外億載之後乃知以鏡喻聖人之用心殊未之盡
因物之色而命之以黑白因物之聲而命之以宫商似乎物爲政者然然辨色於夜識聲於微因之中須有本領在此天下所以思婁曠也
是非不顛倒而好惡游移者其究是非亦不能不顛倒故定識非定力無以持之

能經緯萬端全在窮理理有未窮雖能制心一處然移步輒迷以云無事不辨則遠矣
古與今理同勢異不能貫通之是不知本不能變化之是不知用
無位能化人然後有位能治人易卦初爻其位未及於治人然所言修己之事卽所以化人者立矣
先天之中有用後天之中有體立本趣時原自拆開不得
事有似乎終身用不著者或遂以爲非吾分之所及雖以豫爲理會豈知分殊而理則一只尋常日用間得

失是非便可自證耶

超出一物斯能運動一物納身甕中尚欲甕惟我運乎

不忿小忿小恥將有大忿大恥隨之然所貴於能忍者初非爲其有此計較也君子亦但知己當克氣當養而已矣

春秋法嚴而情恕除御誅絕亂賊外俱有書用識哉欲並生哉之意

道須有益於生人之用乃與自私自利有別昌黎原道大旨括於一公字儒家既見得佛老不公豈可復自蹈之

濟物

已與人同得天地之理以爲性同得天地之氣以爲形念此焉得不覺其痛癢相關而以推己及人爲切切也

人於五臟六脈有一處受病必念念在此而爲之所誠念天下之病若病之在身則自不容已於求治矣國語云夫苟中心圖民知雖不及必將至焉善夫

已富而能濟人之貧已貴而能恤人之賤已智而能覺人之愚已勇而能振人之弱與物爲體卽是可推

利與善皆可公而不可私私善與私利相去幾何

身體髮膚受之父母不敢毀傷性受之天不敢棄此意

人所共有愛人者在體其意而曲全之

君子推樂於人引憂於已小人反是

易繫傳言聖人以此洗心退藏於密吉凶與民同患蓋惟無欲故仁也

良吏惟民是畏則他非所畏故棄榮利舍身命皆以尋常視之若其心爲利害之私所惑則其人先無所忌憚也審矣

吾欲爲物計久遠物或不喻其意而反以爲苦之我於此要不可忿疾於頑致不能從容以成事焉

見冕者與瞽者必以貌蓋冕者疲癃殘疾所仰以託命也聖人矜瞽者之心已可於尊冕者見矣

人有致危之道當爲救濟於未然見孺子將入井將字要著眼

善操舟則風不爲患人事之可以挽回氣數何疑

隨時地隨分量皆可利物分人以財教人以善愼勿以其小而不爲

正物

人之得於天者本無不正欲使人人各自爲正只在因其本然者而導之耳

人心之不正而世道從之正人心乃撥亂反正之本而自正其心又正人心之本也

正物者示物以恥倘則物於所當去當從能自辨之

維世道在存是非能與人共存則共存之不能則獨存之獨存之久必有從之者矣

上者能變俗其次不爲俗變其下變於俗人苟不能堅不易之操倘何以膺世道之責耶

俗之流失無非便其忿欲而已君子內能克己故能外不徇俗也

小人常樂人之徇己君子常樂人之正己樂徇己者必徇人樂正己者必正人

隱用變化之道於人而人不知者上也若待於顯辨是非須是理平而氣不動人乃易從

天下之至言原無新奇可喜管輅引易義以規何晏鄧颺而鄧颺以爲老生常談不知常言卽是至言在用之對病耳

程子曰聖人責人緩而不迫事正則已矣於此見責人過當者只是任一己之私心非眞欲事之有益也

君子好人之善當使善類獲全而於世道有益此石守

道之　范文正所以目爲鬼怪也
治亂出於邪正邪正判於義利春秋者聖人惡利之書
也
春秋未作爲善者或没世無稱爲惡者或其徒誦義無
窮所謂春秋明是非者因其不明而明之也
名之不正起於微物而漸以及其大春秋正微物之名
意甚深遠
孟子所謂邪說詖行皆當時所習見習聞不以爲怪者
也君子危衆人之所安精神命脈全在一懼字
君子憂世小人便巳此所以治必生於君子亂必生於
小人也能使君子道長小人道消則操乎開治塞亂
之本矣

處事
一幾字而事前事後事內事外無不畢貫故作事在先
審其幾
凡處事主腦欲正籌策欲審規矩欲整
謀貴詳斷貴約推而上之可通精一之旨
審度事理當於兩端中求一是不可於一是中持兩端
處事賴乎智勇智生於窮理勇生於養氣
任事者恃天資則拘於氣質恃閱歷又每蔽於習染欲
去拘蔽舍學無由焉
順理以應事則終日應事如未嘗應役於私意則已先
自擾復益之以事自覺不勝其勞

合計其事之始終則於當前所作必能腳踏實地而不
急急求爲可觀急求可觀只是識力淺薄
閒時不閒故得忙時不忙此處事所以貴勤人所忽也
試觀臨事而倉皇者孰非無事而忽忘者乎
左氏稱孟明曰其不懈也能懼思也於此可見勤出於
憂
煩是事來亂我耐煩是我心不爲事所亂心不亂則事
治矣
事於衆人提不起處能提起放不下處能放下必自不
以私欲自累始
事非於巳心上能自慊於人分上實有濟者雖甚好看

庸詎不可以已

害事之人凡有兩樣一畏事事廢一喜事事生

能持得事之大體雖小處畧差撥正尚易若大體先有未是小處雖極力補之總補不來

事無小纔說是小事便誤大事是以震於大者固爲衆人忽於小者亦非豪傑爲皆不得聖賢敬事之心也

兼兩端而稱其輕重者爲權不論常變也苟事宜守常如閔子仍舊貫何必改作之言乃正是權若一味主變則王荆公之變法可謂權乎

一是一非顯然相形則無事乎權權從似乎兩是者而生故非有精義之學者不可言權

左氏論事於未然大抵辨敬肆以定其歸正不必以其言之太驗而過疑之

事莫患於有所爲而爲之有爲而爲非但久而必倦就其爲之之始心先病矣故君子無事不立乎誠

處境

天下之境萬有不齊誰是一一歷過底然必心上先能一一打得過處之才免忻厭是以君子雖或終身止處一境要必有可以處一切境者存

君子愛人以德則所以愛已者可知矣若處境不問道義所宜惟勞逸苦樂是計其自待抑何薄耶

在我者重則外物輕故君子處順逆二境皆能凝然不動若從輕外物著意而不求其在我者失之矣

處逆境之要蔽之以兩言曰風雨如晦雞鳴不已處順境之要蔽之以兩言曰無已太康職思其居

易之道時而已矣以乾卦言之如潛在初爲時見在二

爲時上之亢則爲不時也

人不患外困於境而患自困於私君子惟不自困故能在困而亨

困於飲食男女與困於死亡貧苦皆非易之所謂亨者心貪爲貧屈爲賤衰爲老疚爲病亡爲死若心無累境自不能困之

蹇爻無有言來而不吉者孟子曰行有不得者皆反求諸已韓子曰惟乖於時乃與天通皆來之義也

人之命有出於稟賦者如體弱故病是也有出於遭遇者如歲歉故貧是也於此能養身節用盡其分所當然而藥不妄服財不苟得則存乎以義處命者矣

寒暑之來人之所不能免也裘葛有備使不爲寒暑所侵人之所得爲也夫君子之處境亦求諸得爲者而已矣

要得面前道路寬只在順當然之理長木横負之而行則徑窄順負之而行則徑寬寬窄乃其所自爲也

君子之所謂命者惟在於理而不以數當之故常有福至而不居患不及而願任者似乎違命實則順命也

孟子言苦勞餓空乏拂亂所以動心動心正要義理之心常在非與言不動心之意相悖也

成仁取義不獨當懍之死生之際凡處富貴貧賤及一切之境皆不可須臾忘之

耐寂耐煩一説到耐尚有苦而難受之意君子視煩寂二者非苦境乃常境也亦行吾常而已何耐之可云

處逆境能寬解而不自苦處順境能抑損而不自奉世俗或遂以此爲難及不知一境有一境當盡之事此未足副其實也

木入水則浮金入水則沈浮者自浮沈者自沈水無與焉舍分量而問位置枉爲務外而已

處世

處世者自省其德之中不中位之當不當外省其應之正不正非易道何以準之

舍己從人不易乎世處世須兼此二義

是非誠僞律己者皆當用以自勘不可少寬至論人則當以是非爲先不可遽於誠僞吹索無遺反略是非大段

人非聖人誰能盡善二語責己時勿想著恕人時須想著

取其大節恕其小過庶不至失豪傑而苦中人

平易近人之中有至嚴者存乃可外不失人内不失己

身能爲損益於世故君子必慎其所脩世能爲損益於身故君子必慎其所與

凡事當問事理之宜不宜不當問己欲之便不便便宜二字辨之弗明則義利雙行王霸並用若便於世則可矣

王道聖學不外人情人情以大公至是者言之善夫伊川易傳釋睽象君子以同而異曰蓋於秉彝則同矣於世俗之失則異也

於變風變雅見天理之常存人心之不死在變而能不變斯可處變也矣

隨時之義隨時救之非徇之也以喜隨人者不占而已

矣

人有不是而隨順之不惟失己且益人之疾也己有不是而欲人隨順之不惟屈人且益己之疾也仁者人己並愛豈忍出此

改己之過規人之過取人之善公善於人皆性分內事無一可已

順之則喜拂之則怒惟婦人孺子爲然大丈夫當處茲不動

徇俗與有心戾俗皆爲俗動者也一以是非爲權衡俗何能誘我激我

不敬人不愛人則已爲傲戾之己其不自愛敬亦甚矣

功名者爭之器也況以矜伐處之乎試思孰寶物以驕人人意何如

放於名而行亦多怨名歸己謗必歸人也

有恥者不辱人處處思人之有恥誰不如我則辱人之意無自而生

爲人作一事要旁人道好及要其人生感其不因人不知而輟者鮮矣抑所謂人之君子天之小人也

天地

天地有理有氣有形其實道與器本不相離可知學當合體用爲一矣

貴貴長長賢賢地道也恤賤慈幼哀不肖天道也

天只是以人之心爲心人只當體天之心以爲心天人之理孝慈而已矣

天道至誠無息而萬物各得其所君子敬以持己恕以及物所以承天也

天道至公人能思天之於我於人一般看視自不敢萌一毫自私自利之心

公而誠乃可上下與天地同流

誠自可格天地孝自可格父母其有未格者誠孝未至也

父母愛子之心天地愛人之心同一無所不至在人自問其爲子爲人果足當其愛與否耳

天地生育萬物不自以爲功而人亦習而忘之於此見皞皞氣象

坤道之順順乾之健也若解作與健字相反失之遠矣易說卦傳坤爲衆繫傳坤以簡能離簡無衆離衆無簡也

道只是箇常常必合對待流行者以觀之遇盈謂盈遇虛謂虛遇消謂消遇息謂息難以知常矣

心性

天賦性於人以全授之人當以全歸之故盡性是本分事不能盡性便是虧了本分

天具元亨利貞四德所尙所厭可知矣人之本心與天無間顧可不深懼梏亡以務免夫失類耶

元者善之長故善字以上聖人不言

觀於藥性知草木亦秉五常之一只是不能相通故天地之性人爲貴

天之理備於人如每一瓜子內皆有全瓜之性在

性統萬善若於事物上通貫不去則所謂性者非性矣

知性善則知一切好事皆本分中所有一切不好事皆本分中所無斯於當爲當去者自爲之去之而不能已

學者自信得性善則知其可學教人者信得人之性善則知其可教其能信處即是性善也

善則好之以其與本體同也惡則惡之以其與本體異也觀人心好惡之常性善豈難知哉

性要在七情五事五倫萬行上盡盡之之功敬而已矣孟子言養性先言知性朱子註畏天命君子而時中君子存之亦皆補出一知字說

以義理爲性而不可恃也以氣質爲性而不可任也故必盡性節性焉斯可耳

季路問事鬼神章可爲通乎晝夜之道而知註腳

義理之命初終不易氣數之命中間屢遷君子敬以奉其不易者乃傳所謂人之於天以道受命也

惕无咎亢有悔可見易不於人事之外言數

聖人體至純而用至備知太極與陰陽五行爲體用則知聖人

人與天地相感應只爲元來是一箇

人心之蔽於天道秦爲最甚西漢承秦之餘聰明特達之士尚不免視仁義若矯弊之用而未知爲陰陽之理之自然也至董仲舒乃始推本於天以立言

乾知坤能乾始坤成乾象坤法人道當兼以之

歐陽公謂聖人教人性非所先語病甚大其病根由以性與五常爲二物也

人之言性者不齊於性初無所加損惟道性善者必歸於善道性惡者必歸於惡道性善惡混者必歸於混道性善惡空者必歸於空則有斷斷不爽者

先儒楊氏謂人性上不可添一物此最道得盡蓋性上一有所添便是不好底物事矣

道無往而不在古之矜細行勤小物者知之

天在山中曰大畜人之心在身中所畜之大亦如之

理之在天地萬物與理之在吾心一而已矣魚口之內外皆水也橐籥之內外皆風也

心之所以爲大體者以能以義理爲主而不聽血氣用事也不然與小體何異

心不若人則不知惡不若人如不好義而好利不憂道而憂貧皆是

心須是常在本位動而失中雖非惡念亦屬私意私與惡之實相去幾何

喜怒哀樂一不中節則行之於身措之於世無不差謬學當以理性情爲第一義

人心有欲則昏公生明誠則明惟無欲也

心役於物非必外物如役於忿役於欲皆是

事要好看好聽皆害心之欲也怵惕惻隱不以內交要譽惡其聲而然心之本體斯見矣

語默動靜天理常存是爲本體不動舍天理而言不動皆異學也

止其所卽是不息不息卽是止其所止不息皆指天理而言

人之本心喻以鏡不如喻以日日能長養萬物鏡但能照而已用異則體可知矣

生於其心害於其政舉趾高心不固內以占外外以占內皆易理也

告子不得於言勿求於心不得於心勿求於氣此易所謂艮其限也言心氣孟子本貫爲一箇告子卻截成

三箇其蔽甚矣

仁人心也仁存卽是心存若舍仁而言存心所存果何心乎

時有造次而心不可造次時有顛沛而心不可顛沛每當造次顛沛時須念之

人窮則反本此特以常人言之若君子則無時不反本不待窮而後然

論語中庸言忠恕大學曰心誠求之所藏乎身不恕孟子曰反身而誠强恕而行周子曰聖誠而已矣聖人之道至公而已矣聖賢心法先後一揆如此

禮樂

禮樂之道中而已矣先王欲節人情之過不及禮樂所以不可已於作也

禮只是以天理綱紀人事道器一貫於此見矣

從欲之事皆禮之所禁從義之事皆禮之所與故勤禮謂之君子

禮主於敬敬天敬身敬人敬事皆禮意也

曾子告孟敬子自動容貌以迄籩豆之事皆禮也而籩豆之事居時而一行不若動容貌三者斯須不可去故輕重分焉歐陽文忠新唐書禮樂志論亦此意

聘義言所貴於勇敢者貴其敢行禮義士君子當見禮

義未卽行時試自問其不敢者何則愧且奮矣

直而溫寬而栗貴中而已矣樂之變化氣質類如此九德皆禮樂之意

忘與助長不可爲敬亦不可爲和然則敬和皆離中字不得

仁主於愛義主於敬禮殊事合敬樂異文合愛仁義禮樂相爲表裏可見

禮樂不外律度而已君子言不過辭動不過則是卽吾身之律度也

人倫爲禮樂之序和所自出禮樂惟原本人倫故可以經緯人倫也

孝經教民親愛章以孝弟禮樂並言孟子亦以孝弟爲禮樂之實

祭義云樂自順此生刑自反此作以此見先王孝治天下事理無所不貫

心身家國之治無不以敬與和其亂無不以肆與乖知治者知禮樂而已矣

嗃嗃嘻嘻之象不可有於世猶不可有於家也和平嚴肅舍禮樂奚以致之

先王本禮樂之實以爲治凡行出來底全是一片愛人敬人之心故天下亦莫不尊親之

萬物各具禮樂之性故得禮而理得樂而樂聖人禮樂

之制亦因物性之固有而已

樂主於發散禮主於收斂禮樂互根而陰陽通復之義存乎其間

不情之理非理非理之情不情失在禮樂不相用也相用者須是節而和和而節

眞博必約眞約必博偏文偏質偏損偏益其未明乎宰制經緯之道一也

飲食宴樂本生人嗜慾所存而以禮樂節之聖人教世之微意可思

問事爲之制曲爲之防得無制不勝制防不勝防乎曰制防且慮踰越況謂可以已乎

持志塾言卷下終

藝槩

敘

藝者道之形也學者兼通六藝尙矣次則文章名類各舉一端莫不爲藝卽莫不當根極於道顧或謂藝之條緒綦繁言藝者非至詳不足以備道雖然欲極其詳詳有極乎若舉此以槩乎彼舉少以槩乎多亦何必殫竭無餘始足以明指要乎是故余平昔言藝好言其槩今復於存者輯之以名其名也莊子取槩乎皆嘗有聞太史公歎文辭不少槩見聞見皆以槩爲言非限於一曲也蓋得其大意則小缺爲無傷且觸類引伸安知顯缺者非卽隱備者哉抑聞之大戴記曰通道必簡槩之云者知爲簡而已矣至果爲通道與否則存乎人之所見

余初不敢意必於其間焉

同治癸酉仲春興化劉熙載融齋自敘

藝槩目錄

藝槩卷一

興化　劉熙載　融齋

文槩

六經文之範圍也聖人之旨於經觀其大備其深博無涯涘乃文心雕龍所謂百家騰躍終入環內者也

有道理之家有義理之家有事理之家有情理之家四家說見劉劭人物志文之本領祇此四者盡之然孰非經所統攝者乎

九流皆託始於六經觀漢書藝文志可知其槩左氏之時有六經未有各家然其書中所取義已不能有純無雜揚子雲謂之品藻其意微矣

春秋文見於此起義在彼左氏窺此祕故其文虛實互藏兩在不測

微而顯志而晦婉而成章盡而不汙懲惡而勸善左氏釋經有此五體其實左氏敘事亦處處皆本此意

左氏敘事紛者整之孤者輔之板者活之直者婉之俗者雅之枯者腴之簡裁運化之方斯為大備

劉知幾史通謂左傳其言簡而要其事詳而博余謂百世史家類不出乎此法後漢書稱荀悅漢紀辭約事詳新唐書以文省事增為尚其知之矣

煩而不整俗而不典書不實錄賞罰不中文不勝質史家謂之五難評左氏者借是說以反觀之亦可知其衆美兼擅矣

杜元凱序左傳曰其文緩呂東萊謂文章從容委曲而意獨至惟左氏所載當時君臣之言為然蓋繇聖人餘澤未遠涵養自別故其辭氣不迫如此此可為元凱下一注腳蓋緩乃無矜無躁不是弛而不嚴也

文得元氣便厚左氏雖說衰世事卻尚有許多元氣在

學左氏者當先意法而後氣象氣象所長在雍容爾雅然亦有因當時文勝之習而觭重以肖之者後人必沾沾求似恐失之嘽緩侈靡矣

蕭穎士與韋述書云於穀梁師其簡於公羊得其覈二語意皆明白惟言於左氏取其文文字要善認當知

孤質非文浮豔亦非文也

左氏敘戰之將勝者必先有戒懼之意如韓原秦穆之言城濮晉文之言邲楚莊之言皆是也不勝者反此觀指歸故文貴於所以然處著筆

左傳善用密國策善用疏國策之章法筆法奇矣若論字句之精嚴則左公允推獨步

左氏與史遷同一多愛故於六經之旨均不能出入若論不動聲色則左於馬加一等矣

馳騁田獵令人心發狂以左氏之才之學而文必範我馳驅其識慮遠矣

國語周魯多掌故齊多制晉越多謀其文有甚厚甚精

處亦有翦裁疎漏處讀者宜別而取之

柳柳州嘗作非國語然自序其書稱國語文深閎傑異其與韋中立書謂參之國語以博其趣則國語之懿亦可見矣

公穀二傳解義皆推見至隱非好學深思不能有是至傳間有異疑信並存正其不敢過而廢之之意

公穀兩家善讀春秋本經輕讀重讀緩讀急讀讀不同而義以別矣莊子逸篇仲尼讀春秋老聃踞竈觚而聽雖屬寓言亦可爲春秋尙讀之證

左氏尙禮故文公羊尙智故通穀梁尙義故正

公羊堂廡較大穀梁指歸較正左氏堂廡更大於公羊而指歸往往不及穀梁

檀弓語少意密顯言直言所難盡者但以句中之眼文外之致含藏之已使人自得其實是何神境

左氏森嚴文贍而義明人之盡也檀弓渾化語疎而情密天之全也

文之自然無若檀弓刻畫無若攷工公穀

檀弓誠慤頎至攷工樸屬微至

問喪一篇纏緜悽愴與三年問皆爲戴記中之至文三年問大要出於荀子知問喪之傳亦必古矣

家語非劉向校定之遺亦非王肅孔猛所能託大抵儒家會集記載而成書是以有純有駁在讀者自辨之耳

家語好處可卽以家語中一言評之曰篤雅有節

家語之文純者可幾檀弓雜者甚或不及孔叢子

國策疵弊曾子固戰國策目錄序盡之矣抑蘇老泉諫論曰蘇秦張儀吾取其術不取其心益嘗推此意以觀之如魯仲連之不帝秦正矣然自稱爲人排患釋難解紛亂其非無術可知然則讀書者亦顧所用何如耳使用之不善亦何讀而可哉

戰國說士之言其用意類能先立地步故得如善攻者使人不能守善守者使人不能攻也不然專於措辭求奇雖復可驚可喜不免脃而易敗

文之快者每不沈沈者每不快國策乃沈而快文之雋者每不雄雄者每不雋國策乃雄而雋

國策明快無如虞卿之折樓緩慷慨無如荆卿之辭燕丹

國策文有兩種一堅明約束賈生得之一沈鬱頓挫司馬子長得之

杜詩義鶻行云斗上捩孤影一斗字形容鶻之奇變極矣文家用筆得斗字訣便能一落千丈一飛沖天國策其尤易見者

韓子曰孟氏醇乎醇程子曰孟子儘雄辯韓對荀揚言之程對孔顏言之也

孟子之文至簡至易如舟師執柁中流自在而推移費力者不覺自屈龜山楊氏論孟子千變萬化只說從心上來可謂探本之言

孟子之文百變而不離其宗然此亦諸子所同其度越諸子處乃在析義至精不惟用法至密也

集義養氣是孟子本領不從事於此而學孟子之文得無彖之然乎

荀子明六藝之歸其學分之足了數大儒其尊孔子黜異端貴王賤霸猶孟子志也讀者不能擇取之而必過疵之亦惑矣

孟子之時孔道已將不著況荀子時乎荀子矯世之枉

雖立言之意時或過激然非自知明而信道篤者不能

易傳言智崇禮卑荀卿立言不能皆粹然大要在禮智之間

屈子離騷之旨只百爾所思不如我所之二語足以括之百爾如女嬃靈氛巫咸皆是

太史公屈原傳贊曰悲其志又曰未嘗不垂涕想見其爲人志也爲人也論屈子辭者其斯爲觀其深哉

孟子曰小弁之怨親親也親親仁也夫忠臣之事君孝子之事親一也屈子離騷若經孟子論定必深有取焉

文麗用寡揚雄以之稱相如然不可以之稱屈原蓋屈之辭能使讀者興起盡忠疾邪之意便是用不寡也

國手置棋觀者迷離置者明白離騷之文似之不善讀者疑爲於此於彼恍惚無定不知只由自己眼低

蘇老泉謂詩人優柔騷人清深其實清深中正復有優柔意

古人意在筆先故得舉止閒暇後人意在筆後故至手腳忙亂杜元凱稱左氏其文緩曹子桓稱屈原優游緩節緩豈易及者乎

莊子文看似胡說亂說骨裏卻儘有分數彼固自謂猖狂妄行而蹈乎大方也學者何不從蹈大方處求之

莊子寓眞於誕寓實於元於此見寓言之妙

莊子文法斷續之妙如逍遥遊忽說鵬忽說蜩與鷽鳩斥鷃是爲斷下乃接之曰此大小之辨也則上文之斷處皆續矣而下文宋榮子許由接輿惠子諸斷處亦無不續矣

文有合兩篇爲關鍵者莊子逍遥遊小知不及大知小年不及大年讀者初不覺意注何處直至齊物論天下莫大於秋毫之末四句始見前語正豫爲此處翻轉地耳

文之神妙莫過於能飛莊子之言鵬曰怒而飛今觀其文無端而來無端而去殆得飛之機者烏知非鵬之

學爲周耶

莊子齊物論大塊噫氣其名爲風一段體物入微與之神似者攷工記後柳州文中亦間有之

意出塵外怪生筆端莊子之文可以是評之其根極則天下篇已自道矣曰充實不可以已

老年之文多平淡莊子書中有莊子將死一段其爲晚年之作無疑然其文一何詼詭之甚

莊子是跳過法離騷是囘抱法國策是獨闢法左傳史記是兩寄法

有路可走卒歸於無路可走如屈子所謂登高吾不說入下吾不能是也無路可走卒歸於有路可走如莊

子所謂今子有五石之瓠何不慮以爲大樽而浮於江湖今子有大樹何不樹之於無何有之鄉廣莫之野是也而二子之書之全旨亦可以此槩之

柳子厚辯列子云其文辭類莊子而尤爲質厚少爲作好文者可廢耶案列子實爲莊子所宗本其辭之詼詭時或甚於莊子惟其氣不似莊子放縱耳

文章蹊徑好尚自莊列出而一變佛書入中國又一變世說新語成書又一變此諸書人鮮不讀讀鮮不嗜往往與之俱化惟涉而不溺役之而不爲所役是在卓爾之大雅矣

文家於莊列外喜稱楞嚴淨名二經識者知二經乃似關尹子而不近莊列蓋二經筆法有前無郤莊列俱有曲致而莊尤縹緲奇變乃如風行水上自然成文也

韓非鋒穎太鋭莊子天下篇稱老子道術所戒曰鋭則挫矣惜乎非能作解老喻老而不鑒之也至其書大端之得失太史公業已言之

管子用法術而本源未爲失正如上服度則六親多固四維張則君令行此等語豈申韓所能道

周秦間諸子之文雖純駁不同皆有箇自家在內後世爲文者於彼於此左顧右盼以求當衆人之意宜亦諸子所深恥與

秦文雄奇漢文醇厚大抵越世高談漢不如秦本經立義秦亦不能如漢也

西京文之最不可及者文帝之詔書也周書呂刑論者以爲哀矜惻怛猶可以想見三代忠厚之遺意然彼文至而實不至孰若文帝之情至而文生耶

西漢文無體不備言大道則董仲舒該百家則淮南子敘事則司馬遷論事則賈誼辭章則司馬相如人知數子之文純粹旁礴窈眇昭晰雍容各有所至尤當於其原委窮之

賈生陳政事大抵以禮爲根極劉歆移讓太常博士書云在漢朝之儒惟賈生而已一儒字下得極有分曉

何太史公但稱其明申商也

賈生謀慮之文非策士所能道經制之文非經生所能道漢臣後起者得其一支一節皆足以建議朝廷擅名當世然孰若其籠罩羣有而精之哉

柳子厚與楊京兆憑書云明如賈誼一明字體用俱見若文心雕龍謂賈生俊發故文潔而體清語雖較詳然似將賈生作文士看矣

脩書李德林傳任城王湝遺楊遵彥書曰經國大體是賈生鼂錯之儔雕蟲小技殆相如子雲之輩此重美德林之兼長耳然可見馬揚所長在研鍊字句其識議非賈鼂比也

鼂家令趙營平皆深於籌策之文趙取成其事不必其奇也鼂取切於時不必其高也

董仲舒學本公羊而進退容止非禮不行則其於禮也深矣至觀其論大道深奧宏博又知於諸經之義無所不貫

董仲舒對策言諸不在六藝之科孔子之術者皆絕其道勿使並進其見卓矣揚雄非聖哲之書不好蓋夷此意然未若董之自得也

漢家制度王霸雜用漢家文章周秦並法惟董仲舒一路無秦氣

馬遷之史與左氏一揆左氏先經以始事後經以終義依經以辯理錯經以合異在馬則夾敘夾議於諸法已不移而具

文之道時爲大春秋不同於尚書無論矣即以左傳史記言之強左爲史則噍殺強史爲左則嘽緩惟與時爲消息故不同正所以同也

文之有左馬猶書之有羲獻也張懷瓘論書云若逸氣縱橫則羲謝於獻若簪裾禮樂則獻不繼羲

末世爭利維彼奔義太史公於敘伯夷列傳發之而史記全書重義之旨亦不異是書中言利處寓貶於褒班固譏其崇勢利而羞貧賤宜後人之復譏固與

太史公文精神氣血無所不具學者不得其眞際而襲

其形似此莊子所謂非生人之行而至死人之理適得怪焉者也

太史公文疏與密皆詣其極密者義法也蘇子由稱其疏蕩有奇氣於義法猶未道及

太史公時有河漢之言而意理卻細入無間評者謂亂道卻好其實本非亂道也

史記敘事文外無窮雖一溪一壑皆與長江大河相若敘事不合參入斷語太史公寓主意於客位允稱微妙

太史公文悲世之意多憤世之意少是以立身常在高處至讀者或謂之悲或謂之憤又可以自徵器量焉

太史公文兼括六藝百家之旨第論其惻怛之情抑揚

之致則得於詩三百篇及離騷居多

學離騷得其情者爲太史公得其辭者爲司馬長卿長卿雖非無得於情要是辭一邊居多離形得似當以史公爲尙

學無所不闚善指事類情太史公以是稱莊子亦自寓也

文如雲龍霧豹出沒隱見變化無方此莊騷太史所同

尙禮法者好左氏尙天機者好莊子尙性情者好離騷尙智計者好國策尙意氣者好史記好各因人書之本量初不以此加損焉

太史公文與楚漢間文相近其傳楚漢間人成片引其言語與己之精神相入無間直令讀者莫能辨之

十一　藝槩卷一

子長精思逸韻俱勝孟堅或問逸韻非孟堅所及固也精思復何以異曰子長能從無尺寸處起尺寸孟堅遇尺寸難施處則差數覯矣

太史公文韓得其雄歐得其逸雄者善用直捷故發端便見出奇逸者善用紆徐故引緒乃覘入妙

畫訣石有三面樹有四枝蓋筆法須兼陰陽向背也於司馬子長文往往遇之

太史公文如張長史於歌舞戰鬭悉取其意與法以爲草書其祕要則在於無我而以萬物爲我也

淮南子連類喻義本諸易與莊子而奇偉宏富又能自用其才雖使與先秦諸子同時亦足成一家之作

賈長沙太史公淮南子三家文皆有先秦遺意若董江都劉中壘乃漢文本色也

司馬長卿文雖乏實用然舉止矜貴揚搉典碩故昌黎碑版之文亦儀象之

用辭賦之駢麗以爲文者起於宋玉對楚王問後此則鄒陽枚乘相如是也惟此體施之必擇所宜古人自主文譎諫外鮮或取焉

劉向文足繼董仲舒仲舒治公羊向治穀梁仲舒對策向上封事引春秋並言天地之常經古今之通義亦可見所學之務乎其大不似經生習氣譊譊置辯於細故之異同也

十二　藝槩卷一

劉向匡衡文皆本經術向傾吐肝膽誠懇悱惻說經卻轉有大意處衡則說經較細然覺志不逮辭矣

揚子雲說道理可謂能將許大見識尋求然從來足於道者文必自然流出太元法言抑何氣盡力竭耶

揚子法言有些怒意蓋專已創言人雖怪且厭之弗爲少動也

東坡答謝民師書謂揚雄好爲艱深之辭以文淺易之說子固答王深甫論揚雄書云雄自度學每有所進則於雄書每有所得曾蘇所見不同如此介甫與王深甫書亦盛推雄如所謂孟子沒能言大人而不放

於老莊者揚子而已是也

司馬溫公敘揚子謂孟子好詩書文直而顯荀子好禮文富而麗揚子好易文簡而奧孟荀揚並稱無別與昌黎之論三子異矣

揚子雲之言其病正坐近似聖人朱子語類云若能得聖人之心則雖言語各別不害其為同此可知學貴實有諸己也

孫可之與高錫望書云文章如面史才最難到司馬子長之地千載獨聞得揚子雲余謂子雲之史今無可見大抵已被班氏取入漢書漢書揚雄傳或疑出於雄所自述亦可見其梗槩矣

班孟堅文宗仰在董生匡劉諸家雖氣味已是東京然爾雅深厚其所長也

蘇子由稱太史公疎蕩有奇氣劉彥和稱班孟堅裁密而思靡疎密二字其用不可勝窮

王充王符仲長統三家文皆東京之矯矯者分按之大抵論衡奇創略近淮南子潛夫論醇厚略近董廣川昌言俊發略近賈長沙范史譏三子好申一隅之說然無害為各自成家

王充論衡獨抒己見思力絕人雖時有激而近僻者然不掩其卓詣故不獨蔡中郎劉子元深重其書即韓退之性有三品之說亦承藉於其本性篇也

潛夫論皆貴德義抑榮利之旨雖論卜論夢亦然

東漢文浸入排麗是以難企西京繆襲稱仲長統才章足繼董賈劉揚今以昌言與數子之書並讀氣格果相伯仲耶

仲長統深取崔寔政論謂凡為人主宜寫一通置之坐側按政論所言王權不至經謂濟時拯世不必體堯蹈舜此豈為治之常法哉而統服之若此宜其所著之昌言旨不皆粹也

崔寔政論參霸政之法術荀悅申鑒明古聖王之仁義悅言屏四患崇五政允足為後世法戒寔言孝宣優於孝文意在矯哀漢之弊故不覺言之過當耳

遒文壯節於漢季得兩人焉孔文舉臧子源是也曹子建陳孔璋文為建安之傑然尚非其倫比

孔北海文雖體屬駢麗然卓犖遒亮令人想見其為人唐李文饒文氣骨之高差可繼踵

鄭康成戒子益恩書雍雍穆穆隱然涵詩禮之氣

漢魏之間文滅其質以武侯經世之言而當時怪其文采不豔然彼豔者如實用何

曾子固徐幹中論目錄序謂幹能考六藝推仲尼孟子之旨余謂幹之文非但其理不駁其氣亦雍容靜穆非有養不能至焉

徐幹中論說道理俱正而實審大臣篇極推荀卿而不

取遊説之士考僞篇以求名爲聖人之至禁其指緊可見矣魏文稱其含文抱質恬淡寡欲有箕山之志蓋爲得之然偉長豈以是言增重哉

陳壽三國志文中子謂其依大義而削異端晁公武讀書志謂其高簡有法可見義法二字爲史家之要

晉元康中范頵等上表謂陳壽文豔不及相如而質直過之此言殆外矣相如自是辭家壽是史家體本不同文質豈容並論

文中子抑遷固而與陳壽所言似過然觀壽書練覈事情每下一字一句極有斤兩雖遷固亦當心折

六代之文麗才多而練才少有練才焉如陸士衡是也

蓋其思既能入微而才復足以籠鉅故其所作皆傑然自樹質幹文心雕龍但目以情繁辭隱殊未盡之

陶淵明爲文不多且若未嘗經意然其文不可以學而能非文之難有其胸次爲難也

史家學識當出文士之上范蔚宗嘗自言恥作文士文然其史筆於文士纖雜之見往往振刷不盡

史通稱孟堅辭惟温雅理多愜當其尤美者有典誥之風范史自謂循吏以下諸序論筆勢縱放往往不減過秦篇史通亦言蔚宗參蹤於賈誼班范兩家宗派於此別矣

酈道元敘山水峻潔層深奄有楚辭山鬼招隱士勝境柳柳州遊記此其先導耶

劉勰新論體出於韓非子説林及淮南子説山訓説林訓其中格言如慎獨篇獨立不慙影獨寢不愧衾二語六朝時幾人能道及此

王仲淹中説似其門人所記其意理精實氣象雍裕可以觀其所藴亦可以知記者之所得矣

荀子與文中子皆深於禮樂之意其文則荀子較雄峻文中子較深婉可想其質學各有所近彼此如韓昌黎李習之兩家文分塗亦然

荀子言法後王文中子稱漢七制之主特節取之意耳至宋永嘉諸公遂本此意衍爲學派而一切議論因

之未免偏據而規小矣

畏天憫人四字見文中子周公篇蓋論易也今讀中説全書覺其心法皆不出此意

元次山文狂狷之言也其所著出規意存乎有爲處規意存乎有守至七不如七篇雖若憤世太深而憂世正復甚摯是亦足使頑廉懦立未許以矯枉過正目之

陸宣公文貴本親用既非脅儒之迂疏亦異雜霸之功利於此見情理之外無經濟也

陸宣公奏議評以四字曰正實切事

陸宣公奏議妙能不同於賈生賈生之言猶不見用況

則庸而已不是之異則妄而已

昌黎自言約六經之旨而成文旨字專以本領言不必其文之相似故雖於莊騷太史子雲相如之文博取兼資其約經旨者自在也陸傪聞李習之論復性曰子之言尼父之心也亦不以文似孔子而云然

昌黎謂柳州文雄深雅健似司馬子長觀此評非獨可知柳州并可知昌黎所得於子長處

論文或專尚指歸或專尚氣格皆未免著於一偏舊唐書韓愈傳經誥之指歸遷雄之氣格二語推韓之意以為言可謂觀其備矣

昌黎文兩種皆於答尉遲生書發之一則所謂昭晰者無疑行峻而言厲是也一則所謂優游者有餘心醇而氣和是也

《藝槩卷一　六

昌黎自言其文亦時有感激怨懟奇怪之辭揚子雲便不肯作此語此正韓之胸襟坦白高出於揚非不及也

昌黎送窮文自稱其文曰不專一能怪怪奇奇不可時施祇以自嬉東坡嘗與黃山谷言柳子厚賀王參元失火書曰此人怪怪奇奇亦三端中得一好處也亦字言外寓推韓微旨

一波未平一波已作出入變化不可紀極而法度不可亂此姜白石詩說也是境常於韓文遇之

德宗之量非文帝比故激昂辯折有所難行而紆餘委備可以巽入且氣愈平婉愈可將其意之沈切故後世進言多學宣公一路惟體制不必仍其排偶耳

賈生陸宣公之文氣象固有辨矣若論其實陸象山最說得好賈誼是就事上說仁義陸贄是就仁義上說事

獨孤至之文抑邪與正與韓文同唐實錄稱韓愈師其為文乃韓則未嘗自言學於韓者復不言唐書本傳亦僅言梁肅高參崔元翰陳京唐次齊抗師事之而韓不與焉要其文之足重固不係乎韓師之也

昌黎接孟子知言養氣之傳觀答李翊書學養並言可

《藝槩卷一　七

見

昌黎謂仁義之人其言藹如蘇老泉以孟韓為溫醇意蓋隱合

說理論事涉於遷就便是本領不濟看昌黎文老實說出緊要處自使用巧騁奇者望之辟易

韓文起八代之衰實集八代之成蓋惟善用古者能變古以無所不包故能無所不埽也

八代之衰其文內竭而外侈昌黎易之以萬怪惶惑抑遏蔽掩在當時真為補虛消腫良劑

昌黎論文曰惟其是爾余謂是字注腳有二曰正曰真

昌黎以是異二字論文然二者仍須合一若不異之是

昌黎與李習之書紆餘澹折便與習之同一意度歐文若導源於此

昌黎言作爲文章其書滿家書非止爲作文用也觀所爲盧殷墓誌云無書不讀然止用以資爲詩曾是惜人者而自蹈之乎

李義山韓碑詩云點竄堯典舜典字塗改清廟生民詩其論昌黎也外矣古人所稱俳優之文何嘗不正如義山所謂

昌黎尚陳言務去所謂陳言者非必勦襲古人之說以爲己有也只識見議論落於凡近未能高出一頭深入一境自結撰至思者觀之皆陳言也

文或結實或空靈雖各有所長皆不免囿於資學試觀韓文結實處何嘗不空靈空靈處何嘗不結實

昌黎曰學所以爲道文所以爲理耳又曰愈之所志於古者不惟其辭之好好其道焉耳東坡稱公文起八代之衰道濟天下之溺文與道豈判然兩事乎哉

張籍謂昌黎與人爲無實駁雜之說柳子厚盛稱毛穎傳兩家所見若相逕庭顧韓之論文曰醇曰肆張就醇上推求柳就肆上欣賞皆韓志也

呂東萊古文關鍵謂柳州文出於國語王伯厚謂子厚非國語其文多以國語爲法余謂柳文從國語入不從國語出蓋國語每多言舉典柳州之所長乃尤在廉之欲其節也

柳文之所得力具於與韋中立論師道書東萊謂柳州文出於國語蓋專指其一體而言

柳州答韋中立書云參之穀梁以厲其氣參之莊老以肆其端參之國語以博其趣參之離騷以致其幽參之太史以著其潔報袁君陳秀才書亦云左氏國語莊周屈原之辭稍采取之穀梁子太史公甚峻潔可以出入

東萊謂學柳文當戒他雄辯余謂柳文兼備各體非專尚雄辯者且雄辯亦正有不可少處如程明道謂孟子儘雄辯是也

柳州自言爲文章未嘗敢以昏氣出之未嘗敢以矜氣作之余嘗以一語斷之曰柳文無耗氣凡昏氣矜氣皆耗氣也惟昏之爲耗也易知矜之爲耗也難知耳

柳文如奇峰異嶂層見疊出所以致之者有四種筆法突起紆行峭收縵迴也

柳州記山水狀人物論文章無不形容盡致其自命爲牢籠百態固宜

柳子厚永州龍興寺東丘記云遊之適大率有二曠如也奧如也如斯而已袁家渴記云舟行若窮忽又無際愚溪詩序云漱滌萬物牢籠百態此等語皆若自喻文境

文以鍊神鍊氣爲上半截事以鍊字鍊句爲下半截事此如易道有先天後天也柳州天資絕高故雖自下半截得力而上半截未嘗偏絀焉

柳州係心民瘼故所治能有惠政讀捕蛇者說送薛存義序頗可得其精神鬱結處

文莫貴於精能變化昌黎送董邵南遊河北序可謂變化之至柳州送薛存義序可謂精能之至

昌黎論文之旨於答尉遲生書見之曰君子愼其實柳州論文之旨於報袁君陳秀才書見之曰大都文以行爲本在先誠其中

昌黎屢稱子雲柳子厚於法言嘗爲之注今觀兩家文脩辭鍊字皆有得於揚子至意理之多所取資固矣

昌黎之文如水柳州之文如山浩乎沛然曠如奧如二公殆各有會心

朱子曰韓退之議論正規模闊大然不如柳子厚較精密此原專指柳州論鶡冠子等篇後人或因此謂一切之文精密槩出韓上誤矣

學者未能深讀韓柳之文輒有意尊韓抑柳最爲陋習晏元獻云韓退之扶導聖教剗除異端是其所長若其祖述墳典憲章騷雅上傳三古下籠百氏橫行闊視於綴述之場子厚一人而已此論甚爲偉特

李習之文蘇子美謂辭不逮韓而理過於柳蘇老泉上歐陽內翰書取其俯仰揖讓之態合理與態而其全見矣

昌黎答劉正夫問文曰無難易惟其是而已李習之答王載言書曰其愛難者則曰文章宜深不當易其愛易者則曰文章宜通不當難此皆情有所偏滯而不流未識文章之所主也於此見兩公文一脈相通矣

李習之文氣似不及昌黎然傳稱其辭致渾厚見推當時由一致字求之便可隱知其妙

韓文出於孟子李習之文出於中庸宋李多於宗韓者宋文也

韓昌黎不稱王仲淹中說而李習之答王載言書稱之今觀習之之文俯仰揖讓固於中說爲近

皇甫持正論文嘗言文奇理正然綜觀其意究是一於好奇如答李生書云意新則異常異於常則怪矣詞高則出衆出於衆則奇矣此葢學韓而第得其所謂怪怪奇奇祇以自嬉者

或問持正文於揚子雲何如曰辭近太元理猶未及法言問較李元賓之尙辭何如曰不沿襲前人似之

文得昌黎之傳者李習之精於理皇甫持正練於辭習之一宗直爲北宋名家發源之始而祖述持正者則自孫可之後已罕聞成家者矣

杜牧之識見自是一時之傑觀所作罪言謂上策莫如

自治中策莫如取魏最下策爲浪戰又兩進策於李文饒皆案切時勢見利害於未然以文論之亦可謂不浪戰者矣

孫可之與友人論文書云詞必高然後爲奇意必深然後爲工如斯宗旨其卽可之得之來無擇無擇得之持正者耶

廣明時詔書謂孫樵有揚馬之文樵與高錫望書自稱熟司馬遷揚子雲書然則詔所云馬者殆亦指史遷非相如耶

劉蛻文意欲自成一子如山書十八篇古漁父四篇辭若僻而寄託未嘗不遠學莊辭尤有深致哀湘竹下

淸江招帝子雖止三章頗得九歌遺意

李習之與陸傪書盛推昌黎文謂嘗書其一章曰獲麟解其他可以類知孫可之與王霖書稱進學解拔地倚天句句欲活今觀兩家文信乎各得所近

宋史柳開傳稱其始慕韓愈柳宗元爲文穆修傳亦言自五代文敝國初柳開始爲古文今觀伯長所爲唐柳先生文集後序云天厚余甚多矣始而饜我以韓既而飫我以柳謂天不吾厚豈不誣也哉可知其所學與仲塗一矣

尹師魯爲古文先於歐公歐公稱其文簡而有法且謂在孔子六經中惟春秋可當蓋師魯本深於春秋范文正爲撰文集序嘗言之錢文僖起雙桂樓建臨園驛尹歐皆爲作記歐記凡數千言而尹祇用五百字歐服其簡古是亦簡而有法之一證也

范文正貶饒州師魯上書言仲淹臣之師友願得俱貶其爲國重賢如此而於文正所爲岳陽樓記則曰傳奇體耳其不阿所好又如此固宜能以古學振起當時也

歐陽公文幾於史公之潔而幽情雅韻得騷人之指趣爲多

歐陽公五代史諸論深得畏天憫人之旨蓋其事不足言而又不忍不言言之怫於已不言無以懲於世情見乎辭亦可悲矣公他文亦多惻隱之意

屈子卜居史記伯夷傳妙在於所不疑事卻參以活句歐文往往似此

歐公稱昌黎文深厚雄博蘇老泉稱歐公文紆餘委備大抵歐公雖極意學韓而性之所近乃尤在李習之不獨老泉於公謂李翺有執事之態卽公文亦云欲生翺時與翺上下其論所尚蓋可見矣

謝疊山云歐陽公文章爲一代宗師然藏鋒斂鍔韜光沈馨不如韓文公之奇奇怪怪可喜可愕按歐之奇不如韓固有之然於韓之抑遏蔽掩不使自露詎相遠乎

蘇老泉迂董詐鼂謂賈生有二子之才而不流余謂老泉文取徑異於董而用意往往雜以鼂迂董於董無損詐鼂恐鼂不服也

昌黎答劉正夫書曰若聖人之道不用文則已用則必尙其能者曾南豐稱蘇老泉之文曰脩能使之約遠能使之近大能使之微小能使之著煩能不亂肆能不流能之一字足明老泉之得力正不必與韓量長較短也

論文鮮有極稱穀梁孫吳者獨柳州曰參之穀梁以厲其氣老泉曰孫吳之簡切殆好必從其所類耶

蘇老泉云風行水上渙此天下之至文也余謂大蘇文

一瀉千里小蘇文一波三折亦本此意

東坡文亦孟子亦賈長沙陸敬輿亦莊子亦秦儀心目窒隘者可資其博達以自廣而不必槩以純詣律之

東坡文只是拈來法此由悟性絕人故處處觸著耳至其理有過於通而難守者固不及備論

東坡文雖打通牆壁說話然立腳自在穩處譬如舟行大海之中把柁未嘗不定視放言而不中權者異矣

老子云信言不美美言不信東坡文不乏信言可採學者偏於美言歎賞之何故

坡文多微妙語其論文曰快曰達曰了正爲非此不足以發微闡妙也

遠想出宏域高步超常倫文家具此能事則遇困皆通且不妨故設困境以顯通之之妙用也大蘇文有之

東坡讀莊子歎曰吾昔有見口未能言今見是書得吾心矣後人讀東坡文亦當有是語蓋其過人處在能說得出不但見得到已也

東坡最善於沒要緊底題說沒要緊底話未曾有底題說未曾有底話抑所謂君從何處看得此無人態耶

歐文優游有餘蘇文昭晰無疑

介甫之文長於掃東坡之文長於生掃故高生故贍

東坡之文工而易觀其言秦得吾工張得吾易分明自作贊語文潛卓識偉論過少游然固在坡函蓋中

子由稱歐陽公文雍容俯仰不大聲色而義理自勝東坡答張文潛書謂子由文汪洋澹泊有一唱三歎之聲而其秀傑之氣終不可沒此豈有得於歐公者耶

子由曰子瞻之文奇吾文但穩耳余謂百世之文總可以奇穩兩字判之

王震南豐集序云先生自負似劉向不知韓愈爲何如爾序內卻又謂其衍裕雅重自成一家噫藉非能自成一家亦安得爲善學劉向與

曾文窮盡事理其氣味爾雅深厚令人想見碩人之寬王介甫云夫安驅徐行轥中庸之廷而造乎其室舍二賢人者而誰哉二賢謂正之子固也然則子固之

文即肖子固之爲人矣

昌黎文意思來得硬直歐曾來得柔婉硬直見本領柔婉正復見涵養也

韓文學不掩才故雖約六經之旨而成文未嘗不自我作古至歐曾則不敢直以作者自居較之韓若有智崇禮卑之別

王介甫文取法孟韓曾子固與介甫書述歐公之言曰孟韓文雖高不必似之也取其自然耳則其學之所幾與學之過當俱可見矣

王安石解孟子十四卷爲崇觀間舉子所宗說見郡齋讀書後志觀介甫上人書有云孟子曰君子欲其自得之也孟子之云爾非直施於文而已然亦可託以爲作文之本意是則解孟亦豈無意於文乎

介甫文之得於昌黎在陳言務去其譏韓有力去陳言誇末俗之句實乃心鄉往之

曾子固稱介甫文學不減揚雄而介甫詠揚雄亦云千古雄文造聖眞眇然幽思入無倫慕其文者如此其深則必效之惟恐不及矣

介甫文兼似荀揚荀好爲其矯揚好爲其難

柳州作非國語而文學國語半山謂荀卿好妄荀卿不知禮而文亦頗似荀子文家不以訾警爲棄取正如東坡所謂我憎孟郊詩復作孟郊語也

荆公文是能以品格勝者看其人取我棄自處地位儘高

半山文善用揭過法只下一二語便可埽卻他人數大段是何簡貴

謝疊山評荆公文曰筆力簡而健余謂南人文字失之冗弱者十常八九殆非如荆公者不足以矯且振之

半山文瘦硬通神此是江西本色可合黃山谷詩派觀之

荆公遊褒禪山記云入之愈深其進愈難而其見愈奇余謂深難奇三字公之學與文得失並見於此

介甫文於下愚及中人之所見皆剝去不用此其長也至於上智之所見亦剝去不用則病痛非小

介甫上邵學士書云某嘗患近世之文辭弗顧於理理弗顧於事以襞積故實爲有學以雕繪語句爲精新譬之擷奇花之英積而玩之雖光華馨采鮮縟可愛求其根柢濟用則蔑如也又上人書云所謂文者務爲有補於世而已矣所謂辭者猶器之有刻鏤繪畫也誠使巧且華不必適用誠使適用亦不必巧且華余謂介甫之文洵異於尚辭巧華矣特未思免於此弊仍未必濟用適用耳

半山文其猶藥乎治病可以致生養生或反致病

半山說得世人之病好只是他立處未是

介甫文每言及骨肉之情酸惻嗚咽語語自肺腑中流出他文卻未能本此意擴而充之

李泰伯文朱子謂其自大處起議論如古潛夫論之類劉壎隱居通議謂其所作袁州學記高出歐蘇百世不朽按泰伯之學深於周禮其所爲文率皆法度謹嚴宋史本傳但載其所上明堂定制圖序尙非其極也東坡謂嘗見泰伯自述其文曰天將壽我與所爲固未足也不然斯亦足以藉手見古人矣觀是言其生平之力勤詣卓具見

劉原父文好摹古故論者譽訾參半然其於學無所不究其大者如解春秋多有古人所未言朝廷每有禮

樂之事必就其家以取決豈曰文焉已哉郎以文論歐公爲作墓誌稱其立馬卻坐一揮九制文辭典雅各得其體朱子稱其才思極多湧將出來亦可見其崖略矣

李忠定奏疏論事指畫明豁其天資似更出陸宣公上然觀其書檄志云一應書檄之作皆當以陸宣公爲法則知得於宣公者深矣

朱子之文表裏瑩徹故平平說出而轉覺矜奇者之爲庸明明說出而轉覺恃奥者之爲淺其立定主意步步回顧方遠而近似斷而連特其餘事

朱子云余年二十許時便喜讀南豐先生之文而竊慕效之竟以才力淺短不能遂其所願又云某未冠而讀南豐先生之文愛其詞嚴而理正居常以爲人之爲言必當如此乃爲非苟作者朱子之服膺南豐如此其得力倘須問耶

陳龍川喜學歐文嘗選歐文曰歐陽文粹其序極與歐文相類然他文卻不盡似之此如人飲水冷煖自知原不必字摹句擬類於執迹以求履憲也

陳同甫上孝宗皇帝書貶駁道學至謂今世之儒士自以爲得正心誠意之學者皆風痺不知痛癢之人而其自跋中興論復言一日讀楊龜山語錄謂人任得然後可以有爲才智之士非有學力卻任不得不覺恍

然自失可見同甫之所駁者乃無實之人非龜山一流也

陳同甫文箴砭時弊指畫形勢自非細於用者之比如四上孝宗皇帝書及中興五論之類是也特其意思揮霍氣象張大若使身任其事恐不能耐煩持久試觀趙營平諸葛武侯之論事何嘗揮霍張大如此

陸象山文隱居通議稱其王荆公祠堂記又稱其與楊守書及與徐子宜侍郎書且各繫以評語余謂陸文得孟子之實不容意爲去取亦未易評評之須如其語錄中所謂從天而下從肝肺中流出是自家有底物事乃庶幾焉

後世學子書者不求諸本領專尙難字棘句此乃大誤欲爲此體須是神明過人窮極精奧斯能託寓萬物因淺見深非光不足而强照者所可與也唐宋以前蓋難備論郁離子最爲晩出雖體不盡純意理頗有實用

儒學史學元學文學見宋書雷次宗傳大抵儒學本禮荀子是也史學本書與春秋馬遷是也元學本易莊子是也文學本詩屈原是也後世作者取塗弗越此矣

孔叢子宰我問君子尙辭乎孔子曰君子以理爲尙文中子曰言文而不及理是天下無文也昌黎雖嘗謂

藝槩卷一　二十二

辭不足不可以爲成文而必曰學所以爲道文所以爲理陸士衡文賦曰理扶質以立幹劉彥和文心雕龍曰精理爲文然則舍理而論文辭者奚取焉

文無論奇正皆取明理試觀文孰奇於莊子而陳君舉謂其憑虛而有理致況正於莊子者乎

明理之文大要有二曰闡前人所已發擴前人所未發

論事敘事皆以窮盡事理爲先事理盡後斯可再講筆法不然離有物以求有章曾足以適用而不朽乎

揚子法言曰事辭稱則經余謂不但事當稱乎辭而已義尤欲稱也觀孟子其事則齊桓晉文數語可見

言此事必深知此事到得事理曲盡則其文確鑿不可磨滅如攷工記是也梁書蕭子雲傳載其著晉史至二王列傳欲作論草隸法不盡意遂不能成此亦見實事求是之意

易繫傳謂易其心而後語揚子雲謂言爲心聲可知言語亦心學也況文之爲物尤言語之精者乎

志者文之總持文不同而志則一猶鼓琴者聲雖改而操不變也善夫陶淵明之言曰常著文章自娛頗示己志

或問淵明所謂示己志者己志其有以別於人乎曰只是稱心而言耳使必以異人爲尙豈天下之大千古之遠絕無同己者哉

藝槩卷一　二十三

聖人之情見乎辭爲作易言也作者情生文斯讀者文生情易敎之神神以此也使情不稱文豈惟人之難感在己先不誠無物矣

文賦意司契而爲匠文之宜尙意明矣推而上之聖人書不盡言言不盡意正以意之無窮也

莊子曰語之所貴者意也意有所施意之所隨者不可以言傳也而世因貴言傳書是知意之所以貴者非徒然也爲文者苟不知貴意何論意之所隨者乎

文以識爲主認題立意非識之高卓精審無以中要才學識三長識爲尤重豈獨作史然耶

出辭氣斯遠鄙倍矣此以氣論辭之始至昌黎與李翊

書柳州與韋中立書皆論及於氣而韓以氣歸之於養立言較有本原

自典論論文以及韓柳俱重一氣字余謂文氣當如樂記二語曰剛氣不怒柔氣不懾

文貴備四時之氣然氣之純駁厚薄尤須審辨

韓昌黎送陳秀才彤序云文所以爲理耳答李翊書云氣水也言浮物也水大而物之浮者大小畢浮氣盛則言之短長與聲之高下者皆宜周益公序宋文鑑曰臣聞文之盛衰主乎氣辭之工拙存乎理昔者帝王之世人有所養而教無異習故其氣之盛也如水載物小大無不浮其理之明也如燭照物幽隱無不

通意蓋悉本昌黎

文要與元氣相合戒與盡氣相尋翕聚償張其大較矣

孔叢子曰平原君謂公孫龍曰公無復與孔子高辯事也其人理勝於辭公辭勝於理揚子曰事辭稱則經韓昌黎則曰辭不足不可以爲成文此辭字太抵已包理事於其中不然得無如荀子所謂惠子蔽於辭而不知實者乎

辭之患不外過與不及易繫傳曰其辭文無不及也曲禮曰不辭費無太過也

文中用字在當不在奇如宋子京好用奇字亦一癖也

文辭也質亦辭也博辭也約亦辭也質其如易所謂正言斷辭乎約其如書所謂辭尙體要乎

言辭者必兼及音節音節不外諧與拗淺者但知諧之是取不知當拗而拗拗亦諧也不當諧而諧諧亦拗也

書法二字見左傳爲文家言法之始莊子寓言篇曰言而當法晁公武稱陳壽三國志高簡有法韓昌黎謂經承子厚口講指畫爲文辭者悉有法度可觀歐陽永叔稱尹師魯爲文章簡而有法具見法之宜講

通其變遂成天地之文一闔一闢謂之變然則文法之變可知已矣

兵形象水文脈亦然水之發源波瀾歸宿所以示文之

始中終不已備乎

揭全文之指或在篇首或在篇中或在篇末在篇首則後必顧之在篇末則前必注之在篇中則前注之後顧之顧注抑所謂文眼者也

作短篇之法不外婉而成章作長篇之法不外盡而不汙

文心雕龍謂貫一爲拯亂之藥余謂貫一尤以泯形迹爲尙唐僧皎然論詩所謂抛鍼擲綫也

章法不難於續而難於斷先秦文善斷所以高不易攀然抛鍼擲綫全靠眼光不走注坡蓦澗全仗韁轡在手明斷正取暗續也

文章之道斡旋驅遣全仗乎筆筆爲性情墨爲形質使墨之從筆如雲濤之從風斯無施不可矣

一語爲千萬語所託命是爲筆頭上擔得千鈞然此一語正不在大聲以色蓋往往有以輕運重者

客筆主意主筆客意如史記魏世家贊昌黎送董邵南遊河北序皆是此訣

義法居文之大要史記十二諸侯年表序稱孔子次春秋約其辭文去其煩重以制義法此言義法之始也長於理則言有物長於法則言有序治文者矜言物序何不實於理法求之

文之尚理法者不大勝亦不大敗尚才氣者非大勝則大敗觀漢程不識李廣唐李勣薛萬徹之爲將可見

東坡進呈陸宣公奏議劄子云藥雖進於醫手方多傳於古人上神宗皇帝書云大抵事若可行不必皆有故事蓋法高於意則用法意高於法則用意用意正其神明於法也文章一道何獨不然

敘事之學須貫六經九流之旨敘事之筆須備五行四時之氣維其有之是以似之弗可易矣

敘事有寓理有寓情有寓氣有寓識無寓則如偶人矣

大書特書牽連得書敘事本此二法便可推擴不窮

敘事有主意如傳之有經也主意定則先此者爲先經後此者爲後經依此者爲依經錯此者爲錯經

敘事有特敘有類敘有正敘有帶敘有實敘有借敘有詳敘有約敘有順敘有倒敘有連敘有截敘有豫敘有補敘有跨敘有插敘有原敘有推敘種種不同惟能綫索在手則錯綜變化惟吾所施

敘事要有尺寸有斤兩有剪裁有位置有精神

論事調諧敘事調澀左氏每成片引人言是以論入敘故覺諧多澀少也

史莫要於表微無論紀事纂言其中皆須有表微意在爲人作傳必人己之間同弗是異弗非方能持理之平而施之不枉其實

傳中敘事或敘其有致此之由而果若此或敘其無致此之由而竟若此大要合其人之志行與時位而稱

量以出之

劉彥和謂羣論立名始於論語不引周官論道經邦一語後世誚之其實過矣周官雖有論道之文然其所論者未詳論語之言則原委具在然則論非論語奚法乎

論不可使辭勝於理辭勝理則以反人爲實以勝人爲名弊且不可勝言也文心雕龍論說篇解論字有倫理有無及彌綸羣言研精一理之說得之矣

有俊傑之論有儒生俗士之論利弊明而是非審其斯爲俊傑也與

論之失或在失出或在失入失出視失入其猶愈乎法以去弊亦易生弊立論之當慎與立法同

論是非所以定從違也從違不可苟是非可少紊乎人多事多難徧論借一論之一索引千鈞是何關係

文賦云論精微而朗暢精微以意言朗暢以辭言精微者不惟其難惟其是朗暢者不惟其易惟其達

論不貴强下斷語蓋有置此舉彼從容敘述而本事之理已曲到無遺者

莊子曰六合之外聖人存而不論六合之內聖人論而不議春秋經世先王之志聖人議而不辯余謂有不論不議不辯論議辯斯當矣

敘事要有法然無識則法亦虛論事要有識然無法則識亦晦

文有辭命一體命與辭非出於一人也古行人奉使受命不受辭觀展喜犒師公使受命於展禽可見矣若出於一人而亦曰辭命則以主意爲命以達其意者爲辭義亦可通

辭命之旨在忠告其用卻全在善道奉使受命不受辭蓋因時適變自有許多衡量在也

辭命亦祇敘事議論二者而已觀左傳中辭命可見

辭命體推之卽可爲一切應用之文應用文有上行有平行有下行重其辭乃所以重其實也

陳壽上故蜀丞相諸葛亮故事曰臯陶之謨略而雅周公之誥煩而悉何則臯陶與舜禹共談周公與羣下矢誓故也晉書李密傳中語略與之同辭命各有所宜可由是意推之

文之要本領氣象而已本領欲其大而深氣象欲其純而懿

老子曰言有宗墨子曰立辭而不明於其類則必困矣宗類二字於文之體用包括殆盡

文固要句句字字受命於主腦而主腦有純駁平陂高下之不同若非慎辨而去取之則差若毫釐繆以千里矣

文之所尚不外當無者盡無當有者盡有故昌黎答李翊書云惟陳言之務去樊紹述墓誌銘云其富若生蓄萬物必具柳州愚溪詩序云漱滌萬物牢籠百態

文有以不言言者春秋有書有不書書之事顯不書之意微矣

文有寫處有做處入皆云云者謂之寫我獨云云者謂之做左傳史記兼用之

乍見道理之人言多理障乍見故典之人言多事障故艱深正是淺陋繁博正是寒儉文家方以此自足而夸世何耶

白賁占於賁之上爻乃知品居極上之文只是本色

君子之文無欲小人之文多欲多欲者美勝信無欲者
信勝美
文尚華者日落尙實者日茂其類在色老而衰智老而
多矣
文有古近之分大抵古樸而近華古拙而近巧古信已
心而近取世譽不是作散體便可名古文也
文有三古作古之言近於易則古之言近於禮洽古之
言近於春秋
文貴法古然患先有一古字橫在胸中盍文惟其是惟
其眞舍是與眞而於形模求古所貴於古者果如是
乎

藝槩卷一　三十九

文有七戒曰旨戒雜氣戒破局戒亂語戒習字戒僻詳
略戒失宜是非戒失實
文心雕龍以隱秀二字論文推闡甚精其云晦塞非隱
雕削非秀更爲善防流弊
言外無窮者茂也言內畢足者密也漢文茂如西京密
如東京
多用事與不用事各有其弊善文者滿紙用事未嘗不
空諸所有滿紙不用事未嘗不包諸所有
善書者點畫微而意態自足點畫大而氣體不累文之
沈著飄逸當準是觀之
治勝亂至治勝治至治之氣象皞皞而已文或秩然有
條而轍迹未泯更當躋而上之
誦述古義箴砭末俗文之正變即二者可以別之
文有四時莊子獨寐寤言時也孟子辯明而治時也離
騷風雨如晦時也國策飲食有訟時也
文有仰視有俯視有平視仰視者其言恭俯視者其言
慈平視者其言直
文有本位孟子於本位毅然不避至昌黎則漸避本位
矣永叔則避之更甚矣凡避本位易窈眇亦易選懦
文至永叔以後方以避本位爲獨得之傳蓋亦頗矣
文之道可約舉經語以明之曰辭達而已矣脩辭立其
誠言近而指遠辭尙體要乃言厎可績非先王之法

藝槩卷一　四十

言不敢言易其心而後語
文家得力處人不能識如東坡表忠觀碑王荊公問坐
客畢竟似于長何語坐客悚然是也用力處人不能
解如歐陽公欲作文先誦史記日者傳是也
易繫傳物相雜故曰文國語物一無文徐鍇說文通論
強弱相成剛柔相形故於文人乂爲文朱子語錄兩
物相對待故有文若相離去便不成文矣爲文者盍
思文之所由生乎
左傳言之無文行而不遠後人每不解何以謂之無文
不若仍用孙傳作註曰物一無文
國語言物一無文後人更當知物無一則無文蓋一乃

文之眞宰必有一在其中斯能用夫不一者也

古人或名文曰筆梁書庾肩吾傳太子與湘東王書曰謝朓沈約之詩任昉陸倕之筆筆對詩言者蓋言志之謂詩述事之謂筆也其實筆本對口談而言晉書樂廣傳廣善清言而不長於筆將讓尹請潘岳爲表岳曰當得君意廣乃作二百句語述已之志岳因取次比便成名筆時人咸云若廣不假岳之筆岳不取廣之旨無以成斯美也昌黎亦云不惟舉之於其口而又筆之於其書觀此而筆之所以命名者見矣然昌黎於筆多稱文如謂漢朝人莫不能爲文獨司馬相如太史公劉向揚雄爲之最是也

藝槩卷一終

藝槩卷二

興化 劉熙載 融齋

詩槩

詩緯含神霧曰詩者天地之心文中子曰詩者民之性情也此可見詩爲天人之合

詩言志孟子文辭志之說所本也思無邪子夏詩序發乎情止乎禮義之說所本也

關雎取摯而有別鹿鳴取食則相呼凡詩能得此旨皆應乎風雅者也

詩序風風也風以動之可知風之義至微至遠矣觀二南詠歌文王之化辭意之微遠何如

變風始柏舟柏舟與離騷同旨讀之當兼得其人之志與遇焉

大雅之變具憂世之懷小雅之變多憂生之意

頌固以美盛德之形容然必原其所以至之之由以寓勸勉後人之意則義亦通於雅矣

雅頌相通如頌閔予小子訪落敬之小毖近雅雅生民篤公劉近頌

穆如清風肅雝和鳴雅頌之懿兩言可蔽

詩序正義云比與興雖同是附託外物比顯而興隱當先顯後隱故比居先也毛傳特言興也爲其理隱故也案文心雕龍比興篇云毛公述傳獨標興體豈不

以風異而賦同比顯而興隱哉正義蓋本於此
取象曰比取義曰興語出皎然詩式即劉彥和所謂比顯興隱之意
詩自樂是一種衡門之下是也自勵是一種坎坎伐檀兮是也自傷是一種出自北門是也自嘲是一種簡兮簡兮是也自警是一種抑抑威儀是也
心之憂矣其誰知之此詩人之憂過人也獨寐寤言永矢弗告此詩人之樂過人也憂世樂天固當如是
皎皎白駒在彼空谷出乎外也我任我輦我車我牛入乎中也雝雝鳴雁旭日始旦宜其始也風雨如晦雞鳴不已持其終也

藝槩卷二　二

眞西山文章正宗綱目云三百五篇之詩其正言義理者蓋無幾而諷詠之間悠然得其性情之正即所謂義理也余謂詩或寓義於情而義愈至或寓情於景而情愈深此亦三百五篇之遺意也
詩喻物情之微者近風明人治之大者近雅通天地鬼神之奧者近頌
離騷淮南王比之國風小雅朱子楚辭集註謂其語祀神之盛幾乎頌李太白古風云正聲何微茫哀怨起騷人蓋有詩亡春秋作之意非抑騷也
劉勰辯騷謂楚辭體慢於三代風雅於戰國顧論其體不如論其志志苟可質諸三代雖謂易地則皆然可耳
漢武帝秋風辭風也瓠子歌雅也瓠子歌憂民之思足繼雲漢文中子何但以秋風爲悔志之萌耶
武帝秋風辭瓠子歌柏梁與羣臣賦詩後世得其一體皆足成一大宗而帝之爲大宗不待言矣
或問安世房中歌與孝武郊祀諸歌孰爲奇正曰房中正之正也郊祀奇而正也
漢郊祀諸樂府以樂而象禮者也所以典碩肅穆視他樂府別爲一格
秦碑有韻之文質而勁漢樂府典而厚如商周二頌氣體攸別

藝槩卷二　三

質而文直而婉雅之善也漢詩風與頌多而雅少雅之義非韋傳諷諫其孰存之
李陵贈蘇武五言但敘別愁無一語及於事實而言外無窮使人黯然不可爲懷至徑萬里兮度沙幕一歌意味頗淺而漢書蘇武傳載之以爲陵作其果然乎
古詩十九首與蘇李同一悲慨然古詩兼有豪放曠達之意與蘇李之一於委曲含蓄有陽舒陰慘之不同知人論世者自能得諸言外固不必如鍾嶸詩品謂古詩出於國風李陵出於楚辭也
十九首鑿空亂道讀之自覺四顧躊躇百端交集詩至此始可謂其中有物也已

曹公詩氣雄力堅足以籠罩一切建安諸子未有其匹也子建則隱有仁義之人其言藹如之意鍾嶸品詩不以古直悲涼加於人倫周孔之上豈無見乎

曹子建贈丁儀王粲有云歡怨非貞則中和誠可經此意足推風雅正宗至骨氣情采則鍾仲偉論之備矣

公幹氣勝仲宣情勝皆有陳思之一體後世詩率不越此兩宗

陸士衡詩粗枝大葉有失出無失入平實處不妨屢見正其無人之見存所以獨到處亦躋卓絶豈如沾沾戔戔者才出一言便欲人道好耶

劉彥和謂士衡矜重而近世論陸詩者或以累句訾之

然有累句無輕句便是大家品位

士衡樂府金石之音風雲之氣能令讀者驚心動魄雖子建諸樂府且不得專美於前他何論焉

阮嗣宗詠懷其旨固爲淵遠其屬辭之妙去來無端不可蹤迹後來如射洪感遇太白古風猶瞻望弗及矣

叔夜之詩峻烈嗣宗之詩曠逸夷齊不降不辱虞仲夷逸隱居放言趣尚乃自古別矣

野者詩之美也故表聖詩品中有疎野一品若鍾仲偉謂左太沖野於陸機野乃不美之辭然太沖是豪放非野也觀詠史可見

張景陽詩開鮑明遠明遠遒警絶人然練不傷氣必推景陽獨步苦雨諸詩尤爲高作故鍾嶸詩品獨稱之文心雕龍明詩云景陽振其麗麗何足以盡景陽哉

劉公幹左太沖詩壯而不悲王仲宣潘安仁悲而不壯兼悲壯者其惟劉越石乎

孔北海雜詩吕望老匹夫管仲小囚臣劉越石重贈盧諶詩惟彼太公望昔在渭濱叟又稱小白相射鉤於漢於管興復之志同也北海言人生有何常但患年歲暮越石言時哉不我與去乎若雲浮其欲及時之志亦同也鍾嶸謂越石詩出於王粲以格言耳

劉越石詩定亂扶衰之志郭景純詩除殘去穢之情第以清剛儁上目之殆猶未覩厥蘊

嵇叔夜郭景純皆亮節之士雖秋胡行貴玄默之致游仙詩假棲遯之言而激烈悲憤自在言外乃知識曲宜聽其眞也

曹子建王仲宣之詩出於騷阮步兵出於莊陶淵明則大要出於論語

陶詩有賢哉囘也吾與點也之意直可嗣洙泗遺音其貴尚節義如詠荊卿美田子泰等作則亦孔子賢夷齊之志也

陶詩吾亦愛吾廬我亦具物之情也良苗亦懷新物亦具我之情也歸去來辭亦云善萬物之得時感吾生之行休

陶詩云願言躡清風高舉尋吾契又云卽事如已高何必升華嵩可見其玩心高明未嘗不脚踏實地不是倜然無所歸宿也

鍾嶸詩品謂阮籍詠懷之作言在耳目之內情寄八荒之表余謂淵明讀山海經言在八荒之表而情甚親切尤詩之深致也

詩可數年不作不可一作不眞陶淵明自庚子距丙辰十七年閒作詩九首其詩之眞更須問耶彼無歲無詩乃至無日無詩者意欲何明

謝才顔學謝奇顔法陶則兼而有之大而化之故其品爲尤上

陶謝用理語各有勝境鍾嶸詩品稱孫綽許詢桓庾諸公詩皆平典似道德論此由乏理趣耳夫豈尙理之過哉

謝客詩刻畫微眇其造語似子處不用力而功益奇在詩家爲獨闢之境

康樂詩較顔爲放手較陶爲刻意鍊句用字在生熟深淺之閒

沈約宋書謝靈運傳論謂靈運興會標舉延年體裁明密所以示學兩家者當相濟有功不必如惠休上人好分優劣

顔延年詩體近方幅然不失爲正軌以其字字稱量而出無一苟下也文中子稱之曰其文約以則有君子之心蓋有以觀其深矣

延年詩長於廊廟之體然如五君詠抑何善言林下風也所蘊之富亦可見矣

左太沖詠史似論體顔延年五君詠似傳體

韋傳諷諫詩經家之言阮嗣宗詠懷子家之言顔延年五君詠史家之言張景陽雜詩辭家之言

孤蓬自振驚沙坐飛此鮑明遠賦句也若移以評明遠之詩頗復相似

明遠長句慷慨任氣磊落使才在當時不可無一不能有二杜少陵簡薛華醉歌云近來海內爲長句汝與

山東李白好何劉沈謝力未工才兼鮑照愁絕倒此雖意重推薛然亦見鮑之長句何劉沈謝均莫及也

陳孔璋飲馬長城窟機軸開鮑明遠惟陳純乎質而鮑濟以妍所以涉其流者忘其發源所自

謝元暉詩以情韻勝雖才力不及明遠而語皆自然流出同時亦未有其比

江文通詩有凄涼日暮不可如何之意此詩之多情而人之不濟也雖長於雜擬於古人蒼壯之作亦能肖吻究非其本色耳

庾子山燕歌行開唐初七古烏夜啼開唐七律其他體爲唐五絶五律五排所本者尤不可勝舉

隋楊處道詩甚爲雄深雅健齊梁文辭之弊貴淸綺不重氣質得此可以矯之

唐初四子源出子山觀少陵戲爲六絕句專論四子而第一首起句便云庾信文章老更成有意無意之間驪珠已得

唐初四子沿陳隋之舊故雖才力迥絕不免致人異議陳射洪張曲江獨能超出一格爲李杜開先人文所肇豈天運使然耶

曲江之感遇出於騷射洪之感遇出於莊纏緜超曠各有獨至

太白詩以莊騷爲大源而於嗣宗之淵放景純之儁上

明遠之驅邁元暉之奇秀亦各有所取無遺美焉

宣和書譜稱賀知章草隸佳處機會與造化爭衡非人工可到余謂太白詩佳處亦如之

太白詩舉止極其高貴不下商山采芝人語

海上三山方以爲近忽又是遠太白詩言在口頭想出天外殆亦如是

李詩鑿空而道歸趣難窮由風多於雅興多於賦也

有時白雲起天際自舒卷卻顧所來徑蒼蒼橫翠微即此四語想見太白詩境

太白與少陵同一志在經世而太白詩中多出世語者有爲言之也屈子遠遊曰悲時俗之迫阨兮願輕舉而遠遊使疑太白誠欲出世亦將疑屈子誠欲輕舉耶

太白云日爲蒼生憂即少陵窮年憂黎元之志也天地至廣大何惜遂物情即少陵盤飧老夫食分減及溪魚之志也

太白詩雖若昇天乘雲無所不之然自不離本位故放言實是法言非李赤之徒所能託也

幕天席地友月交風原是平常過活非廣己造大也太白詩當以此意讀之

以友天下之善士爲未足又尚論古之人神仙猶古之人耳故知太白詩好言神仙祇是將神仙當賢友初

非鄙薄當世也

太白詩言俠言仙言女言酒特借用樂府形體耳讀者或認作眞身豈非皮相

學太白詩當學其體氣高妙不當襲其陳意若言仙言酒言俠言女亦要學之此僧皎然所謂鈍賊者也

學太白者常曰天然去雕飾足矣余曰此得手處非下手處也必取太白句意以爲祈嚮盍云獵微窮至精乎

杜詩高大深俱不可及吐棄到人所不能吐棄爲高涵茹到人所不能涵茹爲大曲折到人所不能曲折爲深

不敢要佳句愁來賦別離二句是杜詩全旨凡其云念闕勞肝肺弟妹悲歌裏窮年憂黎元無非離愁而已矣

頌其詩貴知其人先儒謂杜子美情多得志必能濟物可爲看詩之法

太白早好縱横晚學黄老故詩意每託之以自娱少陵一生却只在儒家界内

杜詩云畏人嫌我眞又云直取性情眞一自詠一贈人皆於論詩無與然其詩之所尚可知

杜詩只有無二字足以評之有者但見性情氣骨也無者不見語言文字也

杜陵云篇終接混茫夫篇終而接混茫則全詩亦可知矣且有混茫之人而後有混茫之詩故莊子云古之人在混茫之中

意欲沈著格欲高古持此以等百家之詩於杜陵乃無遺憾

少陵云詩清立意新又云賦詩分氣象作者本取意與氣象相兼而學者往往奉一以爲宗派焉

杜陵五七古敘事節次波瀾離合斷續從史記得來而蒼莽雄直之氣亦逼近之畢仲游但謂杜甫似司馬遷而不繫一辭正欲使人自得耳

細筋入骨如秋鷹字外出力中藏棱史記杜詩其有焉

近體氣格高古尤難此少陵五排五七律所以品居最上

少陵以前律詩枝枝節節爲之氣斷意促前後或不相管攝實由於古體未深耳少陵深於古體運古於律所以開闔變化施無不宜

杜詩有不可解及看不出好處之句文章千古事得失寸心知少陵嘗自言之作者本不求知讀者非身當其境亦何容强臆耶

昌黎鍊質少陵鍊神昌黎無疎落處而少陵有之然天下之至密莫少陵若也

少陵於鮑庾陰何樂推不厭昌黎云齊梁及陳隋衆作

等蟬噪韓之論高而疎不若杜之大而實也

論李杜詩者謂太白志存復古少陵獨開生面少陵思精太白韻高然眞賞之士尤當有以觀其合焉

王右丞詩一種近孟襄陽一種近李東川清高名儁各有宜也

王摩詰詩好處在無世俗之病世俗之病如恃才騁學做身分好攀引皆是

劉文房詩以研鍊字句見長而清贍閑雅蹈乎大方其篇章亦儘有法度所以能斷截晚唐家數

高適詩兩唐書本傳並稱其以氣質自高今卽以七古論之體或近似唐初而魄力雄毅自不可及

高常侍岑嘉州兩家詩皆可亞匹杜陵至岑超高實則趣尚各有近焉

元道州著書有惡圓惡曲等篇其詩亦一肚皮不合時宜然剛者必仁此公足以當之

孔門如用詩則於元道州必有取焉可由思狂狷知之獨挺於流俗之中强攘於已溺之後元次山以此序沈千運詩亦以自寓也

次山詩令人想見立意較然不欺其志其疾官邪輕爵祿意皆起於惻怛為民不獨舂陵行及賊退示官吏作足使杜陵感喟也

元韋兩家皆學陶然蘇州猶多一慕陶直可庶之意吾尤愛次山以不必似為真似也

韋蘇州憂民之意如元道州試觀高陵書情云兵凶久相踐徭賦豈得閑促戚下可哀寬政身致患日夕思自退出門望故山此可與舂陵行賊退示官吏作並讀但氣別婉勁耳

錢仲文郎君冑大率衍王孟之緒但王孟之渾成卻非錢郎所及

王孟及大歷十子詩皆尚清雅惟格止於此而不能變故猶未足籠罩一切

詩文一源昌黎詩有正有奇正者即所謂約六經之旨而成文奇者即所謂時有感激怨懟奇怪之辭

昌黎贈張籍云此日足可惜此酒不足嘗儒者之言由與任達者異

太白詩多有羨於神仙者或以喻超世之志或以喻而不亡俱不可知若昌黎云安能從汝巢神山此鄙夷不屑之意然亦何必非寓言耶

昌黎詩陳言務去故有倚天拔地之意山石一作辭意幽可為楚辭招隱士對如柳州天對例也

昌黎七古出於招隱士當於意思刻畫音節遒勁處之使第謂出於柏梁猶未之盡

若使乘酣騁雄怪此昌黎酬盧雲夫望秋作之句也觀昌黎詩頗以雄怪自喜

昌黎詩往往以醜為美然此但宜施之古體若用之體則不受矣是以言各有當也

昌黎自言其行已不敢有愧於道余謂其取友亦然觀其寄盧仝云先生事業不可量惟用法律自繩己薦孟郊云行身踐規矩甘辱恥媚竈以盧孟之詩名而韓所盛推乃在人品真千古論詩之極則也哉

昌黎送孟東野序稱其詩以附於古之作者薦士詩以橫空盤硬語妥帖力排奡目之又醉贈張祕書云東野動驚俗天葩吐奇芬韓之推孟也至矣後人尊韓抑孟恐非韓意

昌黎東野兩家詩雖雄富清苦不同而同一好難爭險

惟中有質實深固者存故較李長吉爲老成家數

孟東野詩好處黃山谷得之無一輭熟句梅聖俞得之無一熱俗句

陶謝並稱韋柳並稱蘇州出於淵明柳州出於康樂殆各得其性之所近

韋云微雨夜來過不知春草生是道人語柳云迴風一蕭瑟林影久參差是騷人語

劉夢得詩稍近徑露大抵骨勝於白而韻遜於柳要其名雋獨得之句柳亦不能掩也

尊老杜者病香山謂其拙於紀事寸步不移猶恐失之不及杜之注坡驀澗似也至唐書白居易傳贊引杜

牧語謂其詩纖豔不逞非莊士雅人所爲流傳人間交口教授入人肌骨不可去此文人相輕之言未免失實

白香山與元微之書曰僕志在兼濟行在獨善奉而始終之則爲道言而發明之則爲詩謂之諷諭詩兼濟之志也謂之閒適詩獨善之義也余謂詩莫貴於知道觀香山之言可見其或出或處道無不在

代匹夫匹婦語最難葢飢寒勞困之苦雖告人人且不知知之必物我無間者也杜少陵元次山白香山不但如身入閭閻目擊其事直與疾病之在身者無異頌其詩顧可不知其人乎

常語易奇語難此詩之初關也奇語易常語難此詩之重關也香山用常得奇此境良非易到

白香山樂府與張文昌王仲初同爲自出新意其不同者在此平曠而彼峭窄耳

杜樊川詩雄姿英發李樊南詩深情緜邈其後李成宗派而杜不成殆以杜之較無窠臼與

詩有借色而無眞色雖藻繢實死灰耳李義山卻是絢中有素敖器之謂其綺密瓌妍要非適用豈盡然哉至或因其韓碑一篇遂疑氣骨與退之無二則又非其質矣

宋王元之詩自謂樂天後進楊大年劉子儀學義山爲

西崑體格雖不高五代以來未能有其安雅

東坡謂歐陽公論大道似韓愈詩賦似李白然試以歐詩觀之雖曰似李其刻意形容處實於韓爲逼近耳

歐陽永叔出於昌黎梅聖俞出於東野歐之推梅不遺餘力與昌黎推東野略同

聖俞詩深微難識即觀歐陽公云知聖俞者莫如修常問聖俞生平所最好句聖俞所自負者皆修所不好聖俞所卑下者皆修所極賞是其苦心孤詣且不欲徇非常人之意況肯徇常人意乎

梅蘇並稱梅詩幽淡極矣然幽中有雋淡中有旨子美雄快令人見便擊節然雄快不足以盡蘇猶幽淡不

足以盡梅也
王荆公詩學杜得其瘦硬然杜具熱腸公惟冷面殆亦如其文之學韓同而未嘗不異也
東坡詩打通後壁說話其精微超曠眞足以開拓心胸推倒豪傑
東坡詩推倒扶起無施不可得訣只在能透過一層及善用翻案耳
東坡詩善於空諸所有又善於無中生有機括實自禪悟中來以辯才三昧而爲韻言固宜其舌底瀾翻如是
滔滔汩汩說去一轉便見主意南華華嚴最長於此東坡古詩慣用其法

陶詩醇厚東坡和之以清勁如宮商之奏各自爲宮其美正復不相掩也
東坡題與可畫竹云無窮出清新余謂此句可爲坡詩評語豈偶借與可以自寓耶杜於李亦以清新相目詩家清新二字均非易得元遺山於坡詩何乃以新譏之
東坡放翁兩家詩皆有豪有曠但放翁是有意要做詩人東坡雖爲詩而仍有夷然不屑之意所以尤高
退之詩豪多於曠東坡詩曠多於豪豪曠非中和之則然賢者亦多出入於其中以其與齷齪之腸胃固遠絕也

遇他人以爲極艱極苦之境而能外形骸以理自勝此韓蘇兩家詩意所同
東坡詩意頹放而語遒警頹放過於太白遒警亞於昌黎
太白長於風少陵長於骨昌黎長於質東坡長於趣
詩以出於騷者爲正以出於莊者爲變少陵純乎騷太白在莊騷間東坡則出於莊者十之八九
山谷詩未能若東坡之行所無事然能於詩家因襲語漱滌務盡以歸獨得乃如潦水盡而寒潭清矣
山谷詩取過火一路妙能出之以深雋所以露中有含透中有皺令人一見可喜久讀愈有致也

無一意一事不可入詩者唐則子美宋則蘇黃要其胸中具有鑪錘不是金銀銅鐵強令混合也
唐詩以情韻氣格勝宋蘇黃皆以意勝惟彼胸襟與手法俱高故不以精能傷渾雅焉
陳言務去杜詩與韓文同黃山谷陳后山諸公學杜在此
杜詩雄健而兼虛渾宋西江名家學杜幾於瘦硬通神然於水深林茂之氣象則遠矣
西崑體貴富實貴清襞積非所尚也西江體貴清實貴富寒寂非所尚也

西崑體所以未入杜陵之室者由文滅其質也質文不
可偏勝西江之矯西崑淺而愈甚宜乎復詒口實與
西江名家好處在鍛鍊而歸於自然放翁本學西江者
其云文章本天成妙手偶得之平昔鍛鍊之功可於
言外想見
放翁詩明白如話然淺中有深平中有奇故足令人咀
味觀其齋中弄筆詩云詩雖苦思未名家雖自謙實
自命也
詩能於易處見工便覺親切有味白香山陸放翁擅場
在此
朱子感興詩二十篇高峻寥曠不在陳射洪下蓋惟有

藝槩卷二　十八

理趣而無理障是以至爲難得
嬰孩始言唯俞而已漸乃由一字以至多字字少者含
蓄字多者發揚也是則五言七言消息自有別矣
五言如三百篇七言如騷騷雖出於三百篇而境界一
新蓋醇實瓌奇分數較有多寡也
五言質七言文五言親七言尊幾見田家詩而多作七
言者乎幾見骨肉間而多作七言者乎
五言與七言因乎情境如孺子歌滄浪之水清兮平澹
天籟於五言宜甯戚歌滄浪之水白石粲豪蕩感激
於七言宜
五言尚安恬七言尚揮霍安恬者前莫如陶靖節後莫

如韋左司揮霍者前莫如鮑明遠後莫如李太白
五言要如山立時行七言要如鼙鼓軒舞
五言無閒字易有餘味難七言有餘味易無閒字難
七言於五言或較易亦或較難或較便亦或較累蓋善
爲者如多兩人任事不善爲者如多兩人坐食也
或謂七言如挽强用長余謂更當挽强如弱用長如短
方見能事
潘邠老謂七言詩第五字要響如返照入江翻石壁歸
雲擁樹失山村翻字失字五言詩第三字要響如圓
荷浮小葉細麥落輕花浮字落字余謂此例何可盡
拘但論句中自然之節奏則七言可以上四字作一

藝槩卷二　十九

頓五言可以上二字作一頓耳
五言上二字下三字足當四言兩句如終日不成章之
於終日七襄不成報章是也七言上四字下三字足
當五言兩句如明月皎皎照我牀之於明月何皎皎
照我羅牀幃是也是則五言乃四言之約七言乃五
言之約矣太白嘗有寄興深微五言不如四言七言
又其靡也之說此特意在尊古耳豈可不達其意而
誤增閒字以爲五七哉
詩有合兩句成七言者如君子有酒旨且多夜如何其
夜未央是也有合兩句成五言者如祈父亶不聰是
也後世七言每四字作一頓五言每兩字作一頓而

五言亦或第三字屬上上下間皆可以兮字界之

七言講音節者出於漢郊祀諸樂府羅事實者出於柏梁詩

七言爲五言之慢聲而長短句互用者則以長句爲慢聲以短句爲急節此固不當與句句七言者並論也

五言第二字與第四字第三字與第五字七言第二字與第四字第四字與第六字第五字與第七字平仄相同則音拗異則音諧講古詩聲調者類多避諧而取拗然其間益有天籟不當止以能拗爲古

善古詩必屬雅材俗意俗字俗調苟犯其一皆古之棄也

凡詩不可以助長五古尤甚故詩不善於五古他體雖工弗尚也書譜云思慮通審志氣和平不激不厲而風規自遠爲五古者宜亦有取於斯言

七古可命爲古近二體近體曰駢曰諧曰麗曰緜古體曰單曰拗曰瘦曰勁一尚風容一尚筋骨此齊梁漢魏之分卽初盛唐之所以別也

論詩者謂唐初七古氣格雖卑猶有樂府之意亦思樂府非此體所能盡乎豪傑之士焉得不更思進取

唐初七古節次多而情韻婉詠歎取之盛唐七古節次少而魄力雄鋪陳尙之

伏應轉接夾敘夾議開闔盡變古詩之法近體亦俱有之惟古詩波瀾較爲壯闊耳

律與絕句行間字裏須有曖曖之致古體較可發揮盡意然亦須有不盡者存

律詩取律呂之義爲其和也取律令之義爲其嚴也

律詩要處處打得通又要處處跳得起草蛇灰綫生龍活虎兩般能事當以一手兼之

律詩主意拏得定則開闔變化惟我所爲少陵得力在此

律詩主句或在起或在結或在中而以在中爲較難蓋限於對偶非高手爲之必至物而不化矣

律詩聲諧語儷故往往易工而難化能求之章法不惟

於字句爭長則體雖近而氣脈入古矣

起有分合緩急收有虛實順逆對有反正平串接有遠近曲直欲窮律法之變必先於是求之

律詩旣患旁生枝節又患如琴瑟之專壹融貫變化兼之斯善

律詩篇法有上半篇開下半篇合有上半篇合下半篇開所謂半篇者非但上四句與下四句之謂卽二句與六句六句與二句亦各爲半篇也

律詩一聯中有以上下句論開合者一句中有以上下半句論開合者惟在相篇法而知所避就焉

律詩手寫此聯眼注彼聯自覺減少不得增多不得若

可增可減則於律字名義失之遠矣
律詩之妙全在無字處每上句與下句轉關接縫皆機竅所在也
律有似乎無起無收者要知無起者後必補起無收者前必豫收
律詩中二聯必分寬緊遠近人皆知之惟不省其來龍去脈則寬緊遠近爲妄施矣
律體中對句用開合流水倒挽三法不如用遮表法爲最多或前遮後表或前表後遮表謂如此遮謂不如彼二字本出禪家昔人詩中有用是非有無等字作對者是有即表非無即遮惟有其法而無其名故爲拈出

律詩不難於凝重亦不難於流動難在又凝重又流動耳
律體可喻以僧家之律狂禪破律所宜深戒小禪縛律亦無取焉
絕句取徑貴深曲蓋意不可盡以不盡盡之正面不寫寫反面本面不寫寫對面旁面須如睹影知竿乃妙
絕句於六義多取風興故視他體尤以委曲含蓄自然爲尚
以鳥鳴春以蟲鳴秋此造物之借端託寓也絕句之小中見大似之
絕句意法無論先寬後緊先緊後寬總須首尾相銜開闔盡變至其妙用惟在借端託寓而已
詩以律絕爲近體此就聲音言之也其實古體與律絕俱有古近體之分此當於氣質辨之
古體勁而質近體婉而妍詩之常也論其變則古婉近勁古妍近質亦多有之
論古近體詩參用陸機文賦曰絕博約而温潤律頓挫而清壯五古平徹而閑雅七古煒燁而譎誑
樂之所起雷出地風過簫發於天籟無容心焉而樂府之所尚可知
文辭志合而爲詩而樂則重聲風雅頌之入樂者姑不

具論即漢樂府飲馬長城窟之青青河畔草與古詩十九首之青青河畔草其音節可微辨矣
九歌樂府之先聲也湘君湘夫人是南音河伯是北音即設色選聲處可以辨之
楚辭大招云四上競氣極聲變只此即古樂節之升歌笙入問歌合樂也屈子九歌全是此法樂府家轉韻轉意轉調無不以之
樂府聲律居最要而意境即次之尤須意境與聲律相稱乃爲當行
樂府之出於頌者最重形容楚辭九歌所祀之神幾於恍惚有物矣後此如漢書所載郊諸歌其中亦

若有肸蠁之氣蒸蒸欲出

樂府有陳善納誨之意者雅之屬也如君子行役是

漢書藝文志云自孝武立樂府而采歌謠於是有代趙之謳秦楚之風皆感於哀樂緣事而發由是觀之後世樂府近風之體多於雅頌其由來亦已久矣

樂府是代字訣故須先得古人本意然使不能自寓懷抱又未免爲無病而呻吟

樂府易不得難不得深於此事者能使豪傑起舞愚夫愚婦解頤其神妙不可思議

樂府調有疾徐韻有疏數大抵徐疏在前疾數在後者常也若變者又當心知其意焉

古題樂府要超新題樂府要穩如太白可謂超香山可謂穩

雜言歌行音節似乎無定而實有不可易者存蓋歌行皆樂府支流樂不離乎本宮本宮之中又有自然先後也

賦不歌而誦樂府歌而不誦詩兼歌誦而以時出之

詩一種是歌君子作歌是也一種是誦吉甫作誦是也

楚辭有九歌與惜誦其音節可辨而知

九歌歌也九章誦也詩如少陵近九章太白近九歌

誦顯而歌微故長篇誦短篇歌敘事誦抒情歌

詩以意法勝者宜誦以聲情勝者宜歌古人之詩疑若千支萬派然曾有出於歌誦外者乎

文有文律陸機文賦所謂普辭條與文律是也杜詩云晚節漸於詩律細使將詩律律字解作五律七律之律則文律又何解乎大抵只是以法爲律耳

詩之局勢非前張後歙則前歙後張古體律絕無以異也

詩以離合爲跌宕故莫善於用遠合近離近離者以離開上句之意爲接也離後復轉而與未離之前相合即遠合也

篇意前後摩盪則精神自出如豳風東山詩種種景物種種情思其摩盪祇在徂歸二字耳

問短篇所尚曰咫尺應須論萬里問長篇所尚曰萬斛之舟行若風二句皆杜詩而杜之長短篇即如之杜詩又云大城鐵不如小城萬丈餘其意亦可相通相足

長篇宜橫鋪不然則力單短篇宜紆折不然則味薄

大起大落大開大合用之長篇此如黃河之百里一曲千里一曲一直也然即短至絕句亦未嘗無尺水興波之法

長篇以敘事短篇以寫意七言以浩歌五言以穆誦此皆題實司之非人所能與

伏應提頓轉接藏見倒順綰插淺深離合諸法篇中段

中聯中句中均有取焉，然非渾然無迹，未善也。

少陵寄高蓬夫詩云「佳句法如何」，可見句之宜有法矣。然欲定句法，其消息未有不從意法篇法來者。

河水清且漣，閒關車之舝，皆是五言，且皆是上二字下三字句法，而意有順倒之不同。

詩無論五七言及句法倒順，總須將上半句與下半句比權量力，使足相當，不然頭空足弱，無一可者。

鍊篇鍊章鍊句鍊字，總之所貴乎鍊者，是往活處鍊，非往死處鍊也。夫活亦在乎認取詩眼而已。

詩眼有全集之眼，有一篇之眼，有數句之眼，有一句之眼；有以數句爲眼者，有以一句爲眼者，有以一二字

爲眼者。

冷句中有熱字，熱句中有冷字；情句中有景字，景句中有情字。詩要細筋入骨，必由善用此字得之。

詩有雙關字，有偏舉字。如陶詩「望雲慚高鳥，臨水愧遊魚」，雲鳥水魚是偏舉，高遊是雙關。偏舉舉物也，雙關關己也。

問韻之相通與不相通，以何爲憑？曰：憑古。古通者晉亦通之。毛詩、楚辭、漢魏六朝詩、杜韓諸大家詩，以及他古書中有韻之文，皆其準驗也。

辨得平聲韻之相通與不相通，斯上聲去聲之通不通因之而定。東冬江通，則董腫講通矣，送宋絳亦通矣。推之支微齊佳灰通，則紙尾薺蟹賄通，寘未霽泰卦隊通；魚虞通，則語麌通，御遇通；眞文元寒删先通，則軫吻阮旱潸銑通，震問願翰諫霰通；蕭肴豪通，則篠巧皓通，嘯效號通；歌麻通，則哿馬通，箇禡通；庚青蒸通，則梗迥通，敬徑通；侵覃鹽咸通，則寑感儉豏通，沁勘豔陷通；陽無通，則養亦無通，漾亦無通；尤無通，則有亦無通，宥亦無通。

入聲韻之通不通，亦於平聲定之。東冬江通，則屋沃覺通；眞文元寒删先通，則質物月曷黠屑通；庚青蒸通，則陌錫職通；侵覃鹽咸通，則緝合葉洽通；陽無通，則藥亦無通。

論詩者或謂鍊格不如鍊意，或謂鍊意不如鍊格，惟姜白石詩說爲得之，曰：「意出於格，先得格也；格出於意，先得意也。」

文所不能言之意，詩或能言之。大抵文善醒，詩善醉，醉中語亦有醒時道不到者，蓋其天機之發，不可思議也。故余論文旨曰：「惟此聖人，瞻言百里。」論詩旨曰：「百爾所思，不如我所之。」

詩之所貴於言志者，須是以直溫寬栗爲本，不然則其爲志也荒矣，如樂記所謂喬志溺志是也。

詩之言持，莫先於內持其志，而外持風化從之。

古人因志而有詩，後人先去作詩，御推究到詩不可以

徒作因將志入裏來已是倒做了況無與於志者乎

文心雕龍云嵇志清峻阮旨遥深鍾嶸詩品云郭景純用儁上之才劉越石仗清剛之氣余謂志旨才氣人占一字此特就其所尤重者言之其實此四字詩家不可缺一也

思無邪思字中境界無盡惟所歸則一耳嚴滄浪詩話謂信手拈來頭頭是道似有得於此意

雅人有深致風人騷人亦各有深致後人能有其致則風雅騷不必在古矣

昔我往矣楊柳依依今我來思雨雪霏霏雅人深致正在借景言情若舍景不言不過曰春往冬來耳有何意味然黍稷方華雨雪載塗與此又似同而異須索解人

夏侯湛作周詩成示潘安仁安仁曰此非徒温雅乃別見孝弟之性余謂孝弟之性乃其所以温雅也二而言之安仁於是爲不知詩矣

謝靈運詩事爲名教用道以神理超下句意須離不得上句不然是名教外別有所謂神理矣

不發乎情卽非禮義故詩要有樂有哀發乎情未必卽禮義故詩要哀樂中節

天之福人也莫過於予以性情之正人之自福也莫過於正其性情從事於詩而有得則樂而不荒憂而不困何福如之

景有大小情有久暫詩中言景既患大小相混又患大小相隔言情亦如之

興與比有闊狹之分葢比有正而無反興兼反正故也

昔人謂激昂之言出於興此興字與他處言興不同激昂大抵只是情過於事如太白詩欲上青天覽日月是也

山之精神寫不出以煙霞寫之春之精神寫不出以草樹寫之故詩無氣象則精神亦無所寓矣

詩格一爲品格之格如人之有智愚賢不肖也一爲格式之格如人之有貧富貴賤也

詩品出於人品人品悃款朴忠者最上超然高舉誅茅力耕者次之送往勞來從俗富貴者無譏焉

言詩格者必及氣或疑太鍊傷氣非也傷氣者葢鍊辭不鍊氣耳

氣有清濁厚薄格有高低雅俗詩家泛言氣格未是

林艾軒謂蘇黃之別猶丈夫女子之應接丈夫見賓客信步出將去如女子則非塗澤不可余謂此論未免誣黃而易蘇然推以論一切之詩非獨女態當無雖丈夫之貴賤賢愚亦大有辨矣

詩以悅人爲心與以夸人爲心品格何在而猶譊譊於品格其何異溺人必笑耶

或問詩偏於敘則掩意偏於議則病格此說亦辨意格者所不遺否曰遺則不是執則淺矣

其詩孔碩其風肆好後世爲詩者於碩好二字須善認使非眞碩必且迂非眞好必且靡也

詩不淸則蕪不穆則露穆如淸風宜吉甫合而言之

凡詩迷離者要不閒切實者要不盡廣大者要不廓精微者要不僻

詩要避俗更要避熟剝去數層方下筆庶不墮熟字界裏

詩要超乎空欲二界空則入禪欲則入俗超之之道無他曰發乎情止乎禮義而已

或問詩何爲富貴氣象曰大抵富如昔人所謂函蓋乾坤貴如所謂截斷衆流便是

詩質要如銅牆鐵壁氣要如天風海濤

詩不可有我而無古更不可有古而無我典雅精神兼之斯善

鍾嶸謂阮步兵詩可以陶寫性靈此爲以性靈論詩者所本杜詩亦云陶冶性靈存底物新詩改罷自長吟元微之作杜工部墓誌深薄宋齊間吟寫性靈流連光景之文其實性靈光景自風雅肇興便不能離在辨其歸趣之正不正耳

詩涉脩飾便可惜鄙而脩飾多起於貌爲有學而不養本體晉東海王越與阮瞻書曰學之所入淺體之所安深善夫

詩一往作遺世自樂語以爲仙意不知卻是仙障仙意須如陰長生古詩遊戲仙都顧愍羣愚二語庶爲得之抑度人經所謂悲歌朗太空也

詩一戒滯累塵腐一戒輕浮放浪凡出辭氣當遠鄙倍詩可知矣

詩中固須得微妙語然語語微妙便不微妙須是一路坦易中忽然觸著乃足令人神遠

花鳥纏緜雲雷奮發絃泉幽咽雪月空明詩不出此四境

詩嚶嚶草蟲聞而知也趯趯阜螽見而知也有車鄰鄰知而聞也有馬白顛知而見也詩有外於知與聞見者耶

淸風明月不用一錢買上四字共知也下五字獨得也凡佳章中必有獨得之句佳句中必有獨得之字惟在首在腰在足則不必同

曲徑通幽處禪房花木深六一賞之四更山吐月殘夜水明樓東坡賞之此等處古人自會心有在後人或强解之或故疑之皆過矣

藝槩卷二終

藝槩卷三

興化 劉熙載 融齋

賦槩

班固言賦者古詩之流其作漢書藝文志論孫卿屈原賦有惻隱古詩之義劉勰詮賦謂賦爲六義附庸可知六義不備非詩卽非賦也

賦古詩之流古詩如風雅頌是也卽離騷出於國風小雅可見

言情之賦本於風陳義之賦本於雅述德之賦本於頌

李仲蒙謂敘物以言情謂之賦索物以託情謂之比觸物以起情謂之興此明賦比興之別也然賦中未嘗不兼具比興之意

詩爲賦心賦爲詩體詩言持賦言鋪持約而鋪博也古詩人本合二義爲一至西漢以來詩賦始各有專家

賦起於情事雜沓詩不能馭故爲賦以鋪陳之斯於千態萬狀層見迭出者吐無不暢暢無或竭楚辭招魂云結撰至思蘭芳假些人有所極同心賦些曰至曰極此皇甫士安三都賦序所謂欲人不能加也

樂章無非詩詩不皆樂賦無非詩詩不皆賦故樂章詩之宮商者也賦詩之鋪張者也

賦別於詩者詩辭情少而聲情多賦聲情少而辭情多皇甫士安三都賦序云昔之爲文者非苟尚辭而已正見賦之尚辭不待言也

古者辭與賦通稱史記司馬相如傳言景帝不好辭賦漢書揚雄傳賦莫深於離騷辭莫麗於相如則辭亦爲賦賦亦爲辭明甚

騷爲賦之祖太史公報任安書屈原放逐乃賦離騷漢書藝文志屈原賦二十五篇不別名騷劉勰辯騷曰名儒辭賦莫不擬其儀表又曰雅頌之博徒而辭賦之英傑也

太史公屈原傳曰離騷猶離憂也於離字初未明下詁應劭以遭訓離恐未必是王逸楚辭章句離別也騷愁也言已放逐離別中心愁思蓋爲得之然不若

屈子自云余既不難夫離別兮傷靈脩之數化尤見離而騷者爲君非爲私也

離騷云余固知謇謇之爲患兮忍而不能舍也九章云知前轍之不遂兮未改此度屈子見疑愈信被謗愈忠於此見矣

班固以屈原爲露才揚己意本揚雄反離騷所謂知衆嫭之嫉妬兮何必揚纍之蛾眉是也然此論殊損志士之氣王陽明弔屈平廟賦衆狂穉兮謂纍揚己二語眞足令讀者稱快

騷辭較肆於詩此如春秋謹嚴左氏浮夸浮夸中自有謹嚴意在

國風好色而不淫小雅怨誹而不亂淮南以此傳騷而太史公引之少陵詠宋玉宅云風流儒雅亦吾師亦字下得有眼蓋對屈子之風雅而言也

賦當以眞僞論不當以正變論正而僞不如變而眞屈子之賦所由尙已

變風變雅變之正也離騷亦變之正也跪敷袵以陳辭兮耿吾旣得此中正屈子固不嫌自謂

離騷東一句西一句天上一句地下一句極開闔抑揚之變而其中自有不變者存

荀卿之賦直指屈子之賦旁通景以寄情文以代質旁通之妙用也

藝槩卷三　三

王逸云小山之徒閔傷屈原又怪其文昇天乘雲役使百神似若仙者余槩此但得其文之似尙未得其旨屈之旨蓋在臨睨夫舊鄉不在涉青雲以汎濫遊也

騷之抑過蔽掩蓋有得於詩書之隱約自宋玉九辯已不能繼以才穎漸露故也

頓挫莫善於離騷自一篇以至一章及一兩句皆有之此傳所謂反覆致意者

敘物以言情謂之賦余謂楚辭九歌最得此訣如嫋嫋兮秋風洞庭波兮木葉下正是寫出目眇眇兮愁予來荒忽兮遠望觀流水兮潺湲正是寫出思公子兮未敢言來俱有目擊道存不可容聲之意

楚辭九歌兩言以蔽之曰樂以迎來哀以送往

九歌與九章不同九歌純是性靈語九章兼多學問語

屈子九歌如雲中君之猋舉湘君之夷猶山鬼之窈窕國殤之雄毅其擅長得力處已分明一一自道矣

屈子之文取諸六氣故有晦明變化風雨迷離之意讀山鬼篇足覘其槩

屈子之辭沈痛常在轉處氣繚轉而自締悲回風篇語可以借評

屈子橘頌云秉德無私參天地兮又云行比伯夷置以爲像兮天地伯夷大矣而借橘言之故得不迂而妙

橘頌品藻精至在九章中尤純乎賦體史記屈原傳云

藝槩卷三　四

乃作懷沙之賦知此類皆可以賦統之

長卿大人賦出於遠遊長門賦出於山鬼王仲宣登樓賦出於哀郢曹子建洛神賦出於湘君湘夫人而屈子深遠矣

屈子以後之作志之清峻莫如賈生惜誓情之緜邈莫如宋玉悲秋骨之奇勁莫如淮南招隱士

宋玉招魂在楚辭爲尤多異采約之亦只兩境一可喜一可怖而已

問招魂何以備陳聲色供具之盛曰美人爲君子珍寶爲仁義以張平子四愁詩序通之思過半矣且觀其所謂不可以託不可以止之處非即水深雪雰爲小

人之例乎

宋玉風賦出於雅登徒子好色賦出於風二者品居最上釣賦縱横之氣駸駸乎入於說術殆其降格爲之

文心雕龍云楚人理賦隱然謂楚辭以後無賦也李太白亦云屈宋長逝無堪與言

朱子答呂東萊謂屈宋唐景之文其言雖侈其實不過悲愁放曠二端而已於是屏絶不復觀按朱子此言特有爲而發觀其爲楚辭集註何嘗不取諸家好處

賈誼惜誓弔屈原服賦俱有鑿空亂道意騷人情境於斯猶見

服賦爲賦之變體即其體而通之凡能爲子書者於賦

皆足自成一家

惜誓余釋以爲惜者惜己不遇於時發乎情也誓者誓己不改所守止乎禮義也此與篇中語意俱合王逸注哀惜懷王與己約信而復背之其說似淺

讀屈賈辭不問而知其爲志士仁人之作太史公之合傳陶淵明之合贊非徒以其遇殆以其心

詩人之優柔騷人之清深後來難並矣惟奇偭一境雖亦詩騷之變而尚有可廣此淮南招隱士所以作與

王無功謂辭收白牛溪賦韻趣高奇詞義曠遠嵯峨蕭瑟眞不可言余謂賦之足當此評者葢不多有前此其惟小山招隱士乎

屈子之賦賈生得其質相如得其文雖涂徑各分而無庸軒輊也揚子雲乃謂賈誼升堂相如入室以己多依倣相如故耳

賈生之賦志勝才相如之賦才勝志賈馬以前景差宋玉已若以此分途今觀大招招魂可辨

相如一切文皆善於架虛行危其賦旣會造出奇怪又會撇入窅冥所謂似不從人間來者此也至模山範水猶其末事

屈子之賦筋節隱而不露長卿則有迹矣然作長篇學長卿入門較易

相如之淵雅鄒陽枚乘不及然鄒枚雄奇之氣相如亦

當避謝

漢書枚乘傳梁客皆善辭賦乘尤高則知當日賦名重於相如矣後世學相如之麗者還須以乘之高濟之

枚乘七發出於宋玉招魂枚之秀韻不及宋而雄節殆於過之

班倢伃擣素賦怨而不怒兼有塞淵温惠淑愼六字之長可謂深得風人之旨

後漢趙元叔窮魚賦及刺世嫉邪賦讀之知爲抗髒之士惟徑直露骨未能如屈賈之味餘文外耳

建安名家之賦氣格遒上意緒綿邈騷人清深此種尚延一綫後世不問意格若何但於辭上爭辯賦與騷

始異道矣

楚辭風骨高西漢賦氣息厚建安乃欲由西漢而復於楚辭者若其至與未至所不論焉

問楚辭漢賦之別曰楚辭按之而逾深漢賦恢之而彌廣

楚辭尚神理漢賦尚事實然漢賦之最上者機括必從楚辭得來

或謂楚賦自鑄偉辭其取鎔經義疑不及漢余謂楚取於經深微周浹無迹可尋實乃較漢尤高

楚辭賦之樂漢賦賦之禮歷代賦體只須本此辨之

屈靈均陶淵明皆狂狷之資也屈子離騷一往皆特立

獨行之意陶自言性剛才拙與物多忤自量爲己必貽俗患其賦品之高亦有以矣

屈子辭雷塡風颯之音陶公辭木榮泉流之趣雖有一激一平之別其爲獨往獨來則一也

離騷不必學三百篇歸去來辭不必學騷而皆有其獨至處固知眞古自與摹古異也

屈子之纏綿枚叔長卿之巨麗淵明之高逸宇宙間賦歸趣總不外此三種

李白大獵賦序云辭欲壯麗義歸博達似約相如答盛覽問賦之旨而白賦亦允足稱之

李白大鵬賦序云覩阮宣子大鵬讚鄙心陋之大獵賦序於相如子虛上林子雲長楊羽獵且謂齷齪之甚皆是尊題法尊題則賦之識見氣體不由不高矣

韓昌黎復志賦李習之幽懷賦皆有得於騷之波瀾意度而異其迹象故知獵豔辭拾香草者皆童蒙之智也

孫可之大明宮賦語極遒練意多勸誠與李習之幽懷賦殊塗並美

唐之劉復愚宋之黃山谷皆學楚辭而因蹟者然一種孤峻之致正復難蹤特未可爲舉肥之相者道耳

周禮太師之職始見賦字鄭註賦之言鋪而於鋪之原委仍引而未發也

鋪有所鋪有能鋪司馬相如答盛覽問賦書有賦迹賦心之說迹其所心其能也心迹本非截然爲二覽問其言乃終身不敢言作賦之心抑何固哉且言賦心不起於相如自楚辭招魂同心賦些已發端矣

楚辭涉江哀郢江郢迹也涉哀心也推諸題之但有迹者亦見心但言心者亦具迹也

賦辭欲麗迹也義欲雅心也麗辭雅義見文心雕龍詮賦前此揚雄傳云司馬相如作賦甚宏麗温雅法言云詩人之賦麗以則則與雅無異旨也

古人賦詩與後世作賦事異而意同意之所取大抵有二一以諷諫周語瞍賦矇誦是也一以言志左傳趙

孟曰請皆賦以卒君貺武亦以觀七子之志韓宣子曰二三子請皆賦起亦以知鄭志是也言志諷諫非雅麗何以善之

太史公屈原傳贊曰悲其志敘傳曰作辭以諷諫志與諷諫賦之體用具矣

屈兼言志諷諫馬揚則諷諫爲多至於班張則揄揚之意勝諷諫之義鮮矣

風雨如晦雞鳴不已屈子言志之指無已太康職思其居馬揚諷諫之指

史記司馬相如傳贊曰相如雖多虛辭濫說然其要歸引之節儉此與詩之風諫何異敘傳曰子虛之事大

人賦說靡麗多誇然其指風諫歸於無爲揚雄甘泉賦序曰奏甘泉賦以風羽獵賦序曰聊因校獵賦以風之長楊賦序曰藉翰林以爲主人子墨爲客卿以風賦之諷諫可於斯取則矣

古人一生之志往往於賦寓之史記漢書之例賦可載入列傳所以使讀其賦者卽知其人也

屈原傳曰其志潔故其稱物芳文心雕龍詮賦曰體物寫志余謂志因物見故文賦但言賦體物也

董廣川士不遇賦云雖矯情而獲百利兮復不如正心而歸一善此卽正誼明道之旨司馬子長悲士不遇賦云沒世無聞古人唯恥此卽述往事思來者之情

陶淵明感士不遇賦云寧固窮以濟意不委曲而累己此卽屢空晏如之意可見古人言必由志也

漢書藝文志曰學詩之士逸在布衣而賢人失志之賦作矣余案所謂失志者在境不在己也屈子懷沙賦云離慜而不遷兮願志之有像如此雖謂失志之賦卽勵志之賦可矣

鄒陽獄中上書氣盛語壯禰正平賦鸚鵡於黃祖長子座上蹙蹙焉有自憐依人之態於生平志氣得無未稱

志士之賦無一語隨人笑歎故雖或顛倒複沓糾繆隱晦而斷非文人才客求慊人而不求自慊者所能擬

效

雄雉之詩瞻彼日月兩章自來賢人失志之賦不出此意所謂行有不得反求諸己也若一涉怨天尤人豈有是處

漢書藝文志言賢人失志之賦有惻隱古詩之意余謂江湖憂君廟堂憂民惻隱不獨失志然也觀姬公東山七月可見

或問古人賦之言志者漢如崔篆之慰志馮衍之顯志魏如劉楨之遂志丁儀之勵志晉如棗據之表志曹攄之述志然則賦以徑言其志爲尚乎余謂賦無往而非言志也必題是志而後其賦爲言志則志或幾

乎息矣

實事求是因寄所託一切文字不外此兩種在賦則尤缺一不可若美言不信玩物喪志其賦亦不可已乎

風詩中賦事往往兼寓比興之意鍾嶸詩品所由竟以寓言寫物爲賦也賦兼比興則以言內之實事寫言外之重旨故古之君子上下交際不必有言也以賦相示而已不然賦物必此物其爲用也幾何

春有草樹山有烟霞皆是造化自然非設色之可擬故賦之爲道重象尤宜重興興不稱象雖紛披繁密而生意索然能無爲識者厭乎

賦與譜錄不同譜錄惟取誌物而無情可言無采可發

則如數他家之寶無關己事以賦體視之孰爲親切且尊異耶

賦必有關著自己痛癢處如嵇康敘琴向秀感笛豈可與無病呻吟者同語

在外者物色在我者生意二者相摩相盪而賦出焉若與自家生意無相入處則物色祇成閒事志士遑問及乎

賦欲不朽全在意勝楚辭招魂言賦先之以結撰至思眞乃千古篤論

賦家主意定則羣意生試觀屈子辭中忌己者如黨人惘己者如女嬃靈氛巫咸以及漁父別有崇尙詹尹不置是非皆由屈子先有主意是以相形相對者皆若沓然偕來拱向注射之耳

周南卷耳四章只嗟我懷人一句是點明主意餘者無非做足此句賦之體約用博自是開之

賦兼敘列二法列者一左一右横義也敘者一先一後豎義也

司馬長卿論賦云一經一緯或疑經可言一緯不可言一不知乃舉一例百合百爲一耳

賦欲縱横自在係乎知類太史公屈原傳曰舉類邇而見義遠敘傳又曰連類以爭義司馬相如封禪書曰依類託寓枚乘七發曰離辭連類皇甫士安敘三都

賦曰觸類而長之

張融作海賦不道鹽因顧凱之之言乃益之姚鉉令夏竦爲水賦限以萬字竦作三千字鉉怒不視曰汝何不於水之前後左右廣言之竦益得六千字可知賦須當有者盡有更須難有者能有也

司馬長卿謂賦家之心包括宇宙成公綏天地賦序云賦者貴能分賦物理敷演無方天地之盛可以致思矣意與長卿宛合

賦取窮物之變如山川草木雖各具本等意態而隨時異觀則存乎陰陽晦明風雨也

賦家之心其小無內其大無垠故能隨其所值賦像班

形所謂惟其有之是以似之也
賦以象物按實肖象易憑虛構象難能構象象乃生生不窮矣唐釋皎然以作用論詩可移之賦
賦之妙用莫過於設字訣看古作家無中生有處可見如設言值何時處何地遇何人之類未易悉舉
賦必合數章而後備故大言小言兩賦俱設爲數人之語準此意則知賦用一人之語者亦當以參伍錯綜出之
賦須曲折盡變孔穎達謂言事之道直陳爲正此第明賦之義非論其勢勢曲固不害於義直也
賦取乎麗而麗非奇不顯是故賦不厭奇然往往有以

竟體求奇轉至不奇者由不知以蓄奇爲洩奇地耳
譚友夏論詩謂一篇之朴以養一句之靈一句之靈能囘一篇之朴此說每爲談藝者所訶然徵之於古未嘗不合如秦風小戎言念君子以下卽以靈囘朴也其上皆以朴養靈也豳風東山每章之意俱因收二句而顯若敦彼獨宿以及其新孔嘉云云皆靈也每二句之前皆朴也賦家用此法尤多至靈能起朴更可偶反
賦中駢偶處語取蔚茂單行處語取淸瘦此自宋玉相如已然
賦之尙古久矣古之大要有五性情古義古字古音節古筆法古
古賦難在意創獲而語自然或但執言之短長聲之高下求之猶未免刻舟之見
古賦調拗而諧采淡而麗情隱而顯勢正而奇
古賦意密體疎俗賦體密意疎
俗賦一開口便有許多後世事迹來相困躓古賦則越世高談自開戶牖豈肯屋下蓋屋耶
賦兼才學才如漢書藝文志論賦曰感物造耑材智深美北史魏收傳曰會須作賦始成大才士學如揚雄謂能讀賦千首則善爲之
以賦視詩較若紛至沓來氣猛勢惡故才弱者往往能

爲詩不能爲賦積學以廣才可不豫乎
賦從貝欲其言有物也從武欲其言有序也書具乃貝玉曲禮堂上接武堂下布武意可思矣
古人稱不歌而誦謂之賦雖賦之卒往往系之以歌如楚辭亂曰重曰少歌曰倡曰之類皆是也然此乃古樂章之流使早用於誦之中則非體矣大抵歌憑心誦憑目方憑目之際欲歌焉庸有暇乎
楚辭惜誦無歌調九歌無誦調歌誦之體於斯可辨
言騷者取幽深柳子厚謂參之離騷以致其幽蘇老泉謂騷人之淸深是也言賦者取顯亮王文考謂物以賦顯陸士衡謂賦體物而瀏亮是也然二者正須相

用乃見解人

學騷與風有難易風出於性靈者爲多故雖婦人女子無不可與騷則重以脩能嫻於辭令非學士大夫不能爲也賦出於騷言典致博旣異家人之語故雖宏達之士未見數數有作何論隘胸襟之聞見者乎

范梈論李白樂府遠別離篇曰所貴乎楚言者斷如復斷亂如復亂而詞義反復屈折行乎其間實未嘗斷而亂也余謂此數語可使學騷者得門而入然又不得執形似以求之

騷調以虛字爲句腰如之於以其而乎夫是也腰上一字與句末一字平仄異爲諧調平仄同爲拗調如帝高陽之苗裔兮攝提貞於孟陬兮之於二字爲腰陽貞腰上字裔陬句末字陽平裔仄爲異貞陬皆平爲同九歌以兮字爲句腰腰上一字與句末一字句調諧拗亦準此如吉日兮辰良日仄良平浴蘭湯兮沐芳湯芳皆平

賦長於擬效不如高在本色屈子之騷不沾沾求似風雅故能得風雅之精長卿大人賦於屈子遠遊未免落擬效之迹

賦有夷險二境讀楚辭湘君湘夫人便覺有逍遥容與之情讀招隱士便覺有罔沕憭栗之意

戴安道畫南都賦范宣歎爲有益知畫中有賦卽可知

賦中宜有畫矣

以精神代色相以議論當鋪排賦之別格也正格當以色相寄精神以鋪排藏議論耳

賦兼有思勝於辭者荀卿禮智雲蠶諸賦篇雖短卻已想透無遺陸士衡文賦精語絡繹其曰非華說之所能精命意益可見矣

以老莊釋氏之旨入賦固非古義然亦有理趣理障之不同如孫興公遊天台山賦云騁神變之揮霍忽出有而入無此理趣也至云悟遣有之不盡覺涉無之有閒泯色空以合跡忽卽有而得元釋二名之同出消一無於三幡則落理障甚矣

賦有以所紀之事實重者如王無功遊北山賦似不過寫其閒適曠達之意然敘文中子一段抽出之足爲文獻之徵乃賦中有關係處也

揚子雲謂雕蟲篆刻壯夫不爲然壯夫自有壯夫之賦不然則周公尹吉甫敘事之作亦不足稱矣楊德祖答臨淄侯牋先得我心

賦因人異如荀卿雲賦言雲者如彼而屈子雲中君亦雲也乃至宋玉高唐賦亦雲也晉楊乂陸機俱有雲賦其旨又各不同以賦觀人者當於此著眼

詩持也此義通之於賦如陶淵明之感士不遇持己也李習之之幽懷持世也

名士之賦歎老嗟卑俗士之賦從諛導侈以持己持世之義準之皆當見斥也况流連般樂者耶

賦尚才不如尚品或竭盡雕飾以夸世媚俗非才有餘乃品不足也徐庾兩家賦所由卒未令人滿志與

升高能賦升高雖指身之所處而言然才識懷抱之當高卽此可見如陶淵明言登高賦新詩亦有微旨

或問左思三都賦序以升高能賦爲頌其所見所見或不足賦奈何曰嚴滄浪謂詩有別材別趣余亦謂賦有別眼別眼之所見顧可量耶

皇甫士安三都賦序曰引而伸之觸類而長之劉彥和詮賦曰擬諸形容象其物宜余論賦則曰仁者見之謂之仁智者見之謂之智

藝槩卷三終

藝槩卷四

興化 劉熙載 融齋

詞曲槩

樂歌古以詩近代以詞如關雎鹿鳴皆聲出於言也詞則言出於聲矣故詞聲學也

說文解詞字曰意內而言外也徐鍇通論曰音內而言外在音之內在言之外也故知詞也者言有盡而音意無窮也

詞有創調倚聲本諸倡和倡和莫先於虞廷觀乃歌曰以下三句調卽乃賡載歌及又歌之調所出也風雅篇必數章後章亦多用前調其或前後小異者殆猶詞同調之又一體耳

詞導源於古詩故亦兼具六義六義之取各有所當不得以一時一境盡之

樂中正爲雅多哇爲鄭詞樂章也雅鄭不辨更何論焉

梁武帝江南弄陶宏景寒夜怨陸瓊飲酒樂徐孝穆長相思皆具詞體而堂廡未大至太白菩薩蠻之繁情促節憶秦娥之長吟遠慕遂使前此諸家悉歸環內

太白菩薩蠻憶秦娥兩闋足抵少陵秋興八首想其情境殆作於明皇西幸後乎

張志和漁歌子西塞山前白鷺飛一闋風流千古東坡嘗以其成句用入鷓鴣天又用於浣溪沙然其所足

成之句猶未若原詞之妙通造化也黄山谷亦嘗以其詞增爲浣溪沙且誦之有矜色焉

太白菩薩蠻憶秦娥張志和漁歌子兩家一憂一樂歸趣難名或靈均思美人哀郢莊叟濠上近之耳

温飛卿詞精妙絶人然類不出乎綺怨韋端己馮正中諸家詞留連光景惆悵自憐葢亦易飄颻於風雨者若第論其吐屬之美又何加焉

馮延巳詞晏同叔得其俊歐陽永叔得其深

宋子京詞是宋初體張子野始創瘦硬之體雖以佳句互相稱美其實趣尚不同

王半山詞瘦削雅素一洗五代舊習惟未能涉樂必笑

《藝槩卷四　二

言哀已歎故深情之士不無閒然

柳耆卿詞昔人比之杜詩爲其實說無表德也余謂此論其體則然若論其旨少陵恐不許之

耆卿詞細密而妥溜明白而家常善於敘事有過前人惟綺羅香澤之態所在多有故覺風期未上耳

東坡詞頗似老杜詩以其無意不可入無事不可言也若其豪放之致則時與太白爲近

太白憶秦娥聲情悲壯晚唐五代惟趨婉麗至東坡始能復古後世論詞者或轉以東坡爲變調不知晚唐五代乃變調也

東坡定風波云尚餘孤瘦雪霜姿荷華媚云天然地別是風流標格雪霜姿風流標格學坡詞者便可從此領取

東坡與鮮于子駿書云近卻頗作小詞雖無柳七郎風味亦自成一家一似欲爲耆卿之詞而不能者然坡嘗譏秦少游滿庭芳詞學柳七句法則意可知矣

東坡詞具神仙出世之姿方外白玉蟾諸家惜未詣此

黄山谷詞用意深至自非小才所能辦惟故以生字俚語侮弄世俗若爲金元曲家濫觴

少游詞有小晏之妍其幽趣則過之梅聖俞蘇幕遮云落盡梅花春又了滿地斜陽翠色和煙老此一種似爲少游開先

《藝槩卷四　三

秦少游詞得花間尊前遺韻卻能自出清新東坡詞雄姿逸氣高軼古人且稱少游爲詞手山谷傾倒於少游千秋歲詞落紅萬點愁如海之句至不敢和要其他詞之妙似此者豈少哉

少游水龍吟小樓連苑横空下窺繡轂雕鞍驟東坡譏之云十三箇字只說得一箇人騎馬樓前過語極解頤其子湛作卜算子云極目煙中百尺樓人在樓中否言外無盡似勝乃翁未識東坡見之云何

叔原貴異方回贍逸耆卿細貼少游清遠四家詞趣各別惟尚婉則同耳

東坡詞在當時鮮與同調不獨秦七黄九別成兩派也

晁无咎坦易之懷磊落之氣差堪驂靳然懸崖撒手處无咎莫能追躡矣

无咎詞堂廡頗大人知辛稼軒摸魚兒更能消幾番風雨一闋爲後來名家所競效其實辛詞所本卽无咎摸魚兒買陂塘旋栽楊柳之波瀾也

周美成詞或稱其無美不備余謂論詞莫先於品美成詞信富豔精工只是當不得箇貞字是以士大夫不肯學之學之則不知終日意縈何處矣

周美成律最精審史邦卿句最警鍊然未得爲君子之詞者周旨蕩而史意貪也

辛稼軒風節建豎卓絕一時惜每有成功輒爲議者所

藝槩卷四　四

沮觀其踏莎行和趙興國有云吾道悠悠憂心悄悄其志與遇槩可知矣宋史本傳稱其雅善長短句悲壯激烈又稱謝校勘過其墓旁有疾聲大呼於堂上若鳴其不平然則其長短句之作固莫非假之鳴者哉

稼軒詞龍騰虎擲任古書中理語瘦語一經運用便得風流天姿是何夐異

蘇辛皆至情至性人故其詞瀟灑卓犖悉出於温柔敦厚世或以粗獷託蘇辛固宜有視蘇辛爲別調者哉

張玉田盛稱白石而不甚許稼軒耳食者遂於兩家有軒輊意不知稼軒之體白石嘗效之矣集中如永遇樂漢宮春諸闋均次稼軒韻其吐屬氣味皆若秘響相通何後人過分門戶耶

白石才子之詞稼軒豪傑之詞才子豪傑各從其類愛之強論得失皆偏辭也

姜白石詞幽韻冷香令人挹之無盡擬諸形容在樂則琴在花則梅也

詞家稱白石曰白石老仙或問畢竟與何仙相似曰藐姑冰雪蓋爲近之

陳同甫與稼軒爲友其人才相若詞亦相似同甫賀新郎寄幼安見懷韻云樹猶如此堪重別只使君從來與我話頭多合行矣置之無足問誰換妍皮癡骨但

藝槩卷四　五

莫使伯牙絃絕其酬幼安再用韻見寄云斬新換出旗麾別把當時一椿大義拆開收合據地一呼吾往矣萬里摇肢動骨這話欛只成癡絕懷幼安用前韻云男兒何用傷離別況古來幾番際會風從雲合千里情親長晤對妙體本心次骨臥百尺高樓斗絕觀此則兩公之氣誼懷抱俱可知矣

同甫水龍吟云恨芳菲世界游人未賞都付與鶯和燕言近指遠直有宗留守大呼渡河之意

陸放翁詞安雅清贍其尤佳者在蘇秦閒然乏超然之致天然之韻是以人得測其所至

劉改之詞狂逸之中自饒俊致雖沈著不及稼軒足以

自成一家其有意效稼軒體者如沁園春斗酒彘肩等闋又當別論

高竹屋詞爭驅白石然嫌多綺語如御街行之詠轎其設想之細膩曲折何爲也哉詠簾亦然劉改之沁園春詠美人指甲美人足二闋以褻體爲世所共譏然病在標者猶易治也

劉後村詞旨正而語有致眞西山文章正宗詩歌一門屬後村編類且約以世教民彝爲主知必心重其人也後村賀新郎席上聞歌有感云粗識國風關雎亂羞學流鶯百囀總不涉閨情春怨又云我有生平離鸞操頗哀而不慍微而婉意殆自寓其詞品耶

蔣竹山詞未極流動自然然洗鍊縝密語多創獲其志視梅溪較貞其思視夢窗較清劉文房爲五言長城竹山其亦長短句之長城與

張玉田詞清遠蘊藉悽愴纏綿大段瓣香白石亦未嘗不轉益多師卽探芳信之次韻草窗瑣窗寒之悼碧山西子妝之效夢窗可見

評玉田詞者謂當與白石老仙相鼓吹玉田作瑣窗寒悼王碧山序謂碧山其詞閑雅有姜白石意今觀張王兩家情韻極爲相近如玉田高陽臺之接葉巢鶯與碧山高陽臺之淺萼梅酸尤同鼻息

文文山詞有風雨如晦雞鳴不已之意不知者以爲變聲其實乃變之正也故詞當合其人之境地以觀之

北宋詞用密亦疏用隱亦亮用沈亦快用細亦闊用精亦渾南宋只是掉轉過來

南宋詞近耆卿者多近少游者少少游疏而耆卿密也

詞品喻諸詩東坡稼軒李杜也耆卿香山也夢窗義山也白石玉田大秝十子也其有似韋蘇州者張子野當之

金元遺山詩兼杜韓蘇黃之勝儼有集大成之意以詞而論疏快之中自饒深婉亦可謂集兩宋之大成者矣

東坡謂陶淵明詩臞而實腴質而實綺余謂元劉靜修

之詞亦然

蘇辛詞似魏元成之嫵媚劉靜修詞似邵康節之風流倘泛泛然以橫放瘦澹名之過矣

虞伯生薩天錫兩家詞皆兼擅蘇秦之勝張仲舉詞大抵導源白石時或以稼軒濟之

詞之章法不外相摩相盪如奇正空實抑揚開合工易寬緊之類是已

詞中承接轉換大抵不外紆徐斗健交相爲用所貴融會章法按脈理節拍而出之

元陸輔之詞旨云對句好可得起句好難得收拾全藉出場此蓋尤重起句也余謂起收對三者皆不可忽

大抵起句非漸引卽頓入其妙在筆未到而氣已吞收句非繞回卽宕開其妙在言雖止而意無盡對句非四字六字卽五字七字其妙在不類於賦與詩

詞有過變隱本於詩宋書謝靈運傳論云前有浮聲則後須切響益言詩當前後變化也而雙調換頭之消息卽此已寓

升歌笙入閒歌合樂楚辭招魂所謂四上競氣也詞之過變處節次淺深準此辨之

詞或前景後情或前情後景或情景齊到相間相融各有其妙

一轉一深一深一妙此騷人三昧倚聲家得之便自超出常境

空中蕩漾最是詞家妙訣上意本可接入下意卻偏不入而於其間傳神寫照乃愈使下意栩栩欲動楚辭所謂君不行兮夷猶蹇誰留兮中洲也

詞要放得開最忌步步相連又要收得回最忌行行愈遠必如天上人間去來無迹斯爲入妙

小令難得變化長調難得融貫其實變化融貫在在相須不以長短別也

詞以鍊章法爲隱鍊字句爲秀秀而不隱是猶百琲明珠而無一綫穿也

鍊字數字爲鍊一字亦爲鍊句則合句首句中句尾以見意多者三四層少亦不下兩層詞家或遂謂字易而句難不知鍊句固取相足相形鍊字亦須遙管遙應也

玉田謂詞與詩不同合用虛字呼喚余謂用虛字正樂家歌詩之法也朱子云古樂府祇是詩中閒卻添出許多泛聲後人怕失了那泛聲逐一聲添箇實字遂成長短句今曲子便是案朱子所謂實字謂實有箇字雖虛字亦是有也

詞之好處有在句中者有在句之前後際者陳去非虞美人吟詩日日待春風及至桃花開後卻匆匆此好在句中者也臨江仙杏花疎影裏吹笛到天明此因

仰承憶昔俯注一夢故此二句不覺豪酣轉成悵悒所謂好在句外者也儻謂現在如此則騃甚矣

賀方回青玉案詞收四句云試問閒愁都幾許一川煙草滿城風絮梅子黃時雨其末句好處全在試問句呼起及與上一川二句並用耳或以方回有賀梅子之稱專賞此句誤矣且此句原本寇萊公梅子黃時雨如霧詩句然則何不目萊公爲寇梅子耶

詞之妙全在襯跌如文文山滿江紅和王夫人云世態便如翻覆雨妾身元是分明月醉江月和友人驛中言別云鏡裏朱顏都變盡只有丹心難滅每二句若非上句則下句之聲情不出矣

詞眼二字見陸輔之詞旨其實輔之所謂眼者仍不過某字工某句警耳余謂眼乃神光所聚故有通體之眼有數句之眼前前後後無不待眼光照映若舍章法而專求字句縱爭奇競巧豈能開闔變化一動萬隨耶

詞家用韻在先觀其韻之通别别者必不可通通者仍須知別如江之於陽眞之於庚古韻既別雖今吻相通要不得而通也東冬於江歌於麻古韻雖通然今吻既別便不可以無別也至一韻之中如十三元韻今吻讀之其音約分三類亦當擇而取之餘韻準此

詞中平仄體有一定古人或有平作仄仄作平者必合

藝槩卷四　十

句上句下句内之字權其律之所宜互爲更換斯得如銅山靈鐘東西相應故效古者當專效一體不可挹彼注兹致識聲病

平聲可爲上入語本張玉田詞源則平去之不可相代審矣然平可代以上入而上入或轉有不可互代者玉田稱其父寄閒老人瑞鶴仙詞粉蝶兒撲定花心不去閒了尋香兩翅撲字不協遂改爲守字此於聲音之道不其嚴乎

上入雖可代平然亦有必不可代之處使以宛轉遷就之聲亂一定不易之律則代之一說轉以不知爲愈矣

上去不宜相替宋沈伯時義甫之說也去聲當高唱上聲當低唱明沈璟詞隱之說也兩說爲後人論詞者所本爰爲表而出之

詞家既審平仄當辨聲之陰陽又當辨收音之口法取聲取音以能協爲尚玉田稱其父惜花春起早詞瑣窗深句深字不協改爲幽字又不協再改爲明字始協此非審於陰陽者乎又深爲閉口音幽爲斂脣音明爲穿鼻音消息亦别

古人原詞用入聲韻效其詞者仍宜用入餘則否至如句中用入解人愼之

詞家辨句兼辨讀讀在句中如楚辭九歌每句中間皆

藝槩卷四　十一

有兮字兮者無辭而有聲卽其讀也更以古樂府觀之篇終有聲如臨高臺之收中吾是也句下有聲如有所思之妃呼豨是也何獨於句中之聲而疑之

詞句中用雙聲疊韻之字自兩字之外不可多用惟犯疊韻者少犯雙聲者多蓋同一雙聲而開口齊齒合口撮口呼法不同便易忘其爲雙聲也解人正須於不同而同者去其隱疾且不惟雙聲也凡喉舌齒牙脣五音俱忌單從一音連下多字

十二律與後世各宮調異名而同實如在黃鐘則正黃鍾爲宮大石調爲商以至般涉調爲羽在大呂則高宮爲宮高大石調爲商高般涉調爲羽詞源所列既

明且備矣

詞固必期合律然雅頌合律桑間濮上亦未嘗不合律也律和聲本於詩言志可爲專講律者進一格焉

昔人詞詠古詠物隱然只是詠懷葢其中有我在也然人亦孰不有我惟耿吾得此中正者尚耳

詞深於興則覺事異而情同事淺而情深故沒要緊語正是極要緊語亂道語正是極不亂道語固知吹皺一池春水干卿甚事原是戲言

鄰人之笛懷舊者感之斜谷之鈴溺愛者悲之東坡水龍吟和章節夫詠楊花云細看來不是楊花點點是離人淚亦同此意

東坡水龍吟起云似花還似非花此句可作全詞評語葢不離不即也時有舉史梅溪雙雙燕詠燕姜白石齊天樂賦蟋蟀令作評語者亦曰似花還似非花

詞中用事貴無事障晦也膚也多也板也此類皆障也姜白石詞用事入妙其要訣所在可於其詩說見之曰僻事實用熟事虛用學有餘而約以用之善用事者也乍敘事而閒以理言得活法者也

詞有點有染柳耆卿雨淋鈴云多情自古傷離別更那堪冷落清秋節今宵酒醒何處楊柳岸曉風殘月上二句點出離別冷落今宵二句乃就上二句意染之點染之間不得有他語相隔隔則警句亦成死灰矣

詞有尚風有尚骨歐公朝中措云手種堂前楊柳別來幾度春風東坡雨中花慢云高會聊追短景清商不假餘妍孰風孰骨可辨

王敬美論詩云河下輿隸須驅遣另換正身胡明仲稱眉山蘇氏詞一洗綺羅香澤之態擺脫綢繆宛轉之度使人登高望遠舉首高歌而逸懷浩氣超乎塵埃之表此殆所謂正身者耶

詩有西江西崑兩派惟詞亦然戴石屏望江南云誰解學西崑是學西江派人語吳夢窗一流當不喜聞

詞之爲物色香味宜無所不具以色論之有借色有眞色借色每爲俗情所艷不知必先將借色洗盡而後

眞色見也

昔人論詞要如嬌女步春余謂更當有以益之曰如異軍特起如天際眞人

詞尚清空妥溜昔人已言之矣惟須妥溜中有奇創清空中有沈厚才見本領

詞要恰好粗不得纖不得硬不得輭不得不然非傖父卽兒女矣

黃魯直跋東坡卜算子缺月掛疏桐一闋云語意高妙似非喫煙火食人語非胸中有萬卷書筆下無一點塵俗氣孰能至此余案詞之大要不外厚而清厚包諸所有清空諸所有也

詞濟語要有味壯語要有韻秀語要有骨

詞要清新切忌拾古人牙慧蓋在古人爲清新者襲之即腐爛也拾得珠玉化爲灰塵豈不重可鄙笑

描頭畫角是詞之低品蓋詞有全體宜無失其全詞有內蘊宜無失其蘊

詞之妙莫妙於以不言言之非不言也寄言也如寄深於淺寄厚於輕寄勁於婉寄直於曲寄實於虛寄正於餘皆是

詞以不犯本位爲高東坡滿庭芳老去君恩未報空回首彈鋏悲歌語誠慷慨然不若水調歌頭我欲乘風歸去又恐瓊樓玉宇高處不勝寒尤覺空靈蘊藉

司空表聖云梅止於酸鹽止於鹹而美在酸鹹之外嚴滄浪云妙處透徹玲瓏不可湊泊如水中之月鏡中之象此皆論詩也詞亦以得此境爲超詣

玉田論詞曰蓮子熟時花自落余更益以太白詩二句曰清水出芙蓉天然去雕飾

古樂府中至語本只是常語一經道出便成獨得詞得此意則極鍊如不鍊出色而本色人籟悉歸天籟矣

詞中句與字有似觸著者所謂極鍊如不鍊也晏元獻無可奈何花落去二句觸著之句也宋景文紅杏枝頭春意鬧鬧字觸著之字也

詞貴得本地風光張子野遊垂虹亭作定風波有云見說賢人聚吳分試問也應傍有老人星是時子野年八十五而坐客皆一時名人意確切而語自然洵非易到

詩放情曰歌悲如蛩螿曰吟通乎俚俗曰謠載始末曰引委曲盡情曰曲詞腔遇此等名當於詩義溯之又如腔名中有喜怨憶惜等字亦以還他本意爲合

詞莫要於有關係張元幹仲宗因胡邦衡謫新州作賀新郎送之坐是除名然身雖黜而義不可沒也張孝祥安國於建康留守席上賦六州歌頭致感重臣罷席然則詞之興觀羣怨豈下於詩哉

詞尚風流儒雅以塵言爲儒雅以綺語爲風流此風流

儒雅之所以亡也

綺語有顯有微依花附草之態略講詞品者亦知避之然或不著相而染神病尤甚矣

沒些兒嫛珊勃窣也不是崢嶸突兀管做徹元分人物此陳同甫三部樂詞也余欲借其語以判詞品詞以元分人物爲最上崢嶸突兀猶不失爲奇傑嫛珊勃窣則淪於側媚矣

詞有陰陽陰者采而匿陽者疎而亮本此以等諸家之詞莫之能外

桓大司馬之聲雌以故不如劉越石豈惟聲有雌雄哉意趣氣味皆有之品詞者辨此亦可因詞以得其人

矣

齊梁小賦唐末小詩五代小詞雖小卻好雖好卻小蓋所謂兒女情多風雲氣少也

晉卿兩同心云酒戀花迷役損詞客余謂此等只可名迷戀花酒之人不足以稱詞客詞客當有雅量高致者也或曰不聞花間尊前之名集乎曰使兩集中人可作正欲以此質之

詞家先要辨得情字詩序言發乎情文賦言詩緣情所貴於情者爲得其正也忠臣孝子義夫節婦皆世間極有情之人流俗誤以欲爲情欲長情消患在世道倚聲一事其小焉者也

詞進而人亦進其詞可爲也詞進而人退其詞不可爲也詞家轂到名教之中自有樂地儒雅之內自有風流斯不患其人之退也夫

曲之名古矣近世所謂曲者乃金元之北曲及後復溢爲南曲者也未有曲時詞即是曲既有曲時曲可悟詞苟曲理未明詞亦恐難獨善矣

詞如詩曲如賦賦可補詩之不足者也昔人謂金元所用之樂嘈雜淒緊緩急之間詞不能按乃更爲新聲是曲亦可補詞之不足也

南北成套之曲遠本古樂府近本詞之過變遠如漢焦仲卿妻詩敘述備首尾情事言狀無一不肖梁木蘭辭亦然近如詞之三疊四疊有戚氏鶯啼序之類曲之套數殆即本此意法而廣之所別者不過次第其牌名以爲記目耳

樂曲一句爲一解一章爲一解並見古今樂錄王僧虔啟云古曰章今曰解余案以後世之曲言之小令及套數中牌名無非章解遺意

洪容齋論唐詩戲語引杜牧公道世間惟白髮貴人頭上不曾饒高駢依稀似曲才堪聽又被吹將別調中羅隱自家飛絮猶無定爭解垂絲絆路人余謂觀此則南北劇中之本色當家處古人早透消息矣

魏書胡叟傳云既善爲典雅之詞又工爲鄙俗之句余變換其義以論曲以爲其妙在借俗寫雅面子疑於放倒骨子彌復認眞雖半莊半諧不皆典要何必非莊子所謂直寄焉以爲不知已者詬厲耶

王元美云詞不快北耳而後有北曲北曲不諧南耳而後有南曲何元朗云北字多而調促促處見筋南字少而調緩緩處見眼二說其實一也蓋促故快緩故諧耳

元張小山喬夢符爲曲家翹楚李中麓謂猶唐之李杜太和正音譜評小山詞如披太華之天風招蓬萊之海月中麓作夢符詞序云評其詞者以爲若天吳跨神鼇噀沫於大洋波濤洶湧有截斷衆流之勢案小

山極長於小令夢符雖頗作雜劇散套亦以小令爲最長兩家固同一騷雅不落俳語惟張尤翛然獨遠耳

曲以破有破空爲至上之品中麓謂小山詞瘦至骨立血肉銷化俱盡乃鍊成萬轉金鐵軀破有也又嘗謂其句高而情更款破空也

北曲名家不可勝舉如白仁甫貫酸齋馬東籬王和卿關漢卿張小山喬夢符鄭德輝宮大用其尤著也諸家雖未開南曲之體然南曲正當得其神味觀彼所製圓溜瀟灑纏綿蘊藉於此事固若有別材也

太和正音譜諸評約之只清深豪曠婉麗三品清深如

吳仁卿之山間明月也豪曠如貫酸齋之天馬脫羈也婉麗如湯舜民之錦屏春風也

北曲六宮十一調各具聲情元周德清氏已傳品藻六宮曰仙呂清新綿邈南呂感歎傷悲中呂高下閃賺黃鍾富貴纏綿正宮惆悵雄壯道宮飄逸清幽十一調曰大石風流蘊藉小石旖旎嫵媚高平條暢滉漾般涉拾掇坑塹歇指急併虛歇商角悲傷宛轉雙調健捷激裊商調悽愴怨慕角調嗚咽悠揚宮調典雅沈重越調陶寫冷笑製曲者每用一宮一調俱宜與其神理脗合南曲之九宮十三調可準是推矣

曲有借宮然但有例借而無意借既須考得某宮調中可借某牌名更須考得部位宜置何處乃得節律有常而無破裂之病

曲套中牌名有名同而體異者有體同而名異者名同體異以其宮異也體同名異亦以其宮異也輕重雄婉之宜當各由其宮體貼出之

牌名亦各具神理昔人論歌曲之善謂玉芙蓉玉交枝玉山供不是路要馳騁鍼線箱黃鶯兒江頭金桂要規矩二郎神集賢賓月兒高念奴嬌本序刷子序要抑揚蓋若已兼爲製曲言矣

曲莫要於依格同一宮調而古來作者甚多既選定一人之格則牌名之先後句之長短韻之多寡平仄當

盡用此人之格未有可以張冠李戴斷鶴續鳧者也

曲所以最患失調者一字失調則一句失調矣一牌一宮俱失調矣乃知王伯良之曲律李元玉之北詞廣正譜原非好爲苛論

姜白石製詞自記拍於字旁張玉田詞源詳十二律諸記足爲注腳蓋卽應律之工尺也遼史樂志云大樂其聲凡十五凡工尺上一四六勾合樂家既視遼志爲故常當不疑姜記爲奇秘矣

曲辨平仄兼辨仄之上去蓋曲家以去爲送音以上爲頓音送高而頓低也辨上去尤以煞尾句爲重煞尾句尤以末一字爲重

玉田詞源最重結聲蓋十二宮所住之字不同者必不容相犯也此雖以六凡工尺上一四勾合五言之而平上去可推矣

北曲楔子先於隻曲南曲引子先於正曲語意既忌占實又忌落空既怕罣漏又怕夾雜此爲大要

曲一宮之內無論牌名幾何其篇法不出始中終三停始要含蓄有度中要縱橫盡變終要優游不竭纍纍乎端如貫珠歌法以之蓋取分明而聯絡也曲之章法所尚亦不外此

曲句有當奇有當偶當奇而偶當偶而奇皆由昧於句讀韻脚及襯字以致誤耳

曲於句中多用襯字固嫌喧客奪主然亦有自昔相傳用襯字處不用則反不靈活者

曲止小令雜劇套數三種小令套數不用代字訣雜劇全是代字訣不代者品欲高代者才欲富此亦如詩言志賦體物之別也又套數視雜劇尤宜貫串以雜劇可借白爲聯絡耳

曲家高手往往尤重小令蓋小令一闋中要具事之首尾又要言外有餘味所以爲難不似套數可以任我鋪排也

辨小令之當行與否尤在辨其務頭蓋腔之高低節之遲速此爲關鎖故但看其務頭深穩瀏亮者必作家也俗手不問本調務頭在何句何字只管平塌塡去關鎖之地既差全闋爲之減色矣

曲以六部收聲東冬江陽庚青蒸七韻穿鼻收支微齊佳灰五韻展輔收魚虞蕭肴豪尤六韻斂脣收眞文元寒刪先六韻舐齶收歌麻二韻直喉收侵覃鹽咸四韻閉口收六部既明又須審其高下疾徐歡愉悲戚某韻畢竟是何神理庶度曲時情韻不相乖謬

詩韻有入聲者東冬江眞文元寒刪先陽庚青蒸侵覃鹽咸是也北曲韻俱無入聲詩韻無入聲者支微魚虞齊佳灰蕭肴豪歌麻尤是也北曲韻卽以東冬至鹽咸各韻入聲配隸支微等韻之平上去三聲如屋

字東之入聲沃字冬之入聲曲俱隸魚模上聲以及覺本江入曲隸蕭豪上質眞入曲齊微上物文入曲魚模去月元入曲車遮去曷寒入曲歌戈平黠刪入曲家麻平屑先入曲車遮上藥陽入曲蕭豪去陌庚入曲皆來去錫青入職蒸入緝侵入曲俱齊微上合覃入曲歌戈平葉鹽入曲車遮去洽咸入曲家麻平是其槩已

平仄互叶詞先於曲如西江月醜奴兒慢少年心換巢鸞鳳戚氏是也又鼓笛令撥棹子蝶戀花漁家傲惜奴嬌大聖樂亦俱有互叶之一體然詞止以上去叶平非若北曲以入與三聲互叶也

入聲配隸三聲中原音韻自一東鍾至十九廉纖皆是也然曲中用入作平之字可有而不可多多則習氣太重且難高唱矣

昔人言正清次清之入聲北音俱作上聲次濁作去正濁作平此特舉其大略而已檢中原韻部入作上者雖皆清聲要其清聲之作去者不下十之三四作平者亦十之二三焉得不別而識之

北曲用中原音韻南曲用洪武正韻明人有其說矣然南曲祇可從正韻分平上去之部不可用其入聲爲韻腳案正韻二十二韻入聲凡十自東之入屋以至鹽之入葉其入聲徑讀入聲三聲皆不能與之相叶

卽句中各字於中原之入作平者并以勿用爲妥葢南曲本脫胎於北亦須無使北人棘口也

曲家之所謂陰聲卽等韻家之所謂清聲曲家之所謂陽聲卽等韻家之所謂濁聲自切韻指掌切韻指南四聲等子於三十六字母已標清濁明陳藎謨獻可之轉音經緯尤明白易曉是以沈君徵度曲須知列入之轉音經緯見端知幫非精影照八母爲純清溪透徹滂敷曉清心穿審十母次清羣定澄竝奉匣從邪牀禪十母純濁疑泥孃明微喻來日八母次濁總無所謂半清半濁不清不濁者故可尚也曲韻自中原音韻始分陰陽平明范善溱中州全韻始分陰陽去後人又分陰陽上且於入聲之作平上去者均以陰陽分之其實陰陽之說未與清濁之名早立矣

曲辨聲音音之難知過於聲聲不過如平仄頓送陰陽而已音則有出字收音圓音尖音之別其理頗微未易悉言姑舉其槩曰蕭出西江出幾尤出移魚收于模收嗚齊收噫麻收哀巴切之音圓如共孝尖如齊笑

度曲須知謂字之頭腹尾音與切字之理相通切法卽唱法余以爲唱法所用乃係合聲合聲者切法之尤精者也切字上一字爲母辨聲之清濁不論口法開合合聲則兼辨開合矣切字下一字爲韻辨口法開

合不論聲之清濁合聲則兼辨清濁矣且合聲法收聲不出影喻二母如哀噫嗚于皆是

事莫貴於眞知周挺齋不階古昔撰中原音韻永爲曲韻之祖明嘉隆間江西魏良輔創水磨調始行於婁東後遂號爲崑腔眞知故也余謂曲可不度而聲音之道不可不知鄭漁仲七音略序云釋氏以參禪爲大悟以通音爲小悟夫小悟亦豈易言哉

張平子始言度曲西京賦所謂度曲未終雲起雪飛是也製曲者體此二語則於曲中揚抑之道思過半矣

王元美評曲謂北筋在絃南力在板可知元美時絃索之律猶有存者後此則知有板而已然板存卽是絃

存沈君徵論板之正贈通於彈拍近之樂記言聲歌各有宜歸於直己而陳德可知歌無今古皆取以正聲感人故曲之無益風化無關勸戒者君子不爲也

堯典末鄭注云歌所以長言詩之意聲之曲折又長言而爲之聲中律乃爲和周禮樂師鄭注云所爲合聲亦等其曲折使應節奏余謂曲之名義大抵即曲折之意漢書藝文志河南周歌聲曲折七篇周謠歌詩曲折七十五篇殆此類耶

詞曲本不相離惟詞以文言曲以聲言耳詞辭通左傳襄二十九年杜注云此皆各依其本國歌所常用聲

曲正義云其所作文辭皆準其樂音令宮商相和使成歌曲是辭屬文曲屬聲明甚古樂府有曰辭者有曰曲者其實辭即曲之辭曲即辭之曲也襄二十九年正義又云聲隨辭變曲盡更歌此可爲詞曲合一之證

藝槩卷四終

藝槩卷五

興化　劉熙載　融齋

書槩

聖人作易立象以盡意意先天書之本也象後天書之用也

與天爲徒與古爲徒皆學書者所有事也天當觀於其章古當觀於其變

周篆委備如石鼓是也秦篆簡直如嶧山琅邪臺等碑是也其辨可譬之麻冕與純焉

李斯作倉頡篇趙高作爰歷篇胡母敬作博學篇皆爲小篆而高敬之書迄無所存然安知不即雜於世所

傳之小篆中耶衛恆書勢稱李斯篆并言漢建初中扶風曹喜少異於斯而亦稱善是喜固偉然足自立者後世乃傳有喜所書之大風歌書體甚非古雅不問而知爲僞物矣

玉筯之名僅可加於小篆舒元輿謂秦丞相斯變倉頡籀文爲玉筯篆是也顧論其別則頡籀不可爲玉筯論其通則分眞行草亦未嘗無玉筯之意存焉

玉筯在前懸針在後自有懸針而波磔鉤挑由是起矣懸針作於曹喜然籀文卻已豫透其法

孫過庭書譜云篆尙婉而通余謂此須婉而愈勁通而愈節乃可不然恐涉於描字也

篆書要如龍騰鳳翥觀昌黎歌石鼓可知或但取整齊而無變化則槧人優爲之矣

篆之所尚莫過於筋然筋患其弛亦患其急欲去兩病韌字乃要訣也

魏初邯鄲生傳古文同時惟衞覬亦善之餘無聞焉蓋古文有字學有書法必取相兼是以難也雖三代遺器款識後世亦多有從事者然但務識字已矜絶學使古人復作其遂饜志也耶

款識之學始興於北宋歐公集古錄稱劉原父博學好古能讀古人銘識考知其人事蹟每有所得必摹其文以見遺今觀毛伯敦龔伯彝叔高父煮簋伯庶父

敦諸銘載錄中者皆是也時太常博士楊南仲亦能讀古文篆籀原父釋韓城鼎銘公謂與南仲所寫時有不同蓋雖未判兩家孰是而古文之難讀見矣鄭漁仲金石略自晉姜鼎迄軹家釜列三代器名二百三十有七可不謂多乎然如未詳其辭何

古文字少故有無偏旁而當有偏旁者有語本兩字而書作一字者自大小篆興孳乳益多則無事此矣然大輅之中椎輪之質固在

隸與八分之先後同異辨而愈晦其失皆坐狹隸而寬分夫隸體有古於八分者故秦權上字爲隸有不及八分之古者故鍾王正書亦爲隸蓋隸其通名而八分統矣稱鍾可謂之鐵鐵不可謂之稱鍾從事隸與八分者盍先審此

八分書分字有分數之分如書苑所引蔡文姬論八分之言是也有分別之分如說文之解八字是也自來論八分者不能外此兩意

書苑引蔡文姬言割程隸字八分取二分割李篆字二分取八分於是爲八分書此蓋以分字作分數解也然信如割取之說雖使八分隸二分篆其體猶古於他隸況篆八隸二不儼然篆矣乎是可知言之不出於文姬矣

凡隸體中皆暗包篆體欲以分數論分者當先問程隸

是幾分書雖程隸世已無傳然以漢隸逆推之當必不如閣帖中所謂程邈書直是正書也

王愔云次仲始以古書方廣少波勢建初中以隸草作楷法字方八分言有模楷吾邱衍學古編云八分者漢隸之未有挑法者也比秦隸則易識比漢隸則微似篆若用篆筆作漢隸字即得之矣波勢與篆筆兩意難合洪氏隸釋言漢字有八分有隸其學中絶不可分別非中絶也漢人本無成說也

王愔所謂字方八分者蓋字比於八之分也說文八別也象分別相背之形此雖非爲八分言之而八分之意法具矣

開通褒斜道石刻隸之古也祀三公山碑篆之變也延光殘碑夏承碑吳天發神讖碑差可附於八分篆二分隸之說然必以此等爲八分則八分少矣或曰鴻都石經乃八分體也

以參合篆體爲八分此後人亢而上之之言也以有波勢爲八分覺於始制八分情事差近

由大篆而小篆由小篆而隸皆是寖趨簡捷獨隸之於八分不然蕭子良謂王次仲飾隸爲八分飾字有整飭矜嚴之意

衛恆書勢言隸書者篆之捷卽繼之曰上谷王次仲始作楷法楷法實卽八分而初未明言直至敘梁鵠弟子毛宏始云今八分皆宏法可知前此雖有分書終嫌字少非出於假借則易窮於用至宏乃益之使成大備耳

衛恆言王次仲始作楷法指八分也隸書簡省篆法取便徒隸其後從流下而忘反俗陋日甚譬之於樂中聲以降五降之後不容彈故八分者隸之節也八分所重在字畫有常勿使增減遷就上亂古而下入俗則楷法於是焉在非徒以波勢一端示別矣

鍾繇謂八分書爲章程書章程大抵以其字之合於功令而言耳漢律以六體試學童隸書與焉吏民上書字或不正輒舉劾是知一代之書必有章程章程既

明則但有正體而無俗體其實漢所謂正體不必如秦秦所謂正體不必如周後世之所謂正體由古人觀之未必非俗體也然俗而久則爲正矣後世欲識漢分孰合功令亦惟取其書占三從二而已

小篆秦篆也八分漢隸也秦無小篆之名漢無八分之名名之者皆後人也後人以籀篆爲大故小秦篆以正書爲隸故八分漢隸耳

書之有隸生於篆如音之有徵生於宮故篆取力弇氣長隸取勢險節短蓋運筆與奮筆之辨也

隸形與篆相反隸意卻要與篆相用以峭激蘊紆餘以倔強寓款婉斯徵品量不然如撫劍疾視適足以見其無能爲耳

蔡邕作飛白王僧虔云飛白八分之輕者衛恆作散隸韋續謂迹同飛白顧曰飛曰白曰散其法不惟用之分隸此如垂露懸針皆是篆法他書亦恆用之

分數不必用以論分而可借以論書漢隸既可當小篆之八分書是小篆亦大篆之八分書正書亦漢隸之八分書也然正書自顧野王本說文以作玉篇字體間有嚴於隸者其分數未易定之

未有正書以前八分但名爲隸既有正書以後隸不得不名八分名八分者所以別於今隸也歐陽集古錄於漢曰隸於唐曰八分論者不察其言外微旨則譏

其誤也亦宜

漢楊震碑隸體略與後世正書相近若吳衡陽太守葛府君碑則直是正書故評者疑之然鍾繇正書已在葛碑之前繇之死在魏太和四年其時吳猶未以長沙西部為衡陽郡也

唐太宗御撰王羲之傳曰善隸書為古今之冠或疑羲之未有分隸其實自唐以前皆稱楷字為隸如東魏大覺寺碑題曰隸書是也郭忠恕云八分破而隸書出此語可引作羲之傳注

正書雖統稱今隸而涂徑有別波磔小而鉤角隱近篆者也波磔大而鉤角顯近分者也

《藝槩卷五　六

楷無定名不獨正書當之漢北海敬王睦善史書世以為楷是大篆可謂楷也衛恆書勢云王次仲始作楷法是八分為楷也又云伯英下筆必為楷則是草為楷也

以篆隸為古以正書為今此只是據體而言其實書之辨全在身分斤兩體其末也

世言漢劉德升造行書而晉衛恆傳但謂魏初有鍾胡二家為行書法俱學之於劉德升初不謂行書自德升造也至三家之書品庾肩吾已論次之蓋德升中之上胡昭上之下鍾繇上之上云

行書有真行有草行真行近真而縱於真草行近草而斂於草東坡謂真如立行如行草如走行豈可同諸立與走乎

行書行世之廣與真書略等篆隸草皆不如之然從有此體以來未有專論其法者蓋行者真之捷而草之詳知真草者之於行如繪事欲作碧綠只須會合靑黃無庸別設碧綠料也

許叔重謂漢興有草書衛恆書勢謂草書不知作者姓名至齊相杜度號善作篇云云是草固不始於度矣或又以褚先生補史記嘗云謹論次其真草詔書編於左方遂謂孝武時已有草書然解人第以稗諶草創屈原屬草稾例之且彼以真草對言豈孝武時已

《藝槩卷五　七

有真書之目耶

章草章字乃章奏之章非指章帝前人論之備矣世誤以為章帝由見閣帖有漢章帝書也然章草雖非出於章帝而閣帖所謂章帝書者當由集章草而成書斷稱張伯英善草書尤善章草閣帖張芝書末一段字體方勻波磔分明與前數段不同與所謂章帝書卻同末段乃是章草而前僅可謂草書大抵章草用筆結字取乎有制孫過庭言章務檢而便蓋非檢不足以敬章也又如閣帖皇象草書亦章草法

章草有史游之章草蓋其急就章解散隸體簡略書之此猶未離乎隸也有杜度之章草蓋章帝愛其草書

令上表亦作草書，是用則章實則草也。至張伯英善草書尤善章草，故張懷瓘謂伯英章則勁骨天縱，草則變化無方，以示別焉。

黃長睿言分波磔者爲章草，非此者但謂之草。昔人亦有謂各字不連緜曰章草，相連緜曰今草者。按草與章草體宜純一，世俗書或二者相閒，乃所謂以爲龍又無角，謂之蛇又有足者也。

漢篆祀三公山碑屢字下半帶行草之勢，隸書楊孟文頌命字、李孟初碑年字垂筆俱長兩字許，亦與草類。然草已起於建初時，不當强以莊周注郭象也。

蕭子良云：稾書者，董仲舒欲言災異，稾草未上，即爲稾

書。按此所謂稾，其字體不可得而知矣。可知者，如章續言稾者行草之文近是。

周興嗣千字文杜稾、鍾隸稾之名，似乎惟草當之。然黃山谷於顏魯公祭伯父濠州刺史文稾，謂其眞行草法皆備，可見稾不拘於一格矣。

書家無篆聖隸聖，而有草聖。蓋草之道千變萬化，執持尋逐，失之愈遠，非神明自得者，孰能止於至善耶？

他書法多於意，草書意多於法。故不善言草者，意法相害；善言草者，意法相成。草之意法，與篆隸正書之意法，有對待，有旁通；若行，固草之屬也。

移易位置，增減筆畫，以草較眞有之，以草較草亦有之。學草者移易易知，而增減每不盡解。蓋變其短長肥瘦皆是增減，非止多一筆少一筆之謂也。

草書結體貴偏而得中。偏如上有偏高偏低，下有偏長偏短，兩旁有偏爭偏讓皆是。

庸俗行草結字之體尤易犯者，上與左小而瘦，下與右大而肥，其橫豎波磔用筆之輕重亦然。

古人草書空白少而神遠，空白多而神密。俗書反是。

懷素自述草書所得，謂觀夏雲多奇峯，嘗師之。然則學草者徑師奇峯可乎？曰：不可。蓋奇峯有定質，不若夏雲之奇峯無定質也。

昔人言爲書之體，須入其形，以若坐若行，若飛若動，若

往若來，若臥若起，若愁若喜狀之，取不齊也。然不齊之中，流通照應，必有大齊者存。故辨草者，尤以書脈爲要焉。

草書尤重筆力。蓋草勢尙險，凡物險者易顛，非具有大力，奚以固之？

草書之筆畫，要無一可以移入他書；而他書之筆意，草書卻要無所不悟。

地師相地，先辨龍之動不動，直者不動而曲者動。蓋猶草書之用筆也。然明師之所謂曲直，與俗師之所謂曲直異矣。

草書尤重筋節，若筆無轉換，一直溜下，則筋節亡矣。雖

氣脈雅尚緜亙　總須使前筆有結後筆有起明續暗斷斯非浪作

草書渴筆本於飛白用渴筆分明認眞其故不自渴筆始必自每作一字筆筆皆能中鋒雙鉤得之

正書居靜以治動草書居動以治靜

草書比之正書要使畫省而意存可於爭讓向背間悟得

欲作草書必先釋智遺形以至於超鴻濛混希夷然後下筆古人言匆匆不及草書有以也

書凡兩種篆分正爲一種皆詳而靜者也行草爲一種皆簡而動者也

藝槩卷五　十

石鼓文韋應物以爲文王鼓韓退之以爲宣王鼓總不離乎周鼓也而通志金石略序云三代而上惟勒鼎彝秦人始大其制而用石鼓始皇欲詳其文而用豐碑故金石略列秦篆之目以石鼓居首夫謂秦用鼓事或有之然未見卽爲遊車旣工之鼓不然何以是鼓之辭醇字古與豐碑顯異耶

祀巫咸大湫文俗呼詛楚文字體在大小篆間論小篆者謂始於秦而不始於李斯引此文爲證葢以爲秦惠文王時書也然通志金石略作李斯篆其必有所考與

閣帖以正書爲程邈隸書葢因張懷瓘有程邈造字皆眞正之言然如漢隸開通褒斜道石刻其字何嘗不眞正哉亦何嘗不與後世之正書異也

漢人書隸多篆少而篆體方扁每駸駸欲入於隸惟少室開母兩石闕銘雅潔有制差覺上蔡法程於茲未遠

集古錄跋尾云余家集古所錄三代以來鐘鼎彝器銘刻備有至後漢以來始有碑文欲求前漢時碑碣卒不可得是則冢墓碑自後漢以來始有也案前漢墓碑固無卽他石刻亦少此魯孝王之片石所以倍增光價與

漢碑蕭散如韓勑孔宙嚴密如衡方張遷皆隸之盛也若華山廟碑旁礴鬱積瀏灕頓挫意味尤不可窮極

藝槩卷五　十一

華山郭泰夏承郙閣魯峻石經范式諸碑皆世所謂蔡邕書也乙瑛韓勑上尊號受禪諸碑皆世所謂鍾繇書也邕之死繇之始仕皆在獻帝初談漢碑者遇前輒歸蔡遇後輒歸鍾附會猶爲近似至乙瑛韓勑二碑時在鍾前范式碑時在蔡後則尤難解然前人固有解之者矣

蔡邕洞達鍾繇茂密余謂兩家之書同道洞達正不容鍼茂密正能走馬此當於神者辨之

稱鍾繇梁鵠書者必推乙瑛孔羨二碑葢一則神超一則骨鍊也乙瑛碑時在鍾前自非追立難言出於鍾

手至孔羨則更無疑其非梁書者上尊號碑及受禪碑書人爲鍾爲梁所傳無定其書愈工而垢彌甚非書之累人乃人之累書耳

正行二體始見於鍾書其書之大巧若拙後人莫及蓋由於分書先不及也過庭書譜謂元常不草殆亦如伯昏無人所云不射之射乎

崔子玉草書勢云放逸生奇又云一畫不可移奇與不可移合而一之故難也今欲求子玉草書自閣帖所摹之外不少槩見然兩言津逮足當妙蹟已多矣

張伯英草書隔行不斷謂之一筆書蓋隔行不斷在書體均齊者猶易惟大小疏密短長肥瘦倏忽萬變而

能潛氣內轉乃稱神境耳

評鍾書者謂如盛德君子容貌若愚此易知也評張書者謂如班輸構堂不可增減此難知也然果能於鍾究拙中之趣亦漸可於張得放中之矩矣

晉隸爲宋齊所難繼而孫夫人碑及呂望表尤爲晉隸之最論者以其峻整超逸分比梁鍾非過也

索幼安分隸前人以韋誕鍾繇衛瓘比之而尤以草書爲極詣其自作草書狀云或若倣儵而不羣或若自檢其常度惟倣儵而彌自檢是其所以眞能倣儵與

索靖書如飄風忽舉鷙鳥乍飛其爲沈著痛快極矣論者推之爲北宗以歐陽信本書爲其支派說亦近是

然三日觀碑之事不足引也

右軍樂毅論畫像贊黃庭經太師箴蘭亭序告誓文孫過庭書譜論之推極情意神思之微在右軍爲因物在過庭亦爲知本也已

右軍自言見李斯曹喜梁鵠等字見蔡邕石經於從弟洽處復見張昶華嶽碑是其書之取資博矣或第以爲王導攜宣示表過江輒謂東晉書法不出此表以隱寓微辭於逸少蓋以見王書不出鍾繇之外而宣示之在鍾書又不及十一也然使平情而論當不出此

右軍書不言而四時之氣亦備所謂中和誠可經也以

毗剛毗柔之意學之總無是處

右軍書以二語評之曰力屈萬夫韻高千古

羲之之器量見於郗公求壻時東牀坦腹獨若不聞宜其書之靜而多妙也經綸見於規謝公以虛談廢務浮文妨要宜其書之實而求是也

唐太宗著王羲之傳論謂蕭子雲無丈夫氣以明逸少之盡善盡美顧後來名爲似逸少者其無丈夫之氣甚於子雲遂致昌黎有羲之俗書趁姿媚之句然逸少不任咎也

黃山谷云大令草書殊迫伯英所以中間論書者以右軍草入能品而大令草入神品余謂大令擅奇固尤

在草然論大令書不必與右軍相較也

大令洛神十三行黃山谷謂宋宣獻公周膳部少加筆力亦可及此此似言之太易然正以明大令之書不惟以妍妙勝也其保母磚志近代雖祇有摹本御尚存勁質之意學晉書者固尤當以勁質先之

清恐人不知不如恐人知子敬書高致逸氣視諸右軍其如胡威之於父質乎

集古錄謂南朝士人氣尚卑弱字書工者率以纖勁清媚爲佳斯言可以矯枉而非所以持平南書固自有高古嚴重者如陶貞白之流便是而右軍雄強無論矣

藝槩卷五　十四

瘞鶴銘剝蝕已甚然存字雖少其舉止歷落氣體宏逸令人味之不盡書人本難確定主名其以爲出於貞白者特較言逸少顧況爲近耳

瘞鶴銘用筆隱通篆意與後魏鄭道昭書若合一契此可與究心南北書者共參之蔡忠惠乃云元魏間盡習隸法自隋平陳多以楷隸相參瘞鶴文有楷隸筆當是隋代書其論北書未嘗推本於篆故論鶴銘亦未盡肖也

索征西書世所奉爲北宗者然蕭子雲臨征西書世便判作索書南書顧可輕量也哉

歐陽集古錄跋王獻之法帖云所謂法帖者率皆弔哀候病敍睽離通訊問施於家人朋友之間不過數行而已蓋其初非用意而逸筆餘興淋漓揮灑或妍或醜百態橫生使人驟見驚絶守而視之其意態愈無窮盡至於高文大冊何嘗用此案高文大冊非碑而何公之言雖詳於論帖而重碑之意亦見矣

晉氏初禁立碑語見任彥昇爲范始興作求立太宰碑表宋義熙初裴世期表言碑銘之作以明示後昆自非殊功異德無以允應茲典俗敝偽興華煩已久不加禁裁其敝無已則知當日視立碑爲異數矣此禁至齊未弛故范表之所請卒寢不行北朝未有此禁是以碑多寶泉述書賦列晉宋齊梁陳至一百四十

藝槩卷五　十五

五人向使南朝無禁安知碑蹟之盛不駕北而上之耶

西晉索靖衞瓘善書齊名靖本傳言瓘筆勝靖然有楷法遠不及靖此正見論兩家者不可偏爲輕重也瓘之書學上承父覬下開子恒而靖未詳受授要之兩家皆並籠南北者也渡江以來王謝郗庾四氏書家最多而王家羲獻世罕倫比遂爲南朝書法之祖其後擅名宋代莫如羊欣實親受於子敬齊莫如王僧虔梁莫如蕭子雲淵源俱出二王陳僧智永尤得右軍之髓惟善學王者率皆本領是當苟非骨力堅強而徒摹擬形似此北派之所由詘南宗與

論北朝書者上推本於漢魏若經石峪大字雲峰山五言鄭文公碑刁惠公志則以爲出於乙瑛若張猛龍賈使君魏靈藏楊大眼諸碑則以爲出於孔羨余謂若由前而推諸後唐褚歐兩家書派亦可準是辨之

歐陽公跋東魏魯孔子廟碑云後魏北齊時書多如此筆畫不甚佳然亦不俗而往往相類疑其一時所尚當自有法跋北齊常山義七級碑云字畫佳往往有古法余謂北碑固長短互見不容相掩然所長已不可勝學矣

北朝書家莫盛於崔盧兩氏魏書崔元伯傳詳元伯之善書云元伯祖悅與范陽盧諶並以博藝著名諶法

鍾繇悅法衞瓘而俱習索靖之草皆盡其妙諶傳子偃偃傳子邈悅傳子潛潛傳元伯世不替業故魏初重崔盧之書觀此則崔盧家風豈下於南朝羲獻哉惟自隋以後唐太宗表章右軍明皇篤志大令桓山頌其批答至有桓山之頌復在於兹之語及宋太宗復尙二王其命翰林侍書王著摹閣帖雖博取諸家歸趣實以二王爲主以故藝林久而成習與之言羲獻則怡然與之言悅諶則惘然況悅諶以下者乎

篆尙婉而通南帖似之隸欲精而密北碑似之

北書以骨勝南書以韻勝然北自有北之韻南自有南之骨也

南書溫雅北書雄健南如袁宏之牛渚諷詠北如斛律金之敕勒歌然此祇可擬一得之士若母羣物而腹衆才者風氣固不足以限之

蔡君謨識隋丁道護啟法寺碑云此書兼後魏遺法隋唐之交善書者衆皆出一法道護所得最多歐陽公於是碑跋云隋之晚年書家尤盛吾家率更與虞世南皆當時人也後顯於唐遂爲絕筆余所集錄開皇仁壽大業時碑頗多其筆畫率皆精勁由是言可知歐虞與道護若合一契而魏之遺法所被廣矣推之隋龍藏寺碑歐陽公以爲字畫遒勁有歐虞之體後人或謂出東魏李仲琁敬顯儁二碑葢猶此意惜書人不可考耳

永禪師書東坡評以骨氣深穩體兼衆妙精能之至反造疏澹則其實境超詣爲何如哉今摹本千文世尙多有然律以東坡之論相去不知幾由旬矣

李陽冰學嶧山碑得延陵季子墓題字而變化其自論書也謂於天地山川日月星辰雲霞草木文物衣冠皆有所得雖未嘗顯以篆訣示人然已示人畢矣

李陽冰篆活潑飛動全由力能舉其身一切書皆以身輕爲尙然除卻長力別無輕身法也

唐碑少大篆賴碧落碑以補其闕然凡書之所以傳者必以筆法之奇不以託體之古也李肇國史補言李

陽冰見此碑寢臥其下數日不能去論者以為陽冰篆筆過於此碑不應傾服至此則亦不然蓋人無陽冰之學焉知其所以傾服也卽其書不及陽冰然右軍書師王廙及其成也過廙遠甚靑出於藍事固多有謂陽冰必蔑視此碑夫豈所以為陽冰哉至書者或為陳惟玉或為李譔前人已不能定矣

元吾邱衍謂李陽冰卽杜甫甥李潮論者每不然之觀唐書宰相世系表趙郡李氏雍門子長湜次澥字堅冰次陽冰潮之為名與湜澥正復相類陽冰與堅冰似皆為字或始名潮字陽冰後以字為名而別字少溫未可知也且杜詩云況潮小篆逼秦相而歐陽集

古錄未有潮篆鄭漁仲金石略於唐篆家陽冰外但列唐元度李庚王遹諸人亦不及潮何也

李陽冰篆書自以為斯翁之後直至小生然歐陽集古錄論唐篆於陽冰之前稱王遹於其後稱李靈省則當代且非無人而況於古乎

唐八分杜詩稱韓擇木蔡有鄰李潮三家歐陽六一合之史維則稱四家四家書之傳世者史多於韓韓多於蔡李惟慧義寺彌勒像碑彭元曜墓志載於趙氏金石錄何寥寥也吾邱衍疑潮與陽冰為一人則篆旣盛傳分雖少可無憾矣

歐陽文忠於唐八分尤推韓史李蔡四家夫四家固卓為書傑而四家外若張璪瞿令問顧戒奢張庭珪胡証梁升卿韓秀榮秀弼秀實劉升陸堅李著周良弼史鎬盧曉各以能鳴亦未可謂餘子碌碌也近代或專言漢分比唐於自鄶以下其亦過矣

唐隸規模出於魏碑者十之八九其骨力亦頗近之大抵嚴整警策是其所長

論唐隸者謂唐初歐陽詢薛純陁殷仲容諸家漢魏遺意尙在至開元則變而卽遠此以氣格言也然力量在人不因時異更當觀之

言隸者多以漢為古雅幽深以唐為平滿淺近然蔡有鄰尉遲迥碑廣川書跋謂當與鴻都石經相繼何嘗

於漢唐過分畛域哉至有鄭興唐寺石經藏讚歐陽公謂與三代器銘何異論雖似過亦所謂以我不平破汝不平也

後魏李文弔比干墓文體雜篆隸相傳為崔浩書東魏李仲琁修孔子廟碑隋曹子建碑皆衍其流者也唐景龍觀鐘銘蓋亦效之然頗能節之以禮

唐僧懷仁集聖教序古雅有淵致黃長睿謂碑中字與右軍遺帖所有者纖微克肖今遺帖之是非難辨轉以此證遺帖可矣或言懷仁能集此序何以他書無足表見然更何待他書之表見哉

學聖教者致成為院體起自唐吳通微至宋高崇望

崇矩益貽口實故蘇黃論書但盛稱顏尚書楊少師以見與聖教別異也其實顏楊於聖教如禪之翻案於佛之心印取其明離暗合院體乃由死於句下不能下轉語耳小禪自縛豈佛之過哉

唐人善集右軍書者懷仁聖教序外推僧大雅之吳文碑聖教行世固爲尤盛然此碑書足備一宗蓋聖教之字雖間有峭勢而此則尤以峭尚想就右軍書之峭者集之耳唐太宗御製王羲之傳曰勢如斜而反正觀此乃益有味其言

虞永興書出於智永故不外耀鋒芒而内涵筋骨徐季海謂歐虞爲鷹隼歐之爲鷹隼易知虞之爲鷹隼難知也

學永興書第一要識其筋骨勝肉綜昔人所以稱廟堂碑者是何精神而展轉翻刻往往入於膚爛在今日則轉不如學昭仁寺碑矣

論唐人書者別歐褚爲北派虞爲南派蓋謂北派本隸欲以此尊歐褚也然虞正自有篆之玉筯意特主張北書者不肯道耳

王紹宗書似虞伯施觀王徵君青石銘可見紹宗與人書嘗言鄙夫書無工者又言吳中陸大夫嘗以余比虞君以不臨寫故也數語乃書家眞實義諦不知者則以爲好作勝解矣

率更化度寺碑筆短意長雄健彌復深雅評者但謂是直木曲鐵法如介冑有不可犯之色未盡也或移以評蘭臺道因則近耳

大小歐陽書並出分隸觀蘭臺道因碑有批法則顯然隸筆矣或疑蘭臺學隸何不盡化其跡然初唐猶參隋法不當以此律之

東坡評褚河南書清遠蕭散張長史告顏魯公述河南之言謂藏鋒畫乃沈著兩說皆足爲學褚者之資然有看繡度鍼之別

褚河南書爲唐之廣大教化主顏平原得其筋徐季海之流得其肉而季海不自謂學褚未盡轉以翬翟爲譏何誖也

褚書伊闕佛龕碑兼有歐虞之勝至慈恩聖教或以王行滿聖教擬之然王書雖縝密流動終遜其逸氣也

唐歐虞兩家書各占一體然上而溯之自東魏李仲琁敬顯儁二碑已可觀其會通不獨歐陽六一以有歐虞體評隋龍藏寺也

歐虞並稱其書方圓剛柔交相爲用善學虞者和而不流善學歐者威而不猛

歐褚兩家並出分隸於遒逸二字各得所近若借古書評評之歐其如龍威虎震褚其如鶴遊鴻戲乎

虞永興掠磔亦近勒努褚河南勒努亦近掠磔其關捩

隱由篆隸分之
陸東之之書渾勁辟稷之書清深陸出於虞辟出於褚世或稱歐虞褚辟或稱歐虞褚陸得非以宗尚之異而漫爲軒輊耶
唐初歐虞褚外王知敬趙模兩家書皆精熟遒逸在當時極爲有名知敬書李靖碑模書高士廉碑既已足徵意法而同時有書佳而不著書人之碑潛鑒者每謂出此兩家之手書至於此猶不得儕歐虞之列此登狺者所以必淩絶頂哉
孫過庭草書在唐爲善宗晉法其所書書譜用筆破而愈完紛而愈治飄逸愈沈著婀娜愈剛健

藝槩卷五　三三

孫過庭書譜謂古質而今妍而自家書卻是妍之分數居多試以旭素之質比之自見
李北海書氣體高異所難尤在一點一畫皆如抛磚落地使人不敢以虛憍之意擬之
李北海書以拗峭勝而落落不涉作爲昧其解者有意低昂走入佻巧一路此北海所謂似我者俗學我者死也
李北海徐季海書多得異勢然所恃全在筆力東坡論書謂守駿莫如跛余亦謂用跛莫如駿焉
過庭書譜稱右軍書不激不厲杜少陵稱張長史草書豪蕩感激實則如止水流水非有二水也

張長史眞書郎官石記東坡謂作字簡遠如晉宋閒人論者以爲知言然學張草者往往未究其法先挾狂怪之意豈知草固出於其眞而長史之眞何如哉山谷言京洛閒人傳摹狂怪字不入右軍父子繩墨者皆非長史筆審此而長史之眞出矣
學草書者探本於分隸二篆自以爲不可尚矣張長史得之古鐘鼎銘科斗篆卻不以觭見之此其視彼也不猶海若之於河伯耶
韓昌黎謂張旭書變動猶鬼神不可端倪此語似奇而常夫鬼神之道亦不外屈信闔闢而已
長史懷素皆祖伯英今草長史千文殘本雄古深邃遒

藝槩卷五　三三

焉寡儔懷素大小字千文或謂非眞顧精神雖遜長史其機勢自然當亦從原本脫胎而出至聖母帖又見與二王之門庭不異也
張長史書悲喜雙用懷素書悲喜雙遣
旭素書可謂謹嚴之極或以爲顚狂而學之與宋向氏學盜何異旭素必謂之曰若失顚狂之道至此乎
顔魯公書自魏晉及唐初諸家皆歸隱括東坡詩有顔公變法出新意之句其實變法得古意也
顔魯公正書或謂出於北碑高植墓志及穆子容所書太公呂望表又謂其行書與張猛龍碑後行書數行相似此皆近之然魯公之學古何嘗不多連博貫哉

歐虞褚三家之長顏公以一手擅之使歐見郭家廟碑虞褚見宋廣平碑必且撫心高蹈如師襄之發歎於師文矣

魯公書宋廣平碑紆餘蘊藉令人味之無極然亦實無他奇只是從梅花賦傳神寫照耳至前人謂其從瘞鶴銘出亦爲知言

坐位帖學者苟得其意則自運而輒與之合故評家謂之方便法門然必胸中具旁礴之氣腕閒贍眞實之力乃可語庶乎之詣不然雖字摹畫擬終不免如莊生所謂似人者矣

顏魯公書書之汲黯也阿世如公孫宏舞智如張湯無

一可與並立

或問顏魯公書何似曰似司馬遷懷素書何似曰似莊子曰不以一沈著一飄逸乎曰必若此言是謂馬不飄逸莊不沈著也

蘇靈芝書世或與李泰和顏清臣徐季海並稱然靈芝書但安帖舒暢其於李之倜儻顏之雄毅徐之韻度皆遠不能逮而所書之碑甚多歐陽六一謂唐有寫經手如靈芝者亦可謂唐之寫碑手矣

柳誠懸書李晟碑出歐之化度寺元祕塔出顏之郭家廟至如沂州普照寺碑雖係後人集柳書成之然剛健含婀娜乃與褚公神似焉

裴公美書大段宗歐米襄陽評之以眞率可愛眞率二字最爲難得陶詩所以過人者在此

秦碑力勁漢碑氣厚一代之書無有不肖乎一代之人與文者金石略序云觀晉人字畫可見晉人之風猷觀唐人書蹤可見唐人之典則諒哉

五代書蘇黃獨推楊景度今但觀其書之尤傑然者如大仙帖非獨勢奇力强其骨裏謹嚴眞令人無可尋閒此不必沾沾於摹顏擬柳而顏柳之實已備矣

楊景度書機括本出於顏而加以不衫不履遂自成家然學楊者尤貴筆力足與抗行不衫不履其外焉者也

歐陽公謂徐鉉與其弟鍇皆能八分小篆而筆法頗少力黃山谷謂鼎臣篆氣質高古與陽冰並驅爭先余謂二公皆據偶見之徐書而言非其書之本無定品也必兩言皆是則惟取其高古可耳

徐鼎臣之篆正而純郭恕先僧夢英之篆奇而雜英固方外郭亦畸人論者不必强以徐相絜度也英論書獨推郭而不及徐郭行素狂當更少所許可要之徐之字學冠絕當時不止踰於英郭或不苛字學而但論書才則英郭固非徐下耳

歐陽公謂唐世人人工書今士大夫忽書爲不足學往往僅能執筆此蓋歎宋正書之衰也而分書之衰更

甚焉其善者郭忠恕以篆古之筆溢爲分隸獨成高致至如嗣端雲勝兩沙門並以隸鳴嗣端尙不失唐人遺矩雲勝僅堪取給而已金党懷英旣精篆籀亦工隸法此人惜不與稼軒俱南耳

北宋名家之書學唐各有所尤近蘇近顏黃近柳米近褚惟蔡君謨之所近頗非易見山谷蓋謂其眞行簡札能入永興之室云

蔡君謨書評者以爲宋之魯公此獨其大楷則然耳然亦不甚似也山谷謂君謨渴墨書彷彿似晉宋閒人書頗覘微趣

東坡詩如華嚴法界文如萬斛泉源惟書亦頗得此意卽行書醉翁亭記便可見之其正書字閒櫛比近顏書東方畫讚者爲多然未嘗不自出新意也

端州石室記或以爲張庭珪書或以爲李北海書東坡正書有其傲岸旁礴之氣

黃山谷論書最重一韻字蓋俗氣未盡者皆不足以言韻也觀其書稽叔夜詩與姪榎稱其詩無一點塵俗氣因言士生於世可以百爲惟不可俗俗便不可醫是則其去俗務盡也豈惟書哉卽以書論識者亦覺鶴銘之高韻此堪追嗣矣

米元章書大段出於河南而復善摹各體當其刻意宗古一時有集字之譏道旣自成家則惟變所適不得

以轍迹求之矣

米元章書脫落凡近雖時有諧氣而諧不傷雅故高流鮮或訾之

宋鉼紹彭道祖書得二王法而其傳也不如唐人高正臣張少悌之流蓋以其時蘇黃方尙變法故循循晉法者見絀也然如所書樓觀詩雅逸足名後世矣

或言游定夫先生多草書於其人似乎未稱曰草書之律至嚴爲之者不惟膽大而在心小只此是學豈獨正書然哉

書重用筆用之存乎其人故善書者用筆不善書者爲筆所用

蔡中郎九勢云令筆心常在點畫中行後如徐鉉小篆畫之中心有一縷濃墨正當其中至於屈折處亦當中無有偏側處蓋得中郎之遺法者也

每作一畫必有中心有外界中心出於主鋒外界出於副毫鋒要始中終俱實毫要上下左右皆齊

起筆欲斗峻住筆欲峭拔行筆欲充實轉筆則兼乎住起行者也

逆入澀行緊收是行筆要法如作一横畫往往末大於本中減於兩頭其病坐不知此耳竪撇捺亦然

筆心帥也副毫卒徒也卒徒更番相代帥則無代論書者每曰換筆心實乃換向非換質也

張長史書微有點畫處意態自足當知微有點畫處皆是筆心實實到了不然雖大有點畫筆心卻反不到何足之可云

中鋒側鋒藏鋒露鋒實鋒虛鋒全鋒半鋒似乎鋒有八矣其實中藏實全祇是一鋒側露虛半亦祇是一鋒也

中鋒畫圓側鋒畫扁舍鋒論畫足外固有迹耶

書用中鋒如師直爲壯不然如師曲爲老兵家不欲自老其師書家奈何異之

要筆鋒無處不到須是用逆字訣勒則鋒右管左努則鋒下管上皆是也然亦只暗中機括如此著相便非

書以側勒努趯策掠啄磔爲八法凡書下筆多起於一點卽所謂側也故側之一法足統餘法欲辨鋒之實與不實觀其側則思過半矣

畫有陰陽如橫則上面爲陽下面爲陰豎則左面爲陽右面爲陰惟毫齊者能陰陽兼到否則獨陽而已

書能筆筆還其本分不稍閃避取巧便是極詣永字八法只是要人橫成橫豎成豎耳

蔡中郎云筆軟則奇怪生焉余按此一軟字有獨而無對蓋能柔能剛之謂軟非有柔無剛之謂軟也

凡書要筆筆按筆筆提辨按尤當於起筆處辨提尤當於止筆處

書家於提按兩字有相合而無相離故用筆重處正須飛提用筆輕處正須實按始能免墮飄二病

書有振擺二法索靖之筆短意長善擺也陸柬之之節節加勁善振也

行筆不論遲速期於備法善書者雖速而法備不善書者雖遲而法遺然或遂貴速而賤遲則又誤矣

古人論用筆不外疾澀二字澀非遲也疾非速也以遲速爲疾澀而能疾澀者無之

用筆者皆習聞澀筆之說然每不知如何得澀惟筆方欲行如有物以拒之竭力而與之爭斯不期澀而自澀矣澀法與戰掣同一機竅第戰掣有形强效轉至成病不若澀之隱以神運耳

筆有用完有用破屈玉垂金古槎怪石於此別矣

書以筆爲質以墨爲文凡物之文見乎外者無不以質有其內也

孫子云勝兵先勝而後求戰敗兵先戰而後求勝此意通之於結字必先隱爲部署使立於不敗而後下筆也字勢有因古有自構因古難新自構難穩總由先機未得焉耳

欲明書勢須識九宮九宮尤莫重於中宮中宮者字之主筆是也主筆或在字心亦或在四維四正書著眼在此是謂識得活中宮如陰陽家旋轉九宮圖位起

一白終九紫以五黃爲中宮五黃何嘗必在戊己哉

畫山者必有主峰爲諸峰所拱向作字者必有主筆爲餘筆所拱向主筆有差則餘筆皆敗故善書者必爭此一筆

字之爲義取孳乳浸多言孳乳則分形而同氣可知也故凡書之仰承俛注左顧右盼皆欲無失其同焉而已

結字疏密須彼此互相乘除故疏不嫌疏密不嫌密也然乘除不惟於疏密用之

字形有内抱有外抱如上下二横左右兩竪其有若弓之背向外弦向内者内抱也背向内弦向外者外抱

《藝槩卷五》 三十

也篆不全用内抱而内抱爲多隸則無非外抱辨正行草書者以此定其消息便知於篆隸孰爲出身矣

字體有整齊有參差整齊取正應也參差取反應也

書要曲而有直體直而有曲致若弛而不嚴剽而不留則其所謂曲直者誤矣

書一於方者以圓爲模棱一於圓者以方爲徑露盍思地矩天規不容偏有取舍

書宜平正不宜敧側古人或偏以敧側勝者暗中必有撥轉機關者也畫訣有樹木正山石倒山石正樹木倒豈可執一石一木論之

論書者謂晉人尚意唐人尚法此以觚棱間架之有無別之耳實則晉無觚棱間架而有無觚棱之觚棱無間架之間架是亦未嘗非法也唐有觚棱間架而諸名家各自成體不相因襲是亦未嘗非意也

書之章法有大小小如一字及數字大如一行及數行一幅及數幅皆須有相避相形相呼相應之妙

凡書筆畫要堅而渾體勢要奇而穩章法要變而貫

書之要統於骨氣二字骨氣而曰洞達者中透爲洞邊透爲達洞達則字之疏密肥瘦皆善否則皆病

字有果敢之力骨也有含忍之力筋也用骨得骨故取指實用筋得筋故取腕懸

衛瓘善草書時人謂瓘得伯英之筋猶未言骨衛夫人

《藝槩卷五》 三十一

筆陣圖乃始以多骨豐筋並言之至范文正祭石曼卿文有顏筋柳骨之語而筋骨之辨愈明矣

書少骨則致誚墨豬然骨之所尚又在不枯不露不然如髑髏固非少骨者也

骨力形勢書家所宜並講必欲識所尤重則唐太宗已言之曰求其骨力而形勢自生

書要兼備陰陽二氣大凡沈著屈鬱陰也奇拔豪達陽也

高韻深情堅質浩氣缺一不可以爲書

凡論書氣以士氣爲上若婦氣兵氣村氣市氣匠氣腐氣傖氣俳氣江湖氣門客氣酒肉氣蔬筍氣皆士之

棄也
書要力實而氣空然求空必於其實未有不透紙而能離紙者也
書要心思微魄力大微者條理於字中大者旁礴乎字外
筆畫少處力量要足以當多瘦處力量要足以當肥信得多少肥瘦形異而實同則書進矣
司空表聖之二十四詩品其有益於書也過於庾子愼之書品蓋庾品祇爲古人標次第司空品足爲一己陶胸次也此惟深於書而不狃於書者知之
書與畫異形而同品畫之意象變化不可勝窮約之不出神能逸妙四品而已
論書者曰蒼曰雄曰秀余謂更當益一深字凡蒼而涉於老秃雄而失於麤疏秀而入於輕靡者不深故也
靈和殿前之柳令人生愛孔明廟前之柏令人起敬以此論書取姿致何如尚氣格耶
學書者始由不工求工繼由工求不工不工者工之極也莊子山木篇曰既雕既琢復歸於樸善夫
怪石以醜爲美醜到極處便是美到極處一醜字中邱壑未易盡言
俗書非務爲妍美則故託醜拙美醜不同其爲爲人見一也

書家同一尙熟而熟有精麤深淺之別惟能用生爲熟熟乃可貴自世以輕俗滑易當之而眞熟亡矣
書非使人愛之爲難而不求人愛之爲難蓋有欲無欲書之所以別人天也
學書者務益不如務損其實損卽是益如去寒去俗之類去得盡非益而何
書要有爲又要無爲脫略安排俱不是
洛書爲書所託始洛書之用五行而已五行之性五常而已故書雖學於古人實取諸性而自足者也
書陰陽剛柔不可偏陂大抵以合於虞書九德爲尙
揚子以書爲心畫故書也者心學也心不若人而欲書之過人其勤而無所也宜矣
寫字者寫志也故張長史授顏魯公曰非志士高人詎可與言要妙
宋畫史解衣槃礴張旭脫帽露頂不知者以爲肆志知者服其用志不紛
筆性墨情皆以其人之性情爲本是則理性情者書之首務也
鍾繇筆法曰筆迹者界也流美者人也右軍蘭亭序言因寄所託取諸懷抱似亦隱寓書旨
張融云非恨臣無二王法恨二王無臣法余謂但觀此言便知其善學二王儻所謂見過於師僅堪傳授者

耶

唐太宗論書曰吾之所爲皆先作意是以果能成虞世南作筆髓其一爲辨意葢書雖重法然意乃法之所受命也

東坡論吳道子畫出新意於法度之中寄妙理於豪放之外推之於書但尚法度與豪放而無新意妙理末矣

學書通於學仙鍊神最上鍊氣次之鍊形又次之

書貴入神而神有我神他神之別入他神者我化爲古也入我神者古化爲我也

觀人於書莫如觀其行草東坡論傳神謂具衣冠坐斂容自持則不復見其天莊子列禦寇篇云醉之以酒而觀其則皆此意也

書如也如其學如其才如其志總之曰如其人而已

賢哲之書溫醇駿雄之書沈毅畸士之書歷落才子之書秀穎

書可觀識筆法字體彼此取舍各殊識之高下存焉矣

揖讓騎射兩人各善其一不如幷於一人故書以才度相兼爲上

書尚清而厚清厚要必本於心行不然書雖幸免薄濁亦但爲他人寫照而已

書當造乎自然蔡中郎但謂書肇於自然此立天定人尚未及乎由人復天也

學書者有二觀曰觀物曰觀我觀物以類情觀我以通德如是則書之前後莫非書也而書之時可知矣

藝槩卷五終

藝槩卷六

興化 劉熙載 融齋

經義槩

經義試士自宋神宗始行之神宗用王安石及中書門下之言定科舉法使士各專治易詩書周禮禮記一經兼論語孟子初試本經次兼經大義而經義遂為定制其後元有四書疑明有四書義實則宋制已試論孟禮記禮記已統中庸大學矣今之四書文學者或並稱經義四書出於聖賢聖賢吐辭為經以經尊之名實未嘗不稱為經義者誠思聖賢之義宜自我而明不可自我而晦則為之自不容苟矣

杜元凱左傳序云先經以始事後經以終義依經以辯理錯經以合異余謂經義用此法操之便得其要經者題也先之後之依之錯之者文也

凡作一篇文其用意俱要可以一言蔽之擴之則為千萬言約之則為一言所謂主腦者是也破題起講扼定主腦承題八比則所以分據乎此也主腦皆須廣大精微尤必審乎章旨節旨句旨之所當重者而重之不可硬出意見主腦既得則制動以靜治煩以簡一綫到底百變而不離其宗如兵非將不御射非鵠不志也

昔人論文謂未作破題文章由我既作破題我由文章余謂題出於書者可以斡旋題出於我者惟抱定而已破題者我所出之題也

文莫貴於尊題尊題自破題起講始承題及分比只是因其已尊而尊之尊題者將題說得極有關係乃見文非苟作

破題是箇小全篇人皆知破題有題面有題意以及分合明暗反正倒順探本推開代說斷做照下繳上諸法不知全篇之神奇變化此為見端

有認題有肖題善認題故題外無文善肖題故文外無題

文之要曰識曰力識見於認題之真力見於肖題之盡

認題肖題全在善於讀題春秋僖二十一年穀梁傳云以重辭也宣七年傳云而緩辭也文家重讀輕讀急讀緩讀之法此已開之

肖題者無所不肖也肖其神肖其氣肖其聲肖其貌有題字處切以肖之無題字處補以肖之自非肖題則讀題認題亦歸於無用矣

題有筋有節文家辨得一節字則界畫分明辨得一筋字則脈絡聯貫

題有題眼文有文眼題眼或在題中實字或在虛字或在無字處文眼即文之注意實字虛字無字處是也

有題要有題緒善扼題要所以統題緒也善理題緒所

以拱題要也
章旨在本題者闡本題即所以闡章旨也章旨在上下文者必以本題攝之攝有三位實字虛字無字處
有題面與題意同者有題面與題意異者實與而文不與實不與而文與皆所謂異也
題義有而文無是謂減題題義無而文有是謂添題文貴如題或減或添俱失之
題有平有串做法未嘗不通蓋在平題爲分做者在串題爲截做在平題爲總做者在串題爲滚做也至宜分宜截宜總宜滚善相題者自知之
問分做截做與總做滚做其文之意義何尚曰分截取

乎結實總滚取乎空靈
題字句少則宜用拆字訣字句多則宜用拼字訣雖用拼字訣然緊要之字句仍須特說是亦未嘗非拆字也
拆題字法如數字各爲一義一字自爲數義皆是也拆句拆節亦如之
拆字訣有似於反如題言不可如此文先說如此文説可如此後說不可如此其說如此與可如此處即似反矣其實乃拆字也
題前有豫作題後有補作題中亦補作亦豫作
題前題後不必全題之前全題之後也如題有三層一層之後即二層之前二層之後即三層之前而一層乃復有前三層乃復有後也
文有攻棱補窪二法攻棱做題字也補窪做題間也
題有題縫題縫中筆法有四曰急脈緩受緩脈急受直脈曲受曲脈直受
題縫不獨兩截題有之凡由題中此字說到彼字彼字說到此字欲到未到之間皆是
題兼虛實字者文則有坐虛呼實坐實呼虛二法題兼上下句者文則有坐上呼下坐下呼上二法此猶地師相地有空滿二向順逆二局也
題字有重有輕詳重略輕文之常也然亦有不詳而固

已重之不略而固已輕之者存乎其神之向背也
點題字緩急蓄洩之異皆從題之眞際涵泳得之先點必後做後點必先做先點以開下後點以結上後經終義先經始事點者乃經也
點題字有明有暗如作破題明破爲破暗破亦爲破也但須相其宜而行之
點題字要自然又戒牽意或在比中或在比外皆須出得有力
題中要緊之字宜先於空中刻鏤反處攻擊若非要緊之字或可作平常說出
出落二字有別自無題字處點題字可謂之出不可謂

之落自題中此字出彼字就彼字而言謂之出就自此之彼而言謂之落審於出落之來路去路文之脈理斯眞矣

出落以結上開下須視結至何處開至何處有所結多而所開少者有所結少而所開多者大凡在前者多開在後者多結中間或多結或多開

晋八論布局有原反正推四法原以引題端反以作題勢正以還題位推以闡題蘊

空中起步實地立脚絕處逢生局法具此三者文便不可勝用尤在審節次而施之

起承轉合四字起者起下也連合亦起在內合者合上也連起亦合在內中間用承用轉皆兼顧起合也

局法有從前半篇推出後半篇者有從後半篇推出前半篇者推法固順逆兼用而順推往往不如逆推者逆推之路較寬且活也

文之順逆因題而名順謂從題首遞下去逆謂從題末繞上來以一篇位次言之大抵前路宜用順後路宜用逆盍一戒淩躐一避板直也

文局有寬有緊大抵題位寬則局欲緊題位緊則局欲寬

文局有先空後實有先實後空亦有疊用實疊用空者有先反後正有先正後反亦有疊用正疊用反者其

疊用者必所發之題字不同至正反俱有空實空實俱有正反固不待言

文之有出對比共七法曰剖一爲兩補一爲兩迴一爲兩反一爲兩截一爲兩對一爲兩襯一爲兩

柱分兩義總須使單看一比則偏合看兩比則全若單看已全則合看爲贅矣

立柱須明三對大抵言對不如意對正對不如反對平對不如串對

柱意最要精確如題中實字虛字及無字處各有當立之柱若非其柱而立之則可移入他題卽不然亦可於本篇中前後互換矣

分析題義用兩與用二不同二有次序串義也兩乃敵耦平義也

文家皆知鍊句鍊字然單鍊字句則易對篇章而鍊字句則難字句能與篇章映照始爲文中藏眼不然乃修養家所謂瞎鍊也

多句之中必有一句爲主多字之中必有一字爲主鍊字句者尤須致意於此

文家用筆之法不出紆陡相濟紆而不懈者有陡以振其紆也陡而不突者有紆以養其陡也

筆法之大者三曰起曰行曰止而每法中未嘗不兼具三法如起便有起之起有起之行有起之止也

起筆無論反正虛實皆須貫攝一切然後以轉接收合
回顧之
正起反接反接後復將反意駁倒則與正接同實且視
正接者題位較展而題義倍透故此法尤爲作家所
尚
文有因轉接而合者有因轉接而開者春夏秋冬秋冬
春夏一也
筆法初非本領之所存然愈有本領愈要講求筆法筆
法所以達其本領也
問起講何尚曰要起得起問入手領題何尚曰要領得
起問提比何尚曰要提得起
提比要訣全在原題不知原題而橫出意議豈但於本
位不稱并中後之文亦無根本關係矣
前路要意覓語緊緊乃所以善用其寬後路要意實語
靈靈乃所以善用其實
制藝體裁有二一本詮釋就題詮題也一本古文夾敘
夾議也詮釋合多開少古文小開大合大開小合俱
有之
先敘後議我注經也先議後敘經注我也文法雖千變
萬化總不外於敘議二者求之
開合分大小以文言不以題言也就一比論之開大者
如十句開一句合是也合大者如一句開十句合是

也若接諸題字則爲題中一字作開者必仍就此一
字合合處不得添出一題字爲題中兩字作開者必
仍兼此兩字合合處不得減去一題字何大小之可
分耶
立一義於先然後有離有合離者離此合者合此也若
未嘗先有所立之義不知是離合個甚
文有合前之開有開前之開如今又棄寡人而歸兩句
以得侍同朝甚喜爲開得侍句又以前日願見而不
可得爲開也
文於題全反爲正半反爲翻如題言如此則好文言不
如此則不好是上下兩截俱攻題背要其意中則仍
是言如此則好耳故曰全反爲正若題言如此則好
文言不如此也好是反上截或言如此也未必好是
反下截所謂半反爲翻也
凡就題之反面抉其弊者是正文非反文也而人往往
以反文目之爲其與反文相似耳欲實知其爲正爲
反有驗之之法但權將本題接入文下而以故字冠
其首如接得者便知是正文矣若非正文何以不待
用然字作轉乎
文有非而如不知者以爲爲㒺是也有似而如其知者
以爲爲無禮是也
襯法有捧題有壓題捧題以低淺壓題以高深

襯托不是閒言語乃相形相勘緊要之文非幇助題旨即反對題旨所謂客筆主意也

文之颺處爲寬拍處爲緊用寬用緊取其相間相形若全寬是無寬全緊是無緊也

文忽然者爲斷變化之謂也如斂筆後忽放筆是復然者爲續貫注之謂也如前已斂筆中放筆後復斂筆以應前是

抑揚之法有四曰欲抑先揚欲揚先抑欲抑先抑欲揚先揚沈鬱頓挫必於是得之

振字訣其用有三曰振下振上兼振上下

文有關鍵便緊有題字之關鍵如做此動彼是也有文法之關鍵如前伏後應是也

文要鍼鋒相對起對收收對起起收對中間但有一字一句不鍼對即爲無著即爲不純

章法之相間如反正淺深虛實順逆皆是句法之相間如明暗長短單雙婉峭皆是

拍題有正拍反拍順拍倒拍之不同而全在未拍之先善爲之地所謂翔而後集也

文不外理法辭氣理取正而精法取密而通辭取雅而切氣取清而厚

有題之理法有文之理法以文言之言有物爲理言有序爲法

文之要三主意要純一而貫攝格局要整齊而變化字句要刻畫而自然

文無一定局勢因題爲局勢無一定柱法因題爲柱法無一定句調因題爲句調不然則所謂局勢柱法句調者粗且外矣

文莫貴於高與緊不放過爲緊不犯手爲高

文之善於用事者實者虛之虛者實之文之善於抒理者顯者微之微者顯之

文要不散神不破氣如樂律然既已認定一宮爲主則不得復以他宮雜之

文尙奇而穩此旨本昌黎答劉正夫書奇則所謂異也穩則所謂是也

立天之道曰陰與陽立地之道曰柔與剛文經緯天地者也其道惟陰陽剛柔可以該之

易繫傳言物相雜故曰文國語言物一無文可見文之爲物必有對也然對必有主是對者矣

制義推明經意近於傳體傳莫先於易之十翼至大學以所謂字釋經已隱然欲代聖言如文之入語氣矣

漢桓譚徧習五經皆訓詁大義不爲章句於此見義對章句而言也至經義取士亦有所受之趙岐孟子題辭云漢興孝文廣遊學之路孟子置博士訖今諸經通義得引孟子以明事謂之博文唐楊瑒奏有司試

帖明經不質大義因著其失宋仁宗時范仲淹宋祁等奏言有云問大義則執經者不專於記誦矣合數說觀之所以用經義之本意具見

宋文鑑載張才叔自靖人自獻於先王一篇渾然以經義爲古文之一體似乎自亂其例然宋以前已有韓昌黎省試顏子不貳過論可知當經義未著爲令之時此等原可命爲古文也

元倪士毅撰作義要訣以明當時經義之體例第一要識得道理透徹第二要識得經文本旨分曉第三要識得古今治亂安危之大體余謂第一第三俱要包於第二之中聖人瞻言百里識經旨則一切攝入矣

經義戒平直亦戒艱深作義要訣云長而轉換新意不害其爲長短而曲折意盡不害其爲短戒平直之謂也又云務高則多涉乎僻欲新則類入乎怪下字惡乎俗而造作太過則語澀立意惡乎同而搜索太甚則理背戒艱深之謂也

厚根柢定趨向以窮經爲主秦漢文取其當理者唐宋文取其切用者制義宜多讀先正餘愼取之

他文猶可離以百家之學經義則惟聖道是明大抵不離天地之常經古今之通義也然觀王臨川答曾子固書云讀經而已則不足以知經此又見羣書之宜博也

欲學者知存心修行當以講書爲第一事講書須使切已體認及證以目前常見之事方覺有味且宜多設問以觀其意然後出數言開導之惟不專爲作文起見故能有益於文

明儒馮少墟先生名所輯舉業爲理學文鵠理學者兼致知力行而言之也我　朝論文名言如陳桂林奇王罕皆書云雖不應舉亦可當格言一則此亦足破干祿之陋見證求理之實功已

文不易爲亦不易識觀其文能得其人之性情志向於工拙疎密之外庶幾知言知人之學也與

藝槩卷六終

古桐書屋續刻三種

（清）劉熙載 撰

《古桐書屋續刻三種》，清劉熙載撰，據南京圖書館藏清光緒十三年刻本影印。

劉熙載有《古桐書屋六種》，已著録。

是集子目包括《讀書劄記》、《遊藝約言》、《制藝書存》三種。其中唯《制藝書存》一種有自序、目録各一篇，曰『制義書存稿自序』與『制義書存目録』，而其他二種皆無。《讀書劄記》一種中，詳談學問之質與問學之道。於學問之質，强調『學』之重要性，曰：『不學，則近於禽獸。』；於問學之道，强調問學之方法，曰：『學非所學，其異於不學者幾何？』而無論向學或問學，劉熙載皆重學者之心。所謂學者之心者，當爲人之本性也，重『善』、重『任』、重『義』者，乃求學之聖賢者也。《遊藝約言》一種則詳談作文之法，然亦重文人之心也，曰：『文當兼尊親二字。高風亮節，尊也；深情厚誼，親也。』與《讀書劄記》中問學之心存異曲同工之妙。《制藝書存》收文五篇，劉熙載於『制藝書存稿自序』中解釋：『余昔所爲制義，自以爲不足存，多隨手棄去，從未曾棄而所置之處，他日遺忘，有自覓而不可得者，舊書中餘五義，偶撿得之。』是集與劉熙載《古桐樹屋六種》所道一也，皆强調文者之『人格』，學者之『文心』，以人之性情品格爲作文問學之要素也。

（朱穎倩）

古桐書屋續刻三種

右古桐書屋續刻三種前　興化劉師所箸也
師前刻六種皆係自訂之書是編劄記一種與前
刻持志塾言相類游藝約言一種與藝槩相類制
藝書存一種則原係昨非集之第六卷而未刊入
者　師捐館後惺庵世兄昆仲錄示諸同學爰謹
付剞劂期與前刻並傳至次序之先後　師在日
未經編定今悉遵其舊不敢妄參臆見云
光緒丁亥季冬及門諸弟子謹識

古桐書屋續刻目錄

古桐書屋續刻目錄　一

古桐書屋劄記

興化劉融齋先生著

舜之不足以解憂，顏子之不改其樂，當以孟子所性不存、萬物皆備二語觀之。

已有之善勿喪，未有之善能嚮；未有之過勿萌，已有之過能改。學求如是可矣。

人莫不有智勇，亦去其害智勇者而已矣。害其所固有而欲益其所本無，難哉！

學者往往矜己之長，輕人之短，豈知不學之人亦有過我者乎？

孔子告顏淵曰復禮，此性善之旨所本。

古桐書屋劄記　一

善吾生所以善吾死，非聞道何以善之？

乾之道，誠而已矣。讀擊壤集，知邵子之學所得在此。

疏水曲肱，樂在其中。有能與聖人同此內重外輕之意者，聖人之徒也。

求戒在外，達戒下。金正希先生謂聖學有退而無進。大抵只是退到至內至上處也。

名浮於德者不祥，因名加修，猶可以免。不然，欺人之人天必厭之。

學要認眞，歸眞。眞之中要離不得箇是字。

非盡性無以達天，非慎獨無以盡性。

有成者多由於誠。小人之於欲，君子之於道，無以異也。

不玩物便有敬明之意
古人以學問求放心後人或有以學問放心者蓋以玩
物爲學問故也
學宜求諸見在若喜怒哀樂失節視聽言動非禮是見
在無學也
學則不必問其質不然聖人何以言有教無類
好爲人師者必不足以爲人師師與人爲善者也與人
爲善者必先能取人爲善好爲師者其何能爾
身不安而心安者爲之身安而心不安者勿爲
無一事非學無一念非學學不時習惡乎可
聖人之不苟仕存其義也此與仕以行義其心一而已

古桐書屋劄記　二

矣
人心本無不虛不公其所以失其虛公者必由意見用
事
不學則近於禽獸學非所學其異於不學者幾何
不當死而死是輕生也生而不能存生之理亦輕生也
不輕生其在敬乎
中庸引既明且哲以保其身明哲當即指學問而言身
當即指德性而言
勉人以善而不自處以善自處以善而不勉人以善皆
非大學大學兼明新者也
世俗於學之無益而有害者往往爲之好多好異其弊
固必至此
以身逐影徒德其身以學徇名徒亂其學哀哉
孝經詳於言行具見守身爲孝
禮以辨分樂以達情經綸之道不能外此
德性以聞見證之聞見以德性主之庶幾本末一貫
厚者孝之屬公者忠之屬欲知人之忠孝當於公厚徵
之
好而無以尙之者多矣而不反之於仁有志者多矣而
不反之於道是謂迷復凶
行已有恥則能犯而不校善恕於自外來者必嚴其自
內出者也

古桐書屋劄記　三

本心之分量不可增減可已而不已與不可已而已者
胥失之
名將成必有物以敗之陳希夷以此告种放而放不能
修省於未然可謂知易道乎
人不能實爲世益雖薄於自奉愧已多矣況暴殄天物
其何忍乎
施德同於舉賢貴在不遺幽隱
敬於人之所易忽明於人之所易昧惟存省無間者能
之
求諸外皆由內不足也誠見萬物皆備於我自覺在外
者於我無加矣

不作無益斯可有立不作僞斯所立者可久
强恕求仁功夫無往不在也若但憑一往之意豈足語
此
道人之善者攻己之惡伐己之善者稱人之惡觀人以
此鮮或爽焉
所欲有甚於生所惡有甚於死君子之於義不義小人
之於利不利同也故學莫大於辨志
理責之己數聽於天易道如是是何簡易
悟莫悟於改過迷莫迷於遂非欲辨迷悟之實只須用
此
或問病奈何曰學而已矣問憂奈何曰學而已矣問學

古桐書屋劄記　四

何以能已憂病曰憂病從不學生也
行有不得者皆反求學學之至未有不得者也
爲學者增長見聞易變化氣質難其難也雖移山不足
以喻之然果能誠心求實亦無難也
鄉愿之愿異於愿而恭之愿鄉愿貌恭而骨肆者也觀
自以爲是可見此乃放肆之極非止不恭
鄉愿不能進取不能有所不爲使一鄉皆稱愿人其實
自狂狷觀之是無此人也愿繫以人不已過乎
鄉愿在朝亦愿不止愿於鄉也然言鄉可以蔽之
質之爲力甚大要勝質者其惟立志
情實不令人見謂之遯民人可遯天亦可遯乎是故君
子表裏如一
同是讀書也而仁者見仁智者見智學先辨志信夫
成已方能成物成物方能成已有間便不是
非所遯而遯非所困而困爲嚬卑瑣其失惟均
存理存到理自生去妄去到妄自息方能算得一箇熟
字
書言厥修乃來可見學要來也學不來則習氣來矣
師所以使人明善行善也設科雖分主善則一
朝聞道夕死可矣死以其道是謂尊聞到得可死則處
貧賤憂戚更無不可
論語苟志於仁矣一章與孟子雖有惡人一節同一火

古桐書屋劄記　五

壯爐微之意
學也者學爲君子也學君子必以道制欲若以欲忘道
是學爲小人矣
講明者講明其所踐履踐履者踐履其所講明
勝心者人我之私見也必去此心乃能公善
同於極者極佑之異於極者極咎之由異歸同者極牖
之
正人不聽邪言宜也邪人不聽正言則悖矣聖人不明
言孰是孰非但曰道不同不相爲謀意何深婉
人不能取善而患無善可取豈知深山野人之善言善
行舜取之方唯恐不及乎

學有自得則可以空諸倚著彼牽今引古旁生枝節者
皆由無自得也
學問可以變化氣質然非主學賓我安能之
人之作輟於學由以學爲外物也若信得是己分上事
雖欲不認眞理會而不可已矣
文過著善者終不能文著改過遷善者終能遷改此作
僞作德所以勞休異也
窮理一貫之學則能神而明之推而行之不然汎濫雖
多焉往而不阻塞
學要動賾不走作全在乎熟
敎之道譬則藥乎藥要中病泛然下藥便不濟

成心偏見皆非理也以窮理循理爲學者無人無己無
難無易惟其是而已
學以躬行爲本躬行以愼獨爲本
改過遷善人皆知之然有一毫文過著善之心在則遷
改難矣
君子從道不從己人一有便己之意則失道
讀書貴有實用存心修身皆是也不必專在用世
理要根於心踐於身不然雖理在天下於己無與焉
灑脫由於無欲如處貧富超乎貧富之外處死生超乎
死生之外皆是灑脫也
敬以反身愼獨爲要熟之便是誠

論學要人存忠質之意此藥亦對時病
既往之失悔之無及有及者惟在使將來莫如既往耳
學無聞未足愧也負其所學斯可愧矣
學要能死方能生變氣質勝舊習者有焉
行第一步心在第二步固不是行第二步心在第一步
亦不是以此知學當盡其現在
居敬行簡是不增於分外居簡行簡是有缺於分中
有子論知和而和仲弓論居簡而行簡皆已逆覩晉魏
之弊習言禮言敬則其對病之藥也
古之從師者師其人故周子曰師道立則善人多若世
俗之從師師其言言雖善且不可以定人況猶未必

善乎
聞百而不能尊不如聞一而能尊知百而不能行不如
知一而能行
書言敬德中庸言尊德性其實一而已矣
心立於質與習之所不能蔽累是謂退藏於密
來日苦短欲化短爲長在心上功夫無間而已
韓魏公不以文章自命正見其大人於一材一藝詡爲
己有其所能無大於此者可知
欲盡倫常必先克己未有溺於聲色臭味而能盡仁義
禮智者讀孟子口之於味章當自得之
所聞容有出於陋習者所知容有出於俗見者尊之行

之之前當有辨別

人自縱則天不縱之天所縱者必兢兢不敢自縱者也

所謂縱者原不定指生初而言

人之精神以憂勤惕厲而聚以般樂怠敖而散恭則壽弗可易矣

敬莫如崇德不敬無過徇欲

功夫以默識爲眞大聲以色最害事

俗習勝學俗染勝教凡以俗之順乎欲也

辨是非者多眞知是非者少不知而辨是非之所以愈不明歟

學可兼愈心病身病蓋懲忿窒慾愼言語節飲食莫非學也

思其孰小孰大孰內孰外孰是孰非則思也而辨在其中此亦孟子戒人弗思之意

太陽出陰氣自消志仁無惡如之

主一無適一字以至是者言主謂常常如是

誠敬無不正不正之誠乃妄之尤不正之敬乃肆之甚也

敬所以立乎其大志行皆託命於敬不敬則志荒而行墮矣

立乎至常觀乎屢易春夏秋冬會逢其適

守定禮義則或得或失皆命也不守禮義則得爲徼幸失爲自取非命也

自立須本義理爲主若授權意氣是自奪也

詩書師友學者必有資焉然責志反身非詩書師友所能代也

以古正我以人正我尤須我之自正我常自正則常若古與稽今與居矣

尊師取友任賢舉能此知人之事也而知人必以無我爲本

理立則事不能屈實立則名不能欣

俗學非不學問思辨而志意不在於求仁所以與聖門文學之科有異

須臾不志於仁則有惡惡者無他不仁而已矣

窮理居敬是反求之學俗學但涉獵汎濫以急人知故不足與於此

所謂小廉曲謹者其廉謹特以迎合俗人而非特立獨行之實故知道者惡之

俗套最不易破俗衆稱也獨是不能當衆非者懼故也故易曰君子以獨立不懼

不能自强者類多將就依歸惟求眞是此中立不倚所以爲難

學不厭簡要有本有本則雖簡而不窮學不爭多患無本無本則雖多而易竭

於天之與我者能信得及便是作聖之基不然妄自菲薄雖聖人亦未如之何矣

齋字亦有好處精神不快用乃能用之於當用而愈用愈旺也

百爲有失皆心之過故心不可有一時之不治

學有蔽二曰俗曰僻俗者專好與人同僻者專好與人異是皆由不窮理耳窮理則能以是非定同異矣

善讀書者滿腔生意若轉以之困憊其神明可惜

取外物爲取得外物爲得若我固有之則但日存之充之而已

善者天所好也人誠好善則與天同

古桐書屋劄記　十

道外無學道外亦無學者其學必託於道而害道愈深矣

人非道不由道非人不行師聖反身可偏缺乎

學在合下如學頭容直只從今日便直直其心亦如之若涉姑待到老也不濟

好食異味必致疾常味亦當受之以節讀書之方可於是得之

儒家或言治生生字當對死而言蓋免死而已若求備求美則貨殖家之治生矣觀孟子言生活而生字之意可明

大學引詩曰於緝熙敬止凡格致誠正修齊平治之得所止皆由不熙不敬也

孝經愛親者不敢惡於人敬親者不敢慢於人言能達也而闢揚之意見矣不愛其親而愛他人者謂之悖德不敬其親而敬他人者謂之悖禮言無本也而闢墨之意見矣

以所學者爲主以我爲賓賓從主命是故學有益也若既學而仍恃我見焉用學

敬天敬古敬我皆敬也而敬我實爲從令蓋我必不自菲薄乃能知至至之所以全天之所付副古之所待也

我有義理之我有氣質之我人之挾成見勝心者皆由

古桐書屋劄記　十一

氣質用事也氣質用事雖從事於學亦但學其便我私者不能學其救我偏者矣

問敬曰失驢不覓不敬也騎驢覓驢亦不敬也

聖學以復性爲歸學於天學於古學於人皆所以復性也

窮理所以致知也然使本來無知亦無以窮理敬而無失所以中也然使本來無知亦無以敬故中庸言教必先揭出性字

成己成物聖人之道自爲爲人楊墨之道其辨在心之公私而已

天之無聲無臭正在時行物生處見故論心而遺事物

非所以論心也

大本與大經原自無間離經綸以言立非中庸之所謂
立矣

道無往而不在故敬當無往而不存詩以出王游衍言
敬可思

禪學霸學皆是心事兩截必有事焉心勿忘此聖道之
所以合內外歟

執虛如執盈則執盈時亦只如執虛矣入虛如有人則
有人時亦只如入虛矣於此見主敬之學矜忽無恆
者未足以當主敬也

隨時處中敬也時如靜動語默皆是

窮理者當隨事隨地窮之惟淺深各有其分宜深而淺
宜淺而深均失之矣

養浩然之氣只在行慊於心君子之道費而隱非隱則
費無本矣

喜怒哀樂未發氣象正要在發時觀之如過此氣象不
合即須知是氣質所爲而非吾本始斯未發者不遠
而復矣

就人上論學者人爲主而學爲客就學上論人者學爲
主而人爲客要之人與學不可相離離之皆有弊

有見於吸之機者爲楊爲老有見於呼之機者爲墨爲
釋惟不能呼吸兼用而時措咸宜耳

平時設可欲以自試故臨時見可欲而不亂孟子於堂
高數仞之類弗爲可見已曾思之爛熟

聽言者意存便已故於當聽者每不欲聽其欲聽者每
非當聽揚子言耳訓乎德而不及克已工夫疏矣

隨處體認天理即格物之旨格物原離不得止至善也

喜怒是陰陽分上事陰陽化化生生無窮無盡其恰好
者皆是性所呈露

萬物皆備於性性命於天天備萬物自然不私一物而
人之行恕待於强者蓋由既染於氣習非强無以復
天也

衆欲皆是從身起見然則身是不好底物事了非也心

泰則百體從令不然則百體累心乃心累百體耳

善人欲入室猶非踐迹不能況資不逮夫善人者乎顏
子不止足當善人然且夫子步亦步趨亦趨下此又
何論焉

誠感誠應正感正應齋戒以神明其德則其感誠矣正
矣又云神明出於齋戒齋戒出於神明

齋主一也戒無適也君子無時不敬是無時不齋戒也

學一訓覺一訓效合之則乾坤之道備

慮善以動動惟厥時常動常善茲動也茲其所以爲眞
靜歟

理蔽於私敬亡於僞克已慎獨與窮理居敬原自一派

相通

學貴由本達末由末反本大易艮其限一言所以深爲內外偏闕者戒也

心忠行質言文序不可亂而養之之功要皆不可闕焉

蕃變統於簡易簡易見於蕃變此孔孟於博約所以必合言之

言到快心留半句事當有禮讓三分論學論事有爭事者所宜念此易言天德不可爲首意深哉

是非自在人心在勿以私智鑿之士大夫自矜學術而處事失平或轉不如質野之民之發於天性豈無故歟

即物窮理物猶事也如前言往行己言已行皆是也

格物之功進於記誦物格則有貫通之意

乾貴誠統天也坤貴敬承天也是道也學易者當先以之

惟下學乃能上達如木生自下而上由本之得所培也

爲學之道在視其後者鞭之教人亦然

先儒道理平鋪在一言宜體

踐形以禮口無妄言足無妄走禮也

不好名而求其實者最上不好名而不求其實者最下

心必得主乃能有常如臨境遇事慢易矜持皆失常也矜持有惟恐失墜之意固亦不惡但恐有爲爲之而不能耐久也

苟志於仁矣無惡也是易鼎有實我仇有疾不我能即注腳

道心惟微謂道心起於微也由微可以擴充苟不充之則幾乎息矣

理非氣無以行氣非理無以宰言之不能不分實則原非二物

仁則自敬如保赤誠求可謂主一要皆仁所發也

易曰浚恆凶是言也教人尤易犯之蓋不問資之能至與否而遽執我法以爲常道也

忠質文異尚出於因時制宜則皆中也若非因時則皆偏也後世教人者或如以水濟水或如以水投石由昧於此意也夫

活法圓機四字教人之道得之則隨時可以長善救失爲益豈有窮哉然非純乎天理而無間者不能

生知是良知學知困知亦皆是良知論知能者所當觀其所復

所明達之於其所蔽所謹達之於其所忽學如此何患不進

中包和和存中不分兩截敬直義方工夫亦然

致知格物知蓋體認在物之理正所以體認吾心處物之義然則知與物不分內外矣

惟本體常惺常寂有定分而不可加損所以工夫要勿
忘勿助
居處恭執事敬與人忠三句合而觀之乃見功夫之密
蓋不以動靜而有間也
高者抑之下者舉之有餘者損之不足者與之天道如
是法天者可知矣
樂記云不能反躬天理滅矣天理中也反躬所以求好
惡之節節與中元一貫也
人百姓皆已也韓子言時人者聖人之身良是
有成見則不能窮理附完詣則不能力行
實能窮理者不諱言悟實能主敬者不諱言眞諱言眞

古桐書屋劄記　十六

則終不眞矣諱言悟則終不悟矣但就工夫一邊而
論則悟一名參悟眞一名認眞歸眞
獨爲君子之恥人所必不可少不然便是不仁
立志始終常變不離乎道是之謂主一無適
眞爲學者欲得此學而已若爲利爲名雖學之勤且久
亦與不學無異因主意本不在學也
誠者純一不雜敬之主一無適乃所以誠也
靜存養者養其至善也動省察者察其幾之善從之察
其幾之不善克之敬之功夫着落在此
人之所以能變化氣質之性者卽性也
應務萬端其中皆須有箇立乎其大者在

或問儒有悟乎曰釋氏有悟儒亦豈可無悟惟其所悟
則如同牀各夢矣
學所以貴辨志者人之所成如其所志最初卽所以定
末後也
樂無高下用當則有功教學之道可思
物理之極處只是至善未必淺近亦非必高深也
心無爲也以守至正於此可見靜存所以立動察之本
顏子言願無伐善不言無善好言無善乃告子一宗凡
出乎善未有不入於惡者
謝上蔡謂求是爲窮理常惺惺爲主敬常惺惺者惺惺
於敬是也惺惺是勿忘之意而勿助亦在其中

古桐書屋劄記　十七

隨處認天理隨處存天理如是而已
耳順者耳順乎心也心不踰矩者非第迹不踰也
思不出位心不踰矩是皆愼獨之學
心做得主則耳目順心心做不得主則心順耳目役物
役於物之不同如是
貧與死皆是常事惟不憂道而貧不聞道而死爲可惜
耳然則知富貴壽考者亦可思矣
道率於性變易以從道正見其不變也
居敬窮理總有欲止至善意在內
善端有發見之偏不善之端亦有發見之偏充之克之
工夫不可缺一

謀生莫善於謀道未見蹈仁而死者故也

隨處體認天理認屬知一邊體屬行一邊

爲人是爲學主意爲學是爲人工夫

第就行道之人乞人弗受乞人弗屑善端之發見觀之是六經亦塗人乞人注腳矣然遂謂塗人乞人能盡六經之道則不可爲其不能擴充則不合禮義之萬鍾有時而受也

靜存存其心性之善也動察者察其意之善不善而充之克之也存察未明則敬義亦無處安頓矣

靜養養其固有之善也然人自知誘物化以後本然之善幾喪是必有以復之此即靜中養出端倪之謂然

端倪亦可於動中驗得如見孺子將入井而惻隱便是復時也動中惻隱何自來乎

讀書稽古君子小人之所同也仁以爲己任死而後已·君子之所獨也

本體只是至善工夫只是靜存動察

存養養其太極省察備乎陰陽

人但知讀書爲窮理之事不知爲省察之事讀書之時雖未及於應事接物然既以書入吾思爲擬議不得謂之非動其遇古人之賢古事之善省吾果有致之之意否遇不賢不善省吾有戒之之意否是非動察而何若因讀書以養其至善無惡之本體亦未嘗非靜存之資也

讀書者不能就一言優柔饜飫至於怡然渙然而徒意在前往此進不以漸者所由終無所進也

讀書本以致用若於舉意動念立身處世放過是掩卷之時與開卷之時爲二矣不將使書爲玩物也耶

爲治不在多言顧力行何如爲學之道亦如爲治而已

古人之學似疏而實密其密者行上不自恕也後人之學似密而實疏其疏者言上不恕人也

讀書時靜坐時應事接物時俱要體認天理此亦參前倚衡之意

易言三極之道然三極實一極乃所謂兩之爲一

易思爲並稱言爲可以兼思爲善者舜之徒爲惡者蹠之徒則思善思惡亦可知矣

先儒謂大易不言有無有豕負塗載鬼一車非有也不獲其身不見其人非無也

本體可以立悟雖愚人亦然工夫必有漸至雖聖人亦未嘗不然

至善底原是本體然不能止至善則是工夫於本體不合

體以其用用以見體是謂體用一源

聖人與眾人同此知覺運動欲廢此除是死也學聖人者亦惟立乎其大以善用知覺運動而已

人莫不知好善惡惡然有善念而自止有惡念而自遂
非眞知好惡者也故誠意亦只是誠得知耳
誠者成也意未誠而誠之所以成始意本誠而誠之所
以成終
性公而欲私以率性爲順欲以順欲爲率性俱無是處
才者德之用然亦有非德之用者情者性之發然亦有
非性之發者衆人之所以致疑者在此自君子論之
則非德非性者不謂才情也
率性者情之正也要得正者保其正不正者復於正修
道之功所由不可以已
放心非心求放心者乃是心既以求放心者爲心則心

《古桐書屋劄記》 二十

止一心而已
耳順乎德耳亦洽德順乎耳德亦亂言耳則衆體可知
矣
本體有仁無惡工夫志仁無惡
命出於天而將有後命必有前命如弗慮胡獲弗爲胡
成獲與成後命也慮與爲前命也
養生可以延年而偏不肯養學可以爲聖賢而偏不肯
學非天之賦命薄也自甘暴棄天亦無如何耳
敏莫過於好學愚莫過於恃才
凡事皆有求志達道雖一藝之微亦然兩其字所以極
宜着眼又見善如不及二句言其情質之本然也隱

居以求其志二句言其功用之當然也或謂求志句
重求字行義句重行字存之
心安於正屬靜存於位之不正者雖小不處則兼乎動
察
周書取常人孟子不與凡民常人者聖賢之徒也凡民
者豪傑之棄也常人當然而然凡民當然不能然
動察乃靜存之散殊處靜存乃動察之會歸處解之如
存以敬屬察以明屬固非不可然在體爲敬在用爲
明實亦未嘗不一也
夕死可矣是爲聞道妖壽不貳是爲知天尊聞行知固
當如是

《古桐書屋劄記》 二十一

肆與慢皆爲不敬肆陽而慢陰慢之宜戒乃甚於肆也
文王小心武侯謹慎此皆以義爲質故足爲千古大臣
法也若孔光之不言温室樹則起於利害之私而已
矣
內精密外省約持身應世胥當以之
孟子言立其大其中已包得見其大之意在
志仁無惡朝聞夕死於此見自新之學
齊戒則誠誠感則誠應齊戒則神神感則神應
敬乃人之所以立本也人而不敬魂魄且不能收召何
況餘事乎
儒家不言悟而實已言之如言覺言興皆是

與天地同流惟在一誠
孟子言立其大爲大人其言居仁由義乃立其大之實也
孟子言立乎其大爲大人於此見人皆可以爲大人患不知所立而已
世俗所謂學問大抵不出言不及義好行小慧界內噫蔽也久矣
學易之要莫大於體仁蓋仁乃天地之所以爲心也
好色者其凶兼洪範六極
學貴勤而行之使若存若亡雖學異端亦不能成何況吾道

古桐書屋劄記　三

讀書有益於身心家國人不讀書是自棄也
別嫌明微所以已亂凡亂之所生皆由不講於此也
開國承家規模宏而思慮遠此豈小人所知師上六之辭可無玩乎
天道福善禍淫不曰惡而曰淫雞鳴而起孳孳爲利不曰惡而曰利自可互參
古有稱倒置之民者謂不能權其大小輕重也民而倒置且不可況於士大夫乎
係丈夫則已亦丈夫矣係小子則已亦小子矣故物當觀其所係
或問淨土即極樂世界何如曰不知也又固以問曰名教之中自有樂地
道家言窈冥昏默亦似見到尚絅一邊然未及夫衣錦也易言篤實輝光日新其德其知本矣
居敬行簡者衣錦尚絅也居簡行簡者衣絅尚絅也然則居簡行敬居敬行敬者類可推矣
上下與天地同流惟慎獨而無揜著者能之不能慎獨則必振而矜之以務爲可觀若全無滲漏者然不知適成爲小補而已
仁者自愛有禮者自敬而愛人敬人恆因之
即事如己高何必升華嵩抑所謂務外遊不如務內觀也

古桐書屋劄記　三

論語言不踰距大學言絜矩周髀所謂圓成於方也聖人之道雖極神明變化總只矩之一字盡之故但言矩而義無不備
立天下之大本立天下之正位外此以言立非君子之所謂立矣
入有爲名之心則所學不實用時都不濟事
從心所欲不踰矩心人而矩天也
苟志於仁矣朝聞道兩章通乎易義所謂无初有終也
行義以達其道不必指得位言凡隨在有以及物皆是
主一之功要在處事不一上見
本體無有不自然底功夫順乎本體雖極勉強亦爲自

然若謂功夫不是自然除是反乎本體而爲惡也
利雖大亦是小義雖小亦是大枉尺直尋尺以義言尋
以利言豈可謂尺小尋大乎
明道先生復性書曰與其非外而是內不若內外之兩
忘也是則偏重內者尚猶有蔽況徒徇外者乎
上下與天地同流所以異於小補處大抵只是誠不誠
之別
揜其不善而著其善非獨貌也言亦有之惟誠意之君
子其言必不爾爾
動而無動靜而無靜上動靜字以時言下動靜字以心
言

《古桐書屋劄記　三四

君子以一於義爲敬小人以一於利爲敬故君子之不
敬非善小人敬益非善然小人之敬本不是敬也
小忠者小人之忠小信者小人之信皆徇私利而害大
義者也
蔣琬云治以容民爲本不以修飾爲先容民修飾此王
道霸道之所以分也蔣琬之治殆於王道有合
勝心客氣去不盡終不可以語學學必求諸公誠故也
上哲爲實不爲名下愚名實兩不爲中人名實兩爲而
分數有多寡之不同
知幾其神神只是靈到極處一觸便覺微觸便覺此非
常惺惺者孰能之

人有以最實之事爲虛最切之事爲迂者因求在外故
不知求在我也
說卦傳言和順於道德順性命之理惟知所順故能變
化氣質
易曰復其見天地之心乎天地之心無不可與人見人
之心亦當無不可見其畏人見者必不合於天地之
心者也
學者好議論是皆勝心名心所爲克己者當先於此著
力
惟循理者爲能變化氣質惟變化氣質者爲能循理
變化氣質以全體言克己就每事每念言

《古桐書屋劄記　三五

君子明闇合一小人明闇兩截兩截者必且以機變之
巧爲得計也
學以切用爲不腐以合下便可用爲不迂以用生於體
爲不偽
知不能致有物以蔽其心也蔽不去而致知則其知亦
是蔽添得幾分知是添得幾分蔽也
孟子所言知天是窮理之學所言事天是居敬之學
學最怕本位落空放過今日而言他日放過此處而言
他處妄矣
立乎其大隨處體認合之該存省之道
受範於義理者不受範於習俗然亦有不受範於習俗

而仍不受範於義理者故君子觀人取合理不惟異
俗也

養民之欲起於飲食男女此王道之本孟子好貨好色
兩節原非權辭也

慮欲其遠爲己慮爲世慮皆然

約以致精博以極變執一非一皆蔽也

爲天地立心非聖人之志不敢存聖人之志一天地之
心而已矣

欲仁仁至雖惡人亦然然所以終爲惡人者非仁之難
至乃由欲之不屬耳

知而不行則多知祇足爲愧然非託爲不知遂可解免

也亦勵其行而已矣

渴不飲盜泉水熱不息惡木陰敬也敬者無一念一事
之或苟

志仁無惡無惡之所包甚廣夢惡可免況實事乎舊惡
可銷況合下乎

心裏有君子行向君子處心裏有小人行向小人處不
早愼其幾前塗亘可懼

聞道者雖死亦可則遇境之不至於死者愈無不可處
矣學者或遇小小失意便不能堪可謂聞道乎

誦讀思惟自少至老須臾無閒此或有出於勝心者不
可即謂好學惟處處虛心從善方可謂之好學

欲正人心在明天理春秋之命德討罪無不以天敘天
秩爲本也

聖人不憂世俗之所憂不懼世俗之所懼其於樂也亦
然

世俗有所知所能沾沾向人言之君子但默而成之此
即的然闇然之辨

人有先入爲主者必本之以權衡萬事然則所主之是
非邪正可無辨之早乎

聖人七十從心所欲不踰矩善學聖人者亦制心所欲
不踰矩可矣

萬事集於敬而散於戲

敬字中明誠之意兼具

變化氣質歸於理

主於敬則不當行者不行當行者能盡其道

縱放是大病偷遁病亦不小其本則一而已

聖賢只是亨於心境不足道於此可知孔顏樂處

居敬守禮要在實事上盡要盡實事在先能耐苦遠利

致曲二字乃中庸喫緊爲人之語蓋人未有無曲者有
曲則全體已分明呈露故可致也

窮理人皆能之然而不肯爲者蓋欲受萬鍾必不欲辨
萬鍾之非禮義也

鏡無留影影之好與不好皆適來適往非有滯也君子

不凝滯於物如之

人之有好有惡未必當也然旣有好則可移之於善旣有惡則可移之於惡推之一切之知能皆然

明故不蔽不蔽故明敬故不妄不妄故敬

敬者人之所以自治不求治非也飾治亦非也以助長爲敬者是飾而已矣

必引證以重其言是量世之昏愚不能知己言之善也孟子引證多於論語蓋因乎世變而不得已夫

才德愈備則心愈下如文王之小心翼翼是也然則心不小者其才德亦可知矣

所貴乎敬者爲能行所當行止所當止人於行止上不能自勝則言敬不言敬俱妄矣

《古桐書屋劄記》 卅六

人有不欲尋求者有尋求過當者有不欲執持者有執持過當者此明與敬之所以難也

隱居求志乃能行義達道凡事皆然觀閉門造車者可見

人每自是而不求是此不敬也聖人止於至善無所不用其極敬而已矣

人好自用多由性不出頭若性出頭時則必能公天下之善而舍己非以從人是矣

舜之無爲而治禹之行所無事其道只是用因因者至變而實至常也

欲生欲死皆謂之惑聞道則無欲無欲則處一化齊非期必於死而死亦可也

得其所歸者必大何以能得其所歸曰辨志

善吾生所以善吾死順也善吾死因善吾生倒也倒固不如順然猶愈於忘善者也

格物貴於銷化銷有爲無化別爲通如此則不物於物而用之不可旣矣

通乎晝夜之道而知常惺惺乃所以通之

得其所歸者必大何以能得其所歸只在成性存存

大往小來小往大來鬼神屈伸之理於是乎在光明與暗昧此大小之所以別也

《古桐書屋劄記》 卅七

君子在貧如客然豈惟貧哉處富及處貴賤死生皆當如是

謂富不如貧貴不如賤生不如死者未免落於邊見惟處一化齊爲得之

人心變轉於物欲則迷故所謂常惺惺者惺惺未嘗不從常出也

或謂古有視生死如晝夜者何也曰當由晝夜間存存不息故遇死生亦只以此處之

明有明古有明已敬有敬古有敬已其功不可闕一也

天理隨事體認實隨念體認事無不本於念者也

不欺乃所以格天何也天之道誠而已矣

無所失道鮮有敗事微敬其安能之

人心莫不有知則莫不能窮理其不窮者非不能乃不肯也其不肯者爲其於狥欲遂非有所不便也以此知居敬亦人所不肯而非不能蓋人心莫不有矩也

聖人雖夢猶覺所謂通乎晝夜之道而知也愚人雖覺猶夢而況夢時乎

天道虧盈而益謙鮮失之方在以約

我富我貴我聰明我貧我賤我愚濁孰爲金玉孰爲糞土須是辨得然棄金玉而取糞土者多矣

在我者至尊至貴但人感不及信耳信此便覺名利兩途無足動其一念

吾儒知敬百家衆技亦莫不知敬特彼皆有爲而然耳

惟永終知敝是以作事謀始此易道也

無益不可作況非徒無益者乎然世有作無益且作非徒無益者何哉彼蓋造毒以爲養生之具也

辭尊居卑辭富居貧辭生居死彼其辭者乃有所甚不可辭者也其甚不可辭者非道而何

辨理欲之謂明存理去欲之謂敬

鬼神可以分數論之多一分神則少一分鬼多一分鬼則少一分神然雖全體是神猶戒復萌鬼意理欲消長之喻如之

縱非與恃是其爲自肆一也在顯在微均宜戒之

講學所以戒如聚訟者訟者掩人之長而著其短掩己之短而著其長

善之必爲由恥其不爲也惡之必去由恥其不去也故人誠知恥則有可取矣

哀莫大於心死心死之實無恥者當之然則養生有道在養其恥而已矣

忘己乃可以進德不能忘己則視在人者雖是亦非視在我者雖非亦是雖己知能鮮不喪之況言進乎

惟不吝者可與共學蓋聞過必改勸善必誠乃可以共學之實也吝者其孰能之

直者平也狥情矯情爲失其平皆不可以爲直

有鬼之鬼有神之鬼有鬼之神有神之神易卦之納甲及邵子皇極經世中皆寓此言神之神必純粹以精始足當之餘皆不免昧沒而雜也

好名之甚必作僞然作僞者之名必有物以敗之者天道與誠而惡僞也

必不動於利而後爲廉必不屈於威而後爲勇學不踐實可謂學乎

君子好義而惡不義小人好利而惡不利觀其好惡而人亦見矣

以躬行之意讀書以讀書之志躬行只此是敬

天能視無形聽無聲凡己所自知者天悉知之天不可

欺故善不可僞也

辨志辨理辨事辨學四者缺一非所以自知亦非所以知人也

主一無適一字以至是者而言故會極保極皆敬也

敬合靜存動發而言

隨處體認天理即是己兼明敬

治尚書之道在先其易解者斯道也豈惟於尚書宜之

春秋固精義之書然學者求精太過卻往往失其本意

作詩文者亢之使高鑿之使深矯之使奇此藝之所矜道之所病也君子以爲不如舍矣

一字偶然不識一句書偶然不記作詩文偶然不工未學皆知愧之誠使重心行亦如重藝則進矣

《古桐書屋劄記》

金陵張德佩鐫

游藝約言

興化劉融齋先生著

文不本於心性有文之恥甚於無文

徐季海論書以爲亞於文章余謂文章取示己志書誠如是則亦何亞之有

文心學也心當有餘於文不可使文餘於心

文章書法皆有乾坤之別乾變化坤安貞也

琴家諸手法吟爲最妙爲其不盡也詩文亦均以之

詩中有詩文中有文眞也詩莫作詩解文莫作文解寓也

英雄出語多本色辛稼軒詞於是可尚

《游藝約言》　一

不論書畫文章須以無欲而靜爲主

善文者內出而無窮不善文者外拒而有限

辭必己出書畫亦當然

懷素書筆筆現清涼世界

悟有頓漸學書從摹古人得者漸也從觀物得者頓也

文章家知尚見解尚議論而不以虛見解虛議論爲戒則雖實多虛少且以害事況實少虛多乎

記言后稷其辭恭其欲儉後世講文度文品者可以思矣

文求自慊非以慊人然人心之同卒亦不出自慊之外

陶淵明文示己志所以人多好之

文莫貴於深造自得深造人之盡也自得天之道也

眞古無託託古之意卽俗也眞美無飾飾美之意卽醜也

學文學書皆有古有俗凡所貴於古者爲其無欲也若借古要譽是其欲顯然視出於俗者其俗尤甚

修辭有修潔之修有修飾之修修潔者修之極飾者潔之賊也

書有分數非難有無分數之分數爲難

高山深林望之無極探之無盡書不臻此境未善也

書要有金石氣有書卷氣有天風海濤高山深林之氣

書要韌而愈勁峻而愈韻

老子有爲道日損損之又損之言禪家有剝蕉心之喻書得此意塵俗何從犯其筆端

詩有兩種可爲一雄深雅健一純古澹泊

無爲之境書家最不易到如到便是達天

書有骨重神寒之意便爲法物

高手作書於衆所矜處不矜於衆所忽處不忽觀此始知俗書之矜所不必矜忽所不可忽也

石鼓有磅礴鬱積盤拏倔强之意

字畫之長短肥瘠無取意同但觀鳥行蟲食之跡可悟

詩文書畫皆要去熟氣然人乃氣之先見者也

大善不飾故書到人不愛處正是可愛之極

詩之正品有肫肫其仁有浩浩其天其中皆須有箇淵淵其淵在

古人所知者多所言者少是以其人純而厚後人所知者少所言者多是以其文雜而薄

文之用意有共知有獨喻合二者論之則各有所宜亦各有所弊也

孟子以性善爲宗荀子以勸學爲宗其文亦若有性學之別蓋一則行所無事一則奮然用力也抑豈惟孟荀哉百世之文皆可以是等之

文之理法通於詩詩之情志通於文作詩必詩作文必文非知詩文者也

詩文書畫之病凡二曰薄曰俗去薄在培養本根去俗在打磨習氣

文取自慊非求慊人慊人者鄉愿之文也

無爲者性也天也有爲者學也人也學以復性人以復天是有爲仍蘄至於無爲也畫家逸品出能品之上意之所通者廣矣

古詩十九首喜怒哀樂無不親切高妙所以令人味之無極

古詩努力崇明德皓首以爲期此止乎禮義也前此諸悽愴之言皆所謂發乎情

大德不踰閑小德出入可也此一部史記大意然論乎

其世已難以比之書與春秋矣

學亦遊也遊亦學也若太史公者其可與遊學者乎

春秋本文有實字有虛字有無字處公羊穀梁於實虛字皆有發明其發明無字處乃所謂補苴罅漏張皇幽渺也

辭取乎文久矣而文亦有別蓋富而文者易見簡而文者難知

剛健中正純粹以精篤實輝光孟子之文兼擅乎此太史公之雄深雅健恐猶若含𪔄之於曾子子夏焉

意先文後謂後路之文其意反是先有意後文先謂前路之文其意反是後有也至意先文先意後文後者

游藝約言　四

則無待辨而知之

舉少見多貫多以少皆是史記潔處

秘響旁通伏采潛發響而曰秘采而曰伏文至此其深矣乎

發乎情止乎禮義豈惟詩哉離騷亦然

春秋議體也莊子云春秋經世聖人進而不辯然則孰爲辯體曰如孟子便是

字不出雕樸兩種循其本則人雕者字雕人樸者字樸

偶爲書訣云古人之書不學可但要書中有箇我我之本色若不高脫盡凡胎方證果不惟書也

讀書皆須有用如讀莊子可於窮賤易安幽居靡悶處會之

書之病如薄俗之類皆人之病所形也倘不由末推本而變化之可乎

古人作文視飾爲塵垢後世作文以塵垢爲飾文品相去所由遠矣

詩文書畫皆生物也然生不生亦視乎爲之之人故人以養生氣爲要

善書者不出廉立寬敦四字然則欲從事於書莫如先師夷惠不然則頑儒鄙薄之書且將接迹於世也

書雖小道學書者亦要不見惡於聖人聖人所惡者舍狂狷而就鄉愿也

游藝約言　五

書家體不潔由其志不潔也志潔者必能空諸所有不至以猥雜之習錮之

文貴於達直達曲達皆達也就一篇中論之要隨在各因其宜不拘成見

文尚學者要歸尚道尚道者損之又損

東坡云我書意造本無法蓋無法者法之至佛言無法可說是名佛法即此意也

論詩者謂鍊字不如鍊意此未能鍊意者之言也夫鍊字亦鍊字之意而已矣豈舍意而別有所謂鍊字乎

作書當如自天而來不然則所謂爲者敗之執者失之也昔人謂好詩必是拾得書亦爾爾

作文作詩作書皆須兼意與法任意廢法任法廢意均無是處

杜詩云前輩飛騰入餘波綺麗爲以詞而論飛騰惟稼軒足當之綺麗者則不可勝舉

書譜云古質而今妍可知妍質爲書所不能外也然質能蘊妍妍每掩質物理類然

古人詩以言志而後人或且喪志者由詩外無事而已然有事無事正可從詩辨之

東坡論少陵詩外尙有事蓋詩外無事者詩匠也詩而匠則詩亦焉能爲有哉

人尙本色詩文書畫亦莫不然太白清水出芙蓉天然

去雕飾二句余每讀而樂之

聖而不可知之謂神書之神者變動無方不但人不能知已亦不能豫知聖殆不足以名之

先有在物之理而後有處物之義作事然作文亦然

文家會用字者一字能抵無數字不會用字者一字抵不到一字字如此則句與段落皆可知矣

兵家能而示之不能用而示之不用二語亦書家所寶

書要筆筆實落又要筆筆變動蓋道不越乎誠而神

老子有云微妙元通深不可識余謂書之道正復如此故氣質粗者不可以爲書

堂上人氣象與趨走供役於堂下者不同詩文書畫所以貴有度有品

陶淵明言常著文章自娛頗示己志書畫家當亦云爾彼蓋卽以書畫爲文章也

文字古多作文明解蓋自內出非由外飾也

論語獨記楚狂之歌孟子獨稱孺子之歌狂乎孺乎其聲歌之天趣乎

以易道論詩文文取擬之議之要歸於何思何慮詩取何思何慮要起於擬之議之

鄉愿之文要做成個雅俗共賞究之俗賞而已若雅則方且惡之又何賞焉

書要無一物而不化之筆或以有爲求化乃愈失之

無論文章書畫俱要蒼而不枯雄而不粗秀而不浮

莊子之文如空中捉鳥捉不住則飛去俗文乃如捉死鳥夫鳥旣死矣猶待捉哉

文不外乎始中終始有不得求諸中終有不得求諸始中中有不得求諸始終但執本句本字以論得失非知文者也

文之善有三理法存乎戒也才思存乎慧也志趣存乎定也不善亦有三貪者不節癡者不活嗔者不和

文之不飾者乃飾之極蓋人飾不如天飾也是故易言白賁

冰桃雪藕食之鮮可以飽然卻病延年粱肉不逮論詩

者所以當知無用之用也

書能蒼中藏秀乃是眞蒼蓋老而不老者仙也不老而老者凡也

商邱子力無敵於天下而六親不知蓋力貴含不貴露也書力亦當如是

書尚遒逸遒非直勁焉而已逸非直秀焉而已

詩文家每多以豪曠自喜是故不能近道然一味幽抑弊亦均焉

左氏之文儘整肅檀弓之文儘豈弟

孟子之文可即評以孟子之言曰是集義所生者曰其爲氣也至大至剛

《游藝約言》 八

荀揚之文與董仲舒王仲淹之文氣體有別退之介荀似荀楊歐曾似董王

勁氣堅骨深情雅韻四者詩文書畫不可缺一

或謂樂志之文別有懷抱非也乃不樂者自生顛倒耳

詩之衰也有憂生之意六朝晚唐皆然

學詩以爲文者昌黎似子美東坡似太白

善建者不拔起筆取之善抱者不脫收筆取之

抗兵相加哀者勝矣王仲淹中說歐陽永叔五代史傳贊皆得此哀字訣者

文中要有邱壑有路徑路徑在通處見邱壑在別處見

太白詩東坡文俱有空山無人水流花開之意

東坡詩字字華嚴法界華嚴界一謂清涼界坡所謂讀我壁間詩清涼洗煩煎是也余因是意廣之曰列子文字字現華胥界陶淵明詩字字現桃源界

史記低昂反覆善與然較三代之文有不平意蓋當時身世使然

東坡文有能品有逸品其逸品在能品之上

東坡文以透徧勝半山文以皺瘦勝其皆師於石者耶

易无方无體莊子似之書有倫有要左氏似之

文尚奧衍久矣直者曲之奧也狹者廣之衍也奧故熟者能避衍故絕處能生

文要去盡外話外話者出乎本篇宗旨之外者也

《游藝約言》 九

外話起於要多要好簡則由他簡贍則由他贍斯外話鮮矣

詩文怕有好句惟能使全體好則眞好矣書畫怕有好筆惟能使全幅好則眞好矣

詩有俗體文亦有俗體乃至書法亦有俗體俗體不一矯揉造作其尤也

凡文中緊要之地斷不可以放過些子此即專管本意猶恐有不及處若復以他意參之與認賊作子何異

亂頭粗服自有龍章鳳姿太史公文準是觀之

詩無論五言七言總不出分并二法何謂分一句分作數句是也何謂并數句合作一句是也當分而并則

躁而竭當并而分則鈍而累故分合極宜審也
消多爲少衍少爲多馭題作文皆有之
化一題爲數題則有息法化數題爲一題則有消法易曰損益盈虛與時偕行善爲文者以之
如題之法有約題有展題不然謂之死於題下行文之法有約文有展文不然謂之死於文下
文有大概語有特地語特地語每從大概語得之亦以互映生色也
飛筆振筆養筆三者最要恐其滯則用飛恐懈則振恐躁則養
凡文發端必有交代若無交代是猶前無發端也交代後必有發端若無發端是猶前無交代也自一篇以至數句皆然

文至易瞭處即須飛起然天下事當得此意者不惟文
學文藝者執名相窠臼求之則藝必難進就使能進亦復易退要知非空諸所有不能包諸所有也
老年之人胸次以瀟灑閒澹爲上此本戒之在得之義非爲作文而然也然能如是則所養可知而文亦可知矣
文之道在鼓之舞之以盡神鼓舞有爲而神無爲有爲正無爲之所自見也
或問書以何爲正脈曰王道者是問何爲王道曰純乎德禮而無所爲而爲之者是
古人書看似放縱者骨裏彌復謹嚴看似奇變者骨裏彌復靜正或疑書貴有放縱奇變者眞不知書矣然豈惟不知書而已哉
詩與古別草書與眞書別蓋意興所發不致改常所由乘風夌雲無所不可也
國策之文尙意史記之文尙氣左氏之文尙物則莊子離騷少欲多情知情與欲不同則知兩家之同
東坡文有與天爲徒之意前此則莊子淵明太白也
問詩文書畫何以能通鬼神之奧曰中有體物不遺者存

詩文書畫之品有狂有狷若鄉愿無是品也
顏魯公書不顛不狂而自有天趣楊少仲書亦顛亦狂而自有分數謂顏似杜甫楊似李白意在斯乎
有狂篆狂隸有莊行莊草莊正而狂奇此亦裒益平施之理達者自知
文多莊詩多狂然亦有文狂詩莊者五言多莊七言多狂然亦有五言狂七言莊者此因題各有宜不可狃於成見也要在各如其題耳
俗詩避拙就巧避疎就密不知詩天機也天機所到則內不見已饑渴可忘外不見人毀譽悉置更有何避就得入其胸次乎

文固尚意然頗僻邪侈之文固非無意也意之所尚亦曰惟其是而已

骨深氣邁於文得一家曰太史公於詩得一家曰曹公

不驅手之方用之戰好道用之解牛善文者之御題不震於大不忽於小如之

不毀萬物當體便無不設一物當體便有書之有法而無法至此進乎技矣

文之善者疎而不漏不善者漏而不疎

書之所貴在勁與婉硬者似勁愈不勁輭者似婉愈不婉然後知勁婉之難言也

文章書畫有神品逸品神無方無體逸無思無爲神氣

風霆逸情雲上二語可以見意

如蘭如玉如金如石文章書畫兼此四如那得差

書要有規矩繩墨然規矩繩墨有天有人人似嚴而實寬天似寬而實嚴也

道不泥言說形象亦不離言說形象是故文章書畫皆道

道家養嬰兒書亦應爾嬰兒養成則入乎形內出乎形外莫非是物豈復可尋行數墨以求之

文有官有家官所同也家所獨也

身在甕外方能運甕身在衣內方能勝衣斯意也在文則一馭題一稱題也

利斷金溫如玉二語可作書評褚河南之金生玉潤缺一則未免有弊

漢隸能物物唐隸物於物化齊處一通得此意可以辨一切書然豈惟書哉

東坡之文近於太白之詩此由高亮灑落胸次略同非可以其迹象論離合也

大家貴眞名家貴精然纖屑非精率易非眞也文章書畫俱可本此辨之

文當兼尊親二字高風亮節尊也深情厚誼親也

文有忸氣有勝氣忸氣在小人爲多勝氣雖君子不免若誠知畏天憫人何以勝爲

淵明少欲屈子多情此就兩家文而論其迹也然其趣則未嘗不同

直在胸中貧亦樂屈於人下貴奚爲此邵子詩也文家常誦此二語其文當無奴隸之態

神仙迹若游戲骨裏乃極謹嚴旭素草書如之

陶淵明詩文幾於知道至語氣眞率亦不誇亦不讓亦令人想見其爲人

馬班文各有所似馬如高帝之無可無不可意豁如也班如光武之動如節度不喜飲酒也然子陽之修飾邊幅班亦不取之矣

有爲法之所以不貴者人也非天也天眞而人僞夫文

章書畫亦欲其眞而已矣
陶詩誰謂形迹拘任眞無所先五柳先生傳大意卽此
可括

游藝約言終

金陵張德佩鐫

制義書存稿自序

余昔所爲制義自以爲不足存多隨手棄去縱未曾棄而所置之處他日遺忘有自覓而不可得者舊書中餘五義偶撿得之皆係少作亦所謂不足存者也然書既代吾存之而吾必棄之書將謂我何因存其所不足存而名之曰書存以不沒其實焉

制義書存目錄

制藝書存目錄　一

制藝書存

興化劉融齋先生著

子曰不然獲罪於天無所禱也

聖人與權臣論天而媚之說可息矣夫人之以媚爲然者皆不知有天者也子言獲罪之無所禱賈不可爽然自失乎且人以非理之言嘗聖人聖人必斥之不以處權臣而異也然第斥之而已而不示以萬萬不可違之則則有以奪乎彼之所自恃無以明夫我之所必尊彼雖屈於口而不服於心而所恃者終未知其不足恃矣夫子答王孫賈曰子大夫苟言夫士君子之所可爲者我敢不謂然而奈何以媚言也夫君子尚欲正人之媚豈忍自出於媚君子尚不欲爲人所媚之人豈忍爲效人媚之人斯其爲不然也不待辨而決矣且夫世之工於媚者皆知有禱而不知其他者也雖然人獨不知有天乎惟天與正吾能正則雖非有求於天而可無愧於天非此則是天之待我者重而我自輕也輕則罪也惟天助直吾能直則雖不責報於天而實可對夫天非此則是天之處我者厚而我自褻也褻則罪也是則獲罪於天可不爲之大懼乎而彼善媚者或別有意焉天之當敬也君子念之即衆人亦豈不念之而敢於獲罪當亦自覺其無忌焉假惟見夫別有所祈可以藉銷其重戾而情之多悖者遂一往而不顧其安其獲罪也恃其

制藝書存　一

禱也禱之不堪也君子代人苦之卽衆人亦豈不自咎之而不惜於禱嘗亦深思其無行焉彼惟見夫隱麗於罰不復能挽其前愆而途之可假者遂力攀而固求其助其獲罪也益以禱也然果有所禱否乎以義理之當守而言則君子兢兢自懍者要非慮無所禱而然也一念不少乖庶以全其付畀一行無偶失庶無忝於監觀吾苟可以告無罪雖或有持權以困我者使之不得自伸而其心固泰然也若一言夫禱縱可遂其所欲得將焉匿此面目之非矣以禍福之有定而言則斯人之靦靦有求者皆無解於獲罪之實也明旦有難辭之告而謂其無告者祇見欺誣屋漏有莫宥之辜而貸以無辜

者適形矑比人非僚有以遠罪縱不忍違心而害直焉以冀易辭逃譴而其身已釁然也況一言夫禱非惟不能有所寬而更增加於前此所罹矣蓋無所禱也子大夫更思之愼無以媚言可也

曰今之從政者何如子曰噫斗筲之人何足算也

不援士以爲問卽僅求其足算而不得也夫曰今之從政者則其非士子貢已明知之矣特未知其猶足算與否耳然何不察其爲斗筲之人也哉且古大臣之所以大過人者器量耳若待勢位權藉以爲重則其中必有不足者矣乃或雖無與於器量之大而苟非其細已甚定於一成者斯尚可冀古人之不棄君子亦何遽鄙之而不屑道也何子貢繼問士而及者且不然乎夫子歷言士之爲士此其人皆非苟焉而已豈第謂其足算也哉子貢乃別乎此而問今之從政者則其以爲非士也已斷斷然矣意固知從政資乎才實也顧才實之瞻久

不可期於酣豢之人而按其生平或猶有一二焉足覘其抱負則亦將節取而不必深苛也且知從政本乎行誼也顧行誼之純久不可律於高明之族而綜其端末或不以仳瑣焉自限其懷來則終且姑許以存一格也而夫子則聞之而重有慨焉曰噫賜尙不知今之從政者爲何如人乎豈尙以之爲足算者乎從政者必有不自滿之量而人始得以益之且無論不自滿也就令易滿亦宜有所受而不遽滿也而今之人則釁乎其不能受焉縱或因事有諮而善言終莫之聽用是欲相益而無從也吾人何爲而論夫不可相益也從政者必有不可竭之量而人始得以挹之且無論不可竭也就令易

竭亦宜有所施而不遽竭也而今之人則蓋然其不能施焉惟計身圖之便豈公義猶待以共扶是欲相揖而無從也吾人何爲而論夫不可相揖也是斗筲之人而已矣顧有斗筲之人而足算者耶夫吾觀今之從政者未嘗不自掩其斗筲也彼慮示人以實人將有相形者矣則不得不設爲寬深優裕以鎮之若與斗筲者相懸絕焉蓋底蘊易窮則矜飾彌欲其取重故曰眩乎愚者之耳目以爲吾果斗筲何以從政而無患也此自掩以求足算者也而用心爲愈陋矣吾觀今之從政者又未嘗不自著其斗筲也彼慮不示人以衡人將有立異者矣則不得不故爲稽實定數以張之若以其斗筲者爲

程式焉蓋自處於守數之末正欲杜人以陳義之高故日倡爲風氣之祟尚以爲吾務從政亦何能以斗筲之名爲避也此自著而不求足算者也而操術爲愈下矣何足算也夫子答子貢以此其亦示以舍士更無可問者歟

立則見其參於前也在輿則見其倚於衡也

有常存於心者自隨境而若有見焉夫以忠信篤敬存於心斯無在而不若見之矣豈以立與在輿而異也哉且人之心逐於物者常於境之所值無形而若構其形而要之心存乎理者亦正可即無形以爲形蓋理不可以有形滯之而可以有形懍之惟形於心自形於境而境之無定者遂得隨舉以覩焉忠信篤敬其理非可以顯然見者也而學者之心又不可無見於此者也大抵外見其所見不如內見其所見祇此忠信篤敬而反而自證幾微之或昧不啻取諸其懷而去之也且暫見其所見不如常見其所見祇此忠信篤敬而靜而自惟日

用之不親而已張乎其窮於無所接也惟然而見之不容已矣然而見之難也人當息於所守凡寢興寤寐皆不能定其心而偶焉駐足不待言矣人不愼於所由凡進退周旋類不免弛其志而皇然在道更難知矣則如立也在輿也皆人所易忽者也立則見前未見有參於前者也在輿則見衡未見有倚於衡者也人之立也其於可欣可欲之端亦何所不見而至於忠信篤敬則若有物焉以蔽之彼豈獨於立而蔽之耶夫人於一事苟念之不忘惟靜一之時乃愈隱然其來會若於立而不見之則是以不見爲常然而失之於未立斷不能存於其立也而參焉者不爾也人之在輿也其於紛至沓來

之故亦未有不見而至於忠信篤敬則若有途焉以隔之彼豈獨於在輿而隔之耶夫人於一物苟懔之無失雖動作之地不使暫與之相離若於在輿而不見之則是以不見爲固然而不在輿而去斷不能因在輿而留也而倚焉者不爾也境之奇者人或願於盡其心而立與在輿則有何奇也夫因境之奇而後盡吾忠信篤敬是此心已爲奇所驚而所見亦倏忽難憑矣惟見其參倚者爲能不以常而置之耳境之難者人或有以勵其志而立與在輿則有何難也夫因境之難而後勵吾忠信篤敬是此心已爲難所奪而所見亦紛賾不專矣惟見其參倚者爲能不以易而忘之耳夫然後行矣汝豈可違期其行而不待其功之自至也耶

公孫丑問曰夫子當路於齊　二章

辨功與心王道聖學兼備矣夫功加管晏不動心如告子丑幾以爲足擬孟子矣然必孟子非希文王孔子者而後可且王者之功聖人之心合外內之道也功欲被於世心欲定於己君子於此必有宗仰得力之自焉而或行似是而非者雜出以相淆則政治學術之歸烏得不極言而詳辨乎說在孟子答公孫丑矣丑不嘗設言夫子當路於齊乎凡所貴於當路者在於功之可許使孟子而難許何以徵幼學壯行之抱要其以仁政爲可許之實在王道不在霸術也而乃以管晏願之可乎夫卑視管仲者有曾西矣遂子路以賢述先子之畏此

適形管仲之不足爲而功亞管仲如晏子者無論矣且孟子所欲法者文王耳仲惟不生文王之世故以功烈而自矜曾亦思文王之德其誰足以當乎方文王以百里起也初不聞以力假仁之舉而德莫阻其流行雖言乎其勢地民之屬未廣焉言乎其時飢渴之望未深焉然其施仁於武周之前自非有成湯武丁六七君之賢聖何以使殷之久而延自非有微箕比干膠鬲同異姓之輔相何能免周之興而勃也而王齊有具者誠不可視倒懸之困不爲引手之援矣丑不又設言夫子加齊之卿相得行道乎凡所貴於行道者在於心之不動使孟子而或動何云無富貴貧賤之移要其主道義爲不

勤之本在聖學不在異端也而猥以告子例焉可乎夫道近告子者有孟賁矣其賢者不過爲必勝之勦其又賢者不過爲無懼之舍此具見告子之未爲難而得聞大勇如曾子者斯尚矣故孟子所願學者孔子而告子惟大昧孔子之道始至心氣之不求其亦思孔子之聖生民固未有乎想孔子不得以百里君也惟是以好學勤誨自居而聖莫掩其獨至雖謙言未能不惑而實立知言之極焉謙言未能不懼而實爲持志養氣之宗焉是不惟拔出於凡民之上即伯夷伊尹之清任猶未及其時中即宰我子貢有若之明智僅得深其仰止也而望古興懷者誠不容失取舍之宜而略異同之辨矣

制義書存　八

齊人有一妻一妾一節

乞於外而驕於家心豔富貴者也夫人至於乞無可驕矣乃設爲富貴以驕妻妾乞人之心豔爲何如且夫執貧賤驕人富貴安敢驕人之說者不善處貧賤者也乃今之貧賤者則又不然今之貧賤者不以己之貧賤驕人而以人之富貴驕人且不能以人之富貴驕人而更設爲有之人之富貴以驕人此其狀於何得之得之齊人齊人者乞人也非富貴人也乃不啻若富貴人也者以彼有一妻一妾處室問其出而所與飲食者而彼驕以盡富貴也夫即所與飲食者盡富貴焉豈遂足使齊人重哉而齊人弗思也使當日者妾雖未之敢言而妻

制義書存　九

或從而試之曰良人每出酒肉是饜得無從乞來乎彼必啞然曰斯言何爲至於我也浸假使與吾飲食者聞之其謂之何且夫其妻豈必遽挾一不然之見以疑其所與哉方且以爲吾聞富貴之人多驕不輕與人款洽而良人獨得之於彼者意其平時必氣節自高絕無乞哀請憐之態故所與者亦自忘其爲顯者歟今雖未見顯者之來安知不蚤戒其家灑埽治具以待良人之至歟惟然故不能已於告妾及蚤起施從以瞯其所之焉大凡有酒肉而與人飲食者富貴人之常也亦富貴人之唯恐不能常者也故當鳴鐘列鼎抵掌揚眉往往發古而無死其樂如何之歎及念夫朝露易晞墓木將拱

則纔以泣下霑襟又未嘗不歎向之挾所有以驕人者皆不足以潤墦間之朽骨也使齊人悟此非特鄙富貴之人無足與談且將視富貴之家有若墦間然者更何屑較夫彼我之有餘不足致自淪於爭人賤行乎而胡以其妻瞷之乃貿然一乞人也蓋國中既無所遇卒乃之東郭也迹其乞墦間之祭餘不足又顧而之他而向所謂饜酒肉者其故亦從可識矣斯時也使其良人俯而自思必深悔曰吾爲妻妾終身仰望之人而今若此哉吾以乞爲饜足妻妾雖不吾知吾能無自訕自泣乎乃良人未出此而妻已知之安得不歸告其妾而共訕且相泣也然妻已知之而良人卒未知之猶施施從外

來驕其妻妾吁彼固不識人間有羞恥事其驕也不亦宜乎

金陵張德佩鐫